中国思想における身体・自然・信仰

坂出祥伸先生退休記念論集

東方書店

序

関西大学学長　河田悌一

文学博士、関西大学文学部教授、坂出祥伸先生は三月三日、古稀すなわち満七十歳をお迎えになり、関西大学を退職される。本学では六十五歳を定年とするが、以後、教学の必要に応じて七十歳までこれを延長する制度になっている。先生はその制度のもと関西大学において研究と教育に従事してこられたのであった。一九七一年（昭和四六年）四月、前任校である京都産業大学から本学文学部助教授として赴任されてより、三十三年の長きにわたって在職されたことになる。

その間、先生は中国哲学の第一級の研究者として、その名声をひろく内外に馳せてこられた。若き俊秀の時代においては、魏源、康有為、梁啓超、胡適などの思想家に焦点をあてる中国近代思想史、科学史の研究者としての立場を早くから確立された。さらに一九八〇年後半以降は、道教思想とその宗教的意義の解明という大問題にその研究の重点を大きく移して、多くの重要な書物を上梓されてきたのだった。中国近代思想史の研究においては、「十八世紀以降の中国の伝統思想に西欧近代の科学がいかに受容されたかという従来未開拓の問題に光をあてた」大部の労作『中国近代の思想と科学』（同朋舎出版、一九八三年。改訂増補版は朋友書店、二〇〇一年）、および『康有為』（集英社、一九八五年）がそれである。また、いわゆる道教研究の第一人者としては、『中国古代の占法』（研文出版、一九九一年）、『道教と養生思想』（ぺりかん社、一九九二年）、『「気」と養生』（人文書院、一九九三年）、『「気」と道教・方術の世界』（角川書店、一九九六年）、『中国思想研究——医薬養生・科学思想篇』（関西大学出版部、一九九九年）など、次々に注目される著書を出版された。その著書は単著十四冊、編著・訳書二十四冊の多きを数える。執筆された論文はまさに汗牛充棟。

中国における稀有な歴史哲学者として知られる章学誠は司馬遷の言葉に依拠しつつ、優れた学者たるものは「一家の言を成す」こと、すなわちその学者独自の見解を有すべきこと、の重要性を説いているが、先生はまさに中国近代思想史においても、また道教研究においても、「一家の言を成す」ことを自ら実践し、それを実現されてきたのだった。

先生は、さらにまた教育者として数多くの学生、大学院生を教え、薫陶し、博士を生みだされた。先生が非常勤講師として集中講義を含め出講された大学（院）は、西から九州大学、大阪大学、大阪外国語大学、京都大学、名古屋大学、筑波大学、東北大学さらに大阪市立大学など国公立大学だけでも十三校の多くにわたっている。

このような業績をあげられた先生は、その類まれな学力をもって、日本道教学会会長、日本中国学会理事、全国漢文教育学会理事、人体科学会理事、日仏東洋学会評議員、日本学術会議哲学研究連絡委員会委員など多数の重要な役職を歴任された。と同時に、海外の学会に積極的に出席し発表をされた。これまで海外の多くの学者が関西大学を訪問してきたが、それは本学に坂出教授がおられたからであったといっても過言ではない。

かかる偉大な業績と実績をあげられた先生が古稀をもって退職されることは、わが関西大学文学部にとってのみならず、関西大学にとっても大きな損失であることを、私は関西大学文学部の後輩として、また関西大学学長として痛感するものである。

このたび先生の古稀とご退休を記念し、先生の教えを受けた人びとを中心にして三十四名の研究者が一堂に会し、先生と轡を並べて本書を出版されることになったという。私は本書の上梓に尽力された本学の吾妻重二教授の同僚の一人として本書の出版を喜ぶとともに、先生の更なるご健筆とご活躍を祈念して、この文章を呈するものである。

二〇〇四年三月吉日

私は「気」の思想とどうかかわってきたか

坂出 祥伸

私は現在、「気」の思想、「養生」思想の専門家と見なされている。これは、まだ最終の到達点ではないが、しかし、中国思想の根底には「気」の観念があるという確信は揺らぐことはないであろう。そこで今、私の研究の跡をふりかえって、「気」の観念とどのように出会い、どのようにかかわってきたのかを思い出してみたい。とはいうものの、往時茫々たるものがあって、正確は期しがたいのだが。

では、私は中国思想の研究の出発から、「気」の思想の重要さに気づいていたのかというと、そうではない。私は大阪外国語大学中国語学科を卒業したのだが、そこでの卒業論文は、「胡適の留学時代」という題目であって、旧体制下での士大夫意識からアメリカ留学によって受容したプラグマチズムへと変化する過程を論じたものであって、「気」の思想との関わりには全く関心がなかった。この論文は最近、私の個人雑誌『中国文化研究』第二号（二〇〇〇年一二月）、第三号（二〇〇一年八月）に載せた。京都大学大学院に進学して修士論文として選んだテーマは「魏源の社会思想」であり、清朝末期の公羊学的改革派の魏源が、『海国図志』のような外国紹介の書を著して当時の士大夫たちに政治の危機を訴えたのは、どのような伝統的思想にもとづいていたのかを明らかにしたのであるが、魏源は老子の注釈まで著していながら、「気」の思想には触れていない。主に『古微堂集』を資料として魏源の社会思想を論じたまでである。ただし、この論文は木村英一先生のお計らいで懐徳堂の雑誌『懐徳』に載せていただいた、私にとっては研究者としての出発点となるものである。

私はその後も、近代思想、清末の思想を研究して、康有為の名著『大同書』の訳注を出版した。その冒頭には緒言「人に忍びざるの苦有り」という小題があって、「康子《こうし》乃ち曰く、若《も》し吾が身なくんば、吾れ何ぞ知あらん、而して何ぞ親《しん》あらん、吾れ既に身あれば、則ち身を並ぶるの、気を天に通じ、質を地に通じ、息を人に通ずる所の者と、それ能く絶つ能わざるや。それ能く絶つるや、刀を抽いて水を断つべきなり。それ絶つ能わざるや、則ち気の空《くう》に塞がりてあらざるなきがごとく、電の気に行《めぐ》りて通ぜざるなきがごとく、水の地に周りて貫かざるなきがごとく、脈の身に周りて澈《とお》らざるなきがごとし。山、気を絶てば則ち崩れ、身、脈を絶てば則ち死し、地、気を絶てば則ち散ず。云云」という文章がある。この文を日本語訳しながら、当時の私は、ここでいう「気」の意味が十分に理解できていなかった（『大同書』明徳出版社、一九七六年）。また、「譚嗣同の以太説」という論文を書いて、「以太《エーテル》」＝気という論点を持ち出しながら、やはり伝統的な「気」の観念の十分な検討を行わず、過去の朱子学研究の成果に依拠したに過ぎなかった。

藪内清教授の主宰される京都大学人文科学研究所科学史研究班に参加させていただくようになったのは、正確にはいつごろであったか思い出せないが、たぶん昭和三九（一九六四）年の秋ごろではないか。当時会読していた北宋の沈括《しんかつ》の随筆『夢渓筆談』の訳注を担当させていただき、その中の医薬、音楽その他の科学技術的な資料を読むことになり、また、沈括についての論文「沈括の自然観」を書いて『東方学』に投稿したのである。この時はじめて、ぼんやりとではあるが、沈括がいろいろと「気」の概念を使って自然現象を説明していることに注意するようになったのである。しかし、沈括は奇異な自然現象を「気」の感応だとして説明しているのであって、「感応」原理は身体や天体には及んでいない。

科学史研究班が、明末清初の思想家・方以智の『物理小識』をテキストに取り上げて会読が始まって以来、私は方以智が、身体から天体にいたるまで、この自然世界のすべてを「気」のはたらきや感応作用で説明しているのを知って目を見張る思いだった。「一切は気の為すところである。空《くう》も皆気で満たされている」「虚は固《もと》より気である。形をもつものもやはり気の凝縮してできたものである。ただしそれは一気でありながら水火・陰陽の二行（要素）が相互に影響しあってつくられたのである」と論じて、天空に輝く日月五星から、空中の電雷、雲雨などの気象、地上の人間を含む動植物、地震、潮の干満など、あらゆる自然界の現象をすべて「気」の作用、「気」の感応で説明する。もちろん、それはキリスト教の説く、唯一の神が運動の根源だとする自然観に対決しようとする方以智の立場を示しているのであるが、しかし、このような立場は突如として現れたのではない。長い伝統的な自然観を背景としているのである。特に北宋の張載や沈括、南宋の朱熹の自然認識を受け継いで、それらを極限にまで展開させたのである。さらに元代の医学思想や明代の仏教思想に流れる尊火論の影響も考えられる。いずれにせよ、天地人を貫通する気一元論を完成させて耶蘇会士の伝えたキリスト教的自然観と対決し、士大夫知識人の思想的動揺を防ごうとしたのである。方以智と同時代に『本草綱目』を編んだ李時珍は、その金石部で「石は気の核である」と断じ、「気」のさまざまに変化したものが金石玉鹵だとしていることで分かるように、やはり「気」一元論である。また、博物書『天工開物』の著者・宋応星も気一元論であったことは、近年発見された刊本佚書『論気』に明確に論じられている。すこし後の一九九〇年のことだが、放送大学の番組で「比較思想・東西の自然観」の中の一項目を依頼された時に、私は「方以智――ヨーロッパと対決する『気』の哲学」と題する講義を行ったのであるが、再度の放送（一九九四年）では、「方以智――ヨーロッパと出会った『気』の哲学」と改題した。というのは、岡本さえ「『気』――中西思想交流の一争点」（『東洋文化』第六七号、一九八七年。いま『近世中国の比較思想・異文化との邂逅』東京大学出版会、二〇〇〇年に所収、その第一部第五章）という、この明末清初の耶蘇会士との接触を扱ってシャープに論点をえぐりだした論文に接して深い感銘を受けたからである。岡本氏は、「気」というフイルターの両面、すなわちヨーロッパ文化を受容するのを容易にした側面と、それに反発した側面とを論じている。おそらく方以智についても、西学に対してふたつの側面が考えられるだろう。例えば、思考活動の場を「心《しん》」だとしていた黄帝内経医学から抜け出て、「脳」だと指摘したのは、西学を受容したからであった。

昭和四四（一九六九）年以降は、藪内清先生の後継者・山田慶児先生の主宰される科学史研究班が出土文物や『黄帝内経太素』の会読を始めたので、私もこれに参加させていただき、もっぱら中国伝統医学を勉強することになった。この分野の勉強は、今日の私の学問的評価の基礎となっている。つまり、この時から医学・養生思想の本格的な研究が始まったのである。最初の論文「導引考」（一九八〇年）は馬王堆漢墓出土帛書「導引図」を考察したものであるが、養生思想や神仙思想との関わりをも視野に入れることになって、老荘思想をとらえなおすきっかけとなった。次に講座『道教』第一巻（平河出版社、一九八三年）に掲載した「長生術」では広く神仙思想と養生術との関係を考察することを試みた。さらに科学史研究班で会読していた正史方術伝から、「方術伝の成立とその性格」（一九七八年）という論文を書くことができた。そして、この論文から発展して風占い、望気術、相人術などの論文を書くことができた。

一方、『黄帝内経太素』の会読から、『医心方』へと関心が向かい、その養生篇に見える彭祖という仙人、張湛『養生要集』へと関心が拡がることとなった。こうして、このころには、私は明清時代や近代の思想の研究からは離れてしまい、もっぱら道教や医学・養生思想の研究に没頭するようになった。

中国思想を人々の身体や信仰、人々を取り巻く自然との関連で捉えることの必要性を感じてきたのである。そこで、当時ブームになりかけてきていた気功や太極拳にも目を注ぐようになってきたし、西洋哲学の新しい流れであるミッシェル・フーコー、メロル・ポンティなどのような新現象学の訳書を読んだり、J・ユングの心理学の著作を読んだりして大いに刺激されて自身の身体論的思考を築こうとしていた。筑波大学の湯浅泰雄先生からの依頼で、『理想』に書いた「神仙思想の身体観」（一九八三年）はまだ未熟ではあるが、そういう思索の成果である。ここで一つつけ加えたいのは、科学史研究班に京大の中国哲学史専攻学生が、私の後を追って次々と参加するようになったことであり、このことは特筆しておきたい。

昭和六〇（一九八六）、六一（一九八七）年度の二年間、科学研究費総合研究（A）による二一名からなる共同研究「中国古代養生思想の総合的研究」は、私自身にとっては道教の内丹、外丹の研究へ接近するきっかけとなる刺激的な機会であった。自画自賛のようになるが、わが国の道教研究の流れを変えるという成果があったと思う。この共同研究は『中国古代養生思想の総合的研究』（平河出版社、一九八八年）として出版されている。今、アメリカのボストン大学で道教を教えているリビア・コーン教授が、この共同研究の成果に注目してくれたし、後年、在外研究員としてフランスの国立高等研究学院でクリストファ・シッペールらと共同研究に従事した時も、フランスの道教研究者たちは、この著作のことをよく知っていて好意的に接してくれた。さらに、このころから、医学古典の影印本を出版している大阪のオリエント出版社との関わりができて、本格的に中国医学の古典を研究するようにもなった。「孫思邈における医療と道教」（一九八九年）、「『医心方』における医療と道教」（一九九四年）、「肘後方、中蔵経、蝦蟇経」解説（一九九四年）、「葛洪の医薬観と『肘後備急方』」（一九九六年）のような論文はこういう事情で書かれた。

一九八八年一一月一、二日、東京・日中友好会館などで筑波大学の湯浅泰雄教授などの主宰で開催されたシンポジウム「気と人間科学」もまた、非常に刺激的であり、私は「『気』の自然観」という発表を行った。中国の気功師による外気功の表演は驚異であった。気功と密接な関係が生じたのは、これ以後のことである。国際気功会議、関西気功協会、いずみ健美倶楽部、アーティ気功の会などから「気」についてのお話を依頼されるようになった。一三年前、一九九一年六月一五日、東京のプレスセンタービルで人体科学会の設立総会が開催された時、やはり湯浅先生に誘われて創設に参画した。同年一一月一、二日、昭和女子大で第一回大会が開催されたのであるが、それ以来、ほとんど毎年参加し、時には発表した。二〇〇二年にはついに関西大学で開催することができた。長い間いつも、いつかは関西大学で大会をと願っていたのだが、多くの方々のご協力によって、やっと実現できたのである。喜びひとしおである。

ところで、こうした「気」にかかわる問題を研究していると当然、いわゆるニューサイエンスと呼ばれる物心二元論を克服しようとする立場に興味をもつのであるが、私もF・カプラ、D・ボームらの著作を読んだり、わが国では国際基督教大の石川光男教授（物理学）の著作から多くの刺激を得ることがあった。当時、日仏協力筑波国際シンポジウム「科学技術と精神世界」が開催された（一九八四年）。その内容はその後、青土社から出版されているが、国内外の科学者や哲学者が集まった討論であって、その討論の一部は配布プリントで知った。これもショッキングなことであった。

しかし一方で、左翼の哲学者、科学者たちは、こういう傾向がますます拡大することに対して真っ向から批判を加えてきたのである。ニューサイエンスは「反科学論」であり、全体主義へつながるもの、日米安保体制へひきずりこむものなどと、すさまじいまでの批判であった。その主張は日本共産党系の哲学雑誌『科学と思想』（季刊、新日本出版社）一九八八年冬季号（第六七号）が特集「ニューサイエンスとその周辺」として組んでいるのを参照されたい。今でも「気」を中心とした中国思想の研究に冷ややかな視線を向ける学者が学界に多いのは、よく理解できる。たいていは左翼系なのである。

風水もまた、「気」の方術である。大地を流れる「気」に関心を抱くようになったのがいつごろからなのか定かでない。一九九〇年秋、沖縄で開かれた全国風水研究者会議（代表は東京都立大・渡邊欣雄教授）に誘われて参加し、沖縄の風水の実情を知り、翌年一二月と九二年一二月の二回にわたって、市川国際奨学財団の費用で台湾客家の住宅風水を調査し、一九九二年夏には日本学術振興会から韓国に派遣された機会に墓風水、都市風水を実体験した。

風水の調査は、風水だけに止まらず、それを背景としている宗族制へと関心が拡がった。宗族的な人間関係はやはり「気」のつながりである。宗族という父系血縁共同組織のシンボルは宗譜である。中国人の思考と行動の規範となっているのは、宗族的人間関係であることに近ごろようやく気づいたのである。一昨年と昨年（二〇〇二、三年）と、東南アジアの華人街を調査して、たびたび目にしたのは、宗親会事務所や会館であった。宗親会は主に同姓（血縁のあるなしにかかわらない）の結合組織である。会館には種々あるが、東南アジアで今日多く見られるのは地縁的な結合組織である。それは同時にしばしば同姓である。このような組織であってこそ、「気脈」が通じて、相互扶助が可能になるのであろう。中国人の民族性について、しばしば他人に冷淡だとか、逆に親切だとか評される。このような相反する評が出てくるのは、「気」の通ずる関係にあるかどうかにかかわっているように思われる。ただし残念なことに、最近では「向銭走」であってこそ「気」が通ずるという傾向におちいっているようだ。それはともかくとして、中国人との話題に、しばしば人間関係が登場してきて、彼らの思考に首をかしげることがある。誰と誰とは親戚だとか、師弟関係だとか、大学での先輩後輩の関係だとかを口にのぼせる。彼らにとっては、そういう知識のあるなしが重大事らしい。

中国思想、特に儒教の根幹をなしている観念が「孝」だということは、多くの指摘のある通りであるが、祖先祭祀や宗族継承としての「孝」と同時に父母の讐《あだ》への復讐もまた「孝」であることは、早くは桑原隲蔵「支那の孝道殊に法律上より観たる支那の孝道」（一九二八年。今、『中国の孝道』講談社学術文庫、一九七七年）が、

儒教は元来復讐を是認する。あるいは「父の讐はともに天をいただかず」（『礼記』曲礼上）といい、……さらに『公羊伝』には、「君弑せられ、臣賊を討たざるは臣にあらざるなり、復讐せざるは子にあらざるなり」と述べてある。要するに儒教は復讐を是認するのみならず、さらに進んで復讐は至親に対する一種の義務とさえ見倣している。

と喝破している。右書は広く読まれているにもかかわらず、そして儒教研究者は『礼記』や『公羊伝』の引用文を知っ

ているにもかかわらず、どうしてか儒教の復讐的側面にあまり触れたがらない。二〇〇二年一〇月、国際シンポジウムで私は、宗族制の共助的側面とともに苛酷熾烈極まりない競争的側面があることを論じたことがある（「気の世界に暮らす人々——宗族・復讐そして呪符」『東と西の文化交流』関西大学東西学術研究所、二〇〇四年）。儒教や宗族制が中国人の思想と行動の根底にあり、さらにその根本に「孝」の観念があるとするならば、事の影響するところ、今日の中国人さえも、この「復讐」の観念を胸中に抱いていて、わが国の首相の靖国神社参拝への執拗なまでの攻撃非難につながっているのではなかろうか。日本人と中国人とでは所詮「気脈」は通じあっていないのである。

ところで、私は学術振興会の科学研究費で平成一二、一三、一四年度の三年間かけて「道教的密教的辟邪呪物の調査・研究」という課題による海外調査を行った。一二年度は台南・高雄で調査し、さらに厦門・泉州・漳州・香港・澳門を調査し、一三年度は東南アジアのバンコク・ペナン・マラッカ・クアラルンプールの華人街を調査し、加えて金門島と鹿港をも調査して、呪符のほか風獅爺などの呪物をビデオやカメラで撮影した。一四年度は、マニラ・シンガポールの華人街を歩いてまわった。この呪符についても、それは単なる呪文の書かれた紙ではなくて、符法師の「気」がこめられているという観点から、早くから研究を進めていた。一九九〇年一〇月、近鉄奈良・歴史文化教室で「日本の呪符と道教——鎮宅霊符の信仰と妙見信仰」というお話をしたが、それ以前から台南に行く度に安平街で辟邪呪物を見て一驚していた。まるで清朝時代にタイムスリップしたかのような錯覚を覚えたのである。街路や民宅の門上に置かれる呪符その他の辟邪呪物がいたるところで見られたからである。それ以来、呪符についての欧米人の研究を読んで呪符の図の解読を考えたのであるが「道教的密教的辟邪呪物の調査研究」を行いたいという思いがつのっていた。ただ、いざ実現してみると、この調査研究をどういう風に進めるのか、その成果をどのように整理すべきか、特に呪符をどのような方法で処理すべきなのかが問題である。このごろようやく呪符研究の方法論がいくらかは見えてきた。そこで、出版補助金によって本年度には出版する予定であり、私は「呪符の歴史——後漢末より魏晋南北朝まで」「後漢・魏晋南北朝時代の出土資料に見える呪符」「太平経に見える呪符」「抱朴子に見える呪符」「敦煌出土の呪符」という五項目を担当して執筆した。これら古代の呪符が現在見られる呪符一般とどうつながっていくのか、空白の部分はあまりに多い。

一方で、宗族制の中で道教はどのような関わりかたをしたのか、具体的には血縁的結合の中で道士がどのようにして出てくるのか、特に出家道士はどのような形で出てくるのか、その社会的地位はどうなのか。唐代の小説などを資料にして調べてみたいと考えている。

もうひとつの課題は、「気」の対立観念としての「理」の問題である。それは宋代の朱子によって体系化される。しかし、漢代以前ではまだ「理」の観念はあまり重い意味をもっていない。「道」の意味の重さには比べられない。ところが、両漢時代を支えていた儒教的理念が崩壊を始める魏晋時代になると老荘的な思想家が台頭し、例えば郭象によって「理」の観念が重視され、さらに漢訳仏教経典の注釈を通じて「理」にいっそう重い意味が加えられるようになる。これは中世思想の一大変化であろう。そしてやがて宋代の理学へ受け継がれていく。そういう過程も考えてみたいと思っている。この問題は今、中国思想史の授業で話しているところである。

また別の新しい課題に出くわした。これまで私は、身体や生命を運動するものとしてではなくて、いわば static なものとして考察してきた。それは中国の伝統医学、黄帝内経医学に導かれて考えてきたからである。黄帝内経医学は一言でいえば、五臓の「気」の過不足のない状態（平）を健康だとする考えである。しかしながら、人間の身体や生命は「運動」するものとして捉えられるべきである。黄帝内経医学から運動する身体、生命という、いわば dynamic に身体を捉えるという視点は出てくるのかどうか。そこで試論として「中国思想における身体と運動」（『身体運動文化』第三号、二〇〇四年）を書いてみたのであるが、こういう視角は、近代の我々にとって非常に重要な問題であろう。

この問題と関連するのであるが、日本の江戸時代の幕末に「気」の観念を根底に置く思想家が幾人か現れた。古学派の伊藤仁斎や貝原益軒、あるいは三浦梅園、帆足万里などである。梅園は明末の方以智の『物理小識』、游藝の『天経或問』から深く影響を受けている。そして杉田玄白の『解体新書』は梅園の説に刺激されて人体の構造を考察している。彼らの「気」の捉え方は方以智とはかなり違っているように思われる。どこがか。思考活動の場を脳だと指摘したのは、方以智であるが、彼はそれ以上には進まない。梅園はそこからさらに身体を活動するものとして考察しているように見える（『元炁論』の運動についての説明）。彼を継ぐ帆足万里の『窮理通』（一八一〇年）はオランダの物理学者ミュセンブルークの『自然学の階梯』にもとづく博物学書であるが、彼は世界のすべてを運動するものとして考察している。彼のキーターム「発気」という概念にすでに「気」は運動するという認識があるようだ。運動というのは、彼の場合、循環的変化ではない。中国哲学での「運動」には無限の変化という認識はないのではないのではなかろうか。青地林宗の『気海観瀾』（一八二五年）も、ボイスの『一般自然学教科書』からの翻訳である。彼も「気」をキータームとして自然現象を説明するが、彼の場合、すでに宋学や古学におけるような自然哲学的な意味合いは失われて、ほとんど近代的な科学用語に対して、単に「気」を修飾的に置き換えた（「〜気」のごとく）に過ぎない。すなわち、ここでは中国から借用した「気」の観念は全く終焉している。すでに述べておいたように、日本では漢字としての「気」の観念は輸入されたが、その背景としての自然学的な考察、観測などはほとんど行われず、また社会的実体としての宗族制は採用されなかったのであるから、「気」の観念が消滅するのも速い。かろうじて、情緒的な語彙として残っているに過ぎない。

私の四〇年余りの研究者生活を振り返ってみると、若いころの近代思想研究では清末・民国初期の科学技術史をいくらか開拓して後学の者に道をつけておいたが、近年ようやく語学と化学史の専門家が引き継いでくださるようになった。「気」の思想については、山井湧・福永光司『気の思想』（東京大学出版会、一九八九年）が先鞭をつけているとはいうものの、ほとんど儒教経典の範囲内にとどまっていて、術数的な文献にさえ踏み込んでいない。まして、天文や医薬など科学技術の分野は無視されている。私は術数と医薬をも含んで、「気」の観念が中国思想の基礎をなしていると考えて、色々な側面の研究を進めてきたが、それなりに日本の中国学の流れをいくらかは変えることができたと自負している。

現在進めている呪符の研究。呪符もまた符法師の「気」が吹き入れられてはじめて効力をもつのである。やはり「気」の観念を中心とする研究の延長上にある。呪符について欧米人は関心や好奇心をもつが中国人や日本人はほとんど関心をもたないようである。呪符研究もまた、新分野の開拓であって、私の後に誰か若い研究者が続いてほしいと願っている。

このごろ私は中国哲学研究者が、日本の社会で次々と生起している深刻な問題について何らの考察も発言も行っていないのは研究者として無責任ではないだろうか、と感じている。たとえば環境破壊、大気汚染、家庭崩壊、生命倫理など。前世紀末以来、重大な社会的危機、あるいは転換期が差し迫っているにもかかわらず、中国哲学の研究者は黙したまま語らないのである。

一例を挙げると、生殖医療。例えば第三者からの精子提供による人工受精（ＡＩＤ）、凍結保存精子による死後出産などの問題は社会倫理や生命倫理を崩壊へ導くと思われる。クローン人間の実現の問題もまた然りである。

このような深刻な危機状況は、中国哲学と無関係であるはずがない。西洋哲学、印度哲学や倫理学、宗教学などの分野の研究者たちがいろいろな場で発言しているのに、どうして中国哲学の研究者は自己の哲学の根本にかかわる問題として受けとめないのであろうか。哲学する（philosophiren）とは、中国哲学にとって不必要な、あるいはナンセンスなことであろうか。

私は日本学術会議哲学研究連絡委員として、毎年一二月に行われるシンポジウムを六年間聴講させていただいて、以上のような思いをつのらせていたのである。ところが、ごく最近出版された、石田秀実『気のコスモロジー――

内部観測する身体』（岩波書店、二〇〇四年）は私の憂いを吹き飛ばしてくれた。中国哲学の研究者の中から、真にphilosophiren する学者が登場したのである。それは戦前の（あるいは戦後にもままある）憂国の志士がふりかざす政治哲学ではない。中国思想を身体論的に考察しているのである。こういう視点こそ私が待ち望んでいたのである。後生畏るべしである。

以下には私が一九九九年九月二八日、韓国・釜山《プサン》で開かれた国際精神運動「気」シンポジウムで報告した「『気』の自然観・生命観」を引用して、近年到達した「気」の観念についての定義を与えておきたい。ここで提示した考えも、訂正する必要に迫られていることは、上述の通りである。

一、近代科学の自然観・生命観

私たちは近代科学、すなわち一六、一七世紀の「科学革命」によってもたらされた科学技術的成果のおかげで毎日の生活が成り立っている。例えば電車、自動車、汽船、医療等々がそうである。ところで、「科学革命」の自然観の特徴は、一言でいうと力学的機械的に自然を把握するのであり、それは同時に、自然界から唯一の神の支配を排除する、あるいは神の支配から脱却しようとするものであった、と言える。自然界では、それ自体のもつ固有の力学的運動法則が支配していると考えるのである。このような問題をもうすこし分けて考察してみると、大きく四点の特徴を見いだすことができる。

第一に、自然界のあらゆる存在は部分から成り、部分の総和として形づくられている。したがって、逆にいうと、あらゆる物質は分割できる、という考えかたがある。この点は後でもうすこし詳しく説明を加えたい。

第二に、あらゆる運動には因果律（Causal Principle）が働いている。つまり、ある一定の原因があれば必ず一定の結果が生じる。しかも、同じ原因・結果を生じるならば反復が可能であることになる。したがって物理的化学的実験による検証ができる、ということを意味する。

第三に、自然界のあらゆる対象は数量をもつものとして計測されうる、という考えかたである。ここで計測されうるとは、電子顕微鏡をも含めて可視的なものには限らない。現代では電磁波、脳波、光波なども数量として計測されていることを想起されたい。この点は、後で再度取り上げる。

第四には、認識主体は客体のありかたに関与できない、つまり、対象の客観化という考えかたである。この問題は「気」の思想を考える時に、特に重要であるが、近代科学に慣れた私たちには自明のことになっているだろう。

さて、第一の問題をもうすこし説明してみよう。私たちは、自動車とか時計とかテレビとかの機械製品を日常利用している。このような機械は、エンジン、ギア、タイヤ、ねじ、歯車、ブラウン管などの部品からできていて、そのような部品の総和したものが力学的に働くことで運動し、我々が利用できるのである。物質はさまざまな元素、さらには分子の総和として存在し運動している。人体についても同様に、脳とか手足とか耳目、心臓、腎臓等のさまざまな器官や臓器の集合したもの、あるいは多くの細胞から成り立つと考えられている。このような部分の総和という考えかたは最近の医療にはきわめて明確にあらわれている。総合病院は多くの診療科目に分かれていることは、誰もがよく知っている。ここに日本のある総合病院の診療科目を掲げてみよう。内科、神経内科、消化器科、循環器科、呼吸器科、内分泌センター、精神科、小児科、外科、整形外科、脳神経外科、皮膚科、泌尿器科、産婦人科、眼科、耳鼻咽喉科、歯科、放射線科の合計一七科に分かれている。このうち、内分泌センター、産婦人科、小児科、放射線科を除くと、この病院に一四の診療科目があるということは、診療体系の問題にとどまるのではなくて、身体を大きく一四の部位に分割できるという考え、また逆に身体は一四の部分から成り立っているという考えの反映でもある。こういう考え方は、この病院だけでなくて、今日の近代的医療を実施している病院はすべて同様である。

この部分に分割できるという考え方はさらに、部分は取り替えが可能という考えを導く。あたかも、車のエンジンが故障したら、エンジンのどこかの部分あるいはエンジンそのものを取り替えれば車は正常に作動するはずだ、という考え方と同じ発想である。今日の医療はまさしくそういう方向にひたすら進んでいるのであり、心臓移植、腎臓移植などの臓器移植がごく当然のこととして行われているのである。

二、「気」の自然観・生命観

中国で「気」の観念は、文献的にいつごろまでさかのぼれるだろうか。遠く殷時代の文字資料である甲骨文には見いだせない。最も早いのは、おそらく西周時代末期、前八世紀ごろの政治的事実が記載されている『国語』周語であろう。そこには「天地の気」「陰気」「陽気」の不調和が自然界の異変の原因だと記されている。ここには、後で述べる天人相関説、つまり「感応」の考えの萌芽も見えるのである。また、身体の「気」についても、食物を摂取することによって身体が充足されると説明されている。春秋時代（前八世紀後半から前五世紀）になると、孔子の言行録である『論語』の中に「若い時は血気がまだ安定していない。老人になると血気は衰える」という言葉が出てくる。孔子はいうまでもなく儒教の開祖とも言うべき人物である。

いったい、中国思想は儒教であれ、道家の老子や荘子であれ、また道教であれ、「気」の観念を共通の基礎としている。例えば儒家の正統的継承者である孟子（前四世紀）は「気は身体に充満しているものだ。自分の意志を固く守って、気を暴発させてはならない」と説いている。一方、老子も「気を乱さないようにすれば、身体は柔らかくなり、嬰児のように思慮がなくなる」と言って、無為の状態を説明している。孟子も老子も、人の身体や精神の根源を「気」だと考えていたのである。

人間の身体だけが「気」で成り立っているのではない。生命あるものすべてが、「気」をその生命の根源としているのである。荘子（前三世紀末から前四世紀）はいう。「万物は私と同じだ」と。つまり、「気」を存在の根拠としているという点で、万物は人間と同一なのである。

生命あるものばかりではない。この宇宙の間にあるすべての存在が「気」から成り立つと考えられている。「およそ物の精気は、下は五穀を生じ、上は列星となり、天地の間をめぐると鬼神と呼ばれる」（『管子』内業篇）。

やがて前漢時代初め、前二世紀ごろになると、「気」の様態は、かなり体系的に説明されるようになる。「空間に充満している元気のうちの澄んで明るいものが浮上して天ができ、重く濁ったものが凝固して地ができ、やがて天地の精気が交わって陰陽二気に変化し、その二気の偏りかたで四季ができ、四季それぞれに気を散布して万物が生じた」（『淮南子』天文訓）と。この時代になると、単なる「気」ではなくて、より根源的な「元気」の概念にまで深化していることが分かる。おそらく当時の「黄帝内経医学」の成立と関わっていると推測される。

ともかく戦国時代から前・後漢時代（前四世紀から後二世紀）にかけて、「気」の観念の大きな枠組みはほぼ完成したといってよい。それは、この時期に黄帝内経医学、本草学（薬物学）、天文気象学（実は占星術や望気術などの呪術）が発達したからである。最近、大陸の各地で出土した考古資料、例えば湖南・馬王堆漢墓から出土した「五十二病方」「足臂十一脈灸経」「天文気象雑占」、あるいは湖北・張家山漢墓から出土した「脈書」などによって、この時期に医薬学や天文学が急速に発達していたことが明らかになった。そして、前漢時代になると今日まで受け継がれている「黄帝内経」の原型が成立し、また、いくつかの『本草経』が編集された。天文学では、天円地方を説く蓋天説が、前漢時代になると、渾天説すなわち鶏の卵のように穀《から》を天（天気）、中の卵黄を大地と見なす宇宙構造論が登場する。

かくて体系をととのえた「気」の観念は、その特徴を次のような五点に整理できる。ただし、それらの特徴は互いに関連しあっている。

第一に、生命体、非生命体を問わずともに「気」から成る、と考えられている。星も「気」であり、鉱物も「気」である。一二世紀、宋時代の哲学者・朱子は星を「気」だと考えていた。また、一六世紀、明時代の本草学者・李時珍は薬石はすべて「気」から成ると論じている。つまり、これらのものは「気」の凝集したものなのである。

第二に、「気」は宇宙に充満しており、始めも終わりもなく、連続していて分割できない。『管子』内業篇には「気は天地の間にあって、その大きいことは外というものがなく、小さいばあいでも、内というものがない」という説明があるが、この考えを承けているのが、一一世紀、北宋時代の哲学者・張載であり、こう言っている。「気は太虚（はなはだしく空虚）な空間に限りなく満ちていて、運動変化していて、いまだかつて休止したことがない。陰陽の二気が感応し、凝集や散布することによって、風雨や雪霜となる」「太虚とはいっても、そこに気はいつでもどこにでもある。気が凝集すると万物ができる。その形が滅ぶと散っていって太虚に帰る」と。ここには、「気」の運動の循環的変化が説明されているのであるが、この変化は「聖人」のしわざや配慮ではない。張載が「やむをえないで、そうなる」と言っているように、自律的で必然的な運動なのである。この点では、中世キリスト教が運動を神の最初の一撃によるものだとしたのとは、根本的に異なる。むしろ前に述べた近代の「科学革命」の立場に似ている。さらに、この運動は「自然無為」なものであって、なんらの目的もない。キリスト教のように神の世界の実現のためのものではない。

第三に、「気」の連続性ということと関係があるのだが、部分と全体とは相互に関連しあっているという点であり、このことは近代科学の自然観と根本的に異なる点である。鍼灸医学の身体観において、この点は明確に現れている。鍼灸医学の診断法は、望診、聞診、問診、切診の四種あるが、望診で患者の顔面を見て診断を下すのは、顔面部の体表上に現れている「気」の状態にもとづいて身体全体の状況が把握できるという考えかたである。以下、聞診は患者の発する音声やにおいを聞く、切診は脈診のことで、動脈（脈の拍動している部分）の拍動のしかた、浮・沈・数《さく》・遅などの状況で内臓の「気」の状態を診断する。寸口脈とか人迎脈に身体全体の状況、つまり血気が反映しているという考えかたである。けっして部分が部分だけで切り離されているのではない。部分に全体が反映されている、あるいは部分と全体とは切り離せない、というのが「気」の身体観である。

第四に、世界に終末が到来しても「気」は滅びることがないから、かならず再生する、という考えかたがある。『隋書』という隋時代（六世紀末から七世紀初）の歴史書に、道教における天地崩壊や劫数（Kalpa）の終わり（終末）が説かれている。劫は四十一億年に一回のサイクルで到来して天地が崩壊するのであるが、道教の最高神「元始天尊」（気から成る）は不滅であり、この最高神から秘密の道を授けられた者「種民」だけが天界の聖なる山、玉京山に住むことができるという説である。キリスト教やユダヤ教の終末論に似ているが、劫の後に到来する再生は、循環的な「気」の運動の一プロセスと考えられる。

第五に、「気」の循環的変化は近代科学のように因果律による説明ではなくて、感応作用にもとづいている、と説明される。『周易』という儒教の経典に対する唐時代、七世紀の学者・孔穎達の注釈に、感応の概念が明確に説明されている。「天地の間にあるものは、共に相感応し、おのおのその気類に従っている」「感とは動くということ、応とは、その報いである。すべて先になるのが感で、後のものは応である」と。前漢時代、前二世紀ごろの学者・董仲舒は天人相関を説明していう。「天もまた喜怒の気、哀楽の心をもっていて、人のばあいと同じであり、同じ類であるがために合せられる。天と人とは一体なのである」と。『老子道徳経』の注釈書である『老子河上公注』は、後漢時代の後半、二世紀ごろの成立と推定されるが、その中に次のように説かれている。「天道は人道と同じであり、天と人とは通じ合っており、それぞれの精気は貫通し合っているのだ」と。そしてまた、「気」の修練について論じている。「人君が清浄であるなら、天の気はひとりでに正しくなる。人君が情欲が多ければ、天の気は濁る。天下の吉凶・利害はすべて人君のありかたによる」と。ここでは君主による「気」の修練が強調されているが、一般的に拡大するならば、「気」の修練は重要な意味を示唆しているのではなかろうか。私たちの「気」も修練によって変化させられるのである。また、自然界の「気」も変化させられるのである。ここには、現代に生きる私たちに有用な観点が提示されていると、私は考えている。

【付記】

『鍼灸OSAKA別冊ムック（総特集・東洋の身体知）』第一巻第一号（森ノ宮医療学園出版部、二〇〇四年六月）に、浦山きか氏による筆者のインタビュー「『気』から中国思想を読み解く」が載せられている。これは二〇〇一年五月一一日にお話ししたものであるが、本稿の内容と相補う部分があるので参照していただければ幸いである。

中国思想における身体・自然・信仰——坂出祥伸先生退休記念論集◆目　次

Ⅰ　身体

Ⅱ　自　然

Ⅲ　信　仰

Ⅳ　思想の諸相

I 身体

テクストの身体化——読書行為史の一素描

山口 久和

一、読書行為の歴史性

近年、シノロジーの世界では、傑出した知的エリートとその古典的著作をのみ通して中国思想史を語ることへの学問的反省が盛んに叫ばれている。(1) こうした反省の方向に、道教や民間信仰といった非正統的な知の研究、思想史の周縁的人物への学問的関心等が顕著となってきている。このこと自体、学問の進歩を物語るものであり、斯学の慶事と言わねばならないが、従来の「古典」研究と現今の異端的周縁的なものへの学問的関心の間に大きな未開領域があることを忘れてはならない。それは「古典」を産出した側から記述する思想史ではなく、「古典」を享受し消費する側からみた思想史、すなわち「古典」テクストの読者の読書行為の歴史的記述作業である。

一口に読書といってもその個人差は千差万別である。テクストの表層を撫でるだけの読書もあれば、眼光紙背に徹する読みもあり、またテクストを媒介にして自己を語る主観的読みもありうるであろう。しかし読書行為を通して中国思想史を語ろうとするとき、読書行為の個人差よりも読書行為の時間的変遷がまず問題とされねばならない。

読書とはテクストを対象とする理解行為であるが、この理解行為の歴史的変遷の中に四つのパラダイム——「声の文化」「文字への定着」「テクストの身体化」「テクストの消費」——の交替を想定することができる。

まず理解行為が音声を通じて行われる「声の文化」[2]がある。文字によって音声を書き記す以前の「音声の世界」にあっては、物事の理解はわれわれが日常慣れ親しんでいるのとおよそ異なった形態を取る。耳を通して入ってくる音声（聴覚映像）は瞬時に消滅し後に何の痕跡も留めないから、音声による理解には反省意識を伴わない。言い換えれば、音声による理解は原則的にすべて「分かる」のであり、「分からない」という自覚は生じない。そもそも「分からない」のは、内容の提示と理解の間に生じた時間のずれ（タイムラグ）に反省意識が働くからである。永続可能な文字によって内容が提示される場合（テクストを読む場合である）、「分かる／分からない」は自覚的である。しかし一過性の音声によって内容が提示される場合、聴覚映像を受け取ることがそのまま理解となり、「分かる／分からない」が顕在化しないのである。また一過性ということから、音声によって与えられた知識は概念化、構造化されることなく同一次元の並列として処理される。

もっとも典型的には、孔子と弟子の問答を記した『論語』の中に「声の世界」の痕跡を垣間みることができるであろう。そこでは階層化されずに同一次元に並置されたままの知識や情報が、反復と冗漫を伴って提示される。[3]孔子学園では、教学が主に音声によるコミュニケーションを通じて行われていた証拠がここにある。

ついで声によって伝達されていた内容が「文字への定着」によってテクストとして再生される。書かれたテクストを読む読者は、同じテクストの内容を耳で聞いていたときと比べると、「分かる／分からない」の区別を鋭敏に意識するようになる。この意識は、名物訓詁といった事柄的知識が問題となる場面ではより一層顕著にあらわれてくる。漢代から陸続として作られた伝・注・箋・解・説といったコメンタリーはこの「分からぬ」意識のあらわれである。

しかしテクストの「大義」が関係したり、著者の意図を理解したりすることが要求される場面では、分からないことの自覚はあまり意識されることはない。漢字の語義や文章の解釈がテクストの細部だけにとどまらずテクスト全体にまで及んでいく段になって、始めて読者は分からないことを鋭敏に意識するようになる。理解の手がかりをテクストの外面因子（言語表現）にだけ求めることができなくなると、読者は自分（内）の中にテクスト（外）と相関する何ものかを想定し、その相関物を媒介にして内外の疎通を図ろうとする。それは時には「意」と呼ばれたり、また「人情」と呼ばれたりするが、そこにはテクストの「内在化」「身体化」が起こっているのである。指先の痛みが知覚されるように、自分の中にテクストが身体化されたとき、それがたとえ他者の精神の所産であったとしても理解可能な対象となるのである。

読書行為の最後のパラダイムは、「テクストの消費」である。テクストが伝達する限りのものを、テクストから、テクストを通じて引き出す。何も足さない、何も引かない。テクストはその意味を消費されてそれで終わり、である。テクストの物神化も起きなければ、テクストの身体化も行われない。典型的には清朝考証学者の読書スタイルがそれである。(4)

以上、読書パラダイムの変遷を概観したが、紙数に制限があるので、本稿では第二のパラダイムの注釈行為の発生から第三のパラダイム「テクストの身体化」への移行を取り上げて読書行為の変遷史の一端を論じることにしたい。

二、中国語の孤立語的性格と読書行為の関係

音声言語によって伝達されていた内容が文字によって定着されると、人々はつねに「分からない」という自覚を伴って「読む」という行為を遂行する。テクストの読みには本質的に注釈行為が伴うということである。漢代になっておびただしく生まれた経書の注釈は、テクストの文字による定着がいかに「分からない」意識を鋭敏化させたかを物語るものである。

ところで漢代の注釈の特徴はその簡潔性にある。(5) 漢代の学者が簡潔な注解だけで用が足りたのは、彼らが総じて聡

明であったからであると説明される。じつのところ、漢代以降の注釈の簡潔性の説明は中国語の孤立語的性格に求めねばならない。古典中国語は形態素の独立性が非常に強固なので、長い言述（文章）よりも個々の形態素（漢字の一字一字）が注釈の単位となりやすい。

一例を挙げてみよう。皇侃の『論語義疏』は学而篇の「子曰、学而時習之、不亦悦乎」章をつぎのように注解する。「〔云不亦悦乎〕亦は猶お重（重複の重）のごとし。悦とは、欣暢を懐抱するの謂いなり。言うこころは、学ぶを知るは已に欣ぶべしと為す、また能く修習して廃せず、是れ日び其の亡き所を知り、月ごとに其の能くする所を忘るる無ければ、弥よ重た欣ぶべきと為す。故に『不亦悦乎』と云う」。

「不亦〜乎」は全体で反語、詠嘆を表す句法である。しかし皇侃は「亦」だけを取り出し、重ねて、の訓詁を与え、二重の悦び、と解釈している。この章句の場合、「不亦〜乎」が意味を負荷する最小の単位（形態素）であるべきところ、「亦」がしばしばそれ一字で形態素として機能するところから、王侃は「亦」だけを抽出して解釈するという誤りを犯したわけである。

「亦」のようないわゆる虚詞（助字）の意味を明らかにするには、実字の場合と異なって、詞と詞の実際の運用中の相互関係からその働きを説明するしか方法がない。すなわち「亦」の統語論上の機能を問題としなければならない。(6) 中国の伝統的な言語学（小学）において、実字の訓詁学が早くから発展したのと較べると、虚詞の研究が格段に遅れたのは、形態素の独立性が余りにも強く統語論的意識の発達をつねに妨げたからである。

テクストの解釈に際して形態素の一つ一つに着目する、いわゆる名物訓詁の学は統語論的意識が希薄であることのあらわれである。テクスト細部の読みの総和がテクストの意味としてそのまま提示される。この注釈の細部への固執は百科全書的知識をもたらす。唐の『五経正義』のように、後世の経書注解は経書テクストの注解であるばかりでなく、儒教と古代文化に関する百科事典として機能するようになった。経書テクストの文言は、後世の注釈者にとって

は、彼らの博識ぶりを誇示してみせる格好の舞台であった。(7)

三、テクストの言語表現から著者の意図へ

唐の正義に代表されるいわゆる古注は、テクスト細部の究明に腐心するものの、さてテクスト全体が何を意味しているのかと尋ねるとなにも答えてはくれぬ。こうした不満は宋代になって顕著となる。(8) よく指摘されることだが、劉敞の『七経小伝』あたりからこの傾向が露わとなる。王応麟の『困学紀聞』巻八によれば、宋の慶暦(一〇四一〜一〇四八年)頃までは、学者は訓詁を守ってテクストを穿鑿するようなことはなかったが、劉敞の『小伝』が出るに及んで新奇な解釈を尊ぶようになった。さらに王安石の『三経新義』はこの傾向に拍車をかけ、学者は漢儒の経説を軽視するようになった。王応麟はさらに云う、古の経を講じる者は口ずから内容を授けるだけで、いまだかつて「講義」(講義録)などというものはなかった。元豊初年(一〇七八)、陸佃が経筵にて「講義」を提出してから「支離蔓衍」の解釈が流行し、そのために道と学問はいよいよ軽薄になった、と。

王応麟は訓詁を重んじる伝統的な立場から「講義」の出現を批判しているが、『宋史』陸佃伝によれば、神宗は陸佃の『周官』進講を嘉みし賜い、今後は経筵の一日前に講義草稿を提出することを命じた。元祐五年(一〇九〇)、哲宗は『尚書』無逸篇の講義が終了したので詳細な講義録を提出することを命じた。以後、講義録を経筵の翌日に進献することが常例となった。(9) 経筵の場で講官の語る講義を聞くだけでは理解できないからこそ、講義録の提出を義務づけたのであろう。進講がたんなる字義の解釈にとどまるのではなく、経書テクスト全体の理解にまで踏み込んだ詳細なものであったに違いない。それを王氏が「支離蔓衍」と批判したのは、彼らが「意を以て経を説く」(10) からであった。

概して宋代の学術をあしざまに批判する清儒によれば、自得、自任、体認、体察といった内省的(self-reflective)

精神活動は心の恣意性の表出であり、「意」をもってする経書テクストの解釈はその典型的行為とされる。しかしながら、宋明時代にあっては、むしろ読書行為において「意」が積極的に介入することを容認する論調が優勢であったことは注目に値する。以下、『孟子』万章上の「以意逆志」をめぐる言説に即して、筆者が「テクストの内在化・身体化」と呼ぶ読書パラダイムを明らかにしてみたい。

　周知のように、春秋戦国時代にあっては、方言差を克服して円滑なコミュニケーションを成立させる一手段として、詩篇の一節を借り来たって自分の思いを述べ伝える、いわゆる断章取義が日常的に行われていた。『孟子』万章上の「故説詩者、不以文害辞、不以辞害志、以意逆志、是為得之」は、弟子の咸丘蒙が小雅北山の詩篇の一節――「普天之下、莫非王土、率土之浜、莫非王臣」――を断章取義して、帝舜は父の瞽瞍を臣下としたのではないかと理詰めに質問してきた際に、孟子が詩篇の解釈学テーゼとして説いた一節である。

　このテーゼは二つの読書過程を提示している。「不以文害辞、不以辞害志」と「以意逆志」である。前者は、「文」（文字＝形態素）にとらわれて「辞」（言表）を誤読してはならず、「辞」にとらわれて「志」（作者の意図）を誤解してはならない、ということであり、咸丘蒙の断章取義は「以辞害志」の禁則を犯している。

　詩篇は細部（「文」「辞」）の意味を超え出て詩人の意図「志」を表出している。細部の理解の総和がそのまま詩篇全体の理解とはなりえない。細部の理解と詩人の意図（＝詩篇全体の意味）の把握との間には大きな間隙がある。この間隙を埋めるのが「以意逆志」の読書過程である。漢の趙岐の古注では、「人情不遠、以己之意、逆詩人之志、是為得其実矣」と注する。人間の本質は昔も今もそれほど変わるものでないから、現在の読者が自分の心意を働かせて、古代の詩人の意図を迎え求める、[11]これが詩を理解するということである。

　古今の時間的疎隔と自他（読者と作者）の他者性を克服して、詩人の「志」を同定する契機が「人情不遠」という一種の仮説に求められる。この趙岐の考えは、オプティミスティックな人間観が支配的となる宋代に至っていっそうの展開をみせる。北宋の欧陽修は「詩文は簡易と雖も、然れども能く人事を曲尽す。而して古今の人情は一なり。詩の義を求むる者は、人情を以て之を求むれば則ち遠からず。然れども学者は常に迂遠に至り、遂に其の本義を失えり」[12]と述べ、詩序・毛伝・鄭箋の牽強付会の解釈を「人情不遠」の立場から排撃している。そして「以意逆志」はこの「人情不遠」の前提――作者と読者の精神の同質性、その同質性を媒介する身体化されたテクスト――に依拠して始めて成立する。[13]

朱熹は、詩を理解する方法は一字をもって一句の義を害してはならず、一句をもって設辞の志を害してはならぬ。「当に己が意を以て作者の志を迎取すべし。乃ち之を得べし」[14]と言う。朱熹は『孟子』の「逆」を「迎取」と解釈する。『朱子語類』[15]によれば、「逆」とは「前去追迎」（進んで追い迎える）の意味であり、自分の考えを前面に持ってきて詩人の「志」がやってくるのを待ち受ける、ことである。人が来るのを待つのと同じで、今日待っても来なければ、明日もまた待つ。待って始めて自然に会えるのである。今の人が意をもって志をとらえようとしているのとは同じでない。また朱子は言う、「以意逆志」は読書の方法である。読者は虚心に書物の道理がどのようにやってくるのかをみて、みずからそれを迎えに行く。今の人の読書はすべて道理をとらえに行く、これは「逆志」ではない。客人が来ればみずから出迎える。もし来なければそれまでである。行って客をとらえてくるのはよくない。[16]

朱熹の考え方を敷衍して言えば、古人も現代人も人間の本質において変わりはない以上、古人の志を現代人の意から推測することは原理的に可能である。しかしこの推測過程は、読者の主観と作者の主観との自然なる出会いとして実現されるべきものであって、読者の主観による意味の強引な把捉であってはならない。朱熹はあくまで読者の読みの恣意性を戒めているが、「以意逆志」の読書論が読者の主観性の範囲を大幅に容認する道を開くことになったのは事実である。いわゆる朱熹とその後学による新注がそれをよく物語っているであろうが、ここでは文学から例を挙げてみたい。

南宋末の劉辰翁は、杜甫の詩の読みに関してつぎのような言葉を残している。「凡そ大人〔杜甫〕の語、一義に拘わらず。また其の通脱透活自然なり。……詩を観て各の得る所に随い、別に自ずから用有り。……此〔杜詩の新たな解釈〕を用うれば杜詩の妙を見るべし、また杜詩を読むの法と為すべし。古えより断章して賦すは皆な然り、また未だ訾りて錯会と為すべからず」[17]。まことに極端な論調ではあるが、「以意逆志」の読書論がテクスト細部の解釈に拘泥する訓詁注釈的方法を否定し、それに替えて読者の主観（意）とテクストの全体的意味（志）を強調するならば、当然出現してしかるべき主張であった。

また一方で、朱熹が説く「以意逆志」の読書法を批判する主張もなされる[18]。清朝乾隆期の顧鎮は『虞東学詩』に「以意逆志説」なる一文を書いて詳細な批判を行っている。顧鎮は言う、後世の儒者（朱熹もその一人）は詩篇を上から下へと吟唱すれば詩が分かるとか、すこしばかり推し量れば自然と詩の道理は推測できる、と主張する。このような方法は宋学的な読書窮理には妥当であろうが、詩の場合には、詩に関わる事実を知って始めて詩人の「志」を把握することができる。断章取義は理や事を論じる場合に用いるべきであって、詩を解釈するのに用いるべきでない。

だとすれば「逆志」とはどういうことか。孟子は「其の詩を頌し、其の書を読むも、其の人を知らずして可ならんや。是を以て其の世を論ず、是れ尚友なり」（万章下）と言っている。すなわち、詩が生まれた時代背景を知り、詩人の人物について知悉しなければならない。読者の「意」がここに向かって働くとき、詩人の「志」は通じるのである。いま世も人も論じることをせず、いたずらに詩を上下に吟じて推測するならば、その「逆」えるところはただ文辞にあって「志」にはない。これは孟子が云うところの「害志」であって「逆志」ではない。孟子は、後世の人が一切を軽視して自分の勝手な解釈を誇ることを予期したればこそ、「論其世、論其人」と説いたのであろう。詩人の時代と人物とを知って始めて「逆志」の説を用いることができるのである。

銭大昕は顧鎮の詩学を評価してこう述べている[19]。「凡そ詩を説く者は皆な之〔以意逆志〕を知り能く之を行う、然れども或いは古を是として今を非とし、或いは新を襲い故を遺る。一己の偏、未だ尽くは化す能わず。自ら古人の志を千載の後に得と謂うと雖も、辞を以て志を害する者多し」。銭氏は「是古而非今」(訓詁注釈的読書)と「襲新而遺故」(主観的読書)の両極端を挙げているが、現実には宋以降の「以意逆志」の読書傾向は読者の自由な解釈を大幅に許容するものであったればこそ、顧鎮は「世を論じ、人を論じ」る一種の歴史主義的、実証主義的読書を奨励したのであり、樸学大師の銭大昕はその点に共鳴したればこそこの序文を寄せたのであった[20]。

四、読者志向の読書観

宋以降の近世から顕著になる新たな読書パラダイム——その理論的根拠は「以意逆志」に在る——は、テクストの意義を再現する契機として読者の役割をより重視する。この点をもっとも明確に主張しているのはやはり朱熹である。『論語』為政篇の「子曰、詩三百、一言以蔽之、曰思無邪」の集注には、「凡そ詩の言、善なる者は以て人の善心を感発すべく、悪なる者は以て人の逸志を懲創すべし。其の用は人をして其の性情の正を得しむるに帰すのみ」。詩篇の内容そのものが「思無邪」であるのではない。詩経には善なる詩篇も悪なる詩篇もあるが、読者が詩篇を詠むことを通じて「思無邪」になること、あるいは「思無邪」の心をもって詩篇を読むこと、これが詩の本質であると朱熹は言う。

朱熹の言うところをもう少し詳しくみてみよう。「孔子の『思無邪』を称するや、以為く詩三百篇、勧善懲悪、其の要は正に出でざる莫しに帰すと雖も、然れども未だ此くの如く言の約にして尽くる者有らず。作詩の人の思う所みな邪無しと以てするには非ず。いま必ず彼(詩人)無邪の思を以て淫乱の事を鋪陳す、而して閔惜懲創の意自ずから言外に見わると曰うよりは、曷ぞ彼 有邪の思を以て之を作し、而して我(読者)無邪の思を以て之を読むと曰うに若かんや」[21]。鄭風・衛風の淫奔詩をも「思無邪」とみて「言外の意」を穿鑿する。詩序・毛伝・鄭箋以来の牽強付会の詩説はここに原因する。「思無邪」は詩人の側にあるのではなく、読者の側にある読書の契機である。読者は「思無邪」の「意」を働かせて詩篇を読み込むのである。

朱熹はこのような読書のあり方を古人と読者の対話としてとらえ、つぎのように言う。読書は虚心に文義に従い文脈を尋ね、この句は何を述べているのかをしかと見定め、原文の一、二字を現代の言葉でぴったりと言い換えることができれば、古人の意思を言い表すことができる。まずは自分の心を明瞭にし、古人と対面しているかのごとくテクストと対話をすれば、一言一句として納得できないものはない。[22]

銭鍾書は、詩篇を経書としてではなく文学作品として読むという宋元明以来の主張はこのような朱子の読書観に淵源していることを指摘している。[23]かつては己を虚しくしてその前にひたすら拝跪していた詩篇が、いまや読者の対話の相手として位置づけられるようになった。ならば文学作品はなおのこと読者の自由な読みにさらされることになるのは自明であろう。文学作品の読書のパラダイムは、『文選』の李善注に代表される名物訓詁的読みから、[24]作者の意図を推し量る五臣注の読者志向的読み[25]へと転換していかざるを得なかった。

読者志向のパラダイムの典型を、李賀の詩注に序した明末の銭澄之の議論の中にみてみよう。注釈者の立場は、己を無にして作者の心をもって心としなければならぬ、とする通念に対し、銭澄之はつぎのように反論する。[26]孔子の繋辞伝、郭象の荘子注、王弼の易注はいずれも旁通発揮して往々にして古人を超え出ている。古人の意の所在は、「書は言を尽くさず、言は意を尽くさず」「意を以て之を逆う、是れ之を得ると為す」。もしただ古人の言を尊重するばかりで、あえておのが見解を示さず、疑わしきは闕き、未詳は差し置くならば、ただ章句に通じるだけの訓詁の学にすぎぬ。「無我」の弊害は流れて訓詁とならん。

「無我」とは没主観的な読書態度をいう。一見客観的にみえるが、作者の意を把握する困難をあえて引き受けようとしない臆病者と、銭澄之は批判するのである。同時代の碩学銭謙益も、朱鶴齢の『杜工部集輯註』の訓詁注釈的方法を批評して、「いま詩に注する者は動もすれば李善を以て口実と為す[27]」と不満を漏らしている。

銭澄之に戻ろう。彼は読者志向の読書観をさらに推し進めてつぎのように言う。「大慧（宗杲）云う、郭象は荘子を注するに非ず、乃ち荘子 郭象を注するなり、と。此の語 象に足らざる有るに似たるも、其の実 象は以て此の語に当つるに足らず。もし象 果たして能く荘をして我を注せしむれば、此れ即ち千古第一の注書の法なり。……柳子厚の国語を非とし、鄭樵の通志を以て漢書を廃せんと欲するが若きは、此れ即ち丘明・孟堅の再来して、自ら其の不足を補うなり。然らば則ち昌谷集に此の注有るは、長吉の長吉を注するに非ずと謂うを得んや[28]」。

ここには二つの主張が述べられている。一つは、注釈者（読者）は作者と同等の立場に立つべしとする主張。いま一つは、注釈者はさらに進んで作者自身が理解していた以上によく理解すべしという主張である。作者を背景に押しやり、替わって読者の立場を前面に押し立てて主観的読みを謳歌する。明末に盛行した「師心自用」の創作論の読書論における反映でもあるだろう。

読者志向の読書論のいま少し穏健な例を引いてみよう。張恵言を盟主とする常州詞派は「寄託」の効果を重んじる。張恵言は『詞選』自序[29]の中で、『説文』の「詞、意内而言外」なる説解に依拠して、文学ジャンルとしての詞を「縁情造端、興于微言、以相感動、極命風謡」、すなわち詞は言語表現を超え出た意味を表出していると定義する。詩余と軽んじられてきた詞に、張恵言は、国風や離騒なみの「比興」を追求するのである。そのために彼は、詞句の一々について比興の含蓄の「義」を明らかにしてみせる。たとえば、蘇軾の「卜算子」「欠月掛疏桐、漏断人初静。誰見幽人独往来、飄緲孤鴻影。驚起卻回頭、有恨無人省。揀尽寒枝不肯棲、寂寞沙洲冷」について、「欠月、刺明微也」、「幽人、不得志也」、「驚鴻、賢人不安也」、「回頭、愛君不忘也」、「揀尽寒枝不肯棲、不偸安於高位也」といった調子で、最後に「卜算子」は『詩経』衛風「考盤[30]」と同類の作と断定する。

王国維は「固なる哉、皋文（張恵言の字）の詞たるや。飛卿の菩薩蛮、永叔の蝶恋花、子瞻の卜算子、みな興至るの作、何の命意か有らん。みな皐文の深文に羅織せられたり」[31]とこき下ろしている。「寄託」の命意を追い求めるあまりの武断であることは確かである。しかし常州詞派は、張恵言の読者志向の読みを墨守した。譚献の『復堂詩話』第一則は「作者の用心未だ必ずしも然らず、而して読者の用心何ぞ必ず然らざらんや」と言い、第二十四則には「皐文の詞選、考盤を以て比と為す、其の言河漢に非ず。此れまた鄙人の謂う所の『作者未だ必ずしも然らず、而して読者何ぞ必ず然らざらんや』なり」と言う。作者は作者、読者は読者、読みの自由は読者の側に委ねられていると主張する。

銭鍾書は、宋翔鳳・周済・譚献ら常州詞派は、先秦の賦詩断章の法を継承する者であり、南宋の劉辰翁の衣鉢を嗣ぐ者であると系譜づける一方で、彼らの読書論を現在の受容美学（Reception Theory）との関係で論じている。[32]もし銭鍾書の言うとおりだとすれば、中国近世に胚胎し、清朝考証学の没主観的環境の中で生き残ったこの読書パラダイム――「テクストの身体化」は、歴史的パラダイムであると同時に、読書行為にあらわれた人間精神の普遍的様式概念と見なされるべきであろうと思う。

【注】

（1）たとえば、葛兆光『七世紀前中国的知識・思想与信仰世界』（復旦大学出版社、一九九八年）の第一節を参照。「経典話語系統」すなわち古典的言説（discourse）を掬い上げるだけでは深淵で広大な中国民族の心性を理解できないと批判している。欧米で盛んな心性史を援用した研究も近年顕著な実績を上げている。その好例は、P・A・キューン『中国近世の霊魂泥棒』（平凡社、一九九六年）。

（2）声の文化と文字の文化の異質性についての概説は、W・J・オング『声の文化と文字の文化』（藤原書店、一九九一年）参照。中国に特化したモノグラフには、John B. Henderson: *Scripture, Canon, And Commentary* (Princeton University Press, 1991), Mark Edward Lewis: *WRITING AND AUTHORITY IN EARLY CHINA* (State University of New York Press, 1999), Steven Van Zoeren: *Petry and Personality Reading, Exegesis, and Hermeneutics in Traditional China* (Stanford University Press,

1991).

(3) 近世の語録にも当てはまる。たとえば、『朱子語類』など。

(4) 拙著『章学誠の知識論』（創文社、一九九八年）第六章を参照。

(5)「漢初著述、各有宗法。其書至今存者十一、頗難言之。然輯其散佚之文、其義例猶有足徴。名曰『故』者、体宗爾雅。名曰『伝』者、体宗春秋伝。毛公合故訓伝為一、其書仍以訓詁為主。……東漢経師、崇尚古文。其所著書、或曰注、或曰解詁、悉遵毛氏故訓伝例。有鑑於斉魯韓詩伝泛濫之失、而一以謹厳考求字詁、専宗雅訓。間論経趣、亦簡約不敢繁冗。経注之善、於斯為盛」（黄以周『黄氏文鈔』三「再答陳善余書」）。

(6) 申小龍『語文的闡釈』遼寧教育出版社、一九九五年、三〇頁。

(7) 注釈が百科事典に発展し、注解者が博識の大学者に変貌するのは、中国だけの特徴ではない。アレクサンドリアの学者、ことにホメロスの注解者は厖大な知識を提示するための範型を提示している。たとえばデモトリゥス（Demotrius）は、イリアッドのわずか六十行を注釈するために三十冊の注解を著しているが、そのほとんどは地誌と古代遺跡についての注解である。John B. Henderson: *Scripture, Canon, And Commentary*, Princeton University Press, 1991, p.77-78.

(8) その背景には、伝統的権威への懐疑、批判的合理主義、自我の覚醒といった中国人の精神史の変化がある。

(9)『続資治通鑑』哲宗元祐五年二月条。

(10) 銭大昕『十駕斎養新録』巻十八「宋儒経学」条。

(11) 趙岐は「逆」字に訓詁を与えていないが、宋の『正義』は「逆求知詩人之志」と敷衍している。

(12)『詩本義』巻六「出車」条。

(13) 朱熹の説は『朱子語類』巻八十等を参照。

(14)『孟子集注』巻九。

(15)『朱子語類』巻五十八「咸丘蒙問章」。

(16) 同右。

(17)『須渓集』巻六「題劉玉田選杜詩」。

(18) 以下に引く顧鎮以外に、馮浩の『玉渓生詩箋注』発凡第八条がある。

(19)『潜研堂文集』巻二十四「虞東学詩序」。
(20)ただし顧鎮は考証学圏内の学者ではない。その特異な「六経皆文」説については袁枚『小倉山房文集』巻十「虞東先生文集序」を参照。
(21)『朱文公文集』巻七十「読呂氏詩記桑中篇」。
(22)『朱文公文集』巻六十二「答張元徳」。
(23)『管錐篇』七九～八〇頁。
(24)『四庫提要』巻百九十「御選唐詩」条に「詩中詮釈、毎名氏之下、詳其爵里、以為論世之資。毎句之下、各徴所用故実与名物訓詁、如李善注文選之例。至作者之意、則使人涵泳而自得」とある。
(25)呂延祚は「進五臣集注文選表」に「忽発章句、是徴載籍、述作之由、何嘗措翰。使復精覈注引、則陥於末学。質訪旨趣、則巋然旧文、祇謂攪心、胡為析理」と述べている。
(26)銭澄之「重刻昌谷集注序」。
(27)『有学集』巻三十九「与潘檉章書」。
(28)銭澄之「重刻昌谷集注序」。
(29)『茗荷文二編』巻上。
(30)詩序は「考盤、刺荘公也。不能継先公之業、使賢者退而窮処」とする。
(31)『人間詞話』巻下。
(32)『談芸録』中華書局、一九八四年、六〇九～六一〇頁。

荀子言語論の身体論的射程——類の自然内在性と約の間主観的ゲーム性

石田 秀実

問題の所在

『荀子』正名篇を中心にして展開されている言語論については、今までにもさまざまな議論が戦わされてきている。それらはおおむね正名という議論を、「あるべき名」に向けて現実の乱れた言語をただすという方向でとらえている。その場合「あるべき名」とは、ただひとつに定まっているはずの「素朴実在概念」であるとされることが多かった。そこから中国古代には「概念実在論」のようなものがあるのだ、といった議論も生じてきた。進んで、そうした概念実在論と唯名論との、西欧でおなじみであった理論闘争を古代中国に求めて（具体的には名家・墨家と儒家・法家との対立の形で）、中国古代における言語理論の対立の歴史を書き上げる人も現われた。

こうした議論の方向性についてはすでにいろいろ批判されている。[1] けれども西欧思想の諸概念を（それこそ概念という言葉まで含め）借りる形で展開せざるをえない現代の私たちの議論には、さまざまな落とし穴が待ち構えている。それらに注意することで、荀子の言語論の特徴やそれが有している射程のようなものについても、今までとは違ったアプローチが取れるように思う。小論はこうした観点から、中国古代の思想と西欧古代の思想との差異をとらえなおすことを通じて、荀子の言語論を身体論的にとらえなおそうという試みである。

一、荀子言語論の身体への傾き

荀子言語論と先秦諸子の言語論とを分かつ大きなメルクマールは、その身体論的な言説構造の違いである。先秦諸子の言語論の内、名家のそれは、多くその言語の身体論的生成機序について記さないまま、名や実についての同異の議論を展開している。かつて加地伸行氏が指摘されたように、もっぱら意味論的文脈で議論を戦わせることが多いのである。(2) 一方、荀子言語論において、言語は一貫してその身体における生成機序と関連させて論じられている。こうした方向からの議論を展開させているのは、先秦においては荀子言語論を除くと荘子や管子など道家・道法家の一部にしか見出せない。しかもそれらと比べても、荀子言語論の議論の構造は、きわめてユニークなものである。

だがその前にその特徴を記述する準備のために、その議論の前提になっていたと思われる道家・道法家の言語論における身体論的な言語生成機序についての言説を一瞥しておこう。

二、道家の身体論的言語論

道家の言語論のうちで荀子言語論の前提のひとつになっていたと思われる身体論的特長を示しているのは、有名な荘子の心斎（こころのものいみ）についての議論である。その核心部には、つぎのようなことが語られている。

あなたは、あなたの志（心の動き）をまずひとつにしなさい。耳で強いて聴こうとせず心で聴きなさい。さらに心で聴くことすらやめて、気で聴きなさい。耳は聴くことしかせず、心は言語との符合しかしないけれど、気というものは虚（からっぽ）のままに、さまざまな物の現われを待つのですから。

（『荘子』人間世篇）

ここでは耳という感官の聴く行為、および心という器官の言語と符合させる働きを否定している。否定した上で目指されているのは、「気で聴く」ことである。

「気で聴く」とはどういうことか。それは「虚のままにさまざまなものの現われを待つ」ことだという。感覚器官や心の言語機能によらず、「虚のままに」認識できるとはどういうことか。感覚にも言語認識機能にもよらずに、人がなにかを認識するという事態があるのか。

「気で聴く」という言葉が、身体部位を特定していないことに注目しなければならないだろう。明らかに荘子は、特定の身体器官ではなく、全身を流れる気すべてに注目してこの言葉を吐いている。「志をひとつにしなさい」という言葉がこの事情を雄弁に語っている。志を一つにするとは、気の思想の文脈では、「心をある対象に集中する」ことを意味しないからだ。[3] この言葉が意味しているのは逆に心という器官の「対象に思考し集中する」働きを全く停止して「いかなる対象にも心を集中させないこと」である。心という言語による認識にもっぱら関わる器官の働きを事実上停止して「しかも認識せよ」という以上、この「気による認識」なるものは言語を介さない全身体的認識であることがうかがわれるであろう。

実際荘子の説くところをたどっていくと、「気で聴く」という言葉の意味するところが全身体的なものであることが分かってくる。「聴く」という行為が、耳という特定の感官とは関わりなく記されていることにまず注目したい。聴くとは第一義的には耳で音を聴くのだが、音は全身をゆすぶる振動でもある。「耳という感官によらずに」聴く以上、それは音という振動を「全身体の気で」聴く事態であるだろう。

心斎を説く文章の後半は次のようになっている。

耳目などの感覚を身体の内側にじかに通じさせ、[4] 心による知を用いないようにしなさい。するとそこに鬼神がきたって宿ることだろう。

感官にも心の言語機能にもよらずに「全身体で振動を感ずるように気を聴く」。そうした認識、通常の感官と言語を介した認識ではない認識の不思議さを表現している言葉が「鬼神がそこにきたって宿ることだろう」である。同一の事態を記している『荘子』養生主篇の次の言葉を参照しよう。

私は不思議な働きで事物の現われに「遇う」かのように対処していて、たとえば目という特定の感官で視る、といったことをしていません。特定の感官にのみ偏る知が止んで、心の（言語との符合作用）抜きの（鬼）神の欲のごとき不思議が働いているばかりです。

「不思議な（鬼神のごとき）働き」という言葉で指示されているのは、感官にも心にもよらない、とぎすまされた「全身体の気」による認識である。

三、心の言語的認識をどう復活肯定するか

荘子によって否定された「感官と心による言語的認識」は、道法家というべき人々によって「虚なる心」の認識論という形で、部分的な復権を遂げる。彼らは感官と心による言語的認識を全く否定する事は避けた。その代わりに「心の（言語表象の）蔵を虚にする」という形に議論を変形することによって消極的な形で心の、すなわち言語的な認識の可能性を復活させようともくろんだのである。

心による言語的認識を全く否定すれば、「全身の気による不思議な認識」という認識にのみとどまるしかない。それは世界を自己の心の不確実さを経ずに認識するというすばらしい認識法である。ただしその認識は言葉にすることが出来ない。言葉による認識過程を放棄して得られたのだから。

これは政治的な言説としては大変具合が悪い。荘子のように俗世間から超然として処世しようという人ならば問題はないが、政治的に生きる立場では言葉がないわけにはいかないのだ。道法家の取った戦略は、言語という認識手段と関わる心の働きを荘子のように全否定せず復活させ、かつ心が不可避的に有する不確実さを回避するために、心の能動性を極力切り捨てるというものであった。彼らが考えたのは、「心の（言語表象の）蔵を虚にすれば心に恣意的な仮設も配慮もないままに言葉で認識できるだろう」といったことである。『管子』の心術上下・白心・内業の、いわゆる『管子』四篇にとかれる言説では、そうした蔵のない心で、環境に在る認識対象に臨めば、鏡に映る事物のようにゆがみの無い一回一回の認識を、言語的になしうることが説かれている。

その場合彼らが説く心は、蔵すなわち言語表象の蓄積の無い、言わば無垢の心であり、積極的能動的な意味付与作用をする働きを否定されていることに注目すべきであろう。意味は自然の中に在る事物自体の側にあるとされているのだ。

そうした考えをより明確化するために、かれらは心の定義を拡大して、言語をつかさどる定心とは別に、全心という「全身体に広がる心の気」を問題にしている。これは荘子の「全身体の気による認識」の「気」を「心気」に置き換えることによって、「言語をつかさどる心」と「全身体の気」とを結び付け、言語認識する心を、消極的な形で復活させようという目論見でもあった。(5)

四、荀子による荘子や道法家の批判的継承

荘子によるこうした感官や心による言語的認識への蔑視、あるいはもっと西欧的文脈にひきつけて言えば「特定の感覚器官とそれを統御する理性による言語を介した認識への批判」やそれに対する道法家の修正に対して、戦国末期を生き、諸子の思想を総合的に批判摂取することができる立場にあった荀子は、どのような言語論をもってそれに答えているだろうか。

現在の『荀子』に残る正名・解蔽などの諸篇に展開される言語論には、荘子や名家の言語論を意識した上で、荘子が否定的に捕らえた感官と心による、つまりは言語を用いた認識を、再び肯定的に評価しなおそうという意図がありありと読み取れる。

荀子はまず荘子や戦国期の名家が批判した心による認識の不確実性についての論をとりあえず肯定する。心が「両（わかれ）る」こと、心が「常に動いて定まらない」ことなどである（『荀子』解蔽篇）。だが、その上で荀子は、荘子や名家さらには道法家などが心の認識作用を否定した上で、「全身の気による認識方法として」洗練させた虚とか静、さらには一などという認識上の議論を、再び心の認識作用を「普遍化する」手続きとして持ち出し、心の認識作用を肯定的にとらえるための手段に転化してしまうのである。以下その手続きをしばらく追ってみよう。

荀子は心が「そのままでは」両れたり動いたりバランスを失ったりして誰にとっても正しいといえるような認識になかなかいたらないと正直にまず認めるのだ。その上で「虚で一でかつ静」という心の状態を人が保つことができれば、「両れてもきちんと弁別でき、以前に溜め込んだ言語表象と今感覚したそれとを混同することも避けることが出来、動いて取り留めなくなる心も制御できる」（『荀子』解蔽篇）という。

虚という言葉は、すくなくとも荘子においては全身の気で認識する事態を表すための言葉である。だが荀子は心の

言語による認識機能を否定的にとらえたくない。そこで彼は虚の意味を、「心が虚であること」という方向に変えてしまう。心には様々な言語表象がすでにたくさん蓄えられているのだが、その蓄えられている言語表象（蔵）が、今認識しようとする対象を指示する言語表象を妨害しないようにできる心のあり方を「虚」というのである。

「心が虚であること」という言葉を普通使うときには、いわゆる「虚心」という言葉が指し示すような意味に使うことが多い。これは三節で述べた『管子』四篇が説いているように「心が空っぽである」といったニュアンスで使われる「虚なる心」である。前にも触れたが、心術篇の次のような言葉が参考となるだろう。

　虚というのは（言語表象による認識の）蔵（＝蓄え）がないことである。

心の蔵が空っぽであることという意味の虚心と、荀子のいう「心の虚」とでは、意味していることが全く違っていることは明らかだろう。荀子のそれでは心の蔵は逆に「いっぱい」である。それなのに、それ以前に蓄えた言語表象によって心が妨害されないのが虚だ、と彼は強弁しているのだ。

『管子』の虚心は文字通り前に蓄えた言語表象という心の蔵を「からっぽ」にするのだから、それができれば前の言語表象は確かに今認識しようとする言語表象を妨害しようも無い。でも荀子の場合、どうしてそのように「妨害しない事態」が生ずるのかという理由については、何も説明は無い。強いていえば「そのようにすることができるはずだ」と彼が思っているからだ、としか言いようが無い。強弁なのだ。それに仮にそれができるとして、その事態をなぜ「心の虚」という言葉で説明しなければならないのか。荀子の場合、前に蔵された言語表象はいっぱい詰まったままで「からっぽ」になどなっていない。虚という言葉でこの事態を説明する必然性はどこにもないのである。

同様のことは静と一についてもいえる。心がなぜ静になるのか、荀子は何も説明していない。「心は動かないことなど無い。だがいわゆる静という事態が（なぜか）ある」（解蔽篇）と強弁しているだけだ。これでは「心はいつも動いているのだとしたら、なぜそういう心を静という言葉で記すことができるのだ」と訝られてしまっても仕方がないだろう。わずかに一についてのみは「あの一によってこの一を妨害しない」という説明らしきものが記されている。だが、これも考えてみれば「なぜ妨害しないのか」の説明になってなどいない。

どう考えても彼の「虚で一でかつ静」という言葉は、その言葉の意味することと違う「無意味な言葉」である。ではなぜそんな無意味な言葉を使ってまで、心の能動的認識作用の肯定を試みるのか。

道法家が試みた消極的な「言語と関わる心の働き」の肯定は、道家や、道法家の政治的言説としては十分役立つ。君主が積極的には無為なままに臣下の言葉と行いをみきわめ、自在に操るには良い考えだからだ。けれどももっと積極的に儀礼や威儀をつくろい、能動的に政治を進めていこうとすれば、これでは困る。第一、心になにも言語表象の蓄えもないようにしてしまえば、規範とすべき先王の礼など説きようが無いではないか。

五、対象を知るとは？

では、こうした心の積極性を復活させるのに、なぜ道家・道法家の「虚心論の用語」である虚・一・静などという言葉を使って無意味な強弁をする必要があったのか。儒家独自の論理を創造してもよかったのではないか。

この事情について考えるためには、中国古代の人々にとって「対象を知る」ということがどういうことであったかについて、西欧古代とも比較しながら考えてみなければならない。

西欧古代の人々にとって「対象を知る」という場合の対象とは、そこに確固として現前する存在者であった。この存在という概念の成立事情をしばらく考えてみることにしよう。ギリシアの昔、人々はこの変転して止まない自然

（ピュシス）をその変転するままにとらえていた。変転しつづける自然はヘラクレイトスがいみじくも述べたように「共通普遍に認識することなどできはしない」。あるいはパルメニデスが主張したように「それが在るということしか分からない」。そうである以上ギリシア人にとっても、この変転する自然そのものを認識することは至難のことであったわけである。たとえばヘラクレイトスはこの変転する自然においてあらゆる事物は「ちょうど消えながらかつ燃えている火のように」反対の事態の一致もしくは同時進行によって成立しており、言語表現を超えていると考える。

こうした考え方に転機をもたらしたのはピタゴラスの学派である。エジプトに由来すると考えられる新しい思想で武装した彼らは、変転極まりないこの自然の事物も、そのひとつひとつの事物の間を区切っている空虚というものを考慮に入れて考えれば、「常に変わっていて認識できない」といった事態を避けて認識することが可能であると考えた。彼らの特徴は、この空虚が「まず数において」さまざまな事物の自然本性を区分していると考えたことである。数による区分は現実の自然と違って「動かないスタティックな」区分である。その数の秩序を「模倣する形で」この世にある事物も空虚によって区別されている、ということにしてしまうとどうなるか。この世の事物も数同様静的な秩序の中に安らいでいることになり、自然の「変転して止まない」性質がどこかに消えてしまう。世界は非連続的になってしまうのだ。

非連続的にとらえられてしまえば、世界の事物を二元論的に弁別し、名前をつけるのはたやすいことだ。Ａがすぐ非Ａに転化してしまう現実の自然と違い、ＡはＡのままだというのだから。逆に言えばピタゴラス学派の持ち込んだ空虚と数のイデア世界によって、自然のなかに非連続という虚構が持ち込まれ、事物をスタティックに記述することが可能になったというわけである。

こうした方法によってピタゴラス学派は「あたかも現実そのものが数のイデア界であるかのように」考えたが、これは後のソクラテス−プラトン、その弟子のアリストテレースによって厳しく批判されることとなる。たとえばプラトンは現実の自然がヘラクレイトスの言うように変転極まりないことを再び認め、ピタゴラスの空虚と数によって区別された変転なき静的世界を、この世を越えたイデアの世界として設定する道を選んだ。ただこの世が「イデア界を真似て作られている」という考え方は引き継いだので、変転するこの世の事物の理想的姿はピタゴラスの言うような静的姿であるべきことになった。アリストテレースはこうしたイデア界と現実界との分離を事物の本質存在と事実存在という形にして現実の事物に引き戻すことを試みた。だがこの場合も事物の変転自在な本性はどこかに結局おきざりにされてしまう。本質存在（それはなんであるか）は事物のイデアである以上、理想の形で変転することがない。一方事物の事実存在も、形相の規定の内にあって「現実態（エネルゲイア）」として静止して捉えられる限り変転止まぬものではない。目的点で静止した状態で捉えられるこの事態こそ「現前（ウーシア）」と呼ばれ、西欧思想が「存在」というものを考えるときの基本的事態なのである。西欧思想が変転止まぬ自然の事実を無視して「個々の存在」を捉えうるような態度を基本的なものとするのは、変転する事物を、完成して静止しているこの現前で捉える思考が一貫してあるからである。(6)

中国古代には、こうした事物と事物との間を区切る空虚という事物が在るという考えはなかった。変転極まりない自然を区切って個々の事物を抉り出し、さらにそれをその事物が完成した現前という静止状態で捉える「存在というとらえかた」もありはしない。

したがって中国古代の人が見ていたのは、変転極まりないままの自然である。しかもそれを認識する心は、西欧近代のような客観と分離された主観ではなかった。心は変転極まりない自然のなかにその一部としてあることを彼らはわきまえていた。さらに、この心にはすでに認識された言語表象がたくさん蔵められていて、新しい認識はいつもその影響を受けざるを得ないことが、しっかり認識されていた。しかもこの心はいつも動いていて、一定の立場から認識を続けることが難しいことも分かっていた。そして最後に心で知るということは「異ならせること」、すなわちひとつらなりの自然の内部を差異付けすることであるということがもたらす認識上の困難もわきまえていた。荘子が「一を知ることで三つのものの弁別をいっぺんにしなければならない」（『荘子』斉物論篇）といった事態であり、荀子が「知れば差異が生じ、それは二つ以上のものを兼ねて知るという事態である」（『荀子』解蔽篇）と述べたとおりである。知ろうとする自然が変転やまざるものであり、知る心がその中にあって（つまり内部観測状態）しかもいつも動いている。既知の言語表象は新しい言語表象の形成に必ず影響を与えるので、いわゆる客観的（そんな思考など無論古代中国には無かったが）などという事態はありえない。しかも「知る」という行為が抱える根本的な困難として、「差異付け」という行為が、その本性上二つ以上のものを恣意的に差別することだということまで議論されつくしていたのが古代中国の言説状況だったのである。

ここから荘子は一気に、心による認識、つまりは言語表象による認識そのものを放棄して、「全身の気による体認」に向かう。一方、俗世を超越しつづけるわけにはいかなかった道法家は、言語による表現を取り戻そうとして、動きつづける心を落ち着けて「静なる」状態を保つ方向を取る。彼らは更に、心に蔵された言語表象をから（虚）にして、心による弁別と価値付けではなく、知られる対象である自然にもともと埋め込まれてある弁別と価値付けを全身体に拡充する心気がそのままに捉えることにゆだねることで、言語表象による認識を復活させようともくろんだ。

六、類の普遍性は自然の側にある

荀子の出発点はこうした言説状況である。心（彼の言葉では天君）と言語表象による認識は、道法家によって、全身体に広がる心気による認識という形ではあるが、何とか復活させられていた。だが、それは心を虚にし無為にすることによって、すなわち言語表象の有する弁別や価値付けの働きを変転極まりない自然（荀子の言葉では天）にゆだねることによって、可能となっている。この心の虚と無為を、何とかして能動性に変え、心に言語表象を蔵したまま、その能動性を確保し、先王や後王の人為的儀礼や規範を説かねばならない。

こうした目的のために荀子が持ち出してきたのは、「類（分類）」というものが「普遍的である」というテーゼである。彼の言語論をふり返ってみよう。彼はまず荘子が否定した感官と心の能動的働きを、天官の簿（記録）と天君の徴知という言葉で端的に復活させる。心による徴知という行為の具体的内容は、感官が記録した事物を「その類に当てる」ことである。この類が普遍的であるかのように説くことによって、荀子は言語表象による認識が、荘子の説くような恣意的なものではなくなる、と主張するのだ[7]。

では、どうして類は普遍的なのだろう。この疑問を解く鍵は彼の次の言葉にある。

> およそ類を同じくし形（あら）われを同じくする事物は、天官（感官）がその事物を感ずるあり方も同じになる。
>
> （正名篇）

類を感得してそれを身体のうちにもたらしているのは、心ではなく感官であることに注意したい。この文章からする限り、「類」は心に先天的に蔵されているものでも感官に内在的にあるものでもない。あらかじめどこかにあるので、感官がそれを「普遍的に」感得できるのだというのだ。ではどこにこの「類」はあるのか。

心にも感官にもないとすれば、「全身の気」だろうか。でもそれでは心や感官による知を否定した荘子の立場になってしまう。とすれば、残る可能性はただひとつ、「変転極まりない自然」の内である。私の感官や心、あるいは私の身体のどこかではなく、この変化極まりない自然そのものに「類」という普遍的な弁別と価値付けがあるから、そして形われの同一性があるから、それに基づけば感官と心による言語表象を、能動的に行うことも可能だというのが彼の言語論だったのだ。

これはどういうことか。言うまでもなく自然の方に弁別と価値付けの基準があるという考え方は道法家の言説である。それを荀子は「類」という言葉で表象し、ひそかに彼の言語論にもぐりこませている。だが、もしそのように自然の側に弁別や価値付けをゆだねるのなら、心の言語表象機能の能動性は当然のことながら制限を受けないわけには行かないだろう。道法家がしたように心の言語表象の蔵を虚にし、動きつづける心を無為にしてそれは始めて可能になるのではなかったか。

先ほどからみてきた荀子の強弁の理由は、ここにあるのである。儒家の立場から、彼はなんとしてでも心の言語表象機能を能動的に取り戻したい。けれども「完成状態で静止している現前体としての存在」といった思考がなく、変転やむことない自然をそのままとらえる古代中国の思考法を前提とすると、多くの困難がそこには付きまとう。Aという認識事象は、変転する自然の中ではいつのまにか非Aになってしまうからである。それなのに認識しようとする心の方までいつも能動的に動いていて既知の言語表象に影響され、しかも心による言語的認識には「恣意的な差別」が不可避的に付きまとう、ということであれば認識の普遍妥当性など問いようも無い。心―言語機能の「能動的」認識をあきらめ、自然の側にあらかじめ在る弁別と価値（すなわちこれが類である）にゆだねざるを得ないであろう。道法家の「虚心論」の言説にとりあえず依拠した理由はこれであった。

そしてその上で、心の能動性を説くには、心の能動性や既知の言語表象の蔵をなんとかそのまま肯定しなければならない。ここで担ぎ出されたのが道法家の虚・一・静などの思想である。心を虚にし、専一にし、静にするための思想を、荀子は正反対の事態を記すために盗用する。心に言語表象の蔵があって「虚ではないのに」、既知の言語表象が（ふしぎにも）新しい言語表象を邪魔しないのが「私の言う虚だ」というように。

こうした強弁によって一見すると荀子言語論は心による認識の普遍性や（西欧的にいえば）客観性のようなものまで

主張しているように見える。だが、それは虚・一・静といった言葉の盗用と意味のすり替えによる強弁であり、現実に彼の言語論において認識の普遍性の根拠となっているのは、道法家同様に、変転する自然の側にある類なのだ。能動的な心については、その認識妥当性や普遍性は「理由もなく」そうなのだと強弁されているだけで、たとえば理性や悟性のような超越的に妥当性を保証する装置（もちろんこれらもその根源的根拠はないものなのだが）は考えられていない。

七、約の間主観的ゲーム性

類は、一続きの気という、中国人にとって唯一「存在」的な事物において、その変転の動きのうちに看取できるひとまとまりのパターンとでもいうべきものである。ある類と別の類との間は、空虚のようなもので区切られているわけでもない。また類は現前のような完成・静止態で記述されるものでもない。したがって類と類とはつながっており、相互に転化することもある。こうした事情は本草の分類などをみれば明らかである。そこではひとつながりの気から万物が生成すること、生成した万物はたとえば魚貝類が鳥類に転化するなどのようにさまざまに転化するという事実が淡々と記述されている。荀子においてもこうした事態は変わらない。事物（物）は水火から草木、禽獣、人間に至るまでひとつらなりの気のうちに捉えられている。

こうした類に基づいて感官が記録したものを心が徴知し再び類に当てて言語表象が可能となる。ではそうして能動的に作られた言語表象は普遍的といえるのだろうか。道法家では言語表象自体が自然の側から（なぜか）もたらされると考えている。だが、荀子では、類のみが自然の中にあって感官や心の側にはなく、他方で言葉は人が紡ぐことを思い出そう。言葉を紡ぐのは人の側であって自然ではないとすれば、その営為に普遍性や妥当性を最初から期待することは無理というものだ。心の能動性を回復しようともくろむ立場の難点はここにある。類がいくら普遍的であっても、言葉を能動的に作るのは心だとすれば、心が作る言葉は普遍的とされる類のままではなく、恣意的であらざるを得ない。荀子はここでは強弁することなくいっている。

言葉には固有普遍の基準はない。約束して名づけるのだ。約束が定まり、それが習俗となれば、これを善い基準という。言葉には固有普遍の意味内容は無い。約束して（この意味と）名づけるのだ。約束が定まり習俗になればそれを実（定まった意味内容）のある言葉という。（正名篇）

このソシュールのラングを髣髴とさせる約（約束）は、[8]荀子が回復させた心による言語表象の能動性の特徴を良く表している。感官にも心にも理性のような超越的普遍性付与装置がないとすれば、それによって作られた言葉が通用する根拠は、普遍妥当性にではなく、ヴィトゲンシュタインが述べたような言語ルール[9]（あるいは言語ゲーム＝約）の習俗化、慣用化というある集団内の経験的事実におかなければならない。その言語表象の通用も決して普遍的なものではなく、現象学の用語を借りて言えば間主観的なもの、すなわち一定の時空と集団の内部においてのみ理解可能なものと考えるべきだ。荀子言語論の射程は意外に遠くにまで及んでいるのである。

【注】

（1）古くは大濱皓『中国古代の論理』（東京大学出版会、一九五九年）。加地伸行氏の「名実論争における公孫龍」（『高野山大学論叢』四巻、一九六九年）などに始まる一連の論考。これは後に『中国論理学史研究』（研文出版、一九八三年）にまとめられる。これに対して浅野裕一「『公孫龍子』指物論の立場」（『集刊東洋学』三七号、一九七七年）などの一連の批判がある。

（2）加地伸行、注（1）前掲書、第二章。
（3）拙著『気・流れる身体』平河出版社、一九八七年、第三章。
（4）李頤の説に従い徇字を使役に読む。
（5）拙著『こころとからだ――中国古代における身体の思想』中国書店、一九九五年、第六章一節。
（6）以上についてはアリストテレース、出隆訳『形而上学』（岩波文庫、一九五九年）第一巻五章b二三～九章a一〇。内山勝利等『ソクラテス以前哲学者断片集』第一分冊（岩波書店、一九九六年）。
（7）注（5）前掲拙著。
（8）内山俊彦『荀子』（講談社、一九九九年）二〇九頁に触れられている。注（5）前掲拙著、四二〇頁、注（21）も参照。
（9）L・ヴィトゲンシュタイン、藤本隆志訳『哲学探求』大修館書店、一九七九年。

秦簡「膚」字考

大川　俊隆

一

雲夢睡虎地より出土した一群の秦簡の中に「膚」字が見えるものが二つある。一つは『秦律十八種』と出土後命名された簡の中にある。『秦律十八種』は、田律・司空律等秦代の法律十八種の中から、必要と考えられた部分をピック・アップしたもので、その中に「廏苑律」と記されている律文三条があり、その中の一条に次のように用いられている。

⑴四月・七月・正月を以て田牛を膚す。卒歳、正月を以て之を大課し、最なれば田嗇夫に壺酉（酒）・束脯を賜ひ、旱〈皂〉を為す者は一更を除き、牛長に日三旬を賜ふ。殿なる者は田嗇夫を誶《せ》め、冗皂者を罰すること二月。……（一三・一四）

「廏苑律」とは、田牛・家畜を管理する公的な廏舎・苑囿を管轄する法で、この一条は年三回の「膚」と、年一回正月に開かれる「大課」で田牛の健康状態や肥瘦を点検・評定することなどを云う。このうち、「大課」については、「課」が秦簡・漢簡に常見する語で(1)、その官員の能力や技能を審査し評定することで、「最」（最上位）や「殿」（最下位）

という判定を伴う、上級から下級への勤務評定であることから、「大課」とは年一回のそのような審査を云う。従って年三回行われる「膚」もそのような審査の小規模なものを意味することは疑いない。ただ、何故「膚」が「審査」「評定」などの義を有しているのかということに大いに疑問が存する。

秦簡には更にもう一つ「膚」字が用いられている。『秦律雑抄』と出土後命名せられた一群の簡は、やはり秦律中からの摘録であるが、この『秦律雑抄』中には、軍事規律に関するものが多いのが特徴である。その中の二簡に、

(2)吏の乗馬の篤《おそい》・𦍩《やせている》（胔）を膚す、[2]及び膚期に会せざるとは、貲各々一盾。馬労して課殿なれば、廏嗇夫に貲一甲。

（二九・三〇）

とあり、この「膚」も後に「課」や「殿」という語を伴っていることからわかるように、やはり「審査」「評定」の義で用いられている。こちらの「膚」は、馬の走る速度の「篤疾」や身つきの「𦍩（胔）痩」の程度を計っており、(1)よりもより具体的である。「膚期」とは、定期的な審査期日を云う。

では、何故「膚」字にそのような義が存するのか。このことを文献上の用義と出土文字資料中の関連字の検討を通して考察するのが、本稿の目的である。が、それに移る前に、睡虎地秦簡の諸注釈がこの「膚」をどのように解釈しているのか見ておこう。

①一九七七年出版の線装本『睡虎地秦墓竹簡』[3]では、(1)の「膚」に対し、「膚は即ち臚字、評比なり」と云い、(2)に対しては、同文の下に「篤は馬の行くこと遅緩なり」と云うにすぎない。「膚は即ち臚字」とは、後に引く『説文』の臚字の説解に基くものであるが、この説解が「評比」の義とどのように結びつくのか不明である。

②一九七八年出版の『睡虎地秦墓竹簡』[4]では、①と同じく「膚は即ち臚字」とした後、「『爾雅』釈言に〝敍也〟。こ

こでの意味は評比である」と述べ、ほぼ①と同じである。『爾雅』の「膚、敘也」の釈義が、「評比」とどのように結びつくのかは述べられていない。

③「『湖北睡虎地秦墓竹簡』訳註初稿」(5)では、この「膚」に対して、「皮膚の艶《つや》を見るなどして健康状態を調べること か」としていて、「膚」字を「皮膚」の義にとり、それとの類推から、「評比」の義に結びつけんとしているが、これでは、(2)の方は、「皮膚の艶」を見ていないのだから、こちらの義には当てはまらない。その場しのぎの解である。事実、③は(2)の方では、「膚」を「膚吏の乗馬」と訓んで全く解を誤ってしまっている。

④フルスエ氏は、(6)「膚」について『公羊伝』僖公三十一年の「膚寸而合」の何休の注「手を側するを膚と為す」を引いた後、②の注を紹介し、「この『評比』の義は証拠だてるものを見い出せていない」と述べている。

要するに、すべての注釈において、この「膚」は「評定」「審査」の義であることは文脈から推定はできるものの、それが「膚」字の義とどう関連するのかを論証し得ていないことが知られる。

二

では先秦より漢代にかけての文献において、「膚」字がどのような用義で用いられているかをまず見ておこう。

『説文』巻四下肉部に、

(3)臚は皮也。肉に从ひ盧の声。膚は籀文の臚。

とある。(1)(2)に対する注釈の①②が、「膚は即ち臚字」とした拠り処である。「臚」は、前漢の武帝期に設けられた「大鴻臚」の専字として以後用いられ続ける文字であり、『説文』の説解「皮也」という義の時は、後世では「膚」の方が用いられるのが普通である。上古推定音においても、盧系の文字は［la①］であり、「膚」は［pĭwa①］であり、音義ともに異る別字とされている。しかし、音の方は、上古音において更に前段階に、pl という複母声を想定すれば、[7] 音の違いは或いは克服されるであろう。そして、『説文』が、「臚」と「膚」を同字異体としたのは、後漢期にまで残存していた文字資料にそれを証拠だてるものがあったからに違いないことも推測される。そのことは後に考察するとして、「膚」「臚」の二字を各々個別に概観してみる。

まづ「膚」について。

「膚」は漢代以降、様々な義を有する、所謂多義字であった。『広雅』に、

㋐膚、美也。（釈詁）
㋑膚、離也。（釈詁）
㋒膚、伝也。（釈詁）
㋓膚、剥也。（釈詁）
㋔膚、肉也。（釈器）

と、実に五つの義が載る。更に『釈名』に、

㋕膚、布也。布在表也。（釈形体）

とあり、又、既に第一節で引いておいた。『公羊伝』「膚寸而合」の何休注「側手為膚」という長さの単位の義や、『説文』の「皮也」という説解も加えれば、実に八つの義が存することになる。

これらの義のうち、㋐の「美也」の義は、『詩経』豳風「狼跋」の「公孫碩膚、赤舃几几たり」の毛伝「膚、美也」に基くもの。この他、小雅「六月」の「薄か玁狁を伐ち、以て膚公に奏す」の毛伝「膚、大也」とあるのも、㋐の「美也」と近義である。「膚」に「美」や「大」の義が存したことは疑いない。

㋑の「離」と㋓の「剝」の義は、どちらも『説文』に云う「皮也」の義からの引伸である。王念孫も、[8]

『説文』（皮字）に「獣革を剝取する者、之を皮と謂ふ」。「韓策」に「因りて自ら面皮はぎ眼を抉り、自ら屠りて腸を出す」。鄭、「内則」に注して云ふ「膚、切肉也」。是れ「皮」「膚」皆に離の義也。

と述べている。鄭注の「膚、切肉也」をも「離」の義としている以外は、従うべきである。「膚」字が「皮」の義より、「皮膚を剝ぐ」という動詞義に引伸することは容易に類推できることである。又、㋕の「布也」という義も、同様に「皮」の義と関連するもの、恐くは、「皮」よりの引伸義であろう。

㋔の「肉也」という義は、『礼記』内則に「麋・膚・魚醢」とあり、鄭注に「膚は切肉也。膚或ひは胖と為す」と云い、又、『儀礼』少牢饋食礼に「雍人、膚九を倫《えら》び、一鼎に実す」とあり、鄭注に「膚は脅革の肉」とあるのがこれに当る。

㋒の「伝也」の義は、「臚」字の方と関連する。

次に「臚」字について。

「臚」字は後世はほぼ「鴻臚」の専字として用いられるが、先秦の書に「鴻臚」以外の用義があり、王念孫は、これらを、『広雅』の「伝也」の義と関連づけ、更に「鴻臚」の義へと結びつけている。[9]

『晋語』に「臚言を市に風聴す」、韋昭の注に云ふ「臚は伝也」。『荘子』外物篇に云ふ「大儒臚伝す」。『漢書』叔孫通伝に「大行に九賓を設け、臚句もて伝ふ」。蘇林の注に「上、伝語して下に告ぐるを臚となし、下、上に告ぐるを句となす」、韋昭の注に云ふ「大行は賓客の礼を掌る。今の鴻臚也」。応劭「百官表」に注して云ふ「鴻臚なる者は郊廟に礼を行ふに九賓を讃す。鴻声もて之に臚伝する也」。……故に伝は宜く之を臚と謂ふべし。

先秦の文献に見える「臚」に「伝」の義があり、この義が「鴻臚」の原義であることを説いている。「鴻臚」の原義を「陳敘」とするものもある。逸文として残る韋昭の『弁釈名』(10)の中に、

鴻臚、本故の典客。賓礼を掌る。武帝の時、更へて鴻臚と為す。鴻は大也。臚は陳敘也。大いに礼を以て賓客を陳敘する也。

とあるのがこれに当る。第一節で既に引いたが、『爾雅』の「臚、敘也」とするのがその源であろう。この「陳敘」の義は恐くは「伝」の義と近義の関係にあるもので、源を同じくするものである。

「臚」にはもう一義ある。時代は下るが、『広韻』上平九魚に、

臚、皮臚。腹前を臚と曰ふ。又鴻臚寺。……

と三義を載せるうちの「腹前を臚と曰ふ」がその一義である。

『急就篇』(11)に「寒気泄注し、腹臚脹《は》る」の句が見え、その顔師古注に、

注とは注易の病なり。一人死して一人復た得《う》。気相灌注する也。腹前を臚と曰ふ。脹るとは腹鼓を謂ふ也。一に曰く、腹皮也。

と云う。「一に曰く」で、「臚」には「皮」の義も提示されているが、ここでは「腹前」の義で解釈すべきであろう。『黄帝内経素問』に同じく「臚脹」の句が見え、(12)

民、腠理の熱を病めば、血暴かに溢瘧し、心腹熱に満ち、臚脹り、甚しければ則ち胕腫す。

とある。ここもやはり「腹前」とすべきであろう。『釈名』の逸文に次のような文がある。(13)

腹前の肥ゆる者を臚と曰ふ。此れ王侯及び蕃国を主る。言ふこころは、京師を以て心体と為し、王侯・外国を腹臚と為し、以て之を養ふ也。

この「腹前の肥ゆる者」と「腹前」はほぼ同義。この「腹前」の義を以て「鴻臚」の義にまで結びつける説であるが、これはやや牽強付会の感は否めない。この「腹前」と「腹前の肥ゆる者」の義は、「膚」字の㋔の箇処で述べた「肉」の義と連関を有するものであろう。そもそも、肉旁は、祭祀に用いる牲畜の肉の義であったが、秦漢交代の頃より、徐々に、人間の身体の諸器官を表わす文字の偏旁としての機能を増やしてゆく。(14)「膚」或いは「臚」が、このような偏旁義の発展に伴って、牲畜の「肉」の義より人間の「腹前の肉」の義へ、やがて人間の「腹の前部」を指す義へと発展していったことは充分に考えられることである。

以上をまとめれば次のようになろう。

「膚」には大きく分けて、「美大」「皮膚」「肉」「長さの単位」の義があり、「臚」には「伝」「腹前」の義があるが、両字は、「皮膚」の義のみならず、前者の「肉」と後者の「腹前」の義においても共通義を有する。このことは、先秦期において両字が同一字であったか、両字が通用していたという可能性を暗示している。

三

では、出土文字資料における「膚」字関連字の検討に移ろう。

まず、漢代の文字資料の中の用義を見ておきたい。

「膚」字は漢初の馬王堆医書[15]の中に何回か見える。

(3)……汁を以て傅《つ》け、膚を産す。灰をして□を以て□すれば故膚の如し。　（『五十二病方』三二二）

これは「去瘢（きづあと）の方」を述べたもので、ここでの「膚」は明らかに「皮膚」の義である。

(4)一⿸疒馬。⿸疒馬なる者は牝牡有り。牡（の⿸疒馬）は高膚（有り）、牝は空（孔）有り。　（『五十二病方』四五四）

これは馬の病気について述べたもの。「高膚」とは、馬継興氏によれば[16]、「高く盛り上がった皮膚」を指す。因てこれも「皮膚」の義である。

(5)凡そ三陽は天の気也。其の病、ただ折骨列（裂）膚のみ。死せず。[17]

（『陰陽脈死候』八五）

この文については、同じく馬王堆医書の中に『足臂十一脈灸経』が存するが、その中に同趣旨の文があり、そこには、「陽病、折骨・絶筋して陰病無ければ死せず」（二二・二三）とある。両者を比べると、「列（裂）膚」と「絶筋」が対応しているのがわかる。因て、この「膚」は、「皮膚」の義ではなく、人間の身体の「肉」のある部分を指しているのであろう。第二節で検討した、「肉」や「腹前」の義が近いのである。

この他に「膚」字は、同じく馬王堆医書の『十問』（五・六）に「肌膚」という連文の形で見えるもの、『合陰陽』（一二八）に「皮膚」と、同じく連文の形で見えるものが存する。[18]全て「皮膚」の義であることは疑いない。

これらの用義から見て、漢初における「膚」字の主要義は「皮膚」であったこと、しかし、「肉」「腹前」の義も存していたことが知られるのである。

一方、「臚」については、漢代の出土資料の中に見えるのは、漢印中においてのみである。「大鴻臚丞」という官職印が『漢印文字徴』の中に録されている。[19]「臚」は漢代中期以降、ほぼ「鴻臚」の専字として残存してゆくのである。「臚」字が他義で用いられることは、出土資料からは確認できなかった。

ところが、最近発表された張家山漢簡の中に『脈書』と題された一篇があり、[20]その中に、次のような文がある。

(6)（病）、腸中に在れば、血叚（仮）を為す殹（也）。肘（痔）は其れ背胃（胸）より起こる。腹をして張（脹）らしめ、気を得て不可なれば、気の叚（仮）殹（也）。その腹胗胗として膚の張（脹）るる状の如し。

（七・八）

(7)身・面・足・胻尽く盈なれば、臚張（脹）を為す。

（一三）

この中に「膚張」「臚張」という語句が見えるが、これは、先に挙げた『急就篇』や『黄帝内経素問』に「臚脹」として見える語句で、元々医学上の専門用語。「腹前の部分が脹れる」という意である。因て、「膚」と「臚」は同字異体の文字で、義は「腹前」となることがわかる。

「廬」は、金文期に「射廬」という語彙で見える文字であるが、[21]「射廬」の「廬」は射儀を行う建物のこと。「广」はそのような建物の蓋屋を表わしている。漢初の張家山漢簡に何故このような義の「廬」が「腹前」の義で用いられるのか今のところ不明であるが、[22]恐く『説文』で同体異字とされている「臚」と「膚」の両字の関係の更に前段階にこの「廬」と「膚」の関係が存したことが推測されよう。皮膚の義の「臚」の肉旁は、張家山漢簡より以後の時代に成り立った文字と云えよう。

四

では更に時代を溯って先秦期の出土資料を見てみよう。

甲骨文の中に「膚」や「臚」は見えない。甲骨文の「」や「」や「」などを「膚」字の初文・異体とする蔡運章氏の説もあるが、[23]その証明の方法は、形が近いことを云うのみで、用義の検討を行っておらず、ほとんど付会の論である。しかも、それらの卜文の形も、田・肉の形を伴っておらず、全く従うことはできない。

「膚」字が見える最も古いものは、金文中で、恭王期の銅器とされる裘衛鼎二であるが、そこでは、

(8)眉敖者膚、吏（使）と為りて王に見ゆ。

とあり、「者膚」は人名。因てその義は知ることができない。

これより以後、「膚」字が見える銅器は春秋期まで降る。

(9)鼄（邾）公牼、厥の吉金・玄鏐膚呂を択び、自ら龢鐘を乍（作）る。（邾公牼鐘）

(10)鼄（邾）大宰欉の子の敓、自ら其の御鐘を乍（作）る。その吉金・膚呂を択ぶ。（邾大宰鐘）

などである。この文中の「玄鏐」と「膚呂」は列国金文中の常語で、「膚呂」は金旁が添加されて「鏞鋁」に作られることもある。

(11)余、㚸《わ》が武を罯《あつ》くして、余が鐘を作為す。玄鏐鏞鋁、大鍾八肆、其の竈四堵なり。（邵黛鐘）

(12)舎（余）、吉金・鉉鏐鏞呂を択び、自ら鉤鑃。（配児鉤鑃）

とあるのがそれである。又、「鋗鏞」「赤膚」「黄膚」という言い方もある。

(13)篖（筥）叔の中子平自ら其の游鐘を乍（作）鋳す。玄鏐鋗鏞。（鄘叔仲子平鐘）

(14)鼄（邾）公華、厥《そ》の吉金・玄鏐赤鏞を択び、用て厥の龢鐘を鋳す。（邾公華鐘）

(15)余、其の吉金・黄鏞を択び、余用て自ら旅𠥍（簠）を乍（作）り、以て征し以て行し、用て稲粱を盛る。（曾伯霥簠）

これらの「玄鏐膚呂」「玄鏐鏞鋁」については、郭沫若に説がある。[24]

「鏐」とは、『爾雅』[25]釈器に「黄金は之を璗と謂ひ、其の美なる者は之を鏐と謂ふ」。『説文』に云ふ「璗、金の美なる者、玉と同色」。又云ふ「鏐、黄金の美なる者」[26]。「禹貢」に「梁州、璆鉄銀鏤を貢す」。『史記』夏本紀の集解に鄭玄を引きて云ふ「黄金の美なる者之を鏐を謂ふ」[27]。所謂「黄金」なる者は、実は是れ銅なるを知る。「玄鏐」は即ち『説文』の謂ふ所の「玉と同色」なる者也。「膚呂」と「玄鏐」対文なれば、「膚」は仮りて「黸」と為す。黒色也。「呂」は仮りて「鑪」と為す。

「玄鏐膚呂」が、「吉金」の下や、「余鐘」「游鐘」の下にあることを考えれば、「吉金」即ち原材料の銅の材質が卓越していて、これが作鋳後の銅器にも反映していることを表わしていることは疑いない。因て、「玄鏐」の方は、「黄金の美なる者」でよいが、この「玄鏐」と対をなす「膚呂」の解に、『説文』（巻一〇上黒部）の「黸、斉には黒を黸と為す」をもち出して、「膚呂」を「黸《くろ》い鑪」とするには大いに問題があろう。(13)(14)(15)にある「銄鏞」「赤鏞」「黄鏞」という語彙からわかるように、ここでは「鏐」と「鏞」が対となっており、これを「黸《くろ》い」とするのでは、意が通じないのである。屈万里は(15)の考釈[28]で、次のように云う。

それ故劉氏の後の一説と郭某（郭沫若）の説は恐くは事実と合わないだろう。私は劉氏の前の一説が理に合うように感じる。[29]「鏞」が「鑪」字であるかどうかは未だ肯定し難いが、それは銅の一種であるようで、それは、剛硬な鉄を（普通の鉄とは）別に「鏤《はがね》」と呼ぶようなものであろう。

屈氏のように、「吉金」の更に材質のよいものを「玄鏐」「鏞鋁」「黄鏞」と呼んだと考えるのが穏当な考えであろう。だとすれば、このような語彙の中で、「膚」と「鏞」の両字の関係はどのようなものであろうか。[9]～[15]までの八器の中で、最も古いのが、西周晩期の曾伯霥簠で、その中に用いられているのが、金旁のある「鏞」であることに少し問題はあるが、やはり、「膚」字が原義より、銅の材質の良さを表わす義へ引伸した後に、原義よりその引伸義を他義と区別するために、金旁が添加されて「鏞」字が成立したと考えるのが最も穏当な考えであろう。西周晩期より春秋期にかけては「膚」の偏旁「金」添加の文字が既に存していたが、金旁が添加されない「膚」も用いられていたと考えられる。

では、「膚」の原義は何であろうか。

金文の字形は「」となっており、虍・・肉の組み合わさった形であるが、何を表わしているか現在のところは明らかにし難い。ただ「虘」形の下に、胾肉を懸けている形であることはほぼ疑いない。金文期における従肉の他字を見ると、[30]「脰」は豆器の傍に胾肉を置く形、「脊」は、「齋」の略形で後に「粢」となる字。その意は肉に基く。「胤」は糸で胾肉を懸ける形、「肘」は「胾」の元字で、胾肉の意である。ただ「胃」だけが、胃部を表わす「」に、身体部位を表わす「肉」が付されている。これらの字において、肉が胾肉の義であり、「胃」だけが「身体の部位や諸器官」の義を表わすものであること、そして「膚」の金文の形を考えれば、「膚」の原義が「肉」であったことは疑いないであろう。

更に推測すれば、「膚」が表わす義は、一般的な胾肉の義ではなく、祭儀に供せられる美大なる胾肉を表わしていたのであろう。

私は既に第一節において、文献の中の「膚」字の検討を行った際、「膚」に「肉」の義の他に「美」「大」の義が存することを指摘しておいたが、これらの義は、「膚」のこのような「美大の胾肉」という原義より生じて来たと考えられよう。

この「美大の膴肉」の義より、「吉金」の中の特別に美大なるインゴットに対して「膚」と呼ぶようになり、やがてそれに、当時「銅金」の義を表わしていた「金」旁が添加されて、そのインゴットを意味する専字「鑪」が成立するという過程が考えられる。「黄鑪」とか「赤鑪」という語は、その「鑪」に、色合い・材質の様を形容する「黄」「赤」を更に上に付したものである。

この「鑪」字は、

⒃簉（桓）武霊公、尸に吉金・鈇・鎬・玄鏐・鏻鋁を易（賜）ふ。尸用てその宝鐘を攸（作）鋳す。（叔尸鐘）

⒄吉日壬午、之を乍（作）為し用ふ。玄鏐鏄呂。（少虡剣）

のように、「鏻」「鏄」の字形にも作られる。右旁の「膚」を近音にしてより簡便な文字「莽」や「尃」で置換したものである。又、⒃中の「鈇」「鎬」も同じく吉金のインゴットの、異った種類を表わす文字である。

五

では、「臚」の方は、金文期においてどのような起源を有しているのか。

「臚」字自体は、先述したように先秦期の文字資料に見えることはない。金文期に見える関連字としては、「膚」「膚」「盧」などがある。

「膚」は西周中期共王期の趞曹鼎二に二箇所見える。

⒅龔（共）王、周の新宮に才（在）り。王、射⿸虍由に射す。史趞曹、弓矢・虎⿸虍由・九（厺）・冑・毌（干）・殳を賜はる。

このうち上の「⿸虍由」は後代の「廬」の字。(31) この「⿸虍由」は同じく西周中期の師湯鼎に、

⒆王、周の新宮に才（在）り。射⿸广⿸虍由に才（在）り。

と、「⿸广⿸虍由」の形に作られている。これらの字から、「⿸虍由」に「屋宇」の義が生じた後、「屋宇」の義を強化するために「广」旁が添加されて、射儀を行う屋舎の専字「⿸广⿸虍由」が形成されたのであろう(32)（下の「口」はそのような建物を聖化するための祝器𠙵《サイ》を加えたもの）。「廬」の字形の初出は、最近発表された龍崗秦簡に、

⒇盗、封を徙し、冢廬を侵食すれば、贖耐。　（一二一）

という秦律中に見える。この「廬」は墓冢の旁に建てられる神聖な屋を意味しており、⒅⒆の「⿸虍由」「⿸广⿸虍由」と全く同義である。よって三つは同字である。このうち⒇の字形が、『説文』（巻九下广部）に載り、

廬、寄也。秋冬去り、春夏居る。

と説解されている。

又、趞曹鼎二の「虎⿸虍由」という語の方は、研究者によって諸説あるが、白川静氏の説(33)、「虎盧は、虎皮を材質とした干で、

自然に虎文のあるものであろう」とするのが最も詳細にして妥当である。

ただ、この二つの「虘」が「射儀の屋舎」「虎皮の干」を意味するとしても、何故そのような義を生じたのかは今のところ、字形上からは明らかにできない。

「盧」字は金文では次のような用例がある。

㉑伯大師の小子白公父、簠を乍（作）る。之の金を択ぶ。唯れ鐈、唯れ盧。其の金孔《はなは》だ吉し。亦た玄にして亦た黄。（白公父簠）

㉒𨛫（徐）の𢽾（令）尹者旨𦉢、其の吉金を択び、自ら盧盤を乍（作）る。（者旨𦉢盧）

㉓王子嬰次の庡（炒）盧。（王子嬰次盧）

㉑は西周後期の器。㉒㉓は春秋期のもので、「盧盤」「庡（炒）盧」の「盧」は、後代「鑪」(34)や「炉」に作られる文字である。ところが、㉒㉓において、「盧」は「」の形に作られている。即ち、「皿」（盤）上に「膚」がある形である。これは、鑪や炉の義の「盧」字の成り立ちをよく示している。「皿」即ち、盤上に「膚」、即ち美大の肉がある形であり、「盧」の原義は、美肉を盛る器であったことがわかるのである。後にこの字形中の「」が省略されて「盧」の形となったのである。
因て、本来の形の「」から「皿」が省略されて、「膚」の形であっても「盧」の義で用いることができた。

(24)郤王之堯元柴（背）の少⿱聑火膚。　（叙王盧）

がそれで、この中の「少⿱聑火膚」とは、(23)の「⿸广火（炒）盧」と同一物であろう。さすれば本来なら「盧」であるべきものが、「膚」字が用いられていることとなる。

「盧」字で「膚」の義を表わすこともあった。(21)の「唯れ鐈、唯れ盧」の「鐈」は、(16)の叔尸鐘中の「吉金・鈇・鎬・玄鏐……」の「鎬」に当り、「盧」の方は、「赤膚」「黄膚」の「膚」に当る。因て、ここでは「盧」が「膚」の代りに用いられている。

このように金文期において、「膚」と「盧」は互いに通用し合っていたが、その因は、「盧」の原形が「膚」の下に「皿」が加わっている形であったことに起こっていると考えられよう。

先に第三節で示した張家山漢簡中で「盧」と「膚」が同一字であったこと、『説文』において、「臚」と「膚」が同一字とされていることも、このような金文期の「膚」と「盧」の字形的に近い関係にその淵源をもつと言えるのである。勿論、「膚」と「盧」は同音であったことは疑いない。

六

では、金文期以後、「膚」と「盧」はどのような連関を有してゆくのであろうか。我々はその足跡をいくつかの楚簡文字の中に辿り得るのである。包山楚簡に、[35]

(25)祆に一膚、矦（后）土・司土・司命に各々一牂を与禱す。大水に一膚、二天子に各々一牂、圣（危）山に一

⿰羊占を与禱す。　（二四三）

とある。この中の「一膚」は、同楚簡二三七簡には「一⿰羊膚」に作られている。「⿰礻大」に与禱される「一膚」に対応して、他神に与禱されるものが「一牂」「一⿰羊占」となっていることから、「一膚」「一⿰羊膚」は、羊の種類を意味することは間違いない。(36)「⿰羊膚」は字書に見えない文字であるが、その意は、恐く、「美肉の羊」であろう。「膚」に「美肉」の義があり、そのような肉を供する羊の種類を「⿰羊膚」と称したのであろう。「⿰羊膚」は「膚」の原義に「羊」が添加された偏旁添加文字である。

又、信陽楚簡(37)に遣策があり、その中に次のような簡がある。

(26)箅。一湕瓶。一迅缶。一湯鼎、屯（純）有蓋。二浅缶。二膚。一涂之⿰飠林鼎。……　（二―〇一四）

(27)笲一奉小奉。夆釴奉。一青取⿰糸⿱罒女（纓）。一緂裳寿膚之純、帛果。……　（二―〇一五）

(26)の「膚」は、瓶・缶・鼎とともに列挙されているので、後の「盧（鑪）」であることは疑いない。(27)の方は、「一緂裳、寿膚の純《ぬいとり》」と訓むのであろう。「寿膚」の義が明確ではないが、郭店楚簡(38)の『五行篇』に、「膚」が次のように用いられている。

(28)小にして軫《おお》き者、安（焉《これ》）に取る又（有）り、「疋膚〻」、者（諸）を君子の道に達せしむる、之を臤（賢）と胃（謂）ふ。　（四三）

この文中の「疋膚〻」は難解であるが、馬王堆帛書の『五行』にも同じ文があり、[39]そこでは「索纑〻」（二〇七）に作られている。「索むること纑纑として」と訓むべきものである。(28)の「疋」と「索」、「膚」と「纑」は同字異体である。思うに、「膚〻」「纑〻」は、「永永として」という義の擬態語。「膚」に「糸」の義が生じ、これを二字重ねることによって「永々」という義の擬態語として用いたものであろう。後に「膚」が「盧」に置換され、「永々」の義を表わすため糸旁が「盧」に添加されて「纑」字となったと推定せられる。これを以て、[40](27)の「寿膚」を見れば、この「膚」は後に「纑」となる字であることが知られるのである。ここでも、春秋期の金文に見られた、「膚」と「盧」が通用していたことがこの時代でも確められる。又、「膚」字に何らかの理由で「糸」の義が生じていたことがわかる。

この時期に「膚」が「皮膚」の義を引伸していたことを示す文字資料もある。

郭店楚簡の『唐虞之道』に、

(29)脂膚血旣（気）の青（情）を即（節）し、眚（性）命の正を羖（養）ふ。　（一一）

この文中の「脂膚血旣」は、『春秋繁露』度制に「然れども五采を染め、文章を飾る者は、以て肌膚血気の情を益すに非ざる也」と「肌膚血気」に作られている。文献の方の「肌」は「脂」字の譌であろう。そして、この「膚」は「皮膚」の義で解すべきであろう。

又、最近出版された『上海博物館蔵戦国楚竹書』(二)[41]に、『魯邦大旱』があり、その中に、

(30)夫れ山は石以て膚と為し、木以て民と為す。如し天雨ふらざれば、石酱（将）に雧（焦）け、木酱（将）に死せんとす。……夫川は水以て膚と為し、魚以て民と為す。（四・五）

とある。山においては石が「膚」、川においては水が「膚」とされているのであるから、この「膚」は皮膚の義である。このような「皮膚」の義がどのようにして生じたのかは現在のところ詳細はわからない。しかし恐く、「肉」の義から生じたものであろう。

この『上海博物館蔵戦国楚竹書』(二)には次のような文字資料もある。『容成氏』の冒頭に太古の帝王の名が記されており、

(31)……膚是(氏)・茖是(氏)・喬結是(氏)・倉頡是(氏)・軒緩(轅)是(氏)・誓戒是(氏)・椲~是(氏)・⿰土膚遅是(氏)(一)の天下を又(有)つや、皆亓(其)の子に受(授)けずして臤(賢)に受(授)く。

とある。この簡の前にくるはずの一簡は失われているので、「膚是(氏)」は、左思「魏都賦」に見える太古の帝王「尊盧・赫胥」[42]の「尊盧」で、「尊」字は先の一簡の末尾にあるのであろう。さすれば、ここでも「膚」と「盧」が通用していることとなる。この他にも、「瀘江」「⿰氵膚江」と書かれていたりするものもあり[43]、これは先述した通り、「盧」が「膚」の下に「皿」が付された文字であったことに起源しているのである。

七

この『容成氏』には更に次のような文がある。

(32)文王堋(崩)じて武王立(位)に即く。武王曰く、悳(徳)を成す者は、虗(吾)敚(説)びて之に弋(代)らん。

其の即（次）は、虐（吾）伐ちて之に弋（代）らん。含（今）受けて無道を為し、百眚（姓）を䎽（昏）者（捨）し、諸侯を至（制）約すれば、天牆（将）に焉を戝（誅）せんとす。虐（吾）⿰虘攴天畏之。

（四九・五〇）

この中の「⿰虘攴天畏之」について、李零氏は、

「⿰虘攴」は「勴」であり、賛助の義である。『説文』力部に「⿰⿱非慮力」に作り、『爾雅』釈詁上に「勴」に作る。

と述べ、(44) 更に「畏」を「威」としている。因て、李氏はこの句を「天を⿰虘攴《たす》けて之を威す」と訓んだのである。「⿰虘攴」を慮系の文字として解したことは基本的には正しいが、『説文』『爾雅』以外の書に全く見えない文字である、「⿰⿱非慮力」「勴」とするには証拠が不足すると云わねばならない。

そもそも、「⿰虘攴」における「攴」については、私は既に論じたことがある。(45) そこで、「攴」は、西周後期から春秋戦国期にかけては、元字に生じた複数義のうち、動詞義を表わすために添加されるものであることを論じた。戦国期のものであるこの簡においても、「⿰虘攴」は、「⿰虚攴」字の中で生じていた動詞義を表わすために、「攴」を添加した結果成立した文字であろうと考えられる。

では、この動詞義とは如何なる義であったのであろうか。これにヒントを与えてくれる文字資料が、郭店楚簡の『緇衣』にある。

(33)子曰く、君子人を道（導）くに言を以てして、歪（恒）するに行ひを以てす。古（故）に言へば則ち其の終る所を慉り、行へば其の幣（敝）る所を䭫（稽）ふ。

（三二・三三）

「緇衣」は言うまでもなく、『礼記』の「緇衣篇」である。文もほとんど同文で『礼記』では次のようになっている。

子曰、君子道人以言、而禁人以行。故言必慮其所終、而行必稽其所敝。

これを見れば、郭店楚簡の「⿰忄膚」が後の「慮」に相当することは明らかである。又、『上海博物館蔵戦国楚竹書』㈠[46]に、『紂衣』があり、これも「緇衣篇」のことである。そこにも、

古（故）言則慮丌（其）所冬（終）……　（一七）

とあって、やはり「慮」に作られている。これらから見て、後の「慮」が楚簡以前には「⿰忄膚」に作られていたことがわかる。この「⿰忄膚」の字形が最初に見えるのは、西周後期から春秋晩期にかけてのものと考えられる般殷鼎で、そこには、「心聖若⿰忄膚、哀=利錐」とある。この「⿰忄膚」の義については恐く「慮」であろうと推測されるのみで、必ずしも正確に確定できるものではなかったが、今回、「⿰忄膚」にもう一つの用例が現われたことにより、これが「慮」字であることが確定できたこととなる。

「慮」は、「⿸虍田」に心旁が添加されたものではなく、「膚」に心旁が添加されて、後に心旁の上の「肉」が省略されたものなのである。中山王大鼎に「謀慮」という連文が、「母⿱呂心⿱呂心⿸虍日（皆）な㞷（従）ふ」と「母⿱呂心⿱呂心」の形に作られている。[47]この「⿱呂心」は、「⿰忄膚」の「膚」の部分をこれと近音か同音の「呂」に置換して成立した文字なのである。

このように考えると、「膚」に「はかる」という義が西周後期より春秋期にかけて生じていたことがわかる。この「はかる」という義を、心的な働きだと考えた時、これに心旁を添加して、「膚」の他義と区別するために「⿰忄膚」字を作っ

たのであろう。

「膚」に何故に「はかる」という義が生じたのかは現在のところは確定できない。しかし、恐く「膚」が、犧牲となる家畜の肉の義であったことと関連あろう。祭祀に用いる美肉の義より、そのような美肉を有しているものかどうかを「はかる」というように引伸したのではないかと考えられるが、今は証拠たるものが、出土資料の中に見えない。後の新しい発見を挨ちたいと思う。

「⿰忄膚」字の前段階に、「はかる」という義を「膚」字が引伸していたとすれば、(32)の中に見えた「⿰膚攴天畏之」の「⿰膚攴」字は容易にその義を了解できる。「攴」は西周後期より春秋期にかけて、元の字が多義化した時に、その中の特定の義、主に動詞義としての用義の場合に、この「攴」（ある時には「殳」や「戈」）を添加することによって、その字の他の義と区別するために用いられるようになったことは先述した通りである。これを以て「⿰膚攴」を見れば、「膚」に「はかる」という動詞義が生じた後、その義を表わすために「攴」を添加して「⿰膚攴」としたことが了解できるのである。秦代に「手」旁添加文字が現われるが、「攴」はこの「手」旁に近い働きである。先述した「⿰忄膚」と義は近いが、「⿰忄膚」の場合は、心旁を添加することによって、心的機能としての「はかる」義を表わそうとしたのであり、「⿰膚攴」の方は、ある種の具体的動作である「はかる」義を表わそうとしたと考えられる。両義には明らかな区別がある。

これから見ると、「⿰膚攴天畏之」は、「天をはかりて之を畏（威）す」と訓んで、「具体的に天の意を量って、天意にさからう者を威す」という意にとることができる。李氏のように、ほとんど典籍に見えない「⿰⿱非慮力」や「勴」をもち出してきて、「天をたすける」と訓む必要はないのである。

「⿰膚攴天畏之」の「⿰膚攴」が「量《はか》る」という義であるとすれば、冒頭に挙げた(1)(2)の秦簡の「膚」が「審査」「評比」の義で用いられることもたやすく肯定せられるのである。

秦簡の二つの「膚」と楚簡の「⿰膚攴」はほぼ同義である。秦代では、「攴」旁が添加される以前の、「はかる」という義を有していた「膚」字が元の字形のまま持続して用いられていたことが確認せられる。

現在のところ、秦簡より後の漢簡において家畜を審査するという義の「膚」字は発見されていない。しかし、最近の漢簡の出土量の更なる増加に伴って、必ずや近日、「審査」の義を有する「膚」字が発見されるはずである。記して将来の発見・発表を挨ちたい。

【注】

（1）秦簡『語書』には他に、「有（又）且に県官を課す」と「課」が「審査」の意で用いられている。『漢官儀』にも「高祖命天下郡国選能引関蹶張、材力武猛者、……常以立秋後講肄課試、各有員数」（『後漢書』光武紀注に引く）と「課試」という語で見える。

（2）「篤」は『説文』巻一〇下馬部に「篤、馬行頓遅」とある。「𦍩」は『説文』巻四上羊部に「羊名。蹏皮可以割桼」とあるが、これでは意が通じない。下に挙げる各注釈は、「胔」とし、『集韻』入声昔部に挙げる「膌」の異体字に「胔」があることにより、「膌」即ち「瘦」の義で解している。やや根拠は薄いが、意は通じる。文意は、合格には基準があって、その基準以下（即ち、篤・𦍩）であるかを審査する、ということ。

（3）《睡虎地秦墓竹簡》整理小組編、一九七七年九月。

（4）睡虎地秦墓竹簡整理小組編。釈文と注釈のみで写真がない。後に写真版を付したものが、一九九〇年に出版されている。

（5）秦簡講読会「『雲夢睡虎地秦墓竹簡』訳註初稿」『論究』一〇―一、一一―一、一九七八年三月、一九七九年三月。

（6）A. F. P. Hulsewé, *REMNANTS of Ch'in Law*, Leiden, E. J. Brill, 1985, p.26.

（7）竺家寧『古漢語複声母研究』一九八一年七月、四三六頁。

（8）王念孫『広雅疏証』巻三下。

（9）『広雅疏証』巻四上。

（10）この本は、逸文が『釈名疏証補』に輯められている。元は、『北堂書鈔』『初学記』等に引かれるものである。

（11）『漢書』芸文志の小学に載る「急就一篇元帝時、黄門令史游作」が、現在の『急就篇』に当る。ただ、文字まで完全に漢代のものかどうかは絶えず検討していかねばならない。

(12) 巻十二「六元正紀大論篇」。この篇には「故民病少気、瘡瘍痈腫、脇腹胸背、面目四支、䐜憤臚脹、瘍疿嘔逆」という文も見え、この「臚」も「腹前」の義であろう。

(13) 注(10)前掲『釈名疏証補』。

(14) 張家山二四七号漢墓竹簡整理小組『張家山漢墓竹簡〔二四七号墓〕』(二〇〇一年十一月)に所収の『脈書』(前漢初期の呂后期のもの)には、脄・胠・肺・腸・肘・脾等、既に肉旁を伴った文字が多く見られるが、一方、要(後の腰)・農(後の膿)・張(後の脹)・夜(後の腋)など未だ肉旁が添加されていないものも多く見られる。肉旁が身体の部位・器官の義を表わすという義をまだ確立できていなかった証である。

(15) 馬王堆漢墓帛書整理小組『馬王堆漢墓帛書』肆、一九八五年三月。

(16)『馬王堆古医書考釈』一九九二年十一月、六四二頁。

(17) 原文は「折骨列膚」の下の二字は「一死」となっているが、馬王堆漢墓帛書整理小組、注(15)前掲書で「不死」としているのに従った。

(18)『十問』に「肌膚」とあり、『合陰陽』に「皮膚」とある。

(19)『漢印文字徴』第四に「大鴻臚丞」とある。

(20) 荊門市博物館『郭店楚墓竹簡』一九九八年五月所収。

(21) 後の第五節参照。

(22) 思うに、「广」は「覆蓋」の義をもつ。皮膚の義の「膚」は、後に述べるように「盧」とも書かれる可能性があった。この「皮膚」の義を有する「盧」に、身体を覆蓋するものという義を表示するために「广」が添加されたのかも知れない。この「廬」が、ここでは「腹前」の義でも用いられていると考えられよう。しかし、これはまだ字形的に確認されていない。記して後の出土資料の発見を挨つ。

(23)「釈膚」『古文字研究』一〇輯、一九八三年七月。

(24)『両周金文辞大系』「邾公牼鍾」の釈文。

(25)『説文』巻一上玉部。

(26)『説文』巻一四上金部に「鋚眉也。一曰、黄金之美者」とある。

(27)「夏本紀」に「華陽黒水は惟れ梁州、……璆・鉄・銀・鏤・砮・磬を貢す」と「禹貢」と対応する箇処の集解。尚、引用される鄭注には更に「鏤、剛鉄、可以刻鏤也」の文が続く。
(28)「曾伯霥簠考釈」『書傭学論集』所収。
(29)劉氏の「後の一説」「前の一説」とは、劉心源『奇觚室金文述』巻五に載る、曾伯霥簠の解説中にある「[金+膚]」字に関する二説、即ち「説文、臚、籀文作膚。知盧膚同字。此黄[金+膚]当是金名。或意是鑪。説文、鑪、方鑪也。以鑪鋳簠者」を指す。
(30)『金文編』巻四に、膚・脰・胃・脊・脽・肖・胤・膳・胾・散・肎・胅・胥・腴の一四字の従肉字が載る。胃以外は恐く、胾肉の義の字であろう。
(31)陳夢家『西周銅器断代』「曹趞鼎二」の条参照。
(32)中国文物研究所・湖北省文物考古研究所編『龍崗秦簡』二〇〇一年八月。
(33)『金文通釈』二〇、「史趞鼎二」の解説。
(34)先に郭沫若の説の中で引かれる、『説文』の「鑪」がこれである。
(35)湖北省荊沙鉄路考古隊『包山楚墓』上下（一九九一年十月）の「包山二号楚墓簡牘釈文与考釈」に簡牘の写真と釈文所収。なお、その研究に、陳偉の『包山楚簡初探』（一九九六年八月）がある。
(36)陳偉、注(35)前掲書、一七六頁に「[羊+古]」「牂」「[羊+膚]」について「羊有[羊+古]・牂・[羊+膚]（膚）三種称謂。[羊+古]、『考釈』読作羖、可従。『爾雅』釈畜『羊牡羒、牝牂。夏羊、牡羭、牝羖』。『広雅』釈獣『呉羊、牡、一歳曰牡䍮、三歳曰羝。其牝、一歳曰牸䍮、三歳曰牂。呉羊犗曰[羊+尃]、羖羊犗曰羯』。『爾雅』郭璞注『今人便以牂、羖為白黒羊名』」と、[羊+古]・牂について文献に見える字であることを云う。「[羊+膚]」は文献に見えない字である。
(37)河南省文物研究所『信陽楚墓』（一九八六年三月）に簡牘の写真と「信陽楚簡釈文与考釈」が所収。
(38)荊門市博物館、注(20)前掲書。
(39)国家文物局古文献研究室編『馬王堆漢墓帛書』壹に所収の「老子甲本巻後古佚書」の一つに『五行』がある。
(40)『説文』巻一三上糸部に「纑、布縷也」とあるのがこの字である。
(41)馬承源主編『上海博物館蔵戦国楚竹書』(二)、二〇〇二年十二月。
(42)李善注に「荘周曰、昔者軒轅氏・赫胥氏・尊盧氏・虙戯神農氏、当是時人、結縄而用之、若此之時則至治也」とある。

(43)「鄂君啓舟節」に「内(入)滯江」とあり、「滯江」とは「濾江」のこと。又先述の包山楚簡には「膚人之州人陳徳」(八四)や「膚䣙連囂莊」(一九一)とあり、これらの「膚」も地名の「盧」であろう。先秦期において「膚」と「盧」が通用していた証とできるものである。

(44)馬承源主編、注(41)前掲書。

(45)拙稿「手旁字の成立について」(『中国研究集刊』盈号、一九九二年八月)の二九、三〇頁参照。

(46)馬承源主編『上海博物館蔵戦国楚竹書』㈠、二〇〇一年十一月。

(47)拙稿「文字発展過程における偏傍添加字の位置」(『中国研究集刊』地号、一九八五年)の一三、一四頁参照。

脚から起こる病の話——「厥を以て脚気と為す」

白杉　悦雄

一、はじめに

現代医学の病名に採用されている「脚気」は、中国伝統医学の用語として日本に伝わり、そのまま西洋医学の「脚気 Beriberi」に転用された名称である。現代医学の脚気は、ビタミンB_1欠乏によって起こる病気であり、明治、大正時代には、わが国の国民病の一つといわれていた。日本でこの病気が流行しはじめるのは、江戸時代のことで、「江戸煩い」とか「大坂腫れ」と呼ばれたことからも分かるように、大都市で流行した。流行の原因は、元禄の頃からの米価の安定と、精白米を多食する食習慣の広がりにあると解釈されている。

日本の医書で脚気を最初に記載したのは『医《い》心方《しんほう》』である。『医心方』は、丹波康頼《たんばのやすより》（九一二～九九五年）が編纂した医学全書で、永観二年（九八四）にときの円融《えんゆう》上皇に奏進された。現存する医書としては、わが国最古のものである。『医心方』は、ほとんどが中国の六朝《りくちょう》・隋《ずい》・唐《とう》および朝鮮の医学関係書からの引用で構成される。したがって、脚気に関する記述も中国の医学書からの引用である。では、中国の医書に、脚気はどのような病として記述されていただろうか。

脚気の名は、ある歴史上の事件をさかいにして、中国医学史に登場してきた。事件とは、四世紀初頭に起きた「永《えい》嘉《か》の乱」と呼ばれる戦乱と、それに続く漢民族の南下である。その病の名も、南北朝時代には「脚弱」と呼ばれ、隋・唐以降の医書にいたって「脚気」と呼ばれるようになった。

魏・呉・蜀の三国時代（二二〇～二六五年）の後、いったんは中国を統一した晋《しん》王朝（二六五～三一六年）は、永嘉の乱によって滅びる。この戦乱は、中国の歴史上、はじめて中国が異民族に支配されるという事態をもたらした。中国文化発祥の地である黄河流域一帯が、異民族によって占領されたのである。その後、漢民族は長江下流域、さきの呉の領土を継承した東晋（三一七～四二〇年）を建てる。それにともない、北から南へ、後に「永嘉の南渡」と呼ばれる民族の大移動がはじまる。この歴史的事件は、医学の領域にも大きな課題を突きつけずにはおかなかった。南の湿潤な地に移住した人々は、慣れない気候・風土に苦しめられ、それまで経験したことのない病に遭遇する。「脚気」は、そのような病の一つとして医書に記述されるようになった。

脚気（脚弱）は、はじめ時代性と地方性を帯びた病として、医学史に登場してきた。にもかかわらず、南北分裂から再統一へと時代が移行したとき、病の時代性と地方性を消し去り、時間的にも空間的にも普遍的な病であるとする言説が現れる。その最たるものが、唐の孫思邈《そんしばく》の「厥《けつ》を以《もっ》て脚気と為《な》す」であった。厥は脚気の古称だとする主張である。こうした見解に対しては、約一世紀後に『黄帝内経素問』に注解を付した王冰《おうひょう》が、「厥」に注して「世間では誤って厥を脚気としている。方論を粉飾しようとするものだ」と、批判を加えている。しかし、じつは厥も「足から逆上する気」なのである。いずれが是か非かは別として、孫思邈の主張は、後世に波紋を投げかけた。そして、西洋医学の知識が一般的な脚気理解となるまでは、ついにその波が静まることはなかった。

小論は、脚気という病が中国医学史に登場し、孫思邈によって厥と同定されるまでの、脚気に関する言説の粗描である。

なお後文中に引用する『黄帝内経素問《こうていだいけいそもん》』と『黄帝内経霊枢《こうていだいけいれいすう》』を『素問《そもん》』『霊枢《れいすう》』と略称する。また、両書を通称して『黄帝内経』と呼ぶが、これを『内経《だいけい》』と略称する。『素問』『霊枢』は、中国伝統医学における最も根本的な経典であり、紀元二世紀には成立していたと考えられている。

二、風土病としての「脚弱」

脚弱について記述する医書で、比較的早い時期のものに、陳延之《ちんえんし》の『小品方《しょうひんほう》』（四五四～四七三年間成）がある。陳延之は、北方の江西（長江中流域）・江北（長江下流域以北）と、南方の江東（長江下流域）・嶺南《れいなん》（五嶺の南、広東、広西、雲南）とを対比して、北方では脚弱上気の病にかかるものは少ないが、南方では多い、と述べる。

江西・江北の地は寒気が早くおとずれ、寒気は江東より強く、人体の陽気を早く体内に潜伏させ、体内においては腎気を養う。また春になっても寒気の緩むのが遅いので、腠理《そうり》（肌のきめ）も細かく、閉じているため、外からの邪湿を受けない。それで脚弱上気を患うことが少ない。江東・嶺南《れいなん》は、寒気のおとずれが遅く、寒気も弱いため、人の陽気を体内に潜伏させないので、腎気が虚弱である。しかも冬季は暖かく、肌膚を薫じ、腠理（肌のきめ）は粗く、開いているため、邪湿を受けやすい。春になって寒気が緩むと、体内の陽気が外に泄れ、体内の陰気が倍増し、邪湿がこれに乗じる。それで多くの人が上気を患い、四肢痿弱《いじゃく》し、温瘧《おんぎゃく》発黄に及ぶ。

（陳延之『小品方』巻一）

南方にこの病が多い理由を、陳延之はつぎのように説明する。気候が温暖で、冬も暖かいため、皮膚のきめが開いていて、陽気が発散しやすいからである。体内の陽気が外に発散すると、内の腎気を養わず、きめが開いていれば、外からの邪気（湿邪）に犯されやすい。この状態で春になると、体内の陽気はさらに外に発散して、陰気と陽気のバランスが大きくくずれ、陽気の不足・陰気の過剰状態になる。そこに湿邪が乗じると、上気し、脚弱もしくは四肢痿弱になる。

隋のときの『諸病源候論《しょびょうげんこうろん》』（六一〇年）も『小品方』と同じような観点から「脚気（脚弱）」を論じている。

江東・嶺南は、土地が卑下《ひく》く、風湿の邪気が人体を傷《やぶ》りやすい。この病にかかると最初は、たいてい下から邪気が上るので、脚が先に屈弱し、その後毒気が経絡をめぐり、しだいに臓腑に入り、臓腑が邪気を受けると、気が喘満《ぜんまん》する。この病は脚から起こるので、脚気と名づける。（『諸病源候論』巻一三「脚気諸病候」・一「脚気緩弱候」）

『諸病源候論』はまた、『小品方』の「脚弱上気」を「脚気上気」と改称したうえで、つぎのように説明する。

この病は風湿の毒気を原因とし、初めは脚から上り、後に転じて腹に入り、気に乗ずる、だから上気である。（『諸病源候論』巻一三「脚気諸病候」・二「脚気上気候」）

脚気（脚弱）の病因は、外因としての湿邪（『小品方』）あるいは風湿の邪気（『諸病源候論』）であり、『小品方』では内因として「陽気虚・陰気盛」も考えている。この病の特徴的病像は、邪気が脚から上る「上気」であり、初発症状は、脚の屈弱もしくは四肢痿弱である。病名の「脚弱」や「脚気」は、この初発症状に由来する。

ところで、『諸病源候論』は、「中国古典医学における一大病理学・病因学・病態学全書である。この種の専書は中国で最初でかつ最後のものであり、本書なくしては医学古典に記された病名・述語を理解することは困難である」(小曽戸洋「漢方古典文献概説6」『現代東洋医学』五巻二号、一九八四年)と、最大級の評価を受ける医書である。しかも、隋の太医博士の巣元方《そうげんほう》らが撰者となっている。とすれば、六一〇年の時点では、これが「脚気(脚弱)」に対する医学界の公式見解もしくは常識だったと考えてよいことになる。つまり、脚気は高温で湿潤な東南中国の病であると認識されていた。

三、全国的病としての「脚気」

中国が南北に分断され、漢民族王朝が南中国に押し込められていた東晋(三一七~四二〇年)から南北朝時代(四二〇~五八九年)までは、脚気は南方に多い風土病として記述されていた。ところが、短命の統一王朝・隋(五八一~六一八年)を継いだ唐(六一八~九〇七年)になると、脚気の地方性を否定し、空間的に普遍的な病であるとする言説が現れる。

『諸病源候論』を除けば、最も早く、そして詳しく脚気を論ずる医書は、唐の孫思邈《そんしばく》(五八一~六八一年)が著した『千金方《せんきんほう》』(七世紀半ば成)である。面白いことに、「脚気」が「永嘉の南渡」以降、東南の地に多い病として注目されるようになったと、その地方性を指摘しているのも孫思邈なら、唐代になって、その地方性が薄らいできたと主張したのも、孫思邈なのである。『千金方』は、それ以前に成立していた医学関係書から多くを引用して、孫思邈が編集した医学全集というべきものであるから、その脚気論の内容が彼のオリジナルであるとは限らない。だが、『千金方』の脚気論が後世に与えた影響は大きく、『千金方』から引用しない後世の脚気論はないといえるほどである。

さまざまな医書を見ると、しばしば「脚弱」が論じられているが、古にはこの病は少なかった。しかし、永嘉の南渡以来、江南地方に移住した人々は、脚弱を体験するようになる。

（『千金方』巻七「風毒脚気」）

孫思邈は、脚弱（脚気）が地方病である例証として、南方の医家が積極的に脚弱を研究し、その治療法を残しているのに対して、北方の医家は無関心であると述べる。『千金方』によれば、東晋時代、嶺表《れいひょう》・江東に支法存《しほうそん》と仰道人《ぎょうどうじん》という二人の医術をよくする僧人がいた。南下してきた晋朝の士大夫《したいふ》（知識人官僚）は、風土になじめず、みな脚弱を患ったが、支法存と仰道人はよくこれを治療し救ったという。また、南朝の宋・斉の間（四二〇〜五〇二年）には、釈門深《しゃもんしん》師《し》（僧深《そうしん》）が現れ、支法存ら諸家の旧方を集めて、『僧深薬方』三十巻を著した。そこに記された「脚弱方」は、百余方に近いという。一方、北朝の北魏から北周の間（三八六〜五八一年）、この病はなかった。それゆえ、北周の姚僧垣《ようそうえん》『集験方』は、脚弱に対してまったく無関心であるし、北斉の徐之才《じょしさい》『徐王八世家伝効験方』も、ただ三方を示すのみであった、と孫思邈は述べている。

ここまでの記述は、陳延之『小品方』や『諸病源候論』の説と符合する。孫思邈自身も「風教（風俗教化）未だ一ならず、霜露均しからず、寒暑等しからず、是を以て関西・河北、此の疾を識らず」と述べ、王朝が南北に分断し、気候風土も異なるため、北方の関西や河北の地では、この病を知らなかったのだ、という認識を示す。

では、なぜ唐代になって脚気の地方性が薄らいできたと考えるのか。孫思邈の回答は、単純明快である。

近年、士大夫のなかには、南中国に行かないにもかかわらず、脚弱を患うものがいるが、それは、天下統一によって南北の風気が混ざり合って同じになり、物の種類が南と北で同じになった結果である。（『千金方』巻七「風毒脚気」）

このような思考法は、現代からみれば奇異に感じられるが、気の自然哲学に基づくかぎり、突飛なものではない。今天下は統一され「天下の風気は混同し、物類は斉等」になった。だから、南北の気候風土の違いも以前よりは小さくなり、万物の気も似通ってきた。それは、病においても南北の差がなくなり、地方性が薄まることを意味する。同じような認識は、七世紀に活動した蘇敬《そけい》の『脚気論』にもみえる。

近ごろ入京以来、在室の女《むすめ》及び婦人、あるいは少年・学士でこの病を得るものをみるが、皆江嶺（東南の地）に在住しているわけではないという理由で、庸医《ようい》は無知なため、他の病と診断し、皆誤った治療を施し、患者を死なせることが多い。風気の毒行は、天下に遍《あまね》く存在するものであり、江嶺の間だけに限るものではない。

（王燾《おうとう》『外台秘要《げだいひよう》』巻十八「脚気論」に引く蘇敬『脚気論』）

唐王朝は、都を長安（今の西安）に定めた。南北でいえば北中国である。この文章で注意しなければならないのは、「庸医」は相変わらず「脚気」を東南地方の住民に多い病だと考えている、という指摘である。「庸医」とは凡庸な・平凡な医者と訳せるが、藪医者というよりは、一般的な・普通の医者という意味である。また、蘇敬の活躍した時代は孫思邈と重なる。したがって、孫思邈や蘇敬が「脚気」を北中国にもありうる全国的な病と主張するにもかかわらず、一般の医者の認識では、「脚気」はやはり東南地方の風土病だったのである。

四、「厥を以て脚気と為す」

四世紀初頭にはじまる漢民族の南下によって注目されはじめた脚気は、時代的性格を帯びた病のはずだった。しかし、その時代性も唐代になると揺らいでくる。時代性の否定は、脚弱・脚気のより古い名称を示すことによって行われた。例えば、唐の蘇敬は、古称として「緩風」をあげて、時代を南北朝時代の前に一段さかのぼらせた。

蘇長史の論にいう、……晋宋以前は、緩風という名称だった。古は脚気という名称はなく、後世になって、その病が脚から起こり、初発時に腫満するので、脚気と呼ぶようになった。

（王燾『外台秘要』巻十八「脚気論」に引く蘇敬『脚気論』）

そもそも概念や事物・制度の発生・成立をできるだけ古い時代に求めようとするのは、中国的思考法の特徴の一つである。それは、経典に対する絶対的信頼となって現れる。経典とは、聖人の手に成ったものであり、その聖人とは、時代を超えた人間の教師であり、文明の創造者である。医学の分野にもかつて黄帝《こうてい》という聖人がいて、医術を人々に教えた。その教えを伝える医経が、黄帝の名を冠した『黄帝内経』である。したがって、『内経』のなかに脚気を探そうとするのは、当然のことだった。

しかし、『内経』の中には、脚弱・脚気という病名は出てこない。聖人である黄帝も脚気のことは知らなかったのだろうか。本人自身が後世の人に「真人・薬王」と尊称された孫思邈は、この事態をつぎのように解決した。「およそ古今の病名は、多くの場合同じではない」、また「古の医経の言葉は、雅奥なことが多く」、「厥で脚気を表していた」（孫思邈『千金方』例）と。つまり、『内経』にも記載があり、古くから知られている「厥《けつ》」病は、脚気と同一の病である、と主張したのである。

「厥」字の辞書的意味は、後漢中葉に成立した許慎《きょしん》『説文解字《せつもんかいじ》』（一〇〇年）には「逆気」とあり、後漢末の劉熙《りゅうき》『釈名《しゃくみょう》』にも「逆気。下から厥起して、上行して心脅《きょう》に入る」とある。「逆流する気」「身体下部から逆上する気」

という意味である。「厥」病については、『素問』厥論篇が後世に経典的定義を与えている。厥論篇の内容は、三つに分かれ、その一は寒厥《かんけつ》と熱厥《ねつけつ》、二は厥の人事不省にいたる場合、三は手足三陰三陽経脈の厥について述べる。「脚気」に関係するのは、主に一の寒厥・熱厥の部分である。

陽気が身体の下部で衰えると、寒厥になる。陰気が身体の下部で衰えると、熱厥になる。熱厥の発熱が必ず足底から起こるのは、陽気が足の五指の表面から起こり、陰気は足下に集まるからである。だから、陽気が下で一方的にまさると、足下が発熱する。寒厥の冷えが必ず足の五指から上って膝に達するのは、陰気が足の五指の裏から起こり、上って膝の上下に集まるからである。だから、陰気が下で一方的にまさると、足の指から膝まで冷える。この冷えは、外から侵入した寒邪によるものではなく、体内の陽気の虚が原因である。（『素問』厥論篇）

「厥」に随伴する病証はさまざまであり、病状の重さも異なるが、その本態は、「気の逆上」（王冰注）であり、陰陽二気の失調とそれによる気血の逆上が基本にあると考えてよい。そして、厥もまた「足から起こる病」であった。孫思邈の「厥は脚気の古称」という論は、脚気の病は聖人の御世から存在していたと主張することに通じる。この主張は、後世、同調者を得ると同時に、議論も巻き起こすのだが、ここでは、同調者の論を一つ紹介する。北宋の董《とう》汲《きゅう》『脚気治法総要』（一〇七八～一〇九四年間成）は、「厥」から「脚気」にいたる名称の変遷について、つぎのように述べる。

私はかつていろいろな医書を調べて、脚気が古くからの病であることを知った。黄帝の時代には厥といい、両漢時代は緩風といい、宋（四二〇～四七九年）斉（四七九～五〇二年）の後になると脚弱といい、唐になって始めて脚気というようになった。時代によってその名称は異なるが、同一の病である。

（董汲『脚気治法総要』）

「黄帝の時代」とは、〝『黄帝内経』という医書のなかでは〟と解すればよい。北宋は、唐を継いだ漢民族の統一王朝である。そして董汲も、北宋王朝建国以来、天下統一によって平和が続いたので、「食物に南北の異無く、道途に久遠の期無く」、人の往来が頻繁になったことを、内地における脚気発病の原因としている。しかも彼の論には、脚気が歴史のある時期から注目されはじめた病であるという認識は、まったくみられない。脚気が厥と同一の病であるなら、それは聖人の御世からずっと存在していた病なのである。

五、厥は脚気なのか

脚気を厥と同一視することは、じつは経典解釈の整合性に混乱をもたらすことになる。『素問』のなかで、厥は中央に多い病だとされているからである。

人体の生理・病理及び治療などと地理的環境との関係を研究する学問分野を医学地理学と呼ぶならば、『素問』異《い》法方宜論《ほうほうぎろん》篇は、医学地理学の論文といえる。異法方宜論篇は、中国を東西南北と中央に五分し、各地域の風土・気候、住民の生活・食習慣を述べ、そこから派生する生理的・病理的傾向と、罹患《りかん》しやすい病、それに適した治療法などについて論述する。

地理的条件と、住民に多い病気を簡単にまとめると、東方は沿海部で、魚と塩の産地、病気は癰瘍《ようよう》が多い。西方は山岳と砂漠地帯で、金属と宝石の産地、病気は内因によるものが多い。北方は高地で気候は寒冷、寒邪による満病が多い。南方は低地で高温多湿、病気は攣《れん》・痺《ひ》が多い。中央は土地が平坦で、湿気が多く、産物が豊富、病気は痿厥《いけつ》・

寒熱《かんねつ》が多い。

厥の病が配されている「中央」とは、どこか。黄河中流域、華北平原あたりと推定しておきたい。根拠は、「南方」の文中に治療法として「微鍼《びしん》」がみえること。鍼《はり》療法の出現は、せいぜい戦国末と推定される。『素問』の成書年代は後漢の中期以前と推定されること。中国を東西南北と中央に五分する発想は、統一王朝の下においてなされたと考えられること。以上から、異法方宜論篇は、秦・漢時代の間に成立したと考えられる。これに「土地が平坦で、産物が豊富」という条件を加えれば、農業や経済を担った華北平原あたりを「中央」と想定するのが妥当である。つまり、南北でいえば、厥は北中国に多い病なのである。これは、脚気が南中国に多いという他の医書の記述と矛盾する。

厥を脚気と同一視する主張の難点は、他にもある。その成立以来、一貫して権威を保ち続けた『諸病源候論』は、厥と脚気の両者を記載している。つまり、六一〇年の時点では、厥と脚気は別の病である、とするのが医学界の公式見解だったのである。

では、『諸病源候論』は厥と脚気をどのように認識していたか。両者に対する『諸病源候論』の扱い方には差異がある。脚気は「脚気病諸候」凡八論と独立した項目が立てられているが、厥の方は「冷熱病諸候」凡七論のなかの最後に「寒熱厥候」として言及されているだけである。つまり、厥の扱いは、脚気に比べて軽い。

『諸病源候論』「寒熱厥候」は、『素問』厥論篇の内容を保存し、それを整理したものである。すなわち、熱厥・寒厥、厥の人事不省にいたる場合、六経脈の厥証である。しかし、「冷熱病諸候」や「寒熱厥候」という呼称が示すように、陰陽二気の偏盛偏衰による熱証・寒証が病の認識の中心にある。「寒熱厥候」は、まず「厥とは、逆である。陰陽二気の一方が衰絶して、常度に逆することだ」と定義する。そして、それが「下」とくに「足下」や「足指」に起こり、そのために手足が熱したり冷えたりするのが熱厥・寒厥であるとする。これに対して、「脚気」は「風毒」「風湿の毒気」を病因とし、特徴的病症は「脚弱」「痿弱」である。

確かに違う病である。しかし、微妙でもある。陳延之『小品方』の「春になって寒気が緩むと、体内の陽気が外に泄れ、体内の陰気が倍増し、邪湿がこれに乗じる。それで多くの人が上気を患い、四肢が痿弱する」という文を横に置いてみよう。厥と脚気は、一層交錯してこないだろうか。この辺りに、半世紀ほど後に孫思邈の主張が現れる下地があったのかもしれない。

六、孫思邈はなぜ脚気を厥と考えたのか

まず、孫思邈がその主張を行った「例」の文を吟味してみよう。『千金方』は、北宋にいたり林億《りんおく》らの手によって校訂され、はじめて版行された。その北宋校訂版『千金方』には、「今序」の後に「例」一篇が付されている。校訂者によれば、「『千金方』にはもと例数十条があり、諸篇に散在していた。……今それらを集めて、新校訂の意を込めて、例一篇とし、今序の後に置いた」とある。現存するテキストには計二〇条の例が集められているが、そのうちの一条に「凡そ古今の病名、率《おおむ》ね多くは同じからず」にはじまる一文がある。孫思邈はそこで具体例をあげながら「今の天下の医者に共通する欠陥」に批判を加えてゆく。

最初に、「古の医書にはっきりと説明されているのに、今の医者が理解せず混同している」例をあげ、これに「人を害すること最も急なり」と批判を加える。つぎに、正式な医学用語を使わない例をあげる。これは、古の医書を読まない医者に対する警句である。孫思邈はこれを「もし古を知らずして今を知れば、何を以て人の司命《しめい》たらんや」と断ずる。三つめに、古今の病名は、ほとんどの場合同じではないという主張の具体例をあげる。「厥と脚気」の組を含む一四組の古今の病名がここに列挙される。最後に、似たような症状を呈する病気を厳密に鑑別しない場合について述べる。

多くの例示を通じて、主張されていることは、古の医学書をしっかり学べ、そのうえで、古今の病名の違いを判別して治療にあたれ、ということである。しかし、孫思邈が目にする現状は、それとはほど遠いものであった。孫思邈の古典重視の態度は、『千金方』巻一「序例」の「大医習業第一」、すなわち本文の一番最初に明確に示されている。

およそ皇帝の侍医になろうと望むものは、必ずつぎの書物をことごとく学び記憶しなければならない。『素問《そもん》』『甲乙《こうおつ》』『黄帝鍼経《こうていしんけい》』『明堂流注《めいどうるちゅう》』「十二経脈」「三部九候」「五臓六腑」「表裏孔穴」「本草薬対《ほんぞうやくたい》」、及び張仲景《ちょうちゅうけい》・王叔和《おうしゅくか》・阮河南《げんかなん》・范東陽《はんとうよう》・張苗《ちょうびょう》・靳邵《きんしょう》等の諸部経方。

（『千金方』巻一「序例」・大医習業第一）

ここに具体的に列挙されている書名や人名は、現在でも中国伝統医学の経典であり、それに次ぐ重要な医学書、あるいはその著者とされているものばかりである。この古典を重視するという基本姿勢に鑑みれば、孫思邈が脚気を『内経』のなかに見つけようとしたことは、当然といえる。

厥を脚気の古称とした結果、当然のことながら、孫思邈は、『千金方』に「脚気」の項目しか立てなかった。そして、厥の名を出すことなく、厥の特徴的病像を脚気に書き込んでいく。例えば、孫思邈は、「凡そ脚気の病、皆風毒に感ずるに由りて致す所なり」と、脚気の病因を外邪たる「風毒」と捉えている。では、なぜ「脚から」なのか。病因が外邪たる風毒ならば、全身のどこからでも侵入してくるのではないか。当然そのような疑問が提起されるであろう。孫思邈はその疑問を先取りして、答を用意している。「五臓のうち、肝・腎・脾の三臓に属する経絡、すなわち足の三陰経脈の起点は足指にある。一方、風毒の気も地から起こるものである。したがって、まず脚から外邪の風毒が体内に侵入するのだ」（『千金方』巻七・第一・「論何以得之於脚」）。これは、「熱厥の発熱が必ず足底から起こるのは、陽気が足の五指の表面から起こり、陰気は足下に集まるからである。……寒厥の冷えが必ず足の五指から上って膝に達するのは、陰気が足の五指の裏から起こり、上って膝の上下に集まるからである」（『素問』厥論篇）という文を想起させる。また、脚気に「冷熱」の区別があることも論じている。「脚には三陰三陽の経脈がある。寒邪が三陽脈に中《あた》れば、患部は必ず冷える。暑邪が三陰脈に中れば、患部は必ず熱する。ゆえに表裏冷熱があるのだ」（『千金方』巻七・第一・「論冷熱不同」）。これは、『素問』厥論篇の「寒厥・熱厥」でいわれていた「陰気」と「陽気」を、外邪たる「寒邪」と「暑邪」に置き換えたものといえる。つまり、一方では「脚気」の病因を外邪としながら、その一方で、「厥」との共通点を周到に指摘する。

孫思邈の脚気論は、支法存《しほうそん》ら諸家の旧方を集めた僧深《そうしん》の『僧深薬方』三十巻などに基づくと考えられるが、脚気を厥と同定したことによって、それまでの脚気論にはなかった新しい要素を脚気にもちこむことになった。

七、おわりに

結局、厥と脚気は同一の病なのだろうか。すっきりした答をだすことは難しい。形の上では、厥と脚気の両者を記載する医書は、後世もなくならなかった。数の上では、むしろ多いといえる。しかし、内容をみると、脚気は病としての重要性を増し、厥は逆に低下させていくようにみえる。だが、事情はもう少し複雑である。

脚気は、後世の医書では、必ずしも厥と同一視されはしなかったが、古典である『素問』『霊枢』に基づいて解釈しようとする姿勢は、定着していく。それは、『千金方』ほどではないにしても、その方向性の継承である。一方の厥は、病としての古典的地位を低下させていくのだが、『内経』に記載されていた病であるから、古典を読めるほどの医家にとっては、無視できない病である。孫思邈の投げかけた波紋が静まらないわけも、そこにある。

孫思邈の「厥を以て脚気と為す」という主張について、小論の範囲内ではその是非を質すことはできなかった。ただ、一つ指摘するならば、孫思邈の主張は時代の学術状況に後押しされていた、ということだ。『千金方』が成立した七世紀半ばは、『五経正義《ごきょうせいぎ》』（六五三年）が世に出た時期でもあった。『五経正義』は、儒教の経書である五経の二次的注釈書である。南北朝以来、学派が分裂して、経書の解釈が定まらない状況が続いていたが、それを収拾するために、唐の太宗《たいそう》の命によって作られた。それは、隋・唐と続く南北統一王朝が成し遂げた学術分野における一大統一事業である。孫思邈はそれを医学の領域で行おうとしたのだ。『千金方』「例」の文は、その宣言であるように読める。

唐代の医学思想と道教――司馬承禎の服気と医学

髙橋　秀治

問題の所在

唐代は三教融合の時代であり、仏教道教双方に於て対立と融合が繰り返された。当時の知識人は儒教・仏教・道教の三教に通じた人物が多かったものと思われる。もちろん、道士も例外ではない。ここで取り上げる司馬承禎は、道教上清派第十二代宗師であり、則天武后・睿宗・玄宗の三人の皇帝に仕え、また仏教の面では、天台山に住んでいた経緯から天台宗にも通じていた。主著は『坐忘論』といい、隋唐仏教で中心的なテーマであった「心」の問題の研究(1)には、最も適した資料の一つだろう。『坐忘論』は広く読まれたようだが、実際問題として、修行にどれだけ用いられたのかははっきりしない(2)。貴族や皇帝には、このような無為の修行法はあまり好まれなかったらしく、承禎以後の時代でもいわゆる丹薬問題は引き続いて起こっていた。一般民衆は恐らくほとんどの人が字が読めないであろうから、『坐忘論』のような高度な哲理を具えたものを理解できる人が一般民衆の中にそうそういたとは思えない。承禎は著書がいくつかあるが、その中に『服気精義論』という呼吸法による肉体鍛錬法を説く書物がある。承禎在世の当時、人々は不老長生を願い、鉱物の薬を飲んだり、体操をしたり、様々な健康法を行っていたが、それらの中には効果の無いものも多く、承禎は正しい方法を周囲に伝えるため、効果のあるとされる呼吸法、体操術を選び出した。教理学的、学問的には、『坐忘論』がよく問題となるが、当時の丹薬問題など実際の問題への対処として考えれば、恐らくこの『服気精義論』も問題となる。本稿では、この『服気精義論』を検討し、以て唐代の道教や養生法の一面を明らかにしたいと思う。

承禎の服気法に関する著作には、『雲笈七籤』巻五十七に収録されている『服気精義論』と、『道蔵』中に収録されている同じく『服気精義論』（SN八三〇）と『修真精義雑論』（SN二七七）がある。このような事が起こったのは、『雲笈七籤』『道蔵』編纂時に、承禎が撰述していた『修真秘旨』なる著作から異なる節録の仕方をしたためであろう[3]と推測される。では、考察に入りたい。

一、承禎に於ける形と神

中国には古くから、形と神についての伝統的な認識があるが、承禎の思想についての考察に入る前に、承禎が、形と神について、どのような認識をしていたのかを見ておきたい。

道教では、古くから、「性命双修」といい、「性命」を両方とも養う、といった考え方が存在している。精神の鍛錬（性）と肉体の鍛錬（命）を両方とも行うという意味であり、この両方がそろわないと不老長生はおぼつかない。『服気精義論』慎忌論第六（『雲笈七籤』巻五十七）には、

そもそも人間の性質というものは、天地と一体であり、陰陽の二気が混ざっていることや、皮膚と骨格があること、臓腑と血気があること、呼吸して吸ったり吐いたりすること、寒暑の変動があることは、天地と同じでないところはなく、五行に応じていないものはない。[4]

と述べられている。この文からすると、人間は基本的には天地の気から生じたものであると考えられているようであり、このような考え方は、医学書に於ける身体の認識と通じる部分がある。黄帝内経医学でも、人間の身体は、天地の気から成り立っていると考えられている。『黄帝内経素問』宝命全形論篇第二十五に、

黄帝が問う。「天地の間には万物全てが具備されているが、その中で人間ほど高貴な存在は無い。人は天地の大気と水穀の精気に依拠して生存し、四時の生長収蔵の規律に順応して成長している。……」。……岐伯が答える。「一個の人間の生活は、自然界と密接な関係を持っております。もしも四時の変遷によく順応して生活するならば、自然界の一切の事物は、全て、その人の生命の源泉となります(5)」。

とある。人間の身体は、天地の気から生じ、春夏秋冬の四時の作用（生・長・収・蔵）を繰り返し受けて生命活動を営んでいる。従って四時の循環に代表される自然界の規則正しい運行の推移に応じることが肝要であり、それを全うすれば自然は父母のように人を養い育てる、というのが大要である。同じような考え方は、例えば、若干形が違うが『管子』内業篇に「そもそも人間が生まれる時に、天はその精気を出し、地はその形体を出す」と述べられており、かなり古くから存在した伝統的な考え方であった事が窺え、この考え方を医学書が継承しているものと考えられ、それをまた道教が摂取していったのであろう。

承禎の思想に於て、人間の身体は、天地の気が合わさってできあがったものであった。もちろん身体の一部であるので内臓も気でできている。五臓に生じる気を五気というが、『黄帝内経素問』陰陽応象大論第五に、

大自然の変化には、春夏秋冬の四季の変化があり、木火土金水の五行の変化があり、これらによって、寒暑燥湿

風の気候が生じ、そしてそれは自然界の万物に影響を及ぼして、生長化収蔵の自然の法則を形作る。人には肝心脾肺腎の五臓があり、五臓の気は喜怒悲憂恐の五種の異なったこころの活動を生み出す。もし養生に不注意であり喜怒の度を過ぎれば、気を傷り、寒暑が外から襲えば、形を傷る可能性がある。(6)……

とあり、人間の疾病は内因である喜怒悲憂恐と外因である寒暑燥湿風の感応で起こることが述べられている。外因で最も重要なのは風であり、そのことは、『素問』生気通天論第三に、「風邪は色々な疾病を引き起こす原因である。もし心が清らかで静かであれば、肌肉や皮膚にしっかりした抵抗力ができるので、激しい大風苛毒があっても侵入し害することはできない」(7)とも述べられ、また、内因としては、病は気から起こると述べられており、同じく『素問』の挙痛論に「多くの疾病は気の異常から発生する」(8)とある。また、「気血が調和し得なければ各種の疾病が生じる」(9)ので、この内因によって血気が乱れた状態にある人体に、外部の気が感応すると病気が生じる、というのが大まかな構造である。一方、この形（命）と神（性）との関連について、『服気精義論』五牙論第一には、以下のように述べられている。

肉体が完全でいられるのは、それが臓腑に基いているからである。神が安らかでいられるのは、それが精気をもとでとしているからである。(10)

五臓は身体の構成要素であり、また、食物を消化して精気を生じさせ、同時に精神活動も行わせる。この形神について、承禎の撰した『坐忘論』得道篇では、晋代に成立したとされる『西昇経』の一説を引き、「形体と精神は一体である」(11)と記す。もとの『西昇経集註』巻四・神生章第二十二の該当部分には、老子は以下のように述べている。「精神が形体を生じ、形体が精神を完成させる。もし形体が精神を得なければ、自然に精神を生じることはできず、(精神が)形体を得なければ、自然に完成することはできない。形体と精神は一体である。互いに生じ、互いに補完し合う。……」[12]。

とあり、形神の一致が説かれている。形と神は相補完し合う存在であり、承禎は、これら古代の医学の考え方を導入しながら、形神、つまり身体と精神の不可分性を説いていると考えられる。こうして、承禎の思想は、医学的な根拠を持つことになると考えられよう。

二、『服気精義論』に於ける気のルートの整備

『服気精義論』という経典の大きな特徴の一つに、濃厚な黄帝内経医学の影響が見て取れる事が挙げられる。『服気精義論』で述べられている気の周流するルートは、紛れもなく、黄帝内経医学の影響を受けたものである。『服気精義論』以前の資料と比較しながら、検討してみよう。戦国期の『荘子』や晋の葛洪の『抱朴子』などには、管見の及ぶ限りでは気の移動するルートとおぼしき箇所は発見できていない。これが梁の陶弘景の頃には、気の移動するルートについて、若干の記述が見られるようになる。『真誥』巻九・二十二葉には、

心臓の中に形象があり、銭ほどの大きさで、心臓の中で赤色をしているのをじっと存思する。また、日に九本の光芒があり、心臓から上ってきて、喉から出て歯のあたりまでくると、[芒](この字は塗りつぶしてあり真跡ではない)は向きを変えて胃の中へ戻っていくのを存思する。……月の十本の白色の光芒が脳から下ってきて喉に入り、こ

の光芒もまた歯のあたりから外へは出ずに、胃の中に戻っていくのを存思する。(13)

ここでは心臓の中の赤色の光芒が心臓から口まで上がってきたり、月が十本の白色の光芒を放ちながら脳から下って喉に入り、歯のあたりから外に出ずに胃に戻っていくのを存思している。心臓から口までや、脳から喉、胃という気のルートが示されている。

次に、初唐の医者にして道士でもある孫思邈の『千金要方』を見てみよう。この書物も広く世に行われたものと考えられるが、その巻二十七・養性篇に、禅観の方法を述べて、

閉目して存思し、空中に太和の元気が、紫色の雲状になって蓋を成しているかのような状態を思い浮かべる。五色に輝き、下ってきて毛際から入り、緩やかに下ってきて頭中に入る。……皮膚を通って肉に入り、骨に至って脳に入り、緩やかに下って腹に入る。……しばらくして元気が気海に達するのを感じる。(また)しばらくして自然に涌泉に達せば、身体に振動が走り、両足が曲がる。(14)

この資料からは、空中に思念した太和の気が毛際から入り、脳から腹に入って気海に入り、涌泉(足の裏の土踏まずの部分のツボ)に抜けていることがわかる。この頃になると、だいぶ気のルートが整備されてきている。

初唐の孫思邈から百年近くたった司馬承禎の頃は、気のルートは一段と複雑になっていたようである。『服気精義論』服気論第二には、以下のように述べられている。

肺中の気が両肩に沿って臂に入り、手のひらに至って(内側に)入り、下って胃に入り、両方の腎臓に至り、脾

臓に沿って両足に至るのを存思し、心中に、皮と肉の間に虫が盛んに動き回るような感じがすれば限度とするのを存思する。(15)

この文からは、『千金要方』より複雑な気のルートが示されている。鼻から入った気は肺に入り、両肩を回って臂に入り、続いて手に回り、胃に再び入って両方の腎臓に行き、続いて脾臓に回って両足に行く。ルートの道筋そのものが文章と完全に一致するわけではないが、『黄帝内経霊枢』巻十・経脈篇に、

手の太陰肺経は中脘部より起こり、下に向かって大腸を絡い、戻って胃の下口から上口を循り、上って横隔膜を貫き、肺に連属する。再び気管、喉より横に腋下に走り、上腕の内側に沿って下降し、手の少陰経と手の厥陰経の全面に走り、直ちに下って肘の中に至り、その後に前腕の内側を循り、掌後の高骨の下縁を経て、寸口の動脈のところに入り、魚に至り、手の魚の辺縁に沿って、拇指の先端に出る。その支脈は、手腕の後ろより直ちに食指の内側の先端に走り、手の陽明大腸経と相い接する。……手の陽明大腸経は食指の先端に始まり、食指の上縁に沿って、拇指と食指の分かれた骨の間の合谷穴を通過し、上って腕上の両筋の陥凹しているところに入り、前臂の上方に沿って肘の外側に至り、更に上臂の外側の前縁に沿って、肩に上り、肩峰の前縁に出て、上って大椎穴の上に出て、再び前に向かって欠盆に入り、肺と連絡し、横隔膜を下り、大腸に連属する。その支脈は、欠盆より上って頸部に走り、頬部を通過し、下歯齦に入り、戻って上の口唇をめぐり、左右の両脈が人中で交わり、左脈は右に向かい、右脈は左に向かい、上って鼻孔の両側を挟み、足の陽明胃経と相い接する。……足の陽明胃経は鼻の傍らに起こり、ここから上に行き、鼻梁の陥凹しているところで左右が交わり、傍らに足の太陽の脈を束ね纏いながら、目の下の睛明穴に至る。ここから下降し、鼻の外側に沿って上歯齦に入り、再び出て口唇をめ

ぐり、任脈の承漿穴と交わり、退きめぐって腮の下の後ろに沿って大迎穴に出て、耳の下の頬車に沿って上行して耳の前に至る。足の少陽経の客主人穴を過ぎ、髪際に沿って額顱の部分に至る。その支脈は、大迎の前より下って人迎穴に走り、喉に沿って欠盆に入り、横隔膜を下って、胃府に連属し、本経と表裏の関係にある脾臓と連絡する。その直行する経脈は、欠盆の下から乳の内側に走り、再び下に向かって臍を挟み、毛際の両側の気衝の部分に入る。別の一つの支脈は、胃の下口より腹の内に走り、下って気衝の部分に至って前の直行した経脈と会合し、再びここから下降して、大腿の前方を経て髀関に至り、すぐに伏兎穴に抵って、下って膝蓋の中に入り、脛骨の前外側に沿って足背に至り、中指の内側に入る。また一つの支脈は、膝下の三寸のところより分かれ出て、下行して足の中指の外側に至る。また一つの支脈は足背より斜めに足の厥陰の外側に出て、走って足の大指に入り、直ちに大指の先端に出、足の太陰脾経と相い接する。(16)

とある。途中でルートに若干の違いがあるが、このルートは大きくは、『服気精義論』のものと一致すると見て良いだろう。こうして、承禎が行気を行った上での気の廻っていくルートを医学書を用いて整備したことで、気を全身に廻らせていくルートが以前に比べてかなり密なものになったと言える。承禎の服気法に於ては、行気法の気のルートが、医学書の影響の下で考えられているのである。

三、薬物利用について

『服気精義論』の第五章に服薬論なる篇が存在している。「五臓は血気が行き渡り、六腑は水と穀物の養分を摂取している。今、十分に気を服しているので、内臓の気は余り、また、十分に穀物を断っているので、内臓内の水と穀物の養分は不足している」と、服気と辟穀の結果気が不足する事について述べ、続いて、「今、草木薬の特性で臓腑に良いところを用いて安臓丸、理氣膏を作る」と述べ、草木の薬を用いて以て臓腑の気を整える旨の内容が書かれている。章末には、『雲笈七籤』本の方には「安和臓腑丸方」や「滋潤氣液膏方」、『修真精義雑論』では上記二つに加えて「吐陰痰飲方」や「瀉陰宿澤方」といった、薬の材料と調合の方法について述べた部分がある。これらの薬は、素材を陶弘景の『本草集注』で検討すると、まず「安和臓腑丸方」では、茯苓・甘草・人參・柏子仁・薯蕷・麥門冬・天門冬・枸杞が草木薬の上品に数えられている。また、「滋潤氣液膏方」では、一部重複するが、天門冬・黄精・茯苓・薯蕷・澤瀉・甘草が上品に数えられている。「吐陰痰飲方」では甘草・茯苓が上品である。「瀉陰宿澤方」では、白朮・赤茯苓・甘草が上品であり、大檳榔・呉茱萸が中品、大黄が下品である。加えて、唐の三代皇帝・高宗の時代に作られた初の勅撰本草書『新修本草』（六五九年）では、木部上品巻第十二に茯苓と枸杞が、また、木部中品巻十三に呉茱萸・檳榔が記載されている。更に、『千金翼方』では、巻二・草部上品之上に天門冬・麥門冬・朮・黄精・澤瀉・薯蕷・甘草・人參が記され、巻三・草部下品之上には大黄が、同じく巻三・木部上品に茯苓・枸杞、木部中品に呉茱萸・檳榔が記されている。本文に戻って、「そもそもまず病気が無く、臓腑が平常で穏やかな状態にある者は、常にこの丸薬、膏薬、並びに茯苓、巨勝などの丹服の薬を服用するべきである[19]」とあることからも（丹服とは恐らく、仙薬として服用する薬の事であろう）、これらの薬材が、神仙思想の影響の下に選ばれていることがわかる。しかも、特に『本草集注』で上品に位置する薬材が多い事から、不老不死の神仙薬だと考えられていたはずである。これらの事から、承禎は、鉱物系の薬物ではなく草木系の薬物ではあるが、薬物服用もやはり重視していたと考えられる。

四、承禎の服気法と心の修練

承禎の服気法で注意したいのは、気と共に、「心」である。この節では、気と共に、承禎の思想の中で重要な役割を担っていると思われる「心」との関わりについて考えてみたい。

『坐忘論』の中で、心について最もはっきり見解を述べているのは、収心篇の「心というものは、身体の君主であって、百神の統率者である」[20]、泰定篇の「心は道の器である」[21]の二箇所が代表的な部分だと思われる。収心篇の、心が「身体の君主であって、百神の統率者である」であるという記述からは、例えば『荀子』解蔽篇に「心とは、形体の君主であり、精神の君主である」[22]といい、また『素問』霊蘭秘典論第八に「心とは、君主の官である。精神が生じるのである」[23]、『淮南子』原道訓に「そもそも心とは、五臓の君主である」[24]という、身体を統括するという役割と、体内神を統括する（当時の神は、何らかの意味で体内神と関係があると思われる）という役割、古くから伝わっているこの心の二つの役割を引き継いでいる事を読み取ることができる。

『服気精義論』の序に、以下のような記述がある。

いったい、朝の霞を吸引し、風や露（などの外界の気）を採取し、五臓で精気の源を養い、血気を百関（全身の関節）に導くことを知れば、尽く疾病を除去して身体を安らかにする。更に（その状態を）延ばし（身体を）調和させて寿命を伸ばし、耳目を閉じて胎息すれば、衰えた状態から若返り、童顔となる。[25]

晨霞とは朝の霞である。『抱朴子』釈滞篇によれば、通常、正炁の時に気を吸い、死炁の時には行わない。正炁とは午前零時から正午までを指し、死炁とは正午から午前零時までを指す。死炁の時は、服気法を行っても意味は無い。

序に続く五牙論第一に「服真五牙法」と題して、以下のような記述がある。

東方青牙について。青牙を服食し、朝華を飲む。祈り終われば、舌で上の歯の表面を舐め、唇を舐めて口を（唾液で）すすぐ。（口中を唾液で）満たせば、これを三回飲む。南方朱丹について。朱丹を服食し、丹池を飲む。祈り終われば、舌で下の歯の表面を舐め、唇を舐め、口を（唾液で）すすぐ。（口中を唾液で）満たせば、これを三回飲む。……北方玄滋について。玄滋を服食し、玉飴を飲む。祈り終われば、舌で下の歯の内側を舐め、唇を舐め、口を（唾液で）すすぐ。（口中を唾液で）満たせば、これを三回飲む。[26]

これはいわゆる五牙法と呼ばれる服気法で、東西南北と中央の五方の気を吸い込むものである。この方法は最初、『太上霊宝五符序』巻上の中に引用されている『仙人挹服五方諸天気経』に於て初めて説かれたものと考えられ[27]、かなり似通った文が見られる。また、同巻下にはほぼ同じ文が見受けられ、承禎は、この部分を参考に、五牙論を書いた可能性が高い。なお、五牙論は『黄庭内景経』第二十二・常念章にも「五牙を（口中で）すすぐのを存想すれば、飢え渇かない」[28]の一項を設け、唐の梁丘子の註に、「五牙は五行の生気であり、五臓に配当する」[29]とも記されている。ただ、承禎は続く箇所で、「これは霊宝経中の方法であり、上清経中に別に四極雲牙の方法がある。その道は秘密なので、軽々しくは口にしてはいけない」[30]と述べていることから、この法は霊宝経の系統の方法であることがわかる。こうして服した気は、

東方青色、（体内に）入り肝臓に通じ、（体内に通じる）穴が目に開いており、身体の内では、脈を形作っている。
南方赤色、（体内に）入り心臓に通じ、（体内に通じる）穴が舌に開いており、身体の内では、血を形作っている。

中央黄色、(体内に)入り脾臓に通じ、(体内に通じる)穴が口に開いており、身体の内では、肉を形作っている。西方白色、(体内に)入り肺に通じ、(体内に通じる)穴が鼻に開いており、身体の内では、皮膚を形作っている。北方黒色、(体内に)入り腎臓に通じ、(体内に通じる)穴が耳に開いており、身体の内では、骨を形作っている。[31]

とあるように、肝心脾肺腎の五臓に流れ、肝臓は「白絹で紺を包んでいるかのようである」、心臓は「白絹で朱を包んでいるかのようである」、脾臓は「白絹で栝樓實を包んでいるかのようである」、肺は「白絹で紅を包んでいるかのようである」、腎臓は「白絹で紫を包んでいるかのようである」[32]という生き生きとした状態になる。この箇所も臓器と五行の配当関係で『素問』を踏まえている。こうして五臓に五方の気を通じさせてから、「そのような後に常法に従って行えば、それで良」[33]いのである。五牙法を行った後は、胃で食物を消化した結果生じた栄気(営気)や衛気が、同時に栄気や衛気の一部が結合してできた宗気を推進力として全身を廻っていくわけだが、この時、体中に遍在している体内神にもエネルギーを与えていると考えられる。百関とは全身の関節とも考えられるが、全身の関節とは、ひいては全身につながるであろうし、また、全身に遍在する体内神を指すことにもつながる。いくつかそのように考えられそうな資料があるので、挙げてみたい。『元始无量度人上品妙経四注』巻三の「身体の内に五気を治め、百神と融合する」[34]の条の厳東の注に、

厳東は以下のように述べている。「五気とは、五臓の気である。百神とは、百関(全身の関節)であり、混和である。百関を調え治めて神気と和合するのである」[35]。

とある。厳東は南斉の時の人物であり、比較的早期の資料となるだろう。続いて、『雲笈七籤』巻六十・中山玉櫃服

気経を見てみよう。

そもそも人の体内に百関九節がある（百関というのは、百禄の神と号する。九節の作用である。九節とは、一に掌、二に腕、三に臂、四に膊、五に項、六に腰と背骨、七にもも、八にすねと肩、九に脳。これを九節という）。一体化して身体となる。……百神が護衛し、六霊が（内に）潜んで守護する（百神とは百節の神である。血気を守り、五臓を保護する。内臓にもまた神が宿っている。五神が清ければ、百節は霊妙である。五神が傷つけば百節は弱くなり、曲がってしまう。（五神が）清ければ若く、傷つけば老いる。ある経典に以下のように述べられている。身体が好む欲望を縦いままにして神を傷つければ、寿命を縮め、金・玉が堂に満ちていても、（神に）守らせることはできない。六霊とは、眼耳鼻舌身意である。またこれを六識という。……また三魂が身体に潜み、七魄が内臓に宿っている。故に、肝臓は魂を宿し、肺は魄を宿し、脾臓は志を宿し、心臓は神を宿し、腎臓は精を宿す、と言うのである。これは皆、百神六霊の主君である。……[36]）。

ほぼ同一の文が『雲笈七籤』巻八三庚申部・中山玉櫃経服気消三虫訣にも見える。どちらの経典が先かは特定しきれないが、唐代以前ではあろうし、百関という言葉が、体内神の意味合いで用いられていた証左にはなる。こうして、天地五方の気を服して体内神にエネルギーを送り込むと、病が去り、身体を養うことができるようになるのである。また、初期禅宗の影響を受けていると考えられる[37]『太上老君内観経』[38]という経典が『雲笈七籤』巻十七に収められている。以下の文を見てみよう。

心とは、調整機能である。身体の君主である。禁とは形体と精神を調節し、邪悪にならないようにしている。（また）心とは神である。変化して測りきれないほどであり、定形は無い。五臓が五神を宿す所以である。魂は肝臓に宿り、魄は肺に宿り、精は腎臓に宿り、志は脾臓に宿り、神は心臓に宿る。[39]

ここでは、心とは、身体と心をコントロールし、邪悪な存在にならないようにするものであると、明確に規定されている。また、心とは、神であるとも記されている。『坐忘論』にある通り、心は、体内神に通じているし、同時に体内中の体内神を統御できるのである。そして、そのために、心を修練する必要があるのである。

また、すこし分け難いが、体内神とは言わず、単なる「心」「精神」という意味合いだったとしても、やはり、疲れさせてはならない。「五労」が発生してしまうからである。

明医論に以下のように述べられている。「病の生ずるところは、五労の生じるのに基く。五労が発動してしまうと、二蔵が先に損なわれて、心臓と腎臓が邪気を受けてしまい、臓腑が共に病んでしまう。……」[40]。

これを見ると、精神が疲れてくると、身体の各所に病が生じる。そのために、体内神を見る事に意識を集中して、他に心を動かされないようにするのである。[41] 承禎は、呼吸法と坐忘の瞑想法を用い、不老長生を図っているのである。

終わりに

以上のことから、承禎は、医学書を多用しながら、服気法とその効能について述べていることが理解できよう。承禎は学問的、教理学的な『坐忘論』以外に、丹薬禍に直面したことから、恐らくは道教書よりは呪術的要素がより薄いと思われる医学書を基本にこの経典を作成して、事態に対処しようとしたものと思われる。

また、本稿では扱いきれなかったが、当時の「心」を重視する風潮の下、司馬承禎には、陶弘景を顕彰しようという意識があったことも考えられ、[42]心斎を重んじた陶弘景の思想と同時に、修行法から特に薬物上の呪術性を排除しようとした態度も継承したのではないか、と筆者は推測する。また、承禎が通じていた天台宗の医学とも関係があると思われる。論じるべき点はまだまだあるが、紙面の関係もあり、次の機会を待ちたい。

【注】

（1）麥谷邦夫「道と気と神――道教教理における意義をめぐって」（『人文学報』第六十五号、京都大学人文科学研究所、一九八九年）、同氏「気と道教」（坂出祥伸責任編集『「道教」の大事典』新人物往来社、一九九四年所収）、同氏「六朝隋唐道教における『心』略論」（中村璋八編『中国人と道教』汲古書院、一九九八年）など参照。

（2）この流れは、山田利明『道法変遷』（シリーズ道教の世界二、春秋社、二〇〇二年）「坐忘」項参照。

（3）この推察や、『服気精義論』の『雲笈七籤』本と『道蔵』本、『修真精義雑論』の三経典内での異同については、神塚淑子「司馬承禎『坐忘論』について――唐代道教における修養論」（『東洋文化』第六十二号、東洋学会、一九八一年）参照。

（4）「夫人之為性也、与天地合体、陰陽混気、皮膚骨体、臟腑栄衛、呼吸進退、寒暑変異、莫不均乎二儀、応乎五行也」（『服気精義論』慎忌論第六）。

（5）「黄帝問曰、天覆地載、万物悉備。莫貴於人。人以天地之気生、四時之法成。……夫人生於地、懸命於天。天地合気、命之曰人。人能応四時者、天地為之父母」（『黄帝内経素問』宝命全形論篇第二十五）。

なお、『素問』『霊枢』については、東洋学術出版社の『現代語訳　黄帝内経素問』上中下（一九九一～一九九三年）『現代語訳　黄帝内経霊枢』上下（一九九九～二〇〇〇年）を大幅に参照した。

（6）「天有四時五行、以生長収蔵、以生寒暑燥湿風。人有五蔵化五気、以生喜怒悲憂恐。故喜怒傷気、寒暑傷形。……」（『黄帝内経素問』陰陽応象大論第五）。

（7）「百病之始也。清静則肉腠閉拒、雖有大風、苛毒弗能害」（『黄帝内経素問』生気通天論第三）。

（8）「百病生於気也」（『黄帝内経素問』挙痛論第三十九）。

（9）「血気不和、百病乃変化而生」（『黄帝内経素問』調経論篇第六十二）。

（10）「夫形之所全者、本於臟腑也。神之所安者。質於精気也」（『服気精義論』五牙論第一）。

（11）「形神合一」（『雲笈七籤』巻九十四、『坐忘論』得道）。

（12）「老子曰、神生形、形成神。形不得神、不能自生神。不得形、不能自成。形神合同。更相生、更相成」（『西昇経集註』巻四・神生章第二十二）。

（13）「直存心中有象。太如銭、在心中赤色。又存日有九芒。従心中上、出喉至歯間、而芒（此字傀。非真。）徊還胃中。……存月十芒白色、従脳中下入喉、芒亦不出歯間而迴入胃」（『真誥』巻九・二十二葉）。

なお、『真誥』については、『東方学報』（一九九六～一九九九年）所載の『「真誥」訳注稿』に従った。

（14）「作禅観之法。閉目存思、想見空中太和元気如紫雲成蓋。五色分明、下入毛際、漸漸入頂。……透皮入肉、至骨至脳、漸漸下入腹中。……斯須即覚元気達於気海。須臾則自達於涌泉、則身体振動、両脚踡曲」（『千金要方』巻第二十七・養性）。

（15）「存肺中之気、随両肩入臂、至手握中入、存下入於胃、至両腎中、随髀至両脚、心中覚皮肉間習習如虫行為度」（『服気精義論』服気論第二）。

（16）「肺。手太陰之脉、起于中焦、下絡大腸、還循胃口、上膈属肺。従肺系横出腋下、下循臑内、行少陰心主之前、下肘中、循臂内、上骨下廉、入寸口、上魚、循魚際、出大指之端。其支者、従腕後、直出次指内廉、出其端。……大腸。手陽明之脉、起于大指次指之端、循指上廉、出合谷両骨之間、上入両筋之中、循臂上廉、入肘外廉、上臑外前廉、上肩、出髃骨之前廉、上出于柱骨之会上、下入欠盆絡肺、下膈、属大腸。其支者、従欠盆上頸、貫頬、入下歯中、還出挟口、交人中、左之右、右之左、上挟鼻孔。……胃。足陽明之脉、起於鼻、之交中、旁納太陽之脉、下循鼻外、入上歯中、還出挟口環脣、下交承漿、却循頤後下廉、出大迎、循頬車、上耳前、過客主人、循髪際、至額顱。其支者、従大迎前下人迎、循喉嚨、入欠盆、下膈、属胃絡脾。其直者、従欠盆、下乳内廉、下挟臍、入気街中。其支者、起于胃口、下循腹裏、下至気街中而合、以下髀関、抵伏兎、下膝臏中、下循脛外廉、下足跗、入中指内間。其支者、下廉三寸而別、下入中指外間。其支者、別跗上、入大指間、出其端。……」（『黄帝内経霊枢』巻十・経脉篇）。

（17）「夫五臓通栄衛之気、六腑資水穀之味。今既服気、則臓気之有余、又既絶穀、則腑味之不足」（『服気精義論』服薬論第五）。

（18）「今以草木之薬、性味於臓腑所宜、為安臓丸、理氣膏」（『服気精義論』服薬論第五）。

(19)「其先無病疹、臟腑平和者、可常服此丸、膏、幷茯苓、巨勝等丹服之薬」(『服気精義論』服薬論第五)。
(20)「夫心者、一身之主、百神之帥」(『雲笈七籤』巻九十四、『坐忘論』収心)
(21)「心為道之器宇」(『雲笈七籤』巻九十四、『坐忘論』泰定)。
(22)「心者、形之君也。而神明之主也」(『荀子』解蔽篇)。
(23)「心者、君主之官也。神明出焉」(『黄帝内経素問』霊蘭秘典論第八)。
(24)「夫心者、五蔵之主也」(『淮南子』原道訓)。
(25)「是知吸引晨霞、餐漱風露。養精源於五臟、導栄衛於百関、既祛疾以安形。復延和而享寿、閉視聴以胎息。杇以童顔」(『服気精義論』序)
(26)「東方青牙。服食青牙、飲以朝華。祝畢、舌料上歯表、舐脣漱口。満而咽之三。南方朱丹。服食朱丹、飲以丹池。祝畢、舌料下歯表、舐脣漱口。満而咽之三。……北方玄滋。服食玄滋、飲以玉飴。祝畢、舌料下歯内、舐脣漱口。満而咽之三」(『服気精義論』五牙論第一・服真五牙法)。
(27)小林正美「『太上霊宝五符序』の形成」(『六朝道教史研究』創文社、一九九〇年所収)参照。
(28)「存漱五牙、不飢渇」(『黄庭内景経』第二十二・常念章)。
(29)「五牙者、五行之生気、以配五蔵」(『黄庭内景経』第二十二・常念章・注釈部分)。
(30)「此是霊宝五符経中法、上清経中別有四極雲牙之法。其道密秘、不可軽言」(『服気精義論』五牙論第一)。
(31)「東方青色、入通於肝、開竅於目、在形為脉。南方赤色、入通於心、開竅於舌、在形為血。中央黄色、入通於脾、開竅於口、在形為肉。西方白色、入通於肺、開竅於鼻、在形為皮。北方黒色、入通於腎、開竅於耳、在形為骨」(『服気精義論』五牙論第一)。
(32)「……色如縞暎紺。……色如縞暎絳。……色如縞暎黄。……色如縞暎紅。……色如縞暎紫」(『服気精義論』五牙論第一)。
(33)「然後依常法、乃佳」(『服気精義論』五牙論第一)。
(34)「中理五気、混合百神」(『元始无量度人上品妙経』巻三)。
(35)「東曰、五気者、五蔵気也。百神者、百関也、混和也、調理百関和合神気也」(『元始无量度人上品妙経』巻三)。
(36)「夫人体内有百関九節(百関者、号百禄之神。為九節之用。九節者、一掌、二腕、三臂、四膊、五項、六腰脊、七腿髀、八脛、九脳。是謂九節也)。合為形質。……百神守衛、六霊潜護(百神者、百節之神。守固栄衛、保護五臟。蔵亦有神。五神清則百節霊。

五神傷則百節尪。清則少、傷則老。経云。貪慾嗜味傷神、促寿金玉満堂。莫之能守。六霊者、眼耳鼻舌身意。亦謂之六識。……又有三魂伏於身、七魄蔵於府。故云。肝蔵魂、肺蔵魄、脾蔵志、心蔵神、腎蔵精。此皆百神六霊之主也。……」（『雲笈七籤』巻六十・中山玉櫃服気経）。

（37）坂内栄夫「『修心』と『内丹』——『雲笈七籤』巻十七を手掛かりに」（吉川忠夫編『唐代の宗教』朋友書店、二〇〇〇年所収）参照。

（38）『太上老君内観経』は、『伝授三洞経戒法籙略説』という経典に、その大半が引用されている。この経典は、唐代の道士である張万福の後記があり、その中に、先天元年（七一二）と記してあるので、『太上老君内観経』は、それ以前の成立と考えられる。

（39）「心者、禁也。一身之主。禁制形神、使不邪也。心則神也。変化不測、無定形也。所以五蔵蔵五神也。魂在肝、魄在肺、精在腎、志在脾、神在心」（『雲笈七籤』巻十七、『太上老君内観経』）。

（40）「明医論云。疾之所起、自生五労。五労既用、二蔵先損、心腎受邪、府蔵倶病。……」（『雲笈七籤』巻三十二、『養性延命録』服気療病論）。

（41）司馬承禎の坐忘については、神塚淑子、注（3）前掲論文、藤吉慈海「坐禅と坐忘について」（『東方学報』第三十六冊、京都大学人文科学研究所、一九六四年）、三浦國雄「止観と坐忘と居敬——三教の身心技法」（『大阪市立大学文学部紀要』四四—五、大阪市立大学文学部、一九九二年）などを参照。

（42）吉川忠夫「道教の道系と禅の法系」（『東洋学術研究』第二十七巻別巻、東洋哲学研究所、一九八八年）、神塚淑子「則天武后期の道教」（吉川忠夫編、注（37）前掲書所収）参照。

朱熹の「知覚」説

市来　津由彦

一

「心」をそのはたらきに即して語るときに、朱熹（一一三〇〜一二〇〇年）が頻繁に使う語として、「知覚」という言葉がある。

> 人の一身の「知覚・運用」は、すべて心がおこなうものにほかならず、つまりは心は身を主宰する主体〈原文「所以」〉であり、動いたり止まったり語ったり黙ったりといったことで途切れることはないものである。
>
> （『朱文公文集』巻三二、答張欽夫。以下、朱集32と略記）

この語は、感覚器官による知覚感覚という近代的語彙の意味に限定されるものではない。感知感覚という意味も含みながら、分解すればもとは、「知」＝知る、わかる、「覚」＝（みずからに向かう感覚を持つこともありつつ）気づく、わかる、醒めている、ということであり、それが複合され、「知」と「覚」には還元できない心のはたらきをいう語として、主に、わかる、認識する、といった意味で、唐宋くらいから広く用いられている。

注意すべきは、北宋道学の世界では、朱熹思想の先駆である二程や張載にあっては回数的にはわずかにしかこの語が使用されないのに対して、朱熹が、「心」という語と区別して心のはたらきを広くいう思想哲学用語として、彼四十歳のいわゆる「定論」確立後の思考に関わる部分を語るときも含めてこの語をしきりに用いることである。ここに特異性がある。本稿では、彼の晩年の日常意識がうかがえる『朱子語類』を主な材料としながら、この「知覚」の語とそこに関わる諸問題をたどることにより、はたらきとしての心という視点から朱熹の思考を検討し、朱熹における「知覚」という語の使用の意味を考えてみることとしたい。[1]

二

「知覚」に関して、朱熹学説独自の課題が絡まって論じられるものの第一に、人心・道心論というものがある。朱熹学説の前提となる人間観を説く定式的な言述として有名な「中庸章句序」の次の一節は、術語「知覚」の使用とその周辺の問題の所在を語るものである。

〈『尚書』大禹謨の、禹が舜にさずけたとされる「人心惟れ危うく、道心惟れ微かなり。惟れ精に惟れ一にして、允《まこと》に厥《そ》の中を執れ」という言葉を解釈する文脈で〉心の〈虚霊・知覚〉は一つではある。なのに〈『尚書』本文で〉「人心・道心」という違いがあるとするのは、そのあるものは、気によってできているたった一つのからだ〈「形気之私」〉から生じ、あるものは、正しい社会関係をつくりあげる先天的にそなわる能力〈「性命之正」〉に由来して、心のはたらき〈「知覚」〉を為すもとのものが異なるためである。かくて〈『尚書』本文にいうように〉危うくて安定しなかったり、微妙ではっきりしなかったりするのである。しかしながら人には身体〈「形」〉が必ずそなわっており、だから「上智」〈『論語』陽貨）であっても、人心がおこらないわけにはいかず、また同じく人としてのもちまえ〈「性」〉が必ずそなわっており、だから「下愚」（同）であっても、道心がなくなるということはありえないのである。二つ（の契機）はこころ〈「方寸（＝心臓）」〉で葛藤しており、云々。……。

（朱集76。また朱集11「戊申封事」、65「尚書・大禹謨」）

「人心・道心」とは、はたらきとしての心、すなわち広い意味での「知覚」の二つのあらわれをいう。この人心・道心論における「知覚」の内容とそれに関連する問題について整理したものに、山田慶児、大濱晧氏の論がある。[2] 周知のように、心あるいはそのはたらきの当体は、「気の虚霊」とか「清爽」とかといわれるように気の作用からなる。[3] 気によってつくられているからだを誰しもただ一つ持つゆえに（形気の私）、その身体性に発する欲求を満足させようとする、気の要素に関わる心のはたらきを「人心」という。一方、どの人も人として本来持つ、あるべき社会関係を実現しようという本性（性命の正）につき動かされる、理の要素に結びついた心のはたらきを「道心」という。心のはたらきのこの二つの方向性は誰もが持つが、それとともにそれは結果として二つなのであって、心のはたらきそのものは「一つ」であると朱熹は語る。「知覚」の語は、ここでは、「心」をはたらきとしていうためと、この「一つ」ということをいうために使われる。右の山田・大濱論文も参照して、「知覚」の作用当体（知覚するもの）・作用原因（させるもの）・対象（されるもの）という三要素について『語類』の言葉を整理すると、理の要素と気の要素とが浸透し合い、「気―気（耳目の欲）―気（声色臭味）」のいわば血気に関わる系列と、「気―理（義理）―理（道理）」の義理に関わる系列というように、心のはたらきに関する理と気との二つの系列が浮かびあがる。[4] そして「中庸章句序」は右の引用文の後で、心のはたらきには人心へ向かいがちな危うさがあり、これに対して心が道心としてあらわれるように不断に心を制御すべきことを説く。[5] そのとき、前者の血気に関わる「知覚」系列は否定されるかのようにみえる。しかし単純にそうではなく、朱熹は、人心の存在自体を安易に否定するような理解に対しては、これを明確に批判する。[6]

ではこうした二つの系列の「知覚」は、矛盾するものではなくはたらきとしては「一つ」というようにどのように関係づけられるのか。またそれは南宋という当時のどのような観念を受けているのか。以下、気の側と理の側とから検討していこう。

三

血気による心のはたらきの論は、中国古来の伝統思想における気の身体論と深く関わる。近二十年来、道教・養生論・中国医学史分野の研究が進展融合化し、朱熹思想・学説研究の分野でも、これに関連する論文が出されている。本節ではそれらの研究も踏まえながら、からだを周る血気に関わらせて、「知覚」の語も含め、心のはたらきを語る朱熹と対話者とのやりとりをたどりたい。

まず、気に関わる「知覚」は、伝統の鬼神論における「魂・魄」を心のはたらきとして語る発言の中に散見する。

陰は蔵受を主とし、陽は運用を主とする。なべて記憶できるのは、すべて魄が蔵受したものだ。表出されるのは魂だ。この二つのことはもとより連関している。その記憶する力は魄だが、表出されるのは魂だ。〈能く知覚す〉るのは魄だが、〈知覚〉として表出されるのは魂なのだ。（語87―160、呂燾録）

朱熹思想における「魂・魄」観念については、山田慶児、三浦國雄両氏が解説する。[7] 朱熹は、そもそも気から身体ができ、それとともに魂魄も気の一様態として、「魄」が先に「魂」が後に分化し、「知覚」その他の心のはたらきとなる、という。[8] 生者にあってはその「魂・魄」は両者一体で作用するが、気としてのそれぞれの性格の違いにより、生成の順とか、役割の相違とかが想定され、「魂」は「運用・思慮・呼吸」などに関わり、「魄」は「蔵受・記憶・耳目知覚」などに関わるといった、それぞれの役割の違いがあるという。(9)「魂・魄」が気の範疇で説明されるのは、働きかけとそれに対する反応、すなわち「感と応」がおこる場において心のはたらきを捉えることにほかならない。その感応は、主体とその主体にとっての外界、他者との間におこる。そうした中で「魄」は、魂に比して相対的にいえば、身体が外界と交流する際の接点における心のはたらき、またその接点のはたらきを蓄積したものとされる。血気の系列の「知覚」は、主としてそうした「魄」に関わる作用として位置づけられる。(10)

ところで、血気という視角から心を問題とする場合には、近代の心身観念から読まないようにするために、南宋当時の伝統医学、医書の古典を、朱熹とその対話者達が踏まえていることに目を向ける必要がある。例えば、次の朱熹の語やりとりをみられたい（傍点市来）。

（告子の「不得於言、勿求於心、不得於心、勿求於気」という発言に対する孟子の批評について論じて）孟子の意は、心に見失うことがあると言葉にあらわれるということ、例えば、肝の病気が目にあらわれるようなことだ。……

（語52―27、湯泳録）

（心の未発・已発に関連して）この惻隠の心は仁に属する。この仁が内側にあるからこそ、表出されて惻隠の心となる。羞悪の心は義に属する。この義が内側にあるからこそ、表出されて羞悪の心となる。例えば目は肝に属し、耳は腎に属するようなものだ。もしよく視えず、よく聴こえなかったら、必ず肝と腎に病があるのだ。よく視え、よく聴こえる場合は、必ず肝と腎の気に欠けることがなくてこそそうなのだ。……

（語53―48、呂燾録）

輔広が問う、「……目の精明は、血《けつ》によるといってよいのですが、耳の精明も、どうしてやはり血によるというのでしょう」。（先生は）いわれた、「医家は耳を腎に属させる。精血が盛んだと聴は聡に、精血が弱まると耳はきこえなくなってしまう」。（語87―169、輔広録）

ここでは儒教古典の理解を深める譬えとして、肝経・腎経と感官の目・耳との連関が語られる。これは、『黄帝内経素問』陰陽応象大論篇などにみえる関連記述(11)などを前提とするものである。

また、先の魂魄論にもつながるものだが、心のはたらきに関して、

（「吾十有五而志於学」〔論語・為政〕について）世の中の数多くの路で、聖人はどうして別の路にいかずに、この路に来たのか。（志於学の）志は心の深いところであって、だから医家は「志は腎に属す」というのだ。……（語23―72、輔広録）

「医家は、『心は神を蔵し、脾は意を蔵し、肝は魂を蔵し、肺は魄を蔵し、腎は精と志とを蔵す』と言い、邵康節（の『皇極経世書』観物外篇下の論）とはちがいますが」。いわれた。「これはわからないね」。（語138―69、廖徳明録）

というのなどは、『黄帝内経霊枢』本神篇の、各臓腑を周る気の作用として心のはたらきを語り、身を周る気を中心として心と身とは連続的な関わりにあるとみる記述を、(12)談話の場の前提とするものである。

医書の古典である『黄帝内経素問・霊枢』を彼らが読んでいたことは、「素問の言葉は深い。霊枢は浅いがやや易しい」（語138―10、呉振録）といった朱熹の言葉があることにもうかがえるが、以上の一連の発言において、医書の知識が譬

えとして使われることからすると、医書の知識と魂魄論とが重なったこういう教養が、心のはたらきに関して、彼らがもっとも基本のところで共有する認識だったとみられる。当たり前の教養として共有されている前提認識であるために、それらが頻繁に比喩として使われるとともに、しかし中心主題としてはとりあげられることが少なく断片的なのであろう。

以上の魂魄論と医書における心のはたらきの論の基底には、気がからだを周り流れているという古来の生命認識があることになる。そのことに注意して資料群をみると、三浦國雄・吾妻重二氏が論じていることだが、(13) 特殊な呼吸法を用いた道教的な身体鍛錬法を、朱熹がその晩年におこなっていたことがわかる。例えば両氏が引く一書簡の次のような一節がある。

病中は思慮してはなりません。もろもろの事柄はしばらくはすべて放下して、専ら心ここにあるようにし気を養うことに務めなさい。足を組んで静坐し、目は鼻の端を視て、心を臍腹の下に注げば、久しくして自然と温暖になり、つまりはだんだん効き目があらわれます。

(朱集51答黄子耕10。陳来『朱子書信編年考証』一九八九年によれば、朱熹六十三歳夏以後、六十五歳夏以前ということになる)

臍腹下の暖気感といったことは、説明としていうだけではなかなか問題になりにくいことである。そこからすると、朱熹のこのような呼吸論議も、みずからのからだによる体験の観察に基づくものとみられる。(14) 朱熹は養生論や道教の身体修行法にしばしば言及するが、その言葉は、儒教士大夫の立場からみて必ずしも矛盾するものではなく、またこうしたみずからの身体的実践を基準とした判断が重なっているのであろう。当時著名な道士曾慥の書いたものを通して、いわゆる養生体操の一つ、八段錦も彼は知っており、また門人・交遊者の中には当時の道教と交わりを持つ人もいたようである。[15] また三浦氏は、朱熹の友人で同時代人である有名な文人の陸游の、気の文化世界の養生思想を詳しく紹介する。[16]

以上、本節で述べてきたことからすると、朱熹及びその門人・交遊者の間では、伝統思想を踏まえた魂魄論・医学・養生論・道教の身体鍛練法などの当時の気の心身論について共通の認識の場があり、それが問答の前提になっていたこと、さらに、その認識は朱熹の学団の特殊な認識ではなくて、むしろ当時の士大夫のこの領域に関心ある人にとっての当たり前のことという意味で共通の認識であり、朱熹の学団の人士も、この領域に関する宋代の枠組みの中にいたということがわかる。人心・道心論において「人心」は血気による心のはたらきであるとする考えを支え、魂魄論において「知覚」を説くすそ野には、このような同時代の気の心身論に関する前提認識が存することを確認しておく必要がある。

そして、以上のように気の心身論がむしろ前提認識であった点を押さえると、その共通認識の上にさらに理の系列の「知覚」を唱えるということが、時代の中では朱熹説の特色ある点だったことにあらためて思い至る。では、それは何を課題とするものなのか。

四

理の系列の心のはたらきに関して、「知覚」ということを正面から問題とするものに、「知覚の仁」説批判という議論がある。もと天地が万物を生む働きを受けて万物が内在させている「生生」の働きに「仁」を見出すという、北宋の程顥（明道）の仁説[17]を承けて、その高弟謝良佐（上蔡）は、主体が世界と交渉するときの心の生き生きとした反応に「仁」の発露を見出した。[18] これが「知覚の仁」説である。

これに対して朱熹は、例えば次のようにいう。

上蔡は〈知覚〉によって仁を言う。かの日々の応対雑事を〈知覚〉するだけでは、どうして仁と言えよう。必ずその理を〈知覚〉してこそよいのだ。例えばある一つの事柄も、為すべきか為さざるべきか、ここに気づいてこそ仁なのだ。喚べば応え、えぐれば痛むという、これは心の流れが血気のところにあるものなのだ。その理の是非に気づくという、こういうのが理に心が注がれていることなのだ。喚んでも応えず、えぐっても痛がらない、これでは死人であり、もとより不仁なのだ。喚んで応え、えぐれば痛む、こんなだけで仁なのなら、誰がそんなことできないであろうか。三段〈「三截」〉に分けて見るべきだ。痛癢にまったく無関係なのは仁ではない。痛癢に気づくだけで、理に気づけないのは、一段は進んでいるとはいえ、やはり仁ではない。必ずこの理に気づいてこそよいのだ。（語101―43、潘植録）

仁者はもとより主体のそうした反応感覚を持っている。しかしそれがあれば仁だということにはならない。その反応感覚の先で何を為すべきかということにまで及ぶ心のはたらきが重要だとする。朱熹にいわせれば、個人の血気・気質は多様であり、その個人が社会的に関わる世界も多様である。そこで血気の生をそのままに本性とみるのは、その複雑な社会関係を平板化させ、あるいはその社会関係を離脱して個の心身を一人歩きさせることとなり、短絡である。これに対し血気を否定するのではないが、理（＝あるべき社会関係の裏づけ）を離れた血気は問題があり、世界の関係は理を媒介にしてこそ成り立っている、とみるのである。なお朱熹は、これと同様の発想から、「作用是れ性」を説く禅学に対する批判と、「生をこれ性と謂う」と説く告子の性説に対する批判とをおこなう。陸象山批判の一部もこの告子説批判と関わる。これらに関しては、人々と思想の同時代における複雑な相互関係を踏まえねばならないが、いずれも南宋の朱熹に近いところにいて士大夫に影響が大きいと朱熹にはみえた考えに対する批判である。[19]

朱熹が語る批判対象の諸説は、もとより朱熹の解釈が入った像なのであるが、それはさておき、ここであらためてもう一度右に引用した言葉に注意したい。すなわち、「知覚」に関する気と理との二つの系列の問題がここに顔を出しているのがうかがえよう。ここにいう三段は、対立し排除するものではなく累層的なものであり、第三段目のこととされる「仁」からみれば、血気の反応レベルにとどまる「知覚の仁」は、不足の様態とみられている。このことを踏まえて、人心・道心論において理と気の系列の関係を説く言葉にもどると、この累層論と人心・道心論とがきわめて類似した言い方をしていることに気づく。すなわち、血気にとどまるのは右の引用では「不仁」とされるが、もともとは身体は、

問う、「（中庸章句序の）『或いは形気の私《し》に生ず』とは」。いわれた、「飢えて満腹し寒くて煖をとるなどは、いずれもわが身を周る血気とからだのことで、他人は関与しない。いわゆる私である。ただちに悪いのでもない。ただしひたすらこれに従ってはならぬのだ」。（語62―37、潘植録）

他人は与からない個人的なものだから「私」というのであり、「人心」も、「ただ人心というだけならまったくよいのだが、道心と対して言えば、ものごとを乱れさせ、病を生じさせるのだ」（語62―38、林夔孫録）と、それ自体はもともとは悪いとされるものではない。ただ個人的なものであることにより、あるべき社会関係から離脱する可能性を孕み、血気としての個人がその関係を切り離した場合には、社会関係そのものにとっては「悪」となる可能性があり、理の視座からからみたときには警戒される。しかしそのときも、それは、気系列の心のはたらきを排除するというものではない。

このようにみられる両系列の心のはたらきの関係を、人心・道心という言葉に即して、朱熹は次のように定式化していう。

飢えて食べようとし、渇いて飲もうとするのは人心である。正しい飲食をするのが道心である。心が道の上にあ

れば、かの人心はしばらくしておのずから降伏してあらわれなくなる。人心と道心とが一つであれば、その人心が無くなってしまうかのようであるが、道心が純一であろうとすれば、道心はすべてその人心の上に発現するのだ。

（語78―199、録者名なし）

結果としては人心と道心という姿で別々の心があるかのようである。しかし朱熹にとってそれは別物ではない。彼は、右の「知覚の仁」批判の論と同様に、血気の系列の心身を基盤にしながら義理の課題を実現するという重層的関係にあるものとして両者を捉えるのである。その際、「人心・道心」という術語だけでは、この関係は説明しきれない。そこで気と理の両系列につながるとみられる（注（3）（4）参照）「知覚」の語をこの説明課題の箇所に導入し、現象に対して抽象度のより深い「形気の私」「性命の正」という気と理の視座から、「人心・道心とはいうが、〈心の〉はたらき〈「知覚」〉としては「一つ」と捉えられるとして、構造的視点から説明していこうとするのである。朱熹にとってこの「知覚」という語は、人心・道心という古典の語を南宋という彼にとっての現代によみがえらせ、怠落と向上との葛藤の中にありつつ向上をめざすというみずからの人間観を表出するために、ここでは必須のものであった。

五

「知覚」に関して、朱熹の学説独自の課題が絡まって論じられるものの第二に、心がなんらかの志向を発動してはいない様態、すなわち心の「未発」においても「知覚」が存するということを説くものがあり、学説理解上の重要論題となって『語類』で論議されている。ただし紙幅の都合もあり、この問題は、血気の系列の心身を基盤にしながら義理の課題を実現するという関係にある人心・道心論における「知覚」説のさらに基底における心のはたらきのあり方を示唆するものとして、ここでは若干ふれるにとどめたい。
すなわち、もと張載、後に程頤門人となった蘇昞が程頤に、いわゆる「敬」の心的修養に絡んで『中庸』の「未発」とは何か、未発の心的修養は成り立つのか、といったことを問いかける文脈で、程頤が、喜怒哀楽の未発は動静に転換する心の「静」の様態だとしつつ、「静中に物があってこそよい」といった（『程氏遺書』巻一八）[20]。その「静中に物が有る」とは何かを朱熹門人が問いかけるのに対して、朱熹は、「未発」における「知覚」というものをいう（未発問答論議は語96—40～51。「静中有物」論は43～50条）。

ここでの「知覚」は、具体的に喜怒哀楽しているのは心の已発の「動」だから喜怒哀楽そのものではなく、さりとて眠っていては未発が「已発」に転換することはないから睡眠中ではなく覚醒しているという心の様態だと説明される[21]。「知覚」ははたらきをいう語なので、普通はなにかを「知覚」しているとされるのだが、ここはそのなにかとの対応がない様態だといい、つまりは、外界からの働きかけがあれば即座に反応し得るものとして、心が覚醒しながら待機状態になっていることをいう。喩えていえば、野球で投手が投球モーションをおこしはじめるときに、腰を沈め、打球が来る可能性に対して膝を脱力させて前後左右どちらにでも動けるようになっている野手の様態といったところか。

これだけなら、「知覚の仁」説において、「仁」の発露を主体が世界と交渉するときの心の生き生きとした反応に見出す、その単なる反応待機の状態というにとどまりもしよう。しかしここで注意すべきは、この「静中に物有り」の「物」について、朱熹が以上のように「知覚」だというとともに、「太極にほかならない」（語96—50、張洽録）といったり、

これはまさに、静時にかの道理がおのずからあることを言うのであって、死んでいるかたまりのような物ではないのだ。

（語96—48、程端蒙録）

「『静中に物有り』とはどうでしょう」。いわれた「聞見の理がたしかにあってこそ、『静中に物有り』なのだ」。（語96―49、金去偽録）

と、「理」を意識していることである。また、後者の「聞見の理」は、程頤・蘇昞の未発問答中の「（未発に）耳は聞くなく目は見ることがなくても、見聞の理がそなわってこそよい」（『程氏遺書』巻一八）の語を意識しようが、このことについて、朱熹はまた、

耳は聞くなく目は見ることがなくても、必ずここにいつも主宰し執持するものがあってこそよい。ひたすらかってとか、ひたすら空寂であってはならぬ。（語96―43、葉賀孫録）

ともいう。心の「未発」の「知覚」が、無規定無方向的に反応し「発す」るのではなく、「発して節に中」る（『中庸』）方向性を持った前提能力が主体にそなわることを、対象を持たないこの「未発」の「知覚」において、朱熹は問題とするのである。[22]

六

以上の心の已発における「知覚」の論と未発における「知覚」の論を重ねてまとめてみると、人心・道心論における「知覚」は、心の動静已発未発問題でいえば、已発の様態にあたり、未発の「知覚」とは問題領域が直接には重なるものではない。しかし逆に心の動静にあわせて二つの論議を位置づければ、心の未発静時の、動時には「節に中」るべく

しかし何も対象を持たない覚醒待機状態という微妙な根柢様態のところから、対外界・他者への反応の発動としてのまずは血気の「知覚」(人心)、そして義理の課題の実現へ向かう「知覚」(道心)へと説はつながる。「知覚」を語る以上の三つの問題領域をふりかえると、朱熹の学説において「知覚」という語は、はたらきの視点から心を捉える根本的な思想哲学術語として用いられているのがみてとれるであろう。

【注】

(1) 張載には、「由太虚有天之名。由気化有道之名。合虚与気有性之名。合性与知覚有心之名」(『正蒙』太和篇)という有名な語がある。『程氏遺書』には、「医家以不認痛痒謂之不仁。人以不知覚不認義理為不仁、譬最近」(巻二上)、及び後述第五節の程頤の「未発」論議に関わって、心の「静時」の「知覚」を問題とする語(巻一八)の二件がある。朱熹以前の、道学系思想ということではないこの「知覚」語の一般的用法の傾向については、紙幅の関係で詳説はできないが、四庫全書の史・子・集部の検索による。なお、本稿における『朱子語類』の扱いについて述べておく。この書の問答は、朱熹五十代、特にその後半以降のものが主要部分を占め、それは朱熹の基本学説が四十代後半にほぼ確立し『四書集注』が書かれ、それがある程度流布し始め、「門人」が朱熹のもとに来集したことによるものである。その時期以後、熟成ということはあるが思考法に根本的な変化はないとみてよく、原則として『語類』各条の一々の年次考証はしない。ただし記録者名があるものは参考のためにその名をあげておく。陳栄捷『朱子門人』(台湾学生書局、一九八二年)、田中謙二「朱門弟子師事年攷」(『田中謙二著作集』第三巻、汲古書院、二〇〇一年。初出、一九七三、一九七五年)等により、およその発言時期を確認することができる。また、『語類』各条の朱熹発言は質問に引かれた情況的なものなので、各条間は完全に一貫した思考だとはいえない。しかし年代的にはほぼ同時期の思考なので、ゆるやかには同じ立場のものといえる。孤立した発言は、それをすべてとみたり他の条と連関させすぎるのは危険である。同旨の発言が複数条ある場合には朱熹の思考にほぼその考えがあると認められるとみる、というあたりが穏当な扱いであろう。

(2) 山田慶児『朱子の自然学』(岩波書店、一九七八年)終章「自然学から人間学へ」、大濱晧『朱子の哲学』(東京大学出版会、一九八三年)第五章「心」のB「人心と道心」。

(3)「……心之知覚、又是那気之虚霊底。聡明視聴、作為運用、皆是有這知覚、方運用得這道理」（語60—45、沈僩録）、「所覚者、心之理也。能覚者、気之霊也」（語5—27、甘節録）、「心者、気之清爽」（語5—28、甘節録）。

(4)「……人自有人心道心。一箇生於血気、一箇生於義理。飢寒痛癢、此人心也。惻隠・羞悪・是非・辞遜、此道心也……」（語62—40、沈僩録）、「或問、人心道心之別。曰、只是這一箇心、知覚従耳目之欲上去、便是人心。知覚従義理上去、便是道心」（語78—189、林学蒙録）、「……人只有一箇心、但知覚得道理底是道心、知覚得声色臭味底心是人心。……道心人心、本只是一箇物事、但所知覚不同」（語78—193、蕭佐録）。なお、理の系列の「知覚」の対象の「道理」は、心の外にあるかのようながら、内にあるものでもある。この追究はいわゆる「格物窮理」論に入ることになるので、ここでは控えたい。内に向かう要素があるゆえに、それを説明するのに、「覚」において同じく内への方向性をも原義的には持つであろう「知覚」の語を用いることになったのだろう。

(5)「而不知所以治之、則危者愈危、微者愈微、而天理之公卒無以勝夫人欲之私矣。精則察夫二者之間而不雑也。一則守其本心之正而不離也。従事於斯、無少間断、必使道心常為一身之主而人心毎聴命焉、則危者安、微者著、而動静云為自無過不及之差矣」。

(6)「人心不全是不好。若人心是全不好底、不応只下箇危字。蓋為人心易得走従悪処去、所以下箇危字。若全不好、則都倒了、何止於危。危是危殆。道心惟微、是微妙、亦是微昧。若説『道心天理、人心人欲』（『程氏遺書』巻二四に由来）、卻是有両箇心」（語78—193、蕭佐録。注（4）の条の前部分）。

(7)山田、注（2）前掲論文、及び三浦國雄『朱子と気と身体』（平凡社、一九九七年）第一部第三章「鬼神論」（初出、一九八一、八五年）。

(8)「人生初間是先有気。既成形、是魄在先。『形既生矣、神発知矣』。既有形後方有精神知覚。子産曰『人生始化曰魄、既生魄、陽曰魂』。数句説得好」（語3—27、陳淳録）。

(9)「問、魂魄。曰、魄是一点精気、気交時便有這神。魂是発揚出来底、如気之出入息。魄是如水、人之視能明、聴能聰、心能強記底。有這魄、便有這神、不是外面入来。魄是精、魂是気。魄主静、魂主動」（語3—24、潘植録）、「人之能思慮計画者、魂之為也。能記憶弁別者、魄之為也」（語3—34、沈僩録）。

(10)ただし「魄」も、単に感官の物的作用を言うにとどまることもあれば、その物的作用を働かせる主体のようなものとしていわれることもある。「問、頃聞先生言、耳目之精明者為魄、口鼻之嘘吸者為魂。以此語是而未尽。耳目之所以精明者為魄、口鼻之所以嘘吸者為魂、是否。曰、然」（語87—160、呂燾録）、「問、眼体也、眼之光為魄。耳体也、何以為耳之魄。曰、能聴者便是。如鼻之知臭、舌之知味、皆是。但不可以知字為魄。纔説知、便是主於心也。心但能知。若甘苦鹹淡、要従舌上過」（語87—161、董銖録）。

（11）「東方生風、風生木、木生酸、酸生肝、肝生筋、筋生心、肝主目、……南方……心生血、血生脾、心主舌、……、中央……脾生肉、肉生肺、脾主口……、西方……肺生皮毛、皮毛生腎、肺主鼻、……、北方……腎生骨髄、髄生肝、腎主耳、……」。医書の運気論が前提とするような五行の気と五臓の対応に関する言及もみられる。「(元亨利貞に関連して) 以五臓配之尤明白、且如肝属木、木便是元。心属火、火便是亨、肺属金、金便是利、腎属水、水便是貞」（語68—30、楊道夫録）。

（12）「肝蔵血、血舎魂。肝気虚則恐、実則怒。脾蔵営、営舎意。脾気虚則四肢不用、五蔵不安、実則腹脹経溲不利。心蔵脈、脈舎神。心気虚則悲、実則笑不休。肺蔵気、気舎魄。肺気虚則鼻塞不利少気、実則喘喝、胸盈仰息。腎蔵精、精舎志。腎気虚則厥、実則脹、五蔵不安」。

（13）三浦、注（7）前掲書、第一部第五章「呼吸論」（初出、一九八三年）、及び吾妻重二「朱熹『周易参同契考異』について」（『日本中国学会報』第三六集、一九八四年）。

（14）「人呼気時、腹却脹、吸気時、腹却厭。論来呼而腹厭、吸而腹脹乃是、今如此者、蓋呼気時、此一口気雖出、第二口気復生、故其腹脹。及吸気時、其所生之気又従裏走趕出、故其腹却厭。大凡人生至死、其気只管出、出尽便死。如吸気時、非是吸外気而入、只是住得一霎時、第二口気又出、若無得出時、便死。……」（語1—44、輔広録）。

（15）「問、曾慥所編百家詩。曰、只是他所見如此。他要無不会、詩詞文章字画外更編道書八十巻。又別有一書甚少、名八段錦。看了便真以為是神仙不死底人」（語140—66、録者名なし）。曾極、方誼において道教との交わりが認められる。吾妻、注（13）前掲論文参照。

（16）三浦、注（7）前掲書、第二部第三章「陸游と養生」（初出、一九八八年）参照。

（17）「万物之生意最可観。此『元者善之長』也。斯所謂仁也。人与天地一物也而人特自小之、何耶」（『程氏遺書』巻一一）、「医書言手足痿痺為不仁、此言最善名状。仁者以天地万物為一体、莫非己也。認得為己、何所不至。若不有諸己、自不与己相干。如手足不仁、気已不貫、皆不属己。……」（『程氏遺書』巻二上）という、程顥語とされる語、また「知覚」が出るものでは、注（1）所掲の「医家以不認痛痒謂之不仁。人以不知覚不認義理為不仁、譬最近」という、二程いずれかの手がかりはないが、右記程顥語とされる語にきわめて近い語を参照のこと。

（18）「(老子との差異を論議する文脈で) 有知覚識痛癢、便喚做仁、運用処皆是当、便喚做義。……」（『上蔡先生語録』巻上）、「心

者何也、仁是已。仁者何也。活者為仁、死者為不仁。今人身体麻痺、不知痛癢、謂之不仁。……」（同）などの語、参照。

(19)「生之謂性、只是就気上説得。蓋謂人也有許多知覚運動、物也有許多知覚運動、人物只一般。却不知人之所以異於物者、以其得正気、故具得許多道理。如物則気昏而理亦昏了」（語59—10、呂燾録）、「問、生之謂性。曰、他合下便錯了。他只是説生処、精神魂魄、凡動用処是也。正如禅家説、『如何是仏』、曰『見性成仏』、『如何是性』、『作用是性』。蓋謂目之視、耳之聴、手之捉執、足之運奔、皆性也。説来説去、只説得箇形而下者」（語59—8、余大雅録）、「作用是性、在目曰見、在耳曰聞、在鼻嗅香、在口談論、在手執捉、在足運奔、即告子生之謂性之説也。且如手執捉、若執刀胡乱殺人、亦可為性乎。……」（語126—59、万人傑録）などを参照のこと。なお、書簡における「知覚」の用例のおよその推移は、謝良佐にも思想的には近縁な、いわゆる胡氏湖南学に傾いていた未定説の朱熹三十代後半には、注（18）の「知覚の仁」説に接近した言い方で「知覚」が用いられ、四十歳「定論」定立以降は、逆に頻繁にこの「知覚の仁」説を批判する文脈で「知覚」を批判的にいうとともに、しだいに自身の思想表現文脈で「知覚」の語を用いるようになる（例えば「虚霊」という語と組で用いる早い例が朱集73「胡氏知言疑義」にみえる）。五十代後半以降がほとんどを占める『語類』の用例は、こうした経緯を経てのものである。

(20) 拙稿「程頤の未発已発論」（金谷治編『中国における人間性の探究』創文社、一九八三年）は、このときの程頤の言説を解析する。

(21)「(問)曰、知覚便是動否。(朱)曰、固是動。曰、何以謂之未発。曰、未発之前、不是瞑然不省、怎生説做静得。然知覚雖是動、不害其為未動。若喜怒哀楽、則又別也」（語96—44、陳淳録）、「(問)曰、伊川却云『纔説知覚、便是動』。(朱)曰、此恐伊川説得太過。若云知箇甚底、覚箇甚底、如知得寒、覚得煖、便是知覚一箇物事。今未曾知覚甚事、但有知覚在、何妨其為静。不成静坐便只是瞌睡」（語96—47、陳文蔚録）。

(22) 注（21）の『語類』巻96—47条に拠りつつ、木下鉄矢氏は、『朱熹再読——朱子学理解への一序説』（研文出版、一九九九年）第一章「鏡・光・魂魄」（初出、一九九二年）で、朱熹の鏡・光観念に即して「感応」という問題を解析する文脈において、「心が覚醒しながら待機状態になってい」ると本稿で説いた未発の「知覚」をとりあげて、この様態の「知覚」を「感知能力」「感応すべき外物の到来を感知する能力」と説く。ただし知覚と鏡を直接つなぐ資料が同書の記述ではこの条だけであり、この条には「感応すべき」の「べき」のところを確定する生まの言葉はなく、「べき」を問題としてすくうには、本稿所引の資料が必要である。またこの理解は未発の知覚に関するものなので「知覚」の語全般をおおうものに拡張して扱うことはできない。初出論文にはこの「知覚」解釈はみえないのだが、後の木下氏「朱熹テキストの解読より」（『古典学の現在Ｉ』科研費特定領域研究「古典学の再構築」報告書、二〇〇〇年）では、この「知覚」理解を一般化させて、朱熹の「心」概念を捉えるにあたって重要なものと位置づけて発展的に論じておられる。しかし「知覚」の語が語られている領域を全体的に検証した上で論じる必要があろう。

【付記】

本稿は、もと一九八九年第三四回国際東方学者会議（東京）において、「朱熹の『知覚』説」と題して口頭発表したものを更新増補したものである。発表時、坂出祥伸先生には貴重なご意見を頂いたが、このたびその坂出先生のご縁により形にすることができた。これまでの学恩も含め、先生に対し深く感謝の意をあらわしたい。なお本稿は、平成一四～一七年度科学研究費補助金（基盤研究（C）（2））「南宋後期における「朱子学」形成の基礎的研究」（代表・個人）、及び平成一三～一六年度科学研究費補助金（基盤研究（B）（1））「宋代士大夫の相互性と日常空間に関する思想文化学的研究」（分担）による研究成果の一部である。

逆転した像——女丹の身体観

モニカ・エスポジト
（梅川純代訳）

序

清（一六四四～一九一二年）の始めごろ、新しいタイプの煉丹書が出現した。それは女性のためだけの煉丹の修法とその精神生理学的修錬を説明したもので、女丹と名づけられた。[1]その基本的な原理は内丹と同じであるが、男女の体質の違いによる幾ばくかの相違がある。[2]女性のための内丹書は、闇夜を照らす月の玄妙な消費と不断の復活により例証される、女性と月の近似性を強調している。女性の月経周期における損失と復活は、彼女たちの生と死、解放と拘束を構成する。「修経（月・月経を修める／cultivating the Menses）」[3]は女性の準備的な修法であり、それは「斬赤龍（赤龍の首を斬る／beheading the Red Dragon）」という象徴的な修錬で完成する。筆者は、女丹の核であり、男性の内丹との根本的な相違を形成するこの問題に注目してみよう。[4]

一、女性・月・月経血

女丹の文献の中で、女性は月の陰性と非常によく似た陰を本質に持っているとされている。[5]これは女性たちの妊娠する（つまり満ちる）という性向と、常に変化する特性だけではなく、月の周期に呼応する月ごとのリズム（つまり月経）によるものである。[6] 様々な言語の中で、月経を意味する言葉は月と親密に関係している。例えば menses（月経）はラテン語の Mensis（month, 月）から、また menstruation（月経・月経期間）は menstrual/Menstruus（monthly, 月ごとの）というラテン語からきている。[7] 中国語においても、この女性特有の状況を示す一般的な言葉は「月経」あるいは「月事」である。前者は「月ごとの規則正しさ（monthly-lunar regularity）」、後者は「月ごとの出来事（monthly-lunar affairs）」と解釈できるだろう。後者に関しては、農業と暦に、より関係しているといえる。農業的な繁栄は、種まきに最適な時期などのように、月の兆しを読み解くことに負うところが大きい。他にも、フランスでは月経のことを le moment de la lune（月の時期／月の瞬間）と言う。また、報告によれば、ヨーロッパの小作農たちは「月が月経を起こさせ、女性たちは月が欠けていく期間に〝病〟む」と信じており、更に、ヨーロッパの古い伝承が伝える空から降ってくる赤い雨、あるいは天の血と呼ばれるものを、彼らは「月の血」だと信じているという。[8] 月経期間中の女性たちは、ほぼ例外なくある種の制限下におかれる。実際、多くの言語で月経を意味する語は深く月と関係し、（潜在的な繁殖力と生殖の失敗を同時に象徴する月経血を）女性が失う毎月の周期と、女性に課せられる規則と制限の双方を象徴することが多い。[9] 月経期間中の女性を象徴する大いなる穢れのために、女性は不浄であり、よって人や事物との接触は限られているべきだと考えられていた。[10] こうした禁忌の対象となるのは、穢れの媒介である月経血である。それは、一種の伝染性のものであり、邪霊に憑依された（取り付かれた）結果であると信じられていた。こうした考え方においては、女性の隔離は必然的であり、また適当な禁制であった。[11] なかでも、断食と折檻という苦行は、もっとも一般的な浄化のための処方であった。[12]

中国においても、規則と禁制は女性のための内丹書で強調されている。一八三四年に編纂された『道蔵続編』の中では、二つのテキストしか女丹を扱っていない。どちらのテキストにおいても、その構成と内容は、規則や禁制というシステムに基づいて記述されている。[13] 女性も内丹に取り組むことができるようにはなったが、家庭の主婦という役割、亭主への忠誠、社会への責任を忘れてはならないのだ、といったようなものである。女性たちは家族の中の権威者の声に従い、貢献することを奨励されている。[14] そして、他のいかなる女丹の修法を始める前に、彼女たちに定められたこうした訓告を敬うことで浄化の儀式に従事しなくてはならないのである。「修経（月経を修める。注（3）参照）」という観念と関連しているこうした規則や禁制は、女性たちにとって重要な役割を担っている。特に月経血の持つ意味はその「修経」の規則と禁制の中で強調されている。[15] 多くの研究は、月経周期に伴う穢れや不浄という概念に関係づけて女性の下位性または劣等性の役割を強調してはいるが、一方で月経が象徴する意義の多様性というものを無視してきた。しかし、古代の伝統の中で、月経血というものは神聖視されてもいたのである。特に、タントラの逆転した論理（inverted logic）においては、危険で穢れた月経血は、至福を与え解放を約束する本質へと変換する。これは、女性の身体を聖なるものと見なすタントラ思想の核であり、また女神のイメージなのである。[16] インドでは、八月から九月にアッサム地方のタントラ行者たちが例年の集会を行うが、この時期は女神の月経期間に相当する。[17] インドにおいて女神の月経期間が強力な集会や修行に幸先のよい時期であるとされているとするなら、中国の女丹においても、女性の月経期は特別な意味を持っていた。規則や禁制の尊重に伴って、タントラ思想に見られるのと同じような逆転した論理が中国の女丹においても重要な役割を演じている。このことから、インドと中国という二つの文化・伝統の関係を思わず考え込んでしまうが、それは清代の道教とタントラという非常に広い、しかも未調査の分野に連なる問題で、更なる研究が必要なテーマである。そこで、女丹の修法を論じるにあたり、まずは前時代の月経という言葉が担っていた至福を与え潜在的な解放を約束するという意味合いについて考察してみたい。

二、女丹における認識の「初経」と「天癸」

中国の女丹の文献では、修錬にもっとも幸先のよい時期を「初経」と呼ぶ。これは月経が始まるのに先立った期間であり、少女におこる初潮の象徴である。[18]この言葉は、生理学的なレベルにおいて、子宮の活動に関係すると思われる、何かの始まりを意味している。こうした知識とは別に、煉丹書は、きちんと修養しない限り毎月月経血に変わってしまう、あるいは赤く転換してしまう何か真珠のような星のような物体（如星如珠）が、子宮の中に存在すると想像していた。こうした「先天至宝」の下落を避けるために、女性は「天の水」とも解釈できる「天癸」と呼ばれるものを修養することが求められる。[19]月経血を外に流す代わりに、女性たちはその創造的な活力を昇華させて不死の胎芽（聖胎）を生じさせなくてはならないのである。しかし、その不死の胎芽を生み出す前に、女性の「真我の懐胎期間（ontological gestation）」を象徴する月経の、「外見上の停止（apparent cessation）」を経なくてはならない。つまり女性は懐胎期間を通過せねばならず、この際、通常の妊娠と同じように「月経停止」を経験する。しかし、子供の代わりに「真我（true self）」を産みだすのである。内丹においては、男性は精液を昇華させることで煩悩や妄想を止める方法を理解しなくてはならない。同じように、女性は月経の特徴である感情的で常に精神不安定である「月の満ち欠けに影響されると考えられた性質（lunatical nature）」を理解しなければならない。この理解こそがその克服、あるいはコントロールの基礎になるのである。[20]そして、「天癸」というのは、女性の存在の深みから抽出されるべき活力の貯水池であり、この抽出は穢れから解放された内的認識を得たいという女性の切なる願望によってのみ可能なのである。外的な習得に対する熱望に依存している限り（つまり、内的認識を求めず、生理の中断ばかりを望んでいては——訳者注）、女性は彼女の血が流れ出ていくのを見続けなければならないのである。

『黄帝内経素問』の第一章を紐解くと、「天癸」という言葉が女性と男性双方の生殖機能及びその活力に関係していることがわかる。[21]「天癸」は、活力が最高潮に達すると同時に生産力の始まりとなる時点を指し、腎気の蓄積と非常に関係している。気の蓄積は性機能とも関連している。異なった形態の生命活力の根源である性機能は、一旦習得できさえすれば、長生の獲得の役に立つのである。このことは、「天癸」という言葉が、ここでは「元気」という言葉の類語となり、女性の修錬において重要な役割を果たす理由であると言える。[22]こうした観点に立てば、「西王母女修正途十則」がなぜ、女性の定めは「天癸」と結びつく、と主張するのか理解できるだろう。[23]しかし、この言葉は、両価的な意味合いを持っている。「天癸」は、創造活力が最高潮に達した時点を示すと同時に、遺伝的遺産（genetic inheritance）である「先天」が低下し始める時でもあるのである。「天癸」を一字づつ区切って解釈することもできるだろう。「天」は先天からの遺産と、そして、十干の一つであり伝統的に思春期を示すのに使われる「癸」を、この場合には水及びその流れ（「癸水」＝月経）として解釈するのである。また、「天癸」という言葉は、女性の月経血と月経の進行を意味するのに用いられる「壬癸」という言葉を思い起こさせる。[24]この言葉は女丹文献の中で月経の過程における二つの段階を意味する。「壬」（注（24）に引用した劉一明の説に基づく筆者の理解によれば「天」と同等なのであるが）は月経に先立ち、また続く時期であり、「真の活力」を特徴づける。この時期は陰の中の陽、あるいは陽の中の陰を抽出する修法に適した時期と符合し、潜在的な受胎と生産力（fecundity）という考え方と関連している。通常の陰として特徴づけられる癸という時期は月経（「癸水」＝月経）を指している。女性の修錬は第一の時期、つまり元気の貯水池で潜在的な活力が昇華を待っている壬の時期に集中しなくてはならない。対照的に、創始不可能な死んだ種である不毛の血が流れ、不浄な期間である月経期間中、修錬は「中断」されなくてはならない。こうした経血の流れは、普通「月水」、「月経」、「経水」、「癸水」などという言葉で表される。不浄な癸の期間における修錬の「中断」は、同時に至福を与え解放を約束するものとして認識されなくてはならない。なぜなら、この不浄の期間のおかげで、毎月定期的に繰り返される自身の活力の損失を女性たちは常に自覚することができ、よって修行の必要性を認識できるからである。女丹の文献が強調するように、どの女性にも毎月一度、解放されるチャンスが訪れる。そのチャンスは、陽が陰血に変化しようとする時期である月経の二日前である。女丹文献はこの時期を「信水」、あるいは「月信」として明確にしている。どちらの語においても、信の字は、よく知られているような足腰が重く感じるとか頭痛とかといった症状を通じて月経が始まることを伝える「メッセージ」か、それを伝える「使者」を示している。[25] この女性に伝達される「メッセージ」は気である。いや、もっとはっきりと言えば、陽の中の真の陰（あるいは陰の中の真の陽）の存在なのだ。このメッセージの到来した時こそが修錬すべき時である。なぜなら、月経の波が引けば、血の中の陰の要素はもう集まらなくなってしまう。女丹文献は、月経による修錬の中断の後、二日半経てば、修錬を再開してよいとしている。[26]

文献は女丹の修法を「斬赤龍」という言葉で言及している。「赤龍」の名で象徴されているものは、月経前、あるいは後に生み出される女性活力の根源（energetic basis）と関連づけて解釈されるべきである。月経血については、それを「癸水」や「経水」と明確に区別することが重要である。活力の根源は、「赤龍」を斬ってやっと、「先天」の状態と関係する第一の時期、つまり壬の時期の「真の活力」であることを露呈するのである。これは、「壬癸」、「天癸」の逆転した論理によって表現される。要するに、癸→壬、癸→天と読むことで、「癸、つまり水が天に向かって〔その流れを転回させる〕」と解釈することで理解できるのだ。[27]「赤龍」は気の貯蔵庫のシンボルであり、純粋な活力に変換することができる内的な力の象徴なのである。このように考えれば、「赤龍」と、それを「斬」することの象徴的な意味が理解できるであろう。[28] その象徴するものをより深く理解するためには、逆転した論理という内丹の基本的な原則、「顚」とか「顚倒」という概念へと遡って考えなくてはならない。これは、内丹における男性と女性の身体の「イメージの逆転」と、男女の修法の関係によく表されている。

三、男性の逆転像としての女性

女性は特有の性質と体質によって特徴づけられる。今までに論じてきたように、女性活力の基礎は血であり、彼女たちの煉丹修法はこの物質を昇華させることから始まらなくてはならない。彼女たちの精を気に昇華させる（煉精化気）第一段階を始める前に、まずは血を精に昇華（煉血化気）しなければならないのである。真の創造的な活力を損失することで、毎月彼女を苦しめる生理的な出血を「止め」なくてはならないのだ。その基本的な修法が「斬赤龍」と呼ばれ、女性の最初の煉丹のステップとなるのである。これは、男性が精液を昇華させるのと相対する。「女金丹」という文献の中では、男女の違いは次のように説明されている。

男は生まれたばかりの陽を火と認識する。火が戻ってきて水は自らを完成する。
女は生まれたばかりの陰を水と認識する。水が戻ってきて火は自らを完成する。
生まれたばかりの陰とは何であろうか。それは潮信である。
男は気を昇華する。
女は形を昇華する。
男は白虎を牽く。
女は赤龍を斬る。
白虎は神気である。
赤龍は精血である。
男性の陽は子に生じる。

女性の陰は午に生じる。
子は腎経であり
午は心経である。
午は陰の根である。
子は陽の苗である。
男は外側に陽を持ち内側に陰を持つ。
女は外側に陰を持ち内側に陽を持つ。
男は陰に加えるために外側の陽を捉える。
女は陽に加えるために外側の陰を捉える。
これが、女性修仙道である。[29]

このように、女性は男性の完璧な逆転像である。彼女の血つまり赤龍はいったん斬されれば、元気と同義である。これは、女性の生殖力が生じる準備が整ったことの象徴である。[30] この赤龍は男性の白虎と呼応する。液体や陰火という形態（「火符」）をとりながら、赤龍は女性の乳房の中に潜んでおり、火炎や陽水（「丹田陽精」）という形をとりながら、白虎は男性の睾丸の中に隠れている。[31] 煉丹修法の開始時に、男性と女性が焦点をあてるべき核はまさに正反対である。女性は乳渓（乳房の中間点、つまり中丹田）に集中して、血と気の巡りをよくするために軽く乳房をもむ。[32] 浄化されれば、血は下丹田（臍のあたり）にくだり、精へと変化する。反対に男性は意識を生殖器、つまり腎臓から睾丸に集めなくてはならない。よって男性は、漸次自身の精を蓄積している下丹田に集中することで修法を始めるのである。浄化されれば、この精（これは精液とは違う）は気に変化し、上丹田（脳のあたり）に上昇するのである。

丹田の場所の男女差は生殖に関する理論においても表現される。月経血と精液は生殖、出産の基本的な成分であるとされていたため、こうした生殖理論は、内丹が参照する身体的、宇宙観の、そして形而上学的な生殖を基盤にしているのである。しかしながら、内丹の「逆転した世界」においてこうした成分は、不死の胎芽を生じるために彼らの本質へと転回されなくてはならない。これらの成分は、「先天」の世界へ帰還していくことで、普通の世界を統制するルールに逆らわなくてはならないのである。よって、女性は血が月経血に変わる前に、その血を昇華させ、そして男性は精が精液に変わる前に、その精を昇華させなくてはならない。こうした月経血や精液に変化する前の「純粋」な成分は、煉丹術の修錬に使われる基本材料（materia prima）となる。

結論

こうした観点から考えれば、女丹における「月経（血＝menstrual blood）の中断」の意図は明らかである。それは、単に「射精の中断」の対照なのだ。この「中断」こそが、普通に血や精を流し普通の存在の親となる人々と、修法を習得し、血や精を逆転させ「真我」を生み出す人々とを隔てるものなのである。

女丹の第一段階である「斬赤龍」は、男性の精液の制御に相当する身体と時期の完全なる統制である。どちらの場合も、情熱や感情や極度に散漫な人心の動きを抑制するのである。かくて、女性は生の周期的（陰陽消息）な特性を経験（体顕）し、また月の満ち欠けに呼応する周期の価値を理解して彼女自身の「天の性」と調和する「得附性天」の可能性を持っているのである。子を成すことのない不毛の血の流れから自由になることで、女性は真我を出産する喜びを経験することができるのだ。それこそが、女性の、「先天」への回帰の始まりなのである。この段階を経て以降、女性は男性の修法と変わらない修法に専心することができる。一般的な内丹書に書かれているような、煉精化気から煉気化神、そして最後に煉神化虚という段階に従って煉丹していくことができるのである。一旦、その核に帰してしまえば、あらゆる二元性を超越し、男女差の消えうせた領域に、彼女は入っていくことができるのである。だからこそ内丹書は、修行を完成した者を、男性の睾丸が収縮（収斂）するのと同じように女性の乳房が収縮（収斂）することで、ある種の両性具有的身体、性を欠いた存在として表現するのである。

最後に、「斬赤龍」は懐胎期間に類似した月経の真の中断を意味してはいるが、これは限られた生理学上の結果をもたらす「小周天」においてのことでしかない。内丹においては、女性は不死の胎芽を生じるために「大周天」にまで発展していかなくてはならないとされる。つまり、煉丹の最終段階は真の沈黙(33)というシンフォニーと共に完成されるのである。

【注】

（1）主な女丹文献についてはCatherine Despeux, *Immortelles de la Chine*, Puiseaux, Pardès, 1990, p.291-302（邦訳、門田真知子訳『女のタオイスム』京都、人文書院、一九九六年、二七〇～二八一頁を参照）に挙げられている。Despeux, *ibid.*, p.163（邦訳、一四三頁）によれば、初期の文献は、一七四三年にまで遡ることができる。女性のための内丹に関する言及のもっとも早いものの一つに、薛道光（一〇四八?～一一九一年）による『悟真篇』（『悟真篇三註』。『道蔵』SN一四二、巻二・四a頁）への註が挙げられる（Despeux, *ibid.*, p.79〔邦訳、六五～六六頁〕を参照のこと）。ただし、女性の修錬の起源は房中書に遡ることができるであろう。また、女性がいかに男性と違う方法で修錬しなくてはならないかという記述は、例えば「男女可以長生之道」の一部として「裴君伝」（『雲笈七籤』巻一〇五所収、三b頁／第二～六行）に記載されている。

（2）女丹の修法に関しては以下のような論考が挙げられる。Despeux, *ibid.*; Douglas Wile, *The Chinese Sexual Yoga Classics Including Women's Solo Meditation Texts*, New York, State University of New York Press, 1992（in part. p.192-219）; Monica Esposito, *La Porte du Dragon, l'école Longmen du mont Jin'gai et ses pratiques alchimiques d'après le Daozang xubian*（Suite au canon taoïste) , 2 vols, Ph.D., University of Paris VII, 1993 (in part. vol.1, p.280-374) ; Monica Esposito, "L'alchimie feminine", J. Servier ed. *Dictionnaire critique de l'ésotérisme*, p.51-52, Paris, Presses Universitaires de France, 1998.

（3）「経」という語は中国語では異なる意味がある。諸橋轍次が解説しているように、「経」という語は女性の生理の周期を基準とした規則性に関連して「月経」を表す。「めぐり。婦人の月経。〔本草、婦人月水〕釈名、時珍曰、経者、常也、有常軌也、云云、女人之経、一月一行、其常也」（諸橋轍次『大漢和辞典』第八冊、東京、大修館書店、一九七六年、一〇七二A頁）。「常道」（「指常行義理、准則、法制」。羅竹風主編『漢語大詞典』第九冊、上海、漢語大詞典出版社、一九九三年、八五九頁）の思想に関連する「常」こそ、女性が修めなくてはならないものである。後に見るように、「常・常道」という概念は女性の修錬において月経が持つ意味を示している。これは特殊な規定（rule）が適用される修錬と、女性の周期循環の「規則化（regularization）」とに厳密に関連する。こうした規則や規定のおかげで、女性は月の満ち欠け、つまり月齢の法則を経験（体顕）できる。なぜなら、月の周期そのものが女性自身の月ごとの経験を直接示すからである。最終的に、規則的な月経の発生は女性に周期的な時の経過の真実の意味を解らせる。それは、彼女自身の身体に反映されるような、世の中の陰陽の循環や動きの変動（陰陽消息）なのである、と。

（4）この論考は『道蔵続編』（一八三四年、四冊本。再版、北京、海洋出版社、一九八九年）所収の次の二つの文献に基づいたものである。「西王母女修正途十則」（『道蔵続編』第三冊、一a～六b頁）及び「泥丸李祖師女宗双修宝筏」（副題は「女功指南」。『道蔵続編』第三冊、七a～一二b頁）。この二つの文献はワイルによって英語に翻訳され（D. Wile, *ibid.*, p.193-201, p.204-212 参照）、また筆者の博士論文の中でフランス語に翻訳されている（Monica Esposito, *La Porte du Dragon*, vol.1, p.318-374 参照）。上記の二文献に加え、『女丹集萃』（北京、北京師範大学出版社、一九八九年）も参考にした。また、本論考で提出されている見解の多くは、筆者の博士論文の中で詳しく論証されている。女丹思想理解にあたって重要と思われるいくつかの見解に関しては、本論考中でもこの博士論文を参照している。

（5）「女子、陰質也、月象也」（「西王母女修正途十則」『道蔵続編』第三冊、一b頁／第一行）。

（6）「新月の期間、月が地球の軌道の影に入っていく周期は、人体の月経周期の期間と親密な関係にある。再生と生産力の喚起及び光の供給は、月に深い感情的な意義を与えている」（E. G. Richards, *Mapping Time*, New York, Oxford University Press, 1998, p.7）。

（7）以下を参照のこと。M. Esther Harding, *Woman's Mysteries Ancient and Modern*, Boston & Shaftesbury, Shambhala, 1990, p.55 に引用される Robert Briffault, *The Mothers*, London, G.Allen and Unwin, 1927, II, p.430-432.

（8）M. Esther Harding, *ibid.*, p.55. 日本語の「月の物」、「月事」、「月経」などという言い方においても、女性の月経と月の関係が強調されているといえる。

（9）今日のフランスで月経を意味するもっとも一般的な語は règles（ルール、規則）である。この語は女性の月ごとの周期（lunar cycle）の規則性を強調している。

（10）例えば、女性たちはバター、ワイン、肉に触れてはならないとされていた。触れるとそれらの食品が腐ると信じられていたのである（Emily Martin, *The Women in the Body*, Milton Keynes, Open University Press, 1989, p.97-99）。月経における穢れ観念及び禁忌についての詳細は、Mary Douglas, *Purity and Danger*, London, Ark, 1984. 他文化において今日でも続いている月経の禁制と禁忌に関してはKarin Kapadia, *Śiva and Her Sisters: Gender, Caste, and Class in Rural South India*, Boulder, Oxford, Westview Press, 1995; Ruth-Inge Heinze ed., *The Nature and Function of Rituals: Fire from Heaven*, Connecticut, London, Bergin & Garvey Westport, 2000 などに詳しい。

（11）ディーマ・ド・シルヴァによれば、初潮の訪れた少女たちを隔離するのは、邪霊が彼女たちの身体に侵入して病気を引き起こしたり、彼女たちの精神機能を侵したりすることから少女たちを守るためであるという。Deema de Silva,"Sinhalese Puberty Rites for Girls", Ruth-Inge Heinze ed., *ibid.*, p.84.

（12）M. Esther Harding, *ibid.*, p.57-59.

（13）「西王母女修正途十則」と「泥丸李祖師女宗双修宝筏」を参考にしている。上記注（4）参照のこと。また女丹における訓戒が持つ役割に関しては、Despeux, *ibid.*, p.147-152（邦訳、一二九～一三四頁）を参照のこと。

（14）「西王母女修正途十則」は九つの訓戒から始まる（『道蔵続編』第三冊、一a頁。英語訳は Wile, *ibid.*, p.193 を参照した）。デスプは女性の美徳を強調したこうした訓戒は、今日でも中国の全真教の女道士に適用されているとしている（Despeux, *ibid.*, p.149-152〔邦訳、一三一～一三四頁〕）。

（15）特に、「西王母女修正途十則」の第四則（『道蔵続編』第三冊、二a頁）を参照。

（16）古代文明の中では、穢れという概念から離れて、血は強力な物質であるという観念も存在した。血を、力のある微妙な身体活力であるとする考えはシャークタ・タントラ（Śākta-Tantras）や、インドのタントラ錬金術に関連する伝統にも見られる。また、チベットのヴァジュラヤーナの伝統においては、有名なダーキニー・ドルジェ・パクモ（Dākinī Dorje Pagmo）の血のような例を挙げることができる。彼女の血は、タントラ行者の巡礼地として名高いポダン・キョモッツォ（Phodrang Kyomotso）の池になったと言われている。中国名で金剛亥母（ヴァジュラヨギニーあるいはヴァーラーヒー、Vajrayoginī/Vārāhī）とも呼ばれる彼女を観想する修法は、今日の中国においても女道士たちの間で行われており、性的欲望を昇華することができるとされている。古代文明における血の観念に関してはJ. L. Brockington, *The Sacred Thread: Hinduism in Its Continuity and Diversity*, Edinburgh, Edinburgh University Press, 1981, p.147-148; Sarah B. Pomeroy, *Women's History and Ancient History*, Chapel Hill, University of North Carolina Press, 1991, p.287; K. Kapadia, *ibid.*, p.70, p.76を、シャークタ・タントラに関してはMadhu Khanna,"The Goddess-Women, Equation in Śākta Tantras", Mandakranta Bose ed., *Faces of the Feminine in Ancient, Medieval, and Modern India*, New York, Oxford University Press, 2000, p.116-119を、タントラ錬金術に関してはDavid White, *The Alchemical Body*, Chicago, The Chicago University Press, 1996, p.191-202を、ドルジェ・パクモの伝説に関してはToni Huber, *The Cult of Pure Crystal Mountain*, New York, Oxford University Press, 1999, p.96を、中国におけるドルジェ・パクモ観想に関してはMonica Esposito,"Una tradizione di rDzogs-chen in Cina, una nota sul Monastero delle Montagne dell'Occhio Celeste", *Asiatica Venetiana*, 3, 1998, 9, p.221-224（in part. 222）及び二〇〇二年四月一九日から二一日にボストン大学で開催された「タントラと道教——宗教とその経験のグローバリゼーション（Tantra and Daoism, the Globalization of Religion and its Experience）」と題する学会で発表した拙論"A Sino-Tibetan Tradition in China at the Southern Celestial Eye Mountains: a First Comparison between Great Perfection（rDzogs chen）and Taoist Techniques of Light"を参照のこと。

（17）David White, *ibid.*, p.195, p.451, note 67.

（18）「自有一点初経。含於内牝。如星如珠。乃是先天至宝。蔵於坤腹之上。位在中黄之中。……則此一物。得附性天。便成元一。不変赤珠。不化天癸」（「西王母女修正途十則」『道蔵続編』第三冊、一b頁／第一一～一三行）。「按初経命宝。不失知修。則附性天而化元一」（同上、二a頁／第三～四行）。初潮の訪れは様々な文化の中で、女性の性と繁殖を可能にする変化であるとして重要視されており、今日でもその訪れを祝うことが多い（異文化における初潮の意義についてはKarin Kapadia, *ibid.*, p.70, p.95; Victoria J. Baker,"Ritual Practice in a Sinhalese Village...", p.63; Daema de Silva,"Sinhalese Puberty Rites for Girls", p.84-85を参照されたし)。中国の女丹文献においては、この「危険にしてめでたい」時期というものがどのように女性のための内丹の修錬として変換されていくのかというのが重要である。「初経」という語は、内丹における「初機」という状況と似たものであり、「気機」、または「初気」などとも呼ばれる。これらの語が表すのは、陰と陽に分割する直前の気の出現である。これについてはEsposito, *La Porte du Dragon*, p.286-291, p.315-316, p.377を参照されたい。また、これらの語の宇宙論的な意味合いに関しては、Isabelle Robinet,"Primus movens et création récurrente," *Taoist Resources*, 5, 2, 1994, p.29-70参照。

(19)「西王母女修正途十則」『道蔵続編』第三冊、一b頁(英訳はWile, *ibid.*, p.194を参照のこと)及び前注(18)を参照。

(20)例えば「壺天性果女丹十則」には「女子之心。原是易動易滅……」という記述が見える(「壺天性果女丹十則」二a、『女丹集萃』)。

(21)デスプによるこの文章の引用を参考にした。Despeux, *ibid.*, p.218(邦訳、一九四頁)。

(22)『黄帝内経』における「天癸」という語の詳細な説明は、医師であった張介賓(一五六三〜一六四〇年)がその『質疑録』(北京、江蘇科学技術出版社、一九八九年、二八頁)において提出している。その他の医学派による説明と違い、張はこの語を血や精とは関連づけず、却って「元気」と関連して理解している(「天癸者、天一所生之真水、在人身是謂元陰、即曰元気。……則知天癸非精血矣」(『質疑録』二八頁))。これについては、Esposito, *La Porte du Dragon*, vol.1, p.288の注(285)も参照されたい。『道蔵続編』に収められている女丹、内丹文献に登場する「天癸」という語は、この張の解釈と同じ形で理解されるべきであろう。例えば「西王母女修正途十則」(『道蔵続編』第三冊、一b頁/第二、五、一三行、二a頁/第二、六行、三b頁/第八行)など。また「泄天機」(『道蔵続編』第三冊、三b頁/第一四行)及び『張三峯全集』(『道蔵続編』第三冊、五a頁/第一四行)。

(23)「蓋以女命還在天癸。天癸不化。命何能保」(「西王母女修正途十則」『道蔵続編』第三冊、一b頁/第四〜五行)。

(24)劉一明(一七三四〜一八二一年)はその著作「象言破疑」(『道書十二種』下、北京、中国中医薬出版社、一九九〇年、第二冊を参照した)において、「壬水陽兮癸水陰」(「象言破疑」四二a、『道書十二種』下、二〇五頁)と述べている。また、斬赤龍による女丹の修法を、劉は次のように説明する。「天壬地癸相見面」(「女金丹」二一b、『女丹集萃』三〇四頁)。「天壬—地癸」の関係が示す特徴は、この超越されるべき両面的価値にこそ関連しているように思われる。

(25)これらの語に関しては、Despeux, *ibid.*, p.253-256(邦訳、二三一〜二三四頁)を参照のこと。

(26)「女金丹」二〇b(『女丹集萃』三〇四頁)及び「女丹合編」二二b(『女丹集萃』九六頁)。また、例えば『ウパニシャッド』においては、初潮の終わりに伴う祝うべき時期というものは次のように謳われている。「まさに、初潮の終わりにあたって服を着替えた女性は、もっともめでたい女性である。よって、彼女が初潮の終わりを迎えて服を着替えたら、男は彼女に近づいて、セックスに誘うべきなのだ（Surely, a woman who has changed her clothes at the end of her menstrual period is the most auspicious of women. When she has changed her clothes at the end of her menstrual period, therefore, one should approach that splendid woman and invite her to have sex)」。サンスクリットからの英訳はPatrick Olivelle, *Upanisads*, New York, Oxford University Press, 1996, p.88による。

（27）これは劉一明の言う「天壬地癸相見面」を示している（注（24）を参照）。これは、『釈名』にある「天、顚也。謂頭頂顚」という解説にも関係している（郝懿行等編集『爾雅・広雅・方言・釈名』上海古籍出版社、一九八九年及び何新『諸神之起源』台北、木鐸出版社、一九八九年、二六九頁を参考にした）。これは、内丹における「逆転した世界」のイメージであり、内丹の論理の逆転にも関係する。内丹の逆転した論理においては、自然の摂理に従えば流れ落ちていくべき水は、反対に天に向かって昇っていくのである。また、これは「後天」から「先天」への転変にも関連する。煉丹における、逆転した世界という概念の中に関しては、Isabelle Robinet,"Le monde à l'envers dans l'alchimie intérieure taoïste [The upside-down world in Daoist inner alchemy]", *Revue de l'Histoire des Religions*, 209. 3, 1992, p.239-257を参照。

（28）「ひっくりかえった頭（頭頂顚）」のイメージとしての逆転した世界という概念（天と顚は音通。また前注（27）及び何新前掲書、二六八～二六九頁を参照されたし）は刑天の斬首の神話をも喚起するかもしれない。アン・バレル（Anne Birrell）が *Chinese Mythology*, Baltimore and London, John Hopkins University Press, 1993, p.216-217において指摘しているように、天に罰せられた（刑天）、あるいは乳首と臍を両目と口の代わりにすることで天に形作られた（形天）この首なしの主人公の神話は、医学における人体移植の観念を先取りしている。これは、斬赤龍の修法で目指される身体の改造の象徴として読み取ることもできるだろう。つまり、この修法において、女性はまず、男性の身体に似た構造の身体に移植されるのである。これに関しては「乳頭縮而赤龍斬。変成男体」（「樵陽経」六b、『女丹集萃』一三六頁）という例が挙げられる。こうして、最終的に女性の身体は両性具有的な身体へと変化していくのである（結論を参照）。更に、斬首という行為は再生という思想を内包する。「十洲記」に記される驚異の数々の中に、火に焼かれることなく、また首を切られると再び蘇るという動物が記されている（「十洲記」『道蔵』SN五九八、二b頁。Isabelle Robinet, *Méditation taoïste*, Paris, Albin Michel, 1995, p.276の引用も参照）。龍やその他の恐ろしい怪物を退治するヒーローの話は中国の文学の中に溢れており、またこうしたヒーローたちの物語は、彼らが宗教的治療を執り行う強力な治療者（healer）であり、また強力な祈禱師・巫祝（exorcist）であることを示している。興味深いことに、インドには龍形の怪物斬首と女性の月経の誕生が関係づけられている物語が存在する。物語は英雄インドラが、ヴルトラ（Vrtra）と呼ばれ、天の水を引き留めて旱魃を引き起こした龍形の怪物を斬首することから始まる。中国の同系の伝説と違い、このインドの龍の物語においては、讃えられるべき勝利者であるインドラが罰せられることになる。なぜなら、ヴルトラはブラーフマンを習得した者の形態であるとされたので。そこで、インドラは女性たちのもとへ走り、保護を求め、このブラーフマン殺しの罪を肩代わりしてくれるように頼んだ。その結果、女性たちは毎月、月経血を流すことでインドラの罪を贖うことになったのだ、という（Madhu Khanna,"The Goddess-Women, Equation in Śākta Tantras", Mandakranta Bose ed., *ibid.*, p.117-118 を参照）。逆に言えば、タントラの逆転した論理においてこの物語が意味するのは、インドの女神がこの旱魃の怪物を倒したのだということである。ちょうど、ドゥルガが牡牛の怪物を倒した有名な物語のように。つまり、ブラーフマンのイメージを壊すことで、女性は、神聖にして穢れなき血を持つ、武装した女神となるのである。Kim Knott, *Hinduism: A Very Short Introduction*, New York, Oxford University Press, 2000, p.45; D. White, *ibid.*, p.190, p.191-202 参照。また、前掲注（16）も参照されたし。

(29)「男子以陽生為火。火回就水成功。女人以陰生為水。水回就火成功。何為陰生。陰生者、潮信是也。男子煉気。女人煉形。男牽白虎。女斬赤龍。白虎者、神与気。赤龍者、精与血也。男子陽生在子。女人陰生在午。子乃腎経。午乃心経。午是陰之根。子係陽之苗。男子外陽而内陰。女人外陰而内陽。男子奪外陽以点陰。女人奪外陰以点陽。此乃女人修仙之道」（『女丹集萃』三〇一頁）。「午是陰之根……」から始まる似たような文章が「女功煉己還丹図説」に見られる（『女丹集萃』一三二頁）。

(30) 精血としての赤龍は一度「斬」されると（つまりその性質を逆転させることで昇華されると）その源である天癸の貯蔵庫へ戻っていく。「……天癸在先、而後精血之……」（張介賓『質疑録』二八頁）。また前掲注（22）及び、後注（32）も参照されたい。

(31) 例えば以下を参照のこと。「壺天性果女丹十則」一a～三b、『女丹集萃』。

(32) 女性が自身の解放を得るのは、それまで隠されてきた女性の本質（つまり月経と乳房という男性との差異）を明らかにすることによってである。全く同じ論理は、男性と男性性の特徴にも当てはまる。多くの文化において、女性の劣等性の理由にもなっていたこうした性的な特徴は煉丹論理においては女性の解放の源になるのである。

(33) 内丹における沈黙の重要性（価値）はよく知られた煉丹術師である李道純（一二九〇年頃に活躍）の「中和集」の次の文章によく表現されている。「黙即説兮、説処元来有黙、只黙説便是金丹秘訣」（「中和集」六・一二a、『道蔵』二四九冊）。

【付記】

本稿を日本語に翻訳するにあたって様々なご助言をくださった麥谷邦夫教授と、翻訳にご尽力頂いた梅川純代氏に対し、ここに謝意を表します。

Ⅱ　自然

道家の「自然」

片倉　望

はじめに

日本において、「自然」という言葉は、明治のある時期から nature の翻訳語として採用されてきたという歴史があり、そこでは、西欧思想の展開を背景に、「人為と自然」という明確な対立の図式が前提とされていた。(1) もとより、翻訳語として使用されるようになったからと言って、江戸期までに使われていた「自然」という語の意味が、全く失われてしまったなどということは到底考えられない。さらにまた、nature という言葉自体も、本来は「本性」等の意味を持ち、時には「造物主」にも適用されたという複雑な思想史的展開を背負った単語であって、(2) 西欧の、ある時代に通用していた nature は、意外なほど、仏教との関わりの中でその意味を変質させたと思われる六朝期以降の「自然」という熟語と近似した意味を持っていたようである。しかしながら、「自然薯」や「自然の神道」以外に、「ジネン」の用例を思いつかない筆者には、江戸期に至るまでの「自然」の意味の変遷を辿る作業など不可能であり、まして、高校時代に、〝Nature is calling me〟を「自然は私を呼んでいる」などと訳した忌まわしい過去を持つ私には、横文字文化圏の言語を比較の議論の俎上に載せる力量は望みようもない。

従って本稿では、問題を、筆者が専門分野とする中国古代の道家が使用した「自然」という言葉に限定し、その意味内容の変遷を検討することで能事終われりとすることとしたい。一般に、「道家が自然を重視した」という指摘は、多くの研究者によって、これまで事実として認められてきた見解であり、私自身もまた、「自然」という言葉が道家の使用した言語のままのものであるとするならば、さらに、道家を先秦の道家に限定しないのであれば、この見解にさして疑義を差し挟むつもりはない。しかしながら、「自然」の語は、あたかも『老子』や『荘子』の思想の中核のように理解されてきたのであって、そこに大きな問題が横たわっているのである。

一、『老子』の「自然」

道家の祖とされる『老子』(3)の全文中で、「自然」の語は五回しか使用されておらず、その頻度からすれば、「自然」は『老子』の思想において、さして重要なタームであるとも思われない。しかしながら、その解釈を巡っては、古来、様々な説が行なわれて来たのであって、その説ごとに、『老子』全体の思想的理解もまた異なっている。従って、『老子』思想研究という観点から見れば、「自然」という語が、『老子』の思想を十全に理解するための重要なキーワードとなっていることだけは確かなようである。

通行本の『老子』で最初に登場する「自然」の語は、統治の状態を被支配者の意識との関連から四段階に分けて論述する第十七章の文章に見える。

最も優れた（支配）者は、（人々が）その存在を知っているだけであり、その次は（人々が）親しみを持って称賛し、その次は畏れを抱き、その次は侮蔑する（というものである）。（支配者が）充分に約束を守らなければ、（人々は）信用しなくなる。（だからこそ支配者は）ためらうほどに言葉を大切にしなければならない。（かくして、統治の）功

績を上げ、事業を完成しても、【百姓皆謂我自然。[4]】　（『老子』第十七章）

ここでの「自然」については、大別して、①「この文の作者（老子もしくは老子的な無為の聖人）を指す」という説と、②「ひとりでにそうなった」の意で、「百姓」が鼓腹撃壌の境地を述べたものとする二説が行なわれている。前者の説に従えば、最後の一句は、「百姓、皆な我れを自然と謂う」という読みになり、後者に従えば、「百姓、皆な謂う、我れ自《お》のずから然るなり、と」という訓読となる。

①のように解釈した場合、たとえ「百姓」の発言であるとは言え、それは無為の聖人のあり方をも指し示していることになり、当然ながら『老子』の中で「自然」のタームの持つ意味は重要なものとなって来る。確かに、『老子』の第五十七章にも「我無為而民自化」という句があり、「無為自然」という熟語の連想からすれば、①の説にそれなりの根拠があるようにも思われなくはない。しかしながら、「無為自然」という熟語自体が実は六朝時代以降の造語であって、道家に限らず先秦の諸子の文献には全く見出されない言葉なのである。さらにまた、以下で検討するように『老子』に見える他の四例の「自然」に、①の意味で使用されているものは無い。従って、この第十七章の「自然」は、ひとまずは②の説のように解釈する方が妥当であると考えられる。

とは言え、この②の説にも問題が無い訳ではない。古来、我が国では、漢文の「自然」を「みずからしかる」と「おのずからしかる」の二つに読み分け、文脈に応じて思想的解釈を施してきた。もとより、「自然」を「ひとりでにそうなった」と解釈する際には、「おのずからしかる」という読みを採用していることになるが、実は、この読み自体が「無為自然」という熟語に引きずられた解釈を内に含むものであることに注意しなければならない。「みずから」と「おのずから」との読み分けの違いは、主体の意志の有無によって決まる。従って、「おのずから」と読めば、意志や作為性は否定され、まさしく「無為」によって「ひとりでに」結果が出現するという筋道が用意されてしまうことになる。自己主張の強い古代中国の人々が、このような発想を当初から持っていたとは到底考えられない。『論衡』の感虚篇に引かれる撃壌歌には、「吾れ日出でて作し、日入りて息う。井を鑿ちて飲み、田を耕して食らう。堯、何等の力ぞ」とある。この発想に従えば、第十七章の「自然」も「みずからしかる」と読み、誰の力も借りず「自分一人でそうする」の意味に解釈するのが妥当であると考えられ、そのことは、冒頭の「最も優れた（支配）者は、（人々が）その存在を知っているだけである」という句の意味との整合性からも確認される。誰が政治を執っているかを認識できない「百姓」は、腹鼓《はらつづみ》を打ち、地面を踏みならしながら歌を歌い、誰の世話にもなっていない、すべては自分一人の力のなせる技と豪語するのである。

通行本『老子』の順序に従えば、次に「自然」の語が使われているのは第二十三章であるが、立論の都合上、二十五章、五十一章、六十四章の「自然」を次に検討することにする。

混沌としたある物が、天地より先に生まれ出た。（その在り方は）ひっそりとして何も無いようであり、他者に依存することなく存在していて変わることもなく、至る所にやって行くが疲れることもない。（だからこそ）天地の母となることができるのである。私はその名前を知らないので、（とりあえず）字《あざな》をつけて「道」と呼び、むりやりに名前をつけて「大」と呼んでいる。「大」とは（どこにでも）行くという意味。（どこにでも）行くものは遠くまで行き、遠くまで行けばまた帰ってくる。かくして、「道」は「大」であり、「天」は「大」であり、「地」は「大」であり、「王」もまた「大」である。（このように）国の中には四つの「大」があり、王もまたその一つを占めている。

【人法地、地法天、天法道。道法自然。】

（『老子』第二十五章）

冒頭で「混沌としたある物が、天地より先に生まれ出た」とされる「物」とは、下文で「道」と字《あざな》され、「大」とむりやり名付けられる万物の根源を指している。そして、世界にある四つの偉大なものが「道―天―地―王」の降順に並べられ、次には、「人（王）は地に法《のっと》り、地は天に法り、天は道に法る」と昇順で前者が後者を規範とする関係にあることが解き明かされる。しかしながら、最後に「道は自然に法る」という一句が付け加えられ、ここで初めて、「四大」の中には含まれてはいない「自然」という言葉が突然に示されるという構成をとっている。

その出現の仕方があまりに唐突なためであろうか、「四大」は「五大」の誤りであるなどとする極端な説も主張されることがあった。また、それほど突飛な解釈ではないにしても、「道」が法るとされる「自然」が、道の本質的なあり方、「人間のような作為を弄せず、従ってまた人間の作為のような限界性をもたない、あるがままの悠久永遠なる在り方」を指す、[5]という解釈も行なわれている。しかしながら、『老子』の「自然」が、実はそれほど重要な意味を持った言葉ではないことに気づくならば、ここでの「自然」もまた、第十七章の場合とほぼ類似した意味内容の言葉であることに気づくであろう。すなわち、この第二十五章では、「四大」の頂点に立つ「道」には法るべき規範など存在しないということ、そのことを、「自然に法る」と表現しているにすぎないのである。従って、ここでの「自然」は、「自分一人」もしくは「自分自身」の意味に解釈すべきである。

次の第五十一章の場合も意味内容は近似するが、そのことを理解するためには、些か『老子』の思想の本質に立ち入らなければならない。

> 道が産み出し、（道の）徳がそれを養い、物の形が与えられ、その器量も完成する。だからこそ万物には、道を尊び徳を貴ばないものはない。道の尊さ、徳の貴さは、【夫莫之爵而常自然。】このように、道が産み出し養い、それを伸ばし育て、それを安定させ手厚くし、それを養育し庇護するのである。産み出しても（自分の）所有物とはせず、いろいろしても報いは求めず、成長してもその主宰者とはならない、これを「玄徳」（隠された道の徳）

（『老子』第五十一章）

と言うのである。

「所有しない」（不有）、「報いを求めない」（不恃）、「主宰者とならない」（不宰）の三つの行為で規定される「玄徳」の語は、『老子』全文の中に三度用いられているが、第十章、第六十五章の「玄徳」から明らかなように、それは、人に知られないままに実践される徳行を意味していた。もとより、人に認識されない徳は、本来であれば尊崇の対象とはなり得ない。『老子』の、偽善を否定しようという息苦しいまでの倫理観は、一方で徳の持つ政治的根拠としての意味を喪失させるという危険性を孕んだものだったのである。(6)

章全体の構成から言えば、「万物」が「道」を尊び「徳」を貴ぶ理由は、生成し養い育てるという行為、いわば、生みの親、育ての親の恩に求められていることになるが、その存在が認識されない、否、認識させないことが前提とされている以上、尊崇の対象となり得ないという状況に変化はない。そこで、最終的に『老子』が選択した論理は、「道の尊、徳の貴は、夫れ之に爵する莫くして常に自然」という、論証打ち切りの宣言であった。「人間世界の爵位による裏付けなどなくとも、何時でも自分自身だけで尊い」。

ここで、第二十五章の「道は自然に法る」と同様の「自然」が使われていることは明らかであろう。

安定したものは持続し易く、まだ兆候のないものは処理しやすい。柔らかなものは切り分け易く、微細なものは簡単に飛散する。（だから）まだ（兆しも）無いうちに処理し、まだ乱れないうちに治めるのである。一抱えもある大木も小さな芽から生長し、九階建てのビルも土を盛るところから（工事は）始まり、千里もの行程も足下（の一歩）から始まるのである。作為的にすれば失敗し、執着すると無くしてしまう。そこで聖人は、作為が無いので失敗もなく、執着が無いので失うこともない。（一方、）人々が仕事をする場合には、何時でも完成の寸前で失敗してしまう。始めの時のように終わりを慎重にすれば、失敗することもないのである。【是以聖人、欲不欲、不貴難得之貨。学不学、復衆人之所過、以輔万物之自然、而不敢為。】（『老子』第六十四章）

「合抱の木は毫末より生ず」、「九層の台は累土より起こる」、「千里の行は足下より始まる」等、後代、格言として用いられることになる言葉を多く含むこの第六十四章では、聖人による無為の統治が説明されている。「作為的にすれば失敗し、執着すると無くしてしまう」とあるように、ここでは統治者の作為や執着が否定の対象とされているのである。

「欲せざるを欲す」という言葉は、一見、解りにくいが、すぐに「得難きの貨を貴ばず」と解説されているので、その内容は明白である。第三章に「得難きの貨を貴ばざれば、民をして盗を為さざらしむ」と言われている通り、ここでは聖人君主の感化力を前提として、「民・衆人・万物」(7)の欲望を制御するという方策が説かれている。「学ばざるを学ぶ」という表現も同様で、知識の増大は欲望の拡大に繋がるという意味で否定され、聖人君主が「欲すべきを見《しめ》さざる」ことが、「民をして乱れざらしむ」（第三章）ための条件とされているのである。

統治者の無為・無欲が、結果として「衆人」の過りを正し、「万物」の無欲を実現する。ここで注意すべきことは、『老子』において「無欲」は聖人と民の双方に求められてはいるものの、「無為」は、聖人にしか求められてはいないという点である。我々は、ややもすると「無為自然」という熟語に引きずられて「無為」と「自然」を類似の概念として把握しがちである。しかしながら、これまで見てきたことからも明らかなように、『老子』において「無為」は聖人、もしくは、その教えに従う為政者に属する言葉なのであり、しかも『老子』の思想の説得対象が王侯大人である以上、「無為」には『老子』の思想的意図が込められてはいるが、「自然」にはそのような意図を見出すことはできないのである。この第六十四章の「万物の自然」に、「万物のあるがままなる在り方」などという高尚な意味は無く、それが「万物（民）が自分一人でやること」という程度の言葉であったことは、もはや自明であろう。
最後に、解釈の手掛かりとなるような言葉が章の中には見出されず、それ故に、従来、作為を否定するものとして理解されてきた第二十三章の「自然」を検討して、ひとまず『老子』の論述を終えることとしたい。

【希言自然。】そもそも飄風《つむじかぜ》は朝一杯吹き続けることはなく、にわか雨も一日中降り続けることはない。誰の仕業か。天地である。天地でさえも（激しいものを）持続させることは難しい。まして人間にはなおさら無理である。だから仕事をする場合にも、道（を得た為政者）は道（を得た者）と共に（仕事を）し、徳（を得た者）は徳（を得た者）と共にし、（道徳の）無い者は無い者と共にするのである。徳（を得た者）と一緒の者に対しては、道（を得た為政者）も徳（を得た者）として取り扱い、（道徳の）無い者と一緒の者に対しては、道（を得た為政者）も、（道徳の）無い者と（して接）するのである。

（『老子』第二十三章）

冒頭の「希言自然」という言葉に対し、続けて「飄風《つむじかぜ》は朝一杯吹き続けることはなく、にわか雨も一日中降り続けることはない」と、激しいもの無理なものは長続きしないことが説かれている。それ故、永続性を持たない無理な行為―自然に反した行為という連想ゲームの輪が、「希言自然」を「言《ものい》わざる言葉こそ自然である」「聴けども聞こえない道の言葉は、悠久な無為自然である」[8]という意味を持つと理解させたとしても、我々はさして不自然さを感じないであろう。しかしながら、『老子』の他の用例が示す通り、「自然」は「自分一人でそうする」という程度の意味を持つ言葉であって、『老子』の思想の本質に係わるような高尚な言葉ではないのである。

ところで、「希」という文字は、第四十三章に「天下希及之」とあるように、『老子』においてはほぼ打ち消しの「不」や「無」と同義であり、第十四章には「之を聴けども聞こえず、名づけて希と曰う」とあって、聞こえない音の呼び名とされている。従って、「希言」とは、『老子』に二度表れる聖人の「不言の教」を指し示す言葉に他ならず、さらに、第二章に「是を以て聖人、無為の事に処り、不言の教えを行なう」と言われるように、「不言の教」とは『老子』においては無為の治を意味しているのであるから、結局のところ、「希言」もまた、無為の治を意味していたことが理解される。

無為の政治とその効果については、『老子』の至る所で述べられているが、この第二十三章を理解する上では、第五十七章の聖人の言葉、「故に聖人云う、我れ為す無くして民自《み》ずから化し、我れ静を好みて民自ずから正しく、我れ事とする無くして民自ずから富み、我れ欲無くして民自ずから樸なり」が最も有効であろう。

『老子』の無為の治を前提として、初めて、第二十三章の「希言自然」は、「希言」を聖人に、「自然」を民に帰属させて、「聖人の言《ものい》わざる言葉を聞いて、人々は自分自身で行動する」と解釈しなければならないことが解るのである。漢文の訓読法に従うのなら、「希言なれば自《み》ずから然るなり」という読みにでもなろうか。

以上、すべての用例が指し示すように、『老子』における「自然」は、「自分自身」「自分一人でそうする」の意味を持つものでしかない。そこには、人為に対する「自然」はおろか、作為に対する無作為（ことさらなことをしない）という意味すら見出すことはできなかった。先に述べたように、古来、漢文では「自然」を「おのずからしかる」と「みずからしかる」に読み分けてきたが、仮にその分類に従うのなら『老子』の「自然」はすべて「みずからしかる」と訓読すべきであろう。

確かに、『老子』の思想は作為を否定し、「無為」の重要性を説く。しかしながら、それは、君主という特殊な存在に求められる統治の方策なのであって、すべての人間に「無為」が必要だとされている訳ではない。為政者である君主の「無為」を受けて、人々は自分自身の生活を営む。もとより君主は人々の生活を陰から支えているのではあるが、ご当人に気づかれないようにする手助けは、ご当人にとっては自分一人でしている行為に他ならない。かくして人々は、「我れ自《み》ずから然るなり」と主張するのである。

また、『老子』の思想において「道」は究極の形而上学的根拠であり、「道」だけが何物にも規範を求めず、自分自身だけで尊い存在とされていた。それが「道は自然に法る」「之に爵する莫くして常に自然」という論証の終結宣言の形で表現されたのである。

『老子』の「自然」はこれ以外に無い。

次に、『老子』の思想を受けて独自の立場から道家思想を展開させた『荘子』に見られる「自然」を検討することにしたい。

二、『荘子』の「自然」

改めて『荘子』(9)全書を通観した時、「自然」という語の用例の少なさは、『老子』の場合以上に驚嘆に値するものがある。もとより、使用頻度が少ないからといって、思想的に重要な言葉ではない、などと主張するつもりはさらさらない。しかしながら、『荘子』全篇で「無為」が七十二回使われているのに対し、「自然」は八回しか使われておらず、さらに、荘周自身の著作であると言われている内篇には二回しか登場してこないという事実が指し示していることの意味を、我々は軽視することはできないであろう。

以下、内篇と外・雑篇とに分けて、そこで使われている「自然」の意味を見て行くことにする。

恵子が荘子に尋ねた、「（聖）人は生まれつき情（欲）を持たない（存在なのかい）」。荘子が（答えて）言う、「その通り」。恵子が（また）尋ねた、「人間なのに情（欲）が無いと言う、どうしてそんなやつを人間と呼べるんだい」。荘子が言う、「道が（人としての）容貌を与え、天が（人としての）肉体を与えた。どうして人と呼ばずにいられるだろうか」。恵子が言った、「人間と呼ぶ以上は、どうして（必要条件である筈の）情（欲）が無いなんてことがあるんだろうか」。荘子が言った、「それは私の言っている情（欲）ではない。私が言っている情（欲）が無いという意味は、【言人之不以好悪内傷其身、常因自然而不益生也】ということなのさ」。恵子が言った、「【不益生】ならば、一体どうして自分を全うできると言うんだ」。荘子が言った、「道が（人としての）容貌を与え、天が（人としての）肉体を与えた。【無以好悪内傷其身。】今、君は君の神《こころ》を外で働かせ、君の精力を疲れさせ、（その結果）樹にもたれて呻吟し、机にもたれて目を閉じている。天が君に肉体を用意してくれたのに、君は堅白（同異の詭弁）を労して叫んでいる」。

（『荘子』徳充符篇）

恵子の「（聖）人は生まれつき情（欲）を持たない（存在なのかい）」という挑発的な問いかけに対し、ひとまず「その通り」と肯定し、「無情」の存在として人間を説明して行こうとする荘子は、自説の「無情」を「人の好悪を以て内は其の身を傷なわず、常に自然に因りて、生を益さざる」ことであると規定して見せる。「無情」と言っても「情」（欲）が無いのではない、それに動かされ、自らを傷つけ、苦しめることをしないのであると主張する荘子が、因循するべき根拠とする「自然」とは何であろうか。荘子の答えに対し、恵子が「不益生」だけを取り上げている点、また、さらなる荘子の答えの中に「自然」の語が見えないことからして、ここでの「自然」も、さほど重要な意味が込められているとは思えない。

ところで、「益生」とは『老子』第五十五章に見える言葉であり、そこでは「生を益すを祥と曰う」と規定されているが、「益生」が肯定されているのか否定されているのかという基本的なことでさえも、実は『老子』だけでは必ずしも明らかではなく、通例、『荘子』のこの資料を前提に、『老子』でも「益生」は否定的に捉えられているとの解釈が施されてきた。その真偽のほどはともかく、後の時代、道教において、この語が薬を使うなどして寿命を延ばすことの意味に用いられていることからすれば、何らかの外的手段を用いて生命を長らえさせることをその内容としているのは確かのようである。(10)

さて、「益生」がこのように理解できるとすれば、「自然に因る」とは、そのような外的手段を用いないこと、すなわち、道や天によって与えられた自分自身に従うことを意味することになる。すなわち、ここでの「自然」もまた、「自分自身」「自分一人でそうする」の意味を持つものでしかない。

もとより、ここでの「自然」は文脈からして、道や天から与えられた人間のあるがままの姿、もちまえの意味に理解することも可能ではある。しかしながら、そのような荘子的価値を持つ言葉であるとするならば、やはりその扱いがあまりに淡泊であると言わざるを得ない。また、下文に述べるように、「もちまえ」という意味を持つ言葉として、『荘子』では「才」という漢字が用いられているのであって、その点からしても、「自然」が荘子的価値を付与された言葉であるとは見なし難いのである。


天根が殷山の南に旅行をし、蓼水《りょうすい》のほとりにやって来た時、たまたま無名人に出会った。そこで彼にこんな質問をした。「どうか天下の治め方を教えて下さい」。（すると）無名人は言った、「（とっとと）帰れ。お前は（何という）俗物だ。何と不愉快な質問をするのだ。私は今、造物者を友として（遊び）、厭きるとあの『莽眇《もうびょう》の鳥』（重力から解き放たれた鳥）に乗って、世界の果ての外側にまで飛び出して、『無何有《むかう》の郷《さと》』（存在を越えた土地）に旅し、『壙埌《こうろう》の野』（限定を越えた曠野）に佇む所だったのだ。お前は一体どうして天下を治める（などという、くだらない）ことで私の心を惑わせるのだ」。（しかし、天根が）繰り返し繰り返し質問すると、（やむなく）無名人は言った、「お前が心を欲の無い状態にし、気を清らかに保ち、【順物自然而無容私焉、】そうすれば、天下は治まるであろう」。

（『荘子』応帝王篇）

「天根」が「無名人」に天下の治め方を尋ねるというこの説話の中で、二人の名前はそれぞれの分際を象徴的に表している。限定から無限定への問い、あるいは、孔子から老子への問いかけと言ってもいいのかも知れない。初めは「去れ、汝は鄙人なり」と冷たく突き放した無名人も、執拗な天根の問いかけに根負けし、天下を治める極意を伝授する。その言葉の中に「自然」の語が登場するのである。「物の自然に順いて、私を容るること無かれ」という一句、既に見た『老子』第六十四章の「以て万物の自然を輔けて、敢えて為さず」という表現と近い。従って、「物自然」も、「物のあるがままなる姿」などと訳せば高尚には聞こえるが、実際には、「物（民）が自分一人でやること」という意味しか持っていないことも、『老子』の場合と同様である。

　このように、『荘子』内篇の「自然」もまた、「自分自身」「自分一人でそうする」以上の意味を持つものではない。

（二）外篇・雑篇の「自然」

（黄）帝が言った、「君は（私の演奏を聴いて）確かにそうなったのだろうね。私はこの（咸池の楽）曲を演奏するのに（まず）人を使い、それを清めるのに天を使った。（すなわち）礼義に従って行ない、太清（天道）を規範としたのである。【夫

至楽者、先応之以人事、順之以天理。行之以五徳、応之以自然。然後調理四時、太和万物。】……」。(『荘子』天運篇)

黄帝の奏でる「咸池の楽」を聴いて、畏れ、怠り、我れを失った北門成が、その不思議を問い質したのに対し、黄帝が答える至楽の妙理、その言葉の中に外篇最初の「自然」が使われている。この説明では、人と天が交互に説かれ、両者の調和は人間が天から生まれた存在であるという観念によって保証されている。「五徳」に対する「自然」、下文からすれば、四季の巡りを恒常的に成り立たせる天の道徳性に当たるものが「自然」ということになるのであろうか。「天理」と並列に扱われていることからしても、ここでの「自然」は明らかにこれまでのものとは異質である。

さらに、黄帝の言葉の後半部分にも、「吾れ又た之を奏するに無怠の声を以てし、之を調《ととの》えるに自然の命を以てす」とあって、再び「自然」の語が登場するが、ここでも人と天とが交互に説かれていて、いずれにしろ、他の資料に較べて天運篇の「自然」は、天との結びつきが強い、荘子的価値の付与された熟語とされていることに注意しなければならない。

実は、『荘子』全篇を通じて、このような「自然」は天運篇以外には見出されない性格のものであり、従ってその後出性が疑われるが、宋の蘇轍は前者の資料に対し、「夫至楽者」から「太和万物」に至るまでの三十五字を注の文章の竄入したものと見なし、さらに馬叙倫は、それが郭象注の「自然律呂以満天地之間」の上にあったものだと推定している。しかしながら、王叔岷氏は、その三十五字が成玄英の疏の文であったことを詳しく論証していて、あらゆる観点から見てその説が正しいと考えられる。(11) 後者の「自然之命」に関しては、馬叙倫は「命」を「令」の借字とし、「令とは節奏を謂う」としているが、「自然之令」という言葉は他書にその使用例が無い。また、「自然之命」も六朝期以降にしか用例の無い言葉なのである。

今、天運篇全体についての時代考証をする暇は無いが、いずれにしろこの二つの「自然」を含む資料を、そのまま先秦の文章と考えるには些か無理があるように思われる。

『荘子』の構成に従えば、次に「自然」が表れるのは、太古の理想社会を叙述した繕性篇の資料である。

古《いにしえ》の人々は、全てが未分化の世界にあって、世の中全体と心安らかな調和を得ていた。このような時代では、陰陽は調和して静まり、鬼神も災いすることはなく、四季は正しく巡り、全てのものが傷つかず、全ての生き物が天寿を全うしていた。人間は知を持ってはいたが、それを働かせる場所すら無い、こういう状態を「至一」（最高の一体感を得た世界）というのである。【当是時也、莫之為而常自然。】（『荘子』繕性篇）

この文章の中で、為政者と被支配者との関係は、「是の時に当たりて、之を為す莫くして常に自然」と表現されている。前文に「人間は知を持ってはいたが、それを働かせる場所すら無い」と言われているように、両者の関係が円滑である理由は、ひたすら、人々が「知」を用いないことに求められている。すなわち、人々は為政者の作為を認識し得ないのであり、結果的に、作為的な統治行為を行なわなくても、世の中は被支配者自身の力で治まるというのである。ここでの「自然」は、『老子』第六十四章等と同じく、「自分一人でそうする」という意味である。

さて、今本『荘子』の構成に従えば、次に位置するのは秋水篇の「自然」であるが、ここでもまた、立論の都合上、その資料の検討は他の二つの「自然」の後に行なうこととしたい。

孔子が言った、「先生の徳は天地に並ぶほどでありながら、なお『至言』（最高の言葉）を借りて心を脩めておられます。（だとすれば）古の（理想社会に生きた）君子も、一体だれが（この言語のしがらみを）抜け出せたでしょうか」。老聃が（答えて）言った、「そうではない。そもそも水と轟々という流れる音との関係は、【無為而才自然矣。】至人と徳との関係も、脩めなくともそれは離れることができないのだ。天がひとりでに高く、地がひとりでに厚く、太陽や月がひとりでに明るいようなもの、一体どうして脩めるなどということがあろうか」。（『荘子』田子方篇）

たとえ「至言」と言っても、言葉を用いることに変わりはない。言語が真実を伝え得ないということを、言語によって解き明かさなければならないという『荘子』の思想が抱える矛盾を、作者は孔子の言葉に託して老聃に浴びせかける。それに対する老子の答えとして、水が轟々と音を立てて流れるという比喩が用いられ、そこに「無為にして才は自然なり」という説明が加えられているのである。「無為」と「自然」が近接していることから、ややもすればここでの「自然」を「無為」と同じレベルの思想的タームとして取り扱う傾向があるが、この「自然」はあくまでも「才」（もちまえ）のあり方を説明している言葉にすぎない。流れる水は、意図して音を立てようとしているのではなく、もちまえのままにそうなっているだけだというのがその主旨である。従って、ここでの「自然」は、「ひとりでに」の意味で用いられている。

無生物の水は意志を持たない。従って古来の漢文の訓読に従えば、「おのずからしかる」という読みになる。たとえ比喩であるにしろ自然物に「自然」の語を用いたという点は、その後の「自然」の意味の展開に、なにがしかの貢献を果たしたとは言えるかも知れない。

孔子は顔を赤らめながら言った、「何を真と呼ぶのか、どうか教えて下さい」。客人（の漁夫）は言った、「真とは、『精誠の至』（すなわち、純粋さの極限）である。精誠でなければ人を動かすことはできない。それ故、無理に声を上げて泣く者は悲しくは見えても、哀しさを誘うものではない。無理に怒る者は、厳しく見えても威厳はなく、無理に仲良くしようとする者は、笑いはあっても和むことはない。真に悲しむ者は、声を上げずに哀しさを誘い、真に怒る者は、怒りを顕わにする前に威厳があり、真に親しむ者は、笑わなくても和むのである。真が内に有る者は、神が外に動き出す。これこそが真を貴ぶ理由である。……礼とは、世間の慣習が産み出したもの、(一方)【真者、所以受於天也、自然不可易也。】そこで聖人は天を規範として真を貴び、世間の慣習には囚われないのである。愚かな人間はこれとは反対に、天を規範とすることはできずに人の目を気にし、真を貴ぶことを知らずに自主性がなく世間の慣習に変えられてしまうのである。だから充分ではないのだ。残念だねえ、君が早くから世間の作為に泥《なず》んでしまい、晩年になって大道を聞くことになったのは」。

(『荘子』漁夫篇)

ここでは、孔子の「真」とは何かという質問に対する漁夫の答えの中に、「自然」の語が使われている。人を感動させる「精誠の至」とされる「真」、漁夫によれば、「天に受くる所以にして、自然にして易《か》う可からざる」ものであると言われる。天から受け取る変えることのできないものとは、「筋骨形体」を指すのが一般のようであり、(12)先に見た徳充符篇においても、天から与えられるものは「形」とされていた。ただ、ここでは人間の内面に宿る真心《まごころ》のようなものとされていて、その点で内篇の思想と齟齬を感じるが、ともかくもそれが「自然」とされているのである。従って、徳充符篇の場合と同じく、この「自然」も「自分自身」の意味を持つと考えられるが、徳充符篇に比べると遥かに規範としての天との関係が強調されていて、その点からすれば「本性」「もちまえ」といった意味に近づいていることは確かであろう。

さて、これまで『荘子』の「自然」を検討して来たが、それらとは若干異質でありながら、価値という観点から興味深いものを含む秋水篇の「自然」を本稿の最後に眺めておきたい。

(それぞれの人間の)趣向という点から観て行くならば、その(自分が)正しいとする立場から正しいとするならば、全て正しくないものはなく、その（相手が）誤りだという立場から誤りとするならば、全て誤りでないものはないことになる。【知堯桀之自然而相非、則趣操覩矣。】

（『荘子』秋水篇）

河伯の問いに答えて、日常における差別の諸相が生まれる原因を解き明かす北海若の言葉の中に、「自然」という語が使われている。「堯・桀の自《み》ずから然りとして相い非《そし》るを知れば、則ち趣操覩《み》ゆ」と言われる通り、ここでは聖天子の堯も暴君の桀も共に「自然」の立場を取るとされているのである。もとより、この「自然」は、「自分が正しいとする」の意味で用いられていて、他の「自然」とは「然」の意味が幾分異なってはいるものの、『老子』第十七章の「我れ自ずから然る」に比べた場合、その差異はごく僅かであろう。この、聖天子の堯にも暴君の桀にも使われているという用例に顕著なように、「自然」とは、そもそもが『荘子』的価値を含む言葉ではないのである。

以上、『荘子』の「自然」を、荘周自身の著作と考えられている内篇と、後学の手になると思われる外・雑篇とに分けて検討してみた。内篇の「自然」が『老子』とほぼ同様の意味で用いられているのに対し、外・雑篇の「自然」には天との関わりで説かれるものがあり、さらには、「ひとりでにそうなる」の意味で用いられているものがあった。漢文の訓読に従えば、「おのずからしかる」の意味が加わったということにでもなろうか。また、「本性」「もちまえ」といった意味に接近している「自然」の用例があったことも見逃すべきではない。

とは言え、『老子』『荘子』のいずれの文献にも、「無為」と全く同義の「自然」や、価値を付与された「ありのままなる姿」としての「自然」が無いことだけは確かのようである。

【注】

(1) 柳父章氏『翻訳の思想』(ちくま学芸文庫、一九九五年)、伊東俊太郎氏『一語の辞典　自然』(三省堂、一九九九年)参照。本稿は、翻訳語の問題を取り扱う作法に関して、とりわけ前者から多くの示唆を得た。ただし、両書とも、中国の「自然」を考えるに当たっては、従来の概説的研究に準拠していて、結果的に多くの誤謬をおかしている。

(2) 「本性」という意味に関しては、*The Oxford English Dictionary*(second edition X. Moul-Ovum), Clarendon Press, Oxford 1989, pp.247-249 に"The essential qualities or properties of a thing"とある。また、「造物主」の意味に関係する項目としては、III.9.a. III.10.a. IV.11.a. 及び b. を参照のこと。ただし、「造物主」という意味は、ラテン語の nātūra の場合により明確であり、*Oxford Latin Dictionary*, ed. by P. G. W. GLARE, Oxford at the Clarendon Press, Reprinted 2000, p.1159 の 4.b の項目には、"as the creator of the world and all it contains"とある。

(3) テクストには宇佐美灊水考訂の『王注老子道徳経』(明和本)を使用し、馬王堆本《甲・乙》によって文字を改めた所がある。翻訳は可能な限り逐語訳とし、筆者が解釈の上で補った言葉は( )で、立論の都合上、原文のまま引用した部分は【 】で括って示した。なお、改訂、解釈に当たって参考にした書物、改訂の根拠等に関しては、拙稿「『老子』の尚賢思想――「道」と「天」の考察を通して」(『東方学』七一輯、一九八六年)参照。

(4) 最後の二句、郭店竹簡『老子』《丙》では「成事遂功、而百姓曰我自然也」となっている。郭店竹簡『老子』《甲・乙》の用例から明らかなように、「謂(胃)」と「曰」とは、意味によって書き分けられているのであり、従って、後に述べる②の説の方が有力な根拠を得たことになろう。

(5) 福永光司氏『老子』上(中国古典選一〇、朝日文庫、一九七八年)に見える説。

(6) 注(3)前掲拙稿参照。

(7) 『老子』で聖人の教化の対象される存在は「民・衆人・百姓・万物」と様々に呼ばれてはいるが、思想構造から考えて、それらはほぼ同義と考えて問題はない。逆に、一文に囚われて「万物」を文字通りに受け取ると「自然」の誤った理解が産まれることになる。

(8) 福永、注(5)前掲書に見える説。

(9) 『荘子』のテクストは『続古逸叢書本』を使用した。また、翻訳の原則は『老子』の場合に準じている。

（10）例えば、『雲笈七籤』巻九十四「仙籍語論要記　簡事」には、「猶人食有酒肉、衣有羅綺、身有名位、財有金玉、此並情欲之餘好、非益生之良薬」とある。

（11）王叔岷氏『荘子校詮』上冊に諸説を紹介した上で、「趙諫議本、道蔵成疏本、王元沢新伝本、林希逸口義本、皆無此三十五字。乃疏文竄入正文者、道蔵本成疏尚存其旧、非郭注誤入正文也」とある。

（12）『淮南子』には、「世俗廃衰而非学者多。人性各有所脩短。若魚之躍、若鵲之駮。此自然者、不可損益。吾以為不然。夫魚者躍、鵲者駮也、猶人馬之為人馬。筋骨形体、所受於天、不可変。以此論之、則不類矣」（『淮南子』脩務訓）とあり、天から受けた変えることのできないものが、「筋骨形体」とされている。もっとも、ここでは「人性」を「自然」とする立場の説も紹介されていて、「自然」の語が思想的課題を背負わされつつある状況にあったことが窺われる。

帛書『刑徳』小考

末永　高康

『漢書』芸文志において兵陰陽家の技法として「刑徳を推す」と語られる刑徳の術。この術を記す現存最古の文献が馬王堆漢墓から出土した『刑徳』甲乙両篇である。(1)そこには刑徳の術に関するさまざまな記述が見えているが、ここで問題にしたいのは刑徳の年ごとの動きを示す表と、それに関する文章の部分である。いま、甲篇の表（図1）を示す。(2)

この表は「卝」型の図形を干支の順に六十並べて、各年の太陰（黒丸）と徳（白丸）の位置を示したものである。「卝」型の図形によって示される方角は図2に示した通り。「今皇帝十一」と書かれた乙巳の年を例に取れば、太陰（黒丸）は巳の方角にあり、徳（白丸）は酉（五行では金）の方角にある。ちなみに、この太陰の位置と年ごとの移動は表の欄外に、

今皇帝十一年、太陰在巳。左行、歳居一辰。(3)
（今上皇帝の十一年、太陰は巳にある。左行して（図では時計回り）、一年ごとに一辰進む）

とあるのに一致する。太陰が黒丸で徳が白丸で記されるのは、同じく欄外にある、

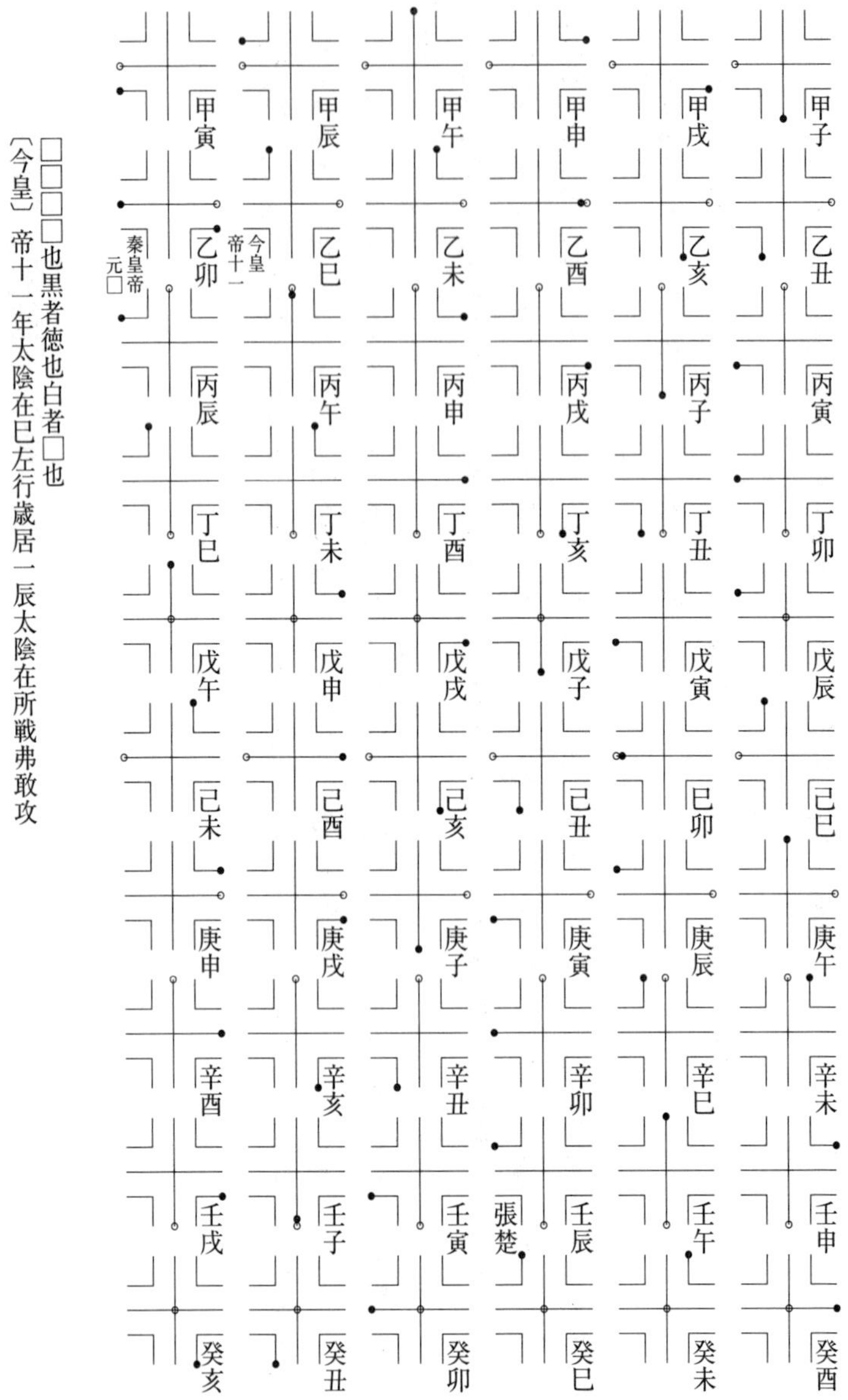
甲子 乙丑 丙寅 丁卯 戊辰 己巳 庚午 辛未 壬申 癸酉
甲戌 乙亥 丙子 丁丑 戊寅 己卯 庚辰 辛巳 壬午 癸未
甲申 乙酉 丙戌 丁亥 戊子 己丑 庚寅 辛卯 壬辰 癸巳
張楚
甲午 乙未 丙申 丁酉 戊戌 己亥 庚子 辛丑 壬寅 癸卯
甲辰 乙巳 丙午 丁未 戊申 己酉 庚戌 辛亥 壬子 癸丑
今皇帝十一
甲寅 乙卯 丙辰 丁巳 戊午 己未 庚申 辛酉 壬戌 癸亥
秦皇帝元□
□□□□也黒者徳也白者□也
〔今皇〕帝十一年太陰在巳左行歳居一辰太陰在所戦弗敢攻

図1　『刑徳』甲篇の表

□□□□也。黒者徳也。白者□也。
（□□□□である。黒が徳である。白が□である）

とは食い違うがその理由はわからない。ともかくもこの表では徳が白丸で記され、刑の位置は記されていない。これは対応する乙篇の表も同じである。なお乙篇の表には欄外の書き込みがなく、また乙巳の「今皇帝十一」のかわりに、丁未に「孝恵元」と記されている。

さて、その刑徳の移動である。甲篇は次のように説明する。

刑徳之大游也、十年并居木、十一年并居金、十二年并居火、十三年并居85[4]水、十四年徳与刑離、徳徙土、刑居木、離十六歳而復并居木。刑徳従火86徙水、徳従水徙土、刑従水徙木。87
（刑徳の大遊〔年ごとの移動〕は、十年には〔刑徳が〕ともに木に居り、十一年にはともに金に居り、十二年にはともに火に居り、十三年にはともに水に居り、十四年には徳と刑は離れて、徳は土に移り、刑は木に居り、十六年間離れて後、またともに木に居る。刑徳は火より水に移り、徳は水から土に移り、刑は水から木に移る）

表の乙巳が（今皇帝）十一年であるのを基準として、十年、十一年、十二年、十三年と追っていけば、上の文章と同じように徳（白丸）が木（卯）→金（酉）→火（午）→水（子）と移動しているのがわかる

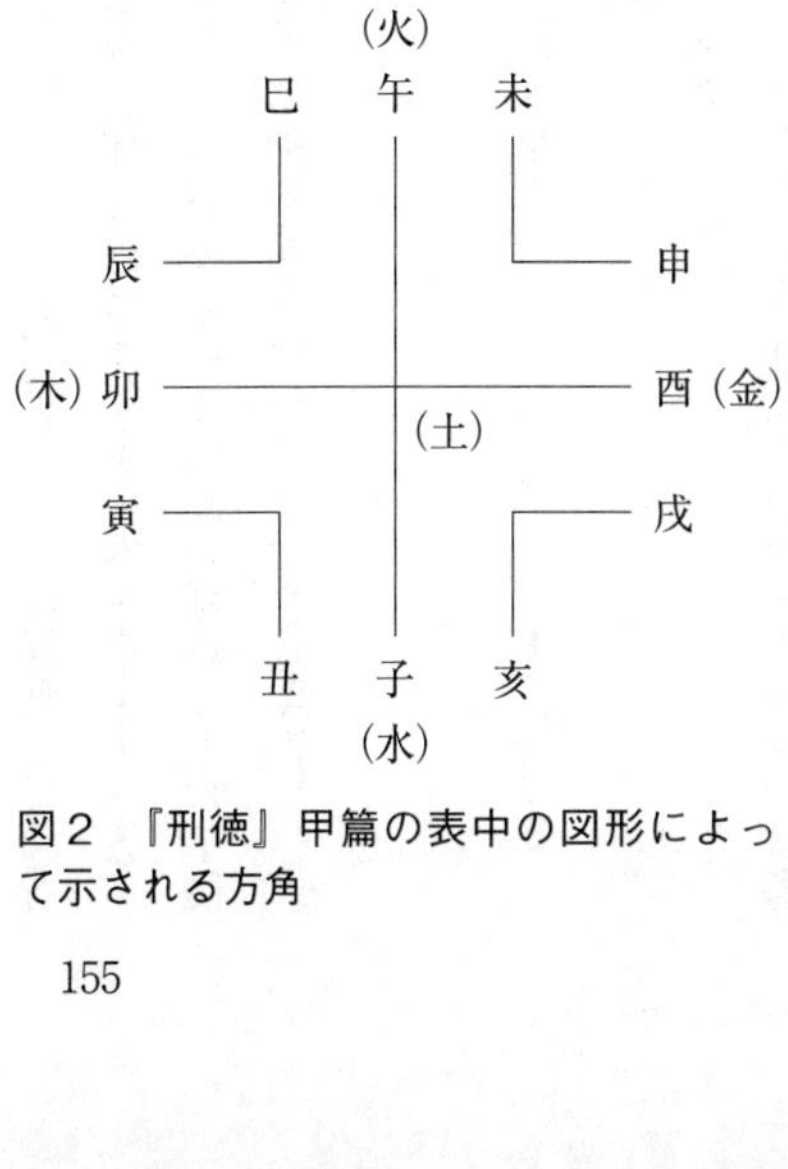

図２　『刑徳』甲篇の表中の図形によって示される方角

であろう。ここまでは刑も一緒に移動する。それが十四年になると徳は土（中央）に、刑は木（卯）に移動して両者は離れる。「徳は水より土に徙《うつ》り、刑は水より木に徙る」からである。以後、同様に徳は木→金→火→水→土（→木）の五年周期、刑は土をとばした四年周期でめぐれば、四と五の最小公倍数の二十年、すなわち刑徳が離れて十六年後（甲子の年）にふたたび木（卯）で両者は出会うというわけである。この刑徳の移動の原理は乙篇ではより簡潔に、

刑徳之行也、歳徙所不勝而刑不入宮中、居四隅。3
（刑徳の移動では、年ごとに〔五行の〕勝たない行に移るが、刑は中宮〔土〕には入らず、四方〔木、金、火、水〕に居る）

と記される。五行を相勝とは逆の順序に動き、刑は土（中央）をとばすのである。

ここで具体的な年代を入れておけば、表の「今皇帝」とは漢の高祖のことである。これは乙篇の対応する表では高祖十三年に相当する丁未の年に「孝恵元」と記されていることからわかる。（高祖）十三年、十四年といった実在しない年号が記されているのは甲篇が高祖の生前に記されたからである。よって乙巳の「今皇帝十一（年）」は紀元前一九六年。ちなみに『漢書』王莽伝（始建国四年壬申）の「今年刑在東方（今年の刑は東方にある）」をはじめ歴代の文献にはしばしば刑徳の位置についての記載が見えるが、これらはすべてこの甲篇における刑徳の移動の延長線上にあることが知られている。(5) 甲篇に示されたのと同じ形の刑徳の移動が以後ずっと受け継がれていくのである。

さて、問題はここからである。甲篇の文章の末尾は唐突に、

刑徳十五年合木、十六年合金。140

（刑徳は十五年に木で合し、十六年に金で合する）

と記されて終わっている。この十五年、十六年が高祖もしくは秦始皇のそれであるとすると、これは上に示した刑徳の移動と食い違う。これをどのように解釈するのかが問題の一つ。さらに問題なのは乙篇の次の記述である。

徳始生甲、太陰始生子、刑始生水、水、子。故曰、刑徳始于甲子。1……・刑徳初行、六歳而幷於木、四歳而離、離十六歳而復5幷木。6

（徳は始めに甲に生じ、太陰は始めに子に生じ、刑は始めに水に生じ、（五行の）水は（十二支の）子にあたる。だから、刑徳は甲子の年に始まるのだ。……・刑徳は最初に移動してから六年目に木にならび、四年すると離れ、十六年間離れてまた木にならぶ）

この前半部を素直に読むならば、甲子の年の徳は甲（木）、刑は子（水）ということになろうが、これは甲篇で復元した刑徳の動き（＝甲子の年の刑徳はともに木）に一致しない。そこで従来の解釈では、子の刑が卯である（『五行大義』論刑等に記される）のを利用して、「刑始生水、水、子」が子の年の刑が卯（木）であることを示すとして、この不一致を切り抜けるのであるが、そうすると今度は後半部の記述が不可解となる。甲子の年に木で一致していた刑徳はそののち四年間はともに動き五年目以後は離れるはずだから、「六歳而幷於木（六年目に木にならぶ）」がどうにも理解できない。そこで従来の解釈では、この「六歳」を「二十歳」に改める（Marc Kalinowski）[6]か、これを衍字と見なして（胡文輝）[7]この困難を切り抜ける。ともあれ、このように解するならば、この一文は『淮南子』天文篇で刑徳の移動を示した次の文章とほぼ一致することになるし、

太陰在甲子、刑徳合東方宮、常徙所不勝、合四歳而離、離十六歳而復合。所以離者、刑不得入中宮、而徙於木。

（太陰が甲子にある時、刑徳は東方の宮〔木〕で合する。〔刑徳は〕常に〔五行の〕勝たない行に移り、四年間合した後に離れ、十六年間離れてまた合する。どうして離れるかと言えば、刑は中宮〔土〕に入ることができず、〔水から〕木に移るからである）

また甲篇、および後世の刑徳の移動とも整合するのである。

しかし、これら従来の解釈はやや強引に過ぎるのではないだろうか。われわれは上の甲篇末尾の問題の解決も含めて別の道を探らなければならないように思える。そして、この思いを強くするのは、胡氏がすでに指摘しているが、(8)馬王堆帛書『陰陽五行』乙篇(9)にもこの『刑徳』乙篇と同じ文章があって、そこにもまた「六歳而幷於木」と記されているからである。実際、この問題を解く鍵は『陰陽五行』乙篇にあるのである。

『陰陽五行』乙篇に話を進める前に、『刑徳』の甲乙両篇の関係について簡単に触れておこう。両篇はともに二つの図表、二つの文章の部分より成る。図表と文章の配置は両篇で異なるものの、図表も文章もほぼ同じ内容であると見なし得る。(10)乙篇が甲篇もしくは甲篇と同型のテキストより書き写されたものであることは、次の乙篇の誤写の仕方からわかる。

・甲篇

房左驂汝上也其左服鄭地也房右服梁地也右驂衛婺女斉南地也 55

虚斉北地也危斉西地也営室魯東壁衛婁燕胃魏氏東陽也参前魏 56

・乙篇

房左驂汝上也危斉西地也営営魯東壁衛婁燕也胃94

房左驂汝上也其左服鄭地也房右服梁地也右驂衛也婺女斉南地也虚斉北地……95

いわゆる分野説を記した部分であるが、乙篇は「房左驂汝上也」まで書き写したところで誤って隣の行の「危斉西地也」に移ってしまったのである。しばらくして書き誤りに気づいたようで次の行にもういちど最初から書き直している。(11)

このように乙篇が甲篇またはそれと同型のテキストを写したものであることが知られるのであるが、刑徳の術に関する文章の部分には若干の出入りが見られる。上に引いた刑徳の移動を示す文章の部分が甲篇と乙篇では異なるのなどその一例である。そして乙篇に見えていて甲篇に見えない文章の大半が、実は『陰陽五行』乙篇に見えているのである。そして、おそらくは『刑徳』乙篇が『陰陽五行』乙篇もしくはそれと同型のテキストを写したのである。次の部分に注目したい。

・『陰陽五行』乙篇

徙、甲、午刑従因甲子十二日徳居甲午六日刑17(12)

徳、皆、并、復、徙庚午戦欲背之右之勿迎勿左18

太、陰、□□迎者大将死陰四合、勝刑徳19

背、刑、徳戦取勝受邑左徳右刑勝取地20

・『刑徳』乙篇

中宮徑徙甲子徳居中六日徙甲午刑従因甲子十二日徳居甲午六12
日刑徳皆并復徙庚午戦欲背之右之勿迎勿左13

……

●背刑徳戦勝抜国・背徳右刑戦勝取地・左徳右刑戦勝取地・左23

……

●太陰□□迎者大将死陰四合勝刑徳29

『陰陽五行』乙篇は日ごとに動く刑徳の動きについて記し終えた後、戦争では刑徳を背または右にする形で行うべきで前または左にする形で行ってはならぬという原則を示し（傍線部）、太陰の向背に関する一行をはさんで、「刑徳を背にして戦はば勝ち云々」と刑徳の向背の具体的なケースを述べる。この刑徳の向背の具体的なケースにおける刑徳は年ごとに移動する刑徳に関するものと推定されているから、[13]傍線部の文章は日ごとに動く刑徳について述べた前の文章に続くというよりは、後ろの文章に続く部分と考えられる。にもかかわらず『刑徳』乙篇はその部分を前の文章に続けてそのまま書き写し、改行してしばらく別の事柄を記したのちに、刑徳の向背の具体的なケースについて記すのである。ちなみにこの刑徳の向背について記した部分では『刑徳』乙篇は『陰陽五行』乙篇の文章を取らずに『刑徳』甲篇の文章の方を取っている。他は『刑徳』甲篇には見えない文章である。先の『刑徳』甲乙両篇の場合ほどはっきりとは断言できないが、『陰陽五行』乙篇のように改行されたテキストを『刑徳』乙篇が写したと見て大過ないであろう。

次に示すのも『刑徳』甲篇には見えず、乙篇が『陰陽五行』乙篇（か同型のテキスト）から写したと考えられる部分である。

●徳在土、名曰不明。四時以閉、君令不行。以此挙事、必破毀亡、……39、40

●徳在木、名曰招揺。以此挙事、衆心大労、……41、42

●徳在金、名曰清明。求将繕兵、先者□、後者亡、……43、44

●徳在火、名曰不足。以此挙事、必見敗辱。利以侵辺取地、勿深、深45之有殃。46

●徳在水、名曰陰鉄。以此挙事、其行不疾、……47、48

徳の五行の各位置における名称とその場合の禁忌などを記した部分である。現在のところ『陰陽五行』乙篇全体の写真・釈文はまだ公開されていないから、五行の「火」と「水」の部分だけしかその全文は確認できないのだが、他の行の部分も存在しているはずである。いまその「火」の部分が記された帛片の釈文を図3に示す。右下の一行二字で書かれた「此之／謂不／足以」以下が『刑徳』乙篇の「火」の部分の文章と対応する。そしてよく見ると左上の右に寝た字の左端に「此／清／求」の三字が見えるのがわかるであろう。「金」の「此之謂／清明／求将」の各行の頭の字である。最初の行だけ三字の計算となるが、これは「水」の部分も同じなので問題はない[14]。これだけあれば『陰陽五行』乙篇のこの部分の構成は再現できる。中央に「土」に関する文章を記し、中央に文字の頭が向かう形で、上には「水」、右には「木」、下には「火」、左には「金」

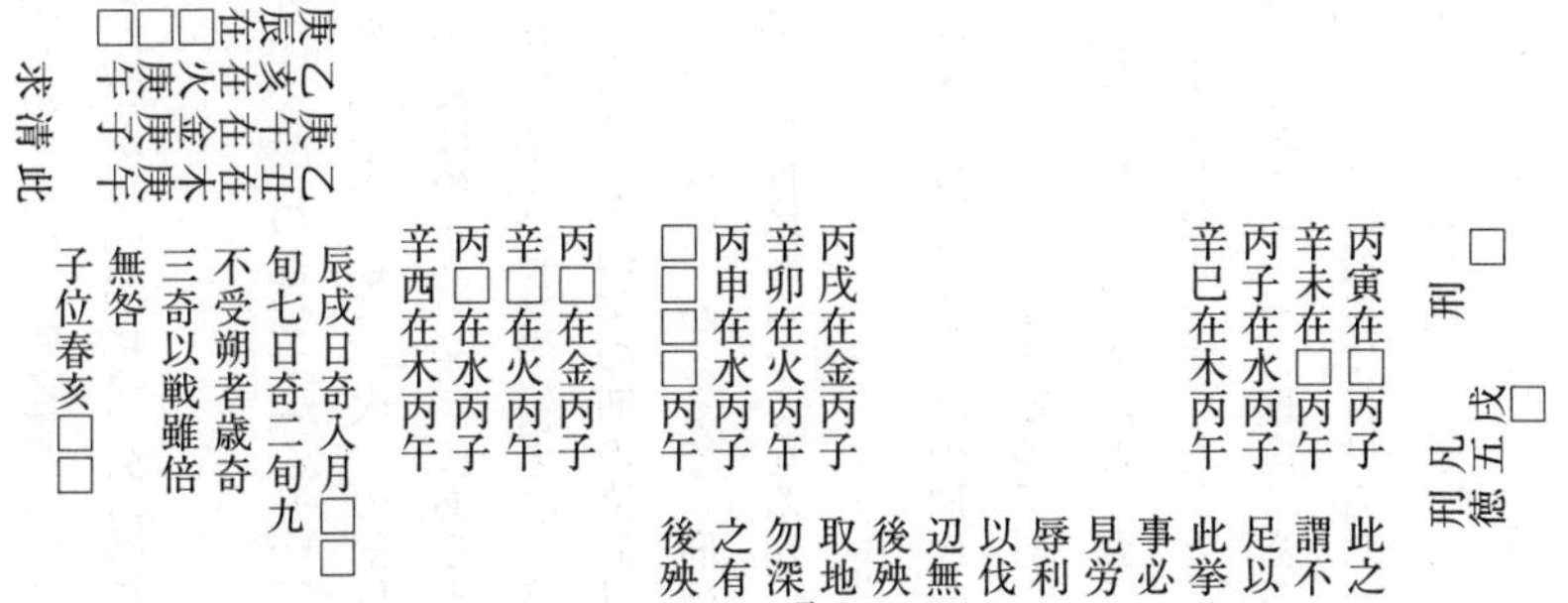

図3 「火」の部分が示された帛片の釈文

に関する文章を記しているのである。『陰陽五行』の場合はこの構成から五行がわかるから単に「此之謂〇〇（これを〇〇と呼ぶ）」と記すのに対して、『刑徳』乙篇は文章だけでそれを示さなければならないから「徳在△、名曰〇〇（徳が△にあるのを〇〇と呼ぶ）」と書き改めているのである。

さて、われわれの関心は図3に記された「火」の部位で「丙寅」「辛未」に始まり、「金」の部位で「乙丑」「庚午」に始まる部分にある。『刑徳』甲篇の表（図1）を参照すればすぐにわかるが、「丙寅」「辛未」等、「火」の部位に書かれた干支は徳が火（午）にある干支、「乙丑」「庚午」等、「金」の部位に書かれた干支は徳が金（酉）にある干支である。それが干支の順に四つづつまとめて記されているのである。とすれば「丙戌在金（丙戌には金にある）」「辛卯在火（辛卯には火にある）」等々と記された五行が何を意味するかは、もはや明らかであろう。その年の刑の位置以外には考えられない。そしてこの刑の位置は『刑徳』甲篇や『淮南子』が記すものとは一致しない。かえって『刑徳』乙篇の先の文章を素直に読んだときの刑の位置に一致するのである。この種の刑の移動は後世伝わらなくなるが、すくなくとも漢初においては刑の移動について二通りの考え方があったのである。

これで先の問題はすべて解決である。乙篇の文章は改めるに及ばない。これは『陰陽五行』乙篇系統の刑徳の動きを記したものなのであり、甲篇の刑が木（卯）から始まるのに対して、乙篇の刑は水（子）から始まるのである。甲篇末尾の文章も、なぜそれがそこに記されているのかはよくわからないが、『陰陽五行』乙篇系統の刑徳の動きによる記述が紛れ込んだと考えればよい。従来の解釈の困難は刑徳の動きに二系統あったことを見逃していたことに生じていたのである。ならば、次に考えるべきは、なぜ刑徳の動きに二系統の考え方が存在したのか、その理由である。が、このことを考える前に少しだけ蛇足を付け加えたい。「丙戌在金丙子」「辛卯在火丙午」等々の最後に付けられた干支についてである。『陰陽五行』乙篇や『刑徳』乙篇には「日至」（おそらくは冬至日）の後の七日以内の「子」もしくは「午」の日に徳はその年の位置に移動するとの記述がある。この徳が動く日の干支がこれである。ただし、甲子年の

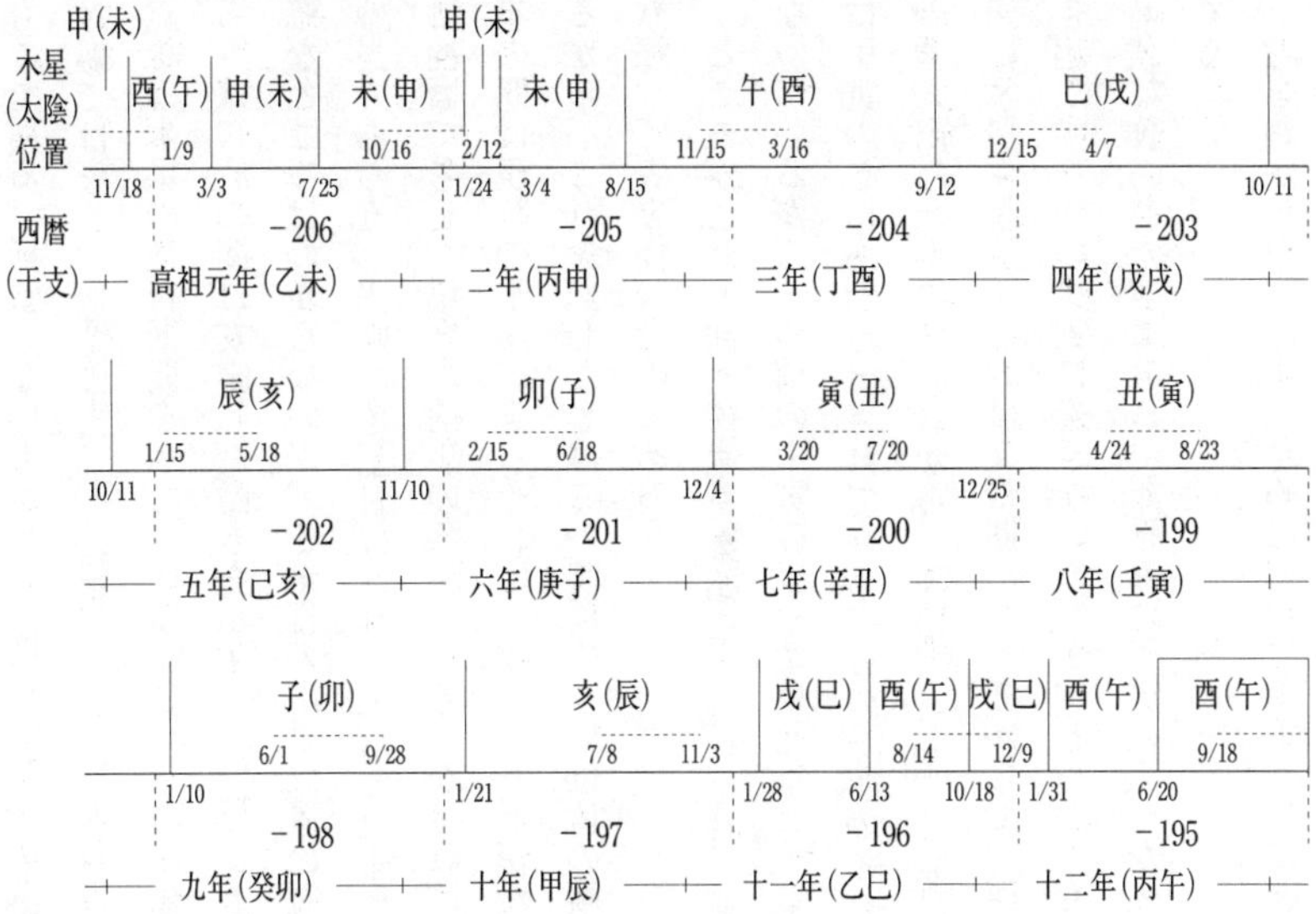

図４　十二辰で示した高祖の時代の木星と太陰の位置

徳の移動日が甲子日でかつ一年を三六六日とした場合である。実際の太陽年は三六五日有奇であるから、現実にはこの干支からずれていくはずであるが、『淮南子』天文篇の「歳遷六日（日至日の干支は年ごとに六日づつ進む）」が一年を三六六日としているのと同じように、端数の部分はまるめて考えているのであろう。

さて、いま甲篇と乙篇の刑の動きを比べてみるならば甲篇の刑の方が乙篇のそれより一年分先に進んでいることがわかる。刑徳の表に記されている太陰になぞらえて言えば、甲篇は乙篇の刑を一つ「超辰」させた形になっているのである。超辰とは木星の公転周期を十二年として計算する歳星（木星）紀年法において、木星の実際の公転周期が十二年よりも若干短いために、ある年月が経過すると木星および木星と鏡像関係にある太陰（歳陰、太歳とも言う）が計算値よりも一辰（次）分先に進んでしまう現象のことであるが、[15] 実は甲乙両篇の刑の動きの違いはこの超辰現象と深く結びついていると考えられるのである。

図４は高祖の時代の木星と太陰の位置を十二辰で記した

ものである。(16) 括弧のない方が木星、括弧のなかが太陰の位置である。木星と太陰の対応関係は顓頊暦《せんぎょく》の（といわれる）対応ではなく、『淮南子』天文篇や『史記』天官書に記された対応で取ってある。日付はユリウス暦のそれであり、点線は木星の逆行期間を示している。この逆行現象のおかげで十二辰での位置が複雑に交錯する年もあるが、三年からしばらくの間は安定した動きを示す。『刑徳』を記した者がその年の地支（十二支）をどのように定めていたのか正確なところはわからないが、冬至日の木星位置に対応する太陰の辰をもってその年の地支を定めていたと考えるのが穏当であろう。当時の冬至日はユリウス暦では十二月二十五日。当時は十月が歳首だから冬至日（十一月に含まれる）は西暦で考えた場合の前年の冬至日で考えなければならないことに注意して図4から読み取れば、高祖の三年から七年の間は現行の干支によるそれに一致することがわかる。『刑徳』の表（図1）に記された干支は現行のそれと一致するから、これを記した者はこの時期の木星位置の観測によって各年の干支を定め、それにもとづいて干支を前後に割り振って表を作ったのであろう。

ところがこれと同じ作業を秦始皇の時代に行うと干支が一つずれるのである。図1では秦始皇元年が乙卯の年になっているが、一つ前の甲寅の年を始皇元年とする表ができあがる。ちなみに秦の暦である顓頊暦によれば始皇元年は甲寅の年にあたるとされている。この一年の差を与えるのが上に記した超辰現象である。超辰という概念は劉歆《りゅうきん》の考え出したものであるから、『刑徳』を記した者はそれを超辰として理解などしていなかったであろうし、実は本当に木星が超辰するのは文帝期に入ってからで、(17) 漢初にすでに超辰したかのように見えるのは、木星の逆行現象が引き起こす一つの錯覚に過ぎないのだが、ともかくも漢代に入って改めて木星位置を観測して表を作り直すならば秦の時代に作られた表よりは一年進んだ干支の入った表が作られることになるのである。ここで刑と徳との動きに差が出てくる。

話をわかりやすくするために、仮に甲子の年に新しい表が作られたとしよう。これは古い表よりは一年分進んでいるから、古い表で考えればこの前年は癸亥の一つ手前の壬戌にあたる。この古い表で壬戌の年の太陰は戌、徳は水（子）、刑は火（午）にあったとする。古い表で考えれば翌年の太陰は亥に移動するわけであるが、新しい表ではこれを一つ進んだ子に移動したと考える。太陰は二年分進ませるのである。これにあわせて刑徳も二年分進ませると新しい表では甲子の徳は木（卯）、刑も木（卯）となって『刑徳』甲篇の刑徳の動きとなる。他方ここで徳だけ二年分進めて刑は従来通り一年分だけ進ませると新しい表では甲子の徳は木（卯）、刑は水（子）となって『刑徳』乙篇の刑徳の動きとなるのである。

ここで徳についてはともに太陰にあわせて二年分進めているのは、太陰の位置がその年の地支を定めるように、徳の位置がその年の天干（十干）を定めていたからであろう。かの徳の動き方では、一年目の甲の年に徳が木（卯）にあるとすれば、奇数年の天干の五行と徳の五行は一致することになる。この関係を利用して徳の位置によってその年の天干を定めるのである。よってもし壬戌の年から太陰だけ二年分進めて「子」に置き、徳は一年分だけ進めてそれによってその年の天干を「癸」と定めると「癸子」といった存在しない干支が生み出されることになる。これは避けなければならないから太陰を二年分進めたら徳もまた二年分進めなければならないのである。ところが刑についてはこのような制限がない。だから太陰にあわせて二年分進めた系統と、そのまま一年分進めた系統に分岐したのであろう。『刑徳』甲乙両篇の表に刑の位置が書き記されていないのは、あるいはこの二つの系統のなかで両篇の筆者（あるいは書写者）が揺れ動いていたことのあらわれであるのかも知れない。そして、その理由はよくわからないが、前者の系統だけが最終的に生き残ったのである。

最後に付言すれば、以上の推測で大過ないとするならば、この『刑徳』の表をもって「前漢初にすでに干支紀年が存在した」[18]とする評価には一定の制限が付けられることになろう。『刑徳』の干支による紀年は完全に歳星紀年法の思考の枠内にある。木星が卯にあり、太陰が子にあり、徳が木にあるからその年の干支が甲子になるのである。後世、干支紀年法が定着するとこの関係が逆転して、その年の干支が甲子だから太陰は子、徳は木、といった考え方となる。しかるに『刑徳』はまだ木星の位置と無関係に干支を機械的に進めて紀年するといった干支紀年法には至っていない。『刑徳』はいまだ自然のリズムから切り離されていないテキストなのである。

【注】

（1）『刑徳』甲乙篇の文字部分の写真は陳松長『馬王堆帛書《刑徳》研究論稿』（台湾古籍出版社、二〇〇一年）、甲篇の部分写真は『馬王堆帛書芸術』（上海書店出版社、一九九六年。以下『芸術』と略記）、乙篇の全体写真は『馬王堆漢墓文物』（湖南出版社、一九九二年）に見ることができる。

（2）陳、注（1）前掲書、五五頁による。

（3）傍点を振った文字は欠文を陳前掲書の釈文その他を参照して論者が補ったもの。以下同じ。

（4）『刑徳』甲乙篇からの引用文におけるアラビア数字は陳、注（1）前掲書、釈文での行番号。なお出土資料からの引用は異体字や仮借字をすべて通行の文字に改めてある。

（5）Marc Kalinowski「馬王堆帛書《刑徳》試探」（『華学』第一期、一九九五年）参照。

（6）Marc Kalinowski 注（5）前掲論文参照。

（7）胡文輝『中国早期方術与文献叢考』（中山大学出版社、二〇〇〇年）の「馬王堆帛書《刑徳》乙篇研究」参照。

（8）胡、注（7）前掲論文、二一五頁、注(38)。

（9）『陰陽五行』乙篇の部分写真は『芸術』に見ることができる。

（10）陳、注（1）前掲書、参の二「帛書《刑徳》甲、乙本之比較」参照。

（11）このことは陳、注（1）前掲書、六〇頁がすでに指摘している。

（12）このアラビア数字は『芸術』一四五頁の写真により論者が付けた行番号。なお同写真の左端の三角形状の帛片は一行分右に押し込んで綴合されなければならない。

(13) 胡、注（7）前掲論文、一九五頁参照。
(14)『芸術』一四八～一四九頁参照。
(15) 歳星紀年法および超辰については能田忠亮・藪内清『漢書律暦志の研究』（東方文化研究所、一九四七年）の四「太初の歳名」参照。
(16) 図4の作成には市販の天体シミュレーションソフト「StellaNavigator Ver.6 for Windows」を利用した。このソフトはBryant Tuckerman, *Planetary, Lunar, and Solar Positions 601 B.C. to A.D.1 at Five-day and Ten-day Intervals*（1962）の数値をほぼ再現するから、本論の目的においては十分な精度を持つ。なお十二辰（次）については冬至の太陽黄経二七〇度の前後一五度づつの範囲を丑（星紀）とし、他の辰（次）を機械的に三〇度づつ割り振った。
(17) 平勢隆郎『中国古代紀年の研究』（汲古書院、一九九六年）の表V「木星・太歳と十二方位」参照。
(18) 李学勤「干支紀年和十二生肖起源新証」『文物天地』一九八四—三。

王充の性命論と科学知識

武田　時昌

一

王充の『論衡』には、冒頭の逢遇篇から怪奇篇までの諸篇において、天から人間に賦与される命や性のあり方を考察しながら、寿命の長短や貴賤貧富がどのように定められ、才智や操行といかに関係するかを詳論している。王充の立場は、天命による決定論である。すなわち、貴賤貧富は天から授かった命によって生まれつき決まっており、才能の有無、操行の善し悪しに左右されるものではないと主張する。

その議論で、王充の論法の特徴が最も現れているのが、命禄篇である。逢遇篇、累害篇および幸偶篇では、「偶遇」や「累害」、すなわち仕官するにあたって主君との出逢いや厚遇、中傷や危害といったものがすべて天命によるものであり、賢愚、善悪によるものではないことを、具体的な事例を列挙しながら証明しようとする。それらの議論を受けた命禄篇では、天から賦与される命には「死生寿夭の命」と「貴賤貧富の命」があり、さらに後者は貴賤となるべき「命」と貧富となるべき「禄」に二分できるとして、天命による決定論を分析的に議論する。

また、「命」とともに「時」の作用に着目する。命禄篇では、貴賤、富貴に才智、操行との相関関係を否定するのに、事に臨んでの知愚や操行の清濁は、性と才である。仕官の貴賤、治産の貧富は、命と時である。

と述べ、それらが「命」とともに「時」に支配されるとする。

「時」の作用は、他篇でも重視する。逢遇篇の冒頭では、

操行に常賢有るも、仕官に常遇無し。賢、不賢は才なり。遇不遇は時なり。

と述べ、仕官するに際して、重用してくれる主君に遭遇できるかどうかは、才能の問題ではなく、時運によるとする。禍虚篇でも、禍害を被るのは悪行のせいであるとする考えを批判して、

およそ人の貧窮、栄達や禍福の最大のものは、大きいものでは命であり、小さいものでは時である。

とし、太公望（呂尚）が周文王に遭遇して王に封ぜられ、甯戚が斉桓公に出逢って官吏に任用されたが、彼らが貧しく困窮していたのは間違ったことをしたからでも、封侯や官吏になれたのは正しいことがあったからでもないとし、

困窮したり、栄達するのは、時である。（主君に）遭遇するのは、命である。

と述べている。

命と時の関係は、その具体例に明らかである。富貴を得るかどうかは、命による。ところが、富貴になるはずの人

物でも、実際にはすぐにそれらを手にするわけではなく、貧窮な暮らしを余儀なくされ、不遇な時期を送ることもある。浮沈があり、変転する人生の吉凶成敗を天命だけで一義的に説明しようとすると行き詰まる。そこで、「時」の作用、すなわち盛衰興亡の時運によって富貴の栄達が訪れるとし、天命説の補強を企てたのである。

なお、命禄篇で「吉凶の命、盛衰の禄あるを知らない」と述べる場合の「禄」は、命禄説の貧富を定める「禄」と同義ではない。命義篇で、人には、命、禄、遭遇、幸偶の四者があるとし、

命とは、貧富貴賤である。禄とは、盛衰興廃である。命が富貴にあたり、盛んになる禄に遭遇すると、常に安らかで危険はない。命が貧賤にあたり、衰える禄にあたれば、禍害に襲われ、常に苦しく安楽ではない。

と定義する。貧富の「禄」が「命」に含まれていることからわかるように、「盛衰の禄」とは、「命」と同じ位相で対比させるために、「時」を言い換えたものである。

天命について、墨家はその存在を否定し、人の生死は偶然によるものであると主張したが（『墨子』非命篇）、封建的社会制度の秩序を重んじる儒家をはじめとして、寿命や富貴は天命によって決まっているとする考え方は一般的なものであった。しかし、善行や才智によって吉福を得たことを褒め称え、不遇に終わったことを嘆くような場合にまで、天命による決定論を及ぼそうとするわけではない。天命の存在は、自明の理である。しかし、人生の有様のすべてをそれに帰してしまえば、学問を修め、道徳を実践することの意義は失われる。実のところ墨子が天命を否定するのも、そのことを厳密に考え、後天的な努力を積極的に認めることに主眼を置いたからである。

ところが、王充の場合は、人生の吉凶禍福を才能や操行の善し悪しと関連させる言説の誤謬を徹底的に批判しようとして、貴命、富禄が天から賦与されていなければ得られないものであることを力説する。しかも、天命に

よる決定論を哲学的な原理として、道徳や学問の奨励に抵触するほどに突き詰めて議論しようとする。その議論の組み立ては、きわめて論理的で、異彩を放っている。命禄篇で、貴賤、貧富を異なる要素とし、命と禄によってあえて区別立てしたのは、天命の支配性を強調し、例証として引用した歴史的な事例をできるだけ矛盾なく説明しようとした工夫の表れであると評することができるだろう。また、「命」とともに「時」を持ち出すのも、盛衰の時運を考慮することで天命の支配性を機能的に説明しようとしたもので、同様の趣旨である。そうした天命決定論は、自然と人間の間に想定する因果関係を全面的に否定するための論理的基盤となっており、『論衡』の中心的論題である災異説、俗信批判が生み出されている。

ところで、これまでの研究において、以上の天命決定論は王充の性命論と関連づけて大いに考察されているが、それを導き出した発想が生み出される思想的背景や知識源については、あまり議論されることはないように思われる。[1]そのことに関して、唐の呂才が著した『陰陽書』には、王充『論衡』の「骨体を見れば、命禄を知る」という記述に言及し、漢代にすでに命禄の書が通行していた証拠とする議論が見られる（『通典』一〇五）。そのように「命禄」というのは、元来人生占いの用語であったと思われ、王充が当時の占術書に大いに興味を持っていたことが示唆される。また、命禄篇では、時に遭遇することを四季の五行循環説（王相囚死休）でたとえ、命義篇には、

国命（国家の命運）は、衆星に繋がっており、列宿に吉凶があると、国に禍福があり、衆星が推移すると、人に盛衰がある。

とあり、天文占の基本とする概念を陳述しており、吉凶禍福を予見する占術の影響が窺える。

王充の性命論と当時の自然学、占術との関係を正面から取り扱ったものは数少ないが、『論衡』に展開された王充

の科学思想を明らかにするには欠かせない要素である。そこで、命義篇における性命論を中心として、そのことをもう少し掘り下げて考察してみたい。

二

命義篇の天文占的な発想を述べた前掲文の後には、『論語』顔淵篇の「死生　命有り、富貴　天に在り」の言についての議論がなされる。王充は、子夏が語ったこの言葉を、孔子が天命の存在を明言したものとして引用するが、(2)「死生　天に在り、富貴　命有り」とは言わないことを、死生（寿命）と富貴の違いとして問題にする。

富貴については、天の星象の富貴が人に宿ったものであるとするのは、天文占の基本概念である。王充の理解は次のようである。天には百官に配された衆星がある。天が人に施す気には、衆星の精気がそれぞれ含まれており、その気を稟けて人は生まれる。だから、天の星象の貴賤貧富に従って、その星の精気を稟得した人は富貴になる。すなわち、天から授かる命は気を媒体として稟受されるとし、その気はもともと星の精気を含むものであるから、星の百官が人に投影されるとすることに不自然はないと考えるのである。

一方、死生については、星に貴賤富貴はあっても、寿命があるとは考えにくい。そこで、星象が天にあるわけではないから死生には「天に在り」とは言わない、という理屈を導き出す。では、寿命の長短は何によると考えたかというと、発生論的な視点を持ち込む。

その議論は、気寿篇に詳しい。まず、前提として天命そのものには長短はなく、すべて均一であるとする。天命の稟受は、厳密に考えると、父母の気が合わさる受胎の時である。そして、本性や身体が次第に形成されるのは、受胎から出産までの妊娠期においてである。したがって、寿命は、その発育過程において決定されることになる。そこで、王充は天から命を稟ける際には、気（元気）が介在し、その気には厚薄があるから、稟得する身体に堅強、軟弱の違いが生まれ、寿命の長短が決まると考え、次のように言う。

いったい稟けた気が厚いとその身体は強く、身体が強いと命は長く、気が薄いと身体は弱く、身体が弱いと命は短い。命が短いと、病気にかかりやすく寿命は短い。生まれたばかりで死んだり、産む前に死傷するのは、気の稟け方の薄弱による。

天命そのものに左右されるのではなく、気の厚薄によって違いが生じるとするのは、寿命だけに止まらない。それは、多種多様な万物が生み出される理由でもある。

命義篇の議論に戻ると、気寿篇と同様の論法で、寿命の長短を気を媒体として稟得する身体的特徴によって説明している。だから、富貴の場合のように天文占的な発想は適用しない。ところが、気の厚薄によって様々に形象化した「体」が、その人の命運の大きな決定要素となると考えるところに、骨相術という意外な方向への接近が見られる。

骨相術に関する言及は、命義篇の最初の議論に、すでに見られる。すなわち、歴陽の町が一晩で湖の底に沈んだり、秦の白起が長平の町で趙兵四〇万人を生き埋めにした事件等を引き、同時に大勢の人が死亡する死ぬことがあることを根拠として天命の存在を否定する墨家支持者の見解を取り上げる。

その反論者は、次のように言う。溺れ死に、圧死するのが定めの人々がそこに集まったのである。もっとも死亡した人のなかには、長生きできるはずの人も含まれていたにちがいないが、時運が衰微する時には、天災人禍に巻き込まれて天寿を全うできないことがある、と。さらに、宋・衛・陳・鄭の四国が同じ日に火災に遭ったという『左伝』昭公一八年の事件を類例に引き、隆盛の禄運を有する人がいたのに、災禍に巻き込まれたのは、国禍が個人の禄運を凌ぐからだとし、「国命は人命に勝り、寿命は禄命に勝る」と国家と個人における命禄の相互関係を一般化する。

天命の存在を支持する王充は、もちろん反論者側に立つ。反論者は、大量死が天命を否定することにならない論拠に、漢の高祖が決起した時、豊沛の郷里に貴くなる人相の人々が多くいた故事を引く。当時、人相術は大いに流行していたが、王充はそれを是認する。

人には長寿、若死の骨相があり、また貧富、貴賤の骨法がある。ともに身体に現れる。だから、寿命の長短はいずれも天から稟けるものであり、骨法の善悪はいずれも身体に現れる。命が夭折にあたれば、すぐれた行いを稟得していても、最終的には長生きすることはできず、禄が貧賤にあたれば、善性を保有していても、最終的にはやり遂げることはできない。

と述べ、異行、善性の資質があっても、天命で定められた寿夭、富貴の命禄は変えられないことを、骨法に依拠して証明しようとする。また、偶会篇での「短寿の相」、語増篇での「高祖の相」、講瑞篇での「聖賢の奇骨」など、他篇でも肯定的に人相術を論じている。しかも、弁論上の都合でその有効性を仮に認めたという程度ではない。別に骨相篇を立てて、人相術の理論的根幹である骨法を取り上げ、その信憑性を大いに主張する。

骨相篇では、骨法とはどのようなものであるかを説明して、

命は知りがたいと言う人がいるが、命はきわめて容易に知ることができる。何によってそれを知るかというと、骨体を用いる。人は命を天から稟けるから、表候が身体に現れる（黄暉の校勘に従い、「見」字を補う）。表候を観察して命を知るのは、升目によって容量を知るようなものである。表候とは、骨法のことを言ったものである。

と述べ、黄帝以下の聖人に貴相があったこと、漢の高祖とその妻子に富貴の相があると占われたエピソードなどを例証に引く。そして、結論としては、

人は、気を天から稟け、形を地に立てたのであるから、地にある形を観察して、天にある命を知るのであれば、その実が得られないことはない。

とし、骨相術が天命を知りうる有効な手段であることを断言する。つまり、天から稟けた気の厚薄は、身体の特徴に具現するから、逆に骨格や風貌から推し量れば、寿命の長短、富貴貴賤の命を知ることができると考えるのである。

骨相術の知識を重んじたことは、それによって様々な虚妄の言説を論駁していることからも確認できる。すなわち、禍虚篇では、匈奴討伐に活躍した漢の将軍李広が侯に取り立ててもらえないことを嘆いて「俺の人相が侯に当たらないのか、あるいはもとより天命なのか」と語ったのに対し、雲気占いを行う術者が李広の過失（投降した敵八百人を殺害したこと）にその原因があると語ったとされること（『史記』李将軍伝）について、術者の見解を間違っていると批判し、

人が侯に封ぜられる場合には、おのずと天命がある。天命の符は、骨体に現れる。

と言う。そして、大将軍の衛青が若かりし時、囚人が侯に封ぜられる貴相があると占って、その通りになった故事（『史記』衛将軍伝）を引いて、実効のある占いができた反例を示している。この議論には、当時の占術に対して単に盲信するのではなく、論理的に是認しようとする王充の立脚点が端的に現れている。

三

人相術を是認するかどうかの問題は、天命や本性の先天的資質と後天的修養の関連性をどのように考えるかに関わってくる。天命そのものを否定する立場を取るならば、人相術の信憑性を当否から考察するだけでよいが、天命を信奉する場合には、それだけではすまない。

人相術を議論の対象とした最初の思想家は、荀子である。非相篇において、「形を相《み》ることは心を論じることに及ばない」とし、外形の長短、大小、美醜は、内面の心と合致しないことを強調する。仁義徳行という「常安の術」を実践し、礼秩序を保守することで、心を正しき方向性に持ってこようとする荀子にとって、先天的な形質は完成度の低いものと見なさないわけにはいかない。しかし、墨子のように天命による決定論を否定するのでなければ、生まれてからの修養と齟齬をきたすとしても、人相術のようなものに対しても天命を知りうる手だてとして部分的に肯定する中途半端な立場にならざるを得ない。

ところが、王充の場合は、徹底した天命支持論者である。もちろんすべての努力を放棄するわけではない。率性篇では、痩せた土地を開墾によって肥えた土地に改善できることになぞらえて、本性を教化して悪から善に導くことができるとし、天然の鉄も鍛錬しなければ名剣にならないことにたとえて、本性の不善を改善することができるとする。しかし、先天的に決められている命を覆すほど、本性の教化を過大評価はしない。

なぜなら「貴賤貧富は命なり、操行の清濁は性なり」（骨相篇）という命題から明らかなように、操行（性）の善し悪しによって富貴の禄命は得られないというのが、王充の基本的な立場であるからである。したがって、率性篇は王充の性命論における傍流の議論であり、むしろ骨相篇の主張のほうに強く傾斜している。

骨相篇において、富貴貧賤の命に骨法があるだけではなく、操行の清濁を法理づけている性にも骨法があるとしていることも興味深い。具体例に范蠡や尉繚が越王、秦王の人相から性格や行動の特色を見抜き、来るべき憂事を予見したことを示し、天命や本性が人間の形体に密接に繫がっていることを証明しようとする。

その思想的背景となっているのは、生物という存在を発生させている自然の捉え方である。その理念は、『論衡』全篇を貫いているが、自然篇の主張がもっともわかりやすい。すなわち、天地が気を合して万物が生じるが、誰かのためにそれを生じているという目的論的な天の有意性を認めようとはしない。夫婦の合気によって、子供が自然にできるように、万物はすべて自然発生的に生じてくるとする。だから、それぞれの存在物の相互関係に、天の有意的行為を介在させることはしない。万物を生じる天地は、無為であり、だから自然である。

万物はすべて自然に発生し、自然に成長する。天は無為で、その営為に直接には関わらない。しかし、天から命を授かるという点では、万物は間接的に天の支配を受ける。それは、気を通してである。気の厚薄によって、形体と性質がおのずと形成される。だから次のように言う。

至徳があって純厚な人は、天気を稟けることが多い、だからよく天に則ることができ、自然無為のままにいられる。稟けた気が少ないと、道徳に遵うことができず、天地に似ていない。だから不肖と言う。不肖とは、似ていないことである。天地に似ず、聖賢と類似しない。だから、有意になってしまう。

何らかの意図をもって、手を出したり、口を出したりすることはない。本性に従って、あるがままに振る舞わせる。それが、無為自然によって天が万物を支配するやり方だ。したがって、万物の存在のあり方に、天の支配による法則性を見いだそうとすると、気の作用に帰着させるしかない。だから、天命の稟受を担う気によって命、性、体の形成を把握し、さらに形体というものにも宿命の表象を認め、骨法まで援用してくるのである。

形体がその個体にとって支配的な要素と見なされることについては、無形篇にその典型的な考え方が示されている。すなわち、延命長寿の仙術のように、人間の寿命が増減できるとする考えに疑問を投げかける。その理由として、人間の身体の大きさが定まっており、その大きさを自在に変化させることはできないからであるとする。身体を粘土や銅から製作する器にたとえて、次のように説明する。

器の形がすでに定まれば、大きさを変化させることはできない、人体がすでに定まれば、寿命を増減することはできない。気を用いて性を造り、性が完成すると命が定まる。体気（身体を構成する気）は形骸と抱き合い、生死は期節（定まった時節）とともに待つ。形が変化できなければ、命は増減できない。

また、万物の寿命がそれぞれ物類によって異なることを説明して、

気や性が均しくなければ、形体も同じではない。牛の寿命は馬の半分で、馬の寿命は人間の半分である。そのようであれば、牛馬の形体は、人間と異なっているのである。牛馬の形を稟ければ、当然牛馬の寿命が得られる。牛馬が人間のような形に変わらなければ、寿命は人より短いままである。

と言う。蝦蟇が鶉になり、雀が蛤が変身したり、蛾や蟬のように幼虫から脱皮するものであれば、別の形に変わるから、当然寿命も変わることは認める。同じ理屈で、形が同じであるなら、寿命は天から賦与されたままであると断ずる。つまり、神仙術が信用のおけないものであるというレベルの議論ではない。気の厚薄によって形成される「形」にかなり拘泥する。だから、形体が変わらなければ寿命は増減できないという結論を導き出し、さらにそれを推し進め

て、骨相術の論理を援用しつつ、天命は形体に表象されるとする論理を主張するのである。

斉世篇でも、後世より上代がすぐれているとする退化史観に反駁して、天から稟受する元気は、古今で異なることはなく、性も、形体も均しいから、美醜は等しく、寿命も変わらないと述べる。しかも、それは、万物の発生すべてにあてはまる原理であるとしている。

以上のような自然の概念で人間の発生や生育を把握する立場は、自然の災害、異変が為政者の過失を天が譴告したものとする、いわゆる災異説を否定する考え方と表裏関係にある。自然篇では、天はあくまで無為であり、災異現象が生じるのは気がひとりでに作用した自然発生的なものであることを力説する。そして、次のように述べている。

天は尊貴、高大なものだから、どうして選り好みして災害、異変を起こし、人を譴告することがあろうか。且つ吉凶の彩色は、顔面に現れる。人がそれを作るのではなく、彩色がひとりでに発生する。天地は人間の身体と同じようなものであり、気が変化するのは、(顔面の)彩色と同じである。人が模様を作ることはできないのであれば、天地がどうして気の変化を生じさせることができようか。そうであれば、気の変化が出現するのは、ほとんど自然発生的なものである。変化がひとりでに出現し、彩色がひとりでに発生する。占候家は、それに依拠して占断を下すのである。

自然現象に対する災異家の解読が誤っているのとは対照的に、占候家には依拠するものがあるとするのだ。治期篇にも、人の吉凶が顔色に現れるとし、それを災異と対比させる同様の議論が見られる。

人が熱病で死ぬ場合には、前もって凶色が顔面に現れる。その病いは邪気に遭ったからである。……水旱の災は、人が邪気に遭って病いにかかるようなものである。

そのように、天文占や人相術が自然発生的な現象を把握しうるものであると肯定的に理解し、それを論理的基盤として災異説批判を繰り広げる。自然学の知識が政治思想に「悪用」されていることを糾弾しようとするのは、『論衡』の中心的な命題なのである。

四

気の厚薄によって多様性が生じ、骨体に現れるとする発生論的な思考による性命論は、天文占や骨相術の考え方を積極的に認める方向性があったが、さらにもう一つ指摘すべき点がある。それは、気寿、命義二篇に展開する三命、三性説の依拠する科学知識に関係する。

気寿篇では、人が天から稟けた命には、二種あると言う。一つの命は、生まれつきの身体的強弱による寿命である。すでに述べたように、気の厚薄によって、身体的な強弱が生じ、それによって長生きできるか、病気がちになって若死にするかが決定される。もう一つの命は、歴陽の町で起こった水没や長平の町での生き埋め事件のように、戦争や自然災害に巻き込まれ、兵死、焼死、圧死、溺死の憂き目に遭遇する事故死である。

当時の儒家の説では、前者は「正命」、後者は「遭命」と称し、さらに「随命」を加えた三命説を唱えた。随命とは、善行に努めれば長生きでき、不善の行いをなせば夭逝するという具合に、自己の操行の善し悪しに随うものである。[3]

命義篇において、王充はその三命説に言及する。まず正命説を定義づけして言う。

正命とは、本来的に稟得したものがおのずから吉を得ているものを言う。性がしかるべき状態で、骨つきが善なる有様である。だから、操行に依拠して福を求めなくても吉がおのずとやって来る。だから、正命と言う。

全き天寿を終えることができるのは、気の稟受が吉を得ているとするだけではなく、本性と骨相も本然のままに良好であることを付加するところに、すでに述べた発生論的な思考の適用がある。

正命という考え方は、孟子が唱えたものである。『孟子』尽心上では、すべて天命でないものはないから、その正命を知っているものは、その道を尽くして死のうとし、崩れそうな崖や土塀の下には近寄らない、と述べる。王充は、刺孟篇において、その言説を遭命を認めない見解であると批判する。そして、いくら操行を慎み修めても、兵死、焼死、圧死、溺死の遭命から逃れることはできないし、また逆に崖が崩れても、事故死になる命がなければ死なないと言い切る。そして、石炭が崩れて、百人もの死者を出した事件で、竇太后の弟である竇広国が生き延び、後に章武侯になったことを例証に挙げる。竇広国の逸話は吉験篇にも論及があり、貴命を有していたから、事故から生還できた人物とする。そのように、正命だけではなく、遭命もどうすることもできない天命であるとするところに、王充が主張する命論の特色がある。

天命を後天的努力によって改変できるとする随命には、疑問を投げかけ、遭命とは相互に矛盾する事例があることを指摘する。すなわち、随命によれば、早死にすべき悪人、長生きすべき善人が、まったく逆の寿命を得ている反例として、盗跖、荘蹻のような大盗賊が無道の限りを尽くしたのに天寿を全うしたことを挙げる。また、顔淵、伯牛のような善行者が若死したことを、善を行ったのに望外に悪い結果を得る遭命とするならば、善行に随って吉福が訪れるとする随命とは、齟齬をきたすことになるとする。そして、「命（の稟受）は初生の時にあり、骨表に具現する」はずなのに、随命説では命は人生の最初でなく、末尾にあることになり、「富貴貴賤はいずれも初稟の時にあり、長大の後に操行に随ってやって来るのではない」と結論づけ、随命説を斥ける。

王充は、さらに儒家説に代わる三命説を、次のように新たに定義し直す。

正命とは、百歳になって死ぬことであり、随命とは五〇歳で死ぬことであり、遭命とは、初めて気を稟けた時に凶悪なことに遭遇することである。

百歳を寿命の正数とする根拠は、気寿篇に明述する。すなわち、堯、舜、文王、武王、周公、邵公（周公の兄）といった人物が百歳前後まで生きた事例を挙げ、「聖人は和気を稟けている。だから寿命は正数を得る」とする。随命を五十歳とするのは、

人間の形体の大小長短がいずれも同一であるからである。百歳まで生きた人物と五十で若死にした人物の身体を比べると、異なるところはない。身体の大きさが異ならないなら、体内の血気に変わりはない。鳥獣は人間と形体が異なっている。だから、人間とはちがう寿命の年数であるのだ。

と述べていることから推測すれば、稟得する気の厚薄によって百歳の正数に増減が生じ、寿命の長短が生じると考え、百歳までいきるはずの身体を保有しながら短命に終わる場合について、正命の半分の五十歳という年数で標準化したものと考えられる。

残る遭命については、風変わりな補足的説明がついている。

妊娠の時に悪いことに遭遇することを言う。あるいは（受胎時に）雷雨の異変に遭うと、成長してから若死にする。

寿命の長短は稟気の厚薄多少によるとする見方をつきつめると、天命を稟受する際、すなわち受胎の時が大きな分かれ目になる。そこで、命義篇では、「およそ人の受命は、父母が気を施すの時にあり、そこですでに吉凶が得られるのである」、「富貴貧賤は、すべて初稟の時にあり、成長した後に、操行に随ってやって来るものではないのである」と述べる。偶発的なアクシデントによって死亡する遇命は、天命では説明できず、生まれてからの作用を認めないわけにはいかない。そこで、妊娠期の悪影響に起因する遭命を想定する。後天的作用による天命の変容をできるだけ縮小化するために、胎児の発育段階に遭命がすでに宿ったと理解するのである。

牽強付会の所説である印象を感じるかもしれないが、三命説に対比させて唱えた三性説を見れば、理論的な裏付けのない暴論でないことが判明する。すなわち、操行の善し悪しを決定する性にも、正性、随性、遭性の三種類あるとする。正性とは天から稟得した五常の性、随性とは父母の性に随うものである。父母の陰陽二気が交接することで受胎するから、両親の形質を受け継ぐという遺伝的な考え方は矛盾なく導き出される。

遭性の場合は、遭命が妊娠期に遭遇した出来事によって正命を歪めてしまったものとするのと同様に、遭性は「悪物の象に遭得」（原文は「遭得悪物象之故也」に作るが、黄暉の校勘に従う）したもの、つまり妊婦が見たり、食べたり、遭遇したりした悪物の影響によって、胎児の性が変質してしまったものであるとする。そして、「妊婦が兎を食べると、生まれてくる子供に欠唇ができる」という説、仲春の雷鳴に戒慎しないと五体満足な子が生まれず、大凶が起こるとする『礼記』月令の文（仲春の初雷三日前に民に振れ回る号令）を引用し、「瘖・聾・跛・盲は、胎内で気の損傷に遭遇したせいであり、だから受けた性が狂ってしまったのである」と結論づける。さらに、妊婦は礼に反する振る舞いや食事は慎み、悪物を見たり、聴いたりしないように努めるという胎教の法に言及し、それに反して謹慎せず、心慮が邪悪であったならば、その子は大きくなって、狂悪で不善をなし、容姿は醜悪である、と言う。母体内で遭性を受けた人物の代表としては、堯、舜を父としながらも不肖の子であった丹朱、商均とともに羊舌食我（「食」は「似」に作るが、本性篇による）の名を挙げる。彼は祁盈の乱に左担して殺され、一族を滅亡させた人物であるが、豺狼のような産声をあげたとされる。

兎肉や雷鳴の忌避は、[4]よく知られた妊娠期の禁忌である。産声と性との関係については、気寿篇にも言及がある。すなわち、生まれた嬰児の産声が、大きく朗らかで高く伸びやかであると長生きでき、しゃがれていて湿っぽく低いと若死にするという事例を、気の厚薄がその人間の性質を左右した証拠に用いる。そして、母親の出産回数もしくは子育ての寡多（「疏字」と「数乳」）によって、生まれてくる子供に気の厚薄が生じるとし、さらに妊娠中に子供が死ぬと、胎児まで流産してしまう場合があるのは、胎児が兄姉の死亡に哀傷してその性を失うためであると述べている。

胎教の説は、周知の通り、賈逵『新書』胎教篇および『大戴礼記』保傅篇に明文があり、『韓詩外伝』『列女伝』には、文王の母、孟子の母が胎教を行った故事を記しているように、古くから胎教の教えが唱えられた。だから、儒家的な教育論にはちがいないが、内容的には、上記の禁忌や産声占いと同様に、胎産のまじないに限りなく接近したものである。そのような胎産の言説に対して、骨相術と同様に王充は十分な合理性を認め、論拠に活用する。今日から見れば、きわめて根拠の薄い俗説である。しかし、当時の産科医療の理論的水準を考えれば、そのように安易に論断すべきではない。

というのも、受胎のメカニズムや出産までの発育過程は、近代になるまで正しく認識することが困難な医学知識の一つであった。妊娠期の十ヶ月間に胎児がどのように発育するかについては、『諸病源候論』四一、婦人妊娠病諸候上、妊娠候に説く胎児発育説が最も一般的なものである。その所説の起源については、これまで史料がなかったが、近年に馬王堆漢墓から出土した『胎産書』にその骨子がそのまま記述されており、それが先秦まで遡り、胎教説とも密接に関係するものであることが判明した[5]。

ここでは、『胎産書』の内容に立ち入るには、紙面に限りがあるので、胎教説や王充の遭性説と直接に関係する論説だけを抜粋すると、次の通りである。

妊娠三ヶ月目は始脂（はじめて脂状のものが形成される時期）である。（胎児は）草木の実に似た形状になる。この時には、まだ（胎児は）定まった容儀をもたず、（妊婦が）見た事物によって変化する。だから、君公大人にお目にかかるようにし、侏儒を用いたりせず、沐猴を見つめたりせず、青い生薑を食べたり、兎肉のスープを食べたりしない。男の子を生みたければ、弓矢を置き、雄雉を□し、牡馬に乗り、牡虎を見つめる。女の子を生みたければ、簪珥（かんざしと耳飾り）をぶら下げ、珠玉を束ねて巻きつける。これを「内象成子（形象を体内にかたどり子の形体を作る）」と言う。

この引用文から明らかなように、妊娠三ヶ月目の時には、胎児の性格はもちろん性別もまだ決定しておらず、妊婦が見たり、感じたものに影響されて、形状を変化させると考えているのである。この『胎産書』の胎児発生説は、ほぼそのままの形で『諸病源候論』『千金要方』等の医書に踏襲され、胎産の療法の理論的基盤となった。

つまり、王充が禁忌や胎教説に十分な合理性を認めさせ、遭性を想起させる背景には、胎産の医学理論が確立していたことが指摘できるだろう。『論衡』の随所で医書、養生書から得た多くの知識を論拠にした議論を展開しており、王充が医学への関心が深かったことは確かである。胎産の医術は、胎児発育説を理論的な唯一の拠り所としていたために、男女生み分けなどのまじないと同居状態にあったが、王充にとってはその医学的知見は科学知識として十分に説得力を持っているものに映ったのである。

『論衡』四緯篇には、まじないめいた四つの忌諱を盲信する愚かさを批判しているが、その一つにお産を忌んで不吉とすることを挙げる。王充は、それに対し、

いったい婦人が子供を産むと、子供は元気を含んで生まれ出てくる。元気は天地の精微なものであるから、どうして凶としてそれを憎むことがあろうか。……（生まれる時に）子供に胞衣があるのは、木の実にさねがあるようなものだ。子供の身を包んで一緒に出てくるのは、鳥の卵に殻があるようなものである。どのような妨げがあって悪いことだと言うのか。

と論駁する。これも同じような胎産の知識によって、お産を不浄とする社会通念を打破しようとしているのである。その論説を窺えば、王充が医学知識と俗信、まじないとの間に、はっきりとした線引きをしようとしている明確な意図が見て取れるだろう。

占術の理論を哲学的な基盤に用いていたとすることは、合理的精神によって俗信批判を徹底的に繰り広げた王充のイメージには、そぐわないかもしれない。しかし、天文占、人相術、胎産の医療やまじないは、今日的に見れば占いでしかないが、それらが自然界の生物や現象を把握する言説に、誤謬と虚妄ばかりではなく、科学知識としての有効性を見いだしているのである。そうであれば、王充のこれまでの評価を裏切ることにはならないだろう。

性命論をめぐる論説は、議論の対象を意図的に人間以外の物類にまで拡充させる強い傾向を呈示している。たとえば、人間の寿命年数を議論しているのに、わざわざ鳥獣との寿命の違いにも言及し、気の作用による形体的な差異は、人間だけではなく万物に共通する道理であることを明示しようとする。そこには人間社会にだけ通用する論理ではなく、自然界を貫く原理であることを強調することで、物類全般に整合性を有する自然法則に依拠して恣意的な解釈による

誤謬を論破しようという姿勢、言い換えれば科学知識による合理的批判への強い志向が垣間見られるのである。

したがって、天文占、骨相術、胎産の禁忌と占いなどの考え方を援用していることに、王充が非科学的なものに手を染めたという見方をするのは間違っている。王充の科学精神の限界を示すものというより、王充の性命論が依拠する発生論がそれらを知識源として形成されており、むしろ王充の自然学の理論的な核心部分と特色がその周辺に存在すると見なすべきである。それが科学思想と呼ぶにふさわしい水準に達していることは、『論衡』と同様に随命、遭命や骨相術を取り上げているが、さしたる論究の見られない『潜夫論』との落差を見れば明らかである。

王充の自然学は、これまで取り上げた論説において、黄老術や彭祖の養生術に影響を受けたものであることを明言している。そのことを踏まえて、『論衡』に展開された王充の科学思想を総合的に考察することは、今後に期したいと思う。

【注】

（1）王充に関する研究については、戸川芳郎「四庫全書総目提要『論衡』訳注並びに補説」（『お茶の水女子大学人文科学紀要』二一—三、一九六八年）および滝野邦雄「王充研究論考目録（一九六八～八二年）」（『中国研究集刊』二、一九八五年）を参照のこと。また、性命論を論じた論考については、藤居岳人「『王充の命』研究史」（『中国研究集刊』荒号、一九八九年）に詳しく紹介されている。なお、王充の性命論に関する一九八三以降の論考には、石田秀実「『論衡』における性」（金谷治編『中国における人間性の探究』創文社、一九八三年）、吉田照子「王充の性説——性と命と情と気と」（『哲学』四〇、一九八八年）、鄧紅「王充の哲学体系における命論の役割」（『中国哲学論集』一五、一九八九年）、笠原祥士郎「王充における自然と人間」（『集刊東洋学』六五、一九九一年）、池田秀三「実事求是の批判哲学——王充」（橋本高勝編『中国思想の流れ』上、晃洋書房、一九九六年）、山花哉夫「王充性命論再考」（『大久保隆郎教授退官紀念論集　漢意とは何か』東方書店、二〇〇一年）等がある。

（2）「死生有命、富貴在天」の語は、『論語』顔淵の子夏の言では「商聞之矣」とあるだけであるが、『論衡』命禄篇、問孔篇では、孔子の言として引用している。

（3）王充が取り上げる儒家の三命説については、『白虎通』巻八、寿命篇に同類の所説が見られる。その他の諸説については、陳立『白虎通疏証』および黄暉『論衡考釈』に詳しい注解がある。

（4）兎肉の食物禁忌については、『淮南子』説山訓に「孕婦見兎肉而子欠脣、見麋而子四目」とある。また、雷鳴による生子不備の月令説は、『呂氏春秋』仲春紀、『淮南子』時則訓にも記載されているが、高誘注では「以雷電合房室者、生子必有瘖聾・通精・癡狂之疾」（『淮南子』による。『呂氏春秋』では上に「有不戒慎容止者」の七字があり、「聾」を「躄」に作る。「通精」は目疾の一つ）とあり、男女交接時の禁忌によって解する。

（5）『胎産書』については、周一謀・蕭佐桃『馬王堆医書校注』（天津科学技術出版社、一九八八年）、魏啓鵬・胡翔驊『馬王堆漢墓医書考釈』弐（成都出版社、一九九二年）、馬継興『馬王堆古医書考釈』（湖南科学技術出版社、一九九二年）参照。そこに見られる妊娠期の胎児発育説は、医書とともに、道教、仏教にも影響を与えたが、そのことに関する論考には、宮澤正順「道教の人身論――入胎から出胎までを中心として」（『竹中信常博士頌寿記念論文集　宗教文化の諸相』山喜房佛書林、一九八四年）、杉立義一『医心方の伝来』（思文閣出版、一九九一年）、李勤璞「《耆婆五蔵論》妊娠学説的源流」（『中華医史雑誌』二七―三、一九九七年）、同「《耆婆五蔵論》研究――印中医学関係的一個考察」（『文史』四五、一九九八年）、加藤千恵「道教における『胎』の概念」（『中国学志』一二、一九九七年）、同『不老不死の身体――道教と「胎」の思想』（大修館書店、二〇〇二年）等がある。

『列子』張湛注における「理」について

坂下　由香里

はじめに

『列子注』における張湛独自の思想は、「理」の哲学である、といわれる。

「理」という概念は、中国哲学上、非常に重要な意味をもつ。特に宋学において、「性即理」「窮理」というように非常に重要視されたことはいうまでもない。

「理」は語源的には玉を磨いてその筋模様を美しくあらわすことをいう。そこから、おさめるという意味で動詞として用いられ、また名詞的には玉の筋目ということから発展して、物事の筋目・筋道というような意味で用いられた。さらに抽象的な意味をもつようになり、道理、宇宙を形成する法則というように意味が拡大されていったのである。それでは、「理」が抽象的な意味をもち、重要な概念として一般的に用いられるようになったのはいつの頃からだろうか。私は、それは魏晋の頃からではないかと考える。魏晋の玄学家達によって、「理」という語が取り上げられ、哲学的に重要な意味をもつようになったのではないか。魏晋という時代は、社会的にも、また思想においても大きな変化が起きたのだが、「理」の変遷もこの時代の混乱と無関係ではないだろう。

張湛についての研究は少なくなく、先行研究でも「理」については張湛の特徴的な思想として指摘されている。しかし、玄学の流れにおいての張湛の立場や、同時代の思想との影響についてはいまだ研究が十分ではないと思われる。
そこで、私は張湛の「理」に着目し、張湛において「理」はどのような意味をもつのか、また「理」はどのようにして意味を変えていったのか、ということを明らかにしたい。
なお本稿では楊伯峻撰『列子集釈』（中華書局、一九九六年）をテキストとし、文中で引用する『列子』本文及び張湛注はこれにもとづく。

一、張湛の思想

先ず、張湛の伝記について説明すべきであるが、先行研究ですでに紹介し尽くされているので、与えられた紙幅のつごうで省略するが、彼が山東・高平（今、山東省金郷県西北）の豪族の出身であり、その先祖は永嘉の乱により南渡したこと、そして張湛は名門の一員として東晋中期から末期頃の間に生存し活躍していたこと、さらに本稿で特に注意したいのは、『列子注』序で、「明らかにする所は往々仏経と相参ず」と述べている点であり、このことは張湛が仏教にも通じていたことを示していると考えられるのである。これと関連して指摘しておきたいのは、当時の江南の仏教界は、支遁（三一四～三六六年）が建康の貴族社会で名を挙げ、当時の名士達と交遊をもっていた時期であり、慧遠（三三四～四一六年）が廬山で教団を形成した時期にあたる。つまり張湛は、正始、元康から続く玄学の流れを受け継いでいると同時に、永嘉の乱以降、急激に受容された仏教の影響をも受けていると考えられるということである。

さて、張湛の「理」について考える前に、張湛の思想の特徴について簡単に述べたい。

玄学の発展は、すでに西晋の郭象のときに最高峰に達していたので、東晋の玄学はそれほど大きな発展はない。その中で張湛は重要な玄学家であり、張湛の思想は玄学の集大成と考えることもできる。また、この時代には道教や仏教が玄学と接触して大きく発展した。

東晋時代の貴族達は社会の現実問題に関心はなく、王朝の現状維持や、特権の確保などの自己保身と、生死解脱の問題に関心をもっていた。これは、北方民族の侵入の危険に常にさらされ、内部では政権争いの続いた当時の社会と無関係とはいえないだろう。

生死解脱の問題は、張湛『列子注』の中心課題であるといえる。生死を超えて解脱を得るということは、当然現実社会では解決できない。そこで張湛はこれを超現実の世界に求めたのである。この超現実の世界こそが、王弼の貴無論である。万有の背後にさらに一つの無形無象超時空的な「無」があり、これを生化の本としたのである。

魏晋の玄学は「有」「無」の観念を一つの基本的問題として、貴無から崇有という方向のもとに展開されたのだが、これを受け継ぐ位置に立った東晋の張湛は、「有」「無」の問題をどのように捉えたのだろうか。

張湛の思想の特徴としては、王弼の貴無の思想と、郭象の万有自生の思想を結合したことと、「本末有無」の問題の本体論と、両漢以来の元気を核心とする宇宙構造論を結合したことが挙げられる。張湛は、

之を生ずと謂えば、則ち無ならず。無なれば、則ち生ぜず。故に有無の相生ぜざるは、理既に然り。則ち有は何に由りて生ずるや。忽爾として自ずから生ず。忽爾として自ずから生ずるも、すなわち其の生ずる所以を知らず。其の生ずる所以を知らずして、生ずれば則ち本無に同じ。本無に同じくして、しかも無に非ざるなり。此れ有形の自ずから形し、無形の以て相形するを明らかにする者なり。（天瑞篇注）

といって、「有」を忽爾として自ずから生ずるものとしており、これは有の自生を説く、向秀・郭象の思想と一致する。しかしそれとともにこのような自生する「有」に先立つものとして「無」をおく。

張湛によれば、すべての「有」は「自ずから生ずる」のであって、何らかの他者がこれを生ぜしめるのではないから「有」の「自生」より以前には有形なるものは存在しない。そこで「有」に先行する「無」(=「不存在」)が考えられ、万物は「本無に同じ」「本無形」(天瑞篇注)とされた。このように張湛における「無」とは、万物の存在以前の態としての不存在を意味する。しかもこの「無」は、個々のあらゆる存在に先行するが故に、それ自体は非個別的であるから、有形にして個別の相のもとにある万物に対しては、それらの究極をなす本来的な態としても考えられるだろう。よって、「至無なる者、故に能く万変の宗主たるなり」(天瑞篇注)という。これは何晏・王弼の貴無論に表面上は一致する。つまり張湛は「自生」する「有」に先行する、「有」の本来態としての「無」をおくことによって、貴無論を崇有論に調和させたのである。

しかしながら、貴無論と崇有論とは、両者の論理をありのままに受け取る限り、相容れないものである。張湛は彼自身の思想にもとづいて、「気」の観念によってこの二つを調和させた。

夫れ未だ混然として判れざれば、則ち天地は一気、万物は一形なり。分かれて天地と為り、散じて万物と為る。此れ蓋し離合の殊異、形気の虚実なり(天瑞篇注)

それ生なる者は、一気の暫らく集まるなり(楊朱篇注)

張湛によれば人間を含めた「万物」の生滅は、「気」の「離合」「聚散」を原因とする。とすれば「無」とは「気」の散じて虚に帰せる、したがって有形なる「万物」の存在しない状態であり、「無」と「有」との本質は「気」の「虚」と「実」とにほかならない。

こうして「無」と「有」との対立は「気」という観念に従属させられることによって相対化される。すなわち張湛における貴無論と崇有論の調和とは、このような相対化による対立の消去なのである。

また張湛における「無」（＝「虚」）には次元を異にする二種類の意味がある。一つは物質的構成要因である「気」が離散して希薄になった状態としての「無」「虚」、つまり「無形」の状態であり、もう一つは現象を成り立たせている根源としての「至無」「至虚」、いいかえれば「非存在」という概念である。

これは「気」の集まった状態である「有」に対する「気」の散じた状態である「無」という相対的な概念と、「有」の根拠となる「無」つまり非存在、という二つの考え方である。

張湛の考えでは、「無」は「有」を生まない。それでは「有」はどのようにして生ずるのか。「自ずから生ずる」わけだが、そこに「理」が介在するのである。そこで次に「理」について述べたい。

二、張湛の「理」

張湛注において「理」の用例は一二六例を数える。これは道家思想において重要とされる「道」の用例が八五例あることを考えても圧倒的に多く、「理」の重要性を示している。

夫れ天地は、万物の都称なり、万物は、天地の別名なり、復た各其の身を私すると雖も、理相離れず（天瑞篇注）

というように、「理」は天地万物に共通するものである。

さらに「理」は万物の生滅の根拠であり、天地万物はこの「理」にもとづいて起こるものと考えられている。万物の生滅は「気」の自己運動のあらわれであることは前節でも述べたが、この「気」の聚散も「理」にもとづいて起こるのである。

夫れ生は必ず理に由り、形は必ず生に由る。未だ生有りて理無く、形有りて生無きもの有らざるなり。生と形、形と理。精麤同じからずと雖も、迭に賓・主となる。往復流遷し、未だ始めより暫らくも停まらず。是を以て変動して居らず、或いは聚まり或いは散ず（周穆王篇注）

聚まれば則ち形を成し、散ずれば則ち終りと為る。此れ世の所謂終始なり。然らば則ち聚まる者は形実を以て始めと為し、離散を以て終りと為す。散ずる者は虚漠を以て始めと為す。故に迭に相与に終始と為る。而して理実に終り無く始め無き者なり（天瑞篇注）

これは万物の終始が「気」の集散であることをいっているのだが、気が集まって形をなすのを始めとし、気が散じて生滅するのを終りとするのが一般的な考え方であるのに対して、張湛は聚まる者と散ずる者のそれぞれにおいて始めと終りが成立することを述べて、終始の概念が固定的・絶対的でないことを主張する。その結果「理」は終りも始まりもない終始を超えたものになるのである。

また「理」は、

倶に変化の塗を渉れば、則ち予生きて彼死す。之を至極の域に推せば、則ち理既に生無く、亦た又た死無きなり（天瑞篇注）

というように生死をも超えている。

すなわち張湛の「理」は生成変化する天地万物の根底にある一定の理法であり、それは生死・終始などを超えた普遍的で絶対的なものである。それゆえ天地万物は「理」の普遍性のもとに無差別・一体であり、その個別性は相対化される。

「人七尺の形と雖も、天地の理備わるなり」（仲尼篇注）といっているように、人間も万物の一つであるから、このような天地の理法（ことわり）というものは、人間にもある。つまり人間の生死（生滅）も理にもとづくのである。そしてさらに張湛は、「自然の理は智を以て知るべからず。其の知るべからざるを知る、之を命と謂うなり」（黄帝篇注）という。これによれば理は命であるといえるだろう。

張湛は命について次のようにいう。「万物は皆な命有り」（力命篇注）、「命は必ず然るの期、素より定まれるの分なり」（力命篇注）、「然る所以を知らずして然る者、命なり。豈に以て制すべけんや」（力命篇注）と。これによれば、万物にはすべて「命」があることになり、万物の一つである人間にも「命」があるといえる。また「命」は必ずそうなるという定めであり、もとから決まっているものである。つまり、運命のような意味であると考えられ、命定論である。すでに決まっていることであるが故に、人間は「命」をどうこうすることはできない。また、何故そうなるかという理由を知らずにそうなるものが命である。自然の理である「命」には人間の知能は及ばないのである。

以上のことを考えれば、「命」とは人間の外側から人間を規定しているものであるといえる。これはいいかえれば、人間を含めた万物は、「命」である「理」によって外側から規定されているということである。

「理」は、このように運命というような意味をもっているといえる。理はまた、性であると考えられている。

夫れ虚静の理は、心慮の表、形骸の外に、求めて之を得るに非ず。即ち我の性なり。（天瑞篇注）

「性」について張湛は次のようにいう。「生を稟くるの質、之を性と謂う」(黄帝篇注)、「質とは性なり。既に物たれば、則ち方員、剛柔、静躁、沈浮、各其の性あり」(天瑞篇注)と。「性」とは生の質であり、物であれば必ずその「性」がある。つまり人間にもあるということになる。また「性」は人それぞれにあってみな同じ物ではなく、自分を自分たらしめるもの、いいかえれば自他を区別させているものである。したがって修と短、方と員、剛と柔、静と躁、沈と浮などの様々な物の特質は、この「性」があってはじめて現れることができる。そこでそれぞれは自他を区別し、他者とは異なる自己でありえるのである。

このように「性」は物の内にあって物をして個性あらしめる所以のものであり、人間は「性」によって内側から規定されているのである。これはまた、人間を含めた万物は、「理」によって内側からそれぞれの個性を与えられているといえるだろう。

かくして「理」は、物の内在的な存在規定として「性」ともよばれ、また物の他律的な存在規定として「命」ともよばれる。つまり、物を内からも外からも規定しているのが「理」であるといえるよう。

このような「理」に対して人間はどうすればよいのだろうか。張湛における人間の「生」とは「無常」なる「命」によって決定されてあり、しかも人間にとって不可知なるものであった。このような「生」に対して、張湛はどのような生き方を主張したのだろうか。

張湛が示した生き方は、外観上は単純ではなく、大きく分けて二つの生き方がある。すなわち命定論と、肆情論つまり享楽の思想である。

命定論的な生き方は、「天を楽しみ命を知る、泰然として以て終りを待つ、君子の息う所以なり」(天瑞篇注)という絶対的なものとしての「命」、すなわち「理」への随順安住による。いいかえれば、「生死を以て寤寐と為す」(天瑞篇注)のように生死の相対性の認識による。つまり生と死とは気が集まり、また散ずることであって、生があれば死があり、また死があれば生があるという相対的なものにすぎないと認識することである。

このような「理」に従った「生」をなす者においては、「理」の普遍性のもとに万物は一体となるから、「理は生死無きが故に楽悪する所無く、理は愛憎無きが故に親疎する所無し、理は逆順無きが故に利害する所無きなり」（黄帝篇注）のように、楽（好）悪、利害、貴賤等の差別が超越され、「情を忘れて理に任ずれば、則ち寂然として玄照す」（仲尼篇注）、「理に乗じて無心なる者は、則ち常に万物と並び遊ぶ」（黄帝篇注）というように、その心は智や情を廃棄した域に達する。また、「理」にまかせて「無心」である、というあり方が強調されている。

この「寂然」たる心には「無心」「無情」のように「無」の観念があてはめられる。それはこのような状態こそが「生」の本来態である「無」に復帰する状態だからである。無心や忘の強調は、郭象の思想を継承していると思われる。

人間の知能は「自然」に及ばないので、自然の理である「命」に対して人間の知能は及ばない。運命というものは測り難いものなのであり、「命」に対しては、人は自分ではどうすることもできない。よって「命」に従うほかはないのである。だから長生きしたいとか成功したいとかを考えず、生死は気の集散にすぎないのだということを認識しなければならない。生に固執したり、ことさら死を恐れたりしなければ、人間は自分の「生」に対して不安になることもない。また不安になってもどうしようもないのである。自分がどうなるかは「命」によってすでに決められていて、人間はどうにもできないのだから、不安になるだけ無駄なのである。そこには運命に対してはどうすることもできないという一種の諦めがあるように思われる。これは、自分の力では運命を変えることができないという、当時の風潮を反映しているのだろう。

こうした考えからおそらくもう一つの側面である享楽の思想、つまり肆情論が生まれたのではないか。張湛は特に楊朱篇の注において、情性をほしいままにし、歓楽をつくすことを説く。これは、端的にいえば人間はいつ死ぬかわからないのだから、自分のしたいように行動するという生き方である。この享楽的な思想は、西晋から続く貴族の享楽的な生き方を受けたものであると思われる。恵帝の元康年間（二九一〜二九九年）には政局の安定に伴い、皇室を筆頭に貴族の放縦が頂点に達し、退廃的で享楽的な思想が蔓延した。これは後世から「元康の風」といわれ西晋が滅びた原因として批難されるのだが、無知無欲を自然の状態とする道家本来の立場ではなく、『荘子』盗跖篇や『列子』楊朱篇にみられるような自然の性を本能的欲望に求める享楽的な思想が流行したのである。

この二つの生き方は一見矛盾しているように思われるが、「命」によって決定されている「生」という見地と、この既定にして不可知なる「無常」の「生」をできる限りの歓楽によって充たそうとする態度とは、社会の実態の中では決して矛盾ではない。

どうせ運命は決まっているのだから今をできる限り楽しもうという享楽的な態度と、運命は決まっているのだから従うしかないという消極的な態度は、当然矛盾しているように思われるが、両方とも運命はすでに決められているという考えにもとづいている。つまり運命に対する受け止め方が違うだけなのである。

これは運命に従うことによって精神的な安定を得、さらに現実的な享楽に固執して肉体的な快楽も得たい、という当時の貴族階層の「生」のあり方につながる。このような運命が「命」、すなわち「理」であると考えられるのである。

このように張湛の「理」は生滅の理法であり、万物の存在根拠である。このような「理」であれば、当然ながら生死・始終・楽悪・愛憎・親疎・逆順・利害などの所謂万物の個別相は否定される。それらは「理」にもとづき「気」の聚散によって相対的に成立しているにすぎないことになる。それは個別性の一つ一つを非実在とするのではなく、空間的には万物の万形万情（自然のままの差別相）をすべて受け入れる全面的調和の思考である。また時間的には万物の存亡終始（いいかえれば「有」と「無」）を、相対的な往復循環であり、連続であると捉え、物の本質的変化・発展とみないことによってこれを「理」の絶対性のうちに吸収する思考となる。このような有無の相対化は人の生死をも相対化することになり、これによって張湛は生死の問題を解決したのであろう。つまり、生と死とは気の離合聚散であり、単なる連続でしかないと考え、死への不安を解消したのである。さらに、物事が上手くいくときがあれば、当然そうでないときもあるとして、現実社会の矛盾をこの相対化によって解消したのである。

当時の貴族達は、自身の特権の永続と既存の体制の安定を望んでおり、おそらく、「理」によって特権階級も既定されていると考え、貴族としての地位の維持を図ろうとしたのではないだろうか。

しかし、張湛の理には、これまでみてきたような意味とはやや異なった意味があるように思われる。すなわち「悟る」対象としての理である。その用例としては、以下の三例がある。「既に至理を悟れば、則ち余事を忘る」（仲尼篇注）、「達人に至っては、心智の滞る所を融かし、智外の妙理を玄悟し、……」（湯問篇注）、「夫れ死生の分、脩短の期、咸無為に定まりて、天理の制する所なり。但だ愚昧なる者の惑う所にして、玄達者の悟る所なり」（力命篇注）。理を悟るということについては郭象ではいわれていない。つまり張湛独自の考えとみることができよう。

この場合の「悟り」は、仏教にいう悟りと同じなのであろうか。例えば竺道生には理を悟るという考え方があるが、竺道生の場合、理は仏性であり、それを悟ることによって仏となることができるのである。竺道生の悟りは頓悟であり、知力（日頃の積み重ね）によるものではなく、直感的である。また道生に限らず、仏教の悟りというものは体験的なものである。

では張湛の悟りは、どのような方法なのだろうか。張湛の「悟」の用例は先に挙げた三例を含めて十五例ある。そのうちいくつかを挙げると、「財貨を封殖し、権党を樹立し、終身欣玩して、自ら悟るに由莫し」（天瑞篇注）、「未だ没する者の自ずから能くするを悟らざれば、則ち是れ未だ其の実に至らず」（黄帝篇注）、「皆な本を揺るがすの徒にして、相啓悟すること能わざるなり」（黄帝篇注）、「至妙の会する所を悟らざる者は、更に麤なり」（仲尼篇注）、「惑う者は未だ悟らず、故に借りて影に喩う」（仲尼篇注）、「損多くして以て少なきに至るべきを悟らず」（湯問篇注）。

これらの「悟」は単に理解するという意味であると考えられる。これらの用例をみた限りでは、張湛の悟りが仏教的であるとは断定し難いが、「将に至理の情を以て求むべからざるを明らかにせんとす。故に之を夢に寄する」（黄帝篇注）、「自然の理は智を以て知るべからず、其の知るべからざるを知る、これを命と謂うなり」（黄帝篇注）、また、これと似たような用例として、力命篇の「然る所以を知らずして然る、命なり」の注に、「自然の理なり、故に智を以て知るべからず」とあり、これらの用例から考えると、張湛の理は智力によって知ることができない。このような理を悟るということは、当然直感的であると考えられ、仏教の悟りに通じているといえるかもしれない。

竺道生とは違い、理を悟ると仏になるとは全く言っていないが、それでは理を悟るとどうなるのだろうか。先の用例をみると、理を悟るということは達人の境地であるといえるだろう。張湛は「理を悟れば余事を忘れる」というが、この理を悟るということは、一種の解脱の手段であるということはできないだろうか。

郭象には「理に任せる」という表現はあるが、理を悟るという表現はない。理に任せるということと、理を悟るということは、明らかに違うように思われる。理に任せるということは、いいかえれば「なるがままに任せる」ということであり、この場合には、理が何であるかを考える必要はなく、ただあるがままに受け止めればよい。これは「自然」を尊重した郭象の考え方に通じるものであると思われる。しかし、理を悟るという場合、理がどういうものであるのかを理解する必要があるのではないか。

張湛のほうが一歩進んだ考え方であるといえるかもしれないし、あくまで政治を考えた郭象と、生死の問題について考えた張湛との立場の違いであるかもしれない。

また、張湛には「理に達する」という表現がある。これも郭象にはみられない。張湛の用例は三例ある。「凡人は理に達せざるなり」（湯問篇注）、「一たび理に達すれば、則ち外物多少以て意を概するに足らざるなり」（力命篇注）、「理に達する者は、万物の無常、財貨の暫らく聚まるを知る」（楊朱篇注）。これらの例から、理に達すると外物に影響されないということがいえる。これは『荘子』秋水篇に「道を知る者は必ず理に達す」といわれるような「道」を体得した者の状態ではなかろうか。したがって、「理」に達するということは、「道」を体得することに近いのではないだろうか。

張湛において、理は万物の存在根拠であり、生滅の理法であり、絶対的で普遍的な存在である。彼の理は、郭象の「理」と同様に、「道」と同義の意味を与えられているが、郭象よりもさらに「道」に等しい概念であると思われる。「理」が「道」に並ぶ重要な概念となったから、張湛は「理」を「悟る」という表現を用いたのではないだろうか。

「理」を「悟る」ということは張湛独自の主張であり、おそらく当時の仏教思想とも関係があるものと思われる。先にも述べたように、張湛の思想はすべてのものをありのままに受け止める調和の思想であり、張湛は「理」を「悟る」ことによって、万物の相対化からの解放、つまり生死の問題を始めとする世間の矛盾や不安からの解放を主張したのではないかと考えられる。

すべてが既定されており、変えることはできないという考え方は、非常に消極的であるが、張湛が生きた東晋という時代は、北方異民族の侵入によって中原の地を追われて未開の江南の地で苦しい生活を送っていたため、自分の意志ではどうにもできないことのほうが多かったはずである。善人が必ず幸せになれるわけではなく、悪人が必ずその報いを受けるというわけでもなかったであろう。このような矛盾が生じる理由を説明するために、張湛は「理」によってすべてが定められており、それは智力では知ることはできないとしたのではないだろうか。

張湛の「理」の特徴としては、万物の生成の根拠であるという意味を明確にもつようになったこと、さらに「悟り」の対象であるということが考えられる。張湛の「理」は、万物の存在根拠であり、生滅の理法であり、万物に内在する性質であり、万物を外から規定する運命であり、人間も含めた天地万物のあらゆる場面に貫通しているのである。

「理」はまさに張湛の思想の核をなしているといえるだろう。

三、張湛と王弼・郭象・竺道生との比較

ここでは、前節で述べた張湛の「理」と、王弼・郭象・竺道生らの思想について比較考察したい。

張湛は、「理に妄然たる無し」（周穆王篇注）という。これは、王弼や郭象にも共通する。「理」には物事の規律という意味があるので、当然でたらめではない。王弼の「理」は事物に内在する必然的な規律ではあるが、王弼において、「理」は張湛とは違ってそれほど重要な概念ではないと思われる。むしろ張湛の「理」に似ているのは、王弼の「道」や「無」である。張湛の「理」は、「道」の代わりに「理」を用いた郭象の思想を受けているので、「道」とほぼ同義の意味をもっていると考えられる。そのため、「道」や「無」を重視した王弼においては、「理」はいまだ重要な概念ではなかったと考えられるのである。

「道」から「理」への転換は郭象によって行なわれたと思われる。郭象は、魏の正始年間以来、無為を尊重しすぎて社会が乱れたことから、万物の根源である「道」また「無」という存在を否定するのである。そして「自然」なる万物に内在する法則性または規律性として「理」を用いているのである。

張湛は、確かに郭象の思想体系をかなり取り入れているが、二人の思想は必ずしも同じではないと思う。というのは、郭象はあくまでも有の自生を説き、万物の根源はないとしたのに対して、張湛は郭象と同様に有の自生を説きつつも、「至虚」という無の存在を認めたからである。これは、郭象が現実世界から目をそらさなかったのに対して、張湛は超現実世界を想定していた、といえるかもしれない。また、張湛が『列子注』で人間の生死の問題を解決しようとしたのに対して、郭象が『荘子注』を通してその政治思想を明らかにしようとしたことにも関係があるのかもしれない。

張湛と郭象の「理」には、明らかに違う所がある。前節でも指摘したが、張湛の理は悟りの対象であるという点である。この二人の思想の違いが、理を悟りの対象としてみるかどうか、ということに関係してくるのではないか。郭

象の理はあくまで規律であり、すでに定められているものであって、それを悟るということは必要でなかったのではないだろうか。また、「理」を万物の存在根拠として認めた張湛において、「理」は『老子』の「道」に等しい概念になったために、「理」を「悟る」ということがいわれたのではないだろうか。

そしてまた、二人の時代背景にも関係があるだろう。郭象の生きた時代はまさに戦乱の最中であり、乱世の現実から目を背けることはできなかったであろう。また、張湛の頃には明らかに仏教の影響がみられるはずである。したがって、郭象が「理」という概念を用い、張湛がそれを補って「理」の哲学を確立したといえるのではないだろうか。

また、東晋の仏教僧である竺道生の「理」と、張湛の「理」の違いは、竺道生の「理」には生成論的根拠としての意味がない、ということである。万物の生成の根拠としての「理」を強調する張湛に対して、竺道生はそのようなことには全く言及していないのである。竺道生は「理」を悟って仏になるということだけを強調している。これは道家と仏教の違いであろうか。張湛・郭象ら玄学家は「理」によって生死の問題を解決しようとしたが、仏教にはその必要がなかったのかもしれない。

しかし、「理」を悟りの対象とするという点では、張湛は竺道生と一致する。もっとも張湛は「理」を悟って仏になるとまではいっていないが、少なくとも達人の境地であるとはいっているのである。二人が東晋という同じ時代に生きたことを考えると、これはあるいは東晋時代の特徴といえるのではないか。

当時、郭象の『荘子注』が広く読まれていたことから考えると、郭象の「理」の概念は、当時の知識人達に深い影響を与えていたと思われる。「理」が万物それぞれに内在するものであるという点でも、張湛は郭象と同様である。この点で、『老子』の「道」と彼らの「理」は違うのである。これは郭象が「理」に事物に内在する規律性という意味をもたせたからであり、すじめという理の原義に通じるものであると考えられる。

また、至上の「理」には言葉や形というものはないといい、「無言」や「得意忘象」を強調することも、張湛・郭象・

竺道生の三人に共通するのである。

これらのことから、張湛の「理」は郭象の「理」をさらに確立したものであり、また当時の仏教思想と互いに影響を与えあっているといえるだろう。

おわりに

以上に張湛の「理」について考察してきたが、あらためて彼の思想において、「理」はあらゆる側面から万物を規定し、万事に関わっていることが分かる。

張湛は「理」に根源的な意味を与えることによって、郭象の思想をより完全な形にしたといえる。郭象は言葉では道や無を否定したが、実際には郭象の思想は依然として『老子』の「道」や王弼のいう「無」の概念にもとづくものであり、それらの作用を否定しきれなかったのである。そのため「道」や「無」の代わりに「理」を用いたのだが、根源というものはなく、すべては自ずから然るものであると説く郭象は、理が生成の根拠であると明言することはできなかったのである。

したがって、張湛に至って「理」に万物の根拠としての意味が与えられ、理の概念に大きな変化が起きたといえるだろう。つまり、郭象に至って「理」が重要な哲学概念として用いられ、張湛によって理の哲学が確立されたのである。理の哲学概念への変化は、郭象に始まり、張湛において完成したといえる。

張湛は、東晋という混乱した時代にあって、貴族の特権維持を図り、また生死への不安を解消しようとした。張湛の思想は、当時の時代背景を反映したものであり、北方移民豪族という彼の立場を反映していると考えられる。

張湛の「理」はあえて一言でいうなら、運命であるといえるだろうか。このような「理」を想定することによって、万物を相対化して現実社会における矛盾を解消し、すべてのものをありのままの状態として受け入れたのである。張湛はあらゆる物事を貫く「理」という概念を用いて、矛盾に満ち、自分の意志ではどうすることもできない現実を説明しようとしたのではないか。そして当時の社会不安による、人間の生と死の問題を解決したのではないだろうか。

張湛の思想は、不安定な時代にどのようにして生きていけばよいのか、ということを提示している。それは、人生をすでに「理」によって定められているものとして、そのまま受け止め、逆らわずに生きていくことなのである。

【参考文献】

伊藤隆寿『中国仏教の批判的研究』大蔵出版、一九九二年
内山俊彦「『列子注』にあらわれた張湛の思想——東晋玄学の一考察」『山口大学文学会誌』第十九巻一号、一九六八年
中嶋隆蔵「張湛の思想について」『日本中国学会報』第二十四集、一九七二年
松村巧「張湛の『列子注』の思想（その一　思想の構造と特質）」（『和歌山大学教育学部紀要』人文科学、第四十一集、一九九二年
吾妻重二「理の思想について——朱子学と魏晋玄学の異同」『関西大学東西学術研究所創立五十周年記念論文集』二〇〇一年
荒牧典俊「中国における仏教受容——「理」の一大変」『日本語・日本文化研究論集』第四輯、一九八八年
垣内智之「竺道生における理の概念と悟り」『日本中国学会報』第四十八集、一九九七年

宋代における天文学の国家的庇護と制御

馮　錦　栄
（梅川純代訳）

中国の文化史において、北宋時代（九六〇〜一一二六年）は活気ある成長と輝かしい業績に特徴づけられる。重要な科学である天文学も例外ではない。そしてこの分野において突出した人物たちは、諸皇帝と天文学関係の官僚たちであった。

一、「帝王学」と「政治天文学」

古代中国においては、統治者は天の子（天子）であると信じられていた。天地の神々と天下における統治者の権力とを事々に架橋するという役割のために、統治者は常に天体の状況を観察し、みずからの道徳的な清廉さをはからなくてはならなかった。そうすることによって、天が地上の王国における治政をどのように評価しているかを理解し、異常な自然状況、すなわち天が課する罰であると考えられていた破壊的な状況（災）や非常な事態（異）を避けようとしたのである。『詩経』に収められる「霊台」と題された詩は、天文学・気象学のための楼を建てた文王を褒め称えているが、この楼は彼の権力に人々を服従させるとともに、その統治の正当性を示すという結果をもたらすことになった。中国史上において、雲や風やあらゆる天の兆しを観察することは、明らかに伝統的な帝王学の確立と密接に関係していたのである。[1]

さて、国家の庇護のもとに中国の天文学と気象学が興ったのはかなり早い時期であるが、同時に予知的占星術が統治者とその政権に奉仕していたと考えられる。前者を「政治天文学」と名づけることができるのに対し、後者は通常「天災予知占星術」と呼ばれている。(2)「政治天文学」は、前漢の董仲舒（前一七九～前一〇四年）が提唱した〝天人相関〟と密接に関係しており、天意と人事・政治とが互いに呼応していると董仲舒は主張していた。(3)ここにとり上げる北宋王朝は〝政府と政治における儒教的原則〟を実行し、文治と古典にもとづく文化をうち立てようとしたところから、諸皇帝や士大夫は国力を強化すべく、『書経』や『春秋』のような儒教古典を学ぶことを奨励された。(4)春秋三伝においては、為政者における大義名分と、災異の前兆の政治的意味が特に強調されている。宋代の諸皇帝や士大夫たちは『左伝』や『公羊伝』に記される自然災害や変事に関する漢唐の儒者の解釈をめぐって常に議論をたたかわせることになったのであって、『書経』においては洪範篇が広く学ばれた。この文献は五行・五事（貌・言・視・聴・思）や皇極の概念など、帝王学の核を形成する根本思想や論理を含んでいる。こうした帝王学の観念は、皇帝の規範としての聖王の存在を強調する宋代儒家の目的に付随していたのである。(5)

二、太祖とイスラム天文学の伝来

宋代初期の諸皇帝は天文学の庇護と、これに関連する研究に強い興味を抱いていたようである。故羅香林教授は、軍国主義的皇帝であった太祖（在位九六〇～九七六年）が建隆二年（九六一）に、イスラム天文学者である馬依沢（九一〇?～一〇〇五年）をどのように召し出したかについて詳しく述べている。馬依沢は気象学にも優れており、司天台に天文官として任命された。(6)『懐寧馬氏宗譜』（一八七五年）、『河北青県馬氏門譜』（一四八六年）、『大測堂馬掛軸』（一九二〇?～一九三〇年?）および『聚真堂馬氏宗譜』（一九二八年）を詳細に調べてみると、馬氏の祖である馬依沢は、『宋史』

には記録されていないものの、「魯穆国」からやって来たことがわかる。この「魯穆国」は、明の宮廷に十一の貢物をしたとして『明史』や『明実録』に記載される「魯迷国」のこととされている。「魯迷国」の所在について、私は、ジュリオ・アレニ（Giulio Aleni, 艾儒略、一五八二〜一六四九年）の『職方外紀』に関する近年の論文において、「嚕蜜国」がメッカの南東百二十マイルのあたりに存在していたこと、中世イエメンの北東部数百マイルほどに広がっていた国であることを明らかにした。(7)『懐寧馬氏宗譜』によれば、新たに「応天暦」を制作する際、馬依沢は、当時司天少監であり、天文学者にして数学者であった王処訥（九一三?〜九八二年?）と協力したという。この時、馬依沢は天文学的計算を集中的に行ない、すべての計算を九六四年に終了している。その後、馬依沢が王処訥に応天暦を献上させると、太祖はこの新しい暦に御製の序を書いた。現在、応天暦の一部は『宋史』の律暦志に引用されている。この暦がイスラム暦の要素を含んでいるか否かについての判断は難しいところがあるが、故王応偉教授は応天暦に述べられる「推定朔・弦・望・日辰の七直を推定する」方法は七日を一週間とする概念の利用であるといっている。また、応天暦の世紀の計算（暦周期を整理する際の、時代のスタート点の算出）はイスラム暦の三つの特徴と一致するとしている。イスラム暦の世紀のスタート点算出の三つの特徴とは、六十年周期の始まり、金星に関係する曜日（アラビア語では金曜日を意味する adīnah. ムスリム紀元は西暦六二二年七月十六日の金曜日に始まる）、および冬至点の天文月の最初の日の夜明けである。(8)

王応麟（一二二三〜一二九六年）の『玉海』と徐松の『宋会要輯稿』（一八〇九年）は、応天暦に関する記載を載せている。

暦経一巻

算草一巻

五更中星立成一巻

晨昏分立成一巻
昼夜日出入立成一巻
晷影立成一巻[9]

立成とは一般に〝天文学的計算のために早急に算出された表〟を意味し、イスラムの暦表（アラビア語では *zījes*. 表と解説付の天文手帳）に似ている。[10] ほとんどのイスラムの *zījes* は、その特徴として、太陽、月および惑星の平均的動き、月と惑星の黄緯、日食、月食、メッカへの聖なる方位の測定法、数秘術（mathematical astrology）など、さまざまなパラメーターを含んでいる。[11] イスラム天文学者、馬依沢は中世のイエメンから来たのであるから、先駆者および同時代人であったアブー・マシャール・ジャファール・ベン・ムハンマド・ベン・ウマール・アル・バルキー（Abū Ma'shar Ja'far ben Muhammad ben 'Umar al-Balkhī. ラテン名 Albumasar, 七八七～八八六年）やアブー・アブダラー・アル・バッターニ（Abū 'Abdallāh al-Battānī. ラテン名 Albategni, 八五八～九二九年）、また、イエメン人の数学者にして地理学者であったアル・ハムダーニ（Al-Hamdānī, 九〇〇?～九四六?／九五〇年?）の影響を受け、彼らの業績を中国に伝えたと推測することが可能であろう。[12] アル・バッターニは、*Kitāb al-Zīj*（*Al-Battani sive Albatenii Opus astronomicum*, 880）や *al-Zīj al-sābi*（*The Sabian Tables*）など *zījes* の著者として名高く、北シリアのラッカ（Raqqa）で観測活動に従事していた。[13] アル・ハムダーニは *Zīj* と、*Kitāb Sarā'ir al-hikma* と題された数秘術に関する論文をまとめている。彼の地理学的著述である *Sifat jazīrat al-'Arab* に、中国の東の境界から西へ基準子午線を測定したインド人とそれを継承した人々のことが、〝東の人々（ahl al-mashriq）〟として記述されていることも挙げておきたい。[14] 馬依沢は、その献身と応天暦制作という特筆すべき貢献のために、司天台の指導的地位を保持するまでになり、乾徳四年（九六六）八月には、太祖から位階を賜った。[15] 馬依沢の子、馬額と馬懐は天文官として司天台に仕え続け、それぞれ九九七年と一〇〇一年に父の称号を受け継いだ。

王朝における天文学の振興と対照的に、天文学に対する政治的制御は以前よりも厳しくなった。九七二年、太祖は民間人が天文学上の器具、天文学および占星術関連の書物を収集することを禁じ、また仏教僧や道教徒は個人的に天文学、占星術および地理（風水）を学ぶことを許されなくなった。(16) 九七四年には法令が発布され、司天台の学生や諸司の技術者・職人が地方の職に転任することが禁じられた。(17) 太祖は、王処訥の弟子である苗訓を宮廷内の翰林天文（宮廷の天文学顧問）という職に抜擢し、いつでも必要な時に苗の助言が求められるようにした。(18)

三、太宗と天文学の国家的制御

江少虞（『金史』によれば、一一一五年頃の人。一一四五年以降に没）の撰した『宋朝事実類苑』によれば、太宗（在位九七六～九九七年）は雲や風の動きを読み解く能力を持っていたようである。彗星のような天体の現象が起きると、太宗は即座にわが身の道徳のあり方を反省し、国家的な儀式や祭祀を中止し、(19) また常に高官たちに自己の政治的行動に対する助言や意見を求めた。九九一年の大旱魃の後には、太宗はみずからの政治的過ちを天に懺悔し、天罰を待つための楼を文徳殿の前に建てた。(20) 実際のところ、太宗は天文学の国家的制御という太祖の政策をさらに強化したのである。九七六年に帝位につくと、太宗は「天文術数」に明るい人々をすべて宮廷に集め、それを怠った者は公開死刑に処するという勅令を発した。(21) また九七七年には別の勅令を発し、天文、相術、六壬、遁甲および陰陽に関連するすべての書物を一ヶ月以内に宮廷に届け出させた。これと同時に、天文に詳しい者三五一人を審査し、そのうち六八人を司天台の職に任命し、残りは遠方の島々に追放した。(22) 九八二年には、天文官、呉昭素（九五〇～九八五年）の制作した乾元暦に御製の序をつけた。さらに九九〇年には、天文書を国家が独占するため、修史局に命じて天文、占候、讖緯、方術などに関する書籍、合計五千十巻（または五千十二巻）を宮廷図書館に納めさせた。[23]

市民の天文学に深い注意を払っていた太宗が得た重要な成果として、太平興国四年（九七九）の一月、四川出身の司天台の学生、張思訓が新しい型の渾儀を献上したことが挙げられる。太宗の命によって、これは文明殿の東鼓楼に設置された。この天文時計は何層かの楼からできており、その中には車輪、軸、調速機構用の柱、それにそれまで使われていた水力の代わりに水銀で回るように設備された柄杓のついた運転輪などが備え付けられていた。その後、張思訓は渾儀丞の職に昇進した。[24] また、九九〇年には司天台の冬秋官正であった韓顕符（九三八～一〇一三年）が、渾儀と候儀という二つの銅製器具の製造を建議した。この企画には、その経済的支援を正式に認める詔勅が発令された。これらの器具は九九五年に完成し、司天台の新しい観察楼の上に設けられた。渾儀の構造は明らかでないが、候儀の方は大中祥符三年（一〇一〇）、真宗（在位九九七～一〇二二年）の時代に再鋳造され、『宋史』の天文の条にかなり詳しく描写されている。ジョセフ・ニーダム（一九〇〇～一九九五年）は、この器具について次のような九つの特徴を指摘している。(1)放出式の子午線リング、(2)照準管を搭載した可動式リング、(3)照準管の車軸、(4)特殊な照準管、(5)水平状の環（ハンドル）、(6)赤道リング、(7)黄道リング、(8)水平状の輪（ハンドル）の竜柱、(9)水準器。韓顕符は十巻からなる『渾儀法要』および『宿曜度分域名録』も記し、同じ年に真宗皇帝に献上している。[25]

四、真宗と国内天文学の強化

国家的儀礼、および儀礼と天文との関係の追求に熱中した真宗が帝位につくと、国内の天文研究に対する帝国の支援はさらに強化された。咸平一年（九九八）一月、営室（Encampment, α Pegasi）の北に一尺ほどの明るい尾を持つ彗星が出現し真宗を不安に陥れた。真宗は官僚たちにみずからの政務に対する批評を求め、正殿を使うことさえ控えたという。[26]この出来事の後、真宗は司天台を再構成し、九九八年から一〇〇一年にかけて、首都の汴梁に翰林天文院と璇璣台を置いた。[27]この二つの機関では渾天儀と水時計（漏刻）を測定するとともに、独自の観察によって、日々、昼夜の天体測定を行なった。この二つの天文機関から提出された特に異常な自然現象に関するデータは、毎晩比較検証され、ともに皇帝に献上されることになっていた。[28]さらに一〇〇〇年、真宗は宮廷図書館員であった杜鎬に、司天台の官僚たちの言動を報告させるようにした。一〇〇一年には、判司天監であり、翰林院天文局の顧問であった史序（九三三～一〇一〇年）が新しい暦、儀天暦を皇帝に献上した。一〇〇四年には、真宗は太宗の国家的天文学制御政策を採り入れ、個人の天文研究と天文学的知識を公共の場で宣伝することを禁じる二つの詔勅を発した。[29]その後、真宗は史序に命じて四一七巻からなる『乾坤宝典』という百科事典を編纂させ、一〇〇五年にはこの書に御製の序を与えた。

宋代には、圜丘で行なわれる天地の祭祀が王朝の権力を強化するとりわけ重要な役割を果たすようになっていた。一〇〇五年の秋、真宗は、史序、王欽若（九六二～一〇二五年）および趙安仁の提出した、天皇大帝（その神格は耀魄宝と呼ばれた）と五天帝の階級、および紫微垣の関連する星々に関する忠告を受け入れた。[30]さらに、景徳三年（一〇〇六）の五月に、司天台の春官正であった周克明（九五四～一〇一七年）によって、周伯という〝吉兆の星〟（政権の正統性を象徴するとされ、現在、一〇〇六号中国超新星として確認されている）を特定することに成功すると、真宗は儀礼官と天文官に命じて、唐中期から絶えていた周伯の星祀を復活させた。[31]

五、仁宗と天災予知占星術

仁宗（在位一〇二二～一〇六三年）は即位してから三年後、司天台に対して、吉兆や異常現象を占星術の文献や星官のマニュアルに照らし合わせて注意深く調査し、その結果を直接報告するように命じた。[32] 仁宗は帝王学の促進に甚大な努力を払い、洪範篇に記される「建つるに皇極を用う」の観念が国家統治国の大法であると固く信じていた。かくして仁宗は洪範篇に関する研究を行ない、一〇四〇年、十二巻からなる『洪範政鑑』という書物を著わした。この書物には、〝天人相関〟の原則が詳細に論じられている。さらに、先秦から北宋までの歴史における好ましい前兆、好ましくない前兆の膨大な証例が記載され、五行に関連づけて分類されている。自然現象が皇帝の行動と指揮のみならず、過去の王朝の隆盛と没落に関係づけられたのである。[33] 仁宗は、内的には天を崇め、外的には自己修養に励んで天の信任を獲得することこそが、政権を維持し永続させるために最善の方法であると考えていた。こうして一〇四三年、仁宗は宮廷内に天を祭るための祭壇を建てた。景祐年間（一〇三四～一〇三七年）になると、仁宗の帝王学についての認識は拡張し、帝王学はすべての分野を含むべきだと考えるようになっていった。天文学の分野においては、由吾公裕の『塋原総録』（十巻）に則って風水用の羅針盤上に磁偏角の現象を発見した権判司天監台の楊惟徳（または楊維徳）に命じて、北極星周辺の星々の配置の一覧表を制作させた。この天文データは『景祐乾象新書』三十巻として編纂され、一〇三四年には御製の序が与えられた。これらのデータには現在、『宋史』の天文の条に収められている。[34] また、仁宗は一〇三五年に司天台の長官に命じて、日中と夜間の長さを計るために「百刻水秤」（百の目盛りのさお秤を浮かせた水時計）を作成させた。さらに司天台の司天監丞であった邢中和は、一〇三六年に「古今天文格子図」と名づけられた格子状の星図を提出した。[35]

このほか、仁宗は占星術と運命算定にも強い興味を示した。皇帝は楊惟徳、司天台の春官正であった王立、翰林天文であった李自正、そして同じく翰林天文であった何湛に命じて次の文献を編纂させている。

(一)景祐三式太一福応集要　十巻

(二)景祐六壬神定経　十巻
(三)景祐遁甲符応経　三巻
(四)景祐七曜神気経　一巻

以上の文献はすべて、御定の書名と御製序を賜り、伝統的な書籍目録の五行の項に著録された。このうち『景祐三式太一福応集要』は主に、国家における太一祭祀と、太一の九宮における巡り方、もしくは洛書と一致する「分野」について扱っている。その他の書物は、三式と関連づけられた天災予知占星術・天文学的な研究であって、三式は、秦九韶（一二〇二／一二〇九～一二六一年?）など宋代の数学者たちによって内算のための手段と見なされた。

『景祐三式太一福応集要』の序文で仁宗は、「当に人事を修めて以て承天命を承く」と記している。仁宗はまた楊惟徳に命じて『景祐遁甲蓮華通神経』一巻（一〇三五年）と『景祐三式目録』一巻も編纂させた。さらには天竺僧である法護に『景祐天竺字源』七巻を作らせ、一〇三五年にはそれに御製の序文を与えた。

帝王学の一部として、音楽と律管に関する書物を編纂することも、仁宗の計画の一部であった。一〇三六年、仁宗は馮元（九五七～一〇三七年）に『景祐広楽記録』と題する音楽の書物（八十一巻）を編纂させた。仁宗は『景祐楽髄新経』と呼ばれる六編の音楽百科的な評論も書いている。これらの評論は現在散佚しているが、いくつかの重要な文章は『宋史』律暦志の「崇天暦」（もと十七巻、楊惟徳編、一〇四一年）の中に、幸いに残されている。[36] これらの文章は次のいくつかの主題をめぐって記されている。(1)十二均の基本的原則と、六律と六呂を含む律管と度量衡との関係、(2)音律調和の起源、(3)人事とそれを左右する五声・五行との関係、(4)音声の定義、(5)特に郊外で行なわれる儀礼音楽、(6)十二管の長短。明らかに仁宗は、音楽理論における次のような体系的な説明を意図していた。すなわち、「十二管─陰陽─四季─日月─西域の音楽─六壬遁甲の占い」というものである。そして一〇三六年、仁宗は勅令を発し、候気の実験を指揮する楽官を募り、また国家儀礼のために管と一並びの鐘を用意させた[37]。

仁宗は「天の譴告」という思想を認めていた。一〇三八年、仁宗はこの天の譴告の起こる原因を、文書によって高官たちに尋ねた。また、国を治めるにあたっては、しばしば異変を考慮に入れた。星変が起きたというので、何度か大赦を行ない、また、代州地方で起きた地震や河北で起きた洪水のために、人民の義務を軽減する、といったように。さらに一〇三九年、仁宗は、十巻からなる『宝元天人祥異書』という占星術書を著わし、高官たちに示した。この書は七五六項目からなり、色づけされた暈輪や彗星や北方のオーロラなどの挿絵が多く含まれ、すべての記事が天地、北極星、五惑星、雲気、雑占いなどに関連している[38]。その予示的な性格、国家の法律と天災予知占星術との関連のために、一般の士大夫たちはこの書を読むことを許されなかった。この書の構成は、明の仁宗（在位一四二四～一四二五年）の『天元玉暦祥異賦』に影響を及ぼしたようである[39]。

国家的庇護は皇祐年間（一〇四九～一〇五三年）にますます顕著になった。三人の暦学の権威、すなわち舒易簡、于淵、周琮は、黄道渾儀、水時計（漏刻）および圭表を作ったばかりか、二十八宿の明確な度数を調べ、周極星の配置を観測した。この調査と観察に基づいて、彼らは『皇祐星表』という星表と『皇祐星官図』として知られる星図を作成した[40]。この渾天儀は完成すると宮廷内の翰林天文院に置かれ、また水時計は文徳殿の鐘鼓楼に、圭表は司天台に置かれた。また、仁宗は十巻からなる『渾儀総要』を著わしたが、これは宮廷内に保管されただけにとどまった[41]。一〇五四年には、すでに引退した天文官楊惟徳は、天関星（おうし座）付近の客星（一〇五四号中国超新星として認定された）を観測し、記録した[42]。

要するに、仁宗の帝王学は、十一世紀における科学的、あるいは偽似科学的（または宇宙呪術的 cosmo-magical ともいえる）活動の促進に顕著な役割を果たしたのである。天文学の政治的専有は北宋期における天文機器制作の面をも特徴づけているのであって、一〇七四年から一一二四年にかけて、四つの渾天儀と時計が皇室的な庇護のもとに作成されている。そして、十一世紀後半から十二世紀初頭にかけて、沈括（一〇三一～一〇九五年）、欧陽発（一〇八二年頃）、蘇頌（一〇二〇～一一〇一年）、韓公廉（一〇九二年頃）、王黼（?～一一二六年）といった科学者ないし天文学者が、先駆者たちの仕事や用具を利用して渾天儀や時計制作をさらに発展させたのである。(43)

六、南宋における天文学の国家的庇護

一一二六年に女真族の侵略によって皇帝が拉致されるという靖康の難が起こり、その直後、宋朝は臨安（杭州）に退却した。この事件は、社会、経済および政治機構を長期の混乱に陥れた。金（一一一五～一二三四年）による首都・開封の略奪によって多くの天文書や天文機器が破壊され、五つの主な渾天儀や時計は女真軍によって燕京に運ばれ、適切な維持がなされなかったために破壊されてしまった。こうした天文観察器具や関係文献の損失は、明らかに南宋期における天文機器の復元作業に支障を及ぼした。(44)一一三一年、天文書の不足に気づいた高宗（在位一一二七～一一六二年）は、『乾象通鑑』の著者である李季を任命して文献収集にあたらせることになった。その四ヶ月後、高宗は太史局を再建し、首都内の呉山に測験渾儀所を造営した。(45)また一一三三年には、北宋後期の文献である「紀元暦」を金から取り戻した。(46)

天文官たちは計算ができないから正確な暦が作れないのだと批判した高宗は、新しい暦の編纂を急ぐために、取り戻した「紀元暦」を参照するよう命じた。さらに太史局令であった丁師仁と、蘇頌の弟子で北宋の没落までは天文官であった袁惟幾（この当時は工部員外郎）に、新しい渾天儀の作成を命じた。しかし、図面も文献もなく、職人たちも四散していたために、成功しなかった。(47)

この時期以後、天文学と関連研究に対する国家の強力な制御は弱まっていったように思われる。そして、天文学を

議論すること、政府が印刷した暦や「民間万分暦」を個人的に研究すること、また知識人たちが天文器具を作ることなどが、以前よりも自由に行なわれるようになったらしい[48]。一一三五年のことと思われるが、高官であった張致遠が、民間の天文学者・陳得一を、計算の正確さとその年の日食を的確に予測した功績により暦改正の事業に推薦するという記念すべき出来事が起こった。この陳得一は、道教徒であった裴伯寿の協力を得て南宋初の暦「統元暦」を完成させ、「統元暦」は一一三六年に頒布された[49]。また一一六六年、民間の優れた天文学者であった劉孝栄は、太史局が暦元の計算方法とデータを、統元暦を作成するために活用していることを見出した。その後、劉は太史局に召し出され、一一六九年、一一七七年、一一九一年にそれぞれ頒布された乾道、淳熙、会元の三つの暦の主要な作成者となった[50]。

孝宗（在位一一六三〜一一八九年）および光宗（在位一一九〇〜一一九四年）の時代には、星図の作成のほかに、天文学の知識やその器具製作が、官僚および一般の士人の間で広く行なわれるようになった。阮興祖、皇甫継明、王孝礼、阮泰発といった民間の人々が、暦改正や渾天儀制作に関する意見を皇帝に上申したこともある[51]。偉大な哲学者である朱熹（一一三〇〜一二〇〇年）も、自宅に渾天儀を所持するほか、水運渾儀の復元に努力した[52]。また、先代の宋の皇帝たちの帝王学のなかで天文学が重要な位置を占めていたことから、宮廷の教育係（嘉王府翊善）であった黄裳（一一四六〜一一九四年）は、当時皇太子であった寧宗（在位一一九四〜一二二四年）の天文学学習に役立てるために、有名な「蘇州天文図」（これは一二四七年、王致遠によって石に刻まれた）を描いた[53]。寧宗時代の早い時期には、暦改正の事業に参加させるべく、暦制作の知識を持つ者を首都以外の民間に広く求めたこともある[54]。

七、結　論

北宋期における天文学の国家制御の主な特徴は次のようにまとめることができる。

一、天文観察、器具製作、星表、天文書の編纂と星辰祭祀の領域において、かなり顕著な国家的庇護が存在した。

二、天文学の専門家たちは宮廷に集められた。

三、民間人は個人的に天文書を研究することが許されなかった。

四、天文学的知識は、天文官たちの間でのみ伝授されていた。

しかしながら、このような国家的制御の傾向は南宋になって変化を見せた。民間人たちもまた天文学を学ぶ機会を得たのであって、モンゴルが中国を征服するまで、暦改正に与えた民間人の貢献には特筆すべきものがあるのである。

【注】

（１）新城新蔵「帝王学としての文学」『こよみと天文』京都、弘文堂書房、一九二八年、一～七七頁。

（２）Hans Bielenstein,"An Interpretation of the Portenjs in the Ts'ien-Han Shu", *The Museum of Far Eastern Antiquities*, vol.22, 1950, p.127-143; Hans Bielenstein,"Han Portents and Prognostications", *Bulletin of the Museum of Far Eastern Antiquities*, vol.56, 1984, p.97-112; Wolfram Eberhard,"The Political Function of Astronomy and Astronomers in Han China", John K. Fairbank ed., *Chinese Thought and Institutions*, Chicago, University of Chicago Press, 1957, p.33-70; Shigeru Nakayama," Characteristics of Chinese Astrology", *Isis*, Vol.57, 1966, p.442-454; Yabuuti Kiyosi,"Chinese Astronomy: Development and

Limiting Factors", in Shigeru and Nakayama and Nathan Sivin eds., *Chinese Science: Explorations of an Ancient Tradition*, Cambridge, Mass., M. I. T. Press, 1973, p.91-103; Rafe De Crespigny, *Portents of Protest in the Later Han Dynasty: the Memorials of Hsiang Kai to Emperor Huan*, Canberra, Australian National University Press, 1976, p.40-41; 馮錦栄「論蔡邕的学術思想」『中国哲学』第一六輯、一九九三年、一二八～一七二頁。

（3）馮錦栄「論董仲舒之〈春秋〉学」『管子学』(the International Conference on the Study of Chun Qiu Classic and its Commentaries) 一九九八年、二七～三二頁。

（4）劉子健「儒教国家の重層的性格について」『東方学』第二〇号、一九六〇年、一一九～一二五頁、Peter K. Bol,"This Culture of Ours", *Intellectual Transitions in T'ang and Sung China*, Stanford, Stanford University Press, 1992, p.148-175; 土田健次郎『道学の形成』東京、創文社、二〇〇二年、一三～一七、三四七～三五二頁。

（5）Wm. Theodore de Bary, *Neo-Confucian Orthodoxy and the Learning of the Mind-nd Heart*, New York, Columbia University Press, 1981, p.91-98; 寺地遵「天人相関説より見た司馬光と王安石」『史学雑誌』第七六巻第一〇号、一九六七年、三四～六二頁、同「欧陽修における天人相関説への懐疑」『広島大学文学部紀要』第二八巻第一号、一九六八年、一六一～一八七頁、吾妻重二「洪範と宋代思想」『東洋の思想と宗教』第三号、一九八六年、五六～七五頁、小島毅「宋代天譴論の政治理念」『東洋文化研究所紀要』第一〇七号、一九八八年、一～八七頁、王瑞来『宋代の皇帝権力と士大夫政治』東京、汲古書院、二〇〇一年、三～八頁。

（6）羅香林"A Study of Chinese Genealogies: An Inaugural Lecture from the Chair of Chinese", *Supplement to the Gazette*, University of Hong Kong, Vol.16, No.1, 1966, p.1-7; 陳久金『回回天文学史研究』南陵、広西科学技術出版社、一九九六年、五二～六六頁。

（7）拙稿「羅香林教授対宋初入華西域暦法家馬依沢的研究」(Centre of Asian Studies, Research Institute for Chinese Literature and History, Chu Hai College and Chu Hai Alumni Association 主催「羅香林先生与香港史学——羅香林教授逝世二十周年記念学術討論会」での発表論文、一九九八年一二月一九日）一七頁、拙稿"From al-Farghani (?-861?), al-Battani (858?-929) to Christopher Clavius (1537-1612) and Matteo Ricci (1551-1610): A Documentary Journey" (University Library, Hong Kong University of Science and Technology 主催"Colloquium on Information Science: HKUST Library Series No.6: Celebrating Special Collections: Scholarship and Beauty"での発表論文、二〇〇二年）一六頁。

（8）王応偉『中国古暦通解』瀋陽、遼寧教育出版社、一九九八年、五三四頁。

（9）王応麟『玉海』（写真複製版）上海、上海書店、一九八八年、巻一〇、二五a～二六b頁、徐松『宋会要輯稿』（写真複製版）北京、中華書局、一九五七年、二一三〇頁。「応天暦」の九七八年の年次は敦煌文献によい状態で残されている。

（10）E. S. Kennedy,"A Survey of Islamic Astronomical Tables", *Transactions of the American Philosophical Society*, Vol.46, No.2, 1956, p.123-177; E. S. Kennedy,"The Chinese-Uighur Calendar as Described in the Islamic Sources", *Isis*, Vol.55, 1964, p.435-443; E. S. Kennedy, *Studies in the Islamic Exact Sciences*, Beirut, American University of Beirut, 1983, p.652-660; Hu Tiezhu（胡鉄珠）、"The 'Quickly Completed'（Licheng 立成）Astronomical Tables in Chinese Calendars after the Eighth Century", Hashimoto Keizo（橋本敬造）、Catherine Jami eds., *East Asian Science: Tradition and Beyond*, 大阪、関西大学出版部、一九九五年、四〇三～四〇九頁。

（11）David A. King, *Islamic Mathemathical Astronomy*, London, Variorum, 2nd revised edition, 1993,"II: On the Astronomical Tables of the Islamic Middle Ages", p.37-56; George Saliba, *A History of Arabic Astronomy: Planetary Theories during the Golden Age of Islam*, New York, New York University Press, 1994, I.2."Astrology/Astronomy, Islamic", p.66-81.

（12）Sā'id al-Andalusī, *Science in the Medieval World:"Book of the Categories of Nations"*, trans. by Sema'an I. Salem and Alok Kumar, Austin, Texas, University of Texas Press, 1991, Chapter 12, "Science in the Arab Orient", p.46-57; David A. King, *Al-Khwārizmī and New Trends in Mathematical Astronomy in the Ninth Century*, New York, The Hagop Kevorkian Center for Near Eastern Studies, New York University, 1983, p.7-32; idem,"Astronomy"and David Pingree,"Astrology", in M. J. L. Young, J. D. Latham and R. B. Serjeant eds., *Religion, Learning and Science in the 'Abbāsid Period*, Cambridge, Cambridge University Press, 1990, p.274-300; Charles Michael Stanton, *Higher Learning in Islam: The Classical Period, A.D.700-1300*, Savage, Maryland, Rowman & Littlefield Publishers, 1990, p.127-135; John North, *The Norton History of Astronomy and Cosmology*, New York, W. W. Norton & Company, 1995, Chapter 8, "Eastern Islam", p.177-192; Richard Lemay, *Abu Ma'shar and Latin Aristotelianism in the Twelfth Century: The Recovery of Aristotle's Natural Philosophy Through Arabic Astrology*, Beirut, American University of Beirut, 1962, p.i-xl; Paul Kunitzsch,"Abū Ma'sar Johannes Hispalensis und Alkameluz", in P. Kunitzsch, *The Arabs and the Stars*, Northampton, Variorum Reprints, 1989, XVII, p.103-125; George Saliba,"The Role of the Astrologer in Medieval Islamic Society", in Annick Regourd and Pierre Lory eds., *Bulletin d'Études Orientales*, Tome XLIV Année 1992

(Sciences Occultes et Islam), Damas, 1993, p.45-67, Keiji Yamamoto（山本啓二）、Charles Burnett edited and translated, *Abū Ma'sar on Historical Astrology*, Leiden, Brill, 2000, Vol.1, p.115-117.

（13）アル・バッターニに関しては、以下の論文を参照のこと。Carlo Alfonso Nallino（1872-?）, *al-Zīj al-sābī*（Paris, 1893）and"Al-Battānī", in H. A. R. Gibb, J. H. Kramers eds., *The Encyclopaedia of Islam*, Leiden, E. J. Brill, 1960-, Vol.1, p.1104-1105; W. Hartner,"Al-Battānī", in Charles C. Gillispie ed., *Dictionary of Scientific Biography*, New York, Charles Scribner's Sons, 1970, Vol.1, p.507-516; F. Jamil Ragep,"Al-Battānī, Cosmology, and The Early History of Trepidation in Islam", in Josep Casulleras and Tulio Samsó eds., *From Baghdad to Barcelona: Studies in the Islamic Exact Sciences in Honour of Prof. Juan Vernet*, Barcelona, Instituto "Millás Vallicrosa" de Historia de la Ciencia Arabe, 1996, p.195-252, 267-298.

（14）Al-Hamdānī, *Al-Hamdānī's Geographie der Arabischen Halbinsel*, Leiden, E. J. Brill, 1968, p.27, 45; David A. King, *Mathematical Astronomy in Medieval Yemen*, Malibu, California, Undena Publications, 1983, p.19-20; Régis Morelon,"Eastern Arabic astronomy between the eighth and the eleventh centuries", Roshdi Rashed ed., *Encyclopedia of the History of Arabic Science*, London, Routledge, 1996, Vol.1, p.20-57, esp.p.46-48; Edward S. Kennedy,"Mathematical Geography", Roshdi Rashed ed., *Encyclopedia of the History of Arabic Science*, Vol.1, p.185-201, esp.p.188-189.

（15）『懐寧馬氏宗譜』巻一、一a頁、巻二、二五b～二六a頁。

（16）李燾（一一一五～一一八四年）『続資治通鑑長編』北京、中華書局、一九八五年、巻一三、二九〇～二九一頁。中国史上での天文学および占星術の学習の禁止全般については、以下の文献を参照のこと。鄭寿彭「北宋禁止伝習天文等事之研究」『中華文化復興月刊』第一〇巻第六号、一九七七年、四七～五七頁、朱鋭「星占、讖緯、天文及禁令」『自然弁証法通訊』第一号、一九八九年、六二～六四頁、竺沙雅章「宋代・術士・士大夫」『宋元仏教文化史研究』東京、汲古書院、二〇〇〇年、四七九～四九三頁。

（17）『続資治通鑑長編』巻一五、三二〇頁。

（18）『宋史』北京、中華書局、一九七七年、一三四九九頁。

（19）江少虞『宋朝事実類苑』上海、上海古籍出版社、一九八一年、巻一八、二一七頁、同書、巻四五、五八六頁。同様のことが『続資治通鑑長編』にも記載されている。『続資治通鑑長編』巻三〇、六八二～六八六頁。

（20）『続資治通鑑長編』巻三一、七一三～七一四頁。

（21）同右書、巻一七、三八六頁。

（22）同右書、巻一八、四一四～四一六頁。

（23）同右書、巻三一、七〇四頁、程俱（一〇七八～一一四四年）、張富祥編注『麟台故事校証』北京、中華書局、二〇〇〇年、一八～二一、三九～四一頁。

（24）『続資治通鑑長編』巻二〇、四四四頁、『宋史』九五一～九五二頁、Joseph Needham, Wang Ling and Derek J. de Solla Price, *Heavenly Clockwork: The Great Astronomical Clocks of Medieval China*, with supplement by John H. Combridgem, Cambridge, Cambridge University Press, 2nd edition, 1986, p.70-72.

（25）『続資治通鑑長編』巻三八、八二四頁、同書、巻七三、一六五七頁、『宋史』九五二～九五四頁、Joseph Needham and others, *Heavenly Clockwork: The Great Astronomical Clocks of Medieval China*, p.68-70.

（26）『続資治通鑑長編』巻四三、九〇九頁。

（27）以下の文献を参照のこと。陳元靚『事林広記』（一三三〇～一三三三年に出版）北京、中華書局、一九六三年、「後集」巻六、六a～六b頁。

（28）郭声波「宋朝官方天文暦法機構考述」『宋代文化研究』第六号、成都、四川大学出版社、一九九六年、九五～一一三頁、同『宋朝官方文化機構研究』成都、天地出版社、二〇〇〇年、五七～七一頁、龔延明『宋代官制辞典』北京、中華書局、一九九七年、六九頁。

（29）『続資治通鑑長編』巻五六、一二二六～一二二七頁。

（30）同右書、巻六一、一三六一～一三六三年、Philip C. Baity,"The Ranking of the Gods in Chinese Folk Religion", *Asian Folklore Studies*, Vol.35, 1977, p.75-84; Howard J. Wechsler, *Offerings of Jade and Silk: Ritual and Symbol in the Legitimation of the T'ang Dynasty*, New Haven, Yale University Press, 1985, p.207-209; 陳戍国『中国礼制史』隋唐五代巻、長沙、湖南教育出版社、一九九八年、二六〇～二八〇頁。

（31）『続資治通鑑長編』巻六三、一三九八～一四一五頁、文瑩『玉壺清話』北京、中華書局、一九八四年、三頁、『宋会要輯稿』二〇六九頁、Bernard R. Goldstein and Ho Peng Yoke,"The 1006 Supernova in Far Eastern Sources", *The Astronomical Journal*, Vol.70, 1965, p.748-753; D. H. Clark and F. R. Stephenson, *The Historical Supernovae*, Oxford, Pergamon Press, 1977, p.140-160.

（32）『宋会要輯稿』三〇〇二頁。

（33）『洪範政鑑』（宋版影印）北京、書目文献出版社、一九九一年、一〜四頁、拙稿「北宋仁宗景祐朝星暦、五行書」、張其凡編『宋代歴史文化研究』北京、人民出版社、二〇〇〇年、四一〇〜四三三頁、Ho Peng Yoke, *Chinese Mathematical Astrology: Reaching out to the Stars*, London, Routledge Curzon, 2003, p.6-8.

（34）藪内清「宋代の星宿」『東方学報』第七号、京都、一九三六年、四二〜八九頁、同「宋元時代の天文学」、同編『宋元時代の科学技術史』京都、京都大学人文科学研究所、一九六七年、八九〜一二二頁、潘鼐『中国恒星観測史』上海、学林出版社、一九八九年、一六五〜二三八頁。

（35）『続資治通鑑長編』巻一〇五、二六八九頁、同書、巻一〇七、二七五七頁、同書、巻一〇九、二八〇二頁。格子状の星図（grid-pattern celestial map）の発達に関しては以下の文献を参照のこと。K. W. Fung（馮錦栄）、"A Critical Study of the Shishi xing guan bu zan 石氏星官簿讃（Star Catalogue of Master Shi [Shen, fl.370B.C.-340B.C.]）", in Dai Wusan and Welf H. Schnell eds., *Study on Ancient Chinese Books and Records of Science and Technology: The Colloquia of 2nd ISACBRST August 23-28, 1998, Berlin, Germany*（鄭州、二〇〇三年）、p.124-131.

（36）『宋史』二五五三〜二五五六頁。宋代における音楽理論の発展については以下の文献を参照のこと。Pian, Rulan Chao（卞趙如蘭）、*Song Dynasty Musical Sources and their Interpretation*, Cambridge, Massachusetts, Harvard University Press, 1967, especially p.43-45; 小島毅「宋代の楽律論」『東洋文化研究所紀要』第一〇九号、一九八九年、二七三〜三〇五頁。

（37）『続資治通鑑長編』巻一〇七、二七五四頁、同書、巻一〇八、二七七八頁、Derk Bodde, "The Chinese Cosmic Magic known as Watching for the Ethers", Søren Egerod and Else Glahn eds., *Studia Serica Bernhard Karlgren Dedicata: Sinological Studies dedicated to Bernhard Karlgren on his Seventieth birthday, October 5th, 1959*, Copenhagen, Ejnar Munksgaard, 1959, p.14-35.

（38）K. W. Fung（馮錦栄）、"From the Han Mawangdui Tomb to the Song Imperial Collection: A Comparative Study of Two Astronomical and Meteorological Manuscripts", Hashimoto Keizo（橋本敬造）、Catherine Jami eds., *East Asian Science: Tradition and Beyond*, p.443-456.

（39）拙稿「『天元玉暦祥異賦』小考――占星術の対象となった天体・気象現象を中心に」、山田慶児編『中国古代科学史論続編』京都、京都大学人文科学研究所、一九九一年、二六七〜三三一頁。

(40)『玉海』巻三、三〇a～三〇b頁。
(41)『宋史』一七四三頁。
(42)『宋会要輯稿』巻五二、二〇六五頁。
(43) Nathan Sivin,"Shen Kua", *Dictionary of Scientific Biography*, Vol.12, 1975, p.367-393; J. Brenier,"Shen Kua（1031-1095）et les sciences", *Revue d'Histoire des Sciences*, Vol.42, No.4, 1989, p.333-351.
(44)葉鴻灑「靖康之難対南宋以後中国伝統天文学発展的影響」『宋史研究集』第二一集、台北、一九九一年、二五七～二九一頁。
(45)李心伝（一一六六～一二四三年）『建炎以来繫年要録』北京、中華書局、一九五六年、巻四六、八二三頁、潜説友『咸淳臨安志』三a～三b頁。
(46)中華書局編輯部編『歴代天文律暦等志彙編』北京、中華書局、一九七五～一九七六年、第八巻、二八六八頁。
(47)『歴代天文律暦等志彙編』第三巻、八一一頁。
(48)同右書、第八巻、二八七〇～二八七一、二八八〇頁。
(49)同右書、二八六九～二八七〇頁。
(50)同右書、二八七〇～二八七五頁。
(51)同右書、二八七七～二八九四頁。
(52)同右書、第三巻、八一二頁、山田慶児『朱子の自然学』東京、岩波書店、一九七八年、三二四～三二六頁。
(53)新城新蔵「蘇州天文図」『自然』第二号、上海、一九三六年、一～七頁、W. Carl Rufus and Hsing-Chih Tien, *The Soochow Astronomical Chart*, Ann Arbor, University of Michigan Press, 1945, p.1-24; Huang Yilong（黄一農）、「蘇州石刻『天文図』新探」、*Tsing Hua Journal of Chinese Studies*（新竹）、New series, vol.19, no.1, 1989, p.115-131.
(54)『歴代天文律暦等志彙編』第八巻、二八九一～二八九二頁。

液化する風景——蘇東坡詩の風景把握

宇佐美　文理

はしがき

我々は、通常目や耳などの感覚器官を使って外界を知覚する。あるいは荘子によれば、感覚器官が存在していることが、外界を「作り出して」しまっていると批判されるわけだが、それはしばらくおこう。

さて、杜甫は次のようにうたっている。

江碧鳥逾白　江は碧く　鳥はますます白い
山青花欲燃　山は青く　花は燃えんばかり
（「絶句二首」其二『杜詩詳注』巻十三）(1)

碧い川。その碧さを背景にした白い鳥。少し視線をあげれば、青い山。そしてその青い山に燃えたつ紅い花。ここで杜甫は明らかに世界を「見て」いる。目によって色彩をとらえ、視覚の言葉によって世界を構築している。そしてその手法がここでは完全な成功をおさめている。

それに対して、風景、すなわち風と光をうたう風景詩は少し違った外界の把握の仕方をしていた。かつて拙文において考察したように、[2] まず室内風景詩は、詠者の部屋に差し込む光と風によって風景を描写し、その後、「近くの風、遠くの光」という形で風景の「拡がり」を獲得することになる。そしてこの「近くの風、遠くの光」というパターンは、ひとつの典型として代々引き継がれ、ここに問題にする蘇東坡においてもその手法は使われている。

さて、今回問題にするのは、このいずれとも異なる風景の把握の仕方である。それは、視覚を例にとるならば、視覚を視覚のままでなく、視覚がとらえるものの性格を変容させる、という手法である。視覚によってとらえられ、視覚の言葉によって表現されてきたものを、違う手法によって表現しようとする。端的に言うならば、「風」や「光」を、他の様相即ち「液体」としてとらえるという手法である。そこでは、風と光は外界における知覚の対象ではなく、観者の内部へいわば「物理的に」入り込んでくる存在となる。そして、その入り込む様相を、「浸透する」という言葉によってとらえてみる。世界を「外界」としてとらえるのではない、という性質は、この「浸透」ということばによってよりわかりやすく示すことができるのではないかと思われる。

本稿は、この「液化する風景」について、特に蘇東坡を例にとって考える。

一、光と風の表現

まず最初に取り上げるのは、光の表現である。光が光としてうたわれる例を少し挙げてみよう。すぐに思い浮かぶのは

牀前看月光　　牀の前をてらす月の光
疑是地上霜　　それは地におりた霜かとおもわれるほど
（「静夜思」『分類補注李太白詩』巻六）

返景入深林　　夕日は深い林に入ってきて
復照青苔上　　青い苔の上を照らす
（「鹿柴」『唐王右丞集』巻四）

などだが、これらの光の表現を「視覚的」あるいは「平面的」とよぼう。それは、蘇東坡のよむ光に「視覚的」でなく、「平面的」でないものがあるからである。視覚的でなく平面的でないとはどういうことか。蘇東坡に次のような句がある。

水天浮四座　　水面にうつった空が湖の四方に浮かび
河漢落酒樽　　河漢の光が酒樽に落ちて
使我氷雪腸　　わたしの清白な腸に
不受麴糵醺　　こうじの酔いを受けさせぬ
（「九月十五日観月聴琴西湖示坐客」『合註』巻三十四）

この詩において、河漢の光は酒樽に落ちているわけだが、それは既に単なる光ではなくて、酒に同化してしまっている。それがわたしの体内に入っていくので、わたしはその清らかなる存在によって、酔っぱらうこともないのである。

無論、光が液体の中に入ることはめずらしいことではない。

清光入盃杓　　清んだ光は盃杓に入り
白露生衣巾　　白い露は衣巾に生じる
（「効陶潜体詩十六首」其六『白氏長慶集』巻五）

が、ここで問題にすべきは、我々はこの「清光入盃杓」をよむと、「ああ、光が水面に映っているのだ」として、いわば水という物質と、光という現象を、概念的に切り離して考えてしまっているはずである。つまり、「入」というのは、詩がその「入」という言葉をかりているだけである、と考え、かつ、先の蘇東坡の詩も、河漢の光が酒に入って体をめぐるというのは、同じようにそういう表現をかりているだけである、と考えてしまうのではなかろうか。しかしながら、以下に見ていくように、光は確かに「液化」しているのである。単に言葉をかりているのではなく、光は液体化して、液体という存在となって（この場合は酒と同化して）まさしく体内をめぐっているのである。

この光の液化をわかりやすく示す例をもうひとつ挙げよう。

清風粛粛揺窓扉　清風が粛粛と窓を揺らしている
窓前脩竹一尺囲　窓の前のながい竹は周囲一尺のふとさ
紛紛蒼雪落夏簟　紛紛と蒼い雪が夏のむしろに落ち
冉冉緑霧沾人衣　冉冉と緑の霧が人の衣をぬらす

（「寿星院寒碧軒」『合註』巻三十二）

ここで蘇東坡は、緑の霧が衣服をうるおす、とうたっているわけだが、これは、緑という色が霧と一体化して、衣服をうるおしているわけである。この「緑霧」ということばは、李賀の

江中緑霧起涼波　江中の緑霧が涼しげな波に起こり
天上畳巘紅嵯峨　天上の重なった山々は紅く嵯峨とそびえたつ

（「江南弄」『李賀歌詩編』巻四）

にもとづく。ただ李賀の場合には、この緑霧は視覚的なものにとどまっている。霧が緑色に見えている、といってもいいだろうか。それに対して、蘇東坡がうたった緑霧は、視覚的に緑色だというより、先の樽中の光のように、緑という色が既に霧のなかに入り込んで、緑なる存在を含んだもの、としてとらえることができるのではないだろうか。

たとえば次のような句はどうであろうか。

松明照坐愁不睡　　松明が坐を照らし愁を生じて睡れぬ朝
井花入腹清而暾　　井花が腹に入るとすがすがしくあたたかい
（「花落復次前韻」『合註』巻三十八）

朝一番の光（井花）が井戸の水に入り、その水が今度は体内で輝く。「暾」は肉体的感覚としては、飲んだ水が「あたたかい」というイメージなのであろうが、『広韻』に「暾」が「日出皃」と見える如く、太陽の光が輝くイメージをここでもともなっていることは疑いえない。

また、

我遊江湖上　　江湖の上に遊ぶわたし
明月湿我衣　　明月がわたしの衣をぬらしている
（「送運判朱朝奉入蜀」『合註』巻三十四）

の如く、いきなり光がうるおすとうたわれることもある。

つまり、蘇東坡においては、光というものは、液体に入り込むばかりではなく、光自体が液体のイメージでうたわれる、といってよいのではなかろうか。

実に、光を液体としてとらえるのは、「ひかりがそそぐ」という表現において端的にあらわれている。以下、いくつか例を挙げてみよう。

白鹿泉頭山月出　　白鹿泉の上に山のはの月がかおをだし
寒光潑眼如流汞　　寒光が水銀のように眼に潑ぐ

（「送陳睦知潭州」『合註』巻二十七）

山頭望湖光潑眼　　山の上から湖を望むと光が眼に潑ぎよせ
山下濯足波生指　　山の下に足を濯うと波が指間に生じる

（「至秀州贈銭端公安道並寄其弟恵山老」『合註』巻八）

可憐明月如潑水　　可憐な明月は水を潑ぐよう
夜半清光翻我室　　夜半の清光がわたしの部屋でおどっている

（「次韻孔毅父久旱巳而甚雨三首」其一『合註』巻二十一）

さて、この液化した光のイメージをもって、次の詩を見てみよう。

江月照我心　　江の月はわたしの心を照らし
江水洗我肝　　江の水はわたしの肝を洗う

（「藤州江上夜起対月贈邵道士」『合註』巻四十四）

月が照らし、水が洗うというわけで、それだけなら別段変わった表現ではないが、その照らされ洗われる対象は、我が心であり肝である。つまり、光と水は、わたしの内面に入り込んできているわけで、その上で照らしたり洗ったりしているのである。

これもまた、単に言葉をかりているだけではあるまい。具体的というか、肉体的、物理的なイメージをともなっているのではなかろうか。

この詩の後半部には、

独酔還独醒　　ひとり酔いひとり醒める
夜気清漫漫　　夜の気は清すがしくみちわたる

とある。清なる夜気があたりには満ちているわけで、その清気は、月の光と川の水にもとづく清気であろう。その気が蘇東坡の肉体にいわば「浸透」している。浸透しているが故に、心を照らし、肝を洗うことになるのだ。洗っているのは縁語として水に対応して句の中にはめ込まれているだけで、それが月の光とも関係して、結局は「清気」が浸透してくるのである。

それは、たとえば次の詩によっても認められるであろう。

寄臥虚寂堂　　寄臥しているこの虚寂堂
月明浸疏竹　　月は明るくまばらな竹のなかから光がさしこみ
冷然洗我心　　冷ややかにわたしの心を洗う

欲飲不可掬　　飲もうとおもっても掬うことはできぬ

（「和李太白」『合註』巻二十三）

先の詩においては、月の光は我が心を照らしていたが、この詩においては月の光は我が心を洗っている。この「洗心」という発想のもとにあるのは、『周易』の言葉である。しかしここで注目したいのは、蘇東坡においては、単に言葉をかりているのではなく、実感を、つまり液体的なものによって洗われているという実感をともなうものではないかという点である。そしてまた、

過淮風気清　　淮水を越えると風気はすがすがしく
一洗塵埃容　　塵と埃にまみれたこの身を洗い流してくれる

（「過高郵寄孫君孚」『合註』巻三十七）

のように、清気が洗うという表現も、そのように考えることができよう。

さて、先の蘇東坡の詩「江月照我心、江水洗我肝」にもどろう。実はこの詩は、明らかに背後に白居易の詩がある。

東南月上時　　東南に月が上るころ
夜気清漫漫　　夜気はすがすがしくみちわたる
百丈碧潭底　　百丈の深さの碧いみずの底に
写出黄金盤　　写し出されて黄金の盤のよう
藍水色似藍　　藍水はその名の如く色は藍のよう
日夜流潺潺　　日夜潺潺と流れる

……

浅深皆洞徹　　浅いところから深いところまでひかりはすきとおり

可照脳与肝　　脳と肝とを照らすのだ

……

（「遊悟真寺詩」『白氏長慶集』巻六）

藍水の清んだ水が、月の光のイメージをともなって、白居易の体内を照らしている。これもおそらく、脳と肝というのは単なる「心」を表すために使われた言葉だというわけではあるまい。白居易は実感をともなって、この水と月の光を受け取っているはずなのだ。しかも、それは決して視覚的でない。

先に挙げた「平面的か否か」ということについて、少し補っておこう。たとえば次のような詩はどう考えられるであろうか。

蛾眉山月半輪秋　　蛾眉山上半輪の秋の月

影入平羌江水流　　影は平羌の川に入って流れていく

（「蛾眉山月歌」『分類補注李太白詩』巻八）

月の影、つまり月の光は、川の水と一体となって流れていく。水と光が一体となっていることについては、たとえば杜牧の

嗚軋江楼角一声　　江楼からぎいぎいときこえる角笛の声

微陽瀲瀲落寒汀　　微かな陽のひかりが瀲瀲と寒々としたみぎわをてらしている

（「題斉安城楼」『樊川文集』巻三）

のように、光が水面に落ちて輝くという表現は、よく見かけるものである。これは蘇東坡においても当然見られる。

稀星乍明滅　まばらな星がきらきらと
暗水光瀰瀰　暗いながれに光がゆらめく
（「七月一日月出城舟中苦熱」『合註』巻七）

しかし、ここで指摘したいのは、そのような「視覚的」なものではなく、その光を液体的なものとして把握するという表現であり、敢えて言うならば、光が「浸透」するイメージである。

その浸透のイメージに移る前に、風が液化することを見ておこう。これは既に杜甫において、

清風為我起　清らかな風がわたしにふいてくれ
灑面若微霜　こまかな霜のように顔に灑ぎかかる
（「四松」『杜詩詳注』巻十三）

といわれており、おそらくそれをイメージする蘇東坡は、次のようにうたっている。

花時臘酒照人光　はるにのむ節酒は人をうつして光り
帰路春風灑面涼　帰路の春風はかおに灑いで涼しげ
（「同柳子玉游鶴林招隠酔帰呈景純」『合註』巻十一）

また、はっきり「あらう」というイメージでよまれることもある。たとえば李白の

脱巾掛石壁　　巾を脱いで石の壁に掛け
露頂灑松風　　あたまをだして松風にあらわせよう
（「夏日山中」『分類補注李太白詩』巻二三）

がそれであり、蘇東坡は、直接「洗」字を使って次のようにうたっている。

清風洗昏翳　　清風が眼のかすみを洗いながし(3)
晩景分濃繊　　夕暮れのひかりのもとでくっきりとうつくしい
（「五月十日与呂仲甫……」『合註』巻九）

光のみならず、蘇東坡においては、風もまた液化されたイメージを持っているのである。つまり、先の光と合わせて、「風景が液化する」ということばによって、彼のイメージを理解することができるのではなかろうか、というのがこの章の考察の内容である。

さて次に「浸透」のイメージに移ろう。

二、浸　透

玉堂清冷不成眠　　玉堂はきりっとさむくて眠れない
伴直難呼孟浩然　　宿直のなかまに孟浩然（あなた）をよぶわけにもいかない
暫借好詩消永夜　　しばらくあなたのすばらしい詩集を読んで夜長をあかそう

毎逢佳処輒参禅　　佳処にであうたびに静かに思いを凝らしことばをこえてあなたのこころにふれる
愁侵硯滴初含凍　　愁いは硯の水滴にしみこんで凍りつき
喜入灯花欲斗妍　　喜びは灯の炎に入りこんで美しさをきそいあう
寄語君家小児子　　君の家の童子にことづてよう
他時此句一時編　　いつか詩集が編まれるときは私のこの詩もいれてくれと

（「夜直玉堂……」『合註』巻三十）

「愁気」が、硯の中の水滴にしみこんでいっている。これだけ読めば、これは単に言葉をかりているだけのこと、ともとれそうで、確かに現代の我々にはいささか実感をともないがたいものである。しかし、光が液化して我が心を洗うのと同様に、蘇東坡はここでも具体的なイメージをともなってうたっているのではなかろうか。次の詩はどうであろう。これも少し長いが、あえて全句を引用する。

何人遺公石屛風　　だれが欧陽公にこの石屛風を贈ったのか
上有水墨希微蹤　　そこには水墨のかすかなあとがある
不画長林与巨植　　木がたちならぶ林や巨木が描いてあるわけではない
独画峨嵋山西雪嶺上　　ただ峨眉山の西にある雪嶺の上にたつ
万歳不老之孤松　　万歳不老の松が一本描いてあるだけ
崖崩澗絶可望不可到　　崖は崩れ谷川は絶えて見えてもたどりつくことはできない
孤煙落日相溟濛　　ひとすじ立ちのぼる煙と落日は暗く朦朧とし
含風偃蹇得真態　　松が風に吹かれてもまっすぐに立つ情景が見事に描かれる

刻画始信天有工　その描写を見てはじめて天にも技巧があるのだと知る
我恐畢宏韋偃死葬虢山下　あるいは名画師の畢宏や韋偃が虢山のもとに葬られ
骨可朽爛心難窮　骨は朽ち果てたが心は消え去らず
神機巧思無所発　彼らの思いや構想が行くあてもなく
化為煙霏淪石中　もやに姿を変えてこの石の中に沈み込んだのではなかろうか
古来画師非俗士　古来えかきは俗士ではない
摹写物像略与詩人同　もののすがたをうつしとることおよそ詩人と同じである
願公作詩慰不遇　先生お願いですから詩を作って彼らの不遇を慰め
無使二子含憤泣幽宮　この二人が憤鬱を抱いて冥宮で泣くことがありませんよう

（「欧陽少師令賦所蓄石屏」『合註』巻六）

二人の画家の気が、石にしみこんで、それがかたちになって現れてきたのだ、ということである（もちろん、墨で絵が描かれているわけではない。自然石のままである）。これは一見単なるお話に見える。しかし、目に見えない気がかたちをとって現れるという思想は、中国の芸術理論の根底をなす考え方である。誤解を恐れずに言えば、画家の気が石にしみこんでしまえば、それが松のかたちをとって現れること自体は、別段不思議なことではない。あとは、この「しみこむ」システムである。

先に愁気が硯滴にしみこんでいったように、気は物体にしみこんでいくのである。この気のしみこみを、ここでは「浸透」とよぶ。

千梳冷快肌骨醒　くしけずれば冷く快く肌骨が覚醒し
風霧気入霜蓬根　風霧の気が霜蓬の如き毛根にはいりこむ
（「六月十二日酒醒歩月理髪而寝」『合註』巻三十九）

ここでくしけずることによって、冷気が毛根にしみこんでくることがうたわれている。これは、現代の我々にも多少はイメージしやすいものだと思われるが、この「浸透」のイメージが、先の硯滴にも、石屛にも、同じように使われているのである。なおいうまでもなくこの浸透のイメージは、医学にかかわる発想においては常用されるものである。蘇東坡においても、南方恵州の厳しい気候を述べた句だが、

暮雨侵重膇　暮れの雨ははれた足に侵入し
暁烟騰鬱攸　あさもやに火の如き熱気がふきあがる
（「聞正輔表兄将至以詩迎之」『合註』巻三十九）

と見える。

以上、風と光、すなわち風景が、液体的なイメージによってとらえられ、それが人間の身体にとらえられるすがたを、浸透というイメージで記述できることを示してきた。そしてここではことさらに蘇東坡を例にとって示してきたわけだが、文学の流れという観点でみるときには、次のようなことが指摘できるであろう。それは、風景と詩人とのつながり方の違いである。風景というものは、およそ詩人と精神的につながっている、いや、精神的なつながりを示そうとするのが詩であるといってもいいのかもしれない。李白と杜甫をひいておこう。

謝亭離別処　謝亭は離別で知られる場所

風景毎生愁　その風景はいつも愁いを生じさせる

（「謝公亭」『分類補注李太白詩』巻二十二）

暁鸎工迸涙　あかつきのうぐいすはたくみにわたしの涙をもよおし

秋月解傷神　秋の月はわたしのかなしいこころをよくわかっている

（「贈王二十四侍御契四十韻」『杜詩詳注』巻十三）

李白においては直接風景という言葉が使われて、風景は作者に精神的なインパクトをあたえるわけだが、杜甫においては秋の月の光が作者の心の親近者としてあらわれる。ここでの風景と作者のつながりは、いずれも具体的な感覚をともなわない、精神的、観念的な結びつきである。それに対して蘇東坡の場合は、具体的な感覚とイメージをともなったものであるということが指摘できよう。液化した風景は、蘇東坡の身体の内部に浸透する存在なのであり、物理的に自身の外にある対象ではない。

ただ、それが蘇東坡に始まるということをここで言おうとするのではない。先にも見たように、その例はたとえば白居易に求めることができる。小論では、蘇東坡にそれが見えることを一つの例として示し、宋代においては風景把握においてそのような「液化した風景」というとらえ方があることを指摘しようとするものである。(4)

三、気象と浸透、そして散っている気

はしがきにあげた荘子が示唆する外界との対立を、この風景把握はある意味において解消することができる。このことについて、中国の芸術理論の根底をなす「気象」の考え方と照らし合わせて、その意味を考えてみよう。

気象の考え方、つまり、目に見えぬ気が、何らかの形で感覚器官にうったえる様相をもって現れてくる、という考え方に対して、この液化した風景は、その無形なる気をそのまま把握している、というところに注目すべきである。いわば、気象という思想を介することなく、気を把握している、ともいえよう。

さらにもう一点、ここでは気の聚散、特に「散」との関係について述べておきたい。

風竹散清韻　　風にゆれる竹は清らかな韻を散らし
烟槐凝緑姿　　かすみのなかの槐は緑の姿を凝らす

（「官舎小亭閑望」『白氏長慶集』巻五）

ここで散っているのはおそらく音なのであろう。そして、ここで注目したいのは、この「散」に対して、我々の感覚器官には、何が要請されているのか、ということである。液化して浸透する風景は、我々の身体の中に入り込む。しかし、ここで散っている存在は、我々と如何なる関係にあるのか。

おそらくここには、散らされた気の中に漂っている人間の身体のイメージだけがあるのではなかろうか。「散っている」とは、やはり「ひろがっていく」イメージであって、観者はそのひろがりの範囲内に入るやいなや、その散らされた気のひろがりの中を漂うことになる。つまり、ここでは「感覚器官」の出る幕はないのであって、冒頭に触れた荘子の発想、つまり、五官それも視覚や聴覚といった、人間が「上等な知覚」だと考えているような世界の認識の仕方とは違った次元での世界とのつきあい方がここにはある。

蘇東坡にもどってみよう。

花心起墨暈　　花の蕊が墨のぼかしのなかにあらわれ

春色散毫端　　春の色が筆のはしから散りひろがる　　（「墨花」『合註』巻二十五）

「心色」は、画面上の意と、「こころとようす」の意が重なっており、また水墨のみで色をつけない花の絵であるが故に、「春色」と、ことさらに「色」字が使われるのが効果的だが、ともかくここで筆先から散っているのは、やはり春の気なのであろう。そしてその散った春の気の中を、この墨花の絵を見ている人間は漂っているはずなのである。浸透する風景は、この散じた気の中におかれているあり方の、ひとつのバリエーションと考えることができるであろう。散っている気のひろがりの中にただ存在することもあれば、それが液化して身体の中に浸透することもある。それはまったく自在なのであろう。(5)

ただ、ひとつだけ注意しておきたいのは、彼らはそもそもこの「気体」とか「液体」とかいう区別をしていたかどうかということである。本稿は、そもそもこの区別があるという発想から始めているため、ことさらに「液化」するという言葉を使うことになった。しかし、このように考えてくると、この区別の存在はいささかあやしい。この問題の解決は後日を俟つとして、今は、「現代の我々の発想からすれば蘇東坡において風景は液化している」と指摘して筆を擱く。

【注】

(1) 文中、『杜詩詳注』は康熙刊本、『白氏長慶集』は康熙刊汪立名本『白香山詩長慶集』、『合註』は乾隆刊『蘇文忠詩合註』を指し、他の文集は四部叢刊本による。なお蘇東坡の詩の解釈については『四河入海』、それも一韓智翃の聞書に多く拠っている。またわが国の多くの先人の注釈（小川環樹・山本和義『蘇東坡詩集』第一～第四冊、一九八三～九〇年など）にも助けられている。先人の学恩に感謝する次第である。なお、蘇東坡の詩について、詩題の長いものについては、原書に当たることが可能だと思われる範囲で省略した部分がある。
（2）拙稿「山水画と風景詩」『中国思想史研究』第一九号、一九九六年。
（3）一韓智翃は「雨後清風吹テ心ヨイ事ハ眼病ノ昏翳ヲ一洗シタカ如キソ」（『四河入海』巻二三之二）、小川・山本訳は「清らかな風がくもり空をすっかり洗いきよめて」（小川・山本、注（1）前掲書、第二冊）。しばらく併記する。
（4）この風景把握の典型のひとつとして白居易を考え、さらに絵画史における「小景画」の発生と展開をこの風景把握の問題と関連づけて述べる論考を、別に準備している。
（5）この気と液体（水）との自在なる変化について考察された興味深い論文に、加藤千恵「道教に於ける水の身体論」（『宮澤正順博士古稀記念　東洋——比較文化論集』青史出版、二〇〇四年）がある。なお、この論文については、三浦國雄氏よりその存在を知り、刊行前にもかかわらず、加藤氏よりこころよく原稿をお送り頂き、参照させていただいた。三浦國雄氏および加藤千恵氏に感謝申し上げる。

【付記】

小論は、二〇〇三年二月二十四日、京都大学人文科学研究所における「中国美術の図像学」研究班の研究会において、「蘇東坡詩の風景把握」と題して行われた発表の前半部分である。研究会において貴重な助言を賜った班長曾布川寛氏および班員諸氏に感謝申し上げる。


【補記】

二〇〇三年六月小論提出後、『中國中世文學研究』第四十四号が刊行され、橘英範氏の論考「液体の月光——中国古典詩における月光表現管見」を知った。この論考は、月光を液体ととらえる表現について、六朝から清代にいたる流れを追ったものであり、さらに月と水とのそもそものかかわりについても考察がなされている。小論が扱えなかった白居易以前の考察と、さらにはその表現の変化の考察など、参考とすべきところが多い。

朱熹の鬼神論と気の論理

吾妻　重二

はじめに

朱熹が理と気の概念を駆使して自然と人間を含む世界の様相を体系的に説明したことは、中国思想史の展開において重要な意味をもつ。なかでも「鬼神」に関する理論は、森羅万象のすべてを分析し、解き明かそうとする朱子学の知的な体系志向性をよくあらわしている。

これまで朱熹の鬼神論に関する研究は少なくない。それらの研究におけるおおかたの理解をごく簡単にまとめれば、朱熹の鬼神論は、㈠鬼神を気の作用として説明することで、鬼神の神秘性を剝奪し、中国の自然哲学の展開における画期をなした、㈡ただし、その鬼神論は祭祀の説明としては理論的に破綻している、という二点に要約することができるであろう。[1]このような見方には、もちろんそれなりに根拠があり、私も当初はそのように考えていたのであるが、資料を見ていると、いくらか誤解や混乱をきたしているところがあると感じられるようになった。そこで、ここでは主要な論点を整理しなおすとともに、朱熹の鬼神論の論理について再検証してみたい。このことはまた、朱熹において「気」とは何であったかについて再検討を促すものとなるであろう。

一、自然哲学における鬼神

（一）鬼神と気の屈伸

鬼神とは祭祀や畏怖の対象としての霊的存在をいう。もともと「鬼」は死者の霊を、「神」は自然神をそれぞれ意味していたが、これらを「鬼神」の語でまとめて呼ぶ例も早くからある。たとえば、『論語』泰伯篇に「飲食を菲《うす》くして孝を鬼神に致す」とあるのは、死者（祖先）の霊を鬼神といったものであり、『周礼』大宗伯にいう「天神・人鬼・地示」を鄭玄注が「鬼神」と総称しているのは、鬼神という熟語が天地の自然神と死者の霊いずれをも意味することをよくあらわしている。

さて、鬼神論の発展においてまず注意すべきことは、孔子や孟子に代表される原始儒教において、鬼神とは何かが問われなかったことである。孔子は、右の泰伯篇の引用からも知られるように、鬼神の祭祀を重視してはいたが、鬼神とはいかなるものかに関しては『論語』に何の説明も見えない。雍也篇に「鬼神を敬して之を遠ざく」とあるように、孔子は、鬼神を敬いつつも、その霊妙不可思議さをめぐって議論するのを慎重に避けていた。『孟子』に至っては、鬼神という語自体がない。ただし、その万章篇上に、舜に天地山川の祭りをつかさどらせたところ「百神之を享《う》け」たとあるので、孟子が鬼神の祭祀を重視していたことは明らかである。このほか、早くから儒家の経典となっていたと思われる『儀礼』は、士喪礼以下の諸篇で祖先祭祀の方法を詳細にわたって記しているが、祖霊（鬼神）に関してまったく説明を加えていないことも注意される。

このように、原始儒教において鬼神の祭祀は重視されてはいたが、「鬼神とは何か」が論じられることはまずなかった。しかし、その後、鬼神を気ないし陰陽の概念によって説明する例が儒教文献の中に少しずつ現われる。なかでも『易』繋辞上伝、『礼記』郊特牲篇および祭義篇などが注目すべき例であって、(2)これは戦国時代から漢代にかけて発展した陰陽思想の影響によるものと考えられる。鬼神を、霊的存在として畏敬するにとどまらずに、気（陰陽）の概念によって客観的に説明すること、すなわち鬼神の合理化がこうして始まったのであり、「鬼神は陰陽の名なり」（『論衡』論死篇）と述べた後漢の王充は、そのような思考の中国古代における到達点を示している。

朱子学における鬼神論は、ひとまずこのような気の哲学の発展形態上に位置づけることができる。鬼神は陰陽の気にほかならないというのが原則になっているからである。朱熹の次の語は、そのことをよく示している。

鬼神はただ気である。屈伸往来するのが気だ。天地の間には気が充満している。

（鬼神只是気。屈伸往来者、気也。天地間無非気）（『語類』巻三—7）

鬼神は陰陽の消長にすぎない。

（鬼神不過陰陽消長而已）（『語類』巻三—6）

鬼神とは、気をつかさどる面からいったもので、形而下のものにすぎない。……要するに、鬼神は気の精英さをいう。

（鬼神主乎気而言、只是形而下者。……蓋鬼神是気之精英）（『語類』巻六三・中庸第十六章—5）

このように、形而上の理に対して形而下の気を対置し、天地間に間断なく充満する陰陽の気のすぐれた作用を鬼神と規定したのである。この規定は、周知のように、張載の「鬼神は二気の良能なり」（『正蒙』太和篇）、程頤の「鬼神は造化の跡なり」（『易伝』乾卦・文言伝）という言明にもとづくものであって、鬼神が気の作用そのことを意味するならば、鬼神は自然現象とほとんど同じになるであろう。

ここで見逃せないのは、第一に、鬼神が屈伸の概念によって説明されていることであり、第二に、鬼神のはたらきが万物に遍在するとされることである。まず、第一の屈伸概念についてであるが、『中庸』第十六章「鬼神の徳たる、其れ盛んなるかな」について、朱熹は次のように注している。

二気を以て言えば、則ち鬼は陰の霊なり。神は陽の霊なり。一気を以て言えば、則ち至りて伸びる者を神と為し、反《かえ》りて帰る者を鬼と為す。其の実は一物なるのみ。

また、『語類』ではこれを次のように解説している。

二気に分かれていても、じつは一気のめぐりなのだ。つまり、およそ気がやって来て伸びようとするのが神、気が向こうに往って屈してしまったのが鬼だ。陽は伸のはたらきをつかさどり、陰は屈のはたらきをつかさどっているわけで、一気としていえばこうなる。だから二気（陰陽）としていえば、陰は鬼で陽は神ということになるが、一気としていえば、伸びようとする気にも伸と屈がある。……天地も人も物もみなそうで、この気の往来屈伸聚散を離れはしない。

（二気之分、実一気之運。故凡気之来而方伸者為神、気之往而既屈者為鬼。陽主伸、陰主屈、此以一気言也。故以二気言、則陰為鬼、陽為神。以一気言、則方伸之気、亦有伸有屈。……天地人物皆然、不離此気之往来屈伸合散而已）

（『語類』巻六三・中庸第十六章―23）

このように、朱熹によれば、気の伸びて来るはたらきが「神」、それとは逆に気が去って屈するはたらきが「鬼」

である。このように鬼神を気の屈伸（発揚と収縮）と見るのは張載に始まる見解であって、[3] 朱熹はそれを継承したのであるが、これは中国思想史上かつてない新たな定義づけというべきものであった。そもそも屈伸の語は、『易』繋辞上伝の「往くとは屈するなり。来たるとは信《の》ぶるなり。屈信相い感じて利生ず」にもとづいている。これは、日月や寒暑の屈伸往来によって万物が生成するという考え方であって、張載および朱熹は、この『易』の屈伸概念を鬼神に当てはめて理解したのである。

第二の、鬼神の遍在についてであるが、この発想は、『中庸』第十六章の「鬼神の徳たる、其れ盛んなるかな。之を視れども見えず、之を聴けども聞こえず、物に体して遺《のこ》すべからず」の語から来ている。この「物に体して遺すべからず」の句を朱熹は、鬼神が物の体となって遺漏がないこと、すなわちあまねく万物の根幹的要素となっていることと解する。[4] 目や耳で実体的に捉えることのできない鬼神のはたらきが、霊妙なかたちで万物に遍在しているというわけである。

こうして朱熹は、『易』と『中庸』における二つの着想をとり入れることによって、鬼神は気の自己運動たる屈伸のはたらきであり、したがって万物に遍在すると主張したのである。朱熹の次の語は、その独自の解釈をよく要約している。

物の聚散始終は、二気の往来屈伸に非ざる無し。是れ鬼神の徳、物の体と為りて、而も物として能く之を遺す者無きなり。（「答呂子約」七、『文集』巻四七）

さて、前述のように、鬼神とはもともと死霊および自然神として吉凶を下す神秘的存在であり、したがってまた畏怖の対象であった。鬼神についていくらか説明をほどこすようになった『礼記』祭義篇にしても、死んで土に帰るのが鬼、上に発揚するのが神とされていて、鬼＝下降、神＝上昇という方向のみが示されているだけで、屈伸という動きは考えられていない。しかも、この場合の鬼神は死者についてのみいわれていた。(5) ところが朱熹の場合、鬼神は、死者の場合をはるかに越えて、万物に遍在する気のおのずからなる屈伸運動とされているのである。このような鬼神解釈は、それまでの鬼神概念に大幅な変更を迫るものであって、朱熹が鬼神のもつ神秘性を剝奪したとされるのは、けだし当然のことであった。

ただし、同時に注意すべきことは、このように鬼神の語が定義されたからといって、伝統的な霊的存在としての鬼神が否定され、解体されてしまったのではないということである。そうではなく、霊的存在としての鬼神にもまた、右の解釈が適用されるのである。たとえば朱熹は、『周礼』大宗伯にいう天神・地示・人鬼について、ひとり天神のみを神というのは、それがいつも「流動して息《や》むことがない」からであり、人鬼の場合は「散じて静かになる」から鬼の名で呼ぶ、と説明している（『語類』巻三―20）。これは、霊的存在としての神《かみ》および鬼（死霊）を、それぞれ伸＝発揚、屈＝収縮というあり方に沿って説明したものにほかならない。また、神についての次の発言はもっと明確である。

雷風山沢にも神があり、今の廟もこれを神と呼ぶが、まさに伸びようとする気があるからそういうのだ。
（雷風山沢亦有神、今廟貌亦謂之神、亦以方伸之気為言爾）（『語類』巻九八―28）

すなわち、神《かみ》は伸びる気として説明されるのである。

(二) 鬼神論の特質

右のような鬼神解釈は、いくつかの重要な論理的帰結を生むことになった。主な事項としては、次の三点を挙げることができよう。

一、鬼神の遍在にもとづく自然哲学が主張されたこと

二、霊的存在としての鬼神が説明可能とされたこと

三、仏教の輪廻転生説が批判されたこと

第一の、鬼神の遍在についてであるが、前述のように、気の運動が鬼神であるならば、それはべつに死者の場合にのみ限らず、すべての存在・事象に当てはまることになる。朱熹は、そのことについて次のようにいっている。

鬼神は陰陽の消長にすぎない。天地の亭毒（安定と充実）や化育、風雨や晦冥《くらやみ》もみなそうだ。人間の場合でいえば、精は魄であり、魄は盛んな鬼だ。気は魂であり、魂は盛んな神だ。精・気が聚まって物となるわけだから、どんなものにも鬼神がある。

（鬼神不過陰陽消長而已。亭毒化育、風雨晦冥、皆是。在人則精是魄、魄者鬼之盛也。気是魂、魂者神之盛也。精気聚而為物、何物而無鬼神）（『語類』巻三—6）

ここにいう精・魄は人間の身心を構成する受動的な要素をいい、気・魂は能動的な要素をいう。つまり、驚くべきことに、生きた人間にも鬼神があるわけである。ほかにも朱熹は鬼神についてさまざまに分類をほどこしており、それを『語類』にもとづいて分類するならば、次のようになる。(6)

二気	日	月	日月	草木	風雷	人							
神（伸）陽	午前	三日以後	日	発生	鼓動	少壮	呼	言語動作	知識	思慮計画	気	魂	生者
鬼（屈）陰	午後	十六日以後	月	衰落	収斂	衰老	吸	精血	記事	記憶弁別	精	魄	死者

このように、鬼神はあらゆる存在・事象に一種の自然現象として遍在する。これは確かに、三浦國雄氏のいう「鬼神の自然化」であり、また「自然の鬼神化」というべき思考である。[7]

第二に、怪異現象が説明可能とされたことについてであるが、鬼神の本質が気である以上、その神秘さもじつは気のはたらきにすぎない。たとえば朱熹は次のようにいう。

人鬼の気は余すところなく消散してしまう。ただその消散には遅速の違いがある。人には非業の死を遂げた者がいる。だから死んでもその気は散じないで奇怪な事を起こすのだ。（『語類』巻三―20）

（人鬼之気則消散而無余矣。其消散亦有久速之異。人有不伏其死者、所以既死而此気不散、為妖為怪）

これは、人鬼すなわち死者の霊が起こすさまざまな現象は、一見、奇怪なようだが、じつは気のはたらきによるものだという説明である。世俗の「物怪神姦」の説について、「だいたい十のうち八はでたらめだが、二分には道理がある」（『語類』巻六三・中庸第十六章―30）というのはそのためであって、大部分が錯覚であるのに対し、[8]残りの二分にはしかるべき道理があるというのは、要するに気によって説明可能だということにほかならない。[9]後述するように、朱熹は、祖霊を含む鬼神の存在を信じていたが、朱熹に特徴的なのは、その霊妙なはたらきも気概念によって説明しうるとしたところにある。もちろん、実際には朱熹は怪異現象のすべてを説明しつくすことはできなかったのだが、それは、怪異現象は原理的に説明不能だということではない。したがって、有鬼論か無鬼論かということでいえば、朱熹の鬼神論は有鬼論に属するが、しかし不可知論ではないということができよう。

第三の、鬼神説における輪廻転生説批判についてであるが、これは鬼神が気の作用であるという観点からおのずと導き出される。この考え方の濫觴は張載の次の語にある。

浮屠（仏教）は鬼を明らかにし、有識の死は生を受けて循環すと謂い、遂に厭苦して免れんことを求む。鬼を知ると謂うべけんや。……惑える者、「游魂、変を為す」を指して輪廻と為すは、未だ之を思わざるなり。

（『正蒙』乾称篇）

ここに引かれる『易』繋辞上伝の「游魂、変を為す」とは、張載によれば、「形潰《こわ》れて原《もと》に反《かえ》る」こと[10]、すなわち死後、人の身体が気となって散じ、彼方へ帰っていくことをいうのであって、輪廻を意味しない。鬼といわれるものは気にほかならず、死後も断滅せずに存在し続ける実体なのではない、というわけである。そして、このような観点を朱熹が受け継いでいたことは、「釈氏輪廻の論」を「日月寒暑晦明は反復と言うべく、死して復《ま》た生くるの理無し」として批判したこと、また仏教の「神識」（阿頼耶識）の不生不滅を批判したことからも明らかである[11]。つまり、日月寒暑晦明＝気の屈伸運動そのことによって世界の事象は成り立っているのであって、死後における霊魂や神識の実体的存在を想定する必要はないというのである[12]。

二、祭祀における鬼神

（一）祭祀と鬼神の存在

さて、朱熹はいわゆる鬼神の祭祀を、これまた屈伸概念を用いて説明している。

人が死ぬのが「帰」であり、「祖考来格す」（『尚書』益稷篇）というのが「伸」だ。
「至るを之れ神と謂う。其の伸ぶるを以てなり。反《かえ》るを之れ鬼と謂う。其の帰るを以てなり」（『正蒙』動物篇）という。
（「至之謂神、以其伸也。反之謂鬼、以其帰也」。人死便是帰、「祖考来格」便是伸）（『語類』巻九八—28）

死ぬことが屈であり、交感して来ていただくのが伸だ。
（死便是屈、感召得来便是伸）（『語類』巻六三—11）

このように、人が死んで、その気が彼方に帰っていくことが「屈」（帰）であるのに対し、死者の気が祭祀の場にやって来るのが「伸」であるとされる。これは死者の霊についていったものであるが、自然神についてもまた、同じように屈伸が考えられていたらしい。なぜなら、神の神、神の鬼、鬼の神、鬼の鬼という言い方がされているからであって、(13)これは、自然神が来格するのが「神の神《しん》」、それが彼方に帰っていくのが「神の鬼」であり、死者の霊が来格するのが「鬼の神《しん》」、それが彼方に帰っていくのが「鬼の鬼」であるという意味に違いない。表現がやや錯綜しているが、ともあれこのようにして、祭祀における自然神および祖霊の来格も、気の屈伸によって説明されたことになる。

さて、朱熹が祭祀における鬼神の存在を信じていたことは疑いがない。たとえば次の語を見られたい。

鬼神の話をしたとき、程明道の鬼神有無の説を挙げて、こう断言された。「有るとも。もし無かったら、古人はあのように求めたりはしなかったろう。〝七日戒し、三日斎し〟（『礼記』坊記篇）、〝諸《これ》を陽に求めたり陰に求めたり〟（『礼記』郊特牲篇）したのは、有ると知っていたからに違いない」。

（説鬼神、挙明道有無之説、因断之曰、「有。若是無時、古人不如是求。七日戒、三日斎、或求諸陽、或求諸陰、須是見得有」）

（『語類』巻三―72）

ここに引かれる程顥（程明道）の説とは、鬼神の存在の有無について、程顥がはっきり意思表示をしなかったことを指す。[14] このほかまた、「神在るが如く」に祭る（『論語』八佾篇）といっても、本当に神がいるわけではないと述べた門人に対して、朱熹は断固としてこれに反対している。

来喩に言う、「其の神の在るが如しとは、真に在る者有るに非ざるなり」と。此の言、尤も理を害す。若し此の如く説けば、則ち是れ偽りなるのみ。

（「答欧陽希遜」三、『文集』巻六一）

鬼神はもとをたたせば気の作用にほかならないのであるが、このように、祭祀においては、或る確固とした実在としてとらえられていたのである。

では、祭祀の対象としての鬼神は、いったいどのように位置づけられるのであろうか。この問題は、祭祀ことに祖先祭祀が儒教思想の根幹にかかわるだけに、朱熹にとって重大な関心事となった。なぜなら、祭祀が成り立つためには、鬼神が「来たり格《いた》る」ことが必要だからである。

そもそも、「気が聚《あつ》まれば生き、気が散じれば死ぬ」（『語類』巻三―17）というように、人は死ぬと、身心を構成していた気も消散してしまうというのが朱熹の死生観の大前提であった。(15) さもなければ、死後も「神識」がどこかに存在し続けるという仏教の輪廻転生説と似たことになってしまうからである。だが、鬼神が来格するということは、いいかえれば祖先の気がそこに有るということである。したがって問題は、消散したはずの気が祭祀の場に来格するのがなぜ可能なのか、ということになる。この問題を朱熹がいかに解いたかを、次に、(a)祖霊祭祀、(b)祖霊以外の祭祀の二つの場合に分けて見てみよう。

(二) 鬼神来格の理論

(a)祖霊祭祀

祖霊祭祀、すなわち血のつながった子孫が祖先の霊を祭る場合には、二種類の説明がなされる。第一は、死んだあとも、死者の気はすぐに散じつくすわけではないから来格があるというものである。たとえば、朱熹は次のようにいっている。

人は死ねば結局は散の状態に帰るが、すぐに散じつくしてしまうのではない。だから祭祀に感格の道理がある。先祖で世代の遠い者については、気の有無はわからない。だが、祭祀を行なう者がその子孫である以上、要するに同じ気だから感通する道理があるのだ。
（人死雖終帰於散、然亦未便散尽、故祭祀有感格之理。先祖世次遠者、気之有無不可知。然奉祭祀者既是他子孫、必竟只是一気、所以有感通之理）（『語類』巻三—19）

これは、祖先の気がまだ消散しきっていない段階のことなので、来格の説明としてはわかりやすい。

第二は、気が散じつくしたあと、気が新たに生じるという説明である。この点は従来あまり注意されていないように思われるが、朱熹の次の語は、そのことをよく示している。

質問、「伸びるというのは、ただその死者の気が再び伸びてくるということなのですか」。答え、「これはそうは言えまい。この伸びる気は別に新たに生じたものだ」。質問、「別に生じるとはどういうことでしょう」。答え、「祖先の気はただ子孫の身の上にしかないが、祭祀の場合にはその気がおのずと伸びるのだ。自分が誠敬を尽くすとき、粛然として上に在るように感じられるものは何か。どうして伸びてこないことがあろう。これこそが〝神の著《あら》われ〟（『礼記』祭義篇）なのだ」。

（問、「伸底只是這既死之気復来伸否」。曰、「這裏便難恁地説。這伸底又是別新生了」。問、「如何会別生」。曰、「祖宗気只存在子孫身上、祭祀時只是這気便自然又伸。自家極其誠敬、粛然如在其上、是甚物。那得不是伸。此便是神之著也」）　（『語類』巻六三―11）

また、次の語も見られたい。

「死者はもはや得られませんが、子孫が誠敬を尽くせば、祖考（亡き祖先）はその誠に応じます。これは虚空にある気がおのずとわが誠に応じるのでしょうか。それともただわが身の気なのでしょうか」。答え、「あくまでも自分の気だ。思うに祖考の気はおのれと連続している」。

（「死者既不可得而求矣、子孫尽其誠敬、則祖考即応其誠。還是虚空之気自応吾之誠、還是気只是吾身之気」。曰、「只是自家之気。蓋祖考之気与己連続」）　（『語類』巻二五・論語八佾篇・祭如在章―7）

ここでは、祖先の気は虚空に実体的な気として存在するのではないこと、それはあくまでも子孫の身だけに有ること、そして、子孫に残存する気に応じるかたちで祖先の気が新たに生じ来格することなどが、はっきりと語られている。[16]

ところで、祖先の気が祭祀において新たに生じるというこの考え方は、もとをただせば程頤の生生説にもとづいている。程頤は、「天地の化は、自然《おの》ずから生生して窮まらず」、「生生の理は自然《おの》ずから息《や》まず」と主張して、死者の屈した気がそのまま伸びてくるという単純な気の往復論を否定していたからである。[17] 朱熹の来格論はこの生生説を受け継いでいるのであって、そのことは次の語によってわかる。

その気（死者の気）は散じてしまっても、この天地陰陽の道理は、生生して窮まることがないものなのだ。祖考の精神魂魄は散じてしまっていても、子孫の精神魂魄はいくらかでもちゃんと続いている。だから祭祀の礼で誠敬を尽くせば、祖考の魂魄を引き寄せることができる。このことはそもそも説明しにくく、散じてしまえばすっかりなくなってしまうようだが、誠敬を尽くせば感格があるというのも、理が常にそこにあるからなのだ。

（其気雖已散、這箇天地陰陽之理、生生而不窮。祖考之精神魂魄雖已散、而子孫之精神魂魄自有些小相属。故祭祀之礼尽其誠敬、便可以致得祖考之魂魄。這箇自是難説、看既散後、一似都無了、能尽其誠敬、便有感格、亦縁是理常只在這裏也）

（『語類』巻三―52）

ここでは程頤と同様に、「天地の陰陽のはたらきは生生して窮まらない」という道理（理）がひきあいに出されている。消散したはずの祖先の気が子孫の気に応じて新たに生じるのは、そのような生生の「理」にもとづくものだというのである。[18]

祖先の気が新たに生じることについては、これとは別の説明も見られる。弟子宛ての書簡で、

> 気の其の已に散じる者は、既に化して有る無きも、其の理に根ざして日々に生じる者は、則ち固より浩然として窮まり無きなり。故に上蔡、「我の精神は即ち祖考の精神」と謂うは、蓋し此を謂うなり。
>
> （「答廖子晦」二、『文集』巻四五）

というのがそれである。ここで「其の理に根ざして日々に生じる」云々というその「理」は、生生の理一般ではなくて、後述するように「理として祭るべきだ」という意味の理らしい。つまり、「祭るべきだ」という理（原則）にのっとった祭祀の場合、子孫の気に応じて祖先の気がたえず生じ、来格して、祭祀が成り立つというのである。(19) なお、しめくくりの「我の精神は即ち祖考の精神」という謝良佐（上蔡）の語は、祭る側の気（精神）によってこそ祖先の気（精神）が生じるという主張を裏づけるものとして、朱熹によってしばしば援用されたものである。(20)

(b)祖霊以外の祭祀

祖霊以外の死者を祭る場合は、祖霊祭祀の場合の第二の説明、すなわち、気が散じつくしたあと、気が新たに生じるという説明がとられる。次に引くのは、右に触れた「其の理に根ざして日々に生じる者は、則ち固より浩然として窮まり無きなり」の語について、朱熹が答えたものである。

> 質問、「〝其の理に根ざして日々に生じる者は、浩然として窮まり無し〟とは、天地が気化する場合の気をいうのでしょうか」。答え、「この気はただ一つだ。『周礼』にいう天神・地示・人鬼は、三種類に分けられてはいるが、実際には一つなのだ。もし子孫がいる場合は気を引き寄せることができるというなら、子孫がいなければその気

は断絶して無くなってしまうというのか。その血気は伝わっていないが、あのもの（気）はやはり浩然として日々に生じて窮まりがないのだ。たとえば礼書によれば、諸侯が前代の国を祭るときは、その国の主後（君主の子孫）がいない場合に、その祭りを肩代わりする（『礼記』王制篇）。……そもそもそれは、その人がかつてその国の主であったから、礼としてその人を祭るべきなのだ。もっとも、聖人が制作した礼において、前代の国を継いだ者であれば（前代の亡き君主を）祭ることができるが、その国を支配していなければ祭るべきではないとされる。これは理として当然のことだ。だが、道理としてそうすべきであれば、そこにしかるべき気がある。……子孫がいなければ感格する道理がないなんてことはありえない。たとえ子孫がいなくても、その気は決して滅びないのだ。いま勾芒を祭っているが、これはもっと遠い昔になる。だが、これを祭るべきであるからには、気がいくばくかは生じるわけだ。要するに、天地人を通じてただこの一つの気なのだ」。

（問、「根於理而日生者浩然而無窮、此是説天地気化之気否」。曰、「此気只一般。周礼所謂〝天神・地示・人鬼〟、雖有三様、其実只一般。若説有子孫底引得他気来、則不成無子孫底他気便絶無了。他血気雖不流伝、他那箇亦自浩然日生無窮。如礼書、諸侯因国之祭、祭其国之無主後者。……蓋他先主此国来、礼合祭他。然聖人制礼、惟継其国者、則合祭之、非在其国者、便不当祭、便是理合如此。道理合如此、便有此気。……不成説有子孫底方有感格之理。便使其無子孫、其気亦未嘗亡也。如今祭勾芒、他更是遠。然既合当祭他、便有些気。要之、通天地人只是這一気」）

（『語類』巻三―57）

引用が長くなったが、この発言のポイントは、子孫がいなくても、祭る「理」として正当であれば亡き人の気は生じる、という点にある。すなわち、祭る者が前代の国を継いだ君主であるという原則＝理を満たしていれば、血（血気）がつながっていなくても、前代の亡き君主の気が来格して祭祀が成り立つというのである。その証拠として朱熹は、当時宋王朝が太古の王・勾芒を祭っていた例を挙げている。そして、血がつながっていないのに祭祀が成り立つのは、気が天地人を通じて共通のものだからだという。[21]

このほかに朱熹は、天子による天の祭祀、諸侯による社稷の祭祀、社（土地神）や孔子の祭祀も、祭るべきであるならばそこに「気類」が生じるとして、同じ論理によって解釈している。[22]

以上をまとめるならば、結局、祭祀における鬼神の来格は二通りの方式によって説明されていたことになる。第一は、死後それほど時間が経過していない場合、祖先の気は散じきっていないから来格があるという説明であり、第二は、気が散じてしまったあとは、子孫に残存する気もしくは天地人に共通する気の存在をよりどころにして、被祭祀者の気が新たに生じ来格する、という説明である。また、この第二の場合には、祭祀が「理」にかなっていること、いいかえれば祭るべき者が祭りをとりおこなうという条件が特に必要とされる。ここでとりわけ注目すべきことは、消散したはずの被祭祀者の気が「新たに生じる」という主張であって、これは、天地は気を生み出してやまないという生生説を理論的根拠にしたものである。

三、気の概念といわゆる「破綻説」について

(一) 祖霊の来格とは何か

これまで、鬼神の祭祀を朱熹がどのように理論づけたのかを見てきた。理論としては、これでいちおうの説明がなされたわけであるが、では、被祭祀者の気が生じて来格するとは実際にはどういうことなのであろうか。そのことを、祖先祭祀の場合にしぼって見てみたい。

前述のように、朱熹は祖先の気が虚空に実体的な気として存在するのではないと考えていた。そのことはまた、「一物が虚空の中に積もっていて子孫が求めるのを待っているのではない」（『語類』巻三―62）という語からも知られる。

ところが、祭祀にあっては祖先の気が新たに生じ、そしてそれははっきり実在するという。存在しなくなったものが祭祀の場において存在するというのは、一見、矛盾した考え方のようであるが、そうではあるまい。祭祀における祖先の気の来格とは、祖先のイメージが祭祀者の心の中に生起することだったと理解すべきだからである。

朱熹は、范祖禹の「其の誠有れば則ち其の神有り。其の誠無ければ則ち其の神無し」という語について、次のように述べている。

范氏のいう「其の誠有れば則ち其の神有り。其の誠無ければ則ち其の神無し」（『論語集注』八佾篇所引）の語だが、そもそも神明は目には見えない。ただこの心が誠敬を尽くして、ひたすらに祭る鬼神に注ぐとき、「洋洋然として其の上に在るが如く、其の左右に在るが如し」（『中庸』第十六章）というのが感得されるはずだ。そうであれば、鬼神の有無は、この心が誠であるかないかにかかっているのであって、恍惚たる場所に求める必要はべつにないわけだ。

（范氏所謂「有其誠則有其神、無其誠則無其神」、蓋神明不可見、惟是此心尽其誠敬、専一在於所祭之神、便見得「洋洋然如在其上、如在其左右」。然則神之有無、皆在於此心之誠与不誠、不必求之恍忽之間也）（『語類』巻二五・論語八佾篇・祭如在章―4）

この発言で注意したいのは、祭祀において誠敬を尽くすときにだけ祖霊の存在が「洋洋然《ありあり》」と看取されるという点である。朱熹はまた、祭祀を行なえば祖先の精神（気）が聚まり、祭祀が終わって誠敬の心がやめば祖先の気もただちに散じてしまうとするが[23]、このような「気」を何か実体的なもの――たとえばガス状の物質――が集まり散じると解することは、これまで見た朱熹の言説からしても不可能である。そうではなく、祖先のイメージが真摯な祭祀者の心に湧き出る、その生々しい感覚を気の来格としてとらえたというべきであろう。さればこそ、「鬼神の有無」は祭祀者が誠であるか否かにかかっているとされ、また祭祀が終われば鬼神も消えるとされるのである。

上述のように、朱熹は「祖先の気は消散して子孫の身だけにある」とし、子孫に残存する気に応じるかたちで祖先の気が新たに生じると考えていた。この「気」を実体的に理解することは困難なのであって、むしろ、祖先はもはやどこにも存在しないが、祖先を思慕する子孫の心にだけはそのイメージがはっきり生起する、ということであったと見るのがよい。誠敬を尽くすとき、祖先の気が「粛然として上に在るように感じられる」（上引、『語類』巻六三—11）というのは、そうしたことである。つまり、消散したはずの気が新たに生じるとは、実際には亡き人の姿が祭祀者の心に洋洋然《ありあり》と再現されることなのである。

そうであれば、このことは、気の性格について重要な示唆をもたらすことになるであろう。これまで朱熹における気はもっぱら存在論的に解釈され、ガス状の物質、あるいは物質＝エネルギーというふうに規定されてきたが[24]、そのような意味だけであれば祭祀における気は説明がつかない。もちろん、本稿のはじめに述べたように、朱熹において気が自然哲学の概念でもあったことは確かであるが、しかしそれのみで気の性質を十分に説明することはできないのである。一言でいえば、祭祀において来格し感格するとされる気は、存在論的な物質ではなく、実存的な感覚そのものである。気をこのように解釈することはいくらか唐突に響くかもしれないが、実をいえば、もともと中国で伝統的に使われてきた用法なのであって、そのことについては、孟子のいう「浩然の気」（『孟子』公孫丑篇上）を想起すれば足りるであろう。「浩然の気」は天地の間に満ち広がるとされるが、それはガス状の物質が充満するといったことではなく、あくまでも個人の気概の壮大さを意味する語であった。いいかえれば「浩然の気」とは実存的な感覚なのである[25]。

このように、朱熹における気とは、単に存在論的な概念ではなく、存在論的かつ実存的な意味を含む概念であった。いま問題にしている祭祀における祖先の気についていえば、それは存在論的には無いが、実存的には有ると理解されていたのであって、次の語はそのことを示している。

鬼神の理は、聖人蓋し之を言い難し。真に一物有りと謂うは固より不可なるも、真に一物有るに非ずと謂うも亦た不可なり。

（「答董叔重」五、『文集』巻五一）

ここで「真に一物有りと謂うは固より不可なり」とは存在論的には無いということであり、「真に一物有るに非ずと謂うも亦た不可なり」とは実存的には有るということを語ったものにほかならない。実存的に有るというのは、この場合、自己の感情に訴えかけるものが確実に有る、ということである。朱熹は、鬼神の来格についてさまざまに論じる門人に対して、

此等の処は但だ実事上に就きて之を推し、反復玩味すれば、自ずから意味の真実深長なるを見ん。推説すること太《はなは》だ多ければ、恐らくは反《かえ》って汨没《むだ》と成らん。

（「答呉伯豊」一二、『文集』巻五二）

と述べている。理論よりもむしろ「実事上に就きて之を推す」こと、すなわち実際の祭祀の場において省察することによってこそ、鬼神の来格の真実さがわかるというのである。かくして、祭祀において感格される気は、存在論的には無くても、実存的には有ることになる。(26)

（二）「破綻説」について

もう一つ重要なことは、朱熹の気の理論が破綻しているという説が見直されるべきだということである。これを破

綻しているという理由は、祖先の来格があるとすれば、その気はどこかに存在していなければならないはずだが、そうすると、死者の気は消散してしまうという説とも矛盾するし、天地は新たな気を生み出してやまないという生生説とも矛盾する、というところにある。確かに、気が何らかの実体であるとすれば、そう解釈せざるをえないであろう。だが、祭祀における祖先の気が個人の実存的な感覚であれば、「その気はどこかに存在していなければならない」と考える必要はべつにない。事実、朱熹は、祖先の気は虚空に実体的に存在するのではないと明言しているのであるから、こうした見方が当を得ていないことは明らかである。繰り返していえば、祖先は実体的には存在しないが、しかし子孫の記憶において新たに生起する。存在的に消え去った祖先は、祭祀という場において実存的に再現されるのであって、祖先の気が「消散」してしまうことと、それが新たに生じて「来格」するとされることとは、べつに矛盾しないのである。つまり、朱熹の理論が破綻しているように見えるのは、気を存在論的にのみ解釈しているからなのである。

なお、祭祀における気は存在論的には無いが実存的には有るというとらえ方は、少し奇妙に感じられるかもしれない。しかしそれは、宗教一般の領域にあっては必ずしも理解しがたいものではない。たとえば我々は、神《かみ》（キリスト教の神《ゴッド》でもよい）や祖先の魂《たましい》が、或る場所に実体として存在するとは普通考えない。しかし、それにもかかわらず、神を信仰・参拝し、また祖先祭祀（いわゆる供養）を行ない位牌を守っている。これは、「客観的に存在するのか否か」といった議論に収まりきらない何ものかを実存的に感じとっているからではあるまいか。そうであれば、朱熹の鬼神祭祀論は、じつは我々の日常感覚に近いのである。

本稿では、朱熹の鬼神論をめぐって、前半では自然哲学における気の存在論的側面について論じ、後半では祭祀という宗教的行為における気の実存的側面について指摘した。朱熹のいう「気」が存在論的かつ実存的な意味を含む概念であったことは、彼の哲学を考えるさいに十分留意されなくてはならないことと思われる。

【注】

（1）朱熹の鬼神論に関する従来の主な研究は次のとおり。後藤俊瑞『朱子の実践哲学』（目黒書店、一九三七年）二六二頁以下、島田虔次『大学・中庸』（朝日新聞社、一九六七年）二二九頁以下、同『朱子学と陽明学』（岩波書店、一九六七年）八四頁以下、銭穆『朱子新学案』第一冊（台湾・三民書局、一九七一年）二九七頁以下、山田慶児『朱子の自然学』（岩波書店、一九七八年）八九頁および四三〇頁以下、友枝龍太郎『朱子の思想形成』（改訂版、春秋社、一九七九年）二四七頁以下、三浦國雄『朱子と気と身体』（平凡社、一九九七年）六五頁以下、木下鉄矢『朱熹再読』（研文出版、一九九九年）六二頁以下、市来津由彦『朱熹門人集団の形成』（創文社、二〇〇二年）四五三頁以下。このうち木下氏が破綻説をとっていないのに私は同意したいが、検討すべき問題はなお多く残されていると思う。

（2）『易』繋辞上伝に「精気為物、遊魂為変。是故知鬼神之情状」とある。また『礼記』郊特牲篇に「魂気帰于天、魄帰于地。故祭求諸陰陽之義也」といい、同・祭義篇に「宰我曰、〝吾聞鬼神之名。不知其所謂〟。子曰、〝気也者、神之盛也。魄也者、鬼之盛也。合鬼与神、教之至也。衆生必死、死必帰土。此之謂鬼。骨肉斃於下、陰為野土、其気発揚于上為昭明。焄蒿悽愴、此百物之精也、神之著也〟」という。なお、『易』繋辞上伝のこの部分は馬王堆帛書にすでに含まれており、前漢以前に遡る可能性がある。

（3）『正蒙』太和篇に「天道不窮、寒暑已。衆動不窮、屈伸已。鬼神之実、不越二端而已矣」とあり、神化篇に「鬼神、往来屈伸之義」、動物篇に「物之初生、気日至而滋息。物生既盈、気日反而游散。至之謂神、以其伸也。反之為鬼、以其帰也」とある。

（4）『中庸』の朱熹注第十六章に「鬼神無形与声、然物之終始、莫非陰陽合散之所為。是其為物之体、而物所不能遺也。其言体物、猶易所謂幹事」という。

（5）これは先にとり上げた王充『論衡』も同じ。その論死篇に「人死、精神升天、骸骨帰土、故謂之鬼神」という。

（6）『語類』巻六三・中庸第十六章―28および16、巻三―34による。

（7）三浦國雄、注（1）前掲書、八〇頁。

（8）怪異現象について朱熹は「人心平鋪著便好。若做弄、便有鬼怪出来」といっている（『語類』巻三―13）。また、大仏の塑像から舎利が出てきたという話についても、「只是人心所致」すなわち単なる錯覚にすぎないという（『語類』巻三―14）。

（9）鬼嘯や鬼火、書物に記載される魑魅魍魎についても、「皆是気之雑揉乖戾所生、亦非理之所無也。専以為無則不可」と、気の作用として説明している。気によって怪異現象を説明した例については、山田慶児、注（1）前掲書の三九一頁以下に詳しい。

(10)『正蒙』乾称篇に「形聚為物、形潰反原。反原者、其游魂為変与」とある。

(11)「日月寒暑晦明、可言反復、死無復生之理。今作一例推説、恐堕於釈氏輪廻之論」（「答徐彦章」四、『文集』巻五四）、「儒者以理為不生不滅、釈氏以神識為不生不滅。亀山云、儒釈之弁、其差眇忽。以某観之、真似氷炭」（『語類』巻一二六—35）。なお、仏教において阿頼耶識が輪廻の主体とされたことはいうまでもない。

(12)朱熹は、托生（生まれ変わり）を否定していなかった（『語類』巻三—41）。ただし、朱熹はこれを気の聚散による結果と解していて、神識（阿頼耶識）が持続して転生するという仏教の輪廻転生説とは異なることに注意すべきである。

(13)『語類』巻六三・中庸第十六章—23。また、別のところで祖霊の来格を「鬼の神」と呼んでいる（『語類』巻八七・小戴礼・祭義—6）。

(14)『上蔡語録』巻上—30、および『程氏遺書』巻三—5。

(15)次の語も参照のこと。「程子曰、魂気帰于天、消散之意。遊魂亦是此意。蓋離是体魂、則無所不之而消散矣。雖未必皆即時消散、要必終帰於消散也」（「答呂子約」七、『文集』巻四七）。

(16)祖先の気は死後「さっぱりと無くなってしまう（索性無了）」としながら、「その子孫がいる以上、無いということもできない」（『語類』巻三—59）というのも参照。なお、本文中の引用にいう子孫に残存する祖先の気とは、朱熹が別のところでいう祖先の気の「根」のことであろう。「問、〝人之死也、不知魂魄便散否〟。曰、〝固是散〟。又問、〝子孫祭祀、却有感格者、如何〟。曰、〝畢竟子孫是祖先之気。他気雖散、他根却在這裏。尽其誠敬、則亦能呼召得他気聚在此〟」（『語類』巻三—57）。

(17)程頤は「若謂既返之気復将為方伸之気、必資於此、則殊与天地之化不相似。天地之化、自然生生不窮、更何復資於既斃之形、既返之気、以為造化」（『程氏遺書』巻一五—43）といい、また「屈伸往来只是理、不必将既屈之気、復為方伸之気。生生之理、自然不息」（同・巻一五—168）といっている。

(18)ここの「這箇天地陰陽之理、生生而不窮」は、理の生生をいうものと解釈されることがあったが、これまでの考察および程頤の「生生の理は自然《おの》ずから息《や》まず」の語を見れば、それが正しくないことは明らかであろう。この句は、「天地陰陽の真理は生生して窮まりがないということだ」という意味のはずである。したがって、生生するのは理ではなく気である。また、この語について、鬼神の来格が気で説明できなかったために理を導入したという解釈も見うけられるが、私にはそうは思われない。朱熹は、気が来格する場合の条件を「理」として提示しただけで、来格そのものは一貫して「気」の生生で説明しているからである。

（19）「其の理に根ざして日々に生じる」とは、理から気が生じるという意味ではない。もっとも、江戸時代に、理を実体化してそこから気が生じると解釈する例があったらしく、そのことは子安宣邦『鬼神論――儒家知識人のディスクール』（福武書店、一九九二年）一六四頁以下が指摘している。しかしそのような解釈が朱熹の原義ではないことは明らかである。

（20）『上蔡語録』巻上―30。なお、『上蔡語録』の原文では「祖考精神便是自家精神」である。朱熹がこの語を引用する例としてはほかに、『語類』の巻三―57、巻二五・論語八佾篇・禘自既灌而往者章―17、巻六三・中庸第十六章―11、などがある。

（21）前代の亡国の君主を祭る場合、亡き君主の子孫（主後）がいなければ感格があるが、もし亡き君主の子孫が健在であれば感格はないとされるのも興味深い（『語類』巻三―76）。つまり、道理として祭るべき場合にこそ気の来格があるわけであって、「其の理に根ざして日々に生じる」、「道理としてそうすべきであれば、そこにしかるべき気がある」というのは、そのような意味である。なお、妻や外親を祭る場合など、血がつながっていない場合の来格も、気の共通性によって説明される（『語類』巻三―75）。

（22）『語類』巻三―74を見られたい。

（23）「問、『祖考精神既散、必須〝三日斎、七日戒〟、〝求諸陽、求諸陰〟、方得他聚。然其聚也、倏然其聚。到得禱祠既畢、誠敬既散、則又忽然而散』。曰、『然』」（『語類』巻三―65）。

（24）安田二郎「朱子の「気」に就いて」（『中国近世思想研究』弘文堂、一九四七年所収）は気をガス状の物質とし、山田慶児、注（1）前掲書は、気を、物質およびエネルギーを包括した概念と解する（同書、八二頁）。

（25）佐藤喜代治氏は、「『気』は、自然現象としては気象・気候の変動であり、人間についても生命の活動であって、それは実体の無いものであります。従って、何らかの『もの』として捕えられるのではなく、感覚によって感じ取られるのです」（『一語の辞典　気』三省堂、一九九六年、一一四頁）といっている。これは気一般について述べたものであるが、朱熹における気の解釈としても傾聴に値する。

（26）朱熹はまた、死後、人間存在を形づくっていた気は消えて亡くなると述べたうえで、次のようにいっている。「喪祭の礼は、是れ其の遺体（子孫）の此に在るに因りて其の愛敬を致して以て之（祖先の気）を存するなれば、意思又た別なり」（「答林徳久」六、『文集』巻六一）。この「意思又た別なり」という発言は、祭礼において感格される気は別に考えるべきだということを示している。このほか、「〝人に事え、鬼に事う〟とは、心の立場からいう。〝知生を知り、死を知る〟とは理の立場からいう」（『語類』巻三九・論語先進篇上・季路問事鬼神章―1）というのも、鬼神論における心情的理解と理知的理解の区別を言い表わしたものといえよう。なお「二気は初めより増減無し」(『語類』巻九八—12)という語もあるが、これは、気を存在論的に述べたものと解すべきである。

劉智の四行と五行

佐藤　実

はじめに

本稿では清初に活躍した中国ムスリム劉智が西方由来の四行説（四元素説）と中国伝統の五行説をどのようにとらえていたかを考察する。明末はイエズス会士の来華によって、アリストテレスの四行説が紹介され、中国の自然科学者に影響をあたえていた。かれら中国人科学者は陰陽という二分法ともともとなじみにくい五行説を見つめなおし、四行あるいは二行へと要素をしぼっていった。中国ムスリムが漢文によって著述をおこなったことにたいして、イエズス会士による影響があったかは、いまは措く。ただ劉智は回民であると同時に「中国人」であったので、中国伝統の五行説には親しんでいたであろうし[1]、それと同時にムスリムであるから四行説を教義的に知っていた。そうすると五行説と四行説をどのように考えるかという問題は、イエズス会士の影響をうけた中国の自然科学者と同様、劉智にもあったことになる。それでは劉智はどのように考えたのであろうか。まず最初にイエズス会士たちによる五行説批判、そして中国の自然科学者たちの受容のしかたを通じて明末の五行説の潮流を概観し、それから劉智の四行説と五行説についてみる。

一、イエズス会士の五行説批判

イエズス会士によって中国伝統の五行説が批判されるのは、クラビウス（一五三七～一六一二年）のサクロボスコ天球論注解を中国に紹介したマテオ・リッチ（利瑪竇）『乾坤体義』（一六〇五年）にはじまる。その巻上・四元行論ではアリストテレスの四行説が説かれるのだが、それにさきだって五行説批判がおこなわれる。五行説批判の要点は木と金が行ではありえないこと、相生説が矛盾にみちた考え方であることの二点である。

行とは万象が出てくるところであり、混ざってできたり、なにかに依存したりしない、きわめて純粋なものである。したがって水、火、土が行であるのはよいのだが、金と木はどうして行たりえようか。たとえば人虫鳥獣は金、木からできていない。金、木は水、火、土が混ざってできたものなのである。一方、五行の相生説では水から木が生まれるというが、火や土がないのに水だけでどうして木が成長するのか。また木から火が生まれるというが、そうすると至熱の火を生みだす木にも至熱の性質があるはずだが、その木を生みだす水は至冷である。どうして至冷の水から至熱の性質をもつ木が生まれるのか、など。以上の批判を経て、火、気、水、土の四行の説明がなされる。

リッチの批判は中国の五行のそれぞれを実在する物体そのものとしてとらえたことによるのであり、五行が実体ではなく気のある状態を指し、それが事物間の関係性をあらわしたり分類概念となったりする、という側面に留意しなかったことをも意味する。ともかくこのリッチの五行説批判がのちのイエズス会士たち、さらには中国の自然科学者に影響をあたえることになる。西洋の気象学を紹介したヴァニョーニ（高一志）は『空際格致』（一六二六年）で四行について詳説しているが、五行説批判を述べた巻上・問金木為元行否ではリッチの説をそのまま引いている。影響をうけた中国人としては方以智、熊明遇、掲暄、游芸などが挙げられよう。かれらは水火土三行説（熊明遇）、水火二行説（方以智、掲暄、游芸）、火一元論（方以智）、とより純粋な行を追求していく。(2) 陰陽と論理的に整合性をもたせるためには五行より四行あるいは二行のほうがうまくいく。「五行の実質的な四行化ないし二行化は、陰陽説と五行説の論理的不整合、あるいは、二分法を破る五行説の論理的な取り扱いにくさのゆえに、陰陽五行説そのものが内にはらむ傾向性であった」[3]。ここでは真っさきに五行から取り除かれた木と金のあつかいに注意しておきたい。もともと四行にはなく五行にあった木、金をどうみなすか。これは劉智にとっても問題となるであろう。熊明遇『格致草』（一六四八年）化育論では「夫金者土之精、木者土之毛」、方以智『物理小識』（一六六四年）巻一・四行五行説では「金為土骨、木為土皮」とあり、いずれも土から生成するものであり、土を身体にみたてて、身体の内部と外部に生じるとされている。游芸『天経或問』前集（一六七五年）・四行五行では「金木之形、因地而出。金則地中之堅気、木則地外之生気」と土を身体のアナロジーとしてはみていないが、土から生成するものと考えるのはおなじである。この土から金、木が生まれるという考え方は朱熹がすでにとなえていて[4]、さらに朱熹は五行の生成過程についても言及している。山田慶児氏による整理によると図1のようになる[5]。じつは金と木についてはリッチも「金生土内、木生土上、本皆自土発矣」と、土から生まれると述べている。そもそも金と木が土から生まれると考えるのは自然観察からすぐに導きだされることであり、中国独特の考え方というほどのものではないかもしれない。

それでは上記の自然科学者たちとイエズス会士たちのちがいはどこにあるのか。それは四行がどのように生成したかについてイエズス会士たちは問題にしない点にある。自然科学者たちは根本となるのは気であり、そこから陰陽→水火と生成していく過程を考える。イエズス会士はそうではない。リッチは「当初造物者欲創作万物於寰宇、先混沌造四行」と述べている。造物者が混沌にさきんじて四行を作るが、その四行はどのような過程で生まれたのかについては説かれない。そもそもイエズス会士たちの考える「行」は万象が出てくるところであり、混ざってできたり、なにかに依存したりしない、きわめて純粋なものであった。し

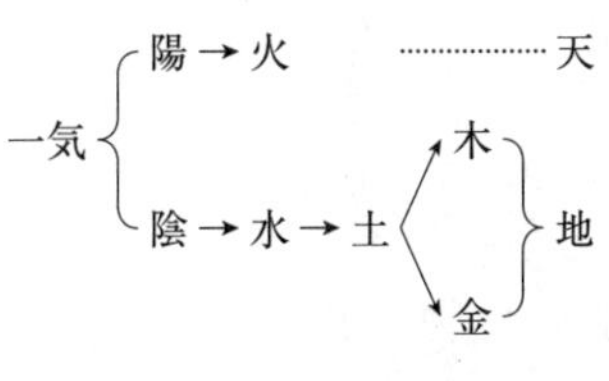

図1

たがってその「行」がどこから生まれるかというと、もはや神から、としかいえないのである。

二、劉智の四行と五行

上述のように明末はイエズス会士が四行説をもちこむことで、中国古来の五行説が影響をうけた時代であった。[6] こうした議論が出そろった後に劉智（一六七〇頃～一七三〇年頃）[7] は生まれている。イスラーム世界においても、物質理論についてはアリストテレス以来の四行説が受け継がれている。したがって劉智も四行説を基本にするのだが、それは「元気」の変化・運動をあらわす中国の五行思想的な四行であり、しかも四行と五行の折衷を試みている。また分類概念として五行を使用するなどの特徴がみられる。

（一）四行

まず四行について。劉智の思想では、世界は先天と後天の両世界にわかれる。先天は精神世界であり、後天は物質世界である。四行は物質にかかわるから、当然、物質世界である後天にかかわる。『天方性理』巻一では世界がどのように生まれるかを解説するが、全一二章のうち第七章の気著理隠図説以降が後天の説明である。気著理隠図説はつぎのように書き始める。「先天のまじりけのない段階がここまで流出してきて、はじめて宇宙形成前の渾沌とした状態が立ちあらわれる。すなわち、いわゆる元気である」[8]。巻一では気著理隠図説以降の六つの章（それがそのまま「品」という段階になる）をそれぞれ、この「元気」の渾同品、起化品、広化品、正位品、蕃庶品、成全品と呼んでいる。つまり元気のあらわれかたに六段階あり、元気はそれぞれの「品」において変化していき、最終的にこの大世界と小世界を含む全世界ができあがるのである。渾同品は元気が生まれる段階で、以降「二番目が起化品で、陰陽がわかれる。

三番目が広化品で、気火水土の四象があらわれる。四番目が正位品で、天地が定まる。五番目が蕃庶品で、万物が生じる。六番目が成全品で、人類が登場する」。ただここで注意しなければならないのは、ここでいわれる「元気」は後天を形成する根本ではあるが、先天の世界から盛んに流出してきたものの残り滓であるということである。しかも後天の世界で形成される天地万物の原型は先天においてすでにあり、それが元気という名の種子に備わっているのである。したがって中国イスラームではこの「元気」より以前なるものが存在すると考える点において、中国の伝統的思想の気とはことなる。

さてその元気のなかで動こうとする部分と、安定しようとする部分が生じ、前者が陽、後者が陰となり、陽は外側に、陰は内側にそれぞれあつまる。ここまでが起化品（陰陽始分図説）である。つぎの広化品（四象始形図説）になると、陰陽が水火に変化し、水が火を得ることで気が生まれ、火が水にさらされることで土が生まれる。ここにおいて水火土気の「四象」が完成する。この四象は「万物の形や色の大元」となるので「四元」とも呼ばれ、「独立して成立したもので複合物ではない（単自成行而無配）」。これが劉智の四行である。これらを組み合わせることでつぎの金、木、活が生まれるので、一見、西方の四元素説と似ている。中国の五行では各行が配合されて物が生まれることはなく、同類が凝集するだけである。だが、この四象の生成は元気の変化過程のなかにあり、しかもあとでみるように、配合してできるのは個物ではなく、金、木、活の「気」である点が四元素説とはことなり、劉智独特である。

またこの四象のなかで確認しておきたいのは気と土の生成である。もともと陰から変化した水のなかには「真陽」があり、それが燃えさかる火に触れることで「妙化」して気となるのである。同様に土は火のなかの「真陰」から生まれる。この生成過程はあとで述べる五行との関係で重要である。同心円であらわされる空間の外側から内側へ火↓気↓土↓水の順にあった四象（四象始形図）は、真陽である気が外へ、真陰である土が内へ移動し、気↓火↓水↓土の配置となり（清升濁降図）、気火が天空を、水土が大地を形成することになる（上下分形図）。

天地が定位した（正位品、天地定位図説）あと、蕃庶品（万物始生図説）で万物が生まれる。まず万物を化育する大綱である金、木、活ができる。「金は地と水の凝集結合にもとづき、気と火の変化をうけてできあがる。木は気と火の恩恵にもとづき、地と水の滋養培養をうけて生じる。活とは気、火、水、土の集合にもとづいて空中に洋溢し充満する」[9]。ここで生じた金、木、活が個物ではなく、個々のモノをモノとして「成り立たせている本質」「原理」[10]であることは金気、木気、活気という語がつかわれていることからあきらかである。つまり金、木、活は万物を化育する大綱ではあるが、実際に万物を化育する場合にはそれぞれが気として流行する必要があるのである。「木の気が流行して、山がこれを得れば美しい樹木がはえ、河がこれを得れば浮き草がはえ……」[11]と、それぞれの気が流行することで個々のモノが生じる。金気、木気、活気がどこに流行すると何が生まれるかを表にすると図2のようになる。ただこれらのなかで、木気が流行して生まれる植物、活気が流行して生まれる動物はさらに水火土気の配合のされかたによって性質が決定している。たとえば植物では「土が勝るのを受けたものは堅く、気が勝るのを受けたものは空洞で、水が勝るのを受けたものは多く花が咲き、火が勝るのを受けたものは多く実を結ぶ」とあり、この水火土気は西方の四行説の考え方である。いっぽう、金木活は気であり、さらに分類概念として機能することから中国の五行に近い。水火土気から金木活が生まれ、その金木活が気として流行して天地間に存在する万物が生まれる。こうした水火土気と金木活と万物は母子関係であらわされる。母子関係は五行を説く場合によく使用される隠喩である。金木活は「天地之三子」つまり天地（を形成する火水気土）が生みだした三つの子供であり、かつ「万有形色」を生みだす「母」なのである。『天方性理』巻首・本経では火水気土を「四元」、金

	山	水	土	鳥獣・草木
金気	玉石	珠蚌	五金之鉱	鳥獣之宝 草木之精
木気	嘉植	萍藻	禾稼（沃土） 草毛（瘠土）	
活気	走獣（山） 飛禽（林）	鱗介	蟄虫	

図2

木活を「三子」と呼び、「四元三子、謂之七行。七行分布、万彙生成」と述べている。おそらくは、朱熹が「陰陽気也、生此五行之質。天地生物、五行独先」と、陰陽の気が五行の質を生みだし、五行は天地が物を生みだす前に生まれ、さらには「五行陰陽、七者滾合、便是生物底材料」（『朱子語類』巻九四）と述べていたことをふまえたのであろう。陰陽を体、五行を用とすれば、[12]劉智のそれは四元が体、三子が用となる。以上の万物生成過程は、元気→陰陽→（四行→三子）→万物、とあらわされる。

また四行は身体をも構成する。『天方性理』巻四・順逆分支図説には「蓋人之身心四行相聚而成、四行之性相反相犯」とあり、人の身心を構成する四行の性質が反発・侵犯することのうちに、天理にしたがう（順）か人欲にしたがう（逆）かのわかれめがひそんでいることを説く。そもそも『天方典礼』巻一・原教篇にあるように「天地万物がすでに備わると、そこで真宰は気、火、水、土の四行の精を集めて人類の祖先であるアーダム（アダム）を天方の地に造ったのである（天地万物既備、乃集気、火、水、土四行之精、造化人祖阿丹於天方之野）」と、人祖アーダムが四行によって構成されているのである。[13]人間の身体と四行の関係については『天方典礼』後編・剪薙に興味深い解説がみえる。後編・剪薙でのテーマは体毛である。そこでは、ムスリムたる者、ヒゲ、爪を切りそろえ、脇毛、陰毛を剃って清潔にしておかねばならないことが説かれる。ではどうして体毛を調えなければならないのか。[14]そもそも体毛とは何なのか。

わたしが考えるに、医家たちはすべて毛や髪は血の余りであると考えているが、それぞれの体毛がことなる根から生まれるということをしらない。李時珍は髪、鬢（もみあげ）、鬚（あごひげ）、眉、髭（くちひげ）、髯（ほおひげ）がそれぞれ経脈に属するとしているが、脇毛、陰毛については言及していない。また類苑の稟属の説[15]は道理にかなっているようだが、結局は〔李時珍がとなえる〕経脈によって分類するのにはかなわない。しかし李時珍の説もまだ詳しくないのだ。

（愚按、医家謂凡毛髪皆為血余、而不別其根生。李時珍分髪、鬢、鬚、眉、髭、髯為属六経、而未言腋下、臍下毛。且云類苑稟属之説、雖為有理、終不若分経為的。然李説猶未詳也）

「而不別其根生」「而未言腋下、臍下毛」「然李説猶未詳也」は劉智の考えだが、そのほかはじつは『本草綱目』人部第五二巻・乱髪の李時珍のことばを節略したものである。(16) 李時珍が髪や眉、ヒゲをそれぞれ経脈に配当させていることについてはみとめつつも、脇毛や陰毛については詳説しておらず、まだ完全ではないとしている。体毛はそれぞれ異にする根から生まれるのである。かれは、毛や髪など体毛と血の関係は草木と水の関係に似ているとしたうえで、毛・髪（草木）はいずれも血（水）による滋養をおなじくうけてはいるが、かおりのよい草とつる草とのちがいは水にあるのではなく、根の種類にあるのであるから、毛・髪をすべて血の余りであるとする医家の説はまちがいであると指摘する。そして、

人は四気をうけて生まれる。風、火、水、土にはそれぞれ一性質がある。その四つの性質にもとづいて、それぞれがその余りをはきだして毛となる。眉、髪、髭、鬚がそうである。また四つの性質がたがいにほとばしり、交わってその余りをはきだして毛となる。脇毛、陰毛がそうである。

（夫人稟四気而生。風、火、水、土各一其性。四性相資、各吐其余而為毛。眉、髪、髭、鬚是也。四性相迸、交吐其余而為毛。腋下、臍下毛是也）

人は四気つまり風、火、水、土の気をうけて生まれる。ここでも風火水土が「気」としてとらえられていることに注意したい。四気はそれぞれ性質をもっている。そしてその四つの性質の余りが単独であらわれたのが眉、髪、髭、

鬚であり、混合してあらわれたのが脇毛、陰毛なのである。後者の四行が配合されて物が生まれるのは四行説の考え方だが、四行がそのまま眉、髪、髭、鬚となってあらわれるのは五行思想に近いように思われる。また四行がそれぞれ単独で生まれるものと、混合されて生まれるものの対比は、さきほどみた『天方性理』の四元三子を想起させる。

さらにつづけて四行の性質とその属性が述べられている。表にすれば図3のようになる。[17] ほとばしって交わった気のなかで、風と火が勝っているものは脇毛で、水と土が勝っているのは陰毛となる。以上の体毛のほかに、中和の気をうけた身体全身にはえる毛がある。風と火は天に属するので眉と髪は顔のなかの上部にあり、水と土は地に属するので髭、鬚は顔の下部にある。ほとばしって交わった気は性質が邪であるから、かくれた部位に蔵される。中和の気は性質が正であるから身体ぜんたいにあまねくひろがる。以上の四行による分類整理を経て、最初の疑問にたいする答えがでる。脇毛、陰毛を剃るのはほとばしって交わった邪を取りのぞくため、髪を切るのは火が上に燃え上がらないようにするため、髭を調えるのは水が土にひろがらないようにするためであり、鬚、眉をいじらないのは風、土が無害だからである、と。[18] ここでは人が四行によって形成されるということと、四行が気であると考えられていて、分類概念として機能していることを確認しておく。

人の身体が四行からなるという考え方自体はナジュム＝アッディーン・ラーズィー（?〜一二五六年）の *Mirṣād al-ʿibād* を伍遵契が翻訳した『帰真要道』（一六七二年）にみえ、この書は劉智をはじめ当時のムスリムたちがもとづくところである。その巻一第四篇・造人体竅来歴には「人之身体用火風水土四行造化」とあり、また

それから、かれらは人祖の身体を火、風、水、土の四行からつくられたと詳しくみている。かれらは土の属性は定、風の属性は動、水の属性は降、火の属性は升で、その

	風	火	土	水
方向性	行空	向上	就下	附土
気	清	剛	濁	柔
体毛	眉	髪	鬚	髭
	腋下毛		臍下毛	

図3

なかの一つがもう一つに対立するとみる。また土の性質は剛、風の性質は柔、水の性質は寒、火の性質は熱で、すべて相容れないとみる。かれらはいう、一つの場所に二つの相反するものがあつまると、かならずこわれる、と。（然後他們細看人祖的身体、乃従火、風、水、土四行上造化。他們見土的動静是定的、風的動静是動的、水的動静是降的、火的動静是升的、其中一件相反一件。又見土性剛、風性柔、水性寒、火性熱、総不相合。他們説、凡一処有両件相反之物相聚、必定要壊）

とあり、四行の属性についても触れている。だが陰陽から四行が生まれたり、その四行から木、金、活が生まれるなどの説はみえない。[19] 劉智がいう、元気→陰陽→（四行→三子）→万物という後天世界における万物生成論は非常にユニークなものといえる。

（二）五行

以上が劉智の四行にかんするおもな言説である。劉智の四行は、四元三子（火水気土と金木活）という物質理論をもとに、西方の四行説と中国の五行説の考え方がいりまじったものであった。とはいっても上述においてはやはり前者が色濃くうつる。それでは劉智はまったく五行をすてて四行で議論をすすめていくのかというとそうではない。つぎに劉智が説く四行と五行の折衷をとりあげ、ついで五行の援用をみたいとおもう。

『天方性理』巻二・四行正位図説は四行が四方のどの方角に位するかについて述べている。中国の五行説が分類原理として機能する、その代表的な適用例が方位であることを念頭におきつつ読んでいこう。

四行とは四象である。気は水から生まれ、土は火によって出てくる。気土水火が四行である。四行は万物の母で、各一行にはそれぞれ集中する位がある。気は東に位して、その流行は東から西である。土は西に位して、その流行は西から東である。火は南に位して、その流行は南から北である。水は北に位し、その流行は北から南である。（四行即四象也。気自水生、土因火出。気土水火是為四行。四行為万物之母而其毎一行各有一専注之位。気位於東而其行也自東而西。土位於西而其行也自西而東。火位於南而其行也自南而北。水位於北而其行也自北而南）

水火から気土が生まれるのは巻一・四象始形図説でみたとおりである。そして水火気土はそれぞれ北南東西に位する。ここで注意したいのは「四行とは四象である」と述べていることである。巻一・四象始形図説でも水火気土は「四象」と呼ばれていた。四行は四象であるというのは、中国には古くから五行（木火土金水）があるが、ここでいう四行とは巻一で述べた四象のことである、との謂である。「行」と名づけられるのは、水火気土がそれぞれ位する方角に居続けて、動かないのではなく、相対する方角へ流行するという性質をもつからなのである。こうした水火気土の流行はなにをもたらすのか。つづけていう。

それぞれが本来の位から流行してすみずみまでに行き渡ると、四気はたがいに混ざり、滚々として一気となる。四つが単独で流行すれば万物は生まれてこない。四つがたがいに混ざるとそこで万物は生成発育する。（各自其本位而行、至於瀰満無隙之処、則四気互相攙而滚為一気矣。四者単行則万物無自而生。四者相攙則万物於兹而化育焉）

水火気土の流行があまねく行き渡ると四気は混ざって「滚」として一気となる。流行する四行すなわち四象は気としてとらえられている。「滚」は朱熹が好んで使用した語で、さきほども引用した「五行陰陽七者滚合、便是生物底材料」（『朱子語類』巻九四・周謨）などと五行と陰陽がたえることなく合することをあらわしている。劉智のばあいは、四気が滾々として一気とならなければ万物を化育することはできない。つまり四気が流行することで万物は生まれるのである。具体的には四者が混ざって金木活ができあがり、それが気として流行して万物が生まれるのはさきにみたとおりである。

ひきつづいて「説者」からの質問がある。南方が火で、北方が水であるのは中国の考え方とおなじであって問題はない。だが、東方は中国では木の正位だし、西方は金の正位である。どうしてそれがそれぞれ気、土なのか、と。ここで中国の五行とイスラームの四行のちがいについて質問がなされるのである。かれはつぎのように答える。

木は水から生まれ、金は土から生まれる。だが四行がはじめてわかれるときには、木と金はまだないのだ。子はまだ生まれていないが、母は実際にいる。気とは水のなかの真陽が上昇したものである。気は水と名づけられていないものの、じつは水の精華であるから、木の母なのだ。したがってその位は東にあることになる。木が生まれてしまえば、子と母はおなじ場所にいる。金は土の子で、金がまだ生まれていないうちは母が正位の西にいる。金が生まれてしまえば、子はやはり母とおなじ場所にいる。木の正位が東にあり、金の正位が西にある、というのは後天のことである。気の正位が東にあり、土の正位が西にある、というのは先にあるものを先にしたのである。

（曰、木生於水、金生於土。当其四行之始分也、木与金尚未有也。其子未形、其母実居。於此気者水中之真陽上升者也。気雖不名為水而其実為水之精、木之母也。故其位分専住於東。迨至於木之既生、而其子与母同宮矣。金為土子、金未生而其母之正位専列於西。迨至於金之既生、而其子亦与母同宮矣。木之正位在東、金之正位在西者、其後天也。気之正位在東、土之正位在西者、先乎其先者也）

木が水から生まれ、金は土から生まれる、とは五行相生の理論であり、劉智はこれを是認している。だが木と金が生まれるのは後天のはなしであって、先天では四行が四方に位するのである。それでは木金と四行の関係はどうなるかというと、ここでも母子関係によって説明される。気から木が生まれる過程では、先述の気が水の真陽であるという説を援用し、水の真陽である気から木が生まれるとする。土から金は五行相生がそのままもちいられる。そして後天において生まれた子としての木と金は、そのまま母と一緒に母がいる方位にいる。[20] 図示すると図4のようになる。ここに中国の五行とイスラームの四行の折衷あるいは共存が実現する。イエズス会士たちはもとより、中国の自然科学者たちは五行の金木を除外し、より根本となる行の探索に向かっていた。そうしたなかにあって、劉智は四行と五行を折衷するという別の策をとったのである。

劉智の四行と五行の折衷はほかの書にもみえる。ムスリムがおこなうべき五つの信仰行為、いわゆる「五行」（中国では五功という。以降、まぎらわしいので「五功」と表記する）を説いた『五功釈義』をみてみたい。その正変第七章には

> 人は四行をうけて生まれ、五行によって完成する。生まれた当初は精液が水、血が土、あたたかさが火、運動変化が気である。形ができあがったあとは、気と火から木が生まれ、土と水から金が生まれる。木の性質は成長、生養をふやすこと、金の性質は堅固、明朗をふやすことである。それらと精液の水、あたたかさの火、骨肉の土をあわせて五形という。気はというと身体の中心をつかさどる霊覚となる。
>
> （人稟四行而生、五行而成。賦質之初、精為水、血為土、温暖為火、運化者為気。成形以後、気与火合而生木、土与水合而生金。木性以滋長養、金性以滋堅明。並精液之水、温暖之火、骨月之土、此之謂五形。而気則主乎其中即霊覚之謂也）

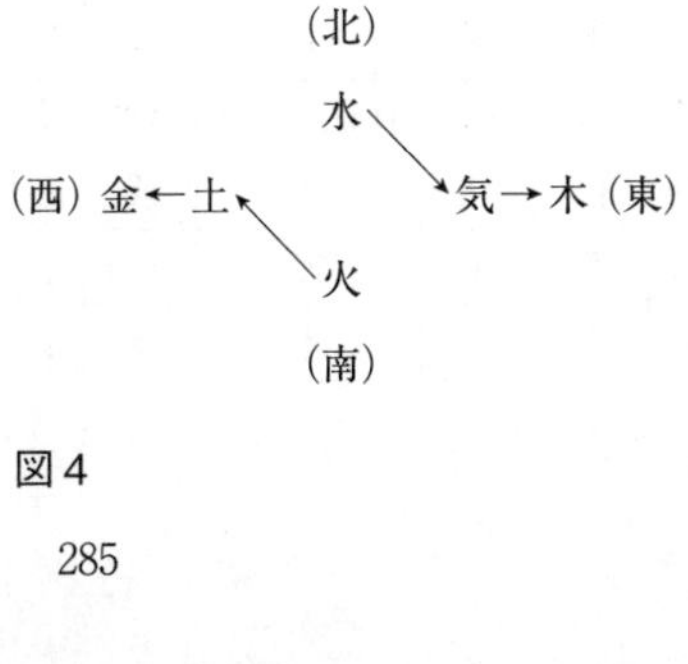

図4

とある。物質としての身体は四行によってつくられるが、生まれてから成長していくための根拠は木と金の性質が支援する。木と金の生成過程は、「気＋火↓木」「土＋水↓金」となり、さきの『天方性理』巻二・四行正位図説とくらべると、火と水のはたらきがことなるが、気から木が、土から金が生まれるのはおなじである。[21] 人間の身体が生まれる前は四行、生まれた後は五行で説明されるのは、四方において先天では四行、後天では五行であるのとパラレルである。なお、生まれた後に五行からはずれる気が、身体を統括する霊覚となるのも興味深い。またここでの五行はそれぞれに性と徳があり、表にすると図5のようになる。[22] 五行は完全に属性をあらわす分類概念としてつかわれていることがわかる。五行を分類概念としてもちいているのはほかに属意第四八章がある。ここでは念（信仰告白）、礼（礼拝）、斎（断食）、課（喜捨）、朝（巡礼）のいわゆる「五功」をそれぞれ五行にあてはめて分類している[23]（図6）。本来「五功」が五つである必然性はなかったと思われるが、五行思想をもつ中国にイスラームが入ると、つごうよく五行によって「五功」が分類されるのである。ほかにも三極第五二章には「天には五星があり、地には五行があり、人には五官があり、性には五徳があり、人の道をきわめるには五典[24]があり、天の道をきわめるには五功がある。五功は天地と人の事象を包括する」[25]とあり、五行によって分類することで、五功の包括性を強調しやすくしている。

また『天方典礼』では、人々が日常生活で使用する物について述べた巻一四・民常篇に五室（家を建てる際にもちいられる五種類の材料）、五鉱（貨幣として使用する五種類の金属）、五服（五種類の洋服の生地）、五食（五種類の食物）が挙げ

	火	水	木	金	土
性	向上	向下	條暢	堅定	蔵育
徳	高明	謙遜	直樸	穏重	静順

図5

	念	礼	斎	課	朝
属	心	身	意	知	性
属	微	幾	気	血	命
身体	口言	身行	目見　心思	耳聡	鼻
性分	仁	礼	智	義	信
人道	孝	弟	節	友誼	忠
五行	火	土	木	水	金

図6

られている。五行との対応はないので、五行による分類であると明確にはいえないが、たとえば五食は穀、蔬、果、肉、飲にわかれ、さらにそれぞれが、たとえば穀ならば稲、麦、稷、麻、豆の五つにされている。また五食の下位分類である肉については、五種類の動物が五行によって分類されている。(26)

以上の五行の分類概念としてのつかわれかたをみると、『天方典礼』の民常篇や日々実践しなければならない信仰行為を説く『五功釈義』といった、より日常生活に密接にかかわる事柄を述べたところでつかわれることがおおい。ひるがえって、四行がおもに説かれるのは万物生成論、身体論など思想的理論的説明が必要とされる場合である。これは、実際の生活において、かれらは「中国」に住まう人々であり、エートスとして中国の伝統的な五行思想が染みついているからではないだろうか。もしそうであれば、さきほどみた四行と五行の折衷は理論としての四行とエートスとしての五行が拮抗することで生まれたと考えることもできる。

さて、劉智いがいのムスリムたちがどのように四行と五行とを考えていたかについても言及すべきであるが、紙幅の都合上、簡単にしか触れられない。王岱輿（一五九〇頃～一六五七年頃）の場合、万物生成の過程において物質としての四行が出てくるくらいで、みるべきものはない。これが馬注（一六四〇～一七一一年頃）になると四行について議論するようになる。(27)『清真指南』巻三・四行では五行相生相克は後天のことを、イスラームの四行造化は先天のことをいっているのだ、(28)とある。だが馬注には折衷の意図はなく、イエズス会士らがおこなったのとおなじような五行批判をしている。(29)また馬注は四行のはたらきが真主の域を出ることはけっしてないとし、神学的には重視しない。(30)だが一方で、後天において一気から物質としての五行が生まれることはみとめているようである（巻五・格論）。また五分類もつかわれている（巻九・認己など）。だが四元三子の考え方はみえない。

小結

これまでみてきた劉智の四行と五行について、イエズス会士たちの四行説、そして明末の自然科学者たちがとった態度、さらにはほかの同時代のムスリムの考え方と比較しながらまとめたい。

まずイエズス会士たちの四行説は、四行そのものが何物にも依拠しない独立した要素であることから、その四行がどのような過程で生成したかが述べられることがない。また四行からはずれた木と金からなにかが生まれることはない。これにたいして、劉智の場合は元気の変化過程のなかで陰陽から生まれるとし、さらに四行は金木活という「三子」と呼ばれる気を生みだすことで、万物を生成する。元気→陰陽→(四行→三子)→万物、となる。金と木さらには活は万物生成に大きな役割をはたす。明末の自然科学者たちは四行説に影響をうけ、さらに二行へとより根源となる行を探そうとした。これにたいしては、劉智は四行説をみとめつつも、五行との折衷をはかり、さらに分類原理としてはおおいに五行を援用した。木と金とを土に属させるのではなく、気土との母子関係とみなしたのも特徴である。王岱輿、馬注などのムスリムとくらべると、万物生成論は似通ったところがあるものの、かれらは四行と五行にたいして劉智ほどには折衷させる問題意識はなかったと思われる。

劉智の四行は四元三子という独特な形式をもち、しかもこれらは元気の変化過程のなかにあるものであった。四元は西方の四元素をおもわせるものの、万物生成において気として流行する、いわば中国版四元素説とでも呼べるものである。

さて、明末以降に漢文によって著された中国ムスリムたちの書籍を読む上で問題となるのは、なにが中国特有のイスラーム思想なのかということである。あきらかな翻訳書はもとより、それ以外の書であっても、かれらは「述べて作らず」の態度であったということをしばしば言明しているのだから。そういった意味で、本稿で考察した劉智の五行にたいする考え方は中国イスラーム思想の一様相であるといえよう。

【注】

(1)かれらは「回儒」と呼び慣わされるが、儒学にも通じた回民、の意である。

(2)方以智の火一元論は朱震亨の相火論にもとづきつつも、イエズス会士の影響もうけている。坂出祥伸「方以智の思想」(『中国思想研究――医薬養生・科学思想篇』関西大学出版部、一九九九年)を参照。なお明末の物質理論思想については山田慶児『黒い言葉の空間』(中央公論社、一九八八年)九三~九六頁、同『気の自然像』(岩波書店、二〇〇二年)三八頁を参照。

(3)山田慶児、注(2)前掲『黒い言葉の空間』九四頁。

(4)『朱子語類』巻九四「地即是土、土便包含許多金木之類」(周謨録)。

(5)山田慶児『朱子の自然学』(岩波書店、一九七八年)一一四頁。

(6)山田慶児、注(2)前掲『黒い言葉の空間』九五~九六頁。「ここにまざまざと見てとれるのは、明末におこった気の理論の変容の過程である。……すなわち西洋の天文学説と結びついた四行説が入ってくることによって五行説が相対化され、相生説・相克説が至理の位置から退けられ、それとともに一気と水火(陰陽二気が可視的なかたちをとって現れたもの)が森羅万象の基底にある実在として自覚的にとりだされてくる。……五行を水火の二行にまで追いつめ、気と水火、一と二の関係に究極的な原理を求めようとした『天経或問』の気の思想、もっと一般的にいえば明末の気の思想……」。

(7)劉智については以下の拙稿を参照。「劉智の『天方典礼』と『天方至聖実録』の版本について」(『東洋学報』第八二巻第三号、東洋文庫、二〇〇〇年)、「劉智伝」(『関西大学中国文学会紀要』第二一号、二〇〇〇年)、「劉智著『天方性理』の版本について」(『東方宗教』第九四号、日本道教学会、一九九九年)。なお劉智のテキストはそれぞれつぎの版本を使用した。『天方性理』(乾隆二五年京江談氏重刊、敬畏堂本)、『天方典礼』(康熙四九年序、楊斐菉本)、『五功釈義』(民国九年、北京牛街万全書局)。また『天方性理』の日本語訳については回儒の著作研究会訳注『訳注天方性理巻一』(文部科学省科学研究費創成的基礎研究「現代イスラーム世界の動態的研究」第五班「イスラームの歴史と文化」研究成果報告書、二〇〇二年)があり、巻一の訳文にかんしてはそのまま引用した。

（8）「先天精粋之品、流行至此、始覚其有渾淪之象、則所謂元気也」。
（9）「金者、本地水之凝結而得乎気火之変化以成。木者、本気火之施授而得乎地水之滋培以生。活者、本気火水土四者之湊合而洋溢充満於空中者也」。
（10）注（7）前掲『訳注天方性理巻二』一四五頁。
（11）「木気流行、山得之生嘉植、水得之生萍藻、沃土得之生禾稼、瘠土得之生草毛」。
（12）山田慶児、注（5）前掲書、一一二頁。
（13）巻四・順逆分支図説には「蓋聖人非四行所得而縛焉者也」とあり、四行に拘束されないのは聖人つまり預言者ムハンマドだけである。
（14）「或曰」として、父母からいただいた身体髪膚を傷つけていいものかという『孝経』の言説に立脚した質問も提起されている。これにたいする劉智の答えは田圃を管理する者がのびた草を刈ったり、宝玉を加工する者がキズを削ったりするのとおなじであるとする。
（15）宋・江少愚『事実類苑』巻五一・鬚髪眉所主臓にみえる説。「稟属の説」とは、たとえば髪であれば、心に「属」し、火気を「稟」けている、という考え方をさす。沈括『夢溪筆談』巻一八からの引用である。
（16）劉智は医学や動物学などについて李時珍『本草綱目』を引用することがおおい。この個所は反論しているが、依拠する場合のほうがおおい。
（17）「風行空、其気清、眉属焉。火向上、其気剛、髪属焉。土就下、其気濁、鬚属焉。水附土、其体柔、髭属焉。交迸之気、以風火勝者、腋下毛属焉。以水土勝者、臍下毛属焉」。表に反映させられなかったが、水だけが「気」ではなく「体」となっている。
（18）「無交迸之情、而稟中和之気者、周身毫毛属焉。風与火属天、故眉、髪居上。水与土属地、故髭、鬚居下。交迸之気邪、故蔵於僻。中和之気正、故遍於体。吾人薙腋下、臍下毛者、除其交迸之邪也。不去周身毫毛者、養中和之正也。薙髪、不使火炎於上也。斉髭、不使水泛於土也。不動鬚眉者、風無礙、土無害也」。
（19）「活類」の語は馬徳新（一七九四〜一八七四年）がアズィーズ・ナサフィーの *Maqsad* を訳したとされる『道行究竟』巻二第三章、第五章第一節にみえる。だがそこでのつかわれかたは象世（物質世界）には活類つまり動物がいる、という程度の言及であり、万物生成論の文脈で語られているわけではない。たしかに『天方性理』巻首・本経の「火水土、謂之四元、金木活類、謂之三子、四元三子、謂之七行、七行分布、万彙生成」の個所は『格致全経』『研真経』からの引用であり、その『研真経』が*Maqṣad* であるから劉智は *Maqṣad* をもとにしたともいえるが、逆に『道行究竟』は全体をとおして劉智の『天方性理』の影響をうけているようにみえるので、『道行究竟』から判断することはできない。

(20) これまでにみたように、四行は後天において元気から生成するものであり、先天に属するものではなかった。だがここでは「四行之始分」を先天とし、木金が生まれたあとを後天としている。つまり、いわゆる後天をさらに先天と後天にわけているのである。これはなにを意味するのか。可能性を二つあげておく。一つは先天と後天のわけかたが相対的なものであるということ。『天方性理』巻首・本経の第一章では元気は「先天之末、後天之根」であると説明されている。また、イブン＝アラビー系統の人々はこの先天と後天をつなぐ場を″ʿālam al-mithāl（原型の世界）″と呼ぶ（注（7）前掲『訳註天方性理巻一』一二二～一二五頁）。『天方性理』巻一によると、四象（つまり四行）が出そろったあとに天地ができあがる。それから木金活の三子が生まれて、万物ができあがるのだが、大世界の出現という点で、元気から四行が生まれる過程とそれ以後ではおおきなちがいがあるのだ。したがってこの先天と後天をなだらかにつなげる元気から大世界が出現するまでの過程を、それ以降の後天と区別するための表現方法なのかもしれない。

なお同様の説はつぎの四時往復図説にもみえる。そこでは春夏秋冬を四行に配当し、四行と五行は先天後天間の母子関係であるとする。劉智による四行と五行の折衷はここにもみられる。

(21) 木と金の生成過程はもうひとつのパターンがある。巻二・後天形器図説に「九天之下、其次於天者風、次於風者火、次於火者水、次於水者土。土返而向水、遂与水相凝合而金生焉。金能吸火下降、火降則気随入於土而木生焉」とあり、最も下にある土が上に引き返し、水と出会うと金が生まれる。金は火を吸引して下降させる。火が下降するとそれにしたがって火の上にある気(風)が土に入りこみ木が生まれる。「土＋水→金」「土＋気→木」とでもあらわせようか。土から水に引き返すのは巻首・本経の「流尽則返、返与水合、而生金石」と似ているが、つぎの木の生まれかたは「金与火合、而生草木」とあり、ことなる。注（7）前掲『訳注天方性理巻一』六〇～六一頁、一四六～一四七頁も参照。

(22)「夫五者各一其性、各一其徳。火性向上、其徳高名。水性向下、其徳謙遜。木性条暢、其徳直樸。金性堅定、其徳穏重。土性蔵育、其徳静順」。

(23)「念属心、心属微。其発脈在于口言、其於性分為仁、其於人道為孝、其於五行也属火。礼属身、身属幾。其著事在於身行、其

於性分為礼、於人道為弟、其於五行也属土。斎属意、意属気。戒於目見、謹於心思、其於性分為智、於人道為節、其於五行也属木。課属知、知属血。施用得当、在於耳聡、其於性分為義、於人道為友誼、其於五行也属水。朝属性、性属命。其為功也、具足一切功、施諸所有、而至於鼻亦不臭香、其於性分為信、於人道為忠、其於五行也属金」。なお五功と五行の関係について筆者は JAMES International Workshop,"Changing Knowledge and Authority"（二〇〇四年三月）にて'Knowledge and Tradition of Chinese Muslim Intellectuals: Five Elements Theory in Liu Zhi（劉智）'s *Wugong shiyi*（五功釈義）'と題して口述発表した。この発表は論文として脱稿予定である。

（24）中国イスラームでは、君臣、父子、夫婦、兄弟、朋友間の人倫をさす。

（25）「天有五星、地有五行、人有五官、性有五徳、尽人之道有五典、尽天之道有五功。夫五功包天地与人之事者也」。

（26）『天方典礼』の動物については稿を改めて論ずる予定である。

（27）これはイエズス会士やそれをうけた中国の自然科学者たちの著作が実際に読まれ、「明末におこった気の理論の変容」（山田慶児、注（2）前掲『黒い言葉の空間』）が中国ムスリムたちにも影響をあたえたからではないだろうか。後述する馬注の相生相克批判はイエズス会士の議論とおなじである。

（28）「蓋五行生剋之理、清真造化之根。生剋謂之後天、造化謂之先天」。

（29）たとえば、木は水だけでなく土もないと成長しない、また金から水が生まれるという相生について、金庫から水が生まれるはずがない、などせんない批判をしている。

（30）「人稟真主之余光、雖囿四行、実超万匯」「人惟全真主之余光、則四行非我有、万物皆虚幻」とある。

Ⅲ　信仰

早期蜀文化における日月神崇拝初探

高　大　倫
（佐藤実訳）

太陽と月は人類が空を仰ぎ見たときもっともちかくにみえる天体である。太陽は日中にあって大地に光と暖かさをもたらし、万物に必要なエネルギーを提供する。月は夜中にあって地球にあかりをもたらす最大の発光天体である。すべての天体のなかで、人々の生活にもっとも大きな影響をあたえるのがこの太陽と月である。世界各国の古い歴史をもつ民族の神話、そのほとんどにおいて日月神にかんする美しい伝説が多くみいだされる。(1)

中国も世界的に有名な悠久の歴史をもつ文明国であり、原始文化が文明へとすすむ過程において、多くの神話、伝説がうまれた。(2)二十世紀初頭から、中国では神話伝説研究を専門とする学者があらわれ、神話伝説研究はめざましい成果をあげた。この百年の神話研究を区分するとしたら、おおきく前後五十年のふたつの時期にわけることができる。前半の五十年はおもに文献整理をおこない、西洋の研究方法をもちい、また西洋の神話と対比する研究である。後半の五十年は考古学的発見が大量にえられ、神話研究はたえず深化し、文献にみえる多くの神話が考古学的に実証された。さらにもっとも重要なことは、考古学的発見によると、多くの神話は古典文献に記された時代よりもかなり以前からあったということである。たとえば四方を代表する「四神」（東は青龍、西は白虎、南は朱雀、北は玄武）、二十八宿、牛郎と織女（彦星と織り姫）、日月神などがそうである。

太陽と月にかんする神話があらわれるのは、文献上では、もっともはやくて戦国時代である。漢代になると太陽神、月神の具体的なかたちが墓から出土した帛画、画像磚、画像石にしばしばみられる[3]（図１①②）。もちろん、戦国期の文献によれば夏《か》あるいはもっとはやい時期にすでに日月の神はいたとされるが、日月神の存在自体は文献によって確認するか、あるいは推論するしかなかった。だが厳文明氏は前世紀の七十年代に発表した論文「甘粛彩陶的源流」で、彩陶の文様の変遷をふかく緻密に分析し、考古類型学によって比べることで、複雑にみえる文様のなかから日月神を象徴する図案をみつけだし、またその図案が実から虚に、つまり具象から抽象へと変遷する流れをみつけた[4]。厳氏の

図１①長沙馬王堆１号漢墓出土帛画

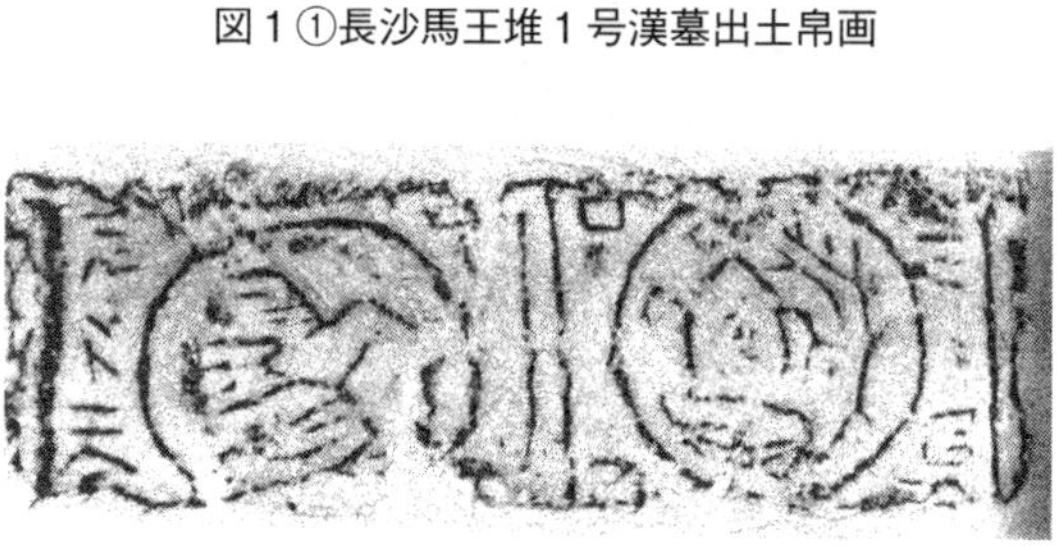

図１②日、月神（四川広元出土漢画像磚）

この研究成果は、日月神の存在を、文献に登場しはじめる戦国期、および夏代になってはじめてあらわれたとする戦国期文献の伝統的な説から、反駁の余地なく、ちょうど二～三千年ひきあげた。その後、河姆渡文化の「双鳥負日月」紋の解読（図２①）によって、太陽神と月神がうまれた時代は厳氏の基礎的研究からさらに千年ひきあげられた。(5) そうなると、太陽神と月神がうまれた時期から戦国までの数千年間にもそれらはあらわれるはずである。しかしながら、驚くべきことに、あれほど多くの考古学的資料が発見されたというのに、夏から戦国時期における日月神の存在を説

図２①双鳥担負日月（余姚河姆渡出土骨匙）

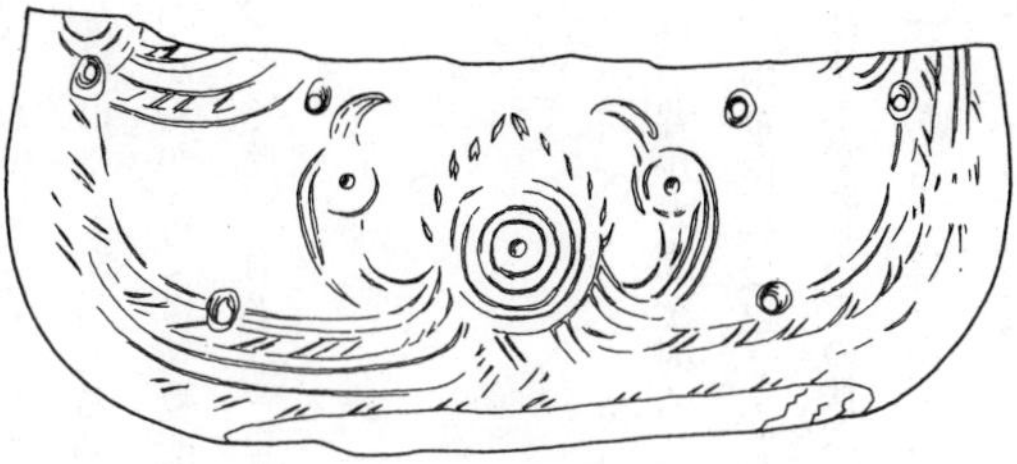

図２②双鳥負日或負月（余姚河姆渡出土象牙飾板）

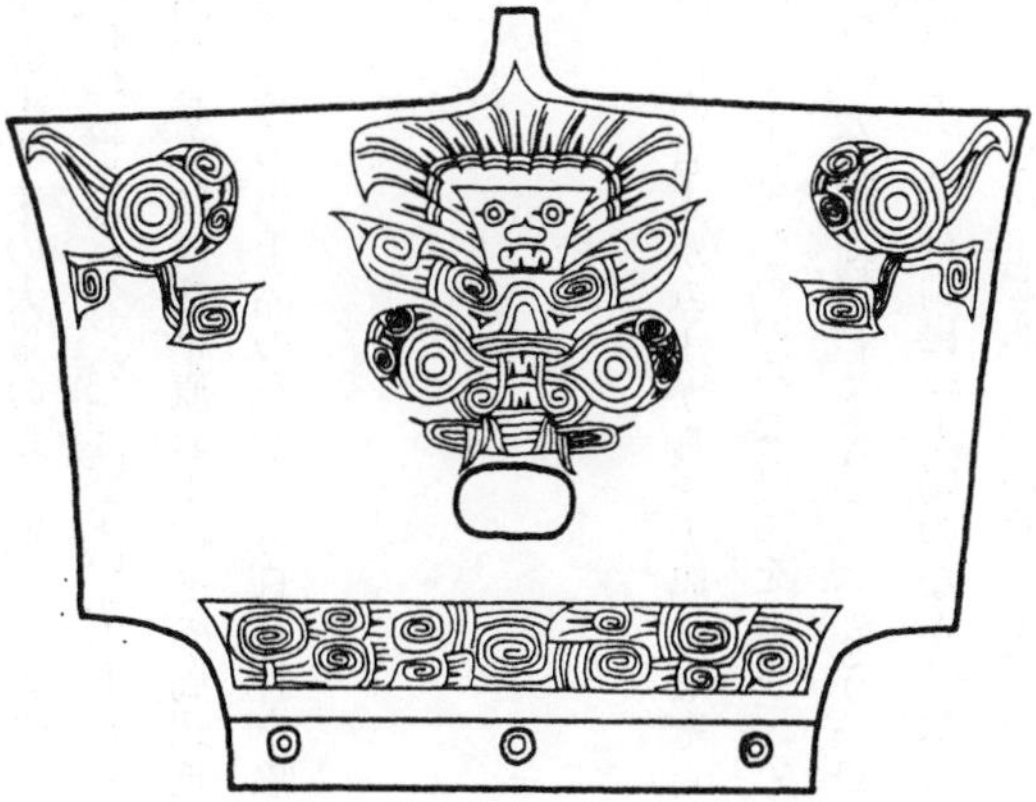

図２③余杭反山良渚文化墓葬から出土した冠状飾

明できる実例はまだ発見されていないのである。だが数十年来の大量の夏、殷、周の考古学的発見からかんがえると、日月神をあらわす出土品ははやくからあるのに、ただわれわれが気づいていないか、もしくは充分に注目していなかった可能性がある。筆者のかんがえでは、夏殷周時期の、おもに成都平原およびその周辺地区に分布する早期蜀文化を考察することによって、とくに、有名な三星堆、金沙遺跡の出土品のなかから日月神を象徴する実例をさがしだすことができる。

一、太陽神について

後世に伝わる文献には、羿《げい》が太陽を射る、夏王朝最後の君主がみずからを太陽になぞらえる、月には三本足の鳥がいるなどの記載があり、中華民族は早くから太陽にかんするいろいろな神話をもっていたことがわかる。『山海経』大荒東経には「〔湯谷には扶木があり、その扶木には〕一つの太陽が到着しようとし、もう一つの太陽が出ようとしている。どれも烏をのせている」とある。烏とはなにか。『淮南子』精神訓に「太陽のなかには踆烏がいる」とあり、高誘の注に「踆は蹲〈うずくまる〉のことである。三本足の烏をいう」とある。いわゆる三本足の烏とは太陽の鳥であることがわかる。今日、われわれは漢代に遺された画像磚、画像石、帛画、壁画によくこうした鳥をみることができ、それらはしばしば太陽の真ん中に描かれている。したがって漢代の人々はこうした鳥や太陽鳥の神話をよく知っていたということがわかる。西北では、仰韶文化の廟底溝期に属する陶器に描かれた鳥の文様は、背中に大きな円を背負っていて、まさしく太陽鳥のイメージである(6)〈図3⑤⑥〉。東南では、『山海経』の「一つの太陽が到着しようとし、もう一つの太陽が出ようとしている。どれも烏をのせている」と同じように、河姆渡文化時期に属する骨板に精巧な双鳥負陽紋飾がある〈図2①〉。河姆渡文化から良渚文化までは太陽を背負った鳥の文様がみられ、しかも太陽のしるしとして冠をかぶり、擬人化されている[7]（図2①③）。研究によると、こうした鳥の文様は仰韶文化の時期にも存在するという。

仰韶文化の時期には太陽を象徴していた三本足の鳥（太陽を背負うともある）の文様は、ありのままに描かれていたが「しだいに抽象化、符号化へと変化し、再現（模倣）から表現（抽象化）にかわる」[8]。半山期、馬厰期になると抽象化されて「擬日模様」となり[9]（図4）、「……後世からみると、ただ美しく、装飾的なだけであって、具体的な意味や内容をもたない抽象的な幾何文様のようであるが、じつは当時にあってはとても重要な内容と意味をもっていた。

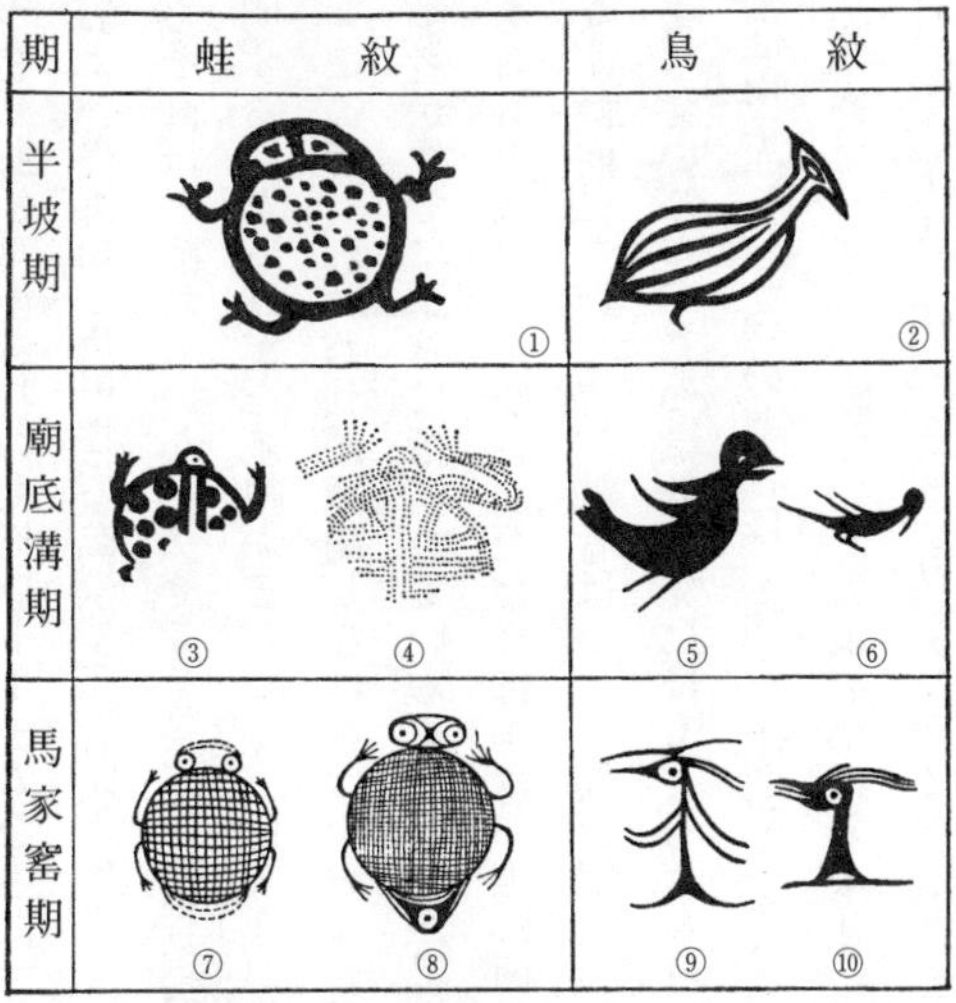

図３　仰韶文化の蛙紋と鳥紋の変遷（出土地は以下の通り。①臨潼姜寨、②宝鶏北首嶺、③陝県廟底溝、④万泉荊村、⑤華県泉護村、⑥同上、⑦蘭州雁児湾、⑧甘粛、⑨武山石嶺下、⑩甘粛）

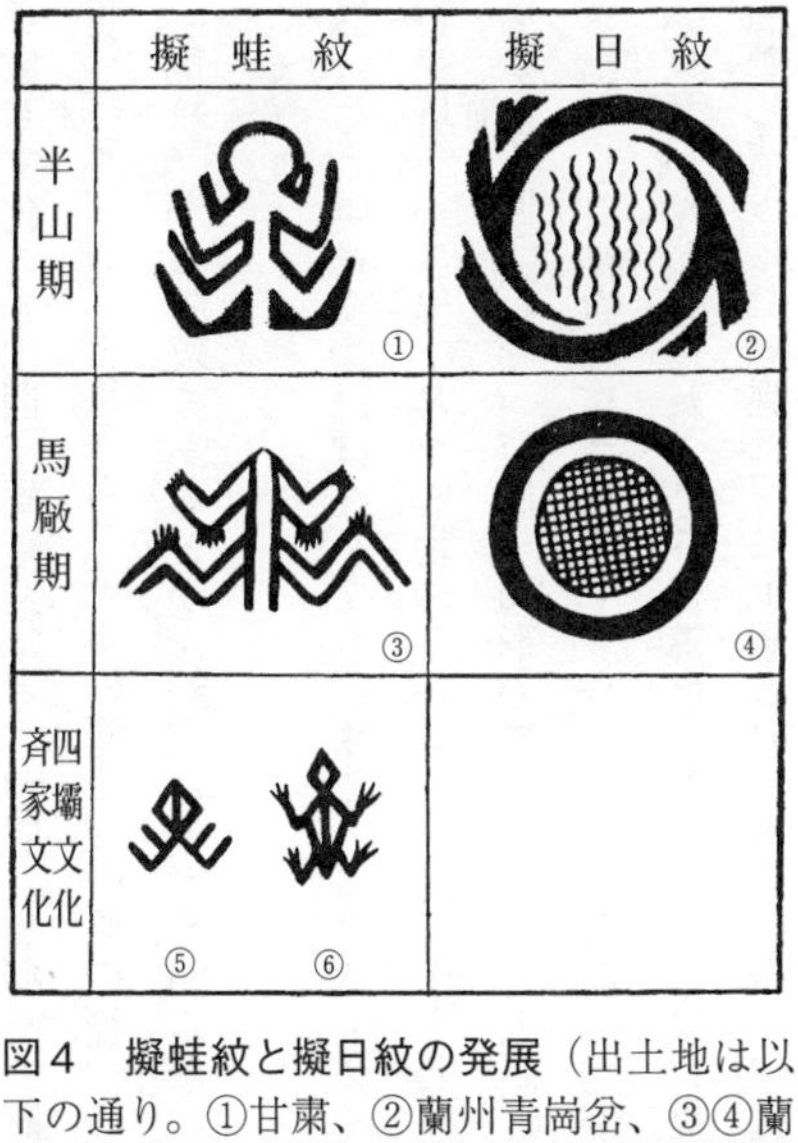

図４　擬蛙紋と擬日紋の発展（出土地は以下の通り。①甘粛、②蘭州青崗岔、③④蘭州白道溝坪、⑤武威皇娘娘台、⑥玉門火焼溝）

つまり原始巫術儀礼の大切なトーテムなのだ」[10]といわれる。馬家窰文化の半山期、馬廠期は考古地層と類型学の研究、および炭素14（放射性炭素）の年代測定によって、その絶対年代は紀元前二千年から三千年の間で、中原の夏、殷からそれほど離れていない。そこで夏、周の青銅器にみられる「烱紋」が太陽紋であるとかんがえる学者もいるが[11]、証明するにたる確実な証拠がまだなく、いまなお推測の域をでていない。

ここで、われわれが議論しなければならない早期蜀文化における太陽神文物にはなしをもどすことにする。多くの学者がすでに正確に指摘しているように、三星堆の二つの「祭祀坑」から出土した器物のなかで、太陽とかかわりのあるものは少なくない。たとえば神樹、人形面具などがそうである[12]（図5①②）。だが、円形の器物をひろく太陽とみなす傾向にたいして、筆者はつよく異を唱えたい[13]。三星堆から出土した神樹は高さ四メートルに達し、九羽の鳥がとまっているが、じつは幹の先にはもともともう一羽とまっていたとかんがえられ、そうすると全部で十羽の鳥になる。『淮南子』の「堯のときに十個の太陽がならび出て、草木を焦がし枯らした。堯は羿に十個を射るように命じ、九個にあたり、そのなかにいた九羽の鳥はみな死に、羽が落ちたので一個だけ太陽が残ったのである」という、古代の十日〔十の太陽〕伝説とぴたりと合致する。したがってこの神樹は『山海経』の通天神樹——若木と建木であると指摘する学者もはやくからいた。人形面具については、われわれはこれまでに良渚文化によくみられる太陽神のシンボルであると指摘した[14]。したがって太陽に関係する器物が少なくとも二種類あることはいえるが、それも間接的に結論づけられているだけである。

直接に太陽であるとみなしうる器物は成都の金沙遺跡から出ている。金沙遺跡は成都市の西、金沙駅の近くにあり、三星堆と同時期あるいはやや遅い早期蜀文化の重要な遺跡である。出土した文物は種類や形態にしても、数量や精緻さにしても三星堆に劣らない。金沙遺跡から出土したあまたの文物のなかで、もっとも人々の眼をひくのが金箔でつくられた、学者たちが「四鳥繞日飾」と呼ぶ金器である（図6①②）。その図案は内側と外側に透かし彫りされている。内側は十二本の鋭い歯形が等間隔にならんで円形をなしている。外側の図案は同じかたちの四羽の鳥で、頭と足が前後につながっていて、時計の逆回りに内側の歯形のまわりをめぐるように飛翔している。このような図案であればだれもがひとめで太陽を連想するはずだ。たしかにそれは太陽であり、したがって「四鳥繞日」飾という名は適切である。中国古代の太陽にかかわる神話において、太陽はいつも鳥と密接な関係があった。一説によると、「四鳥繞日」の四鳥は四方をあらわす方向と関係があり、古代中国の神話に登場する四人の使者か、あるいは太陽を背負って空をめぐる太陽鳥であるという。[15]『山海経』の原文によると、四鳥は豹、虎、熊、羆であって、鳥類ではない。しかも四鳥が四方に使いするという観念が三、四千年前にすでにあったかどうかはまだ確実にはわからない。したがってこの「四鳥繞日」が四方をあらわすというかんがえかたは基本的に排除でき、太陽鳥であるというかんがえかたこそが取られるべきである。仰韶文化の太陽神イメージは鳥のかたちあるいは鳥と円の組み合わせであり、河姆渡文化の太陽神は二羽の鳥が太陽を背負うかたち、良渚文化の太陽神は東西の両方にそれぞれ一羽の鳥が太陽を背負うかた

図５①三星堆２号祭祀坑出土Ｉ号大型銅神樹（K2-2:94）

図５②三星堆２号祭祀坑出土人面形面具（K2-3:231）

ち（図2③）、半山文化の太陽神は太陽に似せたかたち（図4②）である。河姆渡文化から良渚文化へ、仰韶文化から馬家窰文化への太陽神イメージは代々受け継がれたもので、その内容は完全に一致する。つまりいずれも太陽鳥伝説のいきいきとしたイメージのあらわれなのである。金沙から出土したこの「四鳥繞日」飾は馬家窰文化における半山期の太陽神イメージ——擬日紋（太陽になぞらえた文様）にもっとも近く（図4②および図6①②）、もし金沙の四鳥繞日飾の「四鳥」を取り除けば、残った部分は半山期の擬日紋と基本的に同じである。このように、最終的には金沙の「四鳥繞日」飾を太陽神の確実な証拠としてさがしあてた、といえる。

図6①金四鳥繞日飾（2001CQJC:477）

図6②金四鳥繞日飾（2001CQJC:477）

二、月神について

中国では月と太陽の神話は密接にかかわる。たとえばよく知られた嫦娥が月に奔る話（『淮南子』覧冥訓に「羿は不死の薬を西王母からもらいうけたが、羿の妻恒娥（嫦娥）がそれを盗んで月に奔り、身を月に託して、これがヒキガエルとなり、月の精となった。羿はがっかりして、もう不死の薬を得ようとは思わなかった」とある）は太陽を射た主人公である羿とかかわっている。文献記録によると、月にかんする神話の起源は遅いようで、『山海経』『淮南子』になってやっとあらわれる。それは戦国秦漢のころになってからである。嫦娥が月に奔る話とともに広まった神話では、月のなかに玉兎、蟾蜍、呉剛、桂花などがいてロマンティックな色合いに満ちている。玉兎は、聞一多氏の研究によれば、もともとはなく、漢代からおこったもので、文献解釈のあやまりによってそのまま伝わったという。(16) 呉剛と桂花の伝説はさらに遅く、(17) 本稿で議論する早期蜀文化の時代とはさらに離れるのでここでは言及しない。だが「月中有蟾蜍〔月のなかにヒキガエルがいる〕」の説、あるいは蟾蜍によって月を示す起源は、さきに述べた太陽鳥の起源年代と同様に古い。『淮南子』説林訓に「月は天下を照らすが、蟾蜍に蝕される」とあり、『爾雅』釈魚の「蟾諸」にたいする郭璞注に「蝦蟇に似て、陸地に棲む」とある。厳文明氏の「甘粛彩陶的源流」では、仰韶文化の彩陶文様に、太陽神と同時にあらわれる月神をさがしあてている。その月神――蟾蜍には太陽紋のように円はないものの、太陽神の文様と一緒に陶器にあらわれるので、月を指していることは間違いない。それが月神であると認められれば、これまであまり重視されていなかった類似の出土物をあらためて理解できるかもしれない。

東南の良渚文化遺跡からはこれまで玉蛙と呼ばれる器物が出土している（図7①）(18)。ありふれたカエルとして扱われることがほとんどだが、この玉蛙は光り輝き、清らかでつやがあり、透明度があり、良渚文化の玉器のなかでも素材が吟味され、精緻に作られた最上の作品である。新石器時代の玉器は制作に手間ひまをかけ、ひとつの器

図７①玉蛙（張陵山 M4:01）

図７②石蟾蜍

図７③金蛙形飾（2001CQJC:215）

図７④金蛙形飾（2001CQJC:217）

図７⑤金蛙形飾（2001CQJC:215）

図７⑥金蛙形飾（2001CQJC:217）

物をつくるにはかなり深い意味をこめることが多い。したがってこの玉蛙はけっしてただの蛙ではなく、馬家窰文化で日月が併存していたこと、そして良渚文化には太陽鳥の図案が大量にあることをあわせてかんがえると、月中の蟾蜍つまり月神とみなすほうがおそらくより実際に近いはずである。

つづいて三星堆をみてみよう。三星堆遺跡では石の蟾蜍が出土しているが（図7②）[19]、これもたんにありふれた出土物とみなされることが多く、これまであまり重視されてこなかった。この石の蟾蜍が結局なにをあらわしているのかについて軽々しく結論をくだすことはできない。だが、すでに三星堆文化には太陽神が存在したことが充分な証拠によって証明されており、またさきの甘粛彩陶文様および良渚文化では日月神が一緒に出てくるという普遍的な状況から類推すると、やはりこの石の蟾蜍は月神とみるべきであろう。三星堆よりやや遅い金沙遺跡で出土した文物には、先述のようによく言及される四鳥繞日金飾いがいにも、太陽と関係するものがたくさんある。月神についても存在するはずだ。

金沙遺跡で出土した金箔製品は多く、金帯、金四鳥繞日飾、金面具などがある。また三星堆遺跡でも金箔製品は金杖、金面具、金飾片などが出土していて、両遺跡から出た金箔製品の種類はほぼ同じであり、ともに金箔の使われかたに注目すべき現象がみられる。つまりとても貴重な物品を作るのにもちいられるのである。黄金は中国では稀有の金属であり、殷周時期の製錬技術ではまだ黄金を抽出できなかった。したがって当時の黄金はとても少なく、黄金をつかって制作され装飾されるものはすべて貴重な器物であった。たとえば三星堆と金沙から出土した金杖、金帯には蜀の魚鳧王朝族のシンボル的図案が彫られていることから、主人の身分が高貴であったことがわかり、金四鳥繞日飾と太陽鳥神話とのかかわりや、いろいろな遺物によって蜀人の太陽崇拝が熱狂的であったことがわかる。以上のことから類推すると、金沙遺跡から出土した二つの金箔製の蛙形飾を特別視しないわけにはいかない。発掘者の報告によると、金蛙形飾は全部で二つ、どちらも金箔でつくられている。二つの大きさ、かたち、製法は同じで、「全体のかたちは薄片状で、抽象的な動物である。かたちは図案化されていて、ちょうど動物の腹の真ん中を裂いて、背部を上にして広げ、それを上から見下ろしたようなかたちである。頭があって首がなく、頭は底面が瓢箪型に欠けて、さきにはとがった桃型の口があり、一対のまるい眼がならんでいる。身は亜字型で、背部の中間には脊椎の線がある。腹部は四肢のカールにそって外側に凸のかたちにまがり、その先端は反対の先端にほぼ一致して短い尾のようである。脊椎の両側には対称的に弦紋が一本はしり、背骨からそとへ四肢までのびている。弦紋の内側には連珠状の乳丁紋〔乳房型の突起〕が一列にならび、乳丁紋はまるくて凸状である」。さらに分析して「金飾であらわされた動物イメージは大きく変形されているので、それがどういった動物に属するのかを正確に判断することは難しいが、全体の形と細部の特徴からみると、青蛙〔トノサマガエル〕あるいは蟾蜍〔ヒキガエル〕の可能性がもっとも大きい」〔図7③④⑤⑥〕[20]と述べている。かれらのこの研究はきわめて示唆に富んでいる。われわれはいわゆる青蛙形飾が月中の蟾蜍であるとかんがえてもかまわないであろう。その理由は三つある。一つは、周知のようにいわゆる蟾蜍はわれわれの生活でよくみられる蛤蟆〔トノサマガエル、ヒキガエルの総称、カエル〕であり、古人の感覚からすると動物分類は後世ほど細かくはなく、蛤蟆と青蛙はきわめて似ていることから、昔の人からみれば、蛤蟆と青蛙は常に同じ種類の動物を指した。二つめは、この蟾蜍は当時でもきわめて稀有で珍奇な黄金をもちいて丹念につくられていることから、一般の青蛙そのものよりも深い意味がこめられているに相違ない。三つめは、この青蛙形飾は金四鳥繞日飾とおなじ遺跡から出土していて、さらには同じ場所、同じ地層から出土している可能性がある〔文化層堆積はかなりこわれてはいるが、事後の緊急措置的発掘と関係者の回想によると、おそらく象牙堆積がもっとも多い坑内から出土した〕。このように二つの器物にはなんらかの内在的関係があることは、考慮せざるをえない問題である。各専門家の日月神研究と以上の分析にもとづき、さらに三星堆、金沙遺跡で発達した太陽神崇拝のいろいろな遺跡とをあわせると、金蛙形飾が蟾蜍であり、しかもこの蟾蜍こそが月中の蟾蜍であるという充分な証拠がえられる。金沙遺跡のなかに太陽を象徴する鳥と月を象徴する蟾蜍がいっしょにあらわれたのである。それらはそれぞれ当時の蜀人がイメージする太陽神と月神なのである。

もし早期蜀文化において蛙あるいは蟾蜍がまちがいなく月をあらわすとなると、次の器物のみかたはさらに明確になる。陝西漢中洋県から出土した殷代晩期の青銅器群に銅鉞があり、通常「蛙紋鉞」と呼ばれている（図8）。長さは二三センチ、幅一三センチ。『中国青銅器全集』の編者は「身はやや長く、刃は円弧形、両端ははねあがり、長い闌、内に長方形の穿がある。鉞身には蛙紋が透かし彫りされ、蛙の背には火紋が飾られている」[21]と描写している。だが当該の動物はけっして蛙ではなく、頭、身、尾の三個所のかたちからみてまちがいなく蟾蜍であり、したがって「蟾蜍紋鉞」としたほうがより適切であろう。その図形は月中の蟾蜍と理解でき、蟾蜍が直接月をあらわしているとみなすこともできる。蟾蜍の背のいわゆる「火紋」は、円の中心にむかって時計まわりに旋転する十個の歯形がならんだものである。これはなにを意味するのか。金沙遺跡の四鳥繞日図にみえる太陽が発光する光の紋と関連する、つまりじつは月が放つ光をあらわしているのである。古人は月は発光体であるとかんがえた。ここ数年の考古学的発見によって、早期の蜀王国の領地はかなり広く、魚鳧王朝の時期には漢中、さらには宝鶏一帯までにも達した[22]。成都と漢中ははるか遠く離れているが、確実に同一文化圏内であり、密接な関係をもった文化区域内なのであり、おなじ月神崇拝を反映した文物が出土するのも怪しむにた

図8　蟾蜍紋銅鉞

りない。

中国の文明、歴史は悠久で、文献もきわめて豊富にある。以上に論じた日月神崇拝についていえば、はやくは戦国時期の文献に登場する。文字の出現は文明時代にはいってからのことであり、文字をもちいて目的的、系統的にある事柄を記載するのは、文字が出現する時代よりかなり遅れる（神話学者のなかには多くの神話は原始社会に出現するとかんがえる者もいる）。文献によると太陽神と月神の崇拝は夏代前後にうまれたようである（考古学的証拠は漢代に大量にあらわれる）。これは有名な、羿が太陽を射た話と嫦娥が月に奔った話である。だが具体的な人物はさておき、夏代前後に類似の神話伝説はなく、これまで証明しようがなかった。二十数年前、厳文明氏が彩陶紋飾のなかに、仰韶文化、馬家窰文化から斉家文化にいたる系譜をみつけ、そして系統だった伝承をもつ日月神崇拝の実例をさがしだした。中国東南地方では、二十世紀の七十年代以来、一連の眼がくらむような発見があり、それは文明の地域分布を書き換えただけでなく、五、六千年前の中華大地に広がる文化において、物質と精神の密接な関係があったことをも明示してくれた。仰韶文化の太陽神は鳥が太陽を背負う図であり、河姆渡文化でも二羽の鳥が太陽のようなものを背負い、良渚文化の玉器では鳥が太陽紋を背負っていた。仰韶文化の蛙紋（じつは蟾蜍）は良渚文化でも玉蛙の文物がみられる。西北地区の太陽鳥と蛙紋は原始社会の晩期になると擬日紋、擬蛙紋と変化し、良渚文化の時期には鳥が太陽を背負う紋もしだいに図案化されていった。青銅器時代の夏殷時期にはいると、中原ではまだはっきりとした太陽神、月神崇拝の文物が発見されていない。現在、三星堆、金沙から太陽神、月神崇拝の文物が発見されたことで、新石器時代晩期から文献が登場する戦国までの約二千年の空白をうめることができただけでなく、古くから文献にかかれた太陽神、月神という神話的思想には、伝説としての根拠があるのだということが実証された。これが金沙で発見された太陽神、月神崇拝の文物の第一の意義である。当然、考古学的資料の発見は文献でトレースできる時代よりもかなり古い。第二の意義としては、ここ数年、何人かの学者が注目しているが、成都平原の新石器晩年から夏殷までの蜀文化は中原地区、長江中下流地区、西北の甘粛青海地区の三地区からの影響を大きく受けているということである。中原文化の影響は陶器にみられ、すでに周知の事実である。長江中下流地区の影響はおもに良渚文化に特有な器物が成都平原にもしばしば出現していることにある。これら二つの影響は誰もが認めるものである。甘粛青海地区からの大きな影響は、三星堆遺跡から出土した玉石器が斉家文化と密接な関係があるという説が数年前に出され、また最近数年のうちに四川省文物考古研究所が四川汶川姜維城遺跡で、成都市文物考古研究所が茂県営盤山遺跡でそれぞれ斉家文化よりはやい馬家窰文化時期に属する彩陶を発見した。茂県と汶川はどちらも岷江のほとりにあり、成都から百キロも離れていない。したがって馬家窰文化が南下し、成都平原の古代文化と交流があったのかについてさらに探究しなければならない。われわれは馬家窰文化が南下して、成都の古代文化と交流があったのではないかとかんがえている。第三の意義は、われわれはこの発見によって、三千年前の蜀人の天体観をさらに深く理解し、また蜀人のゆたかな精神世界を知るのである。

日月神崇拝を反映した文物の出土は、地域からみると、西北と東南にはほとんどかかわりがない。だがもしさらに広い時間的空間的背景からかんがえると、この文物はわれわれが活発に議論している文明の起源と形成にも役立つ。以前の文明にかんする議論では文明を構成する物質的要素をさがすことによく力がそそがれた。その後、ある学者はそれぞれが属する意識領域の要素をさがすべきだと提起した。またある学者はべつの方法を切り開いて、礼楽制度の形成から文明の形成を考察し、説得力、啓発性のある結論を出している。筆者は以前、玉器のなかの数種類の「礼器」の起源、拡散、集合の過程から文明の形成と拡張を考察したことがある。[23] 今日、周知のように、中国文明が形成された時期は以前の説より、全体的には、ちょうど千年以上もひきあげられた。だが学者たちは、さらなる研究によってこの結論をより確かなものにしなければならない。ふりかえってみると、六千年前の中国では数千里をもへだてた文化間におなじ太陽神、月神崇拝があり、三千年以上も前には、今日の中国版図内の大部分にすでにひろく広がっていた。しかもこうした崇拝の核心が基本的には完全に保存され、当時から数千年をへて、現在につづいているのである。こうした崇拝がかくもながくつづく理由は、ちょうど厳文明氏がいうように「一つの民族の信仰と伝統的観念がつながっている」[24]からである。文明が政治的に同一化する前に、文化的な同一化にむかういきおいが先行し、そのいきおいが政治的な同一化のためにすぐれた内在的条件をつくりだし、中華文明の誕生を加速させたのである。こうした意味では、四、五千年前に形成された中華文明帝国は政治的、軍事的、経済的なコントロールによりつつも、さらには共通の精神的紐帯があってはじめて誕生したのであり、苦難をへながらも、ねばり強く今日までつづいているのだ。

【注】

（1）太陽と月が神話の誕生に重要なはたらきをしたことについては、実際にはやくから注目する学者はいた。たとえば十九世紀末から二十世紀初、自然神話学派の有名なドイツ人学者アダルベルト・クーン（一八一二〜一八八一年）とドイツうまれのイギリス学者マックス・ミューラー（一八二三〜一九〇〇年）は太陽を中心にして神話の誕生と変遷を解釈した。太陽が出て沈むように、太陽を中心とした自然現象から全ての神話がうまれると彼らはかんがえた。したがって神話学史上、このかんがえかたを「太陽学説」と呼ぶ。二十世紀初になると、神話学には新しい学派が自然神話学派と対立するかたちであらわれた。「新自然学派」である。この学派中には月こそが神話を形成する主な力であり、神話の主体は太陰（月）からはじまり、太陽は太陰より後にうまれた神話対象であるとかんがえる思想があった（王孝廉『中国的神話与伝説』台湾・聯経出版事業公司、一九八一年一二月第五版、「関于杜而未博士的中国神話」二九九〜三〇一頁）。

（2）十九世紀の後半にはエドワード・B・タイラー（一八三二〜一九一七年）を創始者とする人類学派の神話研究もあり、かれは名著『原始文化』で万物は霊的なものを有しているという主張をした。かれは文明人の神話は原始未開化の神話を起源にし、神話を研究するには原始未開化の神話からはじめなければならないとかんがえた（王孝廉、注（1）前掲書参照）。

(3)ここでは歴史文献学者たちが戦国時代に成立したと認めている書にみえる神話をおもに指す。たとえば『山海経』『春秋左氏伝』『楚辞』『穆天子伝』や先秦諸子の著作など。
(4)厳文明「甘粛彩陶的源流」『文物』一九七八年第一〇期。
(5)林巳奈夫、楊凌訳「中国古代的日暈与神化図像」、李紹明等編『三星堆与巴蜀文化』巴蜀書社、一九九三年。
(6)蘇秉琦「関于仰韶文化的幾個問題」『考古学報』一九六五年第五期、六〇頁図。
(7)林巳奈夫、注(5)前掲論文参照。
(8)李沢厚『美的歴程』文物出版社、一九八二年。
(9)厳文明、注(4)前掲論文参照。
(10)李沢厚、注(8)前掲書参照。
(11)成都市文物考古研究所・北京大学考古文博学院『金沙淘珍』文物出版社、二〇〇二年、二九～三一頁。
(12)張明華「三星堆〝獣面〟弁析」『中国文物報』二〇〇〇年九月九日。
(13)「輪形器」をも太陽とみなすくだりはかなり無理がある。
(14)拙稿「古玉器中的遠古文明信息挙隅」『海峡両岸古玉学会議論文専輯』I、台湾、二〇〇一年。
(15)「帝俊生中容、中容食人獣、木実、使四鳥。豹、虎、熊、羆」(『山海経』大荒東経)、「湯谷上有扶木。一日方至、一日方出、皆載于烏」(同上)。
(16)歴代、月のなかに兎がいるとかんがえられていた。したがって、われわれがみる漢代の画像磚、揺銭樹座、帛画中の兎のイメージはその神話伝説のあらわれである。『楚辞』天問に「夜光何徳、死則又育? 厥利維何、而顧菟在腹?」とあり、聞一多『天問釈天』では「顧菟」は「蟾蜍」の読み方が変化したものであるとする。後人はそのことを知らず、月のなかには蟾蜍もいるし、さらに兎もいると思いこんだ。現存する文献や出土した実物からかんがえると、こうした誤解は遅くとも漢初には形成されていた。
(17)月中の呉剛と桂樹の神話で、もっともはやいのは唐代の文献にみえる。唐の段成式『酉陽雑俎』天咫に「旧言月中有桂、有蟾蜍、故異書言、月桂高五百丈、下有一人常斫之、樹創随合。人姓呉、名剛、西河人、学仙有過、謫令伐樹」とある。
(18)浙江省文物考古研究所等編著『良渚文化玉器』北京・文物出版社、香港・両木出版社、一九九〇年、図版第一九九号。
(19)肖先進等編著『三星堆発現発掘始末』四川人民出版社、二〇〇一年、二五頁。

(20) 成都市文物考古研究所・北京大学考古文博学院、注(11)前掲書、三二~三四頁参照。
(21) 中国青銅器全集編輯委員会編『中国青銅器全集』四、文物出版社、一九九八年。
(22) 拙稿「古蜀国魚鳧世鈎沈」『四川文物』一九八八年第六期。
(23) 注(14)前掲拙稿参照。
(24) 厳文明、注(4)前掲論文参照。

【図版出典一覧】

図1
①安志敏「長沙新発現的西漢帛画試深」『考古』一九七三年第一期。
②高文・王錦生編『中国巴蜀漢代画像磚大全』国際港澳出版社、二〇〇二年、三五八頁。
図2
①「河姆渡遺址第一期発掘報告」『考古』一九七八年第一期。
②「河姆渡遺址第一期発掘報告」『考古』一九七八年第一期。
③「浙江余杭反山良渚文化墓地発掘簡報」『文物』一九八八年第一期。
図3 『文物』一九七八年第十期。
①②⑩『考古』一九七三年第三期、図版壱二、『考古』一九五九年第五期、図版壱三、『考古』一九六二年第六期、三二一頁、③中国科学院考古研究所編著『廟底溝与三里橋』科学出版社、一九五九年、図版玖一、④『師大月刊』第三期、図版弐五、⑤『考古学報』一九六五年第一期、六〇頁、⑥同上、⑦甘粛省博物館資料、⑧B. Sommarstrom, 1956, f.9, ⑨⑦と同じ。
図4 『文物』一九七八年第十期。
図5
①四川省文物考古研究所編『三星堆祭祀坑』文物出版社、一九九九年、図一二〇。
②『三星堆祭祀坑』一九八頁。
図6

①注（11）前掲『金沙淘珍』二九頁。
②『金沙淘珍』三〇頁。
図7
①注（18）前掲『良渚文化玉器』二二五頁。
②注（19）前掲『三星堆発現発掘始末』二五頁。
③④『金沙淘珍』三三頁。
⑤⑥『金沙淘珍』三二頁。
図8　注（21）前掲『中国青銅器全集』四、一七七頁。

【付記】
本稿執筆時に劉夫徳、王子今両教授からご来示をいただいた。ここに謝意を表する。

金文中の廟制に関する研究の一般的な見解と問題点

劉　正
（平顕子訳）

一、金文中の廟制に関する研究史の回顧

古代経学史における殷周の廟制に対する研究は、主に三礼の解釈に関する著作中で述べられてきた。この問題に関する最も代表的な研究が、清代の礼学者徐乾学の『読礼通考』である。この書は三礼の注釈を中心として、歴代の喪葬制度に関する資料の収集と、その分析・説明を行ったものである。その後、朱孔陽が『歴代陵寝通考』を書いた。当然この書もまた、古代中国の歴代の喪葬・陵寝制度の研究が主となる。上に挙げた書物は、どちらも秦漢時代の喪葬・陵寝の制度と構造を中心として、明清時代にまで及んだものであって、殷周時代の廟制の基本的な研究はまったく欠けている。なぜなら、後世に伝わる先秦時代に関する歴史文献中の殷周廟制の具体的な構造に関わる説明は、ただ数えるほどしか見られないからである。西周に対する研究は、『史記』・『尚書』・『春秋左氏伝』や『竹書紀年』等の文献が既に「文献足らず」して「敢えて一辞も賛《くわ》えず」という状況に直面している。まして後人の我々が、十分な史料を持ち得るはずはない。この「文献不足の」状況下において、西周の歴史と文化を研究する際に、我々が利用し得る最も直接的かつ信頼のおける史料は、青銅器の銘文である。現在までに、数万件にも上る銘文の刻まれた銅器が出土・記録されている。これらの銘文は、短いものは一文字から、長いものは五百文字近いものまで見られ、『尚書』

の様に西周史の研究に対して非常に貴重な、また真実を語る生の史料を提供するものである。長年にわたり、歴史学界は青銅器の銘文を、殷周史を研究する上で重要な参考品であり、論を立てる時の根拠であると見做してきた。

殷周青銅器の銘文を中心に研究を行う学者にとっては、清朝の秦漢廟制の研究はあまり満足を与えてくれるものではなかった。それでは現代の学者たちの研究は、どの様なものであったのだろうか。楊寛氏が一九八五年に出版した『中国古代陵寝制度史研究』[1]でも、依然としてこの状況の改変は見られない。古代の礼学の専門家たちは、三礼の研究を中心に著作しており、その内容が殷周廟制の発生・発展・種別の三者と、周代の儀礼及び礼法制度との関係に及んでいたに過ぎない。またこの問題に関する専門的な研究は不足しており、それに加え、殷周青銅器中の廟制に関する史料を利用して、三礼中のこれに関する記述との比較・考証を行う研究者もいなかった。このことは正に、欧陽修の言う所の「礼家、其の制度を明らかにす」という説を最も如実にあらわしている。清代晩期の著名な礼学者にして金石学者である孫詒譲の『周礼正義』・『古籀余論』等の著書は、清代乾嘉の学の三礼・金石の方面で一流の成果である。しかし孫氏は、殷周青銅器の銘文中に見られる廟制に関する史料が、殷周時代の礼制及び三礼の記述の信憑性を考証する、あるいは原始儒教の礼教思想の形成の問題を解決するという点で、必要不可欠な役割を担うものであるとの認識を持つには至らなかった。もちろん公平に見て、近代中国の学術史上において、孫氏は殷周青銅器銘文中の廟制問題を研究する人物として、資格の上でも能力の上でも最も相応しい人物であった。

歴史学の大家王国維氏は、この研究を進めた第一人者であった。王氏は一九一三年に発表した「明堂廟寝通考」[2]の中で、二十余種の殷周銅器の銘文を用い、廟制中の大室と明堂の二者の具体的な構造に関する研究を行った。氏の研究は、殷周廟制の研究に対して、進歩を促すための活性剤となり、これよりこの問題に関する研究への第一歩が切り開かれたと言えよう。

(一) 殷周廟制問題の発展史

古代中国の経学者や史学者たちは、夏から周に至るまでの廟制の発展史を構築した。しかしこの発展史には、二種の観点が存在した。

第一に、『礼緯・稽命徴』に代表される見解である。

唐虞五廟、親廟四、始祖廟一。
夏四廟、至子孫五。
殷五廟、至於子孫六。

この説は「周は殷礼に因る」ことの証明を通じて、周廟の実在を否定するという目的に到達した。もし夏の四廟が始祖の廟を含まないとすれば、夏朝の建国当初は祖先に対する祭祀を重視しておらず、このことはあるいは夏啓の「石、北方に破れて啓生まる」に見られる異常出生神話と直接関わりがあったと考えられる。このことに関しては、『漢書』顔師古注に引用されている『淮南子』佚文を参照すべきである。四廟説の提唱は、親廟の地位の確立に歴史的根拠を与えるものであった。

次に、『孝緯・鉤命訣』に代表される見解である。

唐堯五廟、親廟四、始祖廟五。
禹四廟、至子孫五。
殷五廟、至子孫六。

周六廟、至子孫七。

この説は、周廟の地位を引き上げることに意義があり、周礼が殷礼に対して「損益」することに重点が置かれている。また、ここでも夏王朝の建国初期の四廟説が主張されている。どちらも緯書に依拠した説であるが、二種の異なる廟制発展史観が存在する。緯書としては、依然として孔子の思想の正統性を維持していることが窺える。

しかし両派の見解は、どちらも四廟説には賛同している。また青銅器の銘文中に見られる具体的な例としては、「用乍父癸宝餗」（戍嗣鼎）、「用乍朕文且宝簋」（弭叔簋）、「用乍朕高且宝尊彝」（𠬝劫尊）などの史料が挙げられる。

著名な史牆盤と𤼈鐘の銘文中には、七世の祖先、すなわち第一世高且、第二世烈且、第三世乙且、第四世亜且、第五世乙公、第六世丁公、第七世𤼈の名が連なって出現した。史牆盤と𤼈鐘は西周初期に属するものであるが、この銘文中から七世の祖先の名が連なって発見されたことにより、西周廟制上問題となっている「至子孫、七」の説を実証することが可能である。同時にこの発見は、周初の正式な制度上に一種の大合祀制度（祫祭）が形成されていたことを意味している。『逸周書』世俘にもまた、武王が殷に克った後、六位の先公先王に対する大合祭が行われた様子が述べられている。

（武王は）太王より太伯、王季、虞公、文王、邑考までの歴代の先祖を列ねて合祭を行い、殷の罪を告げた。

この史料から、大合祭制度と殷代の全ての先祖が皆祭祀を受けるという現象が、西周初期にもそのまま継承されていたことが窺える。呂大臨の『考古図』巻三・二に収録されている一件の簋器の銘文中には「乍皇祖益公文公武伯皇考龔伯」の四世の名が見られる。これによって、彼は以下の様に解釈している。

昔の大夫が持つことを許されたのは、三廟のみであることは理解されていた。しかし祭祀が四代前の先祖にまで及んだのは、当時の祭祀では必ず高祖父も祭っていたからである。武伯と龔伯は簋器を作らせた人物の祖父と父で、生前大夫であった者であり、文仲・穆伯の様に、謚号を用いて武・龔の字を割り当てた。益公と文公は高祖父と曾祖父で、生前は諸侯であった。大夫の先祖が諸侯であるのは、後世の僭乱によるものである。

大夫三廟説の最も早い記述は『礼記』王制に見られる。

大夫は三廟を建てる。一昭一穆と大祖の廟とで合わせて三廟である。

しかし、もし「僭越」[3]を計算に入れるとすれば、ちょうど四廟になる。もちろん呂大臨の僭越説はまだ確証を得ることができないが、少なくとも四廟説はこれにより実証されることとなる。

(二) 殷墟卜辞中の廟制問題に関する研究の総括

一八九九年に甲骨文が発見されて以来、王国維氏は一九一七年に発表した論文「殷卜辞中所見先公先王考」[4]の中で、殷墟出土甲骨文の中の謚号・廟号の解読を行い、殷墟甲骨文の廟制問題に関する研究を導き出した。一九三〇年三月、劉盼遂氏は『女師大学術集刊』第三期に「甲骨文殷商廟制徴」を発表した。しかし、この論文の内容は簡単で、かつ浮薄ではあるが、甲骨文史料を利用して殷の廟制を研究したという開拓性という点では、軽視することはできない。一九三七年の五月には陳夢家氏が『文学年報』第三期に「祖廟与神主之起源」を発表した。彼はこの論文の中で、甲骨文史料を利用して殷代宗族祭祀の形成を研究することを試みた。これより以後、甲骨史料を利用した殷の廟制に関する研究は長く停止状態にあった。

二〇世紀前半の研究は、大体この様なものだけであった。

著名な古文字学者である陳夢家氏は、一九五六年に名著『殷墟卜辞綜述』を出版した。この書の中には「廟号問題」上・下二章が立てられており、殷墟甲骨文に見られる殷周廟号問題に関して系統的に研究されている。陳氏は甲骨史料中の殷の干支廟号を、その人物が生まれた日や死んだ日を取って名付けたものではなく、祭祀を行った順序であったと見倣している。甲骨史料中の祭祀を研究するに際して、以下に述べる彼の発見が特に首肯するに値する。すなわち、

卜辞中の諸兄・諸子には廟号があるが、諸弟の廟号はない。これは注意すべき点である。殷制には長幼の別があり、兄が死ぬと弟に位が移るという王位継承法があった。その理由は弟が尊ばれないということではなく、兄が尊ばれるという点にあった。また殷制の長と周制の長の観念には相違が見られ、周制の一世にはただ一長のみが存在したが、殷制では全ての兄が皆長となる権利を持っていた。そこで、殷代では在位している兄が世を去った後には、その次弟が諸弟の兄長となり、位を継いで王となったのである。彼が兄長の資格で王となると、彼以前に王位に即いている兄が存在したか否かにかかわりなく、彼自身がその時の兄長となり、死後も兄長としての享祀を受ける。（四五六頁）(1)

甲骨文が発見されて以来、陳夢家氏の殷墟卜辞中の廟号に対する研究は、他者の追随を許さない程度にまで到達した。「廟号問題」上・下二章を通して、陳氏は殷王朝の大小宗制度、廟号の干支命名、諸母諸弟諸子の廟号とこれに対する祭祀、集合廟主などと、これらに関係するさまざまの問題の研究を行った。そして我々に、一幅の殷の廟号と宗教祭祀の歴史絵巻を描いて見せてくれたのである。

また一九六〇年には、台湾の学者金祥恒氏が『大陸雑誌』第二十巻第八期に「卜辞中所見殷商宗廟及殷祭考」を発表し、殷の廟制問題の先鞭をつけたのである。この論文の上・中・下篇において、金氏は甲骨史料の分析を通して、殷の時期の廟制問題には定数がないという結論を得ると共に『漢書』韋玄伝のこの問題に関する記述が真実であることを肯定した。

『礼記』王制及び『春秋穀梁伝』には「天子に七廟あり」とある。……七というのは、正法の数であり、定数である。宗はその数には入らず、変数である。もし功徳のある者がいれば、その人物の宗を設けるので、予め定数を設けていなかったのである。そこで、殷では大甲を大宗、大戊を中宗、武丁を高宗と称する。周公は毋逸《むいつ》の戒めをつくり、殷の三宗を挙げ、成王をはげましている。そういうわけで、「宗には定数はない」と言ったのである。

ところがこれ以後の学界は、この問題に対してまた二十数年の沈黙を守った。一九九〇年の六月になって、朱鳳瀚氏が『歴史研究』第六期に「殷墟卜辞所見商王室宗廟制度」を発表すると、この二十年近くに亘る殷周廟制研究の停滞は破られた。この論文に関して特筆すべき点は、朱氏の結論が金祥恒氏の殷の時期の廟制には定数がないという見解に反対していることである。氏は以下の様な殷王室の宗廟建制の四点原則を提唱した。

第一に、直系先王は単独で祭祀を受ける宗廟を持つことができた。

第二に、直系先王の単独宗廟は世代を経ても保存することができた。すなわちこの時代にはまだ毀廟の制度はなかった。

第三に、近い世代の直系先王のために祭所を増設することがあった。

第四に、近親の先王の配偶者のみが自己の単独の宗廟、あるいは祭祀を受ける場所を持つことができた。（一〇～一三頁）[2]

また彼の得た結論は以下の通りである。

殷代晩期の王室には既に比較的完備された宗廟制度があり、宗廟の全体的な構成や設置原則及び宗教活動には、ひとしく王権強化と子姓貴族の団結を維持するための義務という特徴が現れている。従って当時の宗廟制度は、殷王朝の統治を堅固にするという重要な政治制度であった。（一九頁）[3]

一九九八年に、王貴民氏は『文史』第四十五輯に「商周廟制新考」を発表した。彼は甲骨史料の廟号に関する記録を用い、殷時代の宗廟の形成を研究した。彼の「新考」は、殷周時代の廟制は五廟であったという説を肯定したことに意義がある。すなわち、

廟制の源は宗法制度にあり、またこれと共に形成・確立し変化したのである。廟制は宗法の祖が上に遷るという原理に従っており、五廟制が普遍的で基本的なものである。そして五廟制には初めから、天子・諸侯等の差異はなかった。周が文王・武王のために特に廟を建てることは可能であったが、しかし廟制の定数には入れることができなかったのである。天子と諸侯は皆廟と祧を持つことができ、祧は廟の数には入らなかった。殷周の過渡期に廟制は完成に近づき、制度として確立されたのは周初であったと考えられる。東周時代に至り、宗法が瓦解に直面すると、廟制にもまた混乱が生じた。（三六頁）[4]

（三）両周金文中の廟制問題に関する研究の総括

一九三七年六月、莫非斯氏は『考古社刊』第六期に「両周銅器中之宗廟及由之而考訂其年代」を発表した。この論文は、青銅器銘文資料を中心として書かれた最初の論文であり、両周の青銅銘文中に記録された宗廟を解読することを通して、出土銅器の断代を行うことを試みている。それから三十年近くを経た後、楊寛氏は一九六五年に出版された『古史新探』[5]に特に「宗廟研究」一章を設け、また一九八五年に出版された『中国古代陵寝制度史研究』でも部分的には金文資料を用いて殷周廟制の発展の歴史を論述した。また上述の通り、楊寛氏の『古史新探』と同年に出版された『殷墟卜辞綜述』で、陳夢家氏もまた大量に西周金文史料中の廟制問題を引用した。ここ数年では、一九九八年に王貴民氏が『文史』第四十五輯に「商周廟制新考」を発表し、西周金文中の廟制に関する内容の銘文史料を用いて西周時期における廟制の成熟と固定への変遷の過程を研究した。また海外の中国学界においては、一九八一年に日本の著名な中国学者である池田末利博士の名著『中国古代宗教史研究』[6]が出版された。この書では特に「廟制考」一章が立てられ、甲骨史料と金文史料中に見られる殷周時代の廟制が研究されている。西周廟制問題については、告廟制度の存在があるために、西周金文の廟制に関する内容の非常に多くが冊命制度と密接に関連している。そこで、陳漢平博士（『西周冊命制度研究』学林出版社、一九八六年）、黄然偉博士（『殷周青銅器賞賜銘文研究』香港龍門書店、一九七八年）から、日本の中国学者である武者章、吉本道雅博士や香港の張光裕博士に至るまで、様々な研究者の冊命制度に対する研究が、廟制問題を研究する助けとなっている。

（四）考古学から見た殷周廟制問題に対する研究

早くも二十世紀の半ばに出版された董作賓氏の名著『甲骨学五十年』[7]に、「殷代的宮室和陵墓」の一章が立てられており、比較的詳細に殷墟考古発掘時に発見された殷代宗廟遺址の問題が紹介された。最近二十数年、発掘作業が展開し、殷周宮室（宗廟）建築の研究に実証を提供した。一九八八年に、陳全方氏は『周原与周文化』[8]を出版し、その第三章「宏偉的西周宮室（宗廟）建築」では考古学的発掘報告を用いて西周宮室（宗廟）建築遺址について分析するとともに、当時の宗廟建築の大体の状況を想定している。一九九九年には傅亜庶氏が『中国上古祭祀文化』を出版し、第六章「商周時代的廟制」において、考古史料と先秦史籍の廟制に関係のある記述を用いて、殷周廟制の史的発展過程を再構築することを試みている。この年、朱彦民博士は『殷墟都城探論』[9]を出版した。この本はこれまでの殷墟の発掘報告を基礎とし、殷の宗廟建築の大体の状況を総括している。

もちろん、許宏博士が『先秦城市考古学研究』で「考古学においては、早期都城内にある個々の大型碎土建築が結局は宗廟遺構に属するのか、あるいは宮殿遺構に属するのかを区分するのは、まだまだ難しい」（七九頁）[5]と述べている通り、宗廟と宮殿の建築が類似した構造であるという状況の下にあっては、考古遺址に対する宗廟・宮殿の区分を行うことは確かに非常に複雑で困難な問題である。杜正勝氏はかつて論文「宮室、礼制与倫理」で、宗廟の発展を廟寝合一、廟寝連続、廟寝分離の三段階に分けているが、この区分は考古学的実証と一致している。一般的に、大型考古発掘地域には、すべて比較的に集中していわゆる宗廟宮殿区と王陵区が出現し分布している。許宏博士は上述の分析の後、「あらゆる城市は宮廟を中心としており、王室貴族に奉仕するという性質を明確にそなえている」という結論を得ている（八一頁）[6]。そこで金文に記載されている具体的な宗廟について分析と研究を行うには、筆者はできるだけ多くの銘文を解読することを中心として、あわせて考古発掘報告と古文献を補助証明として参考にしている。考古学的な証拠と、文献的な根拠のどちらかが欠けている方法では、金文の廟制研究を行うのに過ちを犯すことを免れ得ない。この二者を正すことは一人の人物や一時の力の及ぶ範囲ではない。しかし考古学的証拠と文献的根拠との対応を実現させることは、本稿が努力する方向の一つである。

二、金文中の廟制研究の問題点

(一) 昭穆問題

廟制研究の中心的な問題の一つに、昭穆問題が挙げられる。『礼記』王制の記述を見ると、

天子は七廟を建てる。三昭三穆と大祖の廟とで合わせて七廟である。
士は一廟を建てるだけである。
庶人は廟は建てず、寝において祭る。[10]

金文において、我々はしばしば「昭」「穆」の二字を目にする。例えば、井侯鐘銘文の「昭聯福血」、秦公簋銘文の「以昭皇且」、虘伯簋銘文の「其用昭享于朕皇考」、秦公簋銘文の「穆穆帥秉明徳」、大克鼎銘文の「穆穆朕文且師華父」、許子鐘銘文の「穆穆龢鐘」等である。西周廟制の銘文では、大克鼎銘文の「王各穆廟」の様に、「穆廟」、「昭宮（廟）」等の語が出現する。

しかし、金文には「穆廟」という概念はあるが、「昭廟」という概念は存在せず、一般的に頌敦銘文の「王才周康昭宮」に見られる様に、「昭宮」という語が「昭廟」の概念の代替として用いられる。これはかなり重要な原則である。また「昭宮」の概念があるならば、当然それに対応して「穆宮」の概念がなければならないが、これには寰盤銘文の「王才周康穆宮」が例として挙げられる。そこで、「周康昭宮」と「周康穆宮」は昭穆制度を反映した一対の宮廟概念であって、「穆廟」と「昭宮」もまた、昭穆制度を反映した一対の宮廟概念である。昭穆制度は周人の礼制の中核的問題のようであり、殷王室とはおそらく無関係であったろう。

李玄伯氏はかつて『中国古代社会史』という著書の中で、以下の様に述べた。

昭穆の二字は、現在に至るまで甲骨文には見られない。殷人には廟中における組分けがなかったのか、あるいは組分けはあっても他の名称を用いてこれを表現し、昭穆という文字を用いなかったのであろう。（五三頁）(7)

もしそうであるなら、昭穆制度は明らかに西周廟制の中心的な要素であったと言える。『礼記』祭統の昭穆に関する解釈を見ると、

祭りが終わって燕飲する時は杯を賜うのに、昭の族を一列とし、穆の族を一列とし、昭の族は昭の族どうしで年齢順に、穆の族は穆の族どうしで年齢順に杯を回す。これを長幼の序があるというのである。……祭りの時には昭の族と穆の族との区別が設けられる。昭穆は父子・遠近・長幼・親疎の秩序を区別して、混乱を防ぐためのものである。それゆえに大廟において祭る時は、多くの昭の族と多くの穆の族とがことごとく集まってきて、その秩序を乱さない。これを親疎の殺というのである。[11]

皇侃は『論語義疏』[12]の中で考証を行い、以下の様に述べている。

それぞれの木主を祖廟の主堂に列べるには、まず太祖の木主を西壁に東向きに置く。太祖の子は昭として太祖の東側に南向きに、太祖の孫は穆として太祖の子に向って北向きにして置く。そして順番に東向きにして並べ、北側にある者は昭と言い、南側にある者は穆と言う。これが父昭子穆と呼ばれる制度である。

陝西省灃西県張家坡の西周墓地群からは、基本的には一墓であるが、中にいくつかの墓室が左右対称に排列されている墓葬が出土している。またこれは祖墓が前に在り、父昭子穆の順序通りの排列であるとも言うことができよう。このことから、この墓地における昭穆の排列が既に十分成熟し、定着した段階にあり、宗法制度の完成を反映したものであることが窺える。この墓葬の形状は西周墓葬制度の高度成熟と礼制化の程度を十分に説明しているのである。印群博士は『黄海中下遊地区的東周墓葬制度』の中で、総括して以下の様に述べている。

一定の時期の墓葬制度は、かなり明確に当時の社会的存在と社会的意識を示している。従って歴史学あるいは考古学の分野を問わず、墓葬制度はぬきんでた重要性を持ち、時代性、民族性及び地域性を体現しているのであり、また一定の歴史時期内の等級制度を再現するものでもある。（二頁）[8]

地下墓穴の昭穆の排列は、地上の宗廟の昭穆の排列と当然一致していなければならない。廟の命名に関しても同様である。昭穆制度の発生は周代の宗廟祭礼の状況を具体的に表したものであるから、遷廟制度とも密接に関係する。詳しくは下文（三）の「遷廟制度」に関して論述した内容を見て頂きたい。

(二) 廟号問題

廟制研究の中核となる問題の第二は、殷の廟号の由来の問題である。この問題に関する学界の議論は非常に多く、漢代より現在に至るまでに大体七種の観点が存在する。以下順に説明する。

其の一、生日説。

この説は両漢時代に提唱されたものである。『白虎通』姓名篇の記述を見ると、殷人が生まれた日の十干を取って子供の名前を付けるのはどうしてであろうか。殷の王室は礼制の根本的な要素として質を尚んだので、ただ生まれた日を取って子に名付けたのである。『尚書』を例に挙げると、殷王室には太甲・帝乙・武丁等の王が存在した。また民臣においても、甲・乙といった誕生日の十干を子に名付けることができたのはどうしてであろうか。人々に強いて名付けさせたわけでも、これを禁止したわけでもないのである。『尚書』を例に挙げると、殷臣には巫戊・祖己という人物がいた。

また『易緯乾鑿度』によると、

帝乙とは湯のことである。殷は質を備えている。生まれた日の十干によって名付けたのは、その性質に順《したが》ったからである。

また『太平御覧』巻八十三の『帝王世紀』の引用には、

帝祖乙は乙日に生まれたので帝乙と名付けられた。孔子の言う所の五世（堯・舜・夏・殷・周――訳者注）以外の時代においては、天子の命令が下り、同名を疎んじるという風習があった。ここで祖乙の名を諱《い》まないのは、殷の礼であるからだと考えられる。

と述べられている。

また『史記』殷本紀・索隠の皇甫謐の引用を見ると、

微の字は上甲と言う。その母が甲日にこれを生んだことから名付けられた。殷の王室は子が生まれると、その日の十干を名前に付けるが、その習慣は微より始まった。

容庚氏は『商周彝器通考』の中で、著名な殷代の三戈の銘文である「大且日己。且日丁。且日乙。且日庚。且日丁。且日己。且日己」（大且日己戈）、「且日乙。大父日癸。大父日癸。中父日癸。父日癸。父日辛。父日己」（且日乙戈）、「大兄日乙。兄日戊。兄日壬。兄日癸。兄日癸。兄日丙」（大兄日乙戈）を、この説の証拠として引用した。

この三件の商戈は、羅振玉がかつて一九一七年四月四日に王国維に送った書簡の中で、非常に興奮ぎみに語られ、併せて王氏をしてこの三戈の器名と断代を推測させたものである。この三戈は、殷代金文中における生日説に関する有力な証拠である。

其の二、廟主説。

この説もまた、両漢時代に提唱されたものである。『史記』殷本紀・索隠を見ると、

譙周は、「死後、廟主に『甲』という称号を付けた」と述べている。

また呉雲は『両罍軒彝器図釈』巻七で拡大させて、以下の様に述べた。

案ずるに、古器銘文中の「日乙」「日庚」「日辛」は皆廟主の称号である。

これにより、廟主説が清代に至ってもなお多くの支持を得ていたことが窺える。

以上の二種の見解を受け、呉式芬は『攈古録金文』の巻二・三の中で考証を行った。『史記』殷本紀の「上甲微」に関する「索隠」で、皇甫謐は「微の字は上甲である。その母が甲日にこれを生んだことからこう名付けられた」と述べている。『白虎通』には「殷は生まれた日の干支を用いて字を名付けた」とある。また譙周は「死後、廟主に称号を付けた」と述べている。案ずるに、字というのは、子供が生まれたとき、その誕生した日の干支を用いて名付けるもので、このため字と言うのである。『白虎通』の説の通りであるとすると、子はその父親に名前を付けることはできない。また譙周の説に従うと、大丁、外丙、仲壬、大甲の名の上の一文字は廟主である。以上のことから、皇甫謐の説の方が優れている。

この問題について、かつて呉栄光は『筠清館金文』で述べている。

案ずるに、殷人はおおむね十干を名字としている。乙とは名である。孫が祖父のために付けるから、銘文では祖乙というのである。ある人はいう。殷一代の君主で乙と名付けられている者に五人あり、まさに殷の君主が宗廟で享祭する器を贈ったとすべきである、と。そういうことがあるかもしれない。だとすると、その形式から考えると、それは鼎に当てられようか。

其の三、祭名説。

この説は王国維氏が提唱した。氏の著書である『観堂集林』「殷卜辞所見先公先王考」を見ると、殷王の先祖である王亥は、十二支を用いて名付けられた最初の人物であり、上甲より以後の王は十干を用いて名付けられた。これは殷人の先公は、しばしば上甲より始まったということである。また上甲のために田狩が行われたことも、上甲が先公の始まりであることを証明している。殷の祖先祭祀は、甲と名付けられた者は甲日に、乙と名付けられた者は乙日にという様に、おおむねその祖先の名前の日にこれを祭り、このことは卜辞中に通例として見られるのである。

羅振玉は『殷文存』[13]の序の中で、また類似した内容の主張をした。

殷人の、十干を用いて名付けるという風習は、身分を問わず上下に用いられたと考えられる。……この日名の制度もまた周初へと引き継がれた。

其の四、死日説。

この説は董作賓氏により提唱された。「甲骨文断代研究例」を見ると、

成湯以降は、干支を用いて名前とした。これはまさに、その人物が死亡した日に当たり、生まれた日ではない。
（三二六頁）[9]

しかし張光直氏は四〇〇〇件余りの、干支の文字が挿入された銘文の統計を根拠として、乙・丁・己・辛・癸の五種の干支を名付けるという現象が、全体の八六パーセントを占めるということを発見した（一八〇頁）[10]。氏はこのこと

から更に進んで、生日説と死日説のどちらの説も証明できないと見做している。なぜなら、統計学上の結果が表している様に、もし干支命名が誕生日あるいは死亡日に由来するものならば、これらの十個の干支が出現する比率は比較的近似し、現在見られる様な特殊な現象にはならないと考えられるからである。この統計学上からの生日説と死日説の否定は、無視できない問題である。

其の五、致祭次序説。

この説は陳夢家氏が提唱した。氏の著書『殷墟卜辞綜述』を見ると、

卜辞中の廟号は生没の日とは関係がないだけでなく、謚号でもない。祭祀を行う順序である。この順番は、世代、長幼及び即位の先後、死亡の先後であり、十干に従って順番に並べたものである。およそ王位に即かずに死んだ者と、即いた者の区別はない。（四〇五頁）(11)

劉起釪氏はまた「談〝高宗肜日〟」において、死日説と致祭次序説の統一を試みた。

殷代の君主は死後、皆十干の一つを廟号として名付けられた。また祭祀は十干の順序に従って、六十甲子の日に行われていた。だから、太甲に対する祭祀は甲日に、外丙の祭祀は丙日にという様に、ある王の祭祀はその王の廟号が所属する十干の日に行われた、と推測される。（八頁）(12)

其の六、婚姻制度説。

この説は張光直氏が提唱した。その著書『中国青銅時代』(14)を見ると、

子姓氏族の王室は、族外婚の単位ではなく、王室自身に二個以上の単系外婚集団を含んでおり、互いに通婚し合っていた。……殷王は皆同じ子姓を名乗っているが、二つの大組と二、三の小組に分けることができた。大組の一つは甲か乙と名付けられる者が最も多く、かつ直系の諸王でこの組に属する者は必ず甲か乙を用いて名とするので、これを甲乙組と称することができる。もう一組は丁と名付けられる者が最も多く、かつ直系の諸王で祀典中に見られる者は、祖辛を除いて皆丁を用いて名とするので、丁組と称することができる。……十干を用いて名付けられた廟号は、ただこれらの親族群の分類であるだけで、一方では祭祀を行う日を決定するのに便利であり、またもう一方ではこれを用いることで親属関係において、お互いに衝突を避けるためのものに過ぎないのである。（一五四～一五五頁）[13]

この説の出現は国際的に中国学界の関心や注目を引き起こした。しかし二つ以上の単系外婚集団の通婚という説は実証を欠き、ただの推量に過ぎなかった。楊希枚氏は一九六六年の『中央研究院民族学研究所集刊』に発表した「聯名制与卜辞商王廟号問題」の中で批判を行った。また許倬雲氏は『西周史』の中で、この説が甲骨史料での実例を欠いていると見做した（二二三頁）[14]。

しかし二つ以上の氏族集団の通婚という現象は、西周銅器銘文の中に存在していたことを証明する確実な証拠がある。かつて劉啓益氏は「西周金文中所見的周王后妃」の中で、西周王室において、一世代毎に一人の姜姓の王后が誕生するという現象から、姫と姜の氏族の通婚関係が存在したことを発見した（八九頁）[15]。これとは反対に、姜姓氏族にもまた、一世代毎に一人の姫姓の王后が誕生する。そして姜姓と姫姓の王后が出現する順番は、前後に関連し合っていた。すなわちもし姫姓王室に出現した姜后が、第一・三・五・七・九代目であるとしたら、姜姓王室に出現した姫后は第二・四・六・八・十代目であるという様にである。姫・姜氏族の通婚関係が存在したことから、西周初期においても十干を用いて廟号とすることは、殷の文化と礼制を周が継承したことの象徴であると言えよう。

其の七、卜筮選定説。

この説は李学勤氏により提唱された。その著作の「論殷代親族制度」を見ると、

殷人の名前の十干は、死後に（卜筮により——訳者注）選定されたものである。（三五頁）[16]

以上の七説は、いずれを採用し、いずれを捨てるのかを定めることが非常に困難である。一九六〇年代に張光直の「商王廟号新考」[15]が発表され、殷王の廟号に対する研究は、国際的に中国学界において熱心に議論された。当時は多くの学者が李学勤氏の卜筮選定説を肯定していたようである。例を挙げれば、楊希枚氏は一九八九年出版の『殷墟博物院院刊』に発表した論文「論商王廟号問題兼論同名和異名制及商周卜俗」で、以下の様に主張した。

殷王十干廟号の命名の起源の問題は、既に一九五七年に、李学勤氏が卜選祭日の卜辞を提示したことにより実証され、解決に至っている。（一九頁）[17]

しかし李学勤氏が卜筮選定説を証明するのに利用した卜辞の例は、殷王室の廟号ではない。この卜辞は、殷王室の廟号の起源を研究するための証拠としては、参考にする価値があるに過ぎず、確証として用いることはできないのである。一方、十干を用いて廟号あるいは人名とすることは、殷代のみの特徴ではなく、西周銅器にもまたしばしば出現する。呉栄光は前述の『筠清館金文』の中で、更に考証して述べた。

周人の中で、十干を用いて名付けられた者には大史辛甲がいるが、この人物はもともと殷の紂王の臣であったので、数には入らない。辛甲の後には、斉には太公子の丁公、秦には白乙丙、晋には梁丙・孟丙・先辛・胥甲父、斉には盧蒲癸・公子元がいた。公子元は、夫己氏とも呼ばれていた。魯の公賓庚、宋の田丙と陳良の弟辛、楚の観丁父も挙げられる。

西周銅器銘文に対する実際の調査によっても、以下に見られる有力な証拠を提供することができた。まず西周前期の干支を用いて名号とした例としては、臣長盉の「父戊」、御父己鼎の「御父己」、史獸鼎の「父庚」、田告鼎の「母辛」、庚贏鼎の「庚贏」、寧簋の「乙考」、姞日辛鼎の「姞日辛」、服方尊の「日辛」、大夫始鼎の「日己」、明公彝の「父丁」等々が挙げられる。その次に、西周後期の干支を用いて名号とした例としては、楚公子簋の「且乙」、師酉簋の「日庚」、匡卣の「日丁」、休盤の「日丁」、父丁壺の「父丁」等々が挙げられる。

――以上、江頭廣博士の論文「金文中の家族制度に関する二三の問題」[16]を参考にした。これにより、容庚氏はかつて、この種の現象は殷代において開始されたとは言うものの、西周時代に利用されることが多く、晩期に至ってもなお時に出現することがあったと指摘している（八一頁）[18]。最近になって、王暉氏はその新著『商周文化比較研究』で、この問題に関する詳細な分析と研究を行い、以下の二点の規則性を結論として挙げた。

第一に、殷人の後裔及び殷文化圏にある方国の部族はなお日名廟号を継承していた。第二に、殷人の後裔ではないが干支を用いて父祖の日名廟号とした氏族や諸侯は、殷人が集中していて殷文化が盛行していた東夷一帯に分封され、商奄の民を支配するために殷の政治を用いるという統治上の必要性から日名廟号制を採用した。（二二五、二二六頁）[19]

この分析は比較的合理的であり、かつ西周初期の実際の状況と符合している。

（三）遷廟制度と七廟・五廟説との関係

廟制研究の中心となる問題の第三は、遷廟制度と七廟・五廟説の関係の問題である。今まで問題にしてきたことは殷時代の廟号に集中していたが、西周銅器銘文に関して議論されてきた問題の中心は、遷廟制度と七廟・五廟説の関係についてであった。我々は遷廟と毀廟の制度が、西周の廟制と殷商の廟制を区別する最も大きな点であり、西周廟制が成熟化へと向かう重要な標識でもあると理解している。

杜預の『春秋左氏伝』閔公二年注の記述を見ると、

三年の服喪期間が終わると、新しく死んだ者の主が廟に置かれる。この時、廟にもともと安置されていた遠い先祖の主は、当然移動されて祧に入れられる。その後に大祭が行われ、昭穆の順序が明確にされるのである。またこの祭祀は禘と呼ばれている。

また『春秋左氏伝』僖公八年注の記述を見ると、

新しく死んだ者の主を、廟中の昭穆の順序に合わせて連ねて配置した。

以上の二条の注解はどちらも、遷廟制度を施行する時には、必ず周代の昭穆制度と符合させた上で行わなければならないことを説明している。これが周礼に集中して表現されているものの一つである。新しく死んだ人をまず廟の中に入れるためには、廟中に祀られていた先祖を遷して、特定の廟すなわち祧廟に入れ、祭祀を行わなければならない。この時、たった今廟に入ったばかりの新しく死んだ者は、昭穆制度に従って指定の位置に置かれ、祭祀を受けなければならない。

『周礼』守祧の賈公彦の疏を見ると、

廟を建てる時の規則としては、后稷の廟を中央に置き、昭に当たる者はその東側に、穆に当たる者は西側に配置する。これらの廟は皆独立した宮殿として建てられる。

この史料は、ちょうど廟中に置かれたばかりの新しく死んだ者が、廟中において、祭祀を受ける固定位置を表している。すなわち、杜預が『春秋左氏伝』注で言う所の「審昭穆」、「列之昭穆」である。その原因を探ると、許宗彦は、以下の様に理解している。

廟に置かれた主は四代を経ると必ず次々と移動させられ、祧に置かれた主は六代を経ると必ず次々と棄てられる。従って昭穆は当然、はっきりと識別されるべきである。

しかし賈公彦の昭穆東西方位説に対しては、これまで反論を示す人々が非常に多かった。孫詒譲氏は『周礼正義』の中で、以下の様に述べている。

周の宗廟中における昭穆の方位の制度に関して述べたものは、多く意見の相違が見られる。賈公彦は疏の中で、「后稷の廟を中央に置き、昭に当たる者はその東側に、穆に当たる者は西側に配置する。また、これらの廟は皆別々に宮院として建てられる」と述べている。また「聘礼」の疏では諸侯の五廟説を説明して、「太祖は中央に、昭二つはその東に、穆二つは西に廟を置く。廟は皆、それぞれに門があり……」と述べられている。「司儀」疏の説もほぼ同様である。『隋書』礼儀志には「阮諶は『礼図』において、冢人職に依拠して〝廟を建てる時には、先王を中央に置き、昭穆をその左右に配置する〟と述べている」とあり、これが賈氏が依拠したものであろうと考えられる。この説にしたがうと、天子は七廟制となる。また廟とは別に二祧が建てられていれば、五廟制である。太祖の廟が中央に、その左に昭廟を二、右に穆廟を二配置したもので、それぞれ廟門・隔牆・閤門の順序で配置されていたと考えられる。また『通典』吉礼は、晋の孫毓の議論を引用して「宗廟の制度は、外には大きな宮殿を造り、その内にはそれぞれ寝廟があり、別々に門垣も造られた。太祖の廟は北にあり、その左には昭、右には穆があり、その後は順に南側に並べていった」と述べている。『儀礼経伝通解』は、隋の潘徽の『江東集礼』の説を引用しているが、説は同じである。

孫説によると、昭穆は太祖の廟の南にあり、東西に並列されているのではない。宋代以降の廟制について述べる者の多くは、この説に従っている。ここでは、昭穆の廟は太祖の左右に排列されているか、それとも東西に排列されているか、ある場合には太祖の廟の南にあることもあり、異説が非常に多く、論を定めがたい。これだけではなく、祧廟が七廟・五廟中のどちらに入るかも議論の焦点の一つとなっていた。

この論争における一派は、鄭玄を代表としており、彼は『礼記』明堂位[17]の注解の中で、以下の様に主張した。

七というのは、始祖の廟と、文王・武王の二祧と、高祖父・曾祖父・祖父・父の親廟四つを合わせた数である。

すなわち彼は、二祧の廟は七廟の内に含まれ、文王廟・武王廟が二祧廟に属していたと見做している。清代の礼学者金鶚もまた「廟制変通説」[18]の中で、二祧が七廟中に含まれていることを認めている。

賈公彦の疏には「文王・武王は、彼らを祭る祧は建てられていないが、廟は已に建てられている」とあり、これは廟には木主がないことがあるということである。それならば「曾子問」では、どうして「七廟は木主がない」と述べているのだろうか。木主がなくて、廟を建てるというのはあり得ないことである。もし鄭玄の説であれば、二祧は遷主が収められている場所になり、懿王以後の時代においては、成王が祧に遷される時には、かならずその木主は文王の廟に収められ、同様に康王が祧に遷される時には、武王の廟に収められていたこととなる。またそれ以前の数代においては、所蔵しなければならない木主が存在しないのに、何のために二祧が建てられたのであろうか。遷主が収められる場所は、必ず大廟中の主堂の両脇にある挟室であった。そして大禘の時には、ここから出して大廟中に置いていた。ゆえに廟から棄てられた木主は皆、この部屋に収められていたと考えられる。また更に死後六世以上を経た木主は、子孫の廟に入ることはできない。以上のことから、二祧は遷主を収める所ではなかったと言えよう。

もう一派は王粛を代表とした。彼は七廟説には賛成したが、しかし文王廟・武王廟は七廟のうちには含まれなかったということを主張した。馬端臨の『文献通考』宗廟考の、これに関する記述を見ると、

王粛が「天子に七廟あり」と考えているのは、五代上の先祖とその父親の廟を二祧と言い、これに始祖の廟と高祖父・曾祖父・祖父・父の親廟四つを加えて、七廟であると主張しているのである。

以上の二者の論争の核心となる問題は、文王廟・武王廟を祧廟とするか否か、天子七廟の中にこれは含まれていたか否かである。そこで筆者は、金文の廟制に関する史料の研究を通して、この問題の答えを出すこととする。具体的な廟の数に関わる問題としては、従来、三廟・四廟・五廟・六廟と七廟等の説が存在していた。阮元は叔殷父敦銘文の「用蘄月享」という一句を解説する際に考証を行い、

案ずるに、『礼記』祭法に、「大夫の三廟は、季節毎の祭祀を行うことまでが許されている。諸侯の五廟と亡夫の廟・亡祖父の廟・亡曾祖父の廟には、月毎にも祭祀が行われる」とある。この銘文には「月享」とあり、叔殷父というのは諸侯の称号ではないが、月享すなわち毎月の祭祀が行われているのを見ると、恐らくは王臣であったのだろう。

と述べている。

廟の種類は比較的多く、それで「群廟」の概念があるのである。『礼記』王制の鄭玄注を見ると、

翌年の春に群廟（祖先を合わせて祀った廟――訳者注）において、禘祀を行った。

とある。

『礼記』王制にはいわゆる七廟・五廟・三廟・二廟・一廟の語が見られるが、これは廟制と官制の結合の産物である。例を挙げるのであれば、

天子は七廟を建てる。三昭三穆と大祖の廟とで合わせて七廟である。諸侯は五廟を建てる。二昭二穆と大祖の廟とで合わせて五廟である。大夫は三廟を建てる。一昭一穆と大祖の廟とで合わせて三廟である。士は一廟を建てるだけである。[19]

この説は、西周宗廟の礼制化の説明に重点がある。しかしこれはまた、廟制と官制の関係の根本的な説明でもある。そこで楊寛氏は以下の様に述べた。

古代の宗廟は、また同時に何世かの祖先を祭ることがあり、それぞれ別に廟堂を建立した。いわゆる七廟五廟等々があるが、しかし、必ず大祖の廟を中心としなければならない。またその他の廟は、左昭右穆の順序に排列されていた。（二一七頁）[20]

前述の史牆盤を例として述べると、第一世高祖を微氏の家族共通の祖先として、第二代から第七代に至るまでの陵寝の排列は父昭子穆の順序に従い、左右に排列したということになる。

（四）断代問題

廟制研究の中心となる問題の第四は、廟名・廟号の銅器断代における役割の問題である。唐蘭氏は金文廟制に関する研究の中で、非常に重要な、突破口となり得る進展を得た。唐氏は名作「西周銅器断代中的〝康宮〟問題」を著し、一九六二年第一期の『考古学報』で発表した。この論文は、金文研究史上初めて、廟制を用いて銅器の断代を行うという新しい方向性を提唱したものであった。氏は以下の様に主張している。

金文の中の康宮とは、すなわち周の康王の宗廟である。この結論にもとづいて、我々は金文の中の康宮に関する多くの問題を解決し、また西周時代の宗法と祭祀制度を明白にすることができる。しかし更に重要なのは、このことが西周青銅器を断代する上で、一つの標準として用いることができるという点なのである。（一四二頁）(21)

その後、彼は比較的詳細に金文の考証を行って、

康宮とは康王の宗廟である。単にこの問題自体についていうと、あまり重要なことではない。しかし西周銅器の分期を行う上での標準として見ると、むしろ非常に重要なことになるのである。康宮が康王の宗廟である以上は、銅器に康宮の記載があれば必ず康王以後のものとなる。多くの銅器刻銘には内容上互いに関連性のあるものが存在する。それで、康宮を時代区分の標準として用いることは、ただ一つ二つの銅器の問題にとどまらず、全ての銅器に関わる問題となるであろう。（一六五頁）(22)

もちろん、唐蘭氏の説に対して反対を示す人も大勢いた。早くは氏の康宮説がちょうど頭角を現し始めた一九三〇年代に、郭沫若氏が『両周金文辞大系』で、唐蘭氏と議論を展開していた。また郭氏は一九三一年に出版した『殷周青銅器銘文研究』でも反論を行った。

たとい単に文字だけを取り上げてみても、康宮と京宮は対句となる。もし康宮が康王の廟であるならば、京宮は当然京王の廟とすべきではないだろうか。要するに一字が同じだからといって、某王の廟と定めるならば、これは独断に過ぎることを免れ得ない。（五一、五二頁）(23)

しかし数十年を経た後に、唐蘭氏の観点に対して強烈な反対意見を掲げたのは、何幼琦氏であった。氏は以下の様に述べた。

唐氏は宮を廟であると解釈しているが、訓詁学においてはむろんこういう説がありうる。しかし一方で、『爾雅』と『説文』には「宮は室である」という説があるのではないか。宮はどうして必ず廟であって、室ではないのか。まだ事実によって康宮が康王の居室であることを否定できていないのに、これが康王の廟であることを肯定してしまうのは、先験論的な認識である。銘文に「康宮」の文字がある器物は康王以前だときめられないと断言しているのも、検証に欠けた論断である。……康王の時に康宮があり、昭王の時に昭宮があり、穆王の時に穆王の大室があり、夷王の時に夷宮がある。これらの事実は、宮が廟であるという説が全く破綻することを示している。なぜならば、誰であろうと自分のために宗廟を建てるということは、あり得ないからである。特に、成王の時に既に康宮があり、康王の時に既に昭宮があり、夷王の時に既に厲宮があったということは、父王が予め子供のために宗廟を建てたということであり、更に不可能である。こういうことから、なによりも康宮を康王の宗廟であるとする説を根本から否定しているのである。（一六六、一六八頁）(24)

しかし何氏の否定説もまた、完全に成り立たない。なぜなら、生前に予め宗廟を建てるということはありえないことではないが、宮室が死後宗廟へと変化する可能性もあるからである。いわゆる新宮とは、正にこういった使用目的が変遷した結果の産物である。そこで筆者はやはり唐蘭氏の康宮説に賛成である。

【注】

（1）陳夢家『殷墟卜辞綜述』科学出版社、一九五六年。
（2）朱鳳瀚「殷墟卜辞所見商王室宗廟制度」『歴史研究』一九九〇年第六期。
（3）同右。
（4）王貴民「商周廟制新考」『文史』第四十五輯、一九九八年。
（5）許宏『先秦城市考古学研究』燕山出版社、二〇〇〇年。
（6）同右。
（7）李玄伯『中国古代社会史』台北・華岡出版社、一九五四年。
（8）印群『黄海中下遊地区的東周墓葬制度』社会科学文献出版社、二〇〇一年。
（9）董作賓「甲骨文断代研究例」『慶祝蔡元培先生六十五歳論文集』商務印書館、一九三三年。
（10）張光直『中国青銅時代』三聯書店、一九八三年。
（11）陳夢家、注（1）前掲書。
（12）劉起釪「談〝高宗肜日〟」『全国商史学術討論会論文集』（『殷都学刊』増刊）一九八五年。
（13）張光直、注（10）前掲書。
（14）許倬雲『西周史』三聯書店、二〇〇〇年。
（15）劉啓益「西周金文中所見的周王后妃」『考古与文物』一九八〇年第四期。
（16）李学勤「論殷代親族制度」『文史哲』一九五七年第十一期。
（17）楊希枚「論商王廟号問題兼論同名和異名制及商周卜俗」『殷墟博物院院刊』一九八九年。
（18）容庚『殷商彝器通考』哈仏燕京学社、一九四一年。
（19）王暉『商周文化比較研究』人民出版社、二〇〇〇年。
（20）楊寛『中国古代陵寝制度史研究』上海古籍出版社、一九八五年。
（21）唐蘭「西周銅器断代中的〝康宮〟問題」『考古学報』一九六二年第一期。
（22）同右。

(23) 郭沫若『殷周青銅器銘文研究』科学出版社、一九六一年新版。
(24) 何幼琦『西周年代学論叢』湖北人民出版社、一九八九年。

【訳注】

[1] 楊寛『中国古代陵寝制度史研究』上海古籍出版社、一九八五年。
[2]『観堂集林』巻一「芸林三」所収（王国維『観堂集林』中華書局、一九五九年）。
[3] 大夫の身分に許された廟数を越えて高祖父を祭ることを指している。
[4]『観堂集林』巻九「史林一」所収（王国維、訳注［2］前掲書）。
[5] 楊寛『古史新探』中華書局、一九六五年。
[6] 池田末利『中国古代宗教史研究——制度と思想』東海大学出版会、一九八一年。
[7] 董作賓『甲骨学五十年』芸文印書館、一九五五年。
[8] 陳全方『周原与周文化』上海出版社、一九八八年。
[9] 朱彦民『殷墟都城探論』南開大学出版社、一九九九年。
[10] 訳文は、宇野精一・平岡武夫編、市原亨吉・今井清・鈴木隆一著『礼記』（『全釈漢文大系』第一二～第十四巻、集英社、一九七六～一九七九年）を参照した。
[11] 原文では、本引用文の中略より前の部分と後の部分が逆であるが、ここでは劉氏の引用に従った。また訳文は、宇野精一・平岡武夫編、訳注［10］前掲書を参照した。
[12] 皇侃『論語義疏』巻八、八佾第三「子曰禘自既灌云々」。
[13] 羅振玉『殷文存』出版地不明、一九一七年。
[14] 一九八九年に平凡社より翻訳本が出版されている（張光直著、小南一郎・間瀬収芳訳『中国青銅時代』平凡社、一九八九年）。
[15] 張光直「商王廟号新考」『中央研究院民族学研究所集刊』第十五期、一九六三年。
[16] 江頭廣「金文中の家族制度に関する二三の問題」『日本中国学会報』第十九集、一九六七年
[17]『礼記』明堂位注中には以下に引用された文は見当たらない。一方、『礼記』王制の注にはこの引用と同一の文が見られるので、

「明堂位」は「王制」の誤りではないかと考えられる。

[18]「求古録礼説」『皇清経解続編』所収。ただし引用の文は見当たらないが、『周礼正義』春官・守祧の疏に引用されている。

[19] 訳文は、宇野精一・平岡武夫編、訳注[10]前掲書を参照した。

西王母信仰について——文献資料と出土資料から探る

重信　あゆみ

一、はじめに

不老不死の神として、西王母は、よく知られている。しかし、戦国時代の文献と思われる『山海経』においては、現在知られている西王母の姿かたちとは、全く違うものである。特に前漢末期に西王母像は、大きな変化を遂げる。そこで、西王母がどのような変遷を遂げたのかということを取り上げたい。また、特に前漢末期から後漢時代にかけての西王母について、その時代背景とともに当時の人々にとって、西王母がどのような役割を担っていたのかを探りたいと思う。

二、前漢時代以前の西王母像

西王母のことが書かれている文献資料は、戦国時代にまで遡ることができる。つまり、戦国時代にはすでに西王母という存在が特定の人々に限定されるかもしれないが、認識されていたということは確かであろう。それでは、どのような存在として認識されていたのであろうか。西王母について書かれている文献資料を、簡単ではあるが見ていきたい。まず、西王母の姿などが多少詳しく書かれている文献は、『山海経』であると思われる。『山海経』では、西王母は西次三経、海内北経、大荒西経の三箇所に書かれている。それらの中で、戦国時代まで遡ることができるものは、恐らくは西次三経であろう。

又、西三百五十里玉山と曰ひ、是れ西王母の居る所なり。西王母其の状人の如く、豹尾虎歯にして善く嘯く。蓬髪にして勝《しょう》を戴く。是れ天の厲及び五残を司る。（『山海経』西次三経(1)）

とある。『山海経』は、戦国時代の方士たちが山に入るときの案内書であるという説もあり(2)、恐らくは右の記述は、山に住んでいる西王母のことを描いたものであり、「天の厲及び五残を司る」とあることから西王母は、災害や疫病を取り締まる役割を担っていたようである。やはり、山に入る者にとってどの山にどのような神や妖怪がいるかを知ることは、重要なことであったのであろう。海内北経や大荒西経にも西王母の記述がある。これらに記載されていることは、西王母の姿のことが主であり、西次三経のように西王母が担っていた役割については書かれていない。西王母がどのような姿をしていたかということであるが、西次三経、海内北経(3)、大荒西経(4)に共通しているのが、「勝」の存在である。この「勝」は、漢代に出現し始めた画像石に刻まれた西王母の頭にも描かれている。また、画像石には、海内北経に書かれているように「几《き》に梯りかかる」西王母や三本足の烏（三青鳥と同様のものであろう）が描かれている。

　このように『山海経』に描かれている西王母は、画像石の図像に多大な影響を与えている。他に前漢以前の文献としては、『荘子』大宗師篇、『穆天子伝』がある。『荘子』大宗師篇(5)において西王母は、根（本）を得て、少広に居り、その始めを知ることは無く、その終わりを知ることは無いと書かれている。「其の始めを知る莫く、其の終わりを知る莫し」とは、成玄英の疏(6)によると、「不死」という意味のようである。しかし、成玄英は、唐の人であり、唐においては、西王母は、「不死」の神であったようである。そこで、『荘子』大宗師篇が成立したと思われる戦国時代において、[7]西王母が不死の神として認識されていたのかどうかは少し疑問が残る。それでは、『穆天子伝』においてはどのように描かれているのか。『穆天子伝』の記載をまとめると次のようになる。

登場人物は、周の穆王と西王母である。穆王が征西したとき、西王母に出会う。穆王は、西王母に対し、貢物（シルク）をし、これに対して、西王母は、宴会を催す。その宴会の中で、西王母は、穆王に対して長寿について祝福をする。その後、西王母は、再会を約束して去って行った。穆王も弇山へと登り、去って行った。[8]

このように『穆天子伝』における西王母は、穆王と会う一人の人間であり、女王であるかのようである。『山海経』のように神または妖怪のような姿では描かれてはいない。しかし、『穆天子伝』は、『四庫提要』の中でも小説家類に分類されているように説話なのである。恐らくは、何か基礎になるものがあり、それを時間の経過とともに説話化したものであろう。それでは、『穆天子伝』の基礎となっているものは何か。私は、それを地母信仰と関係が深いと考えている。西王母がもともと地母神であったことは、森雅子氏が「西王母の原像――中国古代神話における地母神の研究」[9]の中で言及している。そのことをふまえて考えると、あくまでも推測でしかないが、恐らくは、征西をするときにその安全と勝利を祈るために西王母を祀る儀式を行ったのではないだろうか。その儀式を説話化して成立したものが『穆天子伝』であろう。

これまで、『山海経』、『荘子』、『穆天子伝』における西王母をみてきたわけであるが、『荘子』における西王母は、他の二つの文献とは性質を異にすると考えられる。『荘子』における西王母は、「根或いは本」を得たということから、「根或いは本」を得ようとする者、つまり、神仙とはなっていない者が「根或いは本」を得ることにより神仙となった者として描かれている。しかし、他の二つの文献は、西王母をもとから神として描いている。また、この二つの文献において共通しているのは、西王母がある特定の者に対して効力を発揮することである。『山海経』においては、その山に入る者に対して、西王母がどのような神（或いは妖怪）であるかを知らせることで、注意を呼びかけ、また、『穆天子伝』において西王母は、穆王と対面している。また、この『穆天子伝』の記述が穆王が西王母を祀ったときの様子を描いたものとするならば、西王母を祀るのは、王という身分を持った者ということである。そうすることで西王母は、その人に対して祝福を与え、効果を発揮するのである。これらから分かることは、前漢以前における文献の中の西王母は、一般民衆に向けて自らの持つ力を発揮するのではなく、特定の人に対して力を発揮する神として描かれているようである。

三、前漢以後の西王母像

前漢の武帝期における西王母像は、『淮南子』覧冥訓、墬形訓の記載により分かる。まず、それらを挙げておく。

西王母流沙の瀕に在る　（『淮南子』墬形訓）(10)

西老勝を折り、黄神嘯吟す　（『淮南子』覧冥訓）(11)

譬へば、不死の薬を西王母に請ひ……　（『淮南子』覧冥訓）(12)

ここで注目すべきは、覧冥訓からの二つ目の引用である。この記載から西王母が不死の薬を持つ神であることが確定されるのである。この武帝期においても西王母は、神話伝説の中の神であり、一般民衆が生活の中で信仰していたものではなさそうである。しかし、前漢末期の哀帝期に西王母信仰は大きな変化を遂げる。それでは、その変化とはどのようなものだったのであろうか。まずは、『漢書』哀帝紀をみていきたい。

四年春大旱魃。関東の民は、西王母の籌を伝行し、郡国を経歴した。西に関に入りて京師に至った。民又、会聚し、西王母を祀り、或る者は、夜、火を持って、屋に上り、太鼓を撃って、号呼し、互いに驚恐した。
（『漢書』哀帝紀）(13)

『漢書』哀帝紀とそれ以前の文献（『山海経』、『穆天子伝』、『淮南子』など）と異なっている点は、神話伝説上の西王母を描いているのではなく、一般民衆における西王母信仰が描かれていることである。「哀帝紀」の記載は、「五行志」に更に詳しく書かれている。

哀帝建平四年正月、民は驚走し、稾或いは椈一枚を持ち、伝えて相付与して曰う「詔籌を行う」と。道中に相過ぎ、逢うこと多く千数に至る。或いは髪を振り乱して走り、或いは夜関を折り、或いは垣根を越えて入り、或いは車騎に乗り、奔走し、馳せ、駅を置いて伝行し、郡国の二十六を経歴して京師に至る。其の夏、京師、郡国の民、里巷仟佰に聚会し、博具を設け張り、歌舞して西王母を祀る。又、伝書に曰う「母は百姓に告げよう。此の書を佩びる者は死なない。我言を信じないのならば、門枢の下を視よ。当に白髪があるであろう」と。秋に至りて止む。
（『漢書』五行志下之上）(14)

この哀帝の頃は、「哀帝紀」、「五行志」からも分かるように西王母信仰が爆発的に一般民衆に広まった時期である。また、前漢末から画像石にも描かれるようになる。画像石については後述するが、西王母像は、前漢末から後漢にかけて盛んに描かれるようになるのである。つまり、それだけ西王母信仰が盛んになったということであろう。それでは、哀帝の時期から後漢時代はどのような時代であったのであろうか。特に西王母が一般民衆に信仰される要因とは何だったのであろうか。また、西王母は、一般民衆にとってどのような存在であったのであろうか。右に挙げた「五行志」にはまだ続きがある。右の騒ぎについて杜鄴が解説を加えている。それによると、「西王母が降臨するのは、外戚の丁、傅の二氏の悪徳の応験である。しかし、後になって丁、傅の乱れというものは些細なものであり、この異変は、太后と王莽による応験という説もある」(15)とある。つまり、このことから、前漢末期という時期は、帝を絶対者とする権力構造が崩壊し、外戚の力が強くなり、混乱へと陥っていく。また、王莽が漢の王朝を倒し、新を興し、劉秀（後の光武帝）が新を倒して改めて後漢の王朝を再興するという時期である。このように前漢末期は、政治的に混乱を極めていた時期なのである。また、気象的にも民衆の不安を煽るようなことが起こっている。

癸卯、帝の太太后の居る所の桂宮正殿が火事となった。(16)

三月巳酉、丞相当薨去した。河鼓に彗星が現れた。(17)

四年春、大旱魃があった。(18)

元寿元年春正月辛丑朔、日蝕がおきた。(19)

この日蝕については哀帝が詔を下している。

詔に曰う「……正月朔に日蝕があった。其の罪は遠からずして余一人に在る。公卿大夫は、各々心を悉くし、百寮を統率することに勉め……」[20]

詔にあるようにやはり、日蝕というものは、当時の人々にとって罪の現れであったようである。当時、天人相関説が横行しており、特に皇帝の行いが天に現れるというものである。[21]従って、哀帝も天に向かって過失を認め、人々を救おうとしているのである。しかし、それにも関わらず、もう一度日蝕は起きている。[22]このように日蝕や彗星の出現は人々の不安を増長させるものであったであろうし、大旱魃は、人々を更なる貧困へと陥れる要因であったであろう。

このように哀帝の時代は、一般民衆の不安定な生活が、更に不安定な生活へと落ちていく時代であったということができる。この混乱の時代の中で西王母信仰は爆発的に広まったのである。それでは、なぜ西王母信仰が広まったのであろうか。それは西王母が救済の神として一般民衆に受け入れられていたためであろうと考える。『漢書』哀帝紀に「この書を佩びる者は死せず」とある。「この書」とは、恐らくは、符のようなものであったのであろう。なぜなら、少し時代は下るが『漢武帝内伝』に西王母が「五岳真形図を武帝に授けた」[23]という記載があるからである。「五岳真形図」とは、符の一つである。また「死せず」とは、「不死」を意味しているのではなく、「死を避ける」と理解すべきではないだろうか。つまり、「符を身につけることによって死を避けることができる」という意味ではないだろうか。社会的にも気象的にも混乱を極めていた哀帝の時代は、一般民衆の生活においては、「死」というものが大変身近な存在であったと思われる。その「死」から救い出してくれる西王母に対する信仰が爆発的に広まったということも当然のことだと思われる。また、後漢時代になると、画像石や銅鏡、墓券のような出土遺物においても西王母がよく描かれるようになる。まずは、画像石には西王母がどのように描かれているのかを見ていきたい。西王母が描かれる画像石は、中国全土で発見されている。その中で古いものとして分類されるものは、山東省滕州市城郊馬王村出土のもの（図1）であり、前漢哀帝期から平帝期のものであるこの画像石の画面は、三つに分かれる。「左側は、二人が向かい合って飲み、酒壺を真ん中に置き、後ろにはそれぞれ侍者がいる。前の四人は体を曲げて立っている。真ん中には西王母が座り、その後ろには侍者がいる。右側には東王公が座り、両側で玉兎が薬をつき、鳳鳥及び人物がいる。前には六人いて、座っている者、立っている者がいる。伏羲と女媧は規矩を持って両側におり、他に二人の体を曲げた人物及び一匹の仙獣がいる」というものである。西王母が描かれている画像石は、およそ四種類に分けることができると思われる。まず、その中でも四川省の画像石は、特に特徴的であるので、見ていきたい。まず、西王母が描かれている場所は石棺であり、西王母の多くが龍虎座に座っている（図2）。これらのことは、他の地域ではみられないものであり、四川省の独特のものである。龍虎座については、小南一郎氏が『中国の神話と物語り』の中で述べているが、「龍」とは「青龍」のことであり、東を表し、「虎」とは「白虎」のことであり、西を表す。つまり、「龍虎座」とは、東西の統一、ひいては、陰陽の統一を表しているということである。[24] このように四川省から出土した画像石は、独特のものである。それでは、他の地域ではどのような特徴があるのか。

画像石の図柄から見ると、三種に分けることができる。まず、第一に、西王母が楼（堂）の中におり、その西王母に向かって人首蛇身馬首人身のような半獣半人のものが朝拝している図である（図3）。第二は、西王母と東王公がそれぞれ天柱懸圃（崑崙山）の上、華蓋の下に座り、その下部には門吏、香炉などが描かれているというものである（図4）。第三は、画面が何層かに分かれ、その一番上に西王母が描かれ、下層には宴会をしている図、女性達が歌舞する図、車騎出行図などが描かれている（図5）。これらの画像は、第一区（信立祥『中国漢代画像石の研究』に従って第

図１　宴飲、西王母、東王公

図２　西王母・養老図

図３　西王母、戈射、建鼓

図５　西王母、長袖舞、械門、捕魚

図４　左右立柱

一区から第四区に分けた。図６参照）においてすべて表現されている。しかし、その中でも一番多いものは、第三（図５）の画像である。また、第一区では、前漢末期から後漢末期まで全体を通して西王母像が描かれているのに対し、他の地域では後漢末期に描かれているものが多い。全地域を通して見ても後漢晩期のものが多いようである。つまり、第一区で西王母像が大まかな点で決定され、その後他の地域に広まる過程の中で、定型化されていったものと考えられる。

それでは、これらの画像石は、墓中のどこに描かれているのであろうか。まず、第一区においては、前室東壁、墓門、祀堂西壁などであり、第三区においても墓門に描かれることが多く、特に第三区において墓門に描かれている画像は、西王母と東王公が天柱（崑崙懸圃）にそれぞれ座っているという構成の図が多く、まるで、西王母と東王公が死者を迎え入れているような図である。このことに関して梁の陶弘景が撰したとされている『真誥』に注目すべき記載が見出される。

図6　漢代画像石分布図

昔、漢初に四、五人の小児がいた。路上に地を画き戯れ、一児が歌って曰う「青帬を著け、天門に入り、金母に揖し、木公に拝して到る。復、是は隠言なり」と。当時の人は、之を知る莫く、唯だ張子房だけが之を知っていた。乃ち往きて之を拝し、此れは、東王公の玉童である。所謂金母とは西王母である。木公とは、東王公である。仙人王公に拝し、王母に揖す。

（『真誥』巻五）[25]

墓門に描かれた東王公と西王母の画像は、まるでこのことを表現しているように思われる。また、墓門以外に前室に描かれることもあったようであるが、墓全体として見てみると、やはり、入口付近に描かれることが多かったと見るべきではないだろうか。また、他の二種類の画像石について、その画像と文献と一致するものはないだろうか。まず、第三の画像（図五）は、『漢書』哀帝紀の記述が参考になるのではないだろうか。

人々が宴会をする姿や女性達が舞い歌う姿が描かれている点で哀帝紀の記述と共通する点が多い。つまり、西王母を祀る姿を描いているのではないだろうか。それでは、第一の画像（図3）と共通する文献は一体何であろうか。このことに関しては文献には西王母が半人半獣と関わりがあるとの記載が見つからないことから、どの文献の内容を表現しているのかは疑問が残るところではある。しかし、『淮南子』覧冥訓に記載されている羿が西王母に不死の薬を請う場面と共通するところがあると思われる。つまり、西王母がいる楼（堂）の外にいる半人半獣は西王母に不死の薬をもらうために朝拝していると解釈できないだろうか。このように画像石に描かれている西王母像は、文献における西王母像を反映していると思われる。ここで二つの疑問点が出てくる。まず、一つ目は、西王母はなぜ後漢末期になるにつれて画像石により盛んに描かれるようになるのか、そして、二つ目は、西王母はなぜ墓門或いは、墓の入口付近に描かれることが多いのかということである。

まず、一つ目の疑問については、後漢末期の社会的背景に関係があると思われる。そのことに関しては、坂出祥伸氏の「冥界の道教的神格――『急急如律令』をめぐって」[26]に詳しく述べられている。その論文の中で、坂出氏は後漢時代の疫病の大流行について関連する資料を挙げて述べられている。関連する資料とは、例えば『傷寒論』の序文「傷寒卒病論集」であり、それによると、後漢時代末期の建安年間には、「傷寒」という一種の伝染病により、二百人余りの一族の三分の二が死亡したようである。また『三国志』呉書・周瑜伝を挙げて、建安十三年の疫病についても述べられている。また、前漢末期の哀帝の時代にも気候的にも社会的にも不安定な中で西王母信仰が爆発的に広まった。つまり、この疫病の流行が、民衆を不安に陥れる要因となったことは間違いなさそうである。そして、哀帝の時代では、生者に対して「死を避ける」救済の神として西王母は信仰されていたが、後漢末期になると、死者に対しても西王母の救済の神としての効能が発揮されたのではないだろうか。それは、道教的な観念と関係していると思われるが、今回は、道教における死者に対する観念については勉強不足であるので、これより詳しくは述べることはできない。

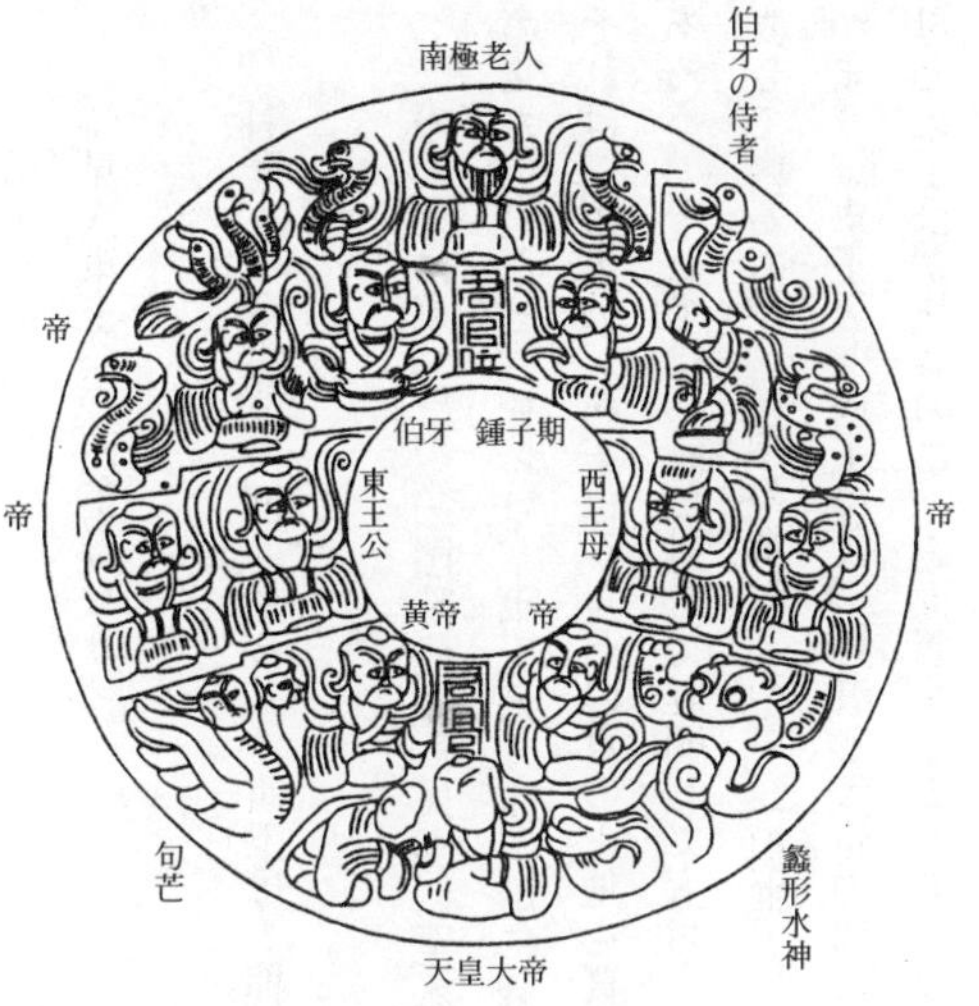

図7　重列式神獣鏡内区の主題文様

図8　神人禽獣画像鏡

しかしながら、疫病の流行が西王母信仰がより盛んに描かれるようになった要因の一つであると考えられる。また、西王母が後に道教の神として取り入れられた神々とともに描かれているものがある。それが銅鏡である。西王母が描かれている神獣鏡類（図7）や画像鏡類（図8）が出現するのは、後漢時代である。画像鏡類に描かれているものは、画像石のものとほぼ同様のものであり、車騎、歌舞龍虎、瑞獣などが図案の題材である。しかし、神獣鏡類では、南極老人、句芒、黄帝、天皇大帝（北極）が西王母とともに描かれている。これらの神々は、長寿を司る神々である。西王母は、長寿を司る神として認識されていたようである。それでは二つ目の疑問としてなぜ西王母像は、墓門或いは、墓の入口付近に描かれたのかということであるが、ここで注目すべき出土遺物がある。それは、墓券である。墓券に関しては、池田温氏の「中国歴代墓券略考」の中で詳しく述べられている。その中から西王母に関するもののみを取り上げた。(27)

東王公、西王母より南昌東郭一丘を買ふ、賈は万五千なり。
（呉黄武四年（二二五）十一月九江男子浩宗買丘券（江西省））

銭は即日交し畢はり、此の證を立つ。知する者は東王公西王母なり。（呉黄武六年〔二二七〕十月呉郡男子鄭丑買地券〔湖北省〕）

知する者は、東王公西王母なり。律令の如くせよ。（呉永安五年〔二六二〕七月丹陽郡石城県□□校尉彭盧買地券〔湖北省〕）

知者は、東王公、西王□母に任かす。天帝の律令の如くせよ。（晋咸康四年〔三三八〕二月徒朱曼妻薛買地券〔浙江省〕）

時に知する者は、東皇父、西王母なり。（宋元嘉九年〔四三二〕十一月都郷仁義里王仏女買地券〔江蘇省〕）

時見人東王公、西王母なり。（南宋慶元五年〔一一九九〕十一月袁州分宜県彭氏念一娘買地券〔江西省〕）

引進人　東王公　押　説合人　西王母　押（民国三十年〔一九四一〕前後四川省江津県道士焚用地契）

このように墓券は、三国時代から民国に至るまでどの時代にも存在する。ここで、『真誥』巻五の内容を墓券から考えたい。なぜ、死者は、東王公と西王母に会わなければならないのか。それは、三国呉の時の買丘券から分かる。それは、東王公、西王母からその墓の土地を買うためであるようである。そして、そのことを証明してもらうためであろう。それでは、誰に対して証明してもらうのか。それは、恐らくは、天帝に対してであろう。そのことを顕著に表しているのが、民国の地契である。「引進人」とは、推薦人のことであり、「説合人」とは、取り持つ人のことである。つまり、東王公と西王母は、死者と天帝の間に立って、その間を取り持つ役割を担っていたものと考えられる。西王母と東王公が死者のことを推薦することで、天帝から死者に降されるかもしれない「災い」から死者を守るという役割があったのかもしれない。

四、結　論

文献資料と出土資料を戦国時代から漢代を中心に見てきたわけであるが、文献資料において、古いものは、『山海経』に西王母の姿が描かれていた。そこでは、現在知られている仙女の姿とはかけ離れたものであり、まるで怪獣のようである。しかし、その役割は、「天の災いや五刑の残気を司る」と書かれているように災いを司る神である。当時の、特に山に入る人々は、このような神を粗末に扱うことなく、祀ることによって、疫病や災いを避けようと考えたのではないだろうか。また『山海経』と同時代に成立したと考えられる『穆天子伝』においては、まるである国の女王のように描かれているが、恐らくは、地母神であった西王母を遠征の勝利と安全のために祀ったときの儀式の様子が後に説話化されて『穆天子伝』のような物語となったのであろう。西王母は、前漢末期の哀帝の頃に大きな変化を遂げる。まず、それまでは、『淮南子』を見ても分かるように西王母は身近な生活の中に存在する神ではなく、神話伝説上の神として存在していた。しかも、一般民衆に対して効力を発揮するのではなく、例えば方士のようなものや、西王母を祀る王などのように特定の人々に対して神としての力を発揮していたのであろう。しかし、『漢書』哀帝紀や五行志からも分かるように西王母は、一般民衆にとって身近な存在であり、生活の中に入り込んだ神として認識されていたようである。また、その役割としては、人々を災いから救済し、「死」を避けるという役割を負わされていたようである。そのことは、前漢末期から後漢時代にかけて、画像石や銅鏡に西王母が盛んに描かれるようになったことにも反映されている。つまり、画像石に西王母の姿を描き、西王母を祀ることによって死者に対しての救済や災いを避けるという意味があったのではないだろうか。また、死者に対する災いを避けるということを最も顕著に表している出土資料は、墓券だと思われる。そこでは、西王母が、「取り持つ神」として表されており、死者と冥界の神（恐らくは天帝）との間を取り持つ神であった。また、このように西王母が人々の間に爆発的に広まり、信仰されるようになった要因としては、旱魃などの気候の悪影響や社会情勢の混乱、疫病の大流行などにより、「死」というものが生活の中に身近に存在し、それに対する人々の恐れや不安などが存在していたからであろう。それらの不安を取り除いてくれる存在が西王母であったといえるであろう。

西王母は、醜い姿から美しい姿へと外形的には大きな変化を遂げ、西王母を祀る人々も特定の人々から一般民衆へと広がりを見せている。しかし、その内面的な役割は、人々を救済し、「死」を避けるというものであり、あまり大きな変化はないと思われるのである。

【注】

（1）「西三百五十里、曰玉山、是西王母所居也。西王母其狀如人、豹尾虎歯而善嘯。蓬髪戴勝。是司天之厲及五残」（『山海経』西次三経）。袁珂校注『山海経校注』（巴蜀書社、一九九六年）五九～六〇頁参照。また、前野直彬『山海経』（集英社、一九七五年）一三一～一三七頁の訳文を参照した。

（2）伊藤清司『中国の神獣・悪鬼たち――山海経の世界』（東方書店、一九八六年）参照。

（3）「西王母梯几而戴勝（杖）。其南有三青鳥、為西王母取食。昆侖虚北」（『山海経』海内北経）。袁珂校注、注（1）前掲書、三五八～三五九頁参照。また、前野直彬、注（1）前掲書、四六六～四六七頁の訳文を参照した。

（4）「西海之南、流沙之濱赤水之後、黒水之前有大山、名曰昆侖之丘。有神（人面虎身、有文有尾、皆白）處之。有其下弱水之淵、環之。有其外炎火山投物輒然。有人、戴勝、有虎歯豹尾。穴処名曰西王母。此山万物尽有」（『山海経』大荒西経）。袁珂校注、注（1）前掲書、四六六～四六八頁参照。また、前野直彬、注（1）前掲書、五六一～五六三頁の訳文を参照した。

（5）「西王母得之。坐呼少広莫知其始、莫知其終」（『荘子』内篇・大宗師篇）。

（6）「坐西方少広之山、不復生死、故莫知始終」（郭象『荘子註疏』内篇・大宗師篇、一四頁）。

（7）関正郎『荘子の思想とその解釈——郭象・成玄英』（三省堂、一九九九年）一七～九四頁参照。大宗師篇に関しては、黄帝上天の説や西王母が神仙として扱われていることを考慮すると、漢代に書かれたものであろうという説もある（津田左右吉『道家の思想と其の展開』東洋文庫論叢、一九二七年）。

（8）「吉日甲子、天子賓于西王母乃執白圭玄璧以見西王母。好献綿組百純、䋢組三百純。西王母再拝受之。䋢乙丑、天子觴西王母于瑶池上、西王母為天子謡曰、白雲在天山陵自出道里悠遠山川間之将子無死尚能復来。天子答之曰、予帰東土和諸治夏万民平均吾願見汝比三年及将復而野。天子遂駆升于弇山、乃紀丌跡于弇山之石、而樹之槐眉曰西王母之山。西王母之山還帰丌䋢世民作憂以吟曰、比徂西土爰居其野虎豹為群於鵲与処嘉命不遷我惟帝天子大命而不可称顧世民之恩流涕芔隕将吹笙鼓簧中心翔翔世民之子唯天之望。（『穆天子伝』巻三、四部叢刊本）。王天海訳注『穆天子伝全釈』（中国歴代名著全釈叢書、貴州人民出版社、一九九七年）六二～六六頁の訳文を参照した。

（9）森雅子「西王母の原像——中国古代神話における地母神の研究」『史学』第五十六巻第三号、一九九六年、六一～九三頁。

（10）「西王母在流沙之瀕」（『淮南子』墬形訓）。何寧撰『淮南子集釈』上（新編諸子集成、中華書局、一九九八年）三六頁参照。また、楠山春樹『淮南子』上（新釈漢文大系、明治書院、一九八二年）二二八～二三一頁の訳文を参照した。

（11）「西老折勝、黄神嘯吟」（『淮南子』覧冥訓）。何寧撰、注（10）前掲書、上巻、四八九頁参照。また、楠山春樹、注（10）前掲書、上巻、三一一～三一三頁の訳文を参照した。

（12）「譬若羿請不死之薬於西王母　姮娥窃以奔月悵然喪有、無以続之。何則。不知不死薬所由生」（『淮南子』覧冥訓）。何寧撰、注（10）前掲書、上巻、五〇一～五〇二頁参照。また、楠山春樹、注（10）前掲書、上巻、三一七～三一八頁の訳文を参照した。

（13）「四年春大旱。関東民伝行西王母籌、経歴郡国。西入関、至京師。民又、会聚、祀西王母、或夜持火、上屋、撃鼓号呼相驚恐」（『漢書』哀帝紀）。『漢書』（和刻本正史、古典研究会、一九七二年）一〇九頁参照。また、小竹武夫訳『漢書』一巻（ちくま学芸文庫、二〇〇一年）三三九頁の訳文を参照した。

（14）「哀帝建平四年正月、民驚走、持槀或棷一枚、伝相付与曰『行詔籌』。道中相過逢多至千数。或被髪徒践、或折夜関、或踰牆垣根越入、或乗車騎、奔馳、以置駅伝行、経歴郡国二十六至京師。其夏、京師、郡国民、聚会里巷仟佰、設張博具、歌舞祀西王母。又、伝書曰『母告百姓。佩此書者不死。不信我言。視門枢下。当有白髪』。至秋止」（『漢書』五行志下之上）。注（13）前掲『漢

書』三六九頁参照。また、小竹武夫訳、注（13）前掲書、三巻、二〇〇～二〇一頁の訳文を参照した。

(15)「一日丁傳所乱者小此異乃王太后莽之応云」（『漢書』五行志下之上）。注（13）前掲『漢書』三七〇頁参照。また、小竹武夫訳、注（13）前掲書、三巻、二〇〇～二〇一頁の訳文を参照した。

(16)「癸卯、帝太太后所居桂宮正殿火」（『漢書』哀帝紀）。注（13）前掲『漢書』一〇二～一〇五頁参照。また、小竹武夫訳、注（13）前掲書、一巻、三三八～三四一頁の訳文を参照した。

(17)「三年三月巳酉丞相当薨去。有星孛于河鼓」（『漢書』哀帝紀）。注（13）前掲『漢書』一〇二～一〇五頁参照。また、小竹武夫訳、注（13）前掲書、一巻、三三八～三四一頁の訳文を参照した。

(18)「四年春、大旱」（『漢書』哀帝紀）。注（13）前掲『漢書』一〇二～一〇五頁参照。また、小竹武夫訳、注（13）前掲書、一巻、三三八～三四一頁の訳文を参照した。

(19)「元寿元年春正月辛丑朔、日有蝕之」（『漢書』哀帝紀）。注（13）前掲『漢書』一〇二～一〇五頁参照。また、小竹武夫訳、注（13）前掲書、一巻、三三八～三四一頁の訳文を参照した。

(20)「（元寿元年春正月）詔曰『……正月朔日有蝕之。厥咎不遠在余一人。公卿大夫其各悉心。勉帥百寮……』」（『漢書』哀帝紀）。注（13）前掲『漢書』一〇二～一〇五頁参照。また、小竹武夫訳、注（13）前掲書、一巻、三三八～三四一頁の訳文を参照した。

(21)森三樹三郎『中国思想史』下、第三文明社、二〇〇〇年、二四五頁。

(22)「（元寿二年）夏四月壬辰晦、日有蝕之」（『漢書』哀帝紀）。注（13）前掲『漢書』一〇二～一〇五頁参照。また、小竹武夫訳、注（13）前掲書、一巻、三三八～三四一頁の訳文を参照した。

(23)「西王母、上元夫人下降於武帝王母授帝五岳真形図、霊光生経」（『漢武帝内伝』守山閣叢書）。班固撰、銭熙祚校『漢武帝内伝』（中華書局、一九八五年）一～一二頁参照。また、『漢武帝内伝』を理解するにあたっては、小南一郎「『漢武帝内伝』の成立」上（『東方学報』京都、第四十八冊、京都大学人文科学研究所、一九七五年）一八三～二二七頁を参考とした。

(24)小南一郎『中国の神話と物語り――古小説史の展開』（岩波書店、一九八四年）第一章「西王母と伝承」、第六節「両性具有――絶対者としての西王母」参照。

(25)「昔、漢初有四五小兒。路上画地、戯一児歌曰『著青帬、入天門、揖金母、拝木公到。復是隠言』。時人莫知之、唯張子房知之。乃往拝之、此乃東王公之玉童。所謂金母者西王母。木公者、東王公。仙人拝王公、揖王母」（『真誥』巻五、道蔵本）。「六朝

道教の研究」研究班「『真誥』訳注稿（二）」（『東方学報』京都、第六十九冊、一九九七年）六二〇頁の訳文を参照した。
（26）坂出祥伸「冥界の道教的神格――『急急如律令』をめぐって」『東洋史研究』第六十二巻第一号、二〇〇三年、七九〜八六頁。
（27）池田温「中国歴代墓券略考」『東洋文化研究所紀要』第八十六冊、一九八一年、一九三〜二七八頁。

【図版出典一覧】

図1　蔣英炬主編『中国画像石全集』二・山東画像石、山東美術出版社、二〇〇〇年、図一九三。図の解説については、同書、六五頁参照。
図2　蔣英炬主編『中国画像石全集』七・四川画像石、山東美術出版社、二〇〇〇年、図一三五。図の解説については、同書、四三頁参照。
図3　蔣英炬主編『中国画像石全集』五・陝西・山西画像石、山東美術出版社、二〇〇〇年、図四。図の解説については、同書、二頁参照。
図4　蔣英炬主編『中国画像石全集』五・陝西・山西画像石、図二七八。図の解説については、同書、七七頁参照。
図5　蔣英炬主編『中国画像石全集』四・江蘇・安徽・浙江画像石、山東美術出版社、二〇〇〇年、図一七一。図の解説については、同書、五七頁参照。
図6　信立祥『中国漢代画像石の研究』（同成社、一九九六年）六頁、図一をもとに作成。
図7　林巳奈夫『漢代の神神』第二章「漢鏡の圖柄二、三について」臨川書店、一九八九年、四三頁、図三五。
図8　孔祥星・劉一曼著、高倉洋彰・田崎博之・渡辺芳郎訳『中国古代銅鏡史』海鳥社、二〇〇一年、一〇三頁、図三―三。

華陽隠居への道——若き日の陶弘景と草創期の茅山

麥谷　邦夫

一、青少年時代

陶弘景は、宋の孝建三年（四五六）陰暦の四月三十日の夜半、建康の東府射堂前の官舎に生れた。(1) 父は貞宝、母は智湛。母は妊娠に際し、一匹の小さな青龍が彼女の口から東天目指して飛翔するとともに、二人の天女が香炉を持って来る夢を見た。しかもその青龍にはあるべきはずの尾がなかった。彼女は目覚めると、懇意にしている比丘尼に夢の内容を告げ、「弟子必ずや当《まさ》に男児を生むべし。応《まさ》に非凡の人を出すべくも恐らくは後《あとつぎ》無からむ」との解釈を述べた。これに対して比丘尼は、「将《まさ》に出家せんとするか」と問い、彼女は、「審爾《あきらけし》。亦た是れ願う所なり」と答えたという。その体にはいくつかの特徴があり、左の耳の内輪に豆大の黒い痣が、また右股の内側には数十のほくろが多くの北斗を形づくっていたと伝えられる（「華陽隠居先生本起録」(2)）。

弘景は四、五歳になると早くも荻を筆に、灰を紙にして書を学んだ。成長してのち、一家をなすまでになった弘景の書はこの時に始まるわけであるが、その背後には家庭環境が大きな影を落している。彼の父祖はともに書に熟達し、特に父は当時第一級の書家と目された羊欣、蕭思話の書体を善くし、その書は一紙につき四十銭の値がついたといわれる。彼は十歳までに、当時の一般的な教育である儒教経典を中心とした玄儒文史にわたる基礎的な教育を受けた。

この段階における弘景の教養には何らの偏りも見られない。しかし、『梁書』をはじめとする多くの伝記資料は、彼が十歳の時に葛洪の『神仙伝』を読み、養生の志を抱いて「青雲を仰ぎ、白日を観《み》るも、遠しと覚えず」といい、以後昼夜研尋したという記事を載せ、十歳の時からすでに後の隠逸者としての本性が備わっていたかにいう。しかしこのような記事は、後世弘景が隠者として有名になった後で意図的に作られたものに過ぎないであろう。ここに注目されるのは、「本起録」が全くこのことには触れず、かえって儒教経典を学習したことを強調していることである。青少年期の弘景の興味はかなり後まで儒教的なものであったことは、「本起録」に掲げるその著作目録を見れば大体想像できよう。

一通りの基礎的教養を身につけた弘景は、泰始二年（四六六）十一歳で司徒左長史王釗の子昊の博士となった。彼の文集に、十五歳の作という「尋山誌」なる一文があるのは、[3] この頃の作と思われる。十歳の頃から作文を得意としたという弘景の最も早い作品である「尋山誌」は、豊富な典故を用いて山の景物を描写し、これに神仙への憧景を絡ませたものであるが、いまだ習作の域を大きく出るものではない。ここに取上げられた題材も、それまでの招仙詩などに見られる文学的伝統の延長上に位置するものであって、彼独自の感性がそれほど強く表現されているわけではない。その主眼はどちらかといえば景物描写にあると思われ、必ずしも彼の仙道への憧憬が深まったことの反映とはいえまい。

弘景は泰豫元年（四七二）十七歳で冠したが、以後二十二歳までの動静はあまり定かではない。ただ、十九歳以降、劉秉の幕下にあったことはほぼ確実であるけれども、劉秉のもとで一体何をしていたのかは漠としている。恐らく、彼のもとではじめて官僚見習いを始めたのであろう。[4] 次いで元徽二年（四七四）に劉秉に丹陽尹が加えられると、彼が丹陽郡府に赴くたびに弘景も従い、しかも郡府において弘景は特別の待遇を与えられていたという。かくて弘景は、劉秉のもとで順調に官僚生活を始めたようであるが、やがて思いもかけぬ事態によって、彼の人生は次第に大きく転回していく。

先に明帝の後を承けて皇帝の地位に即いた明帝の長子蒼梧王昱（後廃帝）は、残忍酷暴な君主の多かった南朝の中でも、第一指に挙げられるほどの悪童天子であった。即位後の彼の非行は目に余るものであり、そのため次第に貴族層の支持を失い、やがて蕭道成による暗殺と順帝の擁立、さらには斉王朝の樹立という結末をもたらした。この混乱した情況下で、劉秉は反蕭道成軍の一角を占めていたため、結局蕭道成に追いつめられて命を断つことになった。劉秉のもとで順調な官僚生活の第一歩を踏み出したかに見えた弘景にとって、この事件ははかり知れないほど大きな打撃となった。これは単に官歴に瑕がついたといったことには止まらず、不本意ながらも新王朝への敵対勢力に身を置いてしまった弘景の、斉王朝治下での立場を決定的に不利にするものであった。

宋斉革命の後、彼は豫章王侍郎に拝されたが、「革運の際頗《いささ》か微勤《はたらき》有り。何処《いずこ》に三両の階級を容《い》れざらんや」（「本起録」）と言って、これを受けなかった。昇明三年（四七九）、彼は石頭戍衛の任を与えられた安成王嵩に従って石頭へ赴く。かくて都を離れた弘景の胸中には、己を容れぬ官界への不満が奥深く鬱積していったと思われるが、この時、彼の憂鬱をさらに増すような事件が起こった。

建元三年（四八一）夏、江夏孝昌相であった弘景の父貞宝は、任地でその妾のために殺された。この事件は弘景に大きな衝撃を与えた。『南史』は「父、妾の害する所と為り、弘景終身娶らず」といい、この事件のために、弘景が生涯結婚しなかったとする。遥かに下って、清の王鳴盛は『十七史商榷』の中でこの件に触れ、「陶弘景の父、妾の害する所と為る。故に弘景終身娶らず。その方外に游ぶは、性、野逸に耽けるといえども、実は其の親を痛むに因りて、世縁を割棄せしなり。蓋《けだ》し孝を以って隠と成れり」と評している。かかる「孝を以って隠と成れり」という評が果して事実に近いかどうかは慎重に検討されなければならないが、少なくともこの事件が、弘景の女性観や人生観に大きな影響を与えたであろうことは否めない。

建元四年（四八二）、高祖蕭道成が薨じ武帝が即位すると、父の喪に服していた弘景は振武将軍を授けられ、武帝の第六子鏗の侍読となった。弘景の文筆の才は周囲から認められはしたが、(5)斉世に入ってからの彼の官歴は全て幼少の諸王の侍読ないし侍郎であり、全くの閑職にあったといえる。自らの持てる才能を充分に発揮できぬ閑職と、そんな閑職の中でさえ逃れられぬ官界特有の陰険な人間関係のもとで、弘景の興味は次第に自己の内面へと向かいつつあったのではないか。

翌年永明と改元した武帝は自らのイニシアチブによる政治を始めた。この永明年間の十年間は斉の国力が最も充実し、文化的にも繁栄した斉王朝の全盛期であったが、弘景にとってはその官界生活への深い絶望を抱きつつ、自らの新しい生き方を模索し続けた十年であった。父の喪が正式にあけた弘景は、武帝から左衛殿中将軍に拝された。この殿中将軍とは、朝会の際に戎服して左右に侍し、また夜中台城の諸門を開く場合には、白虎幡を持って門守をするのが役目であり、晋時には門閥をもって当てた。しかし、宋高祖が定員を二十人に増してからは次第に軍門の出身者が用いられるようになり、斉時には貴族からは見向きもされない官になっていた。(6)この人事に弘景自身は言うまでもなく不満であったが、当時の一般的評価にも逆らうものであったらしい。弘景は庾道敏を通じて武帝に意を通じたが、武帝の答えは「先帝自らこの官に命ず。卿知らざるか。其れ何ぞこれを辞せん」という極めて厳しいものであった。弘景はこれを聞くと、「昔豫章王侍郎を受く。今に于《おい》て五年、翻ってこの職と為る。駅馬は驥駼《しゅんめ》に非ず」と嘆じたという。弘景は当時諸王府の人事を綜覧していた庾道敏の説得によってやむをえずこの職を拝した。この段階で、彼の官界生活に対する絶望は決定的なものとなったようで、この頃からひたすら自己の内面の要求を満足させる方向へと進んだ。『梁書』のいう「朱門に在りと雖《いえど》も、閉影して外物と交わらず。唯だ披閲《どくしょ》を以って務めと為すのみ」とは、こうした状況を説明したものであろう。もはや彼にとって官界生活は、自己の理想を託すに足るものではなくなったのであり、単に生活のためと、それ以上に、貧しいがゆえに充分読めぬ書物が、何の苦労もなしに読めるというその一点においてのみ意味を有するようになっていた。かくて宮中の万巻の書を渉猟することに専念し始めた弘景は、その知識を飛躍的に増大させていった。ここで得た広汎な知識は後に様々な著述として結実するが、まず「朝儀故事、多く取結す」（『梁書』本伝）という方面に発揮され、以後弘景のこうした生活は、一時の中断を除いて永明十年（四九二）の隠棲まで続くのである。

二、道教信仰の確立

弘景が十歳で葛洪の『神仙伝』を読み神仙的世界に興味を示したこと、十五歳で「尋山誌」を著して深山遊歴への憧景を表白したことは前述のとおりであるが、これらはいずれも単なる心情であり、当時の社会的文学的風潮を背景とした習作の域を出るものではない。これらの事実から、弘景には本来隠遁者的性格が備わっていて、それが主要因となって隠棲に進んだとする正史などの評価には必ずしも同意はできない。前節で明らかにした如く、二十代までの弘景の関心はもっと別の方面にあったと考えられる。弘景の隠棲は生来的性格がある時期に熟したといったものではないが、その隠棲の主たる動機のひとつは、道教的信仰の確立と道教的実修における障害排除であったことは事実である。それならば、この道教的信仰の確立、道教的実修の開始はいつ頃のことなのかが問題となる。

そこで注目されるのは、謝瀹の「陶先生小伝」（『雲笈七籤』巻一〇七）に見える「年二十余にして、便ち稍《や》や服食に就き道要を遵行す」という記事である。謝瀹のいう「道要」とは服食を中心とする道教的実修を指すのであろうが、そうすると弘景は二十歳あまりで道教的実修を開始したことになる。服食の究極的目標が不老延年昇仙であることは言をまたないが、しかし、服食の一面が単なる食餌による健康増進法である点にも留意しなければならない。弘景が行なったという服食は、果して不老延年昇仙という明確な目的意識のもとに行なわれたものなのであろうか。ここで想起されるのは、彼の父祖がともに薬術を深解し、さらにはその知識を実際の医療に応用していたことである。[7] 弘景は父祖からそれらの知識を伝授されていたことは確かで、それは彼の本草学を構成する核となるものである。かかる薬術の内容は、純粋医薬的な面と神仙方家的な面とを合わせ持つものであり、神仙方家的な面とは他ならぬ服食であって、それは服餌による健康増進法として本草学の体系の中に位置付けられる。またこうした服食が、当時の知識人たちの間で広く行なわれていたことも事実であって、そこには道教的実修といった意識は希薄である。[8] 以上のことから、弘景が服食を行なったことが、直ちに道教的実修に結び付くものでないことがわかる。では彼における真の意味での道教的信仰の確立、道教的実修の開始はいつのことであろうか。

永明二年（四八四）、斉の武帝は当時著名な道士孫遊岳に代師の位を与え、彼を興世館主として都に招いた。遊岳はもと東陽の人で、縉雲山に長くいたが、宋の泰始三年（四六七）、明帝が陸修静を京師に招くと彼に就いて学び、修静の捜集した三洞の経典をことごとく継承した。彼が興世館主となると、孔稚珪、劉孝標、沈約、陸景真、陳宝識らの名士が競って彼のもとに集まったという。[9] この時弘景も孫遊岳のもとを訪れた。しかし、この時点では、未だ他の人々と同様に塵外の交わりを求めたに過ぎなかったようである。しかも、このあと間もなく宜都王に従って王府へ赴いたので、その交際の期間も極めて短かかったはずである。弘景が道教的信仰を確立するのは、実はこの王府へ向かう途中であったと考えられる。

弘景は王府へ赴く途中、石頭で大病にかかった。この時のことを「本起録」は、「年二十九、石頭城に於て忽ち病を得、人事を知らず。しかも服薬せず飲食せず。七日を経て乃ち豁然として自ずから差《い》ゆ。多く観見《ゆめみ》る所の事有るを説く」と記している。弘景はこの時に、何らかの神秘的体験をしたようで、それは「人と為り強精魂にして、夜行して独り宿るも疑畏する所なく、一生魔を知らず」（「本起録」）といわれる弘景にとっては、極めて強烈な体験だったのではないだろうか。「観見《ゆめみ》る所の事」がいかなるものかは知る由もないが、この経験こそが、後に神霊との交霊現象によって作成された上清経の捜集に弘景を向かわせた強烈なエネルギーのもとになっていると考えられるのである。この石頭での病気はかなり重かったようで、「此れ従り容色痩悴《やせおとろ》え、言音も亦た跌宕闡緩《しまりなくゆったり》し、遂に今に至るまで常に復するを得ず」（「本起録」）という後遺症を残したほどである。かかる大病による死との直面と、その間における神秘的体験とが、弘景の道教的信仰を確立させる契機となったと考えるのが最も自然なようである。

かくて道教的信仰を確立する契機を得た弘景は、翌年建康にもどると、再び孫遊岳のもとに赴きその弟子となった。永明四年まで孫遊岳のもとにあった彼は、孫遊岳から入室の弟子として許され、道家の符図経法を授けられた。この中には恐らく楊許の真迹が含まれていたと考えられるが、それらには多次の模写を経ているものが多かったため、永明六年（四八八）彼は楊許ゆかりの茅山を訪ね、そこで真迹を入手し、「欣然感激」（「本起録」）したという。これは弘景の道経捜集の始まりであるが、翌永明七年（四八九）に孫遊岳が死ぬと、彼は孫遊岳が陸修静から継承した三洞の経典を全て受け継ぎ、翌年には二百余日に及ぶ長期の休暇を得て、本格的な道経捜集の旅に出発した。この旅行は主として浙越地方を中心に行なわれ、会稽大洪山で楼恵明、余姚太平山で杜京産、始寧岧山で章義山、始豊天台山で朱僧標に会うなどして、各地に散佚していた楊許の真迹十四巻を入手し見聞を広めて帰還した。[10] ここに至って、陸修静の捜集した三洞の経典と新たに捜集された楊許の真迹とが弘景のもとに集められたわけで、このことは当時の好奇心に富んだ貴族の間で、弘景の名を一挙に高からしめたと考えられる。『華陽陶隠居内伝』は弘景と蕭衍（梁武帝）との交遊が竟陵王子良の西邸サロンで行なわれたというが、この時期の弘景の立場と、子良が孟景翼などの道士を招聘していることなどから見て（『南斉書』巻五四「高逸顧歓伝」）、十分に考えられることである。こうして、十歳の時に抱いた真仙へのほのかな憧れは、二十歳頃からの服食の実践によってやや具体化され、石頭での神秘的な体験を契機として、孫遊岳のもとでの本格的な修行、さらには道経の捜集へと発展していった。この道教的なものへの傾倒は、父の死によって受けた衝撃を契機とする隠逸への指向を強めていき、彼はこの頃から具体的な隠逸計画を練り始めたようである。

三、華陽隠居への道

彼がこの段階で考えていた計画は、永明九年（四九一）に彼が従兄に宛てた手紙の中で、「必ず期すらくは、四十左右にして尚書郎と作り、出でて浙東の一好名県と為り、粗《おおむ》ね山水を得て、便ち簪を投じて高邁せんことを」と言っていることによって知られる（「本起録」）。この手紙に描かれた彼の隠逸は、いわゆる官僚であることによる経済的安逸の上に成立する居ながらの隠逸、難しからぬ隠逸――朝隠である。[11] 彼が「尋山誌」の中で高らかに詠いあげた、現状否定の高張した精神への共感の情はこの手紙には見られない。これは彼個人の精神の衰退ではない。朝隠の論理――身を何処に処すかが問題ではなく、心をいかなる境地に置くかだけが問題とされる――こそ、六朝士大夫の精神に抜き難く植え付けられたものであった。そして、彼のこのような論理を有効ならしめたものが九品官人法に裏付けられた門閥貴族体制であったことは言うまでもなかろう。彼が四十前後で尚書郎となり、浙東の一名県令に出で得ると考えてこの計画を立てたのも、この門閥制下にあったからである。[12] しかし、彼が朝隠を企図したについては、前述の一般的状況の外に、彼個人にまつわる特殊な事情が存した。第一には、彼の家は貧乏貴族であり、一旦官途を離れればたちまち生活に窮すること。第二には、彼には兄弟もなく子もなく、彼が官途を離れることは陶家の家産を傾け宗廟の祀を絶やすことにつながること、の二点である。従って、もし彼が官途を離れ俗縁を断つという完全なる隠逸に向かうとすれば、相当な覚悟がなければ不可能である。だからこそ、彼にとって六朝門閥体制が信頼し得るものである限り、県令職という経済的基盤の上に隠逸生活を送りたいと願ったのは当然であった。[13]

しかし、弘景のこの計画は、実際には放棄せざるをえなくなった。彼は永明四年（四八四）母の死によって辞職し、後に再び振武将軍を授けられて宜都王府に配属された。ところが、これ以後永明九年（四九一）までの弘景の官職については、各資料とも全く言及しない。恐らく彼は振武将軍から異動しなかったのであろう。「資営《かけい》未だ立たず、且つ下位に薄遊す」（「陶先生小伝」）といわれるこうした官界における低迷は、次第に彼の当初の計画を危うくしていったが、この計画は永明九年（四九一）になって完全に破綻してしまったのである。

彼は長期にわたる官界での低迷のため経済的に逼迫し始め、そこで最も収入の多い地方官への転出を再三求めた。この段階では恐らく「家貧しき」が故に場所を選ばず県令職を求めたのであって、「浙東の一好名県」を得ようとしたわけではないらしい。しかし、この要求は実現せず、彼に与えられたのは奉朝請なる散官であった。この奉朝請は六品官で、よく起家の官に用いられはするが、文散官の代表的なもので実職はなく、従って禄もつかない。しかも、いくら寒門層に属する弘景といえども、三十六歳にもなって就くべき官ではなかった。ことここに至って、彼が全幅の信頼を置いていた六朝門閥体制が、実は彼のような寒門（しかも、斉王朝建立に結果的に逆らった）には有効に機能しなくなっており、またその体制から疎外されつつあることを思い知らされたのである。彼は前に引いた「与従兄書」の文に続けて、「宿昔の志、掌を指すがごとしと謂《おも》えり。今年三十六、方《はじ》めて奉朝請と作る。此れ頭顱《されこうべ》すら知る可し、早く去りて自ら労辱する無きに如かざるを」とその心情を吐露している。

かく体制内に止まることの限界を明確に認識した弘景の脳裏を横切ったのは、恐らく斉初における隠逸の士たちに対する辟召のことではなかったろうか。[14] 彼らは朝隠の形態に安住する士大夫にとっては、やはり何らかの後ろめたさを感じさせる真の方外の士であり、[15] 彼らと交わりを結ぶことは在朝の士にとって非常な栄誉であった。このため、権力者が彼らと接触を有することは、その支配下の士大夫貴族たちに権力者の権威を承認させる最も有効な方策のひとつであった。従って、王朝の交替の後や、激しい権力闘争によって新皇帝が誕生した後には、その権威を高め門閥貴族の人気を取るために、必ずといって良いほど在野の隠逸の士の辟召が行なわれる。一方、隠逸者の側は、こうした体制側からの体制内へ取り込もうとする働きかけ――辟召――を拒否するのが普通であり、そのことによってさらに名声を上げるのである。こうした辟召―拒否のパターンを繰り返すことによって、彼らが意識するにせよしないにせよ、体制側の権威の高揚に協力し、その見返りとして名声と経済的保護を受けて生活の基盤を安定させるのが六朝の隠士たちの実態であった。

弘景が朝隠の希望を捨てて、敢えて難しい隠逸――市隠――に踏み切ったのは、門閥体制からの疎外が最大の原因であるが、この体制と体制外の人間の相互依存関係を認識し、多量の道経の正統的継承者としての自らの声誉がこの関係において有効に働き、経済的にも破綻せずにすむという確信に到達したためでもあろう。この相互依存の関係を逆手にとることができる立場に立った弘景には、もはや「早く去りて自ら労辱する無きに如か」ないことはいうまでもない。

翌永明十年（四九二）、弘景は朝服を神虎門に懸けて禄を辞する意を公にし、武帝に対して解官表を上った。古えの隠者たちを手本として「孤り壠下《おかのもと》に耕し、月を澗《たにがわ》に席き、琴を雲際に横う」る暮らしに入ろうとする気持ちを、文学的修飾に包んで述べたこの表は（『華陽陶隠居集』）、実際には、仕えても栄えることができず、学んでも禄を得ることさえかなわぬ六朝門閥体制への、弘景からの事実上の絶縁状であった。こうして体制の外に去った士大夫には、それ相当の敬意を払うのが六朝社会の常であった。弘景の上表に対する武帝の答詔は、もはや官僚弘景へのそれではない。帛十疋、燭二十鋌を下賜し、毎月上茯苓五斤、白蜜二斗を給して服餌の用に供することを告げる武帝の答詔は（『華陽陶隠居集』）、隠者弘景への体制からの最初の働きかけともいえるもので、彼が隠棲することで企図した方向へ早くも事態が動き出したといえよう。

かくて官を辞した弘景は、道教でいう第八洞宮、金壇華陽の洞天があり、漢代の三兄弟仙――茅盈茅固茅衷――隠棲の地、そして楊羲と許氏父子ゆかりの地である句容の句曲山、一名茅山の中茅嶺に隠棲し、自らは『論語』季氏篇の「隠居して以って其の志を求む」にちなんで「華陽隠居」と号した。彼の出発の日、都の名士が多数征虜亭に彼を見送った。その時のありさまは、「供帳甚だ盛んにして車馬填咽《ひしめきな》く。咸な宋斉以来、未だ斯の事有らずと云う」（『梁書』本伝）と伝えられる。華陽隠居陶弘景の誕生である。

四、草創期の茅山

隠棲の二年後、隆昌元年（四九四）に明帝蕭鸞が即位すると、帝は弘景に諸名岳を巡って山川の神々に天下太平を祈請するように求めた。彼はこの年から足掛け三年にわたって五郡を周旋し、明帝の代理として諸名岳に詣で、建武三年（四九六）に茅山に帰還した。以後、明帝からの使者が月に数回あり、餉賜も頻繁でしかも弘景の意のままに贈られたという（『道学伝』『南史』など）。明帝の使者が一体何をしに来たのかは不明であるが、恐らく暦数や占候といったものを通じて、政治的な問題にも関与していたのではないかと考えられる。いずれにせよ、彼が政治の中核である皇帝との接触を避けなかったということは、彼の隠棲が単に山居野逸として一生を送ることではなかったことを雄弁に物語っていよう。この明帝からの使者は相当頻繁であったため、彼は新たに三層の楼閣を作り、自らは最上階に、弟子を二階に置き、一階でこれらの来客と対するようにしなければならなかった。しかし、この楼閣が完成した永元元年（四九九）にはすでに明帝は没し、斉王朝最後の皇帝東昏侯が即位していた。続く斉梁革命に際して、つい最近まで明帝との間に深い交渉を有していた弘景は、この政情不安の中で一早く外部との交渉を一切絶った（蕭綸「梁解真中散大夫貞白先生陶隠居碑」）。彼は宋末の動乱における進退の誤りを再びは繰り返さなかったのである。かくて、永元年間には彼は三層楼に籠りきりになっていた。

陶弘景が官途を辞して茅山に隠棲した際、彼に従った弟子として知られるのは、陸敬游ただ一人であった。十年になんなんとする辛苦の中で、ふたりは教団の組織、施設の整備に全力を傾けた。梁の武帝との親密な関係の構築とその援助を得て、茅山における教団が確立するまでの経緯は、必ずしも明確に知られるわけではない。ただ、隠棲七年後の永元元年は、三層楼が完成するとともに教団の施設がほぼ整い、長年月をかけた『真誥』『登真隠訣』『本草集注』などの編纂も一応終って、教団が施設面でも教理面でも草創期から発展期へと大きく飛躍する年に当たる。この年、草創期の陸敬游の功績を讃えて書かれたのが「授陸敬游十賚文」（『華陽隠居集』）であり、そこにはこの時期の師弟の姿をうかがわせる記述が見られる。「十賚文」はまず、「隠居先生、総事弟子戴坦を遣して策を秉り簡を執りて、前の学弟子呉郡の陸敬游に膝授せしめ、連石の邑を建てて、棲静処士と為す」という文で始まる。総事弟子戴坦なる人物の詳細は不明であるが、『景定建康志』に載せる銭塘の陳宣懋が記した「陶隠居井欄記」には、「先生、丹陽の陶。斉に仕えて奉朝請たり。壬申の歳に山に来る。身を棲まわせること高静にして、自ら隠居と号す。同来の弟子は、呉郡の陸敬游。其の次は楊王呉戴陳許諸生」と見え、この「戴」が恐らくその人であり、『梁書』本伝に斉梁革命に際して「梁」の国号を上らせた弟子として見える戴猛之も同一人物であろう。一方の陸敬游は、「同来の弟子は、呉郡の陸敬游」（「井欄記」）とあるように、また、「爾《なんじ》の来たるや、爰《ここ》に両春を移す。是に於て帯を青墀に褫《と》き、冠を朱闕に挂け、手を携えて東駆し、居を茲の嶺に創む」（「十賚文」其二）とあることから、弘景隠棲の二年前に彼の弟子となり、永明十年の隠棲に従って一緒に茅山に入ったことが知られる。後に弘景が許長史の旧居に立てた「上清真人許長史旧館壇碑」の碑陰に刻まれた弟子たちの名簿の筆頭に「上清弟子華陽前館主呉郡海塩陸逸沖」とあるは、まぎれもなく陸敬游その人のことに違いない。陸敬游が陶弘景の浙東遊歴に従ったかどうかは定かではないが、草創期の教団にとっては無くてはならない人物であったのであろう。隠棲直後の彼らを待っていたのは、「澗を脈《さぐ》りて水を通じ、石を徙《うつ》して基を開き、崖に登りて榦《みき》を斲《き》り、壟《おか》を越えて卉《くさ》を負う」（「十賚文」其二）とあるように、まずは水を確保し、道館の敷地をならし、建材を切り出し運ぶという苛酷な労働であった。弘景の浙東遊歴の間も恐らくは陸敬游は茅山に残ってこれらの仕事に従事していたのではないか。陸敬游は、「館境に基架し、援域を営獲す。……官私の行止、並びに棲憩有り。繕築の労、爾《なんじ》の力に匪《あら》ざるは莫し」(「十賚文」其(三))と讃えられるように、境内の整地から公私の来訪者を迎えるための堂屋の建築まで、草創期の茅山の建設を一手に任されていた。これらの整備には七年という長い年月が費され、永元元年(四九九)にようやく一応の完成を見たのである。陸敬游はその功績によって、「連石の邑」に回廊や附属の建屋を持った独立した堂屋(「四霤飛軒、廂廊側屋」同前)を与えられた。陶弘景の教団は、この段階で茅山に先行して存在した霊宝経を奉ずるいくつかの道館を凌駕する勢力を確立したと考えられる。(17)

こうして、教団の拠点整備が一段落した中興元年(五〇一)九月、蕭衍の軍が建康郊外の新林に進攻してほぼ大勢が明らかになった時、弘景はその弟子戴猛之を遣わして蕭衍に意を通じさせた。弘景と蕭衍とは、蕭衍が竟陵王子良の西邸サロンに出入りしていた頃からの交際があったといわれるが(『内伝』)、そうした事情も弘景を積極的にさせたのだろうか。これに先だって、弘景は「水丑木為梁字」なる歌を作ったという。翌天監元年(五〇二)蕭衍が斉の譲りを受けて梁王朝を起こすに当たり、弘景は図讖を引いて梁字を得、これこそ応運の国号なりとして武帝に上った。各資料はみな弘景が自発的に奉呈したように書いているところから見て、武帝からの諮問があったのではなく、弘景の方から積極的に働きかけたようである。かくて斉梁の禅譲劇に際し、弘景は図讖を引いて梁王朝受命の正当性合理性に強力な根拠を付与したわけである。これ以後、彼と武帝との交渉は公私両面にわたって極めて緊密となり、国家に吉凶征討の大事ある時には、事前に諮詢せぬことはなく、月に数信あったために、当時の人々は弘景のことを山中宰相と呼んだという(『南史』本伝)。この武帝からの諮問は、吉凶征討に際しての暦数による判断を弘景に求めたものであり、彼に年暦を作らせたのも同様の意図であろう。弘景がこのような要求をこなしていくには、たとえそれが図讖や暦数といった衣を被っているとはいえ、並々ならぬ政治的関心を持って政界の情勢を見守り、情報を蒐集して的確な判断をする必要がある。彼はそれを彼のもとに集まる王侯貴族たちから得ていたようだ(18)。草創期の茅山で、弘景は教団の活動拠点の整備と教理面の確立に努める一方で、こうした形で政治の裏面に深く関わっていたのである。

【注】

(1) 陶弘景の詳細な年譜については、拙稿「陶弘景年譜考略」(『東方宗教』四七、四八号、一九七六年)参照。
(2)「華陽隠居先生本起録」(『雲笈七籤』巻一〇七)は、弘景が隠棲してからほぼ十年後に、彼の従子陶翊によって撰されたものである。
(3) 道蔵本『華陽隠居集』をはじめとする各文集は、いずれも「尋山誌」の題下に「年十五作」と注するが、何によったかは不明である。
(4) 弘景が劉秉の幕下で正式に起家したかどうかは不明であるが、一族の季直が二十一歳ではじめて起家しているところから見て、十八歳の弘景が正式に起家したとは考え難い。恐らく劉秉の子息俣の相手を務めながら起家の機会を窺っていたのであろう。
(5)「本起録」は、「斉世侍読の任、皆記室手筆のことを掌り、選は文才有る者を須《ま》つ。先生、吉凶内外、儀礼表章、爰及《おょ》び牋疏啓牒に於て衆に絶せざるなく、数王の書佐典書、皆承授して准格《てほん》と為す。諸侍読多く慙憚《けむたがる》有り、頗る譏嫉を致す。先生亦た之に任じて以って意に介せず」という。
(6)『宋書』「百官志下」、同「武帝紀下」。また、宮崎市定『九品官人法の研究』(東洋史研究会、一九五六年)二四一頁参照。
(7) 拙論「陶弘景の医薬学と道教」(吉川忠夫編『六朝道教の研究』春秋社、一九九八年所収)参照。
(8) 顔之推は仏教徒であったが、その著『顔氏家訓』養生篇の中で服食を肯定し、その手引書として弘景の『太清諸草木方集要』の総録を挙げている。かかる事例は、服食が必ずしもストレートに道教的実修とは結び付かぬことを示していようし、当時の知識人たちの間に広く服食が行なわれていたことも明らかである。
(9) 陳国符『道蔵源流考』中華書局、一九六三年、四四頁。
(10) 彼らと楊許の真迹(上清経)とのつながりは『真誥』巻十九叙録に詳しい。
(11) 吉川忠夫「六朝士大夫の精神生活」『岩波講座世界歴史』古代5、岩波書店、一九七〇年、一四〇～一四七頁。
(12) 弘景がこのように考えたについては、一族の陶季直の経歴を参考にしたであろう。彼は三十七歳で望蔡令となり、四十前後で尚書比部郎となっている。従って、もし門閥体制が完全に機能していれば、同じ丹陽陶氏に属する弘景も、季直と同様なコースをたどりえたはずである。

(13) こうした事例は実際に存するのであって、例えば劉虯などはその典型である。彼は若い時から、禄を得たら隠棲しようと考えていて、三十過ぎに当陽令となるや官を辞めて帰家してしまったという(『南斉書』巻五四「隠逸伝」)。

(14) 永明元年(四八二)には顧歓、顧黯が太学博士、散騎郎に、永明三年(四八五)には劉虯、宗測、宗尚之、庾易、劉昭が通直郎などに辟されている。これらはいずれも五品官で、長期にわたって累遷してきた弘景に較べて、いかに待遇が良いかがわかる。

(15) 鄧粲の例に典型的であろう。彼は初め一切の辟召に応じなかったが、後に節を曲げて官に就いたため、その名声を半減させたといわれ(『晋書』巻八二「鄧粲伝」)、朝隠の士は市隠の士に及ばぬとする意識があった。

(16) ここにいう五郡が何かは具体的にはわからないが、会稽、呉、呉興、臨海、永嘉等の浙越地方の五郡であろう。彼が足掛け三年――実質的には建武二年(四九五)一年と考えられる――にわたるこの旅行を引き受けたのは、前の旅行で集め得なかった楊許の真迹やその他の道経の捜集を兼ねることができると判断したからであると思われる。

(17) 陶弘景隠棲以前から、茅山にこれらの道館が存在し、霊宝斎などの宗教活動を盛んに行なって信者を集めていたことは、『真誥』巻十一稽神枢第一に附された陶弘景の注に見える。

(18) 「許長史旧館壇碑碑陰記」には、蕭筠、蕭遥光、遥欣兄弟、沈約、謝覧、謝篡、謝挙、蕭宏、蕭偉などが名を連ねており、実際に彼ら多数の王侯名士が出入りしていたことが知られる。

道教斎における自虐的行為の効能
およびその衰退について――塗炭斎を中心として

山田　明広

一、はじめに

道教の儀礼の中に「斎」という儀礼がある。この儀礼は、罪を懺悔して罪が許されることで、祈願を達成させようとする儀礼である。この儀礼は、その起源をたどると、古くは、後漢の五斗米道や太平道の首過（思過）にまで遡れるが、一方でまた、現在においてもなお行われている。

ところで、この「斎」という儀礼の比較的初期のものにおいては、しばしば、自虐的であると思われる行為（以下、自虐的行為と称す）が見られる。この自虐的行為は、特に六朝時代の斎に関する文献を見てみると非常によく目に付く。ところが、宋代とかいった比較的新しい時代の文献を見てみると、全くと言っていいほど見られなくなっている。これは、言うまでもなく、自虐的行為が行われなくなり、衰退してしまったということを意味しているのであろうが、しかし、なぜ、どんな風に衰退していったのであろうかと疑問に思われる。また、逆に、なぜ当時の人々はこの「斎」という儀礼の中にこういった自虐的行為を取り入れたのかということも疑問に思われる。

そこで、本稿においては、道教斎における自虐的行為をキーワードとして、特に、その効能と衰退という点について考察していきたい。

二、道教斎に見られる自虐的行為

すでに述べたように、道教の比較的初期の段階において行われていた斎儀礼には、自虐的であると思われる行為が多く見られる。それでは、一体、比較的初期の道教斎に見られる自虐的行為にはどのようなものがあるのであろうか。ここでは、紙幅の関係上、その主なものについてのみではあるが、いくつか例を挙げて紹介してみたい。ただし、ここで取り上げる用例については、必ずしも最古と考えられるものではなく、多くの用例の中でも比較的特徴を捉えやすいと考えられるものを取り上げた。

(一) 搏頰

搏頰については、北周・武帝末年(五七一～五八一年)に編纂されたと考えられている『无上秘要』(『道蔵』SN一一三八)巻五十一・盟真斎品四aに、

次、西向し七拝して言う、今、某甲、西方无極霊宝天尊、……西郷諸霊官に帰命す。……と。畢わらば、叩頭搏頰すること各六十三過にして、止む。(1)

とある。「搏」には、「打つ」とか「叩く」という意味があることより、搏頰とは「自らの頰を叩く」という自虐的行為であると考えられる。

(二) 自搏

自搏については、元始系霊宝経であり、陸修静の「霊宝経目序」にもその名が記されている[2]『洞玄霊宝長夜之府九幽玉匱明真科』(『道蔵』SN一四一一。以下『明真科』と略称す)十九a～十九bに、

次、西向し七拝して言う、某甲、今、西方无極太上霊宝天尊、……西郷神仙諸霊官に帰命す。……と。畢わらば、叩頭自搏すること各六十三過にして、止む[3]。

とある。この『明真科』における自搏の用例は、盟真斎について述べたものであるが、この用例と(一)の搏頰の用例は、どちらも盟真斎の同じ部分について述べたものであり、したがって、このことより、自搏と搏頰はほとんどあるいは全く同じ行為のことを指していると考えられる。つまり、自搏は搏頰と同様に「自らの頰を叩く」ということになると考えられる。

(三) 打拍

打拍については、北周・道安の『二教論』(『大正蔵』五二―一四〇下)に、

或いは塗炭斎を為す者、黄土もて面を泥し、泥中を驢《ろ》輾《てん》し、頭を懸けて著《ちゃく》拄《ちゅう》し、打拍して熱せしむ。晋の義熙中より、道士王公期、打拍法を除く。而して陸修静、猶お黄土を以て額を泥し、反縛して頭を懸く[4]。

とある。これは、一見したところ、自搏や搏頰と同じように感じられるが、少し異なり、ただ叩くのではなく、ここ

では「打拍して熱せしむ」とあったり、梁・釈玄光『弁惑論』（『大正蔵』五二－四九上）の同じことを述べた部分[5]では、「埴を埏して熱せしむ（埏埴使熱）」とあることから、顔面に黄土を塗り、その部分を叩くという行為のことを指すと考えられる。[6]

（四）反縛・自縛

反縛については、前述（三）の『二教論』に「而して陸修静、猶お黄土を以て額を泥し、反縛して頭を懸く」とある。一方、陸修静撰『洞玄霊宝五感文』（『道蔵』SN一二七八）七bの注には、「手を反して自縛し、口中に璧を銜む（反手自縛、口中銜璧）」とある。どちらも、陸修静の塗炭斎における同じ行為について述べたものであり、したがって、「反縛」とは「反手自縛」のこと、つまり、逆手にして後ろで縛ることとなる。ただし、『无上秘要』巻五十・塗炭斎品一bでは、同じ行為のことを述べて、「骸を束ねて自縛し、散髪して額に泥す（束骸自縛、散髪泥額）」とあることから、「自縛」の一語のみで反縛の意味を持たせているようである。

（五）面縛

面縛については、『隋書』巻三十五・経籍志に、

斎する者は亦た人数の限有りて、次を以て緜蕝《めんぜつ》の中へ入り、魚貫面縛して、愆咎《けんきゅう》を陳説し、神祇に告白して、昼夜息まず、或いは一、二、七日にして止む。[7]

とある。ただ、これだけではどのような行為なのか判然としない。そこで、道教斎以外の用例としてではあるが、『春

秋左氏伝』僖公六年の伝に、

許男、面縛して璧を銜《ふく》み、大夫、衰絰《すいてつ》し、士、櫬《しん》を輿《にな》う。[8]

とあり、その杜預の注に、

手を後に縛り、唯だ其の面を見、璧を以て贄《にえ》と為す。[9]

とあることからすると、反縛や自縛と同様、逆手にして後ろで縛ることであると言える。

（六）塗炭泥面（額）

この行為は、顔全体あるいは額に泥を塗る行為のことであるが、前述の『三教論』では、

或いは塗炭斎を為す者、黄土もて泥面し、……而して陸修静、猶お黄土を以て額を泥し、反縛して頭を懸く。

とあることから、初期には黄土を顔全体に塗っていたのが、後に額だけへと変化したようである。ここで、陸修静以前の東晋末から劉宋初頃の塗炭斎について述べたと考えられる『三洞珠嚢』（『道蔵』ＳＮ一一三九）巻一所収『太真科』所載の塗炭斎法[10]を見てみると、すでに、「闕格に散髪して額に泥す（闕格散髪泥額）」とあることから、この変化が生じたのは、陸修静によって塗炭斎が整備される以前のことであると分かる。

（七）被髪（散髪）して欄格（柱）に繋げる

被髪（散髪）とは、束ねていた髪を解いてザンバラ髪にすることであり、したがって、この行為は、その解いた髪を柱や欄格に結びつけるという行為であると考えられる。これにより、常に髪がひっぱられ苦を感じるというわけである。『二教論』では「懸頭著拄」とあり、『太真科』所載の塗炭斎法では、「闌格散髪泥額」とあり、陸修静撰『洞玄霊宝五感文』では、「被髪繫著欄格」とあることから、塗炭斎が整備されるにつれて、欄格が設けられるようになったことが分かる。

（八）叩頭

頭を地に叩きつける行為のこと。すでに、（一）（二）などに現れているため、用例は省略するが、ただ、『雲笈七籤』（『道蔵』ＳＮ一〇三二）巻三十七・十二ａに

呪畢わらば、巾を解き叩頭すること百二十過、当に額をして地に向かわしむるのみにして、痛ましむる勿れ。(11)

とあることから、必ずしも自虐的な行為ではなく、礼拝的な行為の場合もあると考えられる。あるいは、もともとは自虐的行為であったが、後に、このように礼拝的な行為になったとも考えられる。

（九）長時間儀礼を行うことによる疲労

斎を行う者には、三日三夜などといった長時間にわたって、誦経と礼拝、自虐的行為を繰り返すことによる疲労があったと考えられる。この疲労は相当なもので、意識が遠のくほどであったと思われる。

三、自虐的行為の効能

それでは、当時の人々は一体何故、自らを犠牲にしてまでも、これらの自虐的行為を道教斎の中で行っていたのであろうか。恐らく何らかの効果を期待してのことだと考えられる。そこで、ここでは、自虐的行為自身の効能という点からこの問題について考察したいと思うが、この問題については、アンリ・マスペロ氏、葛兆光氏、土屋昌明氏など幾人かの先学によってすでに考察がなされている。

マスペロ氏は、この問題について、斎を行う人々は罪を宣告されたものが着る服装をしたということを前提として、「罪ある人は、自ら儀式的に身に罰を加えて、それによって神の罰から逃れようとした」という答えを提示している。(12)

葛氏は、「当時の人々は、神は人と同様に同情と憐憫の心を持ち、最も苦難を受けている人に神は同情し、最も敬虔な人に神は最も憐憫の情を覚えると考えていた。したがって、人々は、肉体を痛めつけて神の憐憫と同情を求めたのである」と述べ、(13)その証拠として、注に、『墨子』兼愛下や『呂氏春秋』順民などに引かれる殷の湯王が旱魃に際して天に祈禱したという故事などを引いている。(14)この考え方は、『太平経』巻百十四(15)に、

常に涕を垂れて言う、天に過を謝し、自搏して哀を求め、地に叩頭し、瓦石泥塗の中を避けず、と。(16)

とあることからも、裏付けられる。

土屋氏は、太平道や五斗米道に見られる首過の機能という観点から、自虐的行為についても言及し、自虐的行為を身体的な方法の自己懲罰、首過を倫理的な方法の自己懲罰と位置付け、これらの自己懲罰には自分が罪人であるということを神に公示するとともに、悔悛者として認知され、神から罪が許されることを求める機能があると述べている。

そして、この神々の世界と人間との関係は、現実の官僚による司法世界がモデルとなっているとも言及している。[17]

これらより、当時の人々は、罪に対する罰として自ら進んで罪人の姿を取り自虐的行為を行うことによって、罪に服していることを神に示し、悔悛者として認知されること、あるいは神に憐憫と同情の感情を引き起こさせて、神から罪を許されることを期待していたということが言えそうである。マスペロ氏や土屋氏のような考え方の場合、必ずしも「神の憐憫と同情」ということは言えないかも知れない。しかし、その背後においては、こういったことも考慮されうるのではないだろうか。

ところで、自虐的行為の効能として、当時の人々が期待していたのはこれだけではないようである。それでは、次に、自虐的行為の効能として、人々が期待していたもう一つのものについて考えてみたい。

まず、『洞玄霊宝五感文』七bに、

又た曰く、三元塗炭之斎。苦節を以て功と為し、上は億曾の道祖、無数劫来の宗親、門族、及び己が身の家門の無鞅数の罪を解き、憂苦より拯抜し、人の危厄を済う。其の功、至重にして量を称るべからず。[18]

とあるのが注目される。「塗炭之斎」とは、すでに第二節においてその一端を示してあるように、反縛や塗炭泥面などといった自虐的行為と懺悔をその中心とする道教の斎儀礼である。ここでは、「苦節を以て功と為し」とあるが、つまり、自虐的行為と懺悔をその中心とする塗炭斎を実践することによって感じられる「苦」が「功徳」と見なされているのである。そして、その功徳によって、道門の信者の億万代もの祖先や一族、その上、自分の身や自分の一族に至るまでの者のこれまで犯してきた数え切れないほどの罪過を解き、様々な憂苦や危厄から彼らを救済するという効果がもたらされるのである。

次に、『三洞珠嚢』巻一所収『太真科』所載の塗炭斎法に、

又た云わく、父母、師君、同道の大災病厄を救解するに、斎官は露壇に大謝し、闌格に散髪し、額を泥して三十二天に礼す。斎中に子午章を奏し、苦到れば必ず感ず（旨教、塗炭斎法に依るなり）[19]。

とあるのや、これ以降の部分に、

法師、法を宣べ、衆官、苦に精し、礼を行い節を得て、儀序、虧《か》けざれば、病人は恩を受け、漸《ようや》く差愈するを蒙《こうむ》る[20]。

とあるのにも注目される。前者においては、斎官は、散髪、泥額などの自虐的行為と懺悔を中心とする塗炭斎を行い、それによって「苦」を受けたならば、その「苦」は章とともに天上の神のもとにまで届き、天上の神は必ずそれに感応するということが説かれている。後者においては、法師が法を説き、従官が苦行に勤め、秩序を欠くことなく儀礼を終わらせることができたならば、病人はその恩を受けて次第に病が癒えていくということが説かれている。

前者における「苦」についてであるが、おそらく、この「苦」を感じることによって初めて章を天上の神のもとにまでもたらすことができたのであろうと考えられる。したがって、これらより、『太真科』所載の塗炭斎法においても、自虐的行為と懺悔を行うことによって感じられる「苦」は「功徳」のようなものであり、この功徳があることによって章が天上の神のもとにまで届き、そうして天上の神はようやく病気からの回復といった祈願をかなえたということになると考えられる。

以上より、自虐的行為の効能として、当時の人々は、

・罪に服していることを神に示し、悔悛者として認知される、あるいは神に憐憫と同情の感情を引き起こさせることによって、神から罪を許される。

・懺悔と併せて行い苦を感じることで「功徳」を得、それによって祈願を達成させる。

ということを期待していたと考えられ、そして、このような効能があると考えられていたからこそ、当時の人々は自らを犠牲にしてまでも、自虐的行為を道教斎の中で行っていたと考えられる。

四、道教斎における自虐的行為の衰退

道教斎における自虐的行為は、前節で記したような効能を持つと考えられていたようであるが、しかし、いつまでも盛んに行われていたわけではなく、時代が下るにつれて次第に衰退の一途をたどっていったようである。それでは、ここからは、道教斎における自虐的行為がどのように衰退していったのか見ていきたい。まず、はじめに、塗炭斎以外の道教斎における自虐的行為の衰退について見ていくことにする。

（一）塗炭斎以外の道教斎における自虐的行為の衰退

『明真科』の金籙斎について述べた部分（二十五ｂ～三十七ａ）[21]においては、「披頭散結、依訣塗炭」（二十六ａ）とか「散髪塗炭」（二十六ａ）とか「叩頭自搏八十一過」（三十ｂ）とかいった自虐的行為が記されている。また、同じく金籙斎

について述べたものとして、北周・武帝末年に編纂されたと考えられている『无上秘要』巻五十三・金籙斎品があるが、これにも同じ記述がなされている。ところが、後世の金籙斎関連の経典（例えば、杜光庭撰『金籙斎啓壇儀』（SN四八三）等）には、これらの自虐的行為が全く記されておらず、礼拝と誦経、上香によって構成される儀礼となっている。

このような状況は、他の斎儀礼についても同じことが言える。すなわち、『无上秘要』巻五十四・黄籙斎品には「叩頭搏頬九十過」（八b）などと自虐的行為について記されているが、杜光庭撰『太上黄籙斎儀』（SN五〇七）には自虐的行為が記されていない。

これらの例からだけでも、時代が下るにつれて、道教斎における自虐的行為が次第に衰退していったことを確認することは可能であろう。ただ、これら二例だけでは、道教斎における自虐的行為の衰退は、『无上秘要』が編纂されたとされる北周・武帝末年以降のことであるかのような感じを受けるが、そうではなく、実際にはもっと以前から始まっている。そして、それは、自虐的行為をその特徴とする塗炭斎において最も顕著に現れている。それでは、次から、塗炭斎における自虐的行為の衰退について見ていきたい。

(二) 塗炭斎における自虐的行為の衰退

塗炭斎における自虐的行為の衰退については、まず、第二節で引用した『二教論』に、「晋義熙中より、道士王公期、打拍法を除く」と記されているのがある。これによれば、東晋・義熙年間（四〇五～四一八年）以前の塗炭斎においては、「打拍」という自虐的行為が行われていたが、それ以降は行われなくなったということとなる。ここで、その真偽を確かめるべく、それ以降の塗炭斎について述べたと考えられる『太真科』、『洞玄霊宝五感文』、『无上秘要』巻五十・塗炭斎品所載の塗炭斎法について調べてみると、確かに「打拍」という自虐的行為は含まれていないことに気付く。[22] つまり、「打拍」という初期の塗炭斎に見られる自虐的行為は、東晋・義熙年間以降には早くも行われなくなってしまったということが言える。

また、第二節の（六）よりすると、塗炭斎を行う場合、初期には泥を顔全体に塗っていたのが、陸修静以前の『太真科』が記された頃には、すでにその度合いが弱くなり、泥を額に塗るだけになったということが分かる。ただし、塗炭斎の場合、自虐的行為が衰退するばかりでなく、追加されてもいる。すなわち、陸修静の頃に至って、「反縛」あるいは「自縛」、そして「叩頭」といった自虐的行為が付け加えられてもいるのである。(23)

陸修静以降、塗炭斎は定式化されはしたが、やはり、自虐的行為が衰退するのを余儀なくされていたようで、『洞玄霊宝五感文』では斎を行う期間が三十六日間であったのが、『无上秘要』巻五十・塗炭斎品所載の塗炭斎法では三日間へと減少している。(24) そして、遂には自虐的行為をその特徴とする塗炭斎自体が衰退していくこととなる。このような特徴を持つ塗炭斎それ自体の衰退について考えることは、道教斎全体における自虐的行為の衰退を考える上で非常に重要であると思われる。そこで、次に、塗炭斎自体の衰退について考察してみたい。

（三）塗炭斎自体の衰退

塗炭斎自体の衰退についてであるが、まず、唐末から五代にかけての道士・杜光庭撰の文集である『広成集』（SN六一六）を見てみたい。この文集には、杜光庭の斎醮活動について記した多くの青詞が収められており、そのうち、斎についての青詞は三十一通収められているが、その中には一つとして塗炭斎について記した青詞が存在していない。

次に、南宋・呂元素編『道門定制』（『道藏』SN一二二四）巻六・斎品を見てみると、これには、「広成先生（杜光庭）曰く、斎に二十七等有りて、備に三洞経中に在り」とした上で、「世の修奉する所、今、左方に著す」として、金籙斎、玉籙斎、黄籙斎等の十種の斎が示されている。(25) しかし、この十種の斎の中には、塗炭斎は含まれておらず、また、これに続けて、「右、十品の斎法、皆、科儀有り。其の余十七品は、詳しくは広成黄籙序事儀中に在り。或いは、名題有りと雖も、科儀、備わらず」とあり、残りの十七種の斎の名前についてはこの『道門定制』の中には記されないままになっている。つまり、塗炭斎は当時主流であった十種の斎ではなく、残りの「名題有りと雖も、科儀、備わら」ざるの十七種の斎に含まれていたと考えられる。

しかし、ここで、宋代に編纂されたと考えられる[26]『金籙大斎啓盟儀』(『道蔵』SN四八五)を見てみると、おそらく『道門定制』の中で述べられている二十七種の斎のことであると思われる斎について、その全部の名前が列挙されており、その中には外斎として塗炭斎も含まれている。

したがって、以上から、杜光庭が活躍していた唐末から五代の頃には、塗炭斎自体、相当衰退してしまっており、完全に消滅してはいないものの、当時の主流ではなく、ほとんど有名無実化していたと考えられる。

五、おわりに

ここまで、道教斎における自虐的行為について、まず、その種類や効能について考察し、そして、その上で、その衰退について考察した結果、道教斎における自虐的行為は徐々に衰退し、また、自虐的行為をその特徴とする塗炭斎も次第に有名無実化し、杜光庭が活躍した唐末から五代の頃には、道教斎は、ほとんど礼拝と誦経、上香によって構成される儀礼となっていたという結果が得られた。しかし、一体、何故、道教斎における自虐的行為は衰退の一途をたどることになったのであろうか。最後に、その理由について考察することによって、締めくくりとしたい。

道教斎における自虐的行為が衰退の一途をたどることになった理由としては、以下に述べる三つのものが考えられる。まず、南宋・蔣叔輿編撰『无上黄籙大斎立成儀』(SN五〇八)巻一・二b～三aに、昔、正一真人、命を受け世を導き、霊宝を奉荷するに、自ら斎法を以てす。旨趣、淵微にして、法禁、森厳にして、愚浅の始めて学びて明らかにすべき所に非ざるなり。……陸天師、後に撰次を加え、立てて成儀と為し、……張杜二師、継ぎて玄風を出だし、……相い去ること数百年と雖も、前後は蓋し一轍なり。庸師の不学を痛み、流俗の無識を憫れむに至りて、相承するに非ざるを非とするも、其の失悟られず、簡便を以て適当と為し、古法を以て難行と為せば、則ち張万福天師より以来、嘗て之を病む。(27)

とあるのが注目される。これより、自虐的行為が衰退した理由として、人々の間に次第に古く苦しい斎法を疎み避け、簡便なものを好む傾向が生まれ、自虐的行為が避けられるようになり、実践できる道士の数が減少して、遂に自虐的行為が衰退してしまったということが考えられる。

このような古く苦しい斎法を疎み避け、簡便なものを好むといった傾向が生じた原因として、道教が天子や王公、文人、士大夫などといった社会の上層部の者にまで伝えられ、信仰されたことによる道士たちの貴族化とそれによる堕落ということが考えられる。

一方、今度は自虐的行為が衰退した二つ目の理由として、道教が社会の上層部の者にまで伝えられたところ、道教斎中に含まれるこういった自虐的な行為は社会の上層部の者たちの気風に合わず、受け入れられなかったが、しかし、道教の発展のためにはこういった社会の上層部の者を道教に引き付けておく必要があり、したがって、次第に自虐的行為が行われなくなり、衰退してしまった、ということも考えられる。(28)

最後に、自虐的行為が衰退した三つ目の理由として、塗炭斎が、『二教論』や『弁惑論』の中でその自虐性をさんざん非難されているように、南北朝隋唐時代の仏道論争において、道教斎中に行われる自虐的行為が、仏教側からの非難の的となっていたため、儀礼の整備がなされていく過程において、次第に淘汰されていったということも考

えられよう。(29)

【注】

(1)「次西向七拝言、今某甲帰命西方无極霊宝天尊、……西郷諸霊官。……。畢、叩頭搏頬各六十三過、止」。

(2)霊宝経に関しては、大淵忍爾『道教とその経典』(創文社、一九九七年)第二章「霊宝経の基礎的研究」及び、小林正美『六朝道教史研究』(創文社、一九九〇年)第三章「霊宝経の形成」参照。

(3)「次西向七拝言、某甲今帰命西方无極太上霊宝天尊、……西郷神仙諸霊官。……。畢、叩頭搏頬各六十三過、止」。

(4)「或為塗炭斎者、黄土泥面、驢輾泥中、懸頭著扗、打拍使熟。自晋義熙中、道士王公期、除打拍法。而陸修静、猶以黄土泥額、反縛懸頭」。

(5)「又塗炭斎者、事起張魯。氐夷難化、故制斯法。乃驢輾泥中、黄鹵泥面、擿頭懸搨、埏埴使熟。此法指在辺陲、不施華夏。至義熙初、有王公其、次貪宝憚苦、窃省打拍。呉陸修静甚知源僻、猶涇挾額懸縻而已」。

(6)楊聯陞「道教之自搏与仏教之自撲補論」(『中央研究院歴史語言研究所集刊』第三十四本、一九六二年)二七六~二七七頁参照。

(7)「斎者亦有人数之限、以次入于緜蕝之中、魚貫面縛、陳説愆咎、告白神祇、昼夜不息、或一二七日而止」。

(8)「許男、面縛銜璧、大夫、衰絰、士、輿櫬」。

(9)「縛手於後、唯見其面、以璧為贄」。

(10)『太真科』所載の塗炭斎法については、拙稿「塗炭斎考――陸修静の三元塗炭斎を軸として」(『東方宗教』第百号、二〇〇二年)四八~五二頁参照。

(11)「呪畢、解巾叩頭百二十過、当令額向地而已、勿令痛」。

(12)アンリ・マスペロ著、川勝義雄訳『道教』(平凡社、一九七八年)一七七~一七八頁参照。

(13)葛兆光『道教与中国文化』(上海人民出版社、一九八七年)八一~八二頁、及び坂出祥伸監訳『道教と中国文化』(東方書店、一九九三年)七六頁の邦訳も参照。

(14)葛兆光、注(13)前掲書、八二頁、注(2)参照。

(15) 王明編『太平経合校』中華書局、一九六〇年、五九一頁
(16)「常垂涕而言、謝過於天、自搏求哀、叩頭於地、不避瓦石泥塗之中」。
(17) 土屋昌明「後漢における思過と首過について——自伝文学との関連を考えるために」（道教文化研究会編『道教文化への展望』平河出版社、一九九四年）二七七～二八五頁参照。
(18)「又曰、三元塗炭之斎。以苦節為功、上解億曾道祖、無数劫来宗親門族、及己身家門無鞅数罪、拯抜憂苦、済人危厄。其功至重、不可称量」。
(19)「又云、救解父母師君同道大災病厄、斎官、露壇大謝、闌格散髪泥額、礼三十二天。斎中奏子午章。苦到必感（依旨教塗炭斎法也）」。
(20)「法師宣法、衆官精苦、行礼得節、儀序不虧、病人受恩、漸蒙差愈」。
(21) 小林正美『中国の道教』（創文社、一九九八年）二一四～二二四頁参照。
(22) 注（10）前掲拙稿参照。
(23) 同右、五三～五四頁参照。
(24) 同右、五四頁、及び六〇頁参照。
(25) 十種の斎とは、順に、太一斎、九天斎、金籙斎、玉籙斎、黄籙斎、明真斎、洞淵斎、九幽斎、五練斎、正一斎のことである。
(26) この経典の成立年代については、任継愈主編『道蔵提要』（中国社会科学出版社、一九九一年）を参考にした。
(27)「昔、正一真人、受命導世、奉荷霊宝、自以斎法。旨趣淵微、法禁森厳、非愚浅始学所明了。……陸天師、後加撰次、立為成儀、……張杜二師、継出玄風、……相去雖数百年、前後蓋一轍也。至於痛庸師之不学、憫流俗之無識、非非相承、其失不悟、以簡便為適当、以古法為難行、則自張万福天師以来、嘗病之矣」。
(28) 汪桂平「道教塗炭斎法初探」（『世界宗教研究』二〇〇二年、第四期）五五頁参照。
(29) 同右、五五頁参照。

【付記】

本稿は、道教文化研究会二〇〇三年六月度定例会において発表したものを基礎に作成したものである。当日ご教示下さった先生方にここで感謝の意を表する。

則天武后の明堂について

南澤　良彦

序

則天武后（六二三～七〇五年）が武周革命を成し遂げるのに際して、儒教や仏教から様々な思想的・宗教的装置を援用したことはよく知られている。王朝の簒奪を平和裡に成し遂げるためには、儒教の天命思想・天人相関思想、具体的には符瑞の利用が必要であった。また、女帝の出現という中国史上空前絶後の出来事を合理化するには、仏教の弥勒下生の信仰や『大雲経』などは打ってつけであっただろう。そうした則天武后による援用の過程で大きくすがたかたちも概念も変容させられたものも少なくない。儒教に属するものとしては、明堂がその一つとして挙げられる。本論考は、則天武后によって大きな変容を迫られた明堂について論じるものである。

一

そもそも明堂とはいかなる建築物と考えられていたのであろうか。それについてわたしは、先秦から漢代までは先にアウトラインを描いたことがある。(1) いまそれを参照して論述してみる。

先秦の諸子に閲すれば、まず、『孟子』梁恵王篇下に

斉の宣王が尋ねて言うには、「人々はみな私に明堂を撤去せよと言うが、これを撤去すべきか、そうすべきでないのか」と。孟子が答えて言うには、「そもそも明堂とは王者の堂です。王が王政を行おうというのであれば、明堂を撤去すべきではありません」と。

とある。明堂とは王者の堂なのである。

また、『荀子』彊国篇には

あの誠実完全な君子を採用して世界中を統治し、さらに彼らといっしょに国内の政治に参与し、善悪正邪をはっきりさせて咸陽の都で聴断し、それに従う者はよしとして、もし従わない者が有ればそこで始めて誅罰を加えていく。もしそのようにしたなら、もはや軍隊を他国に出征させなくても世界中に命令がゆきわたることになるであろう。そして、そのような状態になったとすれば、そのために明堂を築いてそこに諸侯を集めて朝見させてもよいであろう。(2)

とある。明堂とは、「端誠信全」の君子による王道政治が実現したとき、始めて存在理由を認められ、そこで諸侯を朝見する建物なのである。

漢代の明堂については、『漢書』郊祀志上に次のような記述がある。

武帝が即位した当初、とりわけ神々のお祀りに敬意を払った。漢朝が興起してから六十余年が経過していた。全国は治まり安らぎ、学者先生たちは天子が封禅をとり行い、暦や王朝の服色、度量衡を改正することを願った。そして、皇帝も儒術に心を寄せ、賢く優れた人々を招聘した。趙綰・王臧らは学問によって大臣の位にのぼり、古の制度を議論し、明堂を（長安）城の南に建てて諸侯を朝見させようとし、全国の巡幸、封禅、暦、服色の改正に手をつけさせたが、まだ完成しなかった。竇太后は儒家による政治を好まず、部下を使って秘かに趙綰らの不正について探らせ、綰と臧とを取り調べた。綰と臧とは自殺し、いろいろな新しい試みは全て廃止された。(3)

武帝即位当初、儒家が次第に重用され出した。ここで明堂を建立することが議論されている。「巡守封禅改暦服色」と同等の、最優先の国家事業の一つとされているのである。

明堂の役割の一つが、諸侯を朝見することであるのは、右に見た『荀子』彊国篇や『礼記』明堂位篇の「むかし周公は諸侯を明堂の位に朝見させた。天子（鄭玄注に拠れば周公のこと）は斧を背負い南郷に依って立った」という記述から明らかである。なお、明堂位篇はさらに、周公が幼い成王に代わって天下を治めた六年の間に、「諸侯を明堂に朝見させ、礼を制作し、楽を作曲し、度量を頒布し、天下は非常に服従した」と述べて、やはり明堂の重要性を示唆する。

しかしながら、この趙綰・王臧らによる儒家思想を官界主流の座に押し上げようという機運は、黄老思想の信奉者で儒家嫌いの実力者である竇太后による徹底的な弾圧を被る。首都の南郊に明堂が建つことはずっと後のことである。

城南の明堂に代わって『漢書』郊祀志下では、泰山の明堂が話題とされる。

これより先、天子は泰山で封禅の儀をとりおこなった。泰山の東北麓は往時、明堂のあった場所である。その地は険しくひろびろとはしていなかった。天子は明堂を奉高県の傍らに営みたいと思われたが、そのプランがよくわからなかった。済南出身の公玉帯が黄帝の時の明堂図を奉った。その明堂図には一宮殿が描かれており、四面ともに壁がなく、茅で屋根を葺き水が引かれている。水は宮殿の垣根をめぐる。二階建て廊下を設け、その上に楼閣があり、西南から入る。この廊下を昆侖と名づけ、天子はここから入り、上帝をお祭りするのである。(4)

武帝はこの公玉帯の図の通りに明堂を汶水のほとりに建立させた。そして元封五年（前一〇六）の封禅のおりには、ここで泰一と五帝との上帝を祭り、高祖のみたまを配食した。その後泰山行幸の都度、明堂を拝することは定例となったが、それは逆に明堂が泰山封禅の宗教儀式の中に組み入れられてしまったことを意味する。武帝即位当初の長安南郊に建立しようとした明堂とは、いささか性格を異にするといえよう。

一般に、「姓を易えて王となり、太平を致さば、必ず泰山を封じ、梁父を禅するは何ぞや。天が命じて以て受命の王となり、群生を統治できたならば、その受命の王は太平を天に告げて、群神の功を報ずる」（『史記』封禅書題字正義所引〔劉向?〕『五経通義』）というように理解されている封禅儀式だが、秦の始皇帝や、漢の武帝にとってはさらに奥深い意義を認められる。すなわち長生不死の実現である。

武帝が封禅について聴かされていたのは、たとえば、「竈を祠れば則ち物を致し、物を致せばすなわち丹沙は化して黄金と為るべく、黄金成りて以て飲食の器と為せば則ち寿を益し、寿を益せば而わち海中の蓬萊の僊者乃ち見るべく、これを見て以て封禅すれば則ち不死、黄帝がそうであった」という方士李少君の言上であり、また、「漢主もやはりまさに上封すべし。上封すれば則ち能く僊となりて天に登る」という斉の方士申公のことば（いずれも『史記』封禅書）であった。

要するに封禅とは儒家の範疇ではなく、まさに方士の世界に属することがらなのである。したがって、泰山明堂（黄帝明堂）もまた、封禅において重要な役割を担うことになった以上は、『孟子』や『荀子』に見える儒家的明堂とはいささか性格を異にするといわざるを得ない。そもそも基になった図（〔黄帝時〕明堂図）を提供した公玉帯なる人物が方士であり、黄帝とは封禅を通じて唯一升仙に成功した王者であることを考慮に入れれば、泰山明堂には神仙思想の色彩が濃厚に看取される。

武帝の果たせなかった首都南郊の明堂は、王莽によって建てられる。『漢書』王莽列伝上に次のようにある。

この年（平帝元始四年、後四）、王莽が上奏して、明堂、辟雍、霊台を起工し、学生のために万区に及ぶ宿舎を建築した。市場を作り常に倉庫は満載にし、制度を整えることきわめて盛況であった。……

五年正月、明堂で祫祭を行った。諸侯王二十八人、列侯百二十人、宗室子九百余人、徴集して祭りの補助をさせた。

祫祭とは「大いに先祖の親疏遠近を合祭」すること（『説文解字』）。通常は祖廟で行われる。ということは王莽は明堂を祖廟と見なしていたことになるが、それは明堂を王者の堂であり王道政治を実践する舞台とする基本的観念と矛盾するわけではない。帝王による正しい先祖祭祀の励行は、すぐれて礼制的に王道政治に貢献するからである。

漢を再興した後漢の光武帝は洛陽を首都とした。即位後三十二年になってようやく明堂を建立することになった。『後漢書』（『続漢書』）祭祀志中に次のようにある。

是の年（中元元年、後五六）初めて北郊・明堂・辟雍・霊台を営むも、いまだ使用に供していなかった。……

明帝が即位すると、永平二年（五八）正月辛未、初めて五帝を明堂に祀り、光武帝を配食した。五帝を堂上に座位させるには、それぞれその方角に配置した。（中央の帝である）黄帝は未（南南西）の方角に位置させることなどみな南郊の祭祀での座位の通りである。光武帝の座位は黄帝の南やや退いたところにあり、西面している。犠牲はそれぞれ一犢、楽を演奏すること南郊の通り。明堂での行事が終われば、そのまま霊台に上り、雲物を観望する。

この後漢洛陽明堂は、辟雍・霊台と一体である点、王莽の明堂を踏襲している。また、五帝を祀る点では泰山明堂に似る。もっとも後漢時代も泰山明堂は存在しており、洛陽明堂と併存しているのである。何らかの役割の違いといえば、泰山明堂がもっぱら泰山巡幸の折りの天子―皇帝と上帝との交感の場として機能しているのに対し、首都洛陽の明堂は主として月令を実施して、王道政治を日常的に行う場として機能していると言うことであろう。

上帝・五帝の祭祀の場としての明堂の意義は、続く魏晋南北朝時代においても不変のようである。唐初においても同様であったが、その建築プランをめぐっては経学上の対立もあって紛糾を極めていた。唐王朝にあってはじめて明堂が創建されるのは実に高宗死後、則天武后が直接政治を始めた後である。

二

『旧唐書』礼儀志二に則天武后の明堂の概要が載る。

則天武后が摂政として朝堂に臨むようになると、儒者たちはしばしば明堂の創建を上書して要望した。則天は高宗の遺志と見なし、北門の学士たちとその制度を議論し、それ以外の意見に耳を貸さなかった。垂拱三年（六八七）春、東都洛陽の乾元殿を取り壊して、その地に明堂を創建した。

四年正月五日、明堂は完成した。凡そ高さは二百九十四尺、東西南北それぞれ三百尺、三層から成り、下層は四時にかたどり、それぞれの方角の色に塗られており、中層は十二辰にのっとり、丸屋根、屋根の上盤は九匹の龍が捧げもつ。上層は二十四節気にのっとり、やはり丸屋根である。亭中に十囲の巨木があって、上下を貫いており、栭、櫨、欂、梍をほどこして中心軸とし、鉄索でしばりつけている。屋根に鳳凰の像を作り黄金で飾り飛び上がらんが如き勢いである。木を刻んで瓦とし、麻布を重ねて漆ぬりをした。明堂の下には鉄渠を施し、辟雍の象徴とした。万象神宮と号した。

垂拱三年春に事業に取りかかり、翌年正月五日に完成したのである。ただしこの年代については疑問がある。『旧唐書』則天皇后本紀には「四年春二月、毀乾元殿、就其地造明堂。……十二月己酉、神皇（則天）拝洛水、受『天授聖図』、是日還宮。明堂成」とあり、『新唐書』則天皇后本紀も『通典』巻四十四も、また『資治通鑑』巻二百四も同説であり、『旧唐書』礼儀志に与するのは『唐会要』巻十一のみなのである。

則天武后が明堂をいかなるものと認識していたかは、完成の折りの詔書に「そもそも明堂とは天子が宗祀する堂であり、諸侯を朝見する場所である」とあることから端的に理解できる。則天武后も歴代の伝統的明堂観を共有しているのである。

永昌元年（六八九）正月元日、享祭を行うことから、万象神宮は活動を開始する。同月四日再び明堂に赴いた則天は政を布き、百官に訓辞を賜った。翌日また明堂に現れ群臣を饗し絹を下賜した。洛陽の婦人や諸州の父老の参観を許し、酒食をもてなした。祭祀、朝見、養老、これらはいずれも歴代、明堂に関連深いとされる事柄である。これらを実行したという意味で則天武后は、正統的な明堂主宰者の列に加えられよう。しかしながら、よく載初元年二月にははやくも、則天武后はその列を逸脱している。

明堂に御した則天武后は、「大いに三教を開き、内史の邢文偉に孝経を講じさせ、侍臣および僧道士らに命じて順番に論議させ、日が傾くまで続けさせた」（『旧唐書』礼儀志二）のである。かつて漢の武帝が方士公玉帯の奉った図を基に泰山明堂を建てた例があるとはいえ、明堂中に儒道仏の三教の士が一堂に会して議論を交わす様子はいささか異様である。もっとも、その万象神宮なる明堂の造営を主事したのは、薛懐義という名の沙門であった。

薛懐義は白馬寺の僧である。とはいっても、元の姓名を馮小宝という、素性のよくわからない人物で、則天武后の寵愛を得て、僧に身を借りて宮中に出入りするものであった。仏教や儒教に造詣が深いとも思われないが、『大雲経』の偽作にも直接関与しており、則天武后の武周革命に大いに貢献する、漢武の時代の方士ほどに神秘的なる方面の知識を有していたと思われる。その薛懐義は、明堂創建時、ともに「天堂」なる建造物を明堂の後ろに造営した。則天武后の命による。「時に則天は明堂の後ろに天堂を造り、仏像を安置させた。その高さは百余尺にもなる」（同右）。

前に儒教の明堂が、後ろに仏教の天堂が配置する構図は、則天武后の世界観をよく示している。しかしながら、本来儒教プロパーであったはずの明堂は、先に見たように三教の雑揉する場所となったのである。また、無遮会という仏教行事が行われたこともあった。それに対する天譴か、證聖元年（六九五）正月十六日の夜仏堂（天堂）からにわかに火災が起こり、明堂に延焼し、明け方には二堂並びに灰燼に帰したのである。このあたりの事情は『資治通鑑』が詳しい。「そのころ御医の沈南璆というものも、則天武后の寵愛を受けていた。薛懐義はうらみに思い、その夜、密かに天堂に火をつけた。火は明堂まで及び、それらの火災に照らされて洛陽城内は昼のような明るさだった。……則天武后は恥じて諱み、内作工徒が誤って仏像を焼き、そのまま明堂に及んだのだとだけ云った」（巻二百五、唐紀二十一）。

則天武后に阿諛して宰相の姚璹はこう言った。「むかし周の宣榭が火災にあったとき、子々孫々ますます栄えると占いにでました。漢の武帝の建章宮は燃えた柏梁台の代わりですが、盛徳いやましに永くなりました。いま明堂は布政の場所であって、宗廟ではありません。お身をとがめる必要はございません」。この言を聞くや、則天武后はたちまち自らの謹慎を解き、明堂、天堂の再建を決定し、その責任者にこともあろうか、放火の当事者である薛懐義を充てたのである。もっとも薛懐義は翌月には殺されている。

重修の明堂は天冊万歳二年（六九六）三月に完成した。「高さ二百九十四尺、広さ三百尺、規模はもとのよりもおおむね小。上には高さ二丈の金塗りの鉄の鳳が乗るも、これは後に大風で壊れたため、かわりに銅製の火珠をつくり、群龍がこれを捧げているようにした。号して通天宮といった」（同右）。

その後、神龍元年（七〇五）の則天武后の死を超えても、この洛陽の明堂（通天宮）は活動を続けたが、玄宗の開元五年（七一七）、古典の記述と乖離すること多きを以て、改修されて、乾元殿とされる。そして最終的に、開元二十五年に、玄宗の命を受けた将作大匠の手によって、「上層部を撤去して、高さを九十五尺低くし、また、中心の巨木を取り去り、平座に八角の楼を置き、楼の上には八匹の龍が身を躍らせて火珠を捧げもつように取り付けた。火珠の大きさも、もとのより小ぶりで周囲五尺とした。屋根は本物の瓦で葺き、永遠を期した」（『旧唐書』礼儀志二）という。

結

「明堂とは王者の堂である」と孟子は言った。その意味では則天武后の明堂も何らその定義を逸脱していない。王者たらんと（そして王者となった）則天武后が営んだ堂であるからだ。同じく周の復古を唱えて、政権を簒奪した王莽が作り上げた明堂が、経書と伝統とにきわめて忠実であったのとは対照的に、「古典の記述と乖離する」（『旧唐書』礼儀志二）異形のものとはいえ、がんらい儒者の声をシャットアウトして、「我より古を作り、用て事に適せん」（同右）と宣言して、北門学士と沙門薛懐義とに創らせた代物である。異形と見られることはもとより承知の上であろう。明堂に仏教的要素を取り入れたのも、儒者の眼には異様に映る。
しかしながら、それでもやはりそれが明堂に他ならないのは、万象神宮・通天宮という名を与えた事実が示すように、そここそが、天や神々と交感し、天子として力を獲得しうる正統な場所だとの認識を、則天武后が依然として抱いているからである。経学の学説上の対立で紛糾し、結局手を拱いて建築できずじまいであった唐初の皇帝たちよりも、ずっと切実に則天武后は王者（天子）の堂を欲していたのである。

【注】

（1）南澤良彦「蔡邕の学問と思想――律暦と明堂とについて」『中国哲学論集』二八・二九合併号　二〇〇三年。なお、明堂については、特に漢代におけるそれについては、藤川正数『漢代における礼学の研究』（風間書房、一九六九年）第五章「明堂制について」を参照。また考古学的見地から明堂を考察した論考に、楊鴻勛「明堂泛論――明堂的考古学研究」（『東方学報』京都七〇、一九九八年）がある。
（2）訳文は金谷治『荀子』（岩波文庫、一九六一年）による。
（3）訳文は狩野直禎・西脇常記『漢書郊祀志』（平凡社東洋文庫、一九八七年）による。
（4）訳文は同右。

天書始末記

福島　正

一、天書研究史

その廟号が物語るように、北宋第三代皇帝の真宗が、唐の玄宗と並ぶ熱心な道教信者であったことはよく知られている。そして、真宗の道教信仰を象徴する事件がいわゆる天書の降下であったことも、多くの道教史関係の書物に記載がある。今、手許にある入門書群から二三の例を挙げれば、たとえば秋月観暎氏は、天書の降下と「第二の天書事件ともいうべき宋趙の守護神趙玄朗の降下」とを指して、「ひたすら偉大な祖神の恩寵と庇護に頼らざるをえない危機に追い込まれた宋朝の、極めて巧妙な宗教的思想工作であったというべきであろう」と評しておられる。[1]また、窪徳忠氏は、「天書事件がおこるまでの真宗は……きわだって道教にひかれたことはなかった。むしろ、仏教に好意をよせていたといってよい。ところが、天書事件以後にはかなり道教に心を傾けるようになった。一部の道士たちの計画は、見事に成功したわけだ」といい、事件は真宗を道教信仰へと引きこむために道士が企てた陰謀であったと捉えておられる。[2]さらに、山田利明氏は、「三代皇帝真宗のとき、趙玄朗という神が宮廷に降りた。道士たちは、この趙玄朗こそ趙氏の祖、すなわち宋王朝の祖先であり、しかも老子の変化神であると言い立てた」として、やはり道士の介在を指摘しておられる。[3]そして、三氏はともに、天書もしくは趙玄朗の降下が真宗の道教信仰への契機になったと考えておられるのである。

入門書ではおおむね右のような情況であるが、専門的な論考に目を移せば、思想史分野では山田俊氏の研究が目を引く。[4] 氏は、天書の文章表現が『道徳経』と『尚書』とに類似すること、また、天書の内容が「清浄」を提唱することを手がかりにして、真宗が従来から『道徳経』と『尚書』とを重視していた事実、「清浄」を為政の指針としていた事実を多方面から明らかにし、天書降下の必然性を真宗自身の思想傾向から解明された。さらに、それらの書物や概念の重視が当時の思想界における一般的な風潮でもあったことを指摘し、「〈天書〉以降、南人官僚に翻弄された側面のみが際だち、狂心的道教信仰に走ったように受け取られがちな真宗は、即位以前から一貫した三教観・治世観を持ち続けていたのであり、それは同時代の学界動向に即したものでもあったのである」と結論づけておられる。一方、政治史分野では張其凡氏の研究が詳しい。[5] 氏の論文は四章からなり、第一章では、澶淵の盟から天書の降下にいたるまでの政治・経済の情況が概括され、第二章では、天書の降下に始まる一連の宗教事業——具体的には、泰山での封禅・汾陰での祭祀・「聖祖」趙玄朗への崇奉・亳州太清宮での朝謁・五岳への崇奉・宮観の造営——が詳述される。続く第三章では、こうした事業がその後の政治・経済に及ぼした影響がまとめられ、最後の第四章では、一連の「鬧劇」つまり茶番劇が起きた原因を、①澶淵の盟によって一旦は太平の時代が到来したこと、②当時の財政が豊かであったこと、③真宗が大臣たちに対抗して皇帝権力の拡大を図ったこと、④真宗が心理的抑圧を発散させようとしたこと、⑤契丹を始めとする夷狄に対して国威を発揚しようとしたこと、⑥太宗期より道教が隆盛であったこと、の六点に求めて説明しておられる。

これからわたしが行なおうとするのは、以上の先行研究に若干の修正や補足を加える作業に過ぎない。実際の論述は、三人の人物を取り上げて進める。一人目は真宗その人である。前述のように、張氏は真宗の権力拡大や抑圧発散の意図を天書事件の発生原因に含めておられるが、果して真宗にかかる意図があったのか、いささか疑問に思われるので、まずはその問題を検討したい。二人目は寇準であり、彼は一連の天書事件の始めと終わりとに二度の失脚を経験した。二度目のそれは第四次の天書降下に関わってのことであるが、この出来事は諸氏の論著にはあまり触れられていないので、それを紹介することで諸書の不足を補いたい。三人目は孫奭という人物である。朝野を挙げて道教信仰に狂奔したように見えるこの時代にも、それに警鐘を鳴らす硬骨漢が、少数にせよ、いた。中でも孫奭は、ことあるごとに発言し、懸命に真宗を諫めようとした。この人物についても記しておきたいと思う(6)。

二、真　宗

真宗と天書事件との関わりを述べるには、やはり澶淵の盟から始めなければならない。北宋の景徳元年（一〇〇四）九月、契丹の大軍が北宋領内に侵入し、遊騎の一部は都の近郊まで迫った。あわてた真宗は、金陵への行幸を勧める参知政事（副宰相）の王欽若や、成都への行幸を勧める簽書枢密院事の陳堯叟らの議に従って都落ちすることも考えたが、同中書門下平章事（宰相）の寇準は断乎として親征を主張し、王欽若を排除した上で、十一月、真宗を担いで前線に出発した。同月、澶州南城に入った真宗は再び金陵行幸案に心を動かされたが、寇準は逆に黄河対岸の澶州北城に真宗を渡し、十二月、ここで契丹と和睦の盟約を結んだ。これが澶淵の盟である。盟約の核心は北宋から契丹に絹二十万匹・銀十万両の歳幣を贈ることにあり、この金額もまた寇準の発案であった。要するに、親征決定から盟約締結にいたる全過程を寇準が一人で取り仕切ったわけである。

澶淵の盟の結果、ひとまず契丹の脅威が解消した。毎年三十万匹両の歳幣も、当時の財政規模からすれば大した負担ではない。つまりは太平の時代が到来したわけで、寇準は一躍その立役者となった。すると、もともと独断専行型の寇準は、国政を思うがままに動かし始めた。おもしろくないのは王欽若である。ある時、彼は真宗に、澶淵の盟が『春秋』にいう「城下の盟」であり、実は恥辱なのだと吹きこんだ。それを聞いて思い悩んだ真宗に、彼はさらに次のようにたたみかけた。

陛下は賭博をご存じですか。賭博をする者は、銭を出して尽きそうになれば、あり金をはたいて勝負に出ます。これを「孤注」と申します。陛下は寇準の「孤注」なのですぞ。これは危険なことでございます。(7)

自分が寇準の大博打の、その賭銭であったことを知らされた真宗は、以来、次第に寇準を疎んずるようになり、遂に景徳三年(一〇〇六)二月、宰相職を罷免して知陝州に左遷した。そして、寇準とは対照的に従順で寡黙が取り柄の王旦を後任の宰相に据えた。

こうして寇準追い落としに成功した王欽若は、真宗の心を繋ぎ止めるべく、さらに次の手を打った。「城下の盟」の恥辱を雪ぐために封禅を勧めたのである。しかし、封禅を挙行するには瑞祥が必要となる。これについて王欽若は、「天からの瑞祥が必ず得られるとは限りません。過去には、人間の力でそれを拵えた者もあったようです」といってのけた。これにはさすがの真宗も躊躇し、「王旦がだめだといわぬだろうか」と問いかけたが、王欽若は「陛下の御意志であると諭せば、だめと申すはずがございません」と断言した。案の定、王欽若がその策を王旦に告げると、従順な王旦はあっさりと従った。かくして準備は全て整い、後は天書降下劇の幕開きを待つばかりとなる。

歴史書が伝える天書事件発生までの経緯は、以上のとおりである。そこに現れているのは、寇準や王欽若に翻弄され、王旦の顔色を窺う弱々しい真宗の姿であり、大臣たちに対抗して皇帝権力の拡大を図ろうとする姿勢は微塵もない。また、心理的抑圧を発散させようとする意図も、ほとんど感ぜられない。これが、張氏の意見を疑問に思う理由である。さらにいうならば、秋月氏が挙げる「危機に追い込まれた宋朝」など、この時点ではどこにも存在しなかった。当時は契丹の脅威が解消し、財政も豊かで、太平を謳歌していたのであり、この点ではむしろ張氏の指摘が正しい。北宋の財政が窮迫するのは次の仁宗期からで、天書の降下に始まる一連の宗教事業に費やされた膨大な支出がその一因であったのだ。単純化すれば、「宋朝」の危機が天書事件を招いたのではなく、天書事件が「宋朝」の危機を招いたのである。

しかし、現実に真宗は、天書という神託にことよせて封禅以下の宗教事業に狂奔した。そこには対外関係や財政に対する危機意識ではない、別の危機意識があったのではないかと思われる。結論を先にいえば、真宗が皇位の保全に不安を抱いたことが天書事件発生の一因ではなかったかと思うのである。以下、しばらくそれを考えてみたい。

ことは真宗が皇太子となった時に溯る。もともと北宋では皇太子を正式に立てず、開封尹に任ぜられ王号を授かった者が皇位継承者に擬せられていた。太宗期にまずそれに充てられたのは太宗の弟の秦王廷美で、太平興国七年（九八二）に廷美が謀反の疑いを受けて罷免された後は、太宗の長子である楚王元佐が開封尹となった。しかし、元佐も乱心のために雍熙二年（九八五）に廃され、第二子の許王元僖がそれに代った。だが、元僖もまた淳化三年（九九二）に急死し、淳化五年（九九四）に第三子の寿王元侃が開封尹となった。この元侃、後に改名して恒が真宗である。歴史書は、彼が開封尹に任ぜられた時のことを次のように伝えている。

太宗はいった、「わしの子供で、皇位を継がせ得るのは誰だろうか」。寇準はいった、「陛下が天下のために君主を選ぼうとなさるのであれば、婦人や宦官と相談なさってはいけません。近臣と相談なさってもいけません。陛下お一人で、天下の望みに適う者をお選びください」。太宗はしばらく俯き、人ばらいをしていった、「襄王はよいだろうか」。寇準はいった、「子を知ること、父に勝る者はないと申します。よいとお考えであるからには、ど

うかすぐに御決定くださいﾞ」。太宗はかくして襄王を開封尹に任じ、寿王に改封した。(8)

この記事より、元侃が開封尹に任ぜられるに際し、寇準の口添えがあったことがわかる。かくして至道元年(九九五)、元侃は正式に皇太子に立てられ、廟見の礼を挙行した。その帰途、都の人々が道を塞いで「お若い天子さまだ」と雀躍したことを聞き、太宗は寇準を召し出し、「人心がにわかに太子に懐いておる。わしをどこに追いやろうとするのか」と不快感を漏らした。しかし、寇準が「これは国家にとっての幸いでございます」と答えたため、ことなきを得たという。ここでもまた、真宗は寇準に救われたのである。とはいえ、彼が皇帝に即位するまでの道程は、まだ平坦ではなかった。至道三年(九九七)に太宗が崩御した時、宦官の王継恩なる者が一部の朝臣と結託し、太宗の皇后にも話を通じた上で、楚王元佐の擁立を画策したのだ。しかし、今度は宰相の呂端の機転により、真宗は無事に皇位に即くことができた。

猜疑と陰謀の渦巻く宮廷にあって、真宗を守りぬいたのは寇準や呂端らの大臣であった。もちろん、真宗が如上の経緯をどの程度具体的に知っていたのかは定かでないが、頼れる者が彼らしかおらぬことぐらいはわかっていただろう。そこへ澶淵の盟である。当時、呂端はすでに亡く、残る寇準には利用されたのだと聞かされた真宗が、支えを失った不安感に囚われたとしても不思議ではない。しかも、実兄の楚王元佐はいまだ健在で、数人の弟たちもおり、太祖の系統も絶えたわけではない。頼れる者がいなくなったのに反し、皇帝の代りは何人もいるのだ。事態は、まさしく皇帝真宗にとっての危機だったのである。

それでは、この危機を脱し、皇位を保全するために神託にすがるという発想は、一体どこから出てきたのだろうか。実は、真宗の身近に恰好の先例があった。父、太宗がそれである。周知のように、太宗の即位には「燭影斧声」の疑惑がつきまとう。(9) しかし、一方で次のような話も伝わっているのである。

以前、神が盩厔県の民である張守真の家に降り、「わしは天の尊い神で、黒殺将軍と号し、玉帝の輔佐である」と告げた。張守真が斎戒して祈るたびに、神は必ず室内に降り、おごそかな風が吹き、赤ん坊のような声がした。張守真だけがそれを聴き取ることができ、告げられた禍福はしばしば的中した。張守真はそのため道士となった。太祖が発病した時、張守真を駅馬で召し出して上京させた。壬子の日、内侍の王継恩に命じて建隆観で黄籙醮を行なわせ、張守真に神おろしをさせた。神は、「天上の宮殿はすでに完成し、玉の鎖は開かれている。晋王（太宗）には仁心がある」と告げ、いい終わると二度と降ることはなかった。太祖はそのことばを聞き、夜のうちに晋王を召し出して後事を託した。[10]

「壬子」は開宝九年（九七六）十月十九日で、太祖は翌日の未明に崩御したから、張守真に憑依した黒殺将軍の神託はその前夜に下され、太宗はこの神託に応じて即位したことになる。[11] 以来二十二年、太宗は立派に皇位を勤め上げた。このような実例を身近に持つ真宗が、自身の皇位保全を同じく神託に求めたのは、極めて自然というべきであろう。天書事件の発生原因は、皇帝権力の拡大や心理的抑圧の発散にあったのではなく、ましてや「宋朝」の危機にあったのでもなく、真宗の皇位に対する危機意識がその一因だと考える所以である。

三、寇　準

一口に天書事件というけれども、天書は前後四回にわたって降下している。最初の天書は大中祥符元年（一〇〇八）正月三日、都開封の左承天門に降った。前節で見た、王欽若らの画策した瑞祥がこれである。第二次の天書は同年四月一日、大内の功徳殿に降った。こちらは最初の天書に便乗した何者かの仕業であるらしく、当初は黙殺され、十年近く後になってようやく降下の事実だけが公表された。第三次の天書は同年六月五日、泰山の醴泉亭に降り、封禅の準備で泰山に赴いていた王欽若から真宗に届けられた。それより先の五月十七日、真宗は、神人が「来月上旬に再び天書を泰山に賜るであろう」と告げた夢を見た旨を王欽若に伝えたというから、この天書もまた王欽若らが拵えたものに違いない。ともあれ、半年たらずの間に天書があい次いで降り、以来ぱたりと止んだ。それもそのはずで、もともと天書は封禅に必要な瑞祥として準備されたものだから、同年十月二十三日に封禅が挙行されて後は必要でなくなったまでのことである。ところが、十年以上たった天禧三年（一〇一九）三月某日、場所も都から遠く離れた永興軍路管内、終南山に抱かれた乾祐県の山中に、またしても天書が降った。第四次の天書降下である。以下、この天書にまつわる騒動について紹介しよう。(12)

元号を採って天禧天書事件、地名を採って永興もしくは乾祐天書事件とも呼ばれるこの事件の首謀者は、朱能という人物である。彼は卑しい身分の出であったが、賄賂を使って宦官の周懐政に取り入り、神怪な話を聴かせて周懐政の気を引き、階州刺史の地位を手に入れた。そして終南山に道観を建て、仲間と符命を作っては国家の吉凶や大臣たちの善悪をいい立てていた。乾祐県に降った天書も朱能が拵えたのである。

ところで、当時、判永興軍（副知事）の職にあったのが寇準である。彼は王欽若の讒言によって失脚して後、一度は枢密使として中央政府に復帰したが、再び地方に転出していた。朱能はこの寇準に目を付けたのである。ある時、朱能は天書の降下を寇準に告げた。寇準がそれを上聞すると、折り返し、上京を促す命令が届いた。早速、寇準は支度を整え、いよいよ出発しようとした時、門生の一人が進言した。

お殿さまが、もし河陽まで行かれ、病気と称して地方勤務を強くお求めなさるのであれば、これは上策でございます。もし陛下にお目にかかり、すぐに乾祐の天書がでたらめであることを告発なさるのであれば、平生からの正直の名声を全うできましょう。これは次策でございます。最下策は、再び中書に入って宰相となられることです。(13)

しかし、寇準は耳を貸さなかった。彼もすでに五十九歳。返り咲きの野望を果すにはぎりぎりの年齢であっただろうし、かつての天書降下劇を演出した王欽若に追い落とされた自分が、同じく天書によって復活するのも一興と考えたのかもしれない。ともあれ、寇準は上京し、六月、再び宰相に任命された。初めの失脚以来、十三年ぶりの復活である。

宰相に復帰するや、寇準は以前にもまして専横に振る舞った。親族に便宜を図るために制度を無理やり改め、知人を抜擢し、詔勅の草稿に理不尽な横槍を入れることもあったという。そんな彼を怨む者は多く、とりわけ参知政事の丁謂は、羹で汚れた寇準のあごひげを拭ってやったにもかかわらず、「参知政事は一国の大臣であるのに、長官のあごひげを拭うのかね」と揶揄されたことから深い怨みを抱いた。こうした中、天禧四年(一〇二〇)二月に真宗が重病に罹り、密命を受けた周懐政は寇準と相談して皇太子(後の仁宗)監国の準備を進めた。ところが六月、小康を得た真宗に丁謂が、寇準は皇太子監国の陰謀を企てているため罷免すべきだと進言すると、真宗はかつて自分が出した密命を忘れて許諾した。結果、寇準は宰相職を解かれ、太子太傅という名誉職に祭り上げられた。

宰相職は解かれたものの、寇準は朝廷に残り、権力を保っていた。七月、代って宰相となった丁謂は寇準を転出させるよう真宗に求めたが、これは認められなかった。一方、周懐政は丁謂によって真宗から遠ざけられたために不安を抱き、丁謂を殺して寇準を宰相に復帰させ、真宗を退位させて皇太子を擁立する陰謀を企てた。しかし、決起の前夜にそれが発覚し、周懐政は誅殺された。八月、朱能も逮捕に向かった兵士と交戦の末、みずから縊れて死んだ。そして寇準もまた、彼らに連座して都を追われ、知相州から知安州、さらに道州司馬と、辺地の小官に落とされ続けたあげく、最後は現在の海南島対岸にあった雷州という最果ての地の司戸参軍で没した。時に仁宗の天聖元年（一〇二三）、六十三歳であった。一枚の天書で結ばれた朱能と周懐政、そして寇準の死により、第四次天書事件は終わったのである。

この節の最後に一つの逸話を記しておこう。はっきりとした年次はわからないけれども、寇準が判永興軍を務めていた時の話である。

ある日、寇準が陝州の山亭に座っていると、上空を数十羽のカラスが鳴きながら飛び去った。寇準は笑いながら属僚を振り返り、「丁謂に見せたら、玄鶴と見なすに違いないな」といった。(14)

丁謂は常づね真宗に迎合し、天書が降るたびに「仙鶴が先導しておりました」などと上奏していた。それを皮肉ったのである。王欽若による天書降下劇も、寇準は当然ながら冷ややかな目で眺めていた。彼は仏寺を訪れて僧侶と語り合うのを好んだと伝えられるが、総じて神怪なことには懐疑的であったらしい。その彼が、いかに復活を焦ったとはいえ、周囲の反対を押し切ってまで朱能の天書に命運を託したのだ。これは、天書が当時の人々の心にどれほど深く食い入っていたかを物語るものではあるまいか。

四、孫　奭

晩年の真宗はすっかり耄碌し、寇準が都を追われてから一年あまりしたある日、側近に向かって突然に、「ずいぶんと寇準を目にせぬが、どうしたのじゃ」と訊ね、側近は返答に窮したという。その真宗が崩御したのは乾興元年（一〇二二）二月、五十五歳の時で、在位は足掛け二十六年であった。初めて天書が降ったのが大中祥符元年（一〇〇八）正月だから、在位期間の実に三分の二以上を一連の宗教事業に費やしたことになる。後世の歴史家は、それを評して次のようにいう。

澶淵の盟が結ばれて以来、封禅が行なわれ、瑞祥が次々といたり、天書がしばしば降り、それらを迎えて奉安するなど、一国の君臣は狂気に取り憑かれたようであった。ああ、奇怪なことである。(15)

確かに真宗期は、朝野を問わず道教信仰に狂奔した時代であった。しかし、あまりの行き過ぎを諫める者がいなかったわけではない。歴史書を繙けば、天書を奉安する玉清昭応宮の造営に反対した者として王曾や張旻らの名が見えるし、聖泉が湧いたのを祝って祥源観なるものを造営しようとした時には劉燁や任布らが諫めた。また、次々と届けられる瑞祥に対しては、馬知節や崔立らが批判的な意見を吐いた。特に目立つのは孫奭で、彼は第一次から第四次にいたる天書事件の全過程を通じ、一貫して批判の姿勢を保持し続けた。本稿の最後に、狂気の時代に屹立したこの人物について紹介したいと思う。

孫奭、字は宗古、博州博平県の人である。科挙の九経科に及第し、太宗期には大理評事や国子監直講などを勤め、真宗期に入って判太常礼院、判国子監などを歴任した後、龍図閣待制に抜擢された。彼が天書について初めて発言したのは最初のそれが降った時で、歴史書はその情景を次のように伝えている。

大中祥符の初年、天書を左承天門に受けた。真宗はそれを奉迎しようとし、宰相を召して崇政殿の西の廊下で対面した。王旦らは「天が符命を下賜されたのは、まことに陛下の御盛徳への応報でございます」といい、みなで再拝して万歳を唱えた。さらに孫奭を召して訊ねると、彼は「わたくしは、天 何をか言わんや、と聞いております。どうして文書などございましょうか」と答えた(16)。

「天 何をか言わんや」は『論語』陽貨篇の語。宰相以下の百官が阿諛追従して祝賀ムードに浸る中で、孫奭は、控え目な表現ではあるけれども、独り正論を吐いたのである。これは容易なことではなかっただろう。

続く封禅では、孫奭はそれを予告する役目を受けて契丹との国境に派遣された。泰山行幸に六軍を随行させるため、契丹が誤解してはならぬとの北宋側の配慮であったが、彼がその使者に選ばれたのには、稀世の大典を前に余計な発言をされては困ると考えた大臣たちの意向が働いていたに違いない。

封禅から二年たった大中祥符三年（一〇一〇）六月、今度は汾陰で后土を祀る話が持ち上がった。汾陰は当時の河中府に属し、都から直線距離で四百キロメートルほども西方の地である。初め、真宗は躊躇したが、それを求める声は日増しに高まり、果ては三万人を越える官吏や道士・僧侶らが都に押し寄せるにいたり、遂に八月、来春に汾陰で祭祀を行なう旨の詔が発せられた。封禅の際に発言を封じられた孫奭は、今度は早速に十箇条からなる上奏文を奉って反対意見を述べた。真宗は宦官の皇甫継明を遣わして孫奭を詰問させたけれども、彼は矛を納めるどころか、

姦臣どもは……瑞祥を拵え、鬼神に仮託し、東方での封禅が終わったばかりで、すぐに西方への行幸を提議し、軽々しく陛下に御足労をかけ、餓えた民衆を虐げ、無事に往復できれば、それで大きな功績を成し遂げたと言おうとしておるのであります。

と、却って激しいことばで真宗を諫めた。しかし、結局、汾陰での祭祀は予定どおり翌年の二月に挙行されたのである。

さらに大中祥符六年（一〇一三）八月、真宗は来春に亳州へ行幸するとの詔を出した。亳州には唐の玄宗が造営した太清宮があり、老子が祀られている。そこを訪れようというのである。同月、老子の尊号を従来の「貞元皇帝」より「太上老君混元上徳皇帝」と改め、九月には内蔵庫から五十万の銭帛を供出して賞給の原資に充てるなど、準備は着々と進められた。亳州からは、太清宮の枯れた檜が再生したとの報告が来た。こうした中、孫奭は十月にまたしても諫言のための上奏文を奉った。

陛下は泰山で封禅なさり、汾陰で祭祀なさり、みずから陵寝に拝謁なさり、今また太清宮で祭祀しようとしておられます。世間では、陛下は事ごとに唐の玄宗を真似ようとしておられるのだと申しております。玄宗を令徳の君主とお考えなのでしょうか。それは全く違います。……どうか陛下におかれましては、早くお目覚めになり、虚飾を抑え、よこしまな者を遠ざけ、土木工事を止め、危乱の轍を踏まず、玄宗のような取り返しのつかぬ後悔をなさることがございませんように。

孫奭が真宗の姿に玄宗の影を感じたのは、この時が初めてではない。実は玄宗も、かつて汾陰で后土を祀っていた。そのため孫奭は、真宗の汾陰行幸を諫めた十箇条の上奏文の、第九および第十条ですでに、玄宗を模倣してはならぬと繰り返し述べている。にもかかわらず、真宗は汾陰で祭祀を行ない、今度は亳州に行幸するという。玄宗の影は濃くなる一方である。右の上奏文は、そうした憂慮の現れであろう。しかし、真宗はそれを受けとめることなく、さらには手ずから「解疑論」なる一文を草して群臣に見せた。亳州への行幸が予定どおりに行なわれたのはいうまでもない。その後しばらくして、孫奭は退休を願い出た。たび重なる諫言をことごとく斥けられ、さすがに居づらくなったのであろう。しかし、これは認められず、知密州に転出した後、糾察在京刑獄を経て知河陽に任ぜられた。第四次の天書降下があったのは、ちょうどその時である。身は都を離れ、龍図閣待制の職も解かれていたけれども、孫奭が黙って見過ごすはずはなく、すぐさま任地から上奏文を奉った。その一部を引用しておこう。

> 朱能という者は邪悪な小人で、みだりに瑞祥のことを口にしております。ところが陛下は彼を尊敬して信用し、尊い御身を屈して天書を宮中に迎え入れて拝礼し、奥深い御殿に納めて奉安しておられます。上は朝廷から下は巷間まで、心を痛め頭を悩ませ、口を尖らせて腹の中で非難せぬ者はおりませんが、誰も思い切って発言しようとはいたしません。……唐の玄宗は「霊宝符」「上清護国経」「宝券」などを得ましたが、いずれも王鉷や田同秀らが拵えたものでありました。玄宗は見せしめのために処刑することができず、邪説に惑わされ、徳が本当に天を動かし、神は必ず幸福を授けてくれると思いこみました。そもそも老子は聖人ですから、もし本当にことばを降したのであれば、当然でたらめではないはずです。ところが唐は、安史の乱以来、戦乱に見まわれ、天子の車駕は各地をさすらい、両京は灰燼に帰し、四海は大混乱に陥りました。どうして「天下太平」と申せましょうか。玄宗はかろうじて都に帰還できましたが、再び李輔国によって別殿に遷され、最後は餓死いたしました。どうして「聖寿無疆」「長生久視」と申せましょうか。……邪道に惑い、政綱を乱したため、民心は離反し、変乱が勃発したのであります。その時、老子は叛兵を防いでくれたでしょうか。「宝符」は国難を払うことができたでしょうか。現在、朱能が行なっておりますことは、これと同類なのでございます。

唐の玄宗の天宝元年（七四二）正月、田同秀が長安の永昌街の空中に「玄元皇帝」すなわち老子を見、「天下太平」「聖寿無疆」の語と、桃林県にあった関令尹喜の旧宅の傍らに「霊宝符」があることとを告げられたと玄宗に上言した。

玄宗は使者に命じて「霊宝符」を取りに行かせ、含元殿に納めた。また、天宝八載（七四九）六月には、太白山の李渾という者が、金星洞の仙人が現れて「聖上長生久視」と記した玉版石記符の存在をある老人に告げたと報告してきた。玄宗は王鉷を遣わし、それを取って来させた。翌年十月には、再び「玄元皇帝」の託宣に従い、王鉷らが太白山の宝山洞で「上清護国経」「宝券」「紀籙」などを見つけて献納した。(17) 孫奭はそれらの故事を引き、真宗の行為が玄宗の轍を踏むものに他ならないことを改めて説いたのである。結果的には、第四次の天書降下は一連の事件の最後に当たり、孫奭の真宗への諫言もこれが最後となった。しかし、その最後の諫言も空しかったことは、先に眺めたとおりである。

孫奭の著述には『経典徽言』『五経節解』『五服制度』などがあったというが、いずれも現存しない。かつては『十三経注疏』中の『孟子疏』が彼の撰と伝えられていたが、朱熹や銭大昕の考証を経て、それが偽書であることも定説となっている。(18) 孫奭は中国思想史に名を留めるだけのものを残していないのである。学術史における彼の功績といえば、せいぜいが司馬彪の『続漢志』とその劉昭注とを刊刻する必要を上奏した程度であろう。(19) 本稿で取り上げたいくつかの上奏文を見ても、奇抜な発想や鋭い洞察が秘められているわけではなく、所詮はわかり切ったことを執拗に述べたに過ぎない。しかし、彼の善さは、まさしくその執拗さ、一徹さにあった。第一次の天書降下に始まり、第四次のそれに終わる一連の天書事件の全過程を通じ、飽くことなく発言し続けたのは彼だけなのである。北宋の真宗期を狂気の時代たらしめた天書事件を描く作業に始末をつけようとすれば、やはり孫奭の名を落とすわけにはゆかないとわたしは思う。

【注】

（1）秋月観暎「道教史」、酒井忠夫ら監修『道教』一、平河出版社、一九八五年。

（2）窪徳忠『道教史』世界宗教史叢書・九、山川出版社、一九七七年。

（3）山田利明『道法変遷』シリーズ道教の世界・二、春秋社、二〇〇二年。

（4）山田俊「北宋・真宗の三教思想について」『日本文化研究所研究報告』二八、東北大学、一九九三年。

（5）張其凡「宋真宗〝天書封祀〟鬧劇之剖析」『宋初政治探研』曁南大学出版社、一九九五年。

（6）以下の記述は『続資治通鑑長編』『通鑑長編紀事本末』『宋史』『宋史紀事本末』などに基づいて作成した。煩雑を避けるため、個々の記述の典拠は省略する。

（7）『宋史』寇準伝（北京中華書局排印本、一九七七年）による。

（8）右に同じ。

（9）「燭影斧声」については、宮崎市定「宋の太祖被弑説について」（『宮崎市定全集』一〇、岩波書店、一九九二年）に詳しい。

（10）『続資治通鑑長編』巻十七（北京中華書局排印本、一九七九年）による。

（11）「黒殺将軍」については、竺沙雅章「宋初の政治と宗教」「宋の太宗と道教」（ともに『宋元仏教文化史研究』汲古書院、二〇〇〇年）に詳しい。

（12）本節は王暁波『寇準年譜』（宋代文化研究叢書・第一輯、巴蜀書社、一九九五年）、王瑞来『宋代の皇帝権力と士大夫政治』第五章「使気の寇準」（汲古書院、二〇〇一年）などを参照した。

（13）『続資治通鑑長編』巻九十三による。

（14）魏泰『東軒筆録』巻二（北京中華書局排印本、一九八三年）による。

（15）『宋史』真宗紀・賛による。

（16）『宋史』儒林伝一、孫奭の条による。以下、孫奭の上奏文の引用は全て同じ書物によった。

（17）一連のことは『旧唐書』礼儀志四に見える。

（18）張心澂『増修本・偽書通考』（鼎文書局、一九七三年）参照。

（19）楊翼驤『中国史学史資料編年』第二冊（南開大学出版社、一九九四年）、宋仁宗乾興元年の条、参照。

王安石鍾山隠棲考——信仰、著述、交遊からみた王安石の晩年

井澤　耕一

はじめに

北宋の王安石は、熙寧元年（一〇六八）、神宗皇帝に抜擢され、それから前後七年余り世にいう新法を推進した。しかしそれが成就しないまま熙寧九年（一〇七六）十月、同中書門下平章事（宰相）の位を辞し、それから十年間江寧（江蘇省南京市）の地に隠棲し、元祐元年（一〇八六）六十六歳で人生の幕を閉じたのである。

王安石の隠棲期の事績については、清・蔡上翔の『王荊公年譜考略』（以下『考略』と表記）巻十九から巻二十四に詳述されているが、『考略』は「公（王安石）は経術を以て自ら命とし、終生未だ之れ易うること有らず」（巻二十四）という方針のもとに編纂されているため、儒学者としての王安石像しかみえてこない。しかし王安石は、

私は諸子百家の書より、『難経』、『素問』、『本草』、諸小説に至るまで全て読破した。（『王臨川集』巻七十三「答曾子固書」）

と自ら言うほど、儒教以外の思想を幅広く学んでいた。また彼と同時代を生きた蘇軾（一〇三六～一一〇一年）が、

王安石は、若い時は孔孟の学を学び、晩年には仏老の学に師事した。（『蘇軾文集』巻三十八「王安石贈太傅」）

と指摘している点から、王安石は隠棲期において、儒教のみならず、様々な思想の会得に努めていたものと考えられ、そうすると『考略』にはみられないもう一つの王安石像が浮かび上がってくる。

そこで本稿では、まず江寧と王安石の関係を明らかにした上で、[1]そこでの隠棲生活を信仰、著述、文人との交遊の三方向から考察し、王安石の晩年における思想活動の一端を明らかにしていく。

一、王安石と江寧

王安石は天禧五年（一〇二一）、父王益の赴任地、臨江軍（江西省樟樹市）の官舎で生まれたが、王家は代々臨川（江西省臨川市）に住んでいたので、彼の籍貫は臨川である。しかしながら父の赴任に伴って、新繁（四川省）や韶州（広東省）等の地に転居したこともあって、故郷としての思い入れはあまりなかった。王安石が江寧に初めて来たのは、景祐四年（一〇三七）父の赴任に随行した時である。ここで何も起こらなかったならば、王安石にとって江寧は数ある赴任地の一つにすぎなかったが、宝元二年（一〇三九）父の死に直面し、生涯忘れえぬ地となったのである。それが証拠に当時の衝撃を、彼は「憶昨詩示諸外弟」（『王臨川集』巻十三）で左のように詠んでいる。

心は散り散りになって胸ははりさけるかのよう、
血涙が顔中を覆い乾く暇もない。
母と兄は声をあげて泣きながら相い寄り添い、

三年の間鍾山（江寧東郊にある山）の野草ばかりを食べていた。

父の遺体は一旦江寧南郊の牛首山に葬られ、服喪のため三年間、王安石はこの地に留まった。服喪明けの翌年、王安石は進士に合格し、江南の地を転々としたが、父が眠る江寧とは縁が切れることはなく、慶暦八年（一〇四八）、父の棺を鍾山に改葬している。そして嘉祐八年（一〇六三）母が開封で亡くなると、父が眠る鍾山に合葬し、[2]自身も服喪と病気静養のため五年間江寧に滞在した。そして熙寧七年（一〇七四）宰相を一時辞任した時に赴任した土地も江寧だったのである。つまり王安石にとって江寧は生地臨川をもしのぐ特別な地であり、政界引退後、彼の地を隠棲の場所として選んだのは当然といえよう。彼は江寧の東郊に邸宅「半山園」を建て、そこに生活の基盤を置いたが、鍾山中にあった定林寺もしばしば訪れ、そこで思索や著述、客との面会を行ったのである。

二、禅僧との交遊と禅宗への帰依

北宋時代、仏教、とりわけ禅宗が士大夫階級において盛行し、蘇軾や張商英（一〇四三～一一二二年）などが居士として禅宗に深く帰依していたことは夙に知られている。[3]王安石も仏教に深い関心を寄せた一人であり、本節では禅僧との交遊を中心にして、隠棲後の彼の信仰生活を論述してみたい。先行研究で明らかなように王安石は青年時代からすでに仏教に親炙しており、[4]隠棲後信仰し始めたのではない。しかし三浦國雄氏が指摘するように、隠棲前は仏教に対してあくまでも一線を引いた立場から接しており、隠棲期の関心の方向とは異なっていたのである。[5]その王安石が仏教に深く傾倒していったのは、やはり熙寧九年における息子の王雱（一〇四四～一〇七六年）の死と宰相職の辞職が大きいと思われる。[6]長子の王雱の死は王安石に深い悲しみをもたらし、同じ年に早くも供養のため鍾山の太平興国寺に私田を寄進し（『続資治通鑑長編』巻二百七十九）[7]、鍾山の宝公塔院には王雱を祀った雱祠堂を建てている。そして王安石は隠棲した後、以下論じていく賛元禅師（?～一〇八〇年）、真浄克文禅師（一〇二五～一一〇二年）との交流を通じて、禅宗に深く帰依していったと考えられる。

（一）賛元禅師との交遊

賛元は臨済宗慈明楚円（九八七～一〇四〇年）の弟子である（『五燈会元』巻十二）。釈慧洪『禅林僧宝伝』巻二十七「蔣山元禅師」によれば、禅師と王安石との交遊は、王氏の母が死去し鍾山に葬られた嘉祐八年（一〇六三）に始まった。二人の間柄は兄弟のようであり、禅師は王安石には「剛大な気」「未平の心」「多怒」という三つの煩悩があると看破している。その後も二人の関係は続き、熙寧九年、王安石は賛元が住持をつとめていた太平興国寺に私田を寄進し（前出）、翌年江寧に退いた際には、船着き場から真先に賛元のもとを訪れている。その時禅師は一礼するやいなや退室してしまい、再び姿を現すことはなかった。しびれを切らした王安石が侍者にその所在を問うと、「もうおやすみになられました」という返事が返ってくるのみであった。この礼を失した行動に、王安石は怒ることなくただ笑っていたという。以上の挿話からも二人の関係の深さを察することができよう。王安石が鍾山に隠棲してから後、両者の関係はそれまで以上に深まり、王安石は度々賛元のもとを訪れ、互いに向かい合って一日中黙座していたとも伝えられている。元豊三年（一〇八〇）禅師遷化の際には、王安石は慟哭し、「祭北山元長老文」（『王臨川集』巻八十六）を献じ、鍾山の東に塔を建てて禅師を弔ったのであった。

（二）真浄克文禅師との交遊

真浄克文禅師は臨済宗黄龍派の祖、黄龍慧南（一〇〇二～一〇六九年）の弟子である（『五燈会元』巻十七）[8]。王安石と禅師との出会いは賛元が遷化してから四年後の元豊七年（一〇八四）のことである。その年の春王安石は大病を患ったが、神宗が医者を派遣してその治療にあたり無事治癒した。その礼として彼は半山園を寺とする事を願い出て、報寧寺という名前が下賜された。[9] その開山第一祖となったのが誰あろう克文だったのである。『石門文字禅』巻三十所収の釈覚範「雲庵真浄和尚行状」には、克文との議論に深く感銘を受けた王安石が自宅を喜捨し、克文を開山第一祖にしたと記述されている。[10] また開堂説法において克文は衆生は本来仏性をかねそなえているのだから、それを外に求めても何も得られない、よって迷うことなく自ら悟るようにと説き、最後を「我終に敢えて汝等を軽んぜず、汝等皆な当に仏となるべし」と結んでいる。[11] これに深く感動した王安石は克文の道行を朝廷に上奏し、それによって真浄禅師の号が下賜されたのである。

以上、王安石と二人の禅師の交流を考察したが、息子の死や罷病という失意のどん底にいた彼を教導し、その禅的悟達を深めたのは、賛元と克文の二人であったことは事実であり、二人との交遊を通じて、王安石は禅に深く帰依し、仏学に対する理解を深めていったと思われる。それでは王安石が仏学を会得するために如何に行動したのか、次節では著作活動からみた彼の仏教思想の深化を考察していく。

三、著述からみた王安石の信仰

王安石の著作は党争と戦火によりその大半が失われてしまい、その成書年代は明らかではない。よって『考略』や書誌目録、先行研究によって隠棲期の著作と思われるものを左に挙げてみた。[12]

①『洪範伝』一巻

現存し、『王臨川集』巻六十五に所収。『考略』は元豊年間に著されたものだと推定している。

②『字説』

散佚してしまったが、輯佚本がある。『宋史』芸文志では二十四巻、『郡斎読書志』では二十巻となっている。成書年代については、南宋の詹大和『王荊文公年譜』、清の顧棟高『王荊国公年譜』、程元敏「三経新義与字説科場顕微録」（『三経新義輯考彙評（一）――尚書』台湾国立編訳館、一九八六年）、胡双宝「王安石『字説』輯佚」は元豊五年とし、『考略』、李徳身『王安石詩文繫年』（陝西人民教育出版社、一九八七年）は元豊三年としている。

③『老子注』二巻

散佚してしまったが、輯佚本がある。成書年代は不明だが、蘇軾の「（王安石は）晩年には仏老の学に師事した」という言説から隠棲期の作品だと推測できる。

④『楞厳経解』

散佚してしまったが、その一部が現存している。成書年代について、木田氏は王安石が長女に与えた「次呉氏女子韻」の作成年代と注解の脱稿時期がほぼ同じであったことを明らかにし、注解の成立を元豊五年（一〇八二）としている。(13)

⑤『維摩詰経注』三巻

散佚。『宋史』芸文志に著録されている。成書年代は明らかではないが、「読維摩経有感」（『王臨川集』巻十四）が元豊年間に詠まれたと推測されるところから、(14)元豊年間作と考えられる。

⑥『金剛経注』

『郡斎読書志』巻十六に著録されている『金剛経会解』一巻中に王安石の注釈が収録されていたようであるが、

それもすでに散佚している。『王臨川集』巻七十一には「書金剛経義贈呉珪」が収められている。

⑦『華厳解』

蘇軾の『仇池筆記』巻上には王安石『華厳解』が存在していたことが記述されている。

②の『字説』だが、本書は文字の発音と形にはそれぞれ必然的な義があり、それは自然に基づいている（『熙寧字説』『王臨川集』巻八十四）という思想によって編修された字書である。その後王学の興隆に伴って、科挙受験者の必読書となってから、その書は「釈老説」を引用していると指摘され、元祐元年（一〇八六）、靖康元年（一一二六）と旧法派が政権を掌握するたびに科場での使用が禁止された。王安石の女婿、蔡卞（一〇五八～一一一七年）は、この書は「易と相い表裏す」るものであり、釈老説の影響を否定した上で、禁止が旧法派の所為であると批判している（『郡斎読書志』巻四「字説」の項に引用）。

しかし現存している解釈をみると仏老の影響があることを否めない。例えば王安石は「空」の字を最初「工人が土に穴を開ければ、その開けたところを充たしているのは空である。よって空は穴に従い、工に従う」と解釈したが、後に仏語を用いて「穴を掘る土がなければ、空は無相。空っぽにする人がいなければ、空は無作。無相、無作であれば空の名は成立しない」と変更した（陳善『捫蝨新話』巻一）。土を掘る喩えは『楞厳経』巻二、無相、無作は『維摩経』入不二法門品、『法華経』信解品からの借用と考えられるが、『維摩経』、『楞厳経』に注を付した王安石ならではといえよう。また「谷」の字義を「空っぽでしかも相手に対応することができる」「受容できる」と解釈しているが、これらは谷に無限なエネルギーを見いだした老子の思想をふまえていると思われる。[15]

以上挙げられた著作を検討していくと、隠棲期における著作の殆んどが釈老に関するものであり、特に『維摩経』、『華厳経』、『金剛経』といった禅宗の主要経典に注釈をつけるには、禅に対する博い知識と信仰心がなければ難しく、ここより王安石が単なる知的好奇心ではなく、禅に深く帰依し、仏教に対する博大な知識を身につけた上で著述を行った事がうかがえる。王安石が仏教を下敷きにして字義解釈したことは、土田氏の言葉を借りれば、「儒教以外の諸思想を儒教と同じ場で検討することになり、ここに学派・宗派を超えた共通認識への道が開」いていくことであり[16]、まさに王安石は晩年において儒教の枠を飛び越え、新たな思想世界へ進んでいったのである。

四、王安石と士大夫との交遊

第二節では王安石と禅僧との交遊について論じたが、本節では米芾、蘇軾、呂恵卿などの士大夫との交遊を考察していく。なかでも蘇軾や呂恵卿という対立関係にあった人々との交遊を明らかにすることは、隠棲後の王安石の思想変化を知る上で意義深いと思われる。

(一) 米芾との交遊

王安石のもとを訪れた者には僧侶や文人などがいたが、その中に北宋の四大書家として後世名を馳せた米芾（一〇五一～一一〇七年）がいた[17]。元豊六年（一〇八三）彼が三十三歳の時王安石を訪ね、その際両者間で次のようなやりとりがあった。

王安石は若い頃楊凝式（八七三～九五四年）の書を学んだが、他の人はそれを知らなかった。元豊六年私が初めて荊公を鍾山に訪ねた際、それを指摘すると、公は「それを知っている人はいなかったのに」と大いに称讃した。（米芾『書史』）

王安石が米芾の才能を大いに認め、積極的に交流をはかったことは、米芾が定林寺内の書斎に「昭文斎」と名付け、王安石がそれに因《ちな》んで「昭文斎」（『王臨川集』巻二十六）という詩を詠んだことからも明らかであろう。ちなみに「昭文」とは琴の名手昭氏のことで、『荘子』斉物論篇に次のようにみえる。

> 上古の人はその知恵にそれぞれ到達するところがあった。その到達点とはどこか。最も高いものは、はじめから物など無いと考えることであり、それは至高かつ完全であり、もはや付け加えるべきものは無い。……道に完全と不完全ができるのは、昭氏が琴を奏でた時であり、完全と不完全が無くなるのは、昭氏が琴を奏でない時である。

米芾が書斎名として「昭文」を採用したのは、王安石を琴を奏でない時の昭氏になぞらえ、暗に彼が至高の道を会得していると称讃しようとしたためだと思われる。王安石の方も「昭文斎」詩中で、

> 何に因んでこの名をつけたのか。
> 琴を奏でなければ、
> 人は完全、不完全を超越するという話に因んでいるはずだ。(18)

と詠み、米芾の意図する所を充分に悟っている。

王安石と米芾はその後書簡を交わしてはいるが、その後二度と会うことがなかった。しかし米芾の足跡は書斎名として残り、当時王安石の隠棲地が当代の文人を引きつけていた証しとなったのである。

（二）蘇軾との交遊

王安石と蘇軾の出会いを述べる前に、当時の蘇軾の政治的立場を簡単に説明する。元豊二年（一〇七八）七月、知湖州軍州事であった蘇軾は、新法派の御史中丞李定の弾劾により、御史台の獄に送られた。これが北宋の筆禍事件として名高い「東坡烏台詩案」である。その取り調べは年末まで行われ、死刑は免れたものの、黄州団練副使として黄州に流され、その後五年余り流謫生活を送った。そして元豊七年（一〇八四）三月、汝州団練副使として新たな任地に赴く途中江寧に立ち寄り、鍾山に隠棲していた王安石を訪れたのである[19]。二人の出会いについて、『邵氏聞見録』巻十二は左のように伝える。

蘇軾が「私は貴公に述べたいことがあります」というと、烏台詩案についての詰問を予想した王安石は、動揺の色を隠せなかったが、「私が述べたいのは天下国家の事です」との蘇軾の言葉に落ち着きを取り戻して、彼に発言を促した。蘇軾はいう、「戦争と重大犯罪は漢、唐滅亡の前兆となりました。祖宗が仁によって天下を治めたのは、まさにこれを防ぎたかったからです。今西方の戦争は長年終結をみず、東南では犯罪がしばしば発生しています。まさか貴公には国を救う意見が一つも無いことなどありますまい」。王安石は指を二本立てて「その二つは呂恵卿が朝廷に申し上げることで、私は在野の身で敢えて何を申し上げましょう」と答えると、「無論、朝廷にいる時に発言し、野にいる時に発言しないのは、君主に仕える時の常礼です。しかし皇帝が貴公を任用したことは元々常礼ではありませんし、貴公が皇帝に仕えることも常礼ではありません。ですからどうか発言して下さい」と蘇軾は言った。

前半部分で、新法派によって流罪の憂き目にあった蘇軾の来訪に対して王安石が警戒の念を抱いていたとあるが、果たしてそれは事実であろうか。蘇軾は多数の詩を王安石と唱和しているが、その中で「我に勧めて試みに三畝の宅を求めしむ、公に従うこと已に十年の遅きを覚ゆ」（「次荊公韻四絶　其三」『蘇軾詩集』巻二十四）と詠んでいる。それに拠ると、王安石は蘇軾に金陵に土地を購入するように勧めており、[20]蘇軾のほうも王安石に対して敬意を払って接していたことがうかがえる。よって両者間には『聞見録』に伝えられているような緊張感は無かったと考えたほうが自然であろう。後半部分で、蘇軾は王安石に朝廷で意見を述べることを勧めているが、『考略』巻二十三は、これを田舎の戯れ芝居であり根拠の無い風聞に過ぎないと一蹴している。筆者はその説の真偽を断定する材料を持ち合わせていないが、面会の折り二人の間で文学のみならず、歴史、思想その他医療についてまでも意見交換がなされたことを考えると、[21]激論ではなかったにせよ政治に関する意見交換がなされたのではないだろうか。また互いに禅に帰依していたことから、仏教に関する対話がなされたのは想像に難くない。

蘇軾は半月ほど滞在した後江寧を離れ、その翌年、名誉回復され中央に召された。そして元祐元年四月王安石が没すると、運命の巡り合わせだろうか、蘇軾が亡き王安石に太傅の官を追贈する勅書を起草することになる。彼は文中で王安石を「希世の異人」とし、その文章は優れ、行動は卓越し、身の処し方も穏やかであったと称えている。彼の王安石に対する敬意と称讃の念は、やはり鍾山で二人が和解を迎えた結果だといえるだろう。

(三) 呂恵卿との交遊

王安石と呂恵卿は師弟関係にあり、熙寧七年四月王安石が宰相職を辞任すると、呂恵卿は参知政事として国政を担った。しかし呂恵卿とその弟の升卿の専横ぶりを危惧した韓絳が、王安石の復位を要請したことにより（『続資治通鑑長編』巻二百六十三）、翌年二月王安石は宰相職に復位し、呂恵卿は同年十月陳州知事に左遷された。『続資治通鑑長編』巻二百七十八には、左遷に怒った呂恵卿は文中に「天子には知らせないように」と書かれていた王安石の私信を暴露し、彼を辞任に追い込んだという記述がある。また王安石は晩年呂恵卿によって陥れられたと恨み、「福建子」と書きなぐっていた（『邵氏聞見録』巻十二）という挿話もあり、ここからは師弟が互いに憎み合っていたことしか伝わってこない。しかし後年二人が交わした手紙をみるとそれを事実とすることは不可能である。

その往復書簡は『東軒筆録』巻十四などに収録されており、『考略』は元豊三年の作としている。まず呂恵卿は王安石に書簡を送り、昔の事を言えばそれはわずかな行き違いであり、気にすることは全く無く、王安石を少しも恨んではいないと述べている。それに対して王安石は次のように返書をしたためている。

私はあなたと心を一つにしていたが、それが食い違ってしまったのは、全て国論のためであり他意はありません。朝廷が混乱した時あなただけが私を助けてくれました、ですから私はあなたを恨んでおりません。あなたの悪口を言う人もいましたが、私はそれに与しませんでした、ですからあなたは私をとがめることはしないでしょう。

この手紙をみる限り、王安石と呂恵卿は確かに政見の違いはあったが、それも一時的なことで後々まで不信感を募らせることは無かったのである。そうすると『聞見録』にみえる恨みにまみれた晩年の王安石像は真実ではなく、蘇軾と同じく呂恵卿とも政見を超えての交流が図られたと考えられよう。

おわりに

これまで王安石の隠棲生活を三方向から検討してきたが、筆者が思うに、王安石は隠棲後仏教に深く帰依したことにより、心に寛容の精神が生じて、その結果、対立者との和解が成立していったのではないだろうか。当時の王安石

の心情を表す詩として「擬寒山拾得」（『王臨川集』巻三。元豊五年頃の作）があり、その中で次のように詠んでいる。(22)


風が吹いて瓦が屋根から落ち、ちょうど私の頭を傷つけた。

瓦の方も割れてしまい、私が血を流しただけではなかった。

私はそれに腹を立てる気にはどうしてもなれかった、なぜならその瓦が自らしたからではないからだ。

人々がいろいろ悪事を働くにも、何か一つのはずみから引き出されるのだ。

瓦だってそのはずみを知らない、だから自分の過ちだと思いこんでいる。

これは本当に気の毒で、真の修行をすることを勧めたい。

自分から迷って、瓦と敵同士になることはないからだ。


ここで王安石は、人には本来悪が無く、他の動機によって悪が生じるのだから、たとえ他者から攻撃されても寛容な心で接するべきだと説いているが、詩中で悪をなくすための手段として王安石が勧めている「真の修行」とは、禅修行とみて間違いないだろう。するとこの詩は隠棲期の王安石の精神構造を映したものと考えられ、ここから禅信仰によって心の平安を得た王安石の姿が看取できるのである。

【注】

(1) 王安石と江寧との関係を詳述したものについては、木田知生「王安石の晩年――半山園と定林寺」（『東洋史苑』四十·四十一、一九九三年）があり、大いに参考にした。

(2) 王安石の父母が鍾山に葬られたことについては、『考略』、『曾鞏集』巻四十四「尚書都官員外郎王公墓誌銘」及び巻四十五「仁寿県太君呉氏墓誌銘」の記述による。

（3）蘇軾の仏教信仰については、竺沙雅章「蘇軾と仏教」（『東方学報』京都、三十六、一九六四年）、張商英については阿部肇一『増訂中国禅宗史の研究』（研文出版、一九八六年）の第三編第十一章「無尽居士張商英について」を参照。

（4）王安石の信仰生活については、安藤智信「王安石と仏教」（『東方宗教』二十八、一九六六年）、東一夫「王安石の政治理念と信仰生活」（『王安石新法の研究』風間書房、一九七〇年）、三浦國雄『王安石』（集英社、一九八五年）、木田知生「王安石と仏教をめぐる諸問題」（小田義久先生還暦記念事業会編『小田義久博士還暦記念東洋史論集』龍谷大学東洋史学研究会、一九九五年）の諸論があり、参考にした。なお近年王安石の生涯を仏教信仰の観点から考察した、徐文明『出入自在――王安石与仏禅』（河南人民出版社、二〇〇一年）が刊行された。

（5）三浦、注（4）前掲書、二三四、二四一、二四二頁。

（6）劉子健著、庄司荘一訳「王安石と北宋における政治思想」（庄司荘一『中国哲史文学逍遥』角川書店、一九九三年）は、王安石の仏教信仰は若い頃から始まり、壮年期には深いものとなったと述べているが、首肯しがたい。

（7）太平興国寺の寺史については、竺沙雅章「宋代墳寺考」（『中国仏教社会史研究』同朋舎、一九八二年）一四一頁に詳述されている。それによると太平興国寺は、王安石の死後一時衰えたが、徽宗により再興され、元代に入っても王父子の画像の前には香煙が絶えなかったという。

（8）真浄克文については、石井修道「真浄克文の人と思想」（『駒沢大学仏教学部研究紀要』三十四、一九七六年）に詳述されている。

（9）『王荊公詩李壁注』巻四「題半山寺壁」の注参照。

（10）克文は王安石との議論の中で、宗密（七八〇〜八四一年）の『円覚経』理解を批判している。それについては石井、注（8）前掲論文や荒木見悟『新版仏教と儒教』（研文出版、一九九三年）第二章「円覚経の哲学」を参照。

（11）『続伝灯録』巻十五「克文伝」参照。

（12）『考略』のほか蔣義斌『宋代儒釈調和論及排仏論之演進』（台湾商務印書館、一九八八年）、安藤、注（4）前掲論文、胡双宝「王安石『字説』輯佚」（『古籍整理与研究』一九八七―二）、木田知生「王安石『楞厳経』抄本をめぐって」（『東洋史苑』四十二・四十三、一九九四年）、木田、注（4）前掲論文などを参照した。

（13）木田、注（12）前掲論文、四四頁参照。

(14)『王安石詩文繫年』の判断による。

(15)例えば『老子』六章「谷神は死せず、是を玄牝と謂う」、二十八章「天下の谿と為れば、常徳離れず」がそれに相当しよう。

(16)土田健次郎『道学の形成』(創文社、二〇〇二年)三二九頁。なお土田氏は第六章で『字説』の性格について詳細に論じている。

(17)米芾の事績については、塘耕次『米芾――宋代マルチタレントの実像』(大修館書店、一九九九年)が詳しく、参考にした。

(18)「(我自山中客、)何縁有此名。当縁琴不鼓、人不見虧成」。

(19)蘇軾の経歴は、孔凡礼『蘇軾年譜』(中華書局、一九九八年)を参考にした。

(20)蘇軾が金陵で土地を買得しようとしていたことは、竺沙雅章「北宋士大夫の徙居と買田」(『宋元仏教文化史研究』汲古書院、二〇〇〇年)五〇〇頁参照。

(21)文学に関しては、王安石が蘇軾の使った詩語の意味を見事言い当てた(趙令時『侯鯖録』巻一)ことが挙げられる。歴史に関しては、王安石が蘇軾に『三国志』の重修を勧めた(徐度『却掃編』巻中)ことがそれにあたる。思想方面では、蘇軾が王安石の質問に「精は動より出現し、神はじっとして静となる。つまり動と静は精神に他ならない」と答えている(呉珪『五総志』)。その他王安石は蘇軾に宮中伝来の偏頭痛の治療法を教示した(張邦基『墨荘漫録』巻五)。

(22)「風吹反堕屋、正打破我頭。瓦亦自破砕、豈但我血流。我終不嗔渠、此瓦不自由。衆生造衆悪、亦有一機抽。渠不知此機、故自認愆尤。此但可哀憐、勧令真正修。豈可自迷悶、与渠作冤讎」。

道教儀礼の出官啓事に関する諸問題

丸山　宏

はじめに

天師道の上章儀礼において、受籙において道士の身中に定位された官将吏兵を身体の外に呼び出す儀礼項目があり、出官と称される。これは官将吏兵を召し出して協力してもらい、願い事を関係する神々に関啓し、天界の神々に上啓することを行うものであり、出官啓事ともいう。

出官は道教儀礼を構成する儀礼項目の中でも、最古のものの一つであることは、梁の陶弘景が『登真隠訣』巻下、一三頁に、

出官の儀は本と漢中の旧法より出づ。今、治病雑事及び諸々の章奏には、止だ佩する所の仙霊籙上の功曹吏兵及び土地真官正神を出すを得るのみ。

と述べることからも知られる。

出官についての学術的検討は、早くに陳国符が天師道の文献研究をする中で、受籙と関連させて論及しており、[1] ま

たクリストファー・シッペールは、天師道の籙を解明する中で出官の本質的特徴を論じている。(2) これらの研究を基礎に置きつつ、さらに本稿では儀礼項目として重要なこの出官啓事について、以下のような問題点を示し、上章儀礼の歴史的変遷を見る際に有効な視座を提起することを試みる。すなわち、南宋の蔣叔輿『無上黄籙大斎立成儀』（以下、蔣氏立成儀と略称する）に見られる上章儀礼の中の天師道の出官と、同書の古い行道儀の中の霊宝法の出官とを比較考察することを契機として、従来明確にされていなかった出官の歴史的変遷について初歩的な見通しを立てたい。また身体から官将吏兵を出す際の存想方法についても南宋から明の儀礼文献によって整理し、天師道の身神についての理解を深めることを目指すことにしたい。

一、天師道の出官

ここで天師道の出官というのは、基本的に天師道の祭酒が受ける『太上三五正一盟威籙』、とりわけ陶弘景のいう仙霊籙、すなわち上仙都と上霊官の官将吏兵を具備する、いわゆる百五十将軍籙に基づき、その籙中の官将吏兵を身中から出官することを意味する。これが最も古くかつ基本的な出官であると考えられる。

唐代以前の古い天師道の出官の史料は、先に述べた『登真隠訣』の他に、敦煌出土スタイン二〇三号文書『度仙霊籙儀』(3)において受籙の際の出官と上章が記載され、また道蔵に所収され唐末杜光庭の手になる、天師道の官将吏兵を簡閲する儀礼について述べる二種の閲籙儀類、すなわち『太上正一閲籙儀』、『太上三五正一盟威閲籙醮儀』からも出官の内容がわかる。(4) 加えて敦煌出土ペリオ二四五七号文書、ペリオ二三九四号文書、スタイン一〇二〇号文書には、正一盟威籙の範囲をやや越えて紫籙やその他の呪術的な籙の中の官将吏兵を出官する儀礼が記される。(5)

蔣氏立成儀、巻三七、三～四頁、讃道節次門、進章節次によると、上章儀礼すなわち正一飛章謁帝儀（巻二二、一～

八頁に相当する）を構成する儀礼項目の中に、入戸と出堂（出戸）の間に、発炉と復炉があり、発炉の少し後に出官、復炉の直前に納官がある。当然ながら出官と納官の間に行われる多くの儀礼項目はすべて章を神に上呈することに関する内容である。

ここで蔣氏立成儀、巻二二、科儀門、正一飛章謁帝儀の出官に注目してみたい。この出官は、大きく見れば宋代の霊宝法の体系内に位置づけられながらも、その上章儀礼は天師道の方式に則り、天師道の出官を行っており、これを基準にして天師道の出官を検討できる。また同じ蔣氏立成儀には、六朝の霊宝法に遡る出官も述べており、比較が可能であり、かつ蔣叔輿による出官についての古い文献に依拠した注解があり、道士による意味づけも知り得る点が貴重である。

以下に、蔣氏立成儀、巻二二、四～六頁、科儀門、正一飛章謁帝儀の記載から出官啓事に相当する部分、すなわち節次の二七に相当する部分を示せば次の通りである。なお神々の分類の便宜のため、神々のグループごとにローマ字と数字を付す。


叩歯すること二十四通、長跪して出官す。

謹んで、［A―1］臣の身中の五体真官、功曹吏を出す。

［A―2］上仙、上霊の直使、正一功曹、治病功曹官を出す。各々二人なり。

左右官使者、陰陽神決吏、科車赤符吏、駅馬上章吏を出す。各々二人なり。

（これらの官はみな）出よ。出たならば、厳かに顕服を装い、冠帯して纓を垂らし、其の威儀を整えよ。

直使功曹は、通天の冠を戴き、皀紈の単衣なり。

正一功曹は、朱陽の幘を冠し、絳章の単衣なり。腰に龍頭の剣を帯ぶ。

操持謁簿使者は、玄陰の幘を弁じ、九徳の冠を冠し、五色綬（寿）命の単衣なり。腰に虎符を帯び、玉板を齎執す。

直使功曹は、四方に住立す。

正一功曹は、中央に住立す。

治病功曹は、臣の身を営衛す。

左官使者は、節を建てて前に在り。

右官使者は、幢を持って後に在り。

陽神決吏は、左に立つ。

陰神決吏は、右に立つ。

狼吏虎賁、察奸鈎騎、三官僕射、天騶甲卒、天丁力士、
治正執正吏、収炁食炁吏、収神食神吏、収鬼食鬼吏、収毒食毒吏、収邪食邪吏、収精食精吏、収温食温吏、誅符破廟吏、
剛風騎置吏、飛龍騎吏等の官（を出す）、各々二人なり。出でよ。

皆な、羅列し、臣の前後左右に住立せよ。

咸ごとく、臣の口中の詞語を受け、臣の奏上する所の「天官某章」を分別し、（次の神々に）関啓せよ。

［B―1］里中真官、注炁監察考召里邑君、左右都平君、四面方位諸君将吏に。

［B―2］天師の布下する所の道上、二玄、三元、四始、十二時辰、皇天大帝、甲子諸官君、丙子仁君、五七赤陽君、二（三）十五官君、考召諸君将吏等に。

［B―3］臣の受くる所の某治の男官女官二十四官、男炁女炁二十四炁、男職女職二十四職、治中左右陰陽二十四（生）炁、建節監功大将軍、高下治中真炁、前部効功、後部効煞、駅亭令、駅亭丞に。

[B―4]四部（監功謁者）、監章従事、按章従事、呈章従事、録章従事、通章従事、禦章従事、定章従事、校（較）章従事、齎章従事、（刺章従事）、五伯印章従事に。

[B―5]東九夷（老君）、南八蛮（老君）、西六戎（老君）、北五狄（老君）、中央三秦（老君）に。(6)

[B―6]玄元始三万六千余神、山川渓谷、社稷将吏に。

誠を同にして（次の神々に）上啓す。

[C―1]太清玄元、無上三天、無極大道、太上老君、太上丈人、天帝君、天帝丈人、九老仙都君、九炁丈人、百千万重道炁、千二百官君、太清金闕、七宝玉陛下に。

[C―2]天師、女師、嗣師、系嗣君、夫人に。

[C―3]大道門下の上官典者、幹佐小吏、奉行文書事に。

臣、肉質を以て、事に触するに愚昧なるも、職は申謄に当り、咸ごとく師命を宣し、民物を救済せんとす。今時、謹んで、某（事）有りて「某章」を拝奏せんとし、臣の素案の上、函蘊の中に在り。臣、地に伏し章を宣すこと、法の如くせん。功曹使者よ、対共し料理して、特に逕御するを蒙らんことを。

以上の出官啓事の神々をグループ分けすると、およそ以下のようになる。まずAの神（官将吏兵を指すが、神の語で以下略称することあり）を身中から外へ出し、次にBの神に関啓し、最後にCの神に上啓するというのが大きな構造である。

いわゆる身中の神とはAの神を指す。A―1の神は五体真官と功曹であるが、これは『太上三五正一盟威籙』（盟威籙と略称する）に名称が現われず、出官の冒頭で召し出されていることからも、あるいは道士の身体に受籙とは直接関係なしに潜在的に存在すると考えられた非常に基本的な身神なのかもしれない。

A—2の神について見ると、操持謁簿使者、治正執正吏、誅符破廟吏、飛龍騎吏以外の神は、盟威籙の中の例えば巻一、七～一一頁の「太上正一上仙百五十将軍籙」に共有する名称があり、直使功曹、正一功曹、治病功曹、左右功曹（左右官使者と同じであろう）、陰陽神決吏までが文官系統として、郎（狼）吏虎賁、察奸鈎騎、三官僕射、天騶甲卒、天丁力士が武官系統として、収炁食炁吏、収神食神吏、収鬼食鬼吏、収邪食邪吏、収毒食毒吏、収精食精吏、収温食温吏が諸収食吏として、科車赤符吏、剛風騎置（吏）、駅馬上章吏が伝送系統として見えている。[7] このことは正しく基本的な盟威籙の神の構成員がそのまま出官において道士の身中から召し出されること、従って受籙していなければ出官はできないということを端的に意味する。蔣氏立成儀の科儀書では文官系統の最も重要な神である直使功曹と正一功曹について服装を述べ、また文官系統の神の人数、立つ場所、役割[8]、持ち物等を簡潔に示すが、この際にやはり天師道だけに正一の名を冠した正一功曹を諸神の排列の中央（おそらく道士のすぐ手前であろう）に立たせ中枢的な役割を担わせていることは象徴的である。ただしこの科儀書本文では、道士の身体の何処にいて、それを身体の何処から出すかは明示されない。このことについては後に検討する。

Bの神は道士がAの神に口で述べた祈願内容を受けさせ、Aの神が道士に協力して祈願内容を関啓する対象となる神である。従ってBの神は原則的には道士の身中から出す必要はなく、道士の活動する空間に外在し、配置されている神であって、特に既に治職を受けた道士と密接な関係にある神であると考えられる。B—1は里中の神々、B—2は天師が布下した神々、B—3は治職を持つ道士が受けた治中の神々[9]、B—4は治中の官の中でもとりわけ章を扱う諸従事[10]である。B—5は五方の老君、B—6はそのほかの諸神であり、山川や社稷を含む。B—5とB—6は治中の官ではない。

Cは上啓の対象となる天にいる神々であり、地上にいる道士がAの神、Bの神と協同し、心を一つにして、章を進呈する太清天の高位の神である。C—1はいわゆる太清衙の神であり、道それ自体および道の変化した君や丈人の位を持つ神である。C―2は天師とその夫人等、C―3は天界の上官典者をはじめとする官吏である。Cの中には、個別の章の中で役割別に名称が列記され、それぞれに降下して災を解決し救済するよう依頼するいわゆる天官たちは含まれず、こうした神には章の批准を受ける形で高位の神から別途命令が出されるという想定であろう。

次に出官した神に対する命令内容を見るために、蔣氏立成儀、巻二二、六～七頁から遺章の条を示そう。

謹んで、臣の身中の五体真官、官一小吏、十二書佐を遣わす。冠帯して纓を垂らし、硯を磨し筆を点じて、臣の為に、時に及びて、臣の謹んで某の為に拝上する「天官某章」を操り、上つかた某宮曹治[11]に詣らんことを。臣、愚謬なるも、治籙を忝参す。耳目は閉塞し、検校は聡ならず。上る所の章文には、恐らく、錯誤有り、行列は端ならず、文字は整わず、脱漏顛倒あり、音句は属せず、前を将て後と作し、左を以て右と為せり。事は陰陽神決吏、伝言書佐、習事小吏に任かす。章に随い進対せんことを。龍頭の書刀もて、文を尋ねて削治し、長毫の利筆もて、儀に依りて証定せんことを。上官典者をして遣却する所有ら令むること無かれ。炁を閉して章を昇らしむ。太上老君の御前に逕御せんことを。左吏は歴関し、右吏は歴啓し、諸官君は歴第せんことを。次を以て分別し、関啓せんことを。臣の請う所の者は下り、召す所の者は到り、済う所の者は度され、奏する所の者は達せんことを。若し下官故炁にして、臣の章文を邀截し、上達せ使めざる者有らば、所在の近獄に録付し、律に依りて治罪し、以て天憲を明らかにす。臣、伏して案の左に在り、恭しく聖恩の報応を待つ。

これにより出官の神に章を曹治まで持ち運び、章の錯誤を訂正し、太上老君の前に上呈し、上章をさえぎるものを処罰することを依託し、結果として祈願内容が実現することを望んでいることが明白である。遺章では出官のA―1の五体真官、A―2の陰陽神決吏、C―1の太上老君、C―3の上官典者、諸官吏等の名称が見える。明言はないが

A—2の籙中の武官系統、諸収食吏、伝送系統の神が上章を妨げる故炁と闘い捕捉断罪する役割を果たすことが期待されたであろう。

次に蔣氏立成儀、巻二二、七～八頁より納官の条を示そう。

長跪して納官す。臣、上章の事、訖わる。出す所の臣の身中の功曹使者、一切の霊官君吏は、各々、臣の衆妙の門よりして入れ。左に在りしものは、左に還れ。右に在りしものは、右に還れ。直使功曹は、検押を主領せよ。宮室に復して、差互せ令むること無かれ。後に召さば、又た到ること、一に故の事の如くせよ。叩歯すること三通、液を咽むこと三過す。

納官では、A—2の直使功曹が秩序を統括して、出官で出したA—1とA—2の神をすべて道士の身中のもといた宮室にもどす。盟威籙中の正一功曹とならび、直使功曹もまた重要な役割を担っていたことが知られる。

以上の検討から天師道の出官が相当整然としたものであったことが判明した。ここに検討した内容は文献自体は一二世紀のものであり、これが紀元三世紀頃の漢中に根拠地を置いた時代の出官の内容から何も変化していないとは断言できないが、しかし次のような重要な知見を得られたと考える。すなわち一二世紀の段階の出官であっても、明らかに陶弘景が注解したような仙霊籙と出官とが不可分の関係にあるという特徴が維持されており、この特徴は三世紀頃の古い形態の天師道の出官の特徴と共通していると見てよいのではないかということである。次に紀元五世紀頃に霊宝法(12)が成立し、それにともない出官にどのような改変が生じたかを考えてみたい。

二、霊宝法の出官——第一型

霊宝法の特徴を備えた出官を明らかにするために、蔣氏立成儀、巻一七、三～五頁、科儀門二、古法三時行道儀から、霊宝斎の道場科儀における出官の条を示す。比較考察の便宜のため、天師道の出官に相当する神があればその分類符号を付し、新たに加えられた神には傍線を施した。

謹んで、［A―1］臣等の身中の五体真官、功曹吏を出す。

上三天執法開化陰陽功曹、度道消災散禍解厄君吏を出す。各々、十二人なり。

［B―3］臣の身の治職君吏、某治中の建節監功大将軍、前部効功、後部効煞、駅廷（亭）令、駅廷（亭）丞、［B―4］四部監功謁者を出す。

［A―2］臣等の身中の仙霊直使、正一功曹、治病功曹、左右官使者、陰陽神決吏、科車赤符吏、罡風騎置吏、駅馬上章吏、飛龍騎吏等を出す。

各々、二人なり。

（これらの官はみな）出よ。出たならば、厳かに顕服を装い、冠帯して纓を垂らし、其の威儀を整えよ。

直使功曹は、通天の冠を戴き、皂紈の単衣を衣る。

正一功曹は、朱陽の幘を冠し、絳章の単衣なり。

使者は、九徳の冠を冠し、五色綬（寿）命の単衣なり。腰に虎符を帯び、玉板を齎執す。

直使功曹は、四方に住立す。

正一功曹は、中央に住立す。

治病功曹は、臣等の身を営衛す。

左官使者は、節を建てて前に在り。

右官使者は、幢を持って後に在り。

陽神決吏は、左に立つ。

陰神決吏は、右に立つ。

上部功曹、上方に住立す。

中部功曹、臣等の身中に住す。

促気功曹、十方を催促す。

上部使者、遠く上天を望む。

中部使者、遠く八方を瞻す。

都官使者、臣等の身を匝繞す。

即（狼）吏虎賁、察姦鈎騎、都官僕射、天騶甲卒、天丁力士、
収炁食炁吏、収神食神吏、収鬼食鬼吏、収精食精吏、収毒食毒吏、収邪食邪吏、誅符破廟吏、科車赤符吏、罡風騎置吏、駅馬上章吏、飛龍騎吏は、臣等の前後左右に屯駐せよ。

功曹使者、厳装の事畢れば、鹵簿を羅列し、（次の神々に）関啓せよ。

霊宝官属、領仙監斎諸君吏に。

［B―3］天師の布下する所の二十四治に。

三十六靖廬、七十二福地、三百六十名山、崑崙山等の上宮の三万六千神に。

日月星宿、璇璣玉衡に。

天地五帝、三界官君将吏に。
［B―2］及び道上、二玄、三元、四始に。
［B―1］四面方位、風気注気、［B―2］甲子諸官君将吏、考召君に。
［B―5］東九夷胡老君、南八蛮越老君、西六戎氏老君、北五狄羌老君、中央三秦傖老君に。
五岳四瀆、丘沼君、
諸廟神祇、所在の高山、卑谷、
［B―6］山林孟長、十二渓女、
［B―1］根源本始土地の主、(13)［B―6］社稷将吏に。
一時に厳装し、臣等の身中の功曹使者、飛龍騎吏と与に、(次の神々に)上啓す。
［C―1］太上無極大道、太上道君、太上老君、太上丈人、太上玄老、十方無極大道、道徳衆聖天尊、至真大帝、天帝、
［C―2］天師君、
霊宝監斎大法師、諸官君に。

上記の出官を霊宝法の出官の第一型と称することとする。この出官の特徴を前に見た天師道の出官と比べると、共通、順序の入れ替え、追加、省略の四種類の操作が行われたことがわかる。

まず出官の部分では、A―1の五体真官、A―2の盟威籙の直使功曹以下の文官系統、狼吏虎賁以下の武官系統、諸収食吏、科車赤符吏以下の伝送系統の神が、完全に共通する。これは霊宝法の出官の第一型でも盟威籙と不可分であること、換言すれば盟威籙に基づく天師道の出官を基礎にして霊宝法の出官の第一型も組み立てられていることを示すであろう。またA―2の文官系統の直後に追加された功曹の一部も、例えば中部功曹、促炁功曹は盟威籙に属す

る「太上正一都章畢印籙」にも見え、(14)盟威籙に多少とも関係がある神である。

ところがここで大きな問題になるのは、A―1の神に冒頭の位置は譲ったにせよ、A―2の盟威籙の神よりも前に、優先的に上三天執法開化陰陽功曹、度道消災散禍解厄君吏という神を置いたことの意味である。実はこの二神は盟威籙に名称が見いだせない。むしろ六朝から唐の成書と思われる『正一出官章儀』一頁、廻善章出官に、

謹んで臣の身中の五体真官、功曹吏を出す。三五、清微天、禹余天、大赤天の五炁功曹、上皇真人、十二真官、神元赤炁赤車使者、陰陽真炁、黄書契令、腹目君将吏、陰陽生気度道開化君将吏、九炁丈人、速召将吏、消災散禍解厄君将吏、還神君将吏、胎生赤白涌池将軍吏官、各々十二人を出す。

とあり、この直後に直使功曹や正一功曹を出し、さらに上中下の三部の功曹、使者と促炁功曹、使者を出すことが参照できる。また六朝天師道の合気の儀礼を述べる『上清黄書過度儀』三頁、啓事に、上啓の対象となる神を列する中に、

黄書契令、腹目君将吏、……陰陽生炁度道君将吏、中胎真人備白君将吏、中胎赤白備泄君将吏、中黄戊巳百節君将吏、陰陽功曹導化君将吏、陰陽真炁越道君将吏、監察内外開化将吏、消災散禍解厄君将吏

といった神が見える。この二つの文献に陰陽功曹や陰陽、開化、度道、消災散禍解厄などの語をその名称に持つ神があることは実に注目に値する。特に『上清黄書過度儀』は、合気の儀礼をして大災厄を逃れる活動と関係があり、こ

の活動においては真言要語、八生大度の法を受け種民になることを目指し、[15]盟威籙や治籙のほかに、さらに赤黄内籙と総称される別系統の籙[16]を所持し、その籙中の神を上章儀礼において出官し、召請し、それが定式化していたらしい。これについて陶弘景は、『登真隠訣』巻下、一三頁で、

（治病雑事及び諸章奏のために本来は仙霊籙の官将吏兵を召し出すべきであるのに）世人は、皆な赤黄内籙中の章将吏兵を用う。此れ豈に相い関するを得んや。多く召すを以て威能と為す。越職（賤？）の譴を為すを料らず。愚迷にして相い承け、遂に儀格と成る。深く悼れむ可きかな。

と批判する。度道消災散禍解厄君吏などは赤黄内籙に属する神で、度厄の個別的役割を担うだけの神であるはずなのに、儀礼の度ごとに出官啓事に際して必ず優先的に呼び出されるのは不適切だというのが陶弘景の判断であろう。結果的に見れば、霊宝法の出官の第一型では赤黄内籙に属する神を追加し、重視していることになり、それは後代まで継承されたのである。これは霊宝法の出官を考案する際に、既に天師道内部で複雑で格が高いと思われていた赤黄内籙の神を出官する方式を選択し、それを引き継いだ事態の反映であろうか。

なおこの出官では天師道では関啓の対象であった治中の神、B―3やB―4の一部がA―2の前に挿入されて身体から出され、順序が入れ替わり、整然としたさまをくずしている。以上の検討から、身から出すべき神には、天師道内部の盟威籙を越える赤黄内籙からの神が追加され、霊宝法固有の神が一つも追加されていないことを知り得る。

その一方で関啓の対象となる神の筆頭は、霊宝官属と領仙監斎諸君吏とあり、正しく霊宝法のための神を追加している。天師道の出官ではこの位置には里中真官が置かれる。おそらくこれは土地正神を意味し、いわば地縁の末端を担う神を関啓対象の一番目に置くところが天師道の特徴であるが、霊宝法では自己の道法の官属を置いたのである。

霊宝法では、土地神は逆に関啓対象の最後から二番目に根源本始土地の主として出てくる。

治職君吏等の治中の神が既に先に出されたのに、次にまたB—3、すなわち天師が分布させた二十四治を関啓対象とするのは、治にかかわる神を二分するようで、やや矛盾を感じる排列である。追加された三十六靖廬、七十二福地、三百六十名山も天師道の伝承では天師が分布させた聖地である。(17) 三万六千神は、天師道の出官のB—6では玄元始を冠しているが、ここでは冠さない。日月星宿、璇璣玉衡、天地五帝、三界官君将吏は新たな追加で、特に仏教用語と重なる三界の語を持つ三界官君将吏は霊宝法の内容に見合っている。

道上以下は、天師道の出官のB—2で天師の布下するを冠するが、ここには冠さない。四面方位は天師道のB—1、風気注気はB—1、甲子諸官君将吏はB—2、考召君はB—1、もしくはB—2に相当する神があり共通する。東九夷胡老君以下はB—5と共通する。

五岳四瀆、丘沼君、諸廟神祇、所在の高山、卑谷は追加であり、山林孟長、十二渓女は、B—6の山川渓谷と近似し、社稷将吏は共通する。

重大な差異は、この霊宝法の関啓対象の中には天師道のB—4の章職官、その中でも諸従事の名称が見えないことであろう。これらは治中の神でもあるので、あるいは身から出す治職君吏に含めたのかもしれないが、しかし監章従事から五伯印章従事までを逐一列することと自体が天師道における章職官の重視を物語るようで、それが霊宝法には見られない。

上啓の対象は、C—1の無極大道、太上老君、太上丈人、天帝は共通だが、それ以外は改められた。すなわち天師道の太清玄元、無上三天、九老仙都君、九炁丈人、百千万重道炁、千二百官君、太清金闕等は除かれ、霊宝法で重要な太上道君、太上玄老、十方無極大道、天尊等が追加された。C—2の天師は二代、三代とその夫人というように複数が神格化されて挙げられていたのに、霊宝法では天師君として一つしか名称を示さない。さらにC—3では、上官典者が天師道の天界の神として重要であり、章を扱う官吏も挙げられていたが、霊宝法ではこれらをすべて除き、霊宝斎を見守る役割の霊宝監斎大法師と関係の諸官君を配して一新している。身から出す神は霊宝法の追加がなかったが、関啓や上啓の対象には霊宝法独自の神を要所に配することが見られるのは興味深いことである。総じていえば、この霊宝法の出官の第一型は、非常に多くの面でまだ天師道の出官の方式を多く残しており、霊宝法に合わせる改変は行われたが、その程度は十分であるとは言い難いと思われる。

この型の出官を歴史的に理解するために、次に蔣氏立成儀、巻三四、一頁、斎法修用門、釈出官啓事を見てみたい。それによると、

張萬福天師[18]、曰く、凡そ伝言して駅行するには、皆な神道に憑り、感通を得んことを庶う。言う所の仙官吏兵とは是れなり。仙官吏兵は、須く是れ師受すべし。即ち仙霊治籙、三部八景三十二天の玉童玉女、五帝直符直事等、是れなり。道士の身に此れらの仙官有りて、始めて斎請に預るを得るなり。空しく屈折を輸して、真霊を罔冒すれば、其の罪考を貽さん。之れを謹まんことを、と[19]。……右は『霊宝太極敷斎威儀経』に出づ。仙公、曰く、此れ、初斎啓事儀と謂う。日夕六時に焼香するには、惟だ香炉に向って呪すのみなり。便ち礼拝なり、と。張清都、曰く、斎を建つるに、止だ一官を出し、斎の訖わるに至りて、功を言い、復たびは吏兵を出さざるなり、と[20]。

という。この張萬福の文章から霊宝法の出官について若干検討してみよう。

確かに六朝の『霊宝太極敷斎威儀経』すなわち『太極真人敷霊宝斎戒威儀諸経要訣』一〜四頁の向香炉呪の直後の出官を見ると、小さな差異を除き、上で詳しく検討した霊宝法の出官の第一型と同一である。蔣氏立成儀の行道科儀の出官は六朝霊宝法の出官を伝えるものだったのである。陸修静『太上洞玄霊宝授度儀』四〜六頁に見える霊宝法の

授度儀、特にその前夜の宿露真文拝表の際の出官もほぼ同じである。[21] さらに霊宝斎の構成を持つ塗炭斎を記述した北周『無上秘要』巻五〇、八～一〇頁、塗炭斎品の出官、唐末の杜光庭『太上黄籙斎儀』巻一、三～五頁、第一日清旦行道儀の出官、南宋の金允中『上清霊宝大法』巻二五、一一～一三頁、霊宝拝章儀の出官も同じ型である。以上からして、この型の出官は霊宝法の伝統の中で広い影響力と強固な持続力を有していたと言い得る。

三、霊宝法の出官――第二型

前節に引用した張萬福の注解の文に言及されている三部八景三十二天の玉童玉女、五帝直符直事なる神々について考えることを契機にして、以下に霊宝法の出官の第二型を検討したい。三部八景を冠する神は、『太極真人敷霊宝斎戒威儀諸経要訣』とそれを受ける蔣氏立成儀の行道儀の出官には見えず、例えば陸修静『太上洞玄霊宝授度儀』一三～一九頁、すなわち六朝霊宝法の授度儀の正式な儀礼当日に行う告大盟でなされる出官に現われる。この出官では、盟威籙中の神が全く出てこない。すなわち冒頭で身中の五体真官、功曹吏を出すが、しかしその後にはA―2の神は削除されており、替わりに次のような霊宝法において特有の神が身から出される。同書、一三頁以下によれば、まず、

臣の身中の霊宝洞玄三部八景洞天八府飛天上仙官を出す。各々、二十四人なり。出よ。
三部八景洞天飛行三五直霊神仙正一昇玄功曹、各々、二十四人なり。出よ。
三部八景洞天飛行三五直霊神仙直使生炁功曹、各々、二十四人なり。出よ。

という。傍線部に着目すると、天師道の正一功曹と直使功曹をモデルにして文字を加えて霊宝法の功曹に改変した跡

が見える。この後には、霊宝某帝功曹、使者、謁者、玉童、玉女、直符、兵馬、龍騎、玉女、飛天吏と続き、その数は膨大である。これらの神は『洞玄霊宝三洞奉道科戒営始』巻四、八頁の『太上洞玄霊宝二十四生図三部八景自然至真玉籙』という洞玄霊宝の法位に就く道士が受ける籙に属する神である。(22)

さらに『太上洞玄霊宝授度儀』一九〜二〇頁によると、その関啓する対象は、

上下中央、四面八方の天官地神、五岳四瀆、九江八極、名山大沢、五帝真官、四司監察、九部考召、玄元始炁、甲子諸官君、無窮無極、無高無下、無深無浅、無幽無顕、無鞅数の衆くの真官、注炁乾皇、九宮八卦、六甲真人、根元本始土地の主、社稷将吏

である。考召、玄元始炁、甲子諸官君、注炁等といった天師道の出官の関啓対象の神々にも共通する神もあるが、しかし里中や治中、さらには諸従事といった天師道を明示する表現は全くない。むしろ無の語を使った網羅的抽象的な対象を追加することが見られる。

上啓する対象は、

無上元始、太上大道、五老上帝、至真大聖尊神の玉陛下、十方無極大道、道徳衆聖天尊、太帝、天帝、玄中大法師諸官君

であり、ここからは天師道を明示する太上老君と天師すら削除されてしまった。(23)

以上において検討した霊宝法の出官の第二型では、霊宝法の出官の第一型と比べると、天師道の出官の構造を踏襲

しつつも、ほぼ全面的に神を入れ替えており、霊宝法に合わせる改変の程度が相当に徹底したものとなっていることが知られよう。(24)

四、出官における存想

道士は出官の際にどのような存想をするのであろうか。例えば個別の神が身体の何処から出ると存想したのであろうか。管見の限りではこのことに関して唐代以前の文献には詳記したものは見当たらない。そこで出官の際の神の具体的な出入部位を比較的詳しく記す宋代以降の儀礼文献から一覧を作成し、検討してみたい。ただここでは最も基本的な盟威籙の籙中の神の場合、すなわち天師道の出官のA—1、A—2の神に限定して考えよう。

一覧作成に依拠した文献と参照箇所は次の通りである。

①南宋、王契真『上清霊宝大法』巻五六、一八~二〇頁、斎法宗旨門、宿啓建壇、出官、特に逐一出身中官の条。（王氏大法）

②南宋から元、『道法会元』巻一八一、一五~二二頁、上清五元玉冊九霊飛歩章奏秘法、玉機玄格、一名九霊飛歩通神法の条。（道法会元）

③元、林霊真『霊宝領教済度金書』巻二八二、二二一~二二三頁、存思玄妙品、出官啓事の条。（林氏金書）

④明、周思得『上清霊宝済度大成金書』巻二三、三五~三六頁、登壇宗旨門、章表品、出官法の条。（周氏金書）

以下に神の名称、①王氏大法、②道法会元、③林氏金書、④周氏金書における神の身中所在部位ないし出入部位等を示す。神の序列は①に従う。①の出官は天師道の出官に属する。某文とあるのは左手の手訣で親指を使って押す四指の腹の位置を示す。②は、霊宝法の出官の第一型に属し、記載内容が最も豊富だが、ここでは人数、部位、炁色、役割、特徴について摘記し、服装等は略す。②はいわゆる関啓の対象になっている神々も身体内に定位さる点で、本来は外部の神を身体内の部位に呼応させることに務めていて、内向化が目立つという特徴を持つ。(25) ③と④は霊宝法の比較的復雑な出官に属する。(26) ④の某訣は手訣の位置を示す。

「出官における神の出入部位等一覧」

五体真官　①五臓、卯文。②五人、師の三田（上中下の丹田）、五臓百関中の五色の炁。③三田中、五色の雲炁の化成するものなり、五方に位す。④五臓、五方訣。

・文官系統

上仙、上霊二官直使　①両肩。或いは云わく、腎、酉文。又た云わく、頰。②諸吏を掌管するの師、身中の心神の最も大なるもの、天下の故炁を収戮する神、五臓。③仙霊直使として記載。胸。④上仙、上霊直使、功曹として記載。胸、本命訣。また佩する所の籙中の仙霊として記載。夾脊（これは籙中の官将吏兵の総体の出入部位か）。

直使功曹　①正一功曹と一対。両肩。或いは云わく、心、子文。②記載無し（二官直使と同一か）。③仙霊直使として記載。胸。④上仙、上霊直使功曹として記載。胸、本命訣。

正一功曹　①直使功曹と一対。両肩。或いは云わく、心、子文。②職は法師の奏意を伝達するを主る、脾神、一切種種の事は悉ごとく尽べて之れに委ぬ、最も上と為す功曹、号令の神、五臓、黄錦の炁。③心。④記載無し。科儀書に名称があるが、存想の記載を欠く。

治病功曹　①脾。②専ら邪炁の恐らく師を干すること有るものを辟除するを司る。③脾。④記載を欠く。科儀書の方にも名称を欠く。
左官使者　①右官使者と一対。脾肺、午文。②左右官使者として記載。左右腎、師の命神、師の心事を伝える神。亦た三田中。両腎中、黒紫の雲炁。③左右官使者として記載。心腎、卯酉訣。
右官使者　①左官使者と一対。脾肺、午文。②左右官使者として記載。左右腎。③左右官使者として記載。心腎、卯酉訣。
陰神決吏　①陽神決吏と一対。心腎、丑寅文。②陰陽神決吏として記載。炁神の最も猛なるもの、専ら三界に於いて諸天魔を遏絶す。心腎、紫赤の二炁。③陰陽神決吏として記載。心腎、子午訣。
陽神決吏　①陰神決吏と一対。心腎、丑寅文。②陰陽神決吏として記載。また陽神決吏として単独で記載。鼻中。③陰陽神決吏として記載。心腎、子午訣。

・伝送系統

科車赤符吏　①臍下。古えの道士の形にして、車駁に侍す。或いは云わく、曲秋、辰巳文。②師の臍神、精血の神、引導の神、心腎。③古えの士の形にして、幘を冠す。左膝下。④曲伏、力士の相。
罡風吏　①左股、脾。古えの士の形にして、獣に乗る。未文。②罡風騎置吏として記載。此の吏は凶悪、肺神、触れる可からず、法師を導引す、神の威炁は十方を衝く、膝、五臟百関中、青黄白の炁。③剛風騎置吏として記載。右膝下。④罡風騎置吏として記載。左右膝、坎訣。
騎置吏　①右股、脾。古えの士の形にして、幘を冠し、馬足、青形、車駁に侍す。或いは云わく、罡風騎置吏、左右膝、力士、狻猊に乗る、一十二人、中文。②罡風騎置吏として記載。右膝下。③剛風騎置吏として記載。右膝下。④罡風騎置吏として記載。左右膝、坎訣。
駅馬上章吏　①両肺、頸、両足。古えの士の形、赤馬に乗る、戌文。②二人、三界魔鬼を辟斥す、水火二炁の神、接引開導の神、凡そ上章するに、此の二神無くんば、章は上達せず、膝。百関中、白炁。③古えの士の形にして、両足下。④足。

飛龍騎吏　①亥文。②美貌、飛龍に乗り、一息に三界を遍周す、五臟中、紫雲。鼻。③鼻。④耳。

・武官系統

狼吏　①頸、剣を執る、赭色、朱衣。②狼吏虎賁として記載、察奸勾騎も含めて記載か。肺胆の神、職は専ら剪伐を主る、又た奸邪を察するの事を主る、両眉、五臟中、青炁君。重霧の外は青く、内は黄なり。③狼吏虎賁として記載。眉間。④郎吏虎賁として記載。眉間、离文。

虎賁　①鼻、虎の形の如し。或いは云わく、両眉、或いは云わく、両腎、坎文。②狼吏虎賁として記載。両眉。③狼吏虎賁として記載。眉間。④郎吏虎賁として記載。眉間、离文。

察奸　①心、古えの士の形、獅子に乗る。②狼吏虎賁に含めて記載か。③察奸鈎騎として記載。古えの士の形、大腸。④両目。

勾騎　①大小腸、古えの士の形、獅子に乗る、身は紺色。或いは云わく、心、丹霞の炁に乗る、艮文。②狼吏虎賁に含めて記載か。③察奸鈎騎として記載。大腸。④腸。

三官僕射　①三人、臍中、道士の形なり。或いは云わく、胃中。②都官僕射として記載。三人、身中の三魂、三関、伝令を主る、頂門、五臟中の炁、九竅、三色の炁と与に頂より出づ。③都官僕射として記載。道士の形、頂。④都官僕射として記載。額。

天騶甲卒　①左右手臂、金甲、仗剣、一十二人。或いは云わく、甲卒、二指震文。②五体の神、臍中、百竅中、赤炁。③臍。④臍、坎文。

天丁力士　①左右肩、神王の形、一十二人。或いは云わく、腎。或いは云わく、眉。巽离坤兌。③額。③額。④

額、离文。

・諸収食吏等

治正執正吏　①以下の七収吏と同じ。②諸吏と総称して記載。師の五体の神、剪伐の職を主る、鼻。五臟六腑中、三田中の金室玉戸、鼻、黄白紫の三炁、化して収食等の吏と作る。③膝。④心。

収炁食炁吏　①七収吏の一。鼻、力士の形。②諸吏と総称して記載。③鼻。④鼻。

収神食神吏　①七収吏の一。②諸吏と総称して記載。③並びにとして記載。④小腸。

収鬼食鬼吏　①七収吏の一。両肘。②諸吏と総称して記載。③記載無し。並びにとして記載に含むか。④喉。

収毒食毒吏　①七収吏の一。②諸吏と総称して記載。③記載無し。並びにとして記載に含むか。④上腭。④科儀書には名称あるが、存想の記載無し。

収邪食邪吏　①七収吏の一。②諸吏と総称して記載。③並びにとして記載か。並びに道士の形、背の間。④大脂（指）。

収精食精吏　①七収吏の一。②諸吏と総称して記載。③記載無し。並びにとして記載に含むか。

収瘟食瘟吏　①七収吏の一。治正執正吏および七収吏は、各々二人、都べて三十六人。並びに、二十四骨節中より出づ。一に云わく、七収吏、鼻炁中より出づ。並びに黒幘、朱衣、道士の形なり。②諸吏と総称して記載。③記載無し。並びにとして記載に含むか。

誅符破廟吏　②一人、心、道士の形。②諸吏と総称して記載。③記載無し。並びにとして記載に含むか。

以上を五体真官、文官系統、伝送系統、武官系統、諸収食吏に分けて、異同が多くあることを承知の上で、なお概括すれば次のようになる。

五体真官は、五臓から出ることに異論はなさそうである。上仙、上霊直使、直使功曹、正一功曹等は、文官系統の中でも総括官的な存在で、道士の意志を反映する存在として、心や胸といった上半身の中枢部に位置づけられる。治病功曹は脾から出る。左右官使者は命神と、陰陽神決吏は炁神とされ、それぞれ一対になり心腎から出る。伝送系の科車赤符吏は臍、罡風騎置吏は左右膝、駅馬上章吏は両足から出るというように道士の下半身の膝や足といった歩行にかかわる部位が選ばれている。

武官系統はいろいろな部位から出てくる。上からいえば、三官僕射は頂、天丁力士は額、狼吏虎賁は眉間から、すなわち道士の頭や顔の上部前面から出るが、察奸勾騎は心もしくは大小腸、天騶甲卒は臍から出る。

諸収食吏は、故炁を本質とする邪悪な存在を捕捉して食べる役割を負うが、その収食する対象ごとに吏の出る部位が異なり、炁には鼻、神には小腸、鬼には喉、毒には上顎、精には大指から出る。一方で、諸収食吏は、総体として道士の二十四骨節から、もしくは鼻から炁として出て吏に化す。

盟威籙の神を出官する存想において神が身体のどの部位から出るのかについては、以上のように整理することも許されると思う。この整理により全く無秩序に神が出る部位が配置されているのではないことが窺える。ただし現実的にはこれらの部位は錯綜して複雑なため、便法としてすべての盟威籙の神を衆妙の門、朱門などと称される道士の頭上の頂門または額上の門から一括して出入させることが行われた[27]。

盟威籙の神の本質は、上の一覧で②の『道法会元』がよく説明しているように、例えば正一功曹は五臓の黄錦の炁、左右官使者は両腎の黒紫の炁、陰陽神決吏は心腎の紫赤の二炁、罡風騎置吏は五蔵百関中の青黄白の炁、駅馬上章吏は百関中の白炁、狼吏虎賁は五臓の青炁、天騶甲卒は百竅中の赤炁、諸収食吏は五臓六腑三田中の黄白紫の三炁であり、それぞれ炁の位相を持つ。この位相においては、盟威籙の多くの神はある一つの器官だけをを司る臓器の神であるというよりは、むしろ道士の五臓六腑、三田、百関百竅、二十四骨節などの広がりを持った身体の領域に動態的融合的に遍在している炁そのものであるという特徴を持ち[28]、出官の存想を通じて、道士とはこうした自己の身体の炁を、他の形のものにではなく、正しく盟威籙にある神の姿に有形化する術を知るものといえる。
そのままでは身体の炁は道教の神にはならないはずである。身体の炁をどのようにして籙の神に変えられるのか。この問題は簡単に答えられないが、『霊宝無量度人上経大法』巻二九、九～一〇頁に三五功曹と五帝直符を説明する中で、

（功曹は）亦た胎化有類の形には非ず。皆な三五自然真炁の化する所なり。天真の道炁を以て身中の三田五臓の正炁を召録し、造化して成るなり。……（直符は）亦た是れ五内の真炁にして、道徳の炁に符合して化する所なり。

というのが参考になる。これは、道炁によって身体の正炁を召し出し、道炁の機能や特徴に相応させ符合させて、身体の正炁を分類して登録し、発動できるように変容させ、その結果として功曹ができたという意味ではなかろうか。いわば炁と炁を相関させる、炁によって炁を用いるという考え方が根底にあると思われる。本来的には炁として一体のものであろうが、超越的外在的な道炁と内在的潜在的な自己の身体の正炁を関係づけ、呼応させる。換言すれば、道炁と同質の炁が自己の身体内にも存在することを見いだし、それを有形化し活用すると解釈することもできよう。王契真『上清霊宝大法』巻五六、一八頁に、出官を説明し、炁を以て炁に合わせ、神を以て神に合わせることを知るべきだと述べるのもこうした考えによると思われる。

おわりに

蔣氏立成儀、巻一七、七頁、科儀門二、古法三時行道儀、出官啓事の後に注があり、

道士、霊宝法を受けず、都功盟威籙を受けざれば、出官し行斎する可からず。

といい、また同書、巻四九、六頁、斎直須知門、修奉規格では籙の規定に注して、

霊宝斎科にては、蓋し三五正一官吏を出す。(三五都功籙および正一盟威籙の)二籙をば備受せざれば、則ち出官するに碍げ有りて、皆な斎事を行う可からず。

という。これは南宋の段階においても、霊宝斎を行う資格として天師道の籙を具備するか否かが規範となっていたことを確認し得る史料である。本稿で分析したように、六朝時代以来、霊宝斎で標準的に遵奉された霊宝法の出官の第一型に見える神の構成は、天師道の出官の神の構成を大幅に踏襲しながら、霊宝斎に適合させて改変を加えたものであった。本稿は南宋の蔣氏立成儀に見える出官啓事を出発点にして、多面的な考察を加え、道教儀礼史を通じて、天師道の儀礼項目が、霊宝法の儀礼にとっても基盤的重要性を発揮していたという事態の一端を解明できたと思う。

最後に現代台南道教における出官について言及しておきたい。台南の道場科儀に発炉はあるが出官はない。台南の進表科儀では、まず出官ではなく召請の形で、天師道の出官に見えるB―4呈表通表従事等の諸従事、A―2正一功曹、A―2とB―3を含む法籙治中官将を召す。また呈表の間の高功の懺悔文にはA―2に属する陰陽(神)決吏に表文の錯誤を訂正してもらいC―3上官典者に却下されないようにする内容があり、納冠(納官と同じ)においてA―2の総称である功曹使者と霊官将吏を身中に還すが、その際にA―2直使功曹が監督役をする。盟威籙以外の新しい神も多く働くが、直使功曹、正一功曹、陰陽神決吏、諸従事といった古い天師道の重要な神を動かしていることは明らかである。(29) また台南道教は別に複雑な進表である『太上霊宝進表科儀』(30) を伝えてきており、この中の出官は蔣氏

立成儀に見える天師道の出官と同じである。

【注】

（1）陳国符『道蔵源流攷』中華書局、一九六三年、三五五頁。

（2）クリストファー・シッペール「『都功』の職能に関する二、三の考察」（酒井忠夫編『道教の総合的研究』国書刊行会、一九七七年、二七八～二八七頁）、Schipper K.,"The Taoist Body", *History of Religions*, 17-3/4, p.386, note136 を参照。

（3）大淵忍爾『敦煌道経　図録編』福武書店、一九七九年、八八〇頁。

（4）唐以前の段階の出官の記述には官将吏兵の名称、服装、人数、期待する役割が記されるが、存想において彼等が身中の何処にいて、何処から外に出るかについての明記を欠く。

（5）大淵忍爾、注（3）前掲書、七一三～七一七頁。

（6）この方角毎の数は、いわゆる霊宝の五方の炁数、すなわち東九、南三、西七、北五、中央一（または十二）というのとは別系統のものであることは注目に値する。

（7）『道法会元』巻一八一、三～四頁には章中官の中に籙中の神を含め、これらを拜章には出官し、心を以て存呼するという。

（8）盟威籙中の神の個別的役割については、『太上三五正一盟威閲籙醮儀』二～三頁、『太上正一閲籙儀』三～四頁を参照。

（9）唐の張万福『醮三洞真文五法正一盟威籙立成儀』によると、請官啓事において、一三～一六頁の正一盟威籙の籙中の神については臣身中所佩と明言するが、一七～一八頁の治籙に記される治中の神については身中所佩と明言しない。仙霊籙などの受籙に際して籙中の神が身中に入れられることは敦煌出土スタイン二〇三号文書『度仙霊籙儀』九八行に「入肉人身中」と見える。一方で、治籙の場合は『正一法文伝都功版儀』四頁に「主統二十四治治中仙官」とあって、道士は治中の仙官をすべるのであって、身中にいれることを明言しない。『道法会元』巻一八一、三頁にはB―3の神を治中官と総称し、これを呼存するが出官するといわない。

ただし官将吏兵の本質が融通無碍な炁からなることから、治中の神が道士の体内に出入できないとはいえない。例えば宋代の成書とされる『金鎖流珠引』巻四、一～二頁には治中の二十四生炁、治中の吏兵、功曹使者をみな臣某の身中に入れるという。

ここでは、仙霊籙の神が身体の内外を主に管轄範囲とするのとは違って、治籙の神の管轄範囲はより大きな広がりを持った空間であることを踏まえておく必要があろう。

治の意義については傅飛嵐（Verellen, F.）著、呂鵬志訳「二十四治和早期天師道的空間与科儀結構」（『法国漢学』叢書編集委員会編『法国漢学』第七輯、宗教史専号、中華書局、二〇〇二年）二一二～二五三頁を参照。

(10)『道法会元』巻一八一、四～五頁ではB—4の神は章職官の従事とされ、C—の幹佐小吏も章職官である。

(11) 上章を行う時の月と日により章を届ける宮と曹治が異なっていた。『道法会元』巻一八一、一六～一八頁を参照。

(12) 陸修静『太上洞玄霊宝授度儀表』一頁に霊宝大法という語があることにより霊宝法という語を用いる。

(13) 蔣氏立成儀、巻一六、四頁に発炉を注解して出官にも言及し、特に土地神について次のように述べる。

「（発炉の）祝文に称する所の『（発炉で道士の身中から出た功曹官吏等は）厳かに装いて、此の間の土地里域真官に関啓せよ』とは、蓋し三界は司を分かち、咸とごとく主職有り、太虚は遼邈にして、未だ通伝し易からず、人居地界も、苟も啓告すること有れば、須く当処の神司に憑り、次第に宣達して、方に其れ感通すべきを以てなり。故に『太極敷斎威儀』にては、身中及び法籙の治官を出し、治、廬、靖、化、四面方位、岳瀆、丘沼、諸廟神祇、土地の主、社稷将吏に関啓して、同に上啓を為すなり。而して杜広成の『醮儀』には、聖真の外に、必ず別に日直土地の位を設け、正しく以て情詞を関奏す。根元本始、此に在るが故なり」。『太極真人敷霊宝斎戒威儀諸経要訣』一～四頁、杜光庭『太上黄籙斎儀』巻五〇、四頁、散壇設醮を参照。

(14)『太上三五正一盟威籙』巻五、三頁を参照。

(15)『上清黄書過度儀』三～四頁を参照。

(16) 正一籙に二種の系統があることは、六朝の『正一天師告趙昇口訣』一～二頁に、「（二十四治の）職籙を置署し、以て邪俗の人を化し、黄老赤籙は以て長生を修めしむ。……吾をして先ず職籙を授け人情を化看せしめ、後に黄老赤籙を授け、善人を分別して以て種民に補せしむ」とあることが参考にできる。

(17) 元の趙道一『歴世真仙体道通鑑』巻一八、張天師、二一頁を参照。

(18) 張萬福自身による出官は、『醮三洞真文五法正一盟威籙立成儀』七～八頁に見え、三洞の最高位の上清玄都大洞三景弟子が行う出官の方式を示しており、正一や霊宝の籙の神々のみならず上清籙の神々も含んでいるようである。

(19) この部分は、『道法会元』巻二四五、一七～一八頁、上清霊宝無量度人上道、出官啓事訣によると、「……始めて斎に預かり、請いて吏兵を出すを得るなり。如し未だ籙を受けざる者は、輙ままに干請すること有るを得ず。如し或いは違うこと有れば、斎も亦た徒に設け、妄りに香燭を費やし、真霊を罔冒すれば……」とある。

(20) 蔣氏立成儀、巻一七、七頁の挟注に、「斎を建つるに、止だ第一日清旦のみ出官す。自余は否なり」とあり、出官は上章儀礼では毎回必須だが、行道儀では一回目正斎第一日早朝の時に出官するのみで、あとはやらず、最後に言功するという意味であろう。

(21) 大きな問題が一つあり、陸修静『太上洞玄霊宝授度儀』五頁によると出官においてどの神を何処に立たせるか指示する箇所で、伝写の錯誤か、陸修静による作為かわからないが、直使功曹を中央に立たせ、正一功曹は名称そのものを削除している。

(22) 元始系古霊宝経である『洞玄霊宝二十四生図経』二一頁以下に基づく。

(23) 『太上洞玄霊宝授度儀』では、天師について、例えば二三～二五頁に見えるように、誦詠五真人頌の中では最後の五番目に登場するように、相対的に低い順位に位置づけている。

(24) なお南宋から元の『道法会元』巻一八四、六～八頁、章科、箇閲吏兵行事、元の林霊真『霊宝領教済度金書』巻一一、五～八頁、科儀立成品、九霊飛歩上章儀、箇閲吏兵行事、明の周思得『上清霊宝済度大成金書』巻八、二〇～二二頁、朝真謁帝門、飛神謁帝品、九霊飛歩上章儀、箇閲吏兵行事に見える出官は、第一型の冒頭部分の上三天執法開化陰陽功曹と度道消災散禍解厄君吏の代わりに、あるいはこれらを残しその前に、「臣の身中の玉門紫戸三十九関の上真霊官、三部八景二十四神、五体真官、丹元真人、上清虚無自然左右領仙玉郎、飛仙玉虚侍郎、……八節直言直事」というような神を追加し、続けて盟威籙の神を配し、後ろにさらに多くの神を追加する複雑な出官となっている。三十九関（戸）というのは『上清大洞真経』巻六、一頁、上元玄父章に三十九門とあり、丹元真人の丹元は『黄庭内景玉経』三頁、心神章に見え、上清虚無自然を冠する神などもあって、おそらく上清の籙と関係する出官と思われる。

(25) 例えば『道法会元』巻一八一、二一～二二頁、三十六靖廬は背中の三十六骨節の紅炁、七十二福地は身体の孔竅神で黄炁に応じるとする。『蔵外道書』一五冊所収の『太清章全集』三九～四二頁の出官啓事は天師道の出官に属するが、関啓の対象となる神すなわち三境真官から社稷将吏までのすべてを身体内から出すとする。

(26) 注（24）を参照。

(27) 王契真『上清霊宝大法』巻五六、一九頁、林霊真『霊宝領教済度金書』巻二八二、二三頁を参照。

(28) 霊宝法の出官の第一型における復官（納官と同じ）の記述として、陸修静『太上洞玄霊宝授度儀』七頁に、「（籙の神は身体の中に戻り）九宮六腑、金堂玉室、十二関機の中に安穏たりて、身に纏り骨を繞り、百脉を経衛せんことを」という。また王契真『上清霊宝大法』巻五七、二四頁の納官の存想では、「神を集めて脳門（頂門）より入れ、納めて三宮に帰し、混合して一と為す」という。これらの表現からも身体内での籙の神の状態が窺える。

(29) 大淵忍爾『中国人の宗教儀礼』（福武書店、一九八三年）三三七、三四一頁、台南市曾椿寿道士『三朝各科詳記』五二頁等による。

(30) 高雄県永安郷杜永昌道長の提供にかかる。三一頁以下参照。Saso, M. 編『荘林続道蔵』第一二冊（成文出版社、一九七四年）に所収の『霊宝金籙登台拝表科儀』も同じである。

（二〇〇三年一一月二日稿了）

道教護法神・王霊官――その信仰の展開

奈良　行博

はじめに

護法神というのは、神界や人界において、宗教上の教えが正しく行われているかどうか、また、境域内に進入する者が正しく教えに従っているかどうかを見極め糾す、番人のような神である。仏教では、駿足の代名詞にもされている韋駄天が、道教では王霊官がよく知られているが、その働きや配置は必ずしも同じではない。[1]

このうち王霊官は、中国の道教寺院つまり宮観を訪れたことがある方であればしばしば目にしているだろうが、日本ではほとんど馴染みがないので、本稿では、紹介を兼ねて、どのような経歴を持つ神なのかを整理してみることにした。

一、道観境内の王霊官

霊官とは、主に身体外のことを司り、人の体や居住空間、環境などさまざまな場所で保護・防衛の任にあたる天界の役人のことを言い、身体内の各部・諸器官を司る「仙官」と職務を分かつ。[2] 護法の任にあたるこの王霊官は、現在残存する明・清時代に建てられた道観境内では、正門内のホール中央に置かれたり、正門に近い一殿のなか、四大元帥を四隅に配してその中央に置かれたりすることがしばしばで、時には頭上に祀られることもある。ただし、道観機能を持ちながら霊官を安置していなかったり、道観ではないのに霊官を祀っているなどの例外は多々ある。(3)

ここで、霊官の姿の特徴について記したいくつかの専門的辞書の各説明をまとめてみると、(4)

①赤い顔（紅臉）
②第三眼（三目）
③甲冑などで武人装束（披甲）
④右手に鞭丈を振りかざす（執鞭または挙鞭）

などの点で一致する。その他、若干の特徴を付け足すと、⑤憤怒の顔相。⑥右手に持つ鞭丈には細かい節目がはいる。⑦片足を揚げて踏みつけるような攻撃姿勢をとる、などがあげられる。また、論者が各地で見たところでは、左手の持物《じもつ》や手印などに地方差が見られるようだ。

比較のために、日本でも馴染みのある仏像のなかから似た像を探し出してみると、「憤怒の顔相」「(額に)第三眼」などの点で諸悪魔を降伏させる任にあたる「明王」の諸神に、「武将装束で、甲冑などを身にまとう」「攻撃姿勢で片足を揚げる」などの点では仏法を守護する任にあたる「天部」の諸像から見つけ出すことができる。(5)

しかし、道教系の神々のなかには、赤い顔の「関帝」、三眼の「二郎神」「霊官馬元帥（華光大帝）」など、一部分だけ似た姿をした別の像もあるので、王霊官であると判定するには安置場所などを勘案して特徴を総合的にとらえることが必要となる。

いずれにしても、王霊官が本来どのような性格の神であったかは別にして、道観内では糾察・鎮護するという職務のため、その神像の顔相および体勢には、威嚇の表情と攻撃的姿勢が強調されているのである。

二、王霊官は実在した人物か

王霊官は名を善といい、王善が本名である。彼の伝記は、『道蔵』のなか、歴史上の著名な神仙の伝記を載せる『歴世真仙体道通鑑』（元・趙道一編）の「続編」(6)に収録されるが、単独で項目が設けられるわけではなく、彼の師とされる北宋の道士「薩守堅」の項に関連して登場するだけである。独立したものとしては元時代の作品を含みながら明時代に成立したとされる『三教源流大全』に「王悪」(7)の名で登場するが、これは何種類かある王善に関する記述とは異なった文脈を持ち、後世に付会された作のようである。

王霊官の記事を収録する薩守堅の伝記には数種類あるが、『歴世真仙体道通鑑続編』『列仙全伝』(8)『広列仙伝』(9)の文が同系統で若干長い。ここでは成立と版の年代が古いとされる『捜神広記』(10)をもとに、同系統の『増補捜神記大全』(11)『三教源流大全』(12)『歴代神仙通鑑』(13)などの版本を参照して「薩守堅」の項から該当個所を引き出して要約してみよう。(14)

①（道術を身につけた薩守堅は）湘陰県（今も同名。湖南省北部にある横嶺湖の東畔）に来ると、橋のたもとの廟で、人が童男童女を生け贄にその土地の神を祀っているのを見かけた。

②薩真人は「邪神だから、その廟は焼かねばならぬ」と言うや、雷火を飛ばして廟を焼き落とした。そして「法官の働きは、常に斯くの如くあらんことを」との声だけ空に響かせて、姿をくらませた。それ以後、その廟が栄えることはなかった。

③真人が龍興府（今の江西省・南昌）にやって来て、江のほとりで足を洗っていると、水から神が現れ出てきた。その姿は、四角い顔で、黄色の頭巾、金のよろい、という装束で、左手は袖をたぐり持ち、右手は鞭を持っていた。
④真人が「何の神か」と問えば「拙者は湘陰の土地の廟神で、王善と申す者。真人に廟を焼かれてからこのかた、後をつけて十二年間、（天の規律に背く）過ちがあれば廟を焼かれた復讎をしようとひたすら待ったものの、真人の行いは潔癖で、天帝から授かった職務についておられる。できれば天帝に上奏して、あなたの武将にしていただきたく存じます」と言った。
⑤真人は「そちは、凶悪なる神であるから、拙者の持ち場に踏み入られると、拙者の法が害われてしまう」と答えた。
⑥その神（王善）が、すぐさま、決して盟には背かないことを堅く誓ったので、真人は彼に職務を授けるよう天帝へあてて上奏してやった。すると、許しが出されて王善は薩真人の武将となることができた。その手続きのすぐ早さは、あたかも〝こだま〟が返ってくるかのようであった。

とあり、王善はもとから神の位にあり、湘陰の廟に祀られた土地神あるいは地方神だったのである。それが神として悪俗になじんだ生活を送っていたために、真人の薩守堅から戒めを受けることになった。そして、真人の後をつけて十二年の後、薩真人との誓約で推挙が得られ、天界の武将として更生できた神だということである。

この伝記のなかで、王霊官について鍵になる事項をまとめてみると、もとは郷土の神であった、薩真人の「雷火」によって戒めを受けた、その装束や持ちものとして、四角い顔、黄色の頭巾、金のよろい、右手に鞭、十二年間、（天の戒律に背くことがないか）監視を続けた、薩真人の推挙で薩真人配下の武将になれた、などの点である。

今までは「捜神記」をタイトルに含む系統の版本を見てきたが、それより若干文字数の多い「列仙伝」をタイトルに持つ系統のものとの大きな違いを付記しておこう。『歴世真仙体道通鑑続編』および「列仙伝」系統では冒頭①か

ら③の部分が、

薩守堅がある城隍廟で数日間仮住まいをしていたところ、城隍の廟神がその土地の知事の夢に出て、「薩先生が我が廟に泊まっているのが落ち着かないので、追い払って欲しい」と依頼したので、知事は果たして言われた通りに追い出した。

廟を追われた薩は憾みに思い、たまたま豚を担いで廟参りに向かう者があったので、その者に香を手渡して、お参りを済ませたら香炉のなかにそれを入れてくれるよう頼んだ。言われた者がその通りにすると、雷鳴のような大音響と共に廟は焼け落ちてしまった。

それから三年が経ったある時、薩が渡し場まで来たところ、船頭がいなかったので、自分で棹さして渡り、渡り切ってから船賃として三文銭を舟に置き、水をすくって手を洗っていた。すると、鉄の冠、紅色の長衣、手には玉斧といういでたちの一人の者が水中より現れ出て立っていた。⒂

との展開になっている。比較をしてみると、王善がもともと神であった、その廟が雷もしくは雷のような大音響で焼け落ちる、という点で共通するが、異なる点は、大きな部分としては宿を借りていた城隍廟を追われる、船賃をごまかさなかったという記事があるということ。小さな点では、城隍廟の廟神であることの明記、洗ったのは手、監視の期間は「三」年間、鉄の冠、紅色の長衣、手に持つのは玉斧、などがある。しかし、どの伝記にも王霊官の最大の特徴でもある「三眼」については言及していない。

三、王霊官の知名度を揚げた周思得

王霊官の記事は、ほとんど薩守堅との絡みでしか登場しないが、皇帝との関連で正史に一度だけ登場する。『明史』巻五〇「礼志四」[16]に

崇恩真君、隆恩真君という神について、道家では、崇恩とは姓は薩、名は堅という西蜀の人とする。この神は宋・徽宗（在位一一〇七～一一二五年）の時に、かつて王侍宸、林霊素の一派について道法を学んで効力を発揮した。隆恩は玉枢火府天将・王霊官のことであって、この神もかつて薩（守堅）に付き従って符法を伝授してもらった。永楽（在位一四〇三～一四二四年）の時代に道士の周思得が「霊官の法」を広めたので、宮城の西に天将廟と祖師殿が建てられた。これは宣徳（在位一四二六～一四三五年）の時代に大徳観と改められ、この（薩・王）二真君が祀られた。成化（在位一四六五～一四八七年）の初年にこの観は顕霊宮と改められた。（祭祀のために）毎年、袍服を作り替え、その出費には際限を設けなかった。近ごろでは祈禱しても霊験の兆しはなく、もはや祭祀は中止すべきである。

とある。つまり、霊官の名を冠した周思得の道術が極めて霊験あらたかだったことで、時の天子・永楽帝に注目され、王霊官は薩守堅と並んで勅建の宮観に祀ってもらえるようになったのである。

永楽帝が周思得を寵愛し霊官を尊んだことについては、明・劉侗の『帝京景物略』（巻四「顕霊宮」[17]）にその具体的な記述が見えるが、なかでも、東海で見つけた伝来物の霊官の藤像を宮中で賓客の扱いでもてなし、遠征には必ず連れて移動したとの記事は、その信頼ぶりがよく窺える。またその後、王霊官を祀った顕霊宮が道教のなかでも主導的

な任務を帯びた道観になったことについては、『明史』（巻一九五）「佞倖伝」[18]に時の著名な道士・邵元節が嘉靖三（一五二四）年に龍虎山から招かれて顕霊宮に入り、朝天、顕霊、霊済の三宮を統括し道教を統べる権限が与えられ、なおかつ金、玉、銀、象牙の印が一つずつ下賜されたことを述べている。だから、明代の帝都・北京では、信仰の発端となる永楽帝から数えて少なくとも百年は王霊官に対する信仰が高かったことが分かる。

また王霊官は火神としても祀られていたらしく、『帝京景物略』（巻一「城北内外」）には、日中坊にある火徳真君廟が万暦三三（一六〇五）年に瑠璃瓦を葺いて増築されていて、その前殿を「隆恩」と称したとあるから、前記の賜号から考えて王霊官を祀ったと考えられる。また、北京の地誌、清・朱一新の『京師坊巷志稿』を繰ってみると、清代には霊官を単独で祀る「霊官廟」が二箇所見つかる。護法神としての王霊官は現在では非常に一般的な神であるが、単独で祀られる廟の例から考えても、廟の添え物としての神ではなく、いくらか支持を得ていた神であったことが推測できる。

このように王霊官信仰は、その勢いが相当長く続いていたことが分かるのだが、反面、実質上の効力を失って人気が低迷し始めていたのも事実で、前引の『明史』「礼志四」の記事の末文によれば、後年、その霊力は衰えてしまっているので、朝廷の費用節約のためにも大掛かりな祭礼は中止すべきであることが記される。この祭祀の事情については弘治帝（在位一四八八〜一五〇四年）の『実録』（『明孝宗実録』巻一三）[19]にやや詳しい記事を見ることができる。また、前引の『明史』「佞倖伝」には龍虎山の道士・邵元節を北京に招いて顕霊宮に入れた嘉靖帝は、臣下の言に強く惑わされて鬼神の祭祀を重んじたとの不吉な記事も残されている。このことから考えるに、王霊官の人気というのは、先代から伝わる儀式を重んずる宮中行事のおかげ、そして、庶民の動向とは関係なく皇帝の個人的な嗜好で保持されていた面も多分にあるということが読み取れる。

はからずも、立派な廟に収まってしまった王霊官は、湘陰の土地神時代の堕落が再現されたかの趣がある。

四、周思得に至る神霄派の雷法

王霊官はあくまでも神仙であって実在の人物ではなかったが、彼の師となる薩守堅はというと、同じく『捜神広記』「薩守堅」の冒頭には[20]

薩真人は名を守堅といい、蜀（今の四川省）西河の人である。若い時から人を助け、物を役立てる心が働いた。かつて医術を学んだが、薬の使い方を間違えて人を殺してしまい、そのことがきっかけとなって医の道を捨ててしまった。張天師・虚靖（張継先）および建昌（江西省・南豊）の王侍宸、福州（福建省・福州）の林霊素の三人の道法が優れていると聞いて、その法を学ぼうと蜀の地を離れることにした。

とある。そしてその後の展開を要約すると、路銀を使い果たして困っていたところ、偶然、三人の道士に出会う。そして、その道士らから、自分が求めている三先生はいずれも世を去っていたことを教えられてがっかりするが、その三道士からそれぞれ一法ずつ伝授してもらうことになった。そしてその道士の一人から紹介文をしたためた手紙を授かり、信州の天師に届けに行った。指示されたように手紙を届けると、その手紙は、（第三十代天師）虚靖天師（張継先）の真筆であることが分かった。更に、自分が会った三道士は、自分が求めていた三人の師であり、それぞれから授かった法術も、ほかでもない自分が習いたいと願っていた法だったというのである。

冒頭の、薬の使用法を誤って人を殺してしまい、悔悟の果てに医術を捨てて道術の師を求める旅に出るというくだりは、極めて人間臭く、宗教譚としては魅力的で素直な展開であるが、自分の求める師が三人揃って登場するのがいかにも安直で神仙譚らしい。つまり伝記のなかでは、薩守堅は、張継先（一〇九二〜一一二七年）、王侍宸（一〇九三〜

一一五三年)、林霊素の三先生が生きている間に、彼らから直接に伝授してもらうことはできなかったが、その道術は、虚靖天師の真筆を手にしたことで間違いなく受け継いだことにしておきたいという意図がことさらに強く働いているようにも読み取れる。

道教史のなかでは、北宋時代の張継先、王侍宸、林霊素と言えば、宋代符籙派三山の流れを汲む神霄派の確立者としてよく知られ、それぞれ「雷法」の使い手として名を成している。神霄派の流れについては明・張宇初が『峴泉集』(巻一)[21]のなかで

神霄すなわち雷霆の諸派は玉清真王から始まり、火師汪真君が広めたのである。それを受け継ぐ者としては、侍宸王君、虚靖真君、西河薩君、伏魔李君、枢相許君がある。一派を立てている者には林霊素、徐神翁、劉混康、雷默庵、万五雷、方貧楽、鄧鉄岩などがある。

と述べていて、このうち虚靖真君は張継先、西河薩君は薩守堅のことであるから、四名が揃って同じ道法の使い手として名を連ねているので、薩守堅も実在した者らしきことが分かる。

雷法というのは、主に自然現象を自由に操ることができる術であるが、なかでも神霄派は天人合一の思想を重視し、内丹の修養が果たせれば、その力によって自然現象の制御も可能だと強調する。ちなみに王侍宸の言葉[22](『道法会元』巻六一「高上神霄玉枢斬勘五雷大法」序)を引いてみると、

自分の元命の神を、かの虚無の神によせて、我が本身の気を、かの虚無の気に合わせ、これに歩罡訣目、秘呪霊符を加えて変化の働きを盛んにさせると、ちょうど符契《わりふ》を合わせるよう(に人と自然とが通じあうの)である。雷

霆を手のひらに巡らせ、天地を体に包み込むようにしながら、晴れと言えば晴れになるし、雨と言えば雨が降ってくる。だから、人と天との感応関係というものは形に影がつき、音に響きがつくように速やかなのである。

また、薩守堅の口述とされる『雷説』(23)（『道法会元』巻六七、第一四）には

この道をさとり、この理をおさめたならば、陰陽の二気は二気のなかにあるのではなく、我が身体のなかにそなわる、五行は五行のなかにあるのではなく、我が身体のなかにそなわる。吹き出せばそれが風となるし、巡らせば雷となり、吐き出せば雲となり、吹きかければ雨となり、千変万化、千態万状、どれもこれもみな心の内の物が根本になっているのである。

とあり、このように人体の内的エネルギーが天地にそのまま作用を及ぼすとする内丹重視の道術は、神霄派の大きな特徴となっている。とすると、王霊官の伝記の記述で、廟を焼き落とす場面が出てきたが、その手段として香を香炉に入れるという仕掛けを使うよりも、内丹の力で雷火を飛ばしたほうが、いかにも薩守堅の雷法らしい描写になるわけである。従って、版本の系統で言えば、『捜神広記』の系統の方が、薩守堅の思想をふまえた表現であるし、また、王霊官の持物が玉斧ではなく鞭であるという点が現存する神像の実情と合致した描写になっているということが分かる。

さて、この神霄派は、北宋末から始まり、南宋を盛りに元、明と続いているのだが、周思得は、その最末流にあたっている。ただし、師承関係をたどっていけば確かに一線で結ぶことはできるが、その時間的な隔たりは大きく、薩守堅を含め王霊官が登場する舞台は十二世紀であるし、一方、周思得は十五世紀の人である。その間の継承者が不明な

点を考えると、どうしても繫がりが弱い印象がある。

あるいは、周思得の一派が宋代隆盛の正統的な神霄派雷法との関連を強調したいものの、実在する継承者との繫がりがないために、実在の不確かな王霊官の力をことさらに表彰した結果、王霊官が思った以上に浮上することになったのかもしれない。更に、永楽帝が好んで頼りとした王霊官の藤像は、その発見された経緯については何も文献資料が残っていないが、自己の宗教戦略として周思得が巧みに仕組んだことだったのではないかとの推測もできる。

ともあれ、王霊官は北宋から続く神霄派の系譜を繫ぐ太い綱として明代に取上げられ、そのことによって知名度を上げて今日に残るようになったようである。

五、道経の中の王霊官

清代の史学者である趙翼（一七二七～一八一四年）はその著『陔余叢考』で、道観にはしばしば山門鎮守の神として王霊官が祀られることを書き出しに「王霊官」の考証をしている[24]。彼の時代にはもうすでに一般的な神になっていたらしいが、ではその起源はいつからかとなると、定かでない。王霊官の記事が伝記に出てからのこととすれば、おおよそ元から明の間には祀られ始めたと考えられるだろう。ちなみに道観建築の一つの典型とされる北京・白雲観の観志を見てみると、明代の重修碑に見られる建築記録には四元帥つまり護衛の四神を祀ったと思われる四聖殿はあるが霊官殿はない[25]。それが、清代の改築になって四聖殿とは別に霊官殿が登場している[26]。あるいはもともと明代に四聖殿のなかに王霊官を中央に配して祀ったのかもしれないが、清代になって霊官が祀られるようになった、あるいは霊官殿が独立して建立されるようになった経緯に興味が持たれるところである。

王霊官の装束や持物については、伝記中の描写から、現存の神像とのいくつかの共通点を拾い出すことは可能だが、第三眼だけが記述に見当たらない。趙翼もまたこのことには触れていない。清末の宗汝済撰『鋳鼎余聞』の「王霊官」の項には、額に第三眼のある赤子が「午」の日に生まれたが、気味が悪くて殺してしまったところ、それは王霊官の下凡だったために報復される、との一文がある。(27) このことから考えれば、王霊官が三眼だという共通認識は清末頃にはあったことになるので、神像の額の第三眼が近年になって付けられたものでないことだけは確かである。

前記したように、霊官というのは神界・人界で守衛や監視にあたる役人である。だから、道経のなかには王善以外の霊官がしばしば登場し、姿もさまざまである。しかし、今まで見てきたように王霊官だけは歴史上特別な扱いを受けてきたので、その装束には一定の型が定まっている。特に、儀礼の時ともなると、一見してすぐに王霊官と分かるような衣装をまとわないことには呪力の効果も上がらないし、一般大衆をひきつける力も発揮できないことになる。

『道蔵』のなかの王霊官に関係する経典は極めて少ないが、儀礼書としては元末から明初にかけて成ったとされる『道法会元』(28)のなかにⒶ巻二四一「雷霆三五火車王霊官秘法」、Ⓑ巻二四二「豁落霊官秘法」、Ⓒ巻二四三「南極火雷霊官王元帥秘法」が見つかり、単独のものとしてはⒹ『太上元陽上帝無始天尊説火車王霊官真経』(29)があり、いずれにも王霊官の装束を描写した部分がある。そのうち、目の描写があるのはⒶⒸとⒹで、Ⓐには儀式の先導をする王霊官役の装束として「赤面、紅鬚髪、双目、火睛、紅袍、緑靴、風帯、左手火車、右手金鞭、状貌躁悪」と記され、目は「双目」つまり二つである。Ⓒでは数を言わず「虎睛」、Ⓓでは「怒双睛」となっていて、やはり目は二つなのである。

ところが、同じ霊官でも馬霊官になると、ほとんどの場合「三目」で登場し、時に「三頭」「九目」ともなる。「九目」は一頭に「三目」あるので三頭で「九目」と数えたものだろう。

『道法会元』には「霊官馬元帥秘法」のタイトルのもと、巻二二二から巻二二六まで五種類の「秘法」を収録していて、冒頭の「正一吽神霊官火犀大仙考召秘法」(巻二二二)には「頭頂甓、金羅花帽、身穿紅錦、鷹花袍、手執金槍・金磚、足踏火車」とのみあって、目のことには触れていないが、「上清都統馬元帥駆邪秘法」(巻二二三)には描写はなく、以下、

「金臂円光火犀大仙正一霊官馬元帥秘法」（巻二二四）には、「三頭、九目、六臂、藍身……」、「火犀大仙馬霊官大法」（巻二二五）には「金睛、三目、……、右手執金槍、左手托三角金磚、足踏火輪、……」（ここでは、副将の五元帥のうち、陳、朱、蕭の三元帥が「三目」）、「正一霊官馬帥秘法」（巻二二六）では「青面、三目、……」などと記述され、更に他の巻で馬霊官が登場するものには、「霊官陳・馬・朱三帥考召大法」（巻二二九）では「三頭、六臂、九目、青面、藍身、金睛、円眼、……」（ここでは陳元帥が「三目金睛」）、「上清正一三景霊官秘法」（巻二三二）では「青面、三目、……」などとあり、道教文献のなかでの馬霊官の姿は、「三目」「手に金槍、三角金磚」「足に火車」という基本要素を備えたものになっている。

これで見るかぎり、道教儀礼のなかで三目を特徴とするのは、王霊官ではなくて馬霊官だということになり、両者を明確に区別する固定したスタイルがあったことが分かる。

六、王霊官と馬霊官

道教寺院の入り口では、しばしば仏寺の四天王殿を模して四聖殿が建てられ、そこに四人の護法天神が祀られる。この四神は、道書『道法会元』[30]（巻三）では「天蓬玉真寿元真君」「天猷仁執霊福真君」「翊聖保徳信慶真君」「祐聖真武霊応真君」の四神があてられて四聖と称されているが、必ずしも一定しない。特に民間では、世俗で知名度が高い神があてられて、別の四神が祀られることも多く、四将、四大元帥など、その名称も、あてられる神も異なる。

そのなかでよく見られるのが趙、馬、温、関の四大元帥[31]で、これがそのまま道観の四聖に採用されたりする。この趙とは趙公明あるいは趙玄壇。馬は先ほど登場した馬霊官、別に馬霊耀、道経では馬勝と称される。温は浙江省・温州が出身地とされる温瓊。関は関聖帝君つまり関羽である。どれも、明・清時期に民間では絶大な人気を誇る神である。

この神のなかで神像が三目に造られるのは馬元帥だけである。この神が三目にされるのはその伝記に根拠があるからで、いつ知れず三目に変化したわけではない。その伝記は『三教源流捜神大全』に「霊官馬元帥」の表題で収められ、次のような文で始まる。(32)

馬老帥の生い立ちを明らかにすると、おおよそ三度の「顕聖（神として世に出現する）」がある。もともとは至妙吉祥の化身であったが、焦火鬼の墳墓を壊したことが慈悲の心を害う行為だとして如来によって下凡させられ、五団火光に托して馬氏金母の胎中に宿されたのである。生まれたその顔に「三眼」があいていたので、「三眼霊光」と名づけられ、三日にして戦いの力をつけて東海龍王を斬り殺し、水の災いを打ち鎮めた。また、紫微大帝の「金槍」を盗み出し、火魔王公主に霊を預けて子となり、出生すると手に左は「霊」、右には「耀」と書かれていたので、「霊耀」と名づけられた。

とあり、これまで「三眼霊光」「霊耀」との名で二度の顕聖を果たした後、次に、太恵尽慈妙楽天尊から天書を学び、「金磚三角（三角形の万能〝つぶて〟）」を授かって天下無敵の力をつけ、更に鬼子母の遺体に入り込んで三度目の顕聖に向かうのである。

この伝記を読めば、先ほどの儀礼書のなかに出てくる基本要素である三眼、金槍、金磚が全て揃っている。しかしその物語の展開は大掛かりで、仏教の香味が強く、王霊官が水の中からのそりと姿を現すのとは、描写姿勢が著しく異なっている。また、馬霊官の伝記は神仙譚というより、その奔放さ闊達さは明代小説のダイジェスト版の趣があり、制作年代の違いを強く感じさせる。

道教儀礼の書のなかには、王霊官よりも馬霊官のほうが多くの名を残していたが、これはそれだけ馬霊官の人気が高かったことを表わしているのではないだろうか。このような状況から推測してみると、同じく明という時代を舞台にして、片や王霊官は皇帝に、片や馬霊官は庶民大衆にという形でそれぞれもてはやされているうちに、同じく「霊官」ということで神像描写に混同が生じた可能性が高い。つまり、王霊官の三目は馬霊官の民間人気に引き込まれる内に形成された世俗化した姿なのではないかということである。そう考えると、古い文献には記載のない王霊官の額についた第三の目の由来に、一応の説明をつけることができる。

おわりに

王霊官は湘陰の廟神から始まり、薩守堅の教化を受けて神将となり、更に明代に周思得に担ぎ上げられて勅建の廟に祀られ、北方での霊官、火神としての看板的地位を築いた。なおかつ、民間の馬霊官の人気に引き込まれながら第三の目が付され、その混同した姿のまま道教宮観の霊官殿に祀られるようになった。後半の仮説部分はもとより確証はないが、糾察係として十二年間任務についた実績が認められて、現在、大陸の道教寺院にしばしば祀られていることは、動かせない事実である。また、弥勒の化身とされる布袋和尚の像を第一殿に置く仏寺と区別して、道観を象徴する神として王霊官が山門や第一殿に憤怒の顔相で構えるのも事実である。

もっとも、種々ある道観のなかでも教団組織をかかえるほど規模が大きいか、出家道士が修養するような格式の高いものについては必ずといってよいほどに祀られるが、小廟や民間祠に祀られることはほとんどない。従って、海外に伝播して道教系の神が祀られる祠廟は、そのほとんどが郷土神として、あるいは航海神、商業神など民間祠として持ち込まれたものなので、この王霊官が祀られることはないのである。つまり、王霊官は道教・道観を象徴する神の一人だが、世俗大衆の篤い信仰を得るほどの魅力を持たない神だったと言える。

【注】

（1）現在、中国仏寺の山門もしくは「四天王殿」などの第一殿で、最初に目にする神像は弥勒菩薩の化身とされる布袋和尚が多い。韋駄天の像はその背後に、背を付き合わせ、本殿と向き合う形で安置される。これは、仏塔を中心とする古い仏寺の形式の名残で、俗に、仏塔に収まる仏舎利を持ち去ろうとした魔王・捷疾鬼を韋駄天が捕り押さえた功績からその任が与えられたといわれる。

一方、道教の護法神は明清時代以後は王霊官が一般化し、山門などで本殿を背にして来訪者と向き合う形で安置される。しかし、龍虎山の天師道では趙公明（玄壇・元壇）が尊ばれ、清代に編まれた『龍虎山志』（清・婁近垣纂、乾隆五（一七四〇）年）「宮府」（巻三）には、殿前に祀られる神としてしばしばその名が登場する。そのうち「上清宮」では、楼の東西に霊官と元壇を祀ったとの記載が見える。現在、龍虎山・天師府の三清殿では、西に財神殿を設けて趙玄壇、東に霊官殿を設けて王霊官を祀っている。

（2）「霊官主治外、以守衛人身形、舎宇、治邑、四墟所至也」（『正一修真略儀』第四葉～第五葉）。

（3）中岳嵩山の中岳廟は現在、道観の機能を持つが、もともと国家が朝廷祭祀のために建てたものなので霊官殿はない。北京の東岳廟は正一教の華北地域の重要な拠点であったが、他の土地の東岳廟と同じく、冥界審判のための施設として固定した伽藍形式があって、ここにも霊官殿はない。長江以南の南方地域の媽祖廟は護衛や侍神として「千里眼」「順風耳」が祀られて霊官は置かないが、北方地域たとえば天津・天后宮、北京・丫髻山の碧霞元君祠には、霊官を祀る。北京・妙峰山の碧霞元君祠の山門は、かつて「霊光」と称した（顧頡剛『妙峰山』国立中山大学語言歴史研究所、一九二八年）。「霊光」は後出する馬霊官の名である。

（4）以下、いずれも「王霊官」の項目より。

「其形象為紅臉虬鬚、金甲紅袍、三目怒視、左手持風火輪、右手挙鞭」（任継愈『宗教大辞典』上海辞書出版社、一九九八年）。

「道観内塑王霊官像、赤面、三目、披甲執鞭、為鎮守山門之神」（蘇州道教協会『道教大辞典』華夏出版社、一九九四年）。

「道観中多塑王霊官像、形象奇持（特）、赤面、三目、披甲執鞭。作為鎮守山門之神」（呉楓『中華道学通典』南海出版公司、一九九四年）。

「其形象更加豊満、其造像一般為紅臉虬鬚、金甲紅袍、三目怒視、左手執風火輪、右手挙鞭、一副鎮妖降魔的威猛気派」（胡孚琛『中華道教大辞典』中国社会科学出版社、一九九五年）。

（5）不動明王を主尊として以下、降三世明王、軍荼利明王、大威徳明王、金剛夜叉明王が五大明王といわれる。いずれも憤怒の相を持ち、不動明王を除いて全て「三目」の像が造られる。その他、愛染、大元帥、烏枢沙摩などの明王も「三目」を持つ。日本では、この第三の目を「智眼《ちげん》」と称している。また、天部の神々では、四天王の持国天、増長天、広目天、多聞天をはじめ、帝釈天などが鎧姿に造られるが、いずれも二目。摩利支天は三目に造られる。

(6)『道蔵』S一四九、巻四、一〜三葉。

(7)『中国民間信仰資料彙編』第三冊、一七四〜一七五頁。

(8)同右書、第六冊、五四三〜五四五頁。

(9)同右書、第五冊、四七二〜四七五頁。

(10)同右書、第二冊、七二〜七四頁。

(11)同右書、第四冊、一三五〜一三七頁。

(12)同右書、第三冊、八四〜八五頁。

(13)同右書、第一七冊、三三六五〜三三六六頁。

(14)①「継至湘陰県浮梁、見人用童男童女生祀本処廟神」。
②「真人曰『此等邪神、好焚其廟』言訖、雷火飛空廟立焚矣、人莫能救、但聞空中有云『願法官常如今日』自後廟不復興」。
③「真人至龍興府江辺濯足、見水有神影、方面、黄巾、金甲、左手拽袖、右手執鞭」。
④「真人曰、爾何神也、答曰、『吾乃湘陰廟神王善、被真人焚吾廟後今、相随十二載、只候有過則復前讎、今真人功行已高、職隷天枢、望保奏以為部将』」。
⑤「真人曰、『汝凶悪之神、坐吾法中、必損吾法子』」。
⑥「神即立誓不敢背盟、真人遂奏天、授職収係為将、其応如響」。

(15)「継至湘陰、寓城隍廟数日、太守夢城隍告之曰『薩先生寓此、令我起処不安、幸為我善遣之』太守至廟、遂薩使去。薩恨之。行数十里、遇人舁豕往廟酬愿。薩以少許香附之曰『酬愿畢、願為置炉中焚之』其人如約、忽迅雷火焚其廟。越三年、薩至渡、無操舟者、挙篙自刺、置三文銭於舟中、以償舟金。因掬水浣手、見一神鉄冠紅袍、手執玉斧、立於水中」。

(16)「崇恩真君、隆恩真君者、道家以崇恩姓薩名堅、西蜀人、宋徽宗時嘗従王侍宸、林霊素輩学法有験。隆恩、則玉枢火府天将王霊官也、又嘗従薩伝符法。永楽中、以道士周思得能伝霊官法、乃於禁城之西建天将廟及祖師殿。宣徳中、改大徳観、封二真君。成化初改顕霊宮。毎年換袍服、所費不訾。近年祈禱無応、亦当罷免」。

(17)「永楽中、道士周思得行霊官法、知禍福先、文皇帝数試之、無爽也。至招弭祓除、神鬼示彪、逆時雨、禬烖兵、維影響、乃命祀王霊官神於宮城西。世伝霊官藤像、文皇獲之東海、崇礼朝夕、対如賓客、所征必載。……」。

(18)「邵元節、貴州人、龍虎山上清宮道士也。師事范文泰、李伯芳、黄太初、咸尽其術。寧王清宸濠召之、辞不往。世宗嗣位、惑内侍栽崔文等言、好鬼神事、日事斎醮。諫官屢以為言、不納。嘉靖三年、徵元節入京、見於便殿、大加寵信、俾居顕霊宮、専司禱祀。雨雪愆期、禱有験。封為清微妙済守静修真凝元縁衍範志黙秉誠致一真人、統轄朝天、顕霊、霊済三宮、総領道教、賜金、玉、銀、象牙印各一」。

(19)「……成化初改観曰顕霊宮。毎年換袍服、三年一小焚、十年一大焚、復易以新珠玉錦綺、所費不訾。毎節歳時皆遣官致祭。……今若以累朝創建之故難於廃毀、其祭告之礼宜令罷免、四時袍更換宜令収貯泣勿毀。此後不必再焚、亦不必再製。如此則妄費可少省、而邪術可貶矣」。

(20)「薩真人名守堅、蜀西河人也。少有済人利物心。嘗学医誤用薬殺人、遂棄医道。聞虚靖張天師、及建昌王侍宸、福州林霊素三人道法高、遂来学法、出蜀」。

(21)「神霄則雷霆諸派始於玉清真王而火師汪真君闡之、次而侍宸王君、虚靖真君、西河薩君、伏魔李君、枢相許君。倡其宗者、林霊素、徐神翁、劉混康、雷黙庵、万五雷、方貧楽、鄧鉄崖。而上官、徐、譚、楊、陳、唐、莫。而下派亦衍矣」（『道蔵』S一三一一、巻一、十九葉、「芸文版」第五五冊）。

(22)「以我元命之神召彼虚無之神、以我本身之炁合彼虚無之炁、加之歩罡訣目秘呪霊符、斡動化機、若合符契、運雷霆於掌上、包天地於身中、曰暘而暘、曰雨而雨、故感応速如影響」（『道蔵』S一二二〇、巻六一、一葉、「芸文版」第四八冊）。

(23)「会此之道、参此之理、則二炁不在二炁、而在吾身、五行不在五行、而在吾身、吹而為風、運而為雷、嘘而為雲、呵而為雨、千変万化、千態万状、種種皆心内物質之」（『道蔵』S一二二〇、巻六七、一四葉、「芸文版」第四八冊）。

(24)「道観内多塑王霊官像、如仏寺之塑伽藍、作鎮山門也。……」（『陔余叢考』巻三五、商務印書館、一九五七年、「王霊官」七七〇～七七一頁）。

(25)「……正統八年三月建衍慶殿于玉皇閣之前。奉侍玄天上帝。重脩四帥殿。及山門。仍建霊星門於外。……」（小柳司気太『白雲観志　附東嶽廟志』東方文化学院東京研究所、一九三四年、一二六頁「白雲観重修記」正統九年碑〔一四四四〕胡濙）。

(26)「……今上重建玉皇殿。長春殿。七真殿。霊官殿。四聖殿。山門・牌楼。石橋・旂杆。鐘鼓楼。垣墻。並及鉢堂。厨庫。東西祠堂。

道舎。……」（小柳司気太、注（25）前掲書、一四二頁「重修白雲観碑記」康熙四五年〔一七〇六〕原建、王常月、光緒一二年〔一八八六〕重勒）。

（27）「国朝華亭董含三岡識略云、府治東大呉橋有楊冠者以肩輿為業、其妻午日生一子三目額有両角中一目尚未開、如道家所塑王霊官状、冠驚駭殺而瘞之、是夕夢一金甲神数之曰、予以微罪偶謫凡間托生汝家、何忍□殺、今秋必有報汝、未幾夫婦俱為乱兵所害」（『中国民間信仰資料彙編』第二〇冊、五五～五六頁）。

（28）『道蔵』S一二二〇。

（29）『道蔵（続）』S一四四一、「芸文版」第五七冊。

（30）『道蔵』S一二二〇、「芸文版」第四七冊、三八四六七頁。

（31）馬書田『中国道教諸神』（団結出版社、一九九六年）第五章「護法神将」第一「馬趙温関大元帥、周・岳・康元帥」（三〇〇～三〇六頁）参照。

（32）「詳老師之始終、凡三顕聖焉。原是至妙吉祥化身、如来以其滅焦火鬼墳、有傷於慈也。而降之凡、遂以五団火光投胎于馬氏金母、而露三眼因諱三眼霊光。生下三日能戦、斬東海龍王、以除水孽。継以盗紫微大帝金鎗、而寄霊于火魔王公主為児、手書左霊右耀、復名霊耀」（『三教源流聖帝仏祖捜神大全』巻五、『中国民間信仰資料彙編』第三冊、二二六～二二七頁）。

正一教について——元代における正一教の起源を尋ねて

石田　憲司

一、はじめに

日本における元代以後の道教史研究において、「正一教」という語句をしばしば見かける。従来、天師道の系統を引く正一教という道教教団[1]が存在し、元代以後の道教界を全真教と二分する教勢を有していたと日本では理解されることが多かった。この場合の正一教は、道教教団の概念規定に問題を残してはいるが、明代にあっては後漢張陵の子孫である張天師を教主として、龍虎山に本拠地を置く道士集団であり、その他の道教教団としては全真教以外に、三茅山に本拠地を置く上清派、閣皁山に本拠地を置く霊宝派、西山に本拠地を置く浄明道などがあったと考えられている。[2]

筆者もかつては正一教という語句を通説に従って用いていたが、台湾における現地調査を通して、正一教を道教教団と把握することに疑問を生じ、「明代道教史上の全真と正一」[3]と題する試論を発表した。しかし正一教の概念の起源は元王朝との関係にまで遡る必要があり、小論においては諸先学の研究成果[4]を頼りに、その試論を補完する作業の一環として元代の正一教を検討した。[5]

二、張天師の職掌と権限

元王朝が江南を支配下に収めた頃には、江南では天師道をはじめ上清派や霊宝派、浄明道など複数の道教教団が活動し、人々の道教信仰を担っていた。元王朝は江南社会における宗教統制政策の一環として、至元一四年に第三六代天師張宗演に演道霊応冲和真人を与え、江南道教事の主領を命じている。これは王朝に代わって度牒を発給する権限と、路ごとに道録司、州には道正司、県には威儀司を設けて道教を統括する権限の委任を意味するものであった(6)。この権限はすでに華北の道教諸教団の掌教者が与えられているものと同じで(7)、元王朝は華北に用いた政策を江南でも実施したのであろう。

この元王朝に与えられた張天師の江南道教統括の権限下には、上清派、霊宝派、浄明道などの道士も組み込まれることとなる。たとえば『茅山志』巻一二上清品篇「四十三代宗師」には、

> 世祖は臂疾をもって四三代宗師許道杞を召して大都の香殿で会い、法術で治療をさせてみたところ治癒した。復た命じて雪を降らせる祈禱や風を止める祈禱をさせたところ、皆、奇験があった。許道杞に宝冠と法服を賜り、大いに上清派の教を護れよとの璽書を発行して与えた。掌教者たる印を佩びて南に還り、三茅山は悉く許道杞の統括に隷《したが》った。

とある。世祖より璽書を与えられて、三茅山は悉く許道杞の統括に隷ったとあるが、このことは『元史』巻一一本紀「世祖八」にも見えており、そこでは許道杞に「命じて別に（上清派）道教を主らせた」とある。「別に」とは、すでに張宗演に与えた江南道教支配の権限とは切り離してという意味で、上清派道士が教団の枠を越えて王朝体制と直接関わ

りを持たねばならない場合、張天師を介することなく手続きを決済し得る権限を得たと理解できる。[8] この事例は特に王朝から上清派道教を主領せよとの下命を得られなければ、原則的に上清派の道士も張天師の江南道教統括の権限に服さねばならなかったことを示している。

そこで張天師の嗣教に伴う統括権限の付与を、第三七代天師張与棣以降の歴代張天師の嗣教で見ておきたい。[9] まず張宗演は演道霊応冲和真人を与えられて、管領江南諸路道教事を命じられている。[10] 第三七代天師張与棣は至元二八年に嗣教すると、すぐに召しに応じて入覲し、体玄弘道広教真人管領江南諸路道教事を与えられている。第三八代天師張与材も至元三一年に嗣教すると、すぐに王朝より使者が龍虎山に派遣されて掌教を命じられ、翌年には太素凝神広道管領江南道教事の封号を得ている。張与材はさらに大徳八年に正一教主兼主領三山符籙を与えられている。第三九代張嗣成も延祐三年に嗣教すると、すぐに王朝より使者が龍虎山に派遣されて教事の主領を命じられ、翌年には太玄輔化体仁応道大真人掌江南道教事を与えられている。[11] また至治元年には正一教主と領三山符籙を加えられている。[12] しかし第四〇代天師張嗣徳は至正四年に嗣教するが、わずか八年後の至正一二年には没している。この張嗣徳に対して太乙明教広玄体道大真人主領三山符籙掌江南道教事が与えられたのは、没した翌年の至正一三年である。第四一代天師張正言が掌教した際には、二年にわたって京師との道が不通となっており、ようやく詔勅の伝制により天師明誠凝道弘文広教大真人主領三山符籙掌江南道教事を与えられている。

ここに見られるように、まず最初に嗣教と同時に掌握するのは、王朝体制とは直接関わらない天師道内部の統括である。これに対してすぐに王朝から掌教の許可を得ているが、この許可は嗣教の追認であって、江南道教事の主領を下命するものでないことは、第三七代天師張与棣に与えられた嗣教に関わる詔勅文[13]に明らかである。張与棣は至元二八年一一月に張宗演が没して嗣教し、すぐに入覲して至元二九年四月付けで体玄弘道広教真人管領江南諸路道教事を命ずる詔勅を与えられている。[14] これに先んじて至元二九年正月に発行された嗣教許可の詔勅文には、漢天師三七代孫張与棣は父演道霊応冲和真人張宗演の法統を伝えよとするだけで、張与棣の封号や領江南道教事との職掌には全く触れていない[15]。

次に張天師が掌握するのは、管領江南道教事の職掌に示される江南道教界の統制事務機構で、これによって江南に拠点を持つ個々の教団と王朝との関わりを、張天師が一元的に掌握することとなる。さらに大徳八年以後は三山符籙を主領する権限が加わることで、符籙発行権限の掌握を通して個々の教団を統括し、張天師の統括する天師道を中核とする江南道教界の結束を実現することとなる[16]。

三、正一教主と正一教

ところで元明善『龍虎山志』「人物上」には、第三八代天師張与材が大徳八年に、また第三九代天師張嗣成が至治元年に、それぞれ正一教主の称号と主領三山符籙の職掌を受けていることが見えている。第四一代天師張正言もこれを与えられていたことは、元明善『龍虎山志』大元制誥「天師」にある、至正一三年八月に出された歴代張天師に職号を加増する詔勅文に、「四十一代正一教主明誠凝道弘文広教大真人主領三山符籙掌江南道教事張正言」とあることより知られる。

張嗣成が正一教主を与えられたのは嗣教してから五年を経た後であり、また第四二代天師張正常も洪武元年に明の太祖から与えられるまで[17]正一教主の称号と職掌を有していなかったが、いずれの場合もその間に天師道が教団として機能していなかったとは考えがたい。王朝から与えられる正一教主という称号が、天師道内部の掌教と直接関わるものでないことは明らかである。正一教主の称号は王朝との関わりを前提とする、上清派や霊宝派、浄明道など江南道教各派を包摂した理念的集合体の頂点に立つ者の称号であろう。もとより江南道教各派によって構成されるこの集合体は、内部に自らの必要によって成立した組織とそれを維持する秩序は持っておらず、正一教主の存在は王朝の裏付けを欠いては全く効力を有さぬものであると考えられる。

しかし普通に考えれば、師漢天師という称号は張与材まで三八代にわたって連綿と続いた伝統の証であり、あえて正一教主という称号を新たに建てなくとも、江南道教界を統括する宗教的権威としては特に問題ないであろう。事実、師漢天師の称号は、王朝権力との関係では明の太祖による革奪まで[18]、また現実の道教界では今日に至るまで用いられ続けているものである。それにも拘わらず大徳八年に正一教主という称号を建てたのは、江南道教界の統括という理由ではなく、江南道教界を正一教主を頂点とする一つの集合体として把握し直す必要があったからではなかろうか。[19]

このような観点から、この正一教という語句を考えた時、曾召南が「元代道教龍虎宗支派玄教紀略」で、王禕『青岩叢録』にある「而して正一には又、天師と宗師があり、南北の教事を分掌する」との記述に対して、龍虎宗（小論で言う天師道）も玄教も拠点は南方にあり、全真道が北方に拠っているのでこの資料は不正確であるとしていることは注目させられる。[20]よく知られるように、王禕は明初に太祖から宋濂と並ぶ江南の二儒と称されて、宋濂と共に『元史』[22]編纂の総裁官をつとめた人物であり、[21]また玄教大宗師張留孫の高弟陳義高の弟子として知られる王寿衍の道行碑文も書いている。このように玄教とも関わりを有する王禕が、曾召南の指摘するような単純な誤りを犯すとは考えがたい。[23]

ちなみにこの文中にある「宗師」は、一般に教団の掌教者と同義に用いられるが、婁近垣『龍虎山志』には、龍虎山に置かれた法職、天師（真人）府僚のいずれにも宗師なる語句は見えていない。[24]しかしこれを上清派や霊宝派の宗師として把握することは困難であり、王禕の言う「宗師」とは曾召南の指摘する通り玄教宗師を指すと考えられる。「玄教」は一般には道教と同義に用いられるが、黄溍「特進上卿玄教大宗師元成文正中和翊運大真人総摂江淮荊襄等路道教知集賢院道教事夏公神道碑」[25]に、初め開府儀同三司上卿張公は入朝して世祖皇帝にお目にかかり、はじめて玄教を立てる。

とあるように[26]、玄教宗師の宗師に冠せられる「玄教」は、張留孫が創立した教団の呼称であることが知られる。

四、龍虎山と玄教

江西貴渓県にある龍虎山は元明善『龍虎山志』「宮宇」大上清正一万寿宮の条にも見えるように、第四代天師張盛が祖天師煉丹の地として祠堂を建ててより、祖天師の教えを護り伝えて来た天師道の聖地である。天師道の掌教者である張天師の拠点であると同時に、江南道教界を一つの集合体と把握した正一教の本拠地であり、正一教主の拠点でもある。この龍虎山の伝統を形あるものとして提示したのが、元代の元明善や清代の婁近垣の編纂した『龍虎山志』であろう[27]。

現在通行している丹青図書出版影印本の元明善『龍虎山志』にある「大元制誥」には[28]、〈天師〉〈大宗師〉〈嗣師〉〈宮門〉〈諸高士〉という項目が立てられている。この「大元制誥」では、張天師に関する詔勅を集めた〈天師〉の項目一八頁に対して、張留孫に関係する詔勅文を集めた〈大宗師〉の項目は四九頁、呉全節の〈嗣師〉の項目は一七頁にわたり、いずれも曾祖父、曾祖母、祖父、祖母、父、母などに対する詔勅文まで収められている。張天師に関わる詔勅文は「人物上」にも各張天師の略歴に添えて載せられているが、元明善『龍虎山志』の完成時の天師であった張与材までの伝にある詔勅文を行数で単純に換算しても七頁弱である。

一方、婁近垣『龍虎山志』は詔勅文を巻一〇「芸文」に集めているが、そこには宗師に関わる項目名は見あたらない。また明王朝の世宗に近侍した邵元節に関わる詔勅文は八編あり、それに対して張留孫に関わるものは三編、呉全節は一編を収めているにすぎない。この婁近垣『龍虎山志』における玄教関係者の扱いと比較すると、元明善『龍虎山志』では玄教宗師張留孫並びに玄教嗣師呉全節の龍虎山における位置づけに大きく比重が置かれていることを見て取れよう。(29)この『龍虎山志』編纂の事例は、龍虎山の伝統的権威を取り込むために、玄教を龍虎山に結びつけようとする動きと理解し得る。

この動きはまた、玄教の源流を龍虎山に求めようとする動きとしても現れている。元明善『龍虎山志』「大元制誥」の「宮門」にある「追封張思永等真人」には、「爾《なんじ》、特進上卿輔成賛化玄教大宗師志道弘教沖玄仁靖大真人知集賢院事領諸路道教事張留孫の七世の祖師張思永等」の書き出しで、延祐元年の真人号加封の詔勅文が載せられており、そこには張留孫の師として張思永、馮清一、馮士元、陳瓊山、李知泰、胡如海、李宗老の七人の名前が挙げられている。(30)この詔勅文には玄教の祖師との語句は見られないが、この七人を一つの法統として誇示しようとしたことは、「張留孫の七世の祖師張思永等」とあることで明らかである。しかし至正四年に勅賜玄教宗伝之碑(31)が立てられており、その碑文では龍虎山で得道した初祖張思永を玄教の初祖として、再伝馮清一、三伝馮士元、四伝陳琼山、五伝張聞詩、六伝李知泰、七伝胡如海、呉全節の師である八伝の祖李宗老までを祖師として挙げている。この頃までに張留孫の師として知られる張聞詩(32)をも第五祖に組み込んで、玄教の源流という法統を確立したことが知られよう。

五、正一教と玄教

ところで師漢天師の称号はあくまでも天師道の掌教者の称号であり、いかなる王朝の下にあっても変わることのない、張陵以来の血縁による師承を誇示するものである。元王朝の恩恵によってその師漢天師を越える称号として用意されたのが正一教主であり、そこには張留孫の意向が反映しているものと考えられる。元明善『龍虎山志』人物上には、

（大徳）八年、（海塩・塩官二州の）大潮を治めたるの功を録して、正一教主兼主領三山符籙を加授す。制に曰う、……玄教宗師の議を俯して斟酌し、……正一教主兼主領三山符籙を加える。それ以外は故のとおりにせよと。

とあるように、大徳八年に張与材に正一教主を加えた際の詔勅文が収められており、その詔勅文には、この正一教主の加授に張留孫の関与していることが見えている。この張与材に対する正一教主の加授に続けて、成宗や武宗は張陵以来の伝統を引き継ぐものとして、当時すでに正一初祖と呼ばれていた張陵(33)に加えて張衡、張魯にもそれぞれ正一嗣師、正一系師の号を贈っている。(34)これによって張陵の子孫は天師道の掌教者である師漢天師であると同時に、正一教主となり、玄教の掌教者が天師道の掌教者と同等に正一教主の下に位置づけられる構造が準備された。

そもそも全真教が一時期、モンゴル王朝から、道教そのものである「玄門」として扱われていたことは、すでに別稿にて報告している。(35)このように見てくると、正一教主は教団の統括と無関係であることから、元王朝としてはこの正一教も江南で行われていた道教そのものの意味で把握していた可能性を有している。(36)そして、その頂点に立つ正一教主の職掌には、三山符籙発給の権限が前提とされることとなる。第四二代天師張正常が洪武元年に明の太祖から正一教主嗣漢四二代天師護国闡祖通誠崇道弘徳大真人領道教事を与えられた時、主領三山符籙は既得権として、この正一教主に認められていたことは周知の通りである。(37)一方、玄教宗師の職掌を見ると、張留孫は総摂江淮荊襄等路道教都提点、(38)呉全節は総摂江淮荊襄等路道教、(39)夏文泳も総摂江淮荊襄等路道教(40)と表記されることが多いが、これは袁桷「有開府儀同三司上卿輔成賛化保運玄教大宗師張公家伝」に、

（至元）十五年、玄教宗師を加えられて、道教都提点管領江北淮東淮西荊襄道教事を授けられ、銀印を佩びる。

とあることで知られるように、全真教など華北道教諸教団が管轄していた華北や張天師が主領を認められていた江南と重複しないように設定された、江北・淮東・淮西・荊襄の道教の統括である。このように教団の統括とは無関係な正一教としては、王禕が北を玄教宗師が、南を張天師が教事を分掌していたとする点も誤りではないと考えられる。

六、おわりに代えて

張留孫や呉全節は皇帝の恩寵を背景に道教界で大きな権勢を有しているが、玄教そのものは伝統を重視する宗教界にあって、天師道はもとより、上清派、霊宝派、浄明道など江南各教団、さらには金代に成立した華北諸教団とも比較にならない新興教団である。元王朝体制下では統括地域の重複が避けられていることから知られるように、天師道の掌教者も玄教の掌教者も対等である。その玄教の掌教者である玄教宗師を龍虎山に位置づけるためには、張天師の伝統が扶植された龍虎山に、張天師を掌教者とする天師道の枠組を越えた集合体の存在を必要とすることとなる。そのために考え出されたのが、龍虎山の正一教には天師道の法統と玄教の源流となる法統とが併存し、玄教はその源流から出て、本拠地は龍虎山に置いていないながら、京師を活動拠点とする教団になったとする論理であろう。龍虎山には張留孫によって通真道院が、呉全節によって崇文宮、仁静観、明成観が、そして第三代玄教大宗師夏文泳によって玄成宮が建立されている。[41]また張留孫は龍虎山の神徳観に勅葬され、第二代玄教大宗師呉全節も龍虎山明勝観に勅葬されていることが知られている。[42][43]

後世で正一教とされる理念的集合体は、大徳八年に張与材に対する正一教主の授与に伴い、元王朝によって創出されたものであり、それは玄教宗師が玄教に龍虎山の伝統的権威を取り込むためのものであったと考えられる。しかし江南道教の統括権限を正一教の教主となる張天師がすでに有していたために、結果として正一教は江南道教諸教団が包摂された組織集団のごとくに現象したのであろう。これが明代に継承されることとなるが、現実には至正年間でも上清派の宗師が三茅山道教を独自に主領する職掌が王朝より与えられていたことで知られるように[44]、この理念的集合体が実質を伴うためには、明代まで待たねばならなかったようである。なお小論では、江南道教諸教団の理念上の集合体に、なぜ元王朝は正一教という名称をつけたのかという考察にまでは及んでいない。また推論の過程であるいは誤りを犯している可能性も否定できない。大方の叱正を請う次第である。

【注】

(1) 道教教団の概念を、現状において厳密に規定することは困難である。小論においてはとりあえず専門道士を主構成員とする主体的かつ宗教的派生的組織集団として、道教教団の概念を把握しておきたい。
(2) 窪徳忠『道教史』世界宗教史叢書九、山川出版社、一九七七年。
(3) 酒井忠夫編『台湾の宗教と中国文化』風響社、一九九二年所収。
(4) 野上俊静『元史釈老伝の研究』(朋友書店、一九六四年)、高橋文治「張留孫の登場前後――発給文書から見たモンゴル時代の道教」(『東洋史研究』第五六巻第一号、一九九七年)、曾召南「元代道教龍虎宗支派玄教略記」(『世界宗教研究』一九八八年第一期所収)、同「道教在元代的興盛与道派合流」(『中国道教史』第三巻、四川人民出版社、一九九三年所収)第九章、卿希泰「元代前期統治者崇道政策初探」(『宗教学研究』一九九九年第一期所収)、中喜萍「全真道、玄教在元代発展原因比較分析」(『宗教学研究』一九九九年第三期所収)を主として参照した。
(5) 小林正美『中国の道教』(創文社、一九九八年)第三節第三章「『道教』の歴史」は、重要な問題提起が含まれていて、正一教の概念を検討する上で大きな指針を得た。
(6) 元明善『龍虎山志』、杜潔祥主編『道教文献』第一冊、丹青図書有限公司、一九八三年(以下、元明善『龍虎山志』と略す)「人物上」。
(7) 高橋、注(4)前掲論文参照。
(8) 教団掌教者の権限の具体的な考察は、高橋、注(4)前掲論文参照。

(9) 特に断りのない限り元明善『龍虎山志』「人物上」の記述による。
(10) 婁近垣『龍虎山志』、杜潔祥主編『道教文献』第二冊、丹青図書有限公司、一九八三年(以下、婁近垣『龍虎山志』と略す)巻八「爵秩」による。
(11) 元明善『龍虎山志』「人物上」では、主領三山符籙もこの時与えられたことになっているが詔勅には見えていない。元明善『龍虎山志』巻八「爵秩」にある延祐四年の詔勅は明らかに『龍虎山志』「人物上」で至治元年の詔勅とするものである。
(12) 元明善『龍虎山志』「人物上」によると、この後、張嗣成は泰定二年に知集賢院道教事、至元三年に知集賢院事を与えられている。
(13) 元明善『龍虎山志』「大元制誥」。
(14) この詔勅文は元明善『龍虎山志』の「人物上」と「大元制誥」に所収されている。発行された年月は後者による。
(15) 婁近垣『龍虎山志』巻八「爵秩」には「至正四年以張嗣徳襲封」として、至正四年に出された第四〇代天師張嗣徳の嗣教追認の詔勅文が収められているが、やはり封号や職掌には触れていない。
(16) 三山符籙発給権掌握の意義は、拙稿「明代道教の一断面——隆慶年間の革奪に至る真人号を通して」(『山根幸夫教授退休記念明代史論叢』汲古書院、一九九〇年)参照。
(17) 張正常が正一教主嗣漢四十二代天師護国闡祖通誠崇道弘徳大真人領道教事を与えられた経緯は、注(16)前掲拙稿参照。
(18) 張正常の天師号革奪の経緯は注(16)前掲拙稿参照。
(19) 現在、第六四代天師張源先が台北市の嗣漢天師府を拠点として活動している。
(20) 曾、注(4)前掲論文、八一頁参照。
(21) 焦竑『国朝献徴録』巻二〇「翰林待制華川王公禕行状」。
(22)「元故弘文輔道粋徳真人王公之碑」として『王忠文公集』巻一六に所収されているが、陳垣『道家金石略』(文物出版社、一九八八年)に再録されている。
(23) 日本の研究者にも正一教教団には世襲教主である天師と、それを補佐する非世襲の宗師という地位とがあったとする説がある。拙稿「元代正一教教団研究の問題点——『講座道教』所収「国家と道教」論文の一考察」(『社会と人文』創刊号、二〇〇三年)参照。
(24) 婁近垣『龍虎山志』巻八「爵秩」法職附、府僚附を参照。
(25) 陳垣編『道家金石略』文物出版社、一九八八年、「金元(四)正一教」所収。

(26) 虞集『道園学古録』巻五〇「碑」虞集「陳真人道行碑」にも「初め開府公は世祖皇帝より知遇を受け、肇めて玄教を設ける」とある。
(27) 龍虎山志の編纂に関しては、細谷良夫「順治・康熙朝の正一教――清朝における正一教の動向（一）」（弘前大学人文学部『文経論叢』第二一巻第三号、一九八六年）参照。
(28) 元明善『龍虎山志』は本来「山水」「宮宇」「人物」「法籙」「詔誥」「碑刻」「題詠」の七編があったようであるが、丹青図書出版影印本では、「法籙」が欠落して「詔誥」は「大元制誥」と入れ替わっている。
(29) この『龍虎山志』編纂の勅が出されたのは皇慶二年、完成は翌年の延祐元年であり、その編纂に呉全節が深く関与していたことは、呉全節自身が龍虎山志表を添えて龍虎山志を上進していることでも知られよう。このとき張留孫は特進上卿玄教大宗師知集賢院事領諸路道教事で、この元明善編『龍虎山志』が完成して皇帝に上進された翌年には開府儀同三司を加えられている。呉全節は玄教嗣師二品銀印を得て総摂江淮荊襄等路道教都提点の職位にあった。
(30) これに先立って張聞詩も、至元三一年に張留孫の師として真人号を贈られている。
(31) 虞集「勅賜玄教宗伝之碑」（『道家金石略』「金元（四）正一教」所収）。
(32) 張留孫の基本的な史料となる「上卿真人張留孫伝」、「有開府儀同三司上卿輔成賛化保運玄教大宗師張公家伝」、「張宗師墓誌銘」（すべて『道家金石略』「金元（四）正一教」所収）は、いずれも張聞詩を張留孫の師としている。
(33) たとえば元明善『龍虎山志』「大元制誥」の「天師」に見られる、大徳八年に張与材に正一教主兼領三山符籙を与える制書にも、「正一初祖」と言う語句が見えている。
(34) 元明善『龍虎山志』「大元制誥」の「天師」。
(35) 拙稿「元代全真教の教団と掌教者――明代道教史研究の視角から」（『比較文化史研究』第五号、二〇〇三年）参照。
(36) 小林、注（5）前掲書参照。また久保田量遠は、『東洋文化史大系　宋元時代』（誠文堂新光社、一九三八年）「一四、宗教」の道教の項目において、「正一教は全真教が北方に起ってからこれと区別し古来の南方の道教を総称していふもの」（二九七頁）と説明している。
(37) 注（16）前掲拙稿参照。
(38) 元明善『龍虎山志』「大元制誥」。
(39) 虞集「河図仙壇之碑」（『道家金石略』「金元（四）正一教」所収）。

(40) 黄溍「特進上卿玄教大宗師元成文正中和翊運大真人総摂江淮荊襄等路道教知集賢院道教事夏公神道碑」(『道家金石略』「金元(四)正一教」所収)。
(41) 玄教の拠点は『元史』巻二〇二「釈老」にも見られるように、大都と上都に世祖より与えられた崇真万寿宮であった。
(42) 以上はいずれも婁近垣『龍虎山志』巻四「院観」による。
(43) 張留孫と呉全節の勅葬地は、いずれも婁近垣『龍虎山志』巻四「院観」による。
(44) 至正一三年に立てられた「三清閣石星門記」と題する石碑に、「宣授冲素明道貞一真人嗣上清経籙四十六代宗師主領三茅山道教、住持元符万寿宮事王天符」との記名が見えている(『石刻史料新編』第一輯第九冊所収『句容金石記』巻六)。なおこの史料の所在は曾召南「明清茅山宗尋踪」(『宗教学研究』一九九七年第四期所収)四九頁によって知った。

台湾北部紅頭道士の祭解

松本　浩一

はじめに

台湾の道士は大きく北部の紅頭道士と、南部の烏頭道士に分けられる。日本では南部の烏頭道士の儀礼については、多くの報告・研究が蓄積されてきているが、[1] 北部の紅頭道士の儀礼については、劉枝萬氏が醮の儀礼を紹介しているほかは、ほとんど紹介されていない。[2] しかし彼らの行う醮は、南部の道士が行うものとは大きく異なり、[3] また一方で彼らは様々な呪術儀礼（法事）を行っている。道士たち自身はこれを道法二門と称しており、道は醮や礼斗法会など、いわゆる道壇で行うような大規模な儀礼を指し、法は様々な呪術儀礼を指す。

台北市松山区にある昭明廟は、松山駅から二百メートルほど台北方面に向った踏切のすぐ近く、虎林街に面したところに位置し、台北府の城隍神を祀っている。ここでは基隆市広遠壇の李游坤道長をはじめとする基隆の道士たちが、毎日様々な法事を行っている。依頼者の数は日によってかなり変動があるが、週日は様々な法事をあわせて三十数組程度、週末にはさらに多くなり五十組を超えることも珍しくはない。法事の種類には様々なものがあるが、この論文では祭解という法事について紹介していくことにしたい。祭解は、最も一般的な法事で、その年の十二支と自分の生まれた年の十二支の関係により、トラブルが起こる懸念のある煞神（凶神）を祭り、退いてもらうことをお願いすることを目的として行われる。この法事は依頼者が何人か集まると、随時行われている。

祭解の調査は、日台交流協会の研究者派遣事業の援助を受けて二〇〇二年四月から六月にかけて台北に滞在した際、および二〇〇三年三月初旬に文部科学省の科学研究費を受けて調査を行った際に、毎日のように見学し説明を受けた。

一、祭解の準備

(一) 登記

登記は疏文に住所と名前を書いてもらうことから始まる。

(二) 料金

昭明廟では、それぞれの法事に要する料金は価格表の形で明示されている。このことは台南の紅頭法師のように、料金は紅包すなわち心付けという形で支払われ、金額の多寡によって法事の内容を決定する形より、現代人には受け入れやすい形式であるといえよう。祭解の場合は、一人につき二五〇（台湾）円で、家族のメンバーが一緒に行う場合には、一人につき一〇〇円が加わる。登記の際に料金を払うと、道士が疏文に依頼者の名前・住所・生年月日時を書き入れる。依頼者は疏文と領収書とを持って廟の窓口に行き、関と供物（三牲）を載せた皿を受け取り、さらにそれらを並べる卓の上へ持っていく。

(三) 準備

道士は疏文の名前を見て、関に名前を書き入れ、関と三牲を卓の上にセットしていく。この卓と通路を隔てた反対側に、儀式が行われる卓が置かれており、儀式を行う道士はその卓を挟んで廟に祀られた城隍神に対することになる。疏文はその卓の上に重ねられる。

関は中国風の廟門を象ったボール紙製のもので、縦が三〇センチ横が二〇センチあまりの大きさになる。主に赤・黄・緑の三色で色づけされ、これに青・桃色が加わる。真ん中は空いていて、両脇に桃色のカーテンが掛けられ、門の上の屋根には左右の龍が真ん中の珠を囲む様子が描かれ、下の煉瓦を積み上げた土台の下には牡丹などの花の飾りが付いている。そして門の真ん中には一人の童子がホチキスで留められている。この関は車関・水関・火関・刀関・剣関・血光関・喪門関・官符関・死符関等を表すという。

さらに関のセットには、やはりボール紙製の五鬼（関の煉瓦を積み上げた部分の上に、前に青・白色の鬼、後ろに緑・黄・赤色をした五人の鬼が立っており、幅・高さとも一五センチ位になる）・天狗（六センチほどの白いボール紙に黒の犬が描かれている）・白虎（同じく六センチほどの白いボール紙に虎の絵が描かれている）、神に捧げる紙銭等が含まれる。紙銭には、大寿金・小寿金・福金・刈金等の金紙の他、金白銭や、死者に捧げる銀紙・経衣等が含まれる。また黄色い紙に、右側に横に右から「改連真経」と書かれ、その下に「此改連真経、能改往年月日、受人呪罵、及消災改禍為福、此真経」という文が、五字づつ右から五行にわたって書かれ、左側には横に右から「改連真経」と書かれ、その下に銭の裏表が三つ上下に並べられているものがある。右側に並んでいる銭に書かれた文句は上から順に「本命通宝」、「陰陽通宝」、「楠運通宝」となっている。さらにこの紙によって捲かれた、縦一〇センチ横三センチほどの紙にそれぞれ男・女が描かれた人形がある。すなわち身代わりとなって厄を負う人形である。

関の中には、紙銭などが差し込まれ、立つようにされた上で、儀式が行われる卓の反対側に置かれた卓の上に並べられ、さらに火を付けた線香が差し込まれる。そしてその前には、豚肉・豆腐・卵からなる三牲が置かれた紅色の皿が供えられる。

関のセットにはこれ以外に、一束の素麵と殻に包まれた干した龍眼が添えられている。麵は福寿麵と名付けられており、干した龍眼は福円と名付けられ、殻を捨てて中を食べることにより、悪い運を取り去るという意味を表すという。

二、祭解の儀礼内容

法事を行う道士は、まず帽子をかぶる。帽子は黒の綱を編んで作られたもので、上にグラスを伏せたような金属製の飾りが付いている。そして普段着の上に道服を着るが、この時の道服は簡単なもので、黒の縁取りが付いた赤色のローブに似たものになっている。右手に上が三鈷のような形をした鐘を持ち、はじめにそれを鳴らした後、

①「神威如在大天尊」

と長くのばしながら唱える。

②そして次の「発露祈」と呼ばれる呪文から、以下の呪文を、節を付けて順に唱えていく。

発露祈真祐、明心鑑聖賢、虔恭礼尊神、願得寿長年、焚香皈尊神、奏明神威前、
以此妙香焚、遍遊此法界
（発露して真祐を祈り、明心をもって聖賢を鑑みる。虔み恭しく尊神に礼し、寿長の年を得ることを願う。香を焚いて尊神に帰〔依〕し、神威の前に奏し明らかにする。この妙なる香を焚くことによって、遍くこの法界に遊ぶことを）

③「六府水」

六府水為先上、纔図天為雨露、下地方地湧泉、源一切普沾恩
（六府の水を先上とし、天が雨露としてくれるように図る。地に下って地には泉が湧き、一切が普く恩にうるおう源となることを）
常清常静大天尊

④「諸天上」

諸天上太上老君、居在仙衆尽会集、願上香散満皇都、衆神尽歓喜
（諸天の上の太上老君の居るところ、仙衆たちがみな会し集まる。願わくは香が散じて皇都に満ち、衆神たちがみな歓喜するように）
香雲焚香大天尊

⑤次に「道由心合」で始まる呪文を唱えた後、神々の来臨を請う。

道由心合、心仮香伝、香伝玉炉、心存帝前、真霊下盼、仙珮臨軒、今臣関告、逕達三天
（道は心によって合し、心は香を仮りて伝えられる。香は玉炉に伝えられ、心は帝前に存する。真霊は下を顧み、仙人の帯びた玉は軒に臨む。今臣のもうし告げることは、ただちに三天に達するように）
香雲結篆大天尊
焚香奉請、仗此真香

一柱真香、一心虔誠、奉請請到台北府城隍、祀奉有感、城隍老爺、城隍夫人、孚佑帝君、文昌帝君、左右護法両班曹司、当年太歳、雷霆官将、福徳正神、座上観音仏祖、地蔵王菩薩、合廟衆神、仗此真香、普仝供養、再運真香、仗此真香、再運真香、奉請請到

弟郎基隆広遠壇随来香火

三清上聖、十極高真、金天教主、万法宗師、壇中祀奉有感、保生大帝、観音仏祖、関聖帝君、南斗六司延寿星君、北斗九皇改厄星君、日宮太陽帝君、月府太陰星君、中壇元帥、上海城隍老爺、孚佑帝君、感天大帝、王母娘娘、財神老爺、福徳正神、雷霆官将、当年太歳、押煞仙官、天星地曜支干煞将、道法二門口教宗師、合壇衆神

（香を焚いて奉請する、この真香、一柱の真香、一心の虔誠によって、奉請し台北府城隍に到り、祀り奉ることに感じていただけるように。城隍老爺、城隍夫人、孚佑帝君、文昌帝君、左右の護法、両班の曹司、当年太歳、雷霆官将、福徳正神、座上の観音仏祖、地蔵王菩薩、廟のすべての神々は、この真香によって、普く供養を受け、再び真香を運らせる。この真香によって、再びこの真香を運らせ、奉請し弟子の基隆広遠壇に到り、香火に随い来たらんことを。三清上聖、十極高真、金天教主、万法宗師、壇中に祀り奉ることに感じていただけるように。保生大帝、観音仏祖、関聖帝君、南斗六司延寿星君、北斗九皇改厄星君、日宮太陽帝君、月府太陰星君、中壇元帥、上海城隍老爺、孚佑帝君、感天大帝、王母娘娘、財神老爺、福徳正神、雷霆官将、当年太歳、押煞仙官、天星・地曜・支干の煞将、道法二門の口教宗師、壇のすべての神々〔にお願いします〕）

すなわちここでは、「香を焚いて奉請する」という言葉にあるように、香を運らすことによって、台北府城隍廟と広遠壇で祀っているすべての神々に来臨を願う。

⑥そして次の「安座」で、「時新菓品、福円、麵線、金帛財宝、補運銭財、財果」と言及されているものを神々の座に献呈し、受納を願うという呪文を唱える。

一闕歩虚、奉安宝座
宝座臨金殿、霞光照玉軒、万聖朝帝所、飛身躡雲端
座上虔将、(香灯茶酒斎饈花菓米粿献)、時新菓品、福円、麵線、金帛財宝、補運銭財、財果献列在高真受納受
愛領納受大天尊
崇奉経誥出琅函琅函
開函演教大天尊

⑦次の四神呪は「浄心神呪」、「浄口神呪」、「浄身神呪」、「安土地神呪」からなる。それぞれの呪文を唱えるとき、右手に花を摘んで水を付けた後、それを胸の前、口、そして背中にあてて、心、口、身を清めることを示し、「安土地神呪」を唱えるときは、左右の地面に水を撒く。いずれの呪文も「急急如律令」から「浄口神呪」など呪文の名前の部分までは、節を付けて唱え、呪文の部分は読み上げられる。

稽首道清浄、心皈妙法門、臣今恭敬礼、祥光作証明
恭対道前、具有神呪、具有浄心、浄口神呪、謹当敷宣
太上台星、応変無停、駆邪縛魅、保命護身、智慧明浄、心神安寧、三魂永久、魄無喪傾、急急如律令
浄口神呪
丹朱口神、吐穢除氛、舌神正倫、通命養神、羅千歯神、卻邪衛真、喉神虎賁、気神引津、心神丹元、令我通真、
思神練液、道気長存、急急如律令
浄身神呪

霊宝天尊、按慰身形、弟子魂魄、五臓玄冥、青龍白虎、隊仗紛紜、朱雀玄武、侍衛我身、急急如律令

安土地神呪

元始安鎮、普告万霊、嶽瀆真官、土地祇霊、左社右稷、不得妄驚、回向正道、内外澄清、各安方位、備守壇庭、

太上有命、捜捕邪精、護法神王、保衛誦経、皈依大道、元亨利貞、急急如律令

これらの呪文は、誦経や早晩課などにあたっても続けて唱えられることになっている。

⑧次に疏文を宣読する。疏文の内容は次のようなものからなる。

城隍老爺案前　　　呈進

伏以

神威浩蕩、解厄消災同化劫

聖力無窮、延生錫福並臻祥　　　謹当奏

聞　　今拠

市　区　路　段　巷

台湾　台北　　鎮　街　　弄　号之　居住奉

県　郷　村　里　鄰

道、消災解厄、植福延生、信　主命　年　月　日　時健生行庚　歳

瑞流

……

暨合家人等、謹露丹誠、跪叩
城隍老爺
南北斗星君　座前言念　　　　生居塵世、托質人倫、毎頼
上蒼之蔭佑、叨感
聖真而提携日在　三光之下、茲縁時運不斎、命途多舛、吉星退縮、悪曜強侵、年来瑣故、
累月多端、誠恐門路井灶風水、厝宅家居香火干碍、致其社令太歳轄下、病符、官災、喪門、吊客、白虎、天狗、兇神、
悪煞、魔王、鬼兵、邪崇（祟）妖氛、車馬神煞、交通神煞、血光神煞、水火神煞、刀兵劫煞、空亡什煞作擾、致
其合家不寧、必須避凶趨吉、祗（祇）求合家平安、皈投
道力而解脱、応須陳情而懇禱、涓本月今日、虔備香花、鮮菓、米糕、寿麵、福円、真誠伏懇
聖心保赤、慧眼垂青、俯準信斗転星移、振作元辰、駆凶降吉、化禍成祥、消災赦結、運限開通、禍従電掃、福向
雲生、年無風波之災、月有泰来之慶、災厄如霜見日、命運似木逢春、紅顔奇秀、華髪長青、合家迪吉、老少康寧、
子孫代賢、螽斯繁盛、男添百祉、女納千祥、合家感戴、百叩
上申、台北
府城隍老爺、合廟尊神
天運太平年本月今日、具疏百叩上奉
（一家の者とともに、謹んで心から、城隍老爺、南北斗星君の座前に跪拝叩頭し、思いを申し上げます。人の世に生まれ住み、
人倫の質を受けて、常に天のおかげに頼り、かたじけなくも聖真の助けにより、日に三光の下にあることを感じております。
しかし時運がそろわず、命は多くたがい、吉星は退縮し、悪星が強引に侵し、年来災いが連なり、月々に多端で、誠に門・路・
井戸・竈の風水、家屋敷・香火が邪魔をして、その社令・太歳管轄下の病符・官災・喪門・吊客・白虎・天狗・兇神・悪煞・魔王・

鬼兵・邪祟・妖氛・車馬神煞・交通神煞・血光神煞・水火神煞・刀兵神煞・空亡神煞などが煩いを起こすに至り、一家が安寧でなくなってしまいました。必ず凶を避け吉に赴かねばならず、ただ一家の平安を求めて、道の力に帰依しおすがりして解放されることを、陳情し懇ろにお祈りいたします。今月今日に虔んで香花、鮮菓、米糕、寿麵、福円を備え、心より懇願いたします。天の神々が私たちに哀れみを垂れて下さり、斗星が転移し、元辰が振いおこって、凶を駆逐し吉が降臨し、禍を化して吉祥となし、災を消し罪を赦し、運の限りが開通し、禍が電に従って一掃され、福が雲に向って生じ、年に風波の災なく、月に泰来の慶が有り、災厄は霜が日を見るように解け、命運は木が春に逢うように伸長し、少年の元気な顔はすぐれひいで、老人の白髪は長く青く、一家ともに吉に導かれ、老も少きも康寧で、子孫は代々賢者で、多くの子供たちが繁り栄え、男は百の幸いを添え、女は千の祥を納めますように。一家で感謝し、台北府城隍老爺、廟のすべての尊神に申し上げます）

ここでは上奏する主たる対象は台北府城隍神と南北斗星君で、祈願の内容は、はじめに「かたじけなくもこの世に生を受けたのに、近頃は星の巡りが悪く災いが連なり、煞神が煩いを起こしている」ことを報告し、そこで今「供え物を具して、斗星が転移し、元辰が振いおこって、吉に赴き幸運がもたらされるように」という内容になっている。

⑨疏文を読み終わると、道士は手鐘を鳴らしながら、次のような内容の「祭解文」を唱えていく。

弟子有事進奏、無事不敢冒瀆神威、今奏為「通疏」、炉下合信人等誠心涓此、本日大吉、仗道恭就台北府城隍、城隍老爺座前、誠心虔具、清香宝灼時新菓品、福円、麵線、金帛財宝保運銭等式上奉、伏祈城隍老爺一来到座、二来領受、三来下祈庇佑合信人等（好話——人人元辰光彩、運途亨通、家家獲福、戸戸平安、一年皆吉四季平安(4)）、恐有命宮流年、大運小限、有侵有帯、有刑有沖、有剋有害、尽解解消除

（弟子である私はいま奏上すべき事がございます。もし事がなければあえて神威を冒瀆することはございません。いま疏文を

奏上致します。炉下の信者たちは誠心にてこれを清め、本日の大吉の日に、道により恭しく台北府城隍爺の御前に就き、誠心につつしんで清香・時菓・福円・麵線・金帛財宝・保運銭などを具え奉ります。伏して城隍老爺にお祈り申し上げます。一に座にいらっしゃり、二にこれらを受領し、三に信者たちを守りお助け下さり〔元辰が光り輝き、運勢がとおり通じ、家々が福を獲られ、戸々が平安で、一年通じて吉で四季とも平安でありますように〕。もし命宮のその年の運、大小の命運に、侵や帯、刑や沖、剋や害があれば、ことごとく解かれ消除されますように）

年犯五鬼年中退、月犯五鬼月中消、日犯五鬼日中退、時犯五鬼時中消、東方又犯青面五鬼、南方赤面五鬼、西方白面五鬼、北方黒面五鬼、中央黄面五鬼、五方十路五鬼、五鬼入命、五鬼纏身、五鬼作災、五鬼病符、五鬼官符、五鬼財関財劫、五鬼小人解消除、五鬼陰光、五鬼陰煞、五鬼陰病、給你解消除、解離離

（年が五鬼を犯していれば年の中から退き、月が五鬼を犯していれば月の中から消え、日が五鬼を犯していれば日の中から消え、時が五鬼を犯していれば時の中から消え、東方が青面五鬼を犯し、南方が赤面五鬼を、西方が白面五鬼を、北方が黒面五鬼を、中央が黄面五鬼を、五方十路の五鬼を〔犯し〕、五鬼が命に入り、五鬼が身に纏い、五鬼が災いをなしていれば、五鬼病符、五鬼官符、五鬼財関財劫、五鬼小人は解かれ消え除かれ、五鬼陰光、五鬼陰煞、五鬼陰病は、あなたから解かれ消え除かれ、解離されますように）

以下白虎、天狗、車関、火関、水関、歳破、大耗、空亡、桃花、喪門、病符、死符、官符など様々な煞神や、子供に関わる関が言及され、それらがことごとく解消し除かれるように祈られる。そして最後に次の文が唱えられる。

上請天官解天厄、地官解地厄、水官解水厄、火官解火厄、四聖解四時厄、五帝解五方厄、南辰解本命厄、北斗解一切厄、難尽消除、恭対道前求懺悔

（天官は天の厄を解き、地官は地の厄を解き、水官は水の厄を解き、火官は火の厄を解き、四聖は四時の厄を解き、五帝は五方の厄を解き、南辰は本命の厄を解き、北斗は一切の厄を解き、難は尽く消除されるように上請いたします。つつしんで道前に対し懺悔を〔受け入れてくれるように〕求めます）

長生保命大天尊

⑩この「祭解文」を読み終えると、道士は依頼者を一組一組卓の前に呼び、神前でそれぞれの事情を告げ、神々が願い事を聞き入れてもらえたかどうか、ポエを行っていく。李老師によれば、道士が神々との仲介をするのであるから、ポエも道士が行うのが本当であり、なかなか聞き入れてもらえない、すなわち一陰一陽のポエが出ないときは、疏文に誤りがあったりするときも多いという。

このポエは、依頼者が祭解を依頼した本人や家族一人一人に対し、願いが聞きとどけられたかどうかお伺いを立てて行くが、すべて聞きとどけられたとなると、依頼者はまず疏文と神々に捧げる紙銭を持って炉のところへ行き、それらを焼いて神々にとどける。そして関と三牲の前で呪文を唱えている道士の前に行く。

⑪祭改（過関限）

これまでの法事は、廟の内部の城隍神の神像に向って行われるが、最後のポエに入った頃から、その反対側に置かれた関と三牲の前で、もう一人の道士がやはり手鐘を鳴らしながら次のような呪文を唱え始める。その内容は、はじめに煞神や関限を招請して、身代わりの人形を点眼して魂を吹き込んだあと、災厄を引き受けてもらい、煞神には供え物を受け取ってもらってお引き取りを願うというものからなる。

冥鈴彩起声彩彩、奉請煞門地府煞門開、声摧摧鬧摧摧、奉請煞門地府煞門開、年伝到、月伝来、日伝到、時伝来、伝到早不早、遅不遅、当在廟中召関限、召替身請代人、正当時。

（冥鈴が鳴り響いて声は彩彩、奉り請うは煞門・地府の煞門が開き、声は摧摧鬧がしさは摧摧、奉り請うは煞門・地府の煞門が開き、年〔に関係するもの〕は伝え到り、月は伝え来たり、日は伝え到り、時は伝え来たり、伝え到るは早いか早くないか、遅いか遅くないか、まさに廟中で関・限を召し、替身を召して人に代わるを請う。今この時）

冥鈴彩起声蕊蕊、南南蕊蕊上廟来、当在廟中召五鬼、召請五鬼上壇来、召請東方青面五鬼、南方赤面五鬼、西方白面五鬼、北方黒面五鬼、中央黄面五鬼。

（冥鈴が鳴り響いて声は蕊蕊、南南蕊蕊として廟にやって来る。まさに廟中で五鬼を召し、五鬼が壇にやって来るように召請する。東方の青面五鬼、南方の赤面五鬼、西方の白面五鬼、北方の黒面五鬼、中央の黄面五鬼を召請する）

以下同じように白虎、天狗、様々な関が呼び出される。

次に身代わりの人形を呼び出し、人に代わって災厄を引き受けてくれるように請う。この時には道士は線香を持って人形の点眼を行う。

伝且第五替身代人上廟来、当在廟中担災殃・替災厄、替身是替身、没開光点眼是紙、開光点眼過便是神、法家没水筆、提起香線筆、来開光来点眼・点你一点頭中光、頭戴八羅響叮噹、点你左眉光右眉光、男人八字開、女人彎彎柳葉眉、点你左眼光・右眼光、一目金光看四方、点你左耳光・右耳光、左耳聴陰・右耳聴陽、点你鼻中光・鼻香味、点你口中光、闊嘴吃四方、点你左肩光・右肩光、左肩担凶神、右肩担悪煞、凶神悪煞、担担退退出外方、左手接銭財・右手放魂来、左手按銭銀・右手放精神、肚中光冲五路、左腳光・右腳光、左腳担凶神、右腳担悪煞、凶神悪煞、担担退退出外方。

(伝え請う第五の替身は人に代わって廟に来たり、まさに廟中で災殃を担い災厄を替わる。替身は替身、開光点眼をしなければただの紙、開光点眼を終わればすなわち神、法家は水筆なく、香線の筆をあげて、開光し点眼する、あなたに一点頭中の光を点ずる、頭は八羅を戴して響きは叮噹、あなたの左眉・右眉に光を点ずる。男は八字の眉が開き、女は弓のように曲がった柳の葉のような眉。あなたの左眼・右眼に光を点ずる。二つの目の金の光は四方を見る。あなたの左耳・右耳に光を点ずる。左耳は陰を聴き、右耳は陽を聴く。あなたの鼻に光を点ずる、鼻は香味を嗅ぐ。あなたの口に光を点ずる、口を広くして四方を食べる。あなたの左肩・右肩に光を点ずる、左肩は凶神を担い、右肩は悪煞を担う。凶神・悪煞は担われ退いて外の方に出る。左手には銭財を持ち、右手で魂を放つ。左手には銭銀を持ち、右手で精神を放つ。腹の中の光は五路を衝つ。左脚・右足の光、左脚は凶神を担い、右脚は悪煞を担い、凶神・悪煞は担われ退いて外の方に出る)

そして道士は「あらゆる災厄が除かれて、万事が吉祥で、平安がもたらされるように」という文を唱えながら、依頼者たちを従えて廟にある四つの炉を順番にまわって拝礼し、関の前に戻ってから、依頼者一人一人の前後を人形と関を持って祓っていく。また来ていない人に対しては、その人の衣服を依頼者に持たせ、同じように祓っていく。そして最後に息を吹きかけさせてから人形を籠に捨て、関で線香の火を消したあと、その関で依頼者を祓い、また来ていない人の衣服を関に通してから、関を同じように籠に捨てて終了する。依頼者はそのあと卓に置かれた印を衣服に押す。依頼者自身は自分の着ている衣服に押してもらう。そして干し龍眼の皮を取り去って持ち帰る。

⑫化財

これより先に、城隍神に向って法事を行っていた道士は、全員のポエが終了したあと、以下の呪文を唱えて法事を終える。

法事円満、銭財献、委仮火風伝、一朶紅霞光燦爛、千層火起藹山川、福寿広無辺、交財使者心歓喜、発財使者心喜歓

高登宝座大天尊

延真款聖大天尊

三、祭解の動機と背景

補運と祭解という法事は、両者ともに、災害や病気が重なるなど、運勢の危機的な状態に対処するための法事であるといえるが、補運が自らの生命力をパワーアップさせることによって、その目的を達するものであるとすれば、祭解はその年の運勢の障碍となる煞神に退いてもらい、関（障害物）を解消することによって、その目的を達するものであるといえよう。筆者が以前に紹介した台南の紅頭法師が行う補運は、この両者の目的を兼ねている。(5)

「はじめに」で触れたように、この祭解はたいへんにポピュラーな法事で、台北ではこの昭明廟だけではなく、大同区の保安宮や法主宮などでも行われているが、これらはいずれも一〇分から一五分位で終了する簡単なものである。この法事は道士たちばかりではなく、たとえば行天宮などでは、仏教系の誦経団の人たちによって行われている。それほど料金も高くないので、依頼者たちはきわめて気軽にこの法事を施してもらっているように見える。昭明廟では何度かこの法事を行ってもらいに来ていた人もおり、ある中年の女性は、何かあるとこの法事を行ってもらっているということであった。法事の際には、道士がちょっとした相談にも乗ってくれる。学校でのトラブルがあって、母親とともに来ていた高校生位の若い女性が、受付をしていた女性道士に励まされていた場面もあった。この他に話を聞いた人の中には、息子と孫との関係がうまくいっていないという理由で来ていた老人夫婦や、娘が経営している

店で、使用人とのトラブルがあったために来ていた人などがいたが、彼はここでこの法事を行ってもらうと、自然にそのトラブルが解決するのだといっていた。

法事の霊験に対する信仰とともに、法事を行ってもらったことによる心理的な安心感、あるいは道士が法事を行うにあたって、同時に運命を見た上で（李老師は紫微斗数を用いている）現在の状況を分析してやったり、励ましを与えたりしてやることも、効果を与えているのであろう。李老師によれば、すべての事態は心境から発しており、どんなことに対しても逃げ出したりすることなく、直面していけるように、状況に説明を与え、悪いところを捨て去って、鼓舞激励してやることが、法事の目的なのであり、だから道士は心の医者なのだという。

昭明廟に祭解を依頼しに来る人の中で、しばしば見かけるのは、易占の結果を持ってここにやって来て祭解を依頼する人たちである。特に迪化街にある、「林五湖本館」というところの判断を持って来ている信者たちが多かった。「林五湖本館」は光緒年間の開業で、現在の当主林宗祐氏は五代目ということであった。入っていくと右側がカウンターになっており、ここで依頼の内容を話すと、林師が住所、名前、生年月日などを聞いていく。占いは一回につき一つのことでなければならない。聞くことが広い場合には一つ一つ分解して聞いていく必要があるという。次に神像に対して占う内容を告げ、卦を立てていく。卦を立てるには、ここでは古銭を用いている。亀の甲羅に入れた三枚の銭を投げ、銭の表の数によって陰爻、陽爻を決め、全部で六回投げて卦を立てる。立てた卦の分析は、いわゆる「文王卦」といわれているものに基づいている。林師によれば、易には哲学・人生の道理を説くという面と、占いという技術の基になるという面があり、後者が文王卦と呼ばれるものだという。

そして出てきた卦の結果を、林師が依頼者の提出した問題に即して解釈し、彼のその時点での（一年位という）その問題に対する状況を解説し、アドバイスを与える。判断の結果を示す用紙には、依頼者に対するアドバイスを示す詩句と、障碍となっている煞神などが書いてある。この障碍となっている煞神に対しての対策として行うものが祭解である。林師によれば、成功を勝ち取るには、自己の努力と神明の力すなわち運気の両者が必要であり、祭解はそれをすることで成功を一〇〇パーセント保証するというものではないが、六〇パーセントのものを八〇パーセントにすることはできるのだという。そして何日の何時に、何を目的として祭解を行ったらいいかということも占ってくれるが、このことはまた別料金になっている。祭解を行う日時によっては、かえって逆効果になることもあるという。

林師によれば、依頼者の運気を読み解くのが易という方法で、この卦を用いるという方法により、依頼者と神明との橋渡しという任務を行うのだという。李道長が自らの役割を、依頼者と神との媒介をすることと説明するのと共通している。

李道長の行うその他の法事、たとえばたたっている亡魂の救済のために行われる超抜という法事の依頼者は、明聖宮という廟の女性の霊能者が、その人の運勢の障碍になっている死者との関係を指摘した結果、その関係のもつれを解決し、運勢を好転させるために来る人たちが多い。すなわち道士の呪術儀礼が施行されるにあたっては、問題がどこにあるかを診断する過程が先行しており、その過程を担当している民間宗教者が存在している。このことは前稿で指摘したように、台南の法師の呪術儀礼についても同様であり、(6) いわば診断と治療の分担がなされているといえる。

おわりに

祭解は台北の祠廟ではしばしば見ることのできる法事であり、その意味できわめてポピュラーな法事といえる。ここでは李道長はじめ基隆の道士たちが、台北市松山区の昭明廟で行っている祭解を紹介してきた。これは筆者が見学した台北の他の祠廟で行われているものに比べ、内容が豊富で時間も長い。主な目的は運勢の障碍となっている煞神にお引き取りを願うことである。儀礼の順序としては、はじめにいくつかの呪文を唱えたあと(①〜④)、神々の来臨を願って供え物を捧げ⑤⑥、「浄心神呪」・「浄口神呪」・「浄身神呪」そして「安土地神呪」を唱え⑦、疏文を読み上げ⑧、そして様々な煞神に退いてくれるように願う文を読んでいき⑨、願いが聞き入れられたかどうかをポエによって確かめ⑩、依頼者は紙銭を焼きに行く⑫。そして別の道士が身代わりの人形に点眼したあと、それに依頼者の災厄を引き受けてもらい、関で依頼者をお祓いして終了する⑪、という順序で行われる。

以前に紹介した南部の紅頭法師が行う補運は、煞神に退いてくれることを願うことと、自らの元辰を元気づけることとの両者を含んでいるが、祭解は前者を目的としているということができる。今後は祭解と、この他の法事との関連について考察していく必要があると思われる。

【注】

（1）大淵忍爾編『中国人の宗教儀礼』（福武書店、一九八三年）のほか、丸山宏氏、浅野春二氏の報告・研究がある。

（2）劉枝萬『中国道教の祭りと信仰』上、桜楓社、一九八三年。拙稿「台北市松山霞海城隍廟の建醮」『社会文化史学』三七号、一九九七年。

（3）北部と南部の醮を比較考察したものとしては、呂鍾寛『台湾的道教儀式与音楽』（台湾・学芸出版社、一九九四年）、李豊楙・謝聡輝『済度大事——台湾斎醮』（台湾・伝芸中心籌備処、二〇〇一年）など。

（4）ここには「短くてもよい。あるいはねらいを合わせ正面から対応したものにすべきで、よいことをすべて説きつくす必要はない」という註がある。

（5）拙稿「台南林法師の補運儀礼——紅頭法師の儀礼と文献の伝統」『図書館情報大学研究報告』一八—一、一九九九年。

（6）拙稿「台南林法師の打城儀礼——紅頭法師の儀礼と文献の伝統（二）」『社会文化史学』四〇号、一九九九年。

多久聖廟について——多久茂文「文廟記」に関連して

小林　和彦

一、序

儒教の宗教性を論じる際、孔子廟の存在は重要な研究テーマである。儒教は中国で発生したものであり、孔子廟の東アジアへの伝播は儒教の拡大と大きな関係を有している。しかし、日本の場合は東アジアの他地域とは独自の見解が必要であると考えられる。

日本において、孔子廟が本格的に作られたのは江戸時代であり、尾張藩初代藩主の徳川義直が名古屋城内に聖堂を作ったのが最初である。(1) その後、湯島聖堂以下多くの孔子廟が建立された。本稿において論述する多久聖廟（以下、多久聖廟または聖廟と表記）もその一つであるが、多久聖廟及びそれに伴う文化の創造と、その現在に至るまでのあり方を検証することによって、儒教の持つ宗教性を明らかにしたいと思う。

二、多久氏と多久聖廟建立まで

多久聖廟と関係が深い多久氏の歴史は大まかに二期に分けることができる。

一つは前の多久氏といわれるものであるが、多久聖廟と関係を有するのは後の多久氏である。前の多久氏は天文十三年（一五四四）に龍造寺家によって滅ぼされたが、大友宗麟が元亀元年（一五七〇）に佐賀城を攻めた際、龍造寺隆信が長信、信昌を遣わして多久城を攻めた。この軍功により、多久の庄は二人に加増され、多久は龍造寺の所領となった。そして長信の子、龍造寺家第五世の安順に至り、鍋島直茂の長女・千鶴子を妻に迎え、以来佐賀本藩とは血縁関係となった。(2) そして近世初頭に至り鍋島氏による支配体制が確立、安定していくなかで(3)初代邑主となり、氏を多久と改め、幕末にまで至った。これが後の多久氏である。

そして、後の多久家の龍造寺家第八世、多久家第四代の多久茂文（以下、茂文と表記）が多久聖廟を建立した人物である。茂文が生存した江戸の初期、つまり近世初期を思想史的に考えると、中世が仏教の時代であったのに対して、儒教の時代であったということができる。一定の平和が実現した近世社会では、人間が人間としての自覚を持ち、自分の力で解決していくという傾向が顕著になってきた。従って、治者は安民を主体的に実現することが求められ、またその他の階層の人々においても人間的生を自覚的に追求していく傾向が増大した時代であった。そしてそうした民衆の欲求に応える思想性を有していた儒学が、広く近世社会に根付いた時期であった。(4)

そうした時代背景のなかで、孔子の精神を体現するものとして、それまでとは違った意味での孔子廟の造設運動が興ったのは自然な趨勢であった。この時期は多久領でいえば三代領主多久茂矩の時代であり、多久文化の夜明けを告げる時期であった。(5)

多久聖廟を建設した茂文は佐賀藩第二代藩主鍋島光茂の三男で、寛文九年（一六六九）に佐賀城下で出生した。茂矩は嫡男彦仁王が夭折したため、予め男子出生の折は養嗣子として迎えるという承諾を得ており、光茂の侍女の廉の懐妊を聞くと、翌年に養子縁組を整えた。(6) こうした鍋島家より多久家への縁組み、それに伴う同族からの不信感、加えて龍造寺家から鍋島家へと支配権が移行していくなかで、多久安順の鍋島家への功労者としての面と、逆に龍造寺家への裏切り者としての面が多久家、龍造寺家の間の軋轢と複雑な関係を生み、領主、領民ともども鍋島家への恭順が求められた。それだけに学問好きな光茂の下で十一歳まで育った茂文は、「茂文公譜」にて「御幼少より儒学を好まさせられ……講学怠り玉ふことなく、御一生手に書物を釈《はなち》玉はず」とあるように、(7)好学であった。そして茂文は大掛かりな土木事業に取り組み、領主、領民間の信頼感の高揚、主従の関係の緊密化を図ったが、(8)究極的には儒教による領民の教化を図り、本藩をしのぐ理想郷の実現を目指したものと思われる。(9)

領民教化に際して孔子廟建設が重視された理由として、茂文の目に映った領民の姿が「文廟記」(10)に、「凡庸を以て聖人と見」る、「経典を名付けて外書と謂」う、「老師宿儒と雖も尚俗習に因習し、他神仏を崇」ぶ、という有様であったことが挙げられる。そうした領民の教化のためには、同じく「文廟記」に「先ず聖廟を設けて、而る后、是れに由って之を導くときは、即ち力を用いること少なくして功を就すこと甚だ衆し」とあるように、抽象的なものによらず、具体的な方法である孔子廟建設にその有効性を求めたのである。

そこで茂文は幕府に聖廟建設の許可を願い出たが許可されなかったので、聖廟建設より早く元禄十二年（一六九九）十二月に河浪自安宅に学問所を設けた。(11)その後、享保三年（一七一八）頃、東原精舎として独立して創設された。(12)更にその後、後述の多久聖廟西南方に移築され、天保四年（一八三三）、弘化二年（一八四五）と火災に遭ったが、二度にわたって再建され、幕末に至った。(13)

この学校は東原精舎、または東原庠舎と呼ばれたが、『草場佩川日記』の文化三年（一八〇六）の条に庠舎が用いられ、その後一般的に東原庠舎と称されたようである。精舎をさけて庠舎が用いられたのは仏教的用語をさけて、儒教的な用語を用いたためであろうと考えられる。(14)

『孟子』滕文公上篇に「庠序学校を設け為して、以て之を教ふ。庠とは養なり。……周には庠と曰ひ、学は即ち三代之を共にす。皆人倫を明らかにする所以なり。人倫上に明らかにして、小民下に親しむ」とあるところよりすると、庠序は治者の立場に立つものであるが、士族のためのものであったと共に、その子孫のための学校であったと考えられる。[15] しかし茂文においては、孔子が理想とした周の時代にならって庠舎とした。それは養、つまり領民を養するということであり、そして「東原庠舎規則」の附たりに「百姓、町民と雖も、志次第にて師範へ申し達し、学舎・道場へ相勤む可き事」とあるように、領民が睦み合う理想的な丹丘（邱）としての国造りを目指すものであった。

東原庠舎の課業・時間は、朝は六時から八時まで、昼は十時から二時まで、午後は六時から八時までで、勉学の中心は四書をはじめとする漢学であったが、その間に和学、和算等の教科を学び、小笠原流の礼儀、北条流の兵法をはじめ、弓道、馬術、槍道、剣術等といった武道をも習得した。創立以来、幕末に至るまで、一貫して儒教による文武両道を目指していたが、[16] 後には「東原庠舎学制」に改められたものの、当初は「白鹿洞書院掲示」を壁書としたこと、漢籍の蔵書状況[17]からもうかがえるように、その中心は朱子学であった。

いよいよ聖廟建立の条件が整ったので、茂文はかねてから幕府に申請していた聖廟建築に取りかかった。しかし、申請時、幕府には孔子廟がなく、幕府は寛永七年（一六三〇）に徳川義直によって建造された聖堂を元禄三年（一六九〇）、廟と学舎を湯島に移して大成殿と称し、後に孔子の生地、昌平郷にちなんで昌平坂学問所と称した。その後を受ける形で佐賀藩は元禄四年に二代藩主鍋島光茂が城内二の丸に聖堂を建て、三代藩主鍋島綱茂は元禄十一年、諸人へ参拝の便を図って二の丸の聖堂を城外の西屋に移し、林家の門人の平本権之進、長森伝次郎を佐賀に招聘し、自ら至聖堂殿の扁額を書いて、[18] 鬼丸聖堂と称した。

その後、中村惕斎との関係で多久聖廟の孔子像及び四哲像の鋳造で活躍した武富咸亮が元禄七年（一六九四）に大財（宝）村の私邸内に聖廟を建て、その傍らに依仁亭という講学所を作り、士人、庶民の別なく講筵に列することを認め、佐賀の儒学に貢献した。[19]

こうして幕府、茂文にとっては本家に当たる佐賀藩に孔子廟が設立されたためであろうか、幕府より聖廟建設の許可が出て、宝永五年（一七〇八）に多久聖廟が竣工した。これに対して、幕府も綱吉の意を受けた大学頭林鳳岡が「記」を作って多久聖廟に贈り、祝賀の意を表した。

以上のような事情があったためであろうか、茂文の喜びは大変なもので、「文廟記」において多久を湯島聖堂のある江戸になぞらえている。そして同年、祭官を設けて釈菜を執り行わせた。

こうして先の二つの孔子廟と合わせて、所謂「佐賀藩の三聖廟」として多久聖廟は建立されたが、その意義、歴史について次節で述べることにしたい。

三、多久聖廟の意義及び歴史

本節においては、多久聖廟創設及び東原庠舎の持つ意義について考え、それを通して儒教の持つ意義について、更にそれを通して儒教の持つ宗教的性格について論究したい。

茂文は多久聖廟を江戸の湯島聖堂に譬えたが、「文廟記」に「伏して惟みるに中国曲阜の真廟より郡国に達するまで、春秋二丁大牢《たいろう》の礼を聖廟に祭ること、千百六十余ケ所、閭里の小社勝げて計《かぞ》う可からず。中華文明の盛んなること良に故有る也」とあり、更に武富咸亮の「宝永五年仲秋仲丁、肥州小城郡多久邑東原精舎の釈菜を奉る」（以下、「多久邑東原精舎の釈菜」と表記）に「陽嘉府城の宰多久茂文あり。夫子を尊崇し、往年聖祠を宅舎の東に構えて、朔望に拝し、春秋に祀るは、亦祈りて以て本然の善を充たさんと欲するなり。加之《しかのみならず》推して臣民の為に庠序を宰地に建つ。便ち東原精舎是れなり」とあるように、教育と儒教と孔子廟は一体となって地方士人の生活を導くものとしてとらえられ[20]、その根本、究極は中国にあるとされた。従って宝永五年に建立された孔子廟が中国色の強いものになるのは自然なことであった。

右図は多久聖廟図である。聖廟は明和四年（一七六七）、明治四十年（一九〇七）、昭和三十三年（一九五八）、昭和六十二年と平成二年と五回にわたって修理、改修が行われているが、基本的な構造は変わっていない。図は平成二年から三年にかけての改修時のものである。

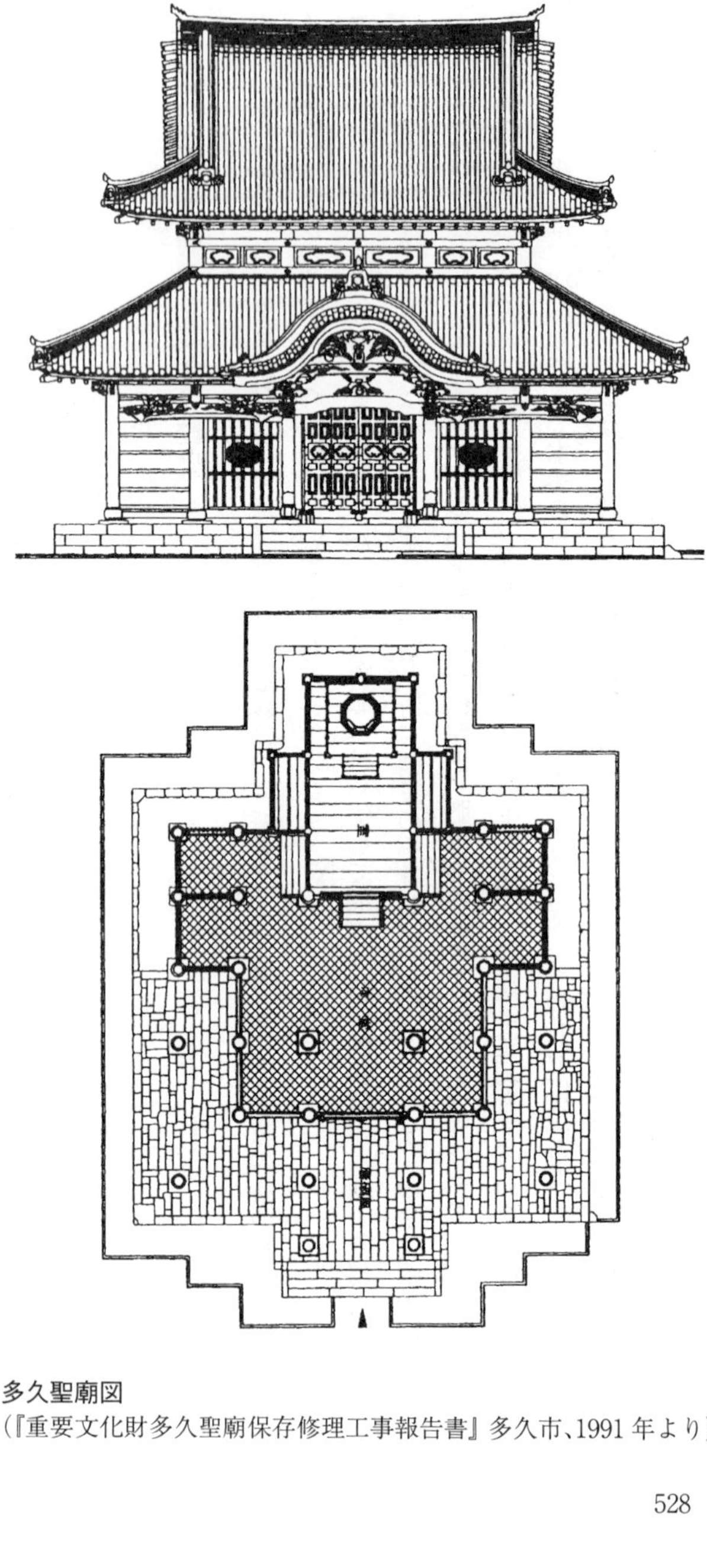

多久聖廟図
（『重要文化財多久聖廟保存修理工事報告書』多久市、1991 年より）

廟は高さ七間、間口九間二合、奥行きは十二間あり、構造は中国の異国色の濃厚な感じのするものである。

その特色は純然たる中国風の建築ではないが、却って独特の風格を持っている[21]。

しかし、平面計画は明清時代の孔子廟建築と極めてよく一致し、同形式の中庭に屋蓋を架したものと考えることができる。即ち北部突出部は大成殿で、その前に月台（露台）に当たる張り出し部を作り、その左右に四哲を祀った。所謂先聖、先儒の従祀はないが東西の裳層《もこし》突出部が両廡であり、これに接して神廚、神庫が離して作られているが、南昌府学では祭器庫が東西両廡と並列するものと一致し、中国の孔子廟の配置を凝縮したものと考えられる[22]。

これは建設に当たった武富咸亮が中国人より知識を得ると同時に、書物所載の図を手本にしたためと思われる[23]。

こうして、竣工された多久聖廟に孔子及び四哲像が祀られることになったわけであるが、先に東原庠舎に安置された孔子像の大きさは四哲（四配）とほぼ同一の一尺二寸しかなかった。現在の孔子廟の内側に文宣王という銘があるように王位にある孔子像が茂文の思い入れ[24]とは大きく異なっていた上に、また四哲像とのつり合いがとれなかったので、東原庠舎初代教授の河浪自安の養子、河浪質斎を介して中村惕斎に依頼して鋳造し[25]、それを聖廟に祀った。

これほどまでに茂文が孔子像を重視したのは、「文廟記」に、先に引用した孔子廟の領民に対する効用を述べた後に、「若し夫れ聖廟茲《ここ》に厳然たらば、視る者訝りて相謂いて曰ん、『是れ曷《なん》の神ぞや』と。曰く『是れ孔子の神なり』と。曰く『孔子とは曷《なん》を守る神ぞや』と。曰く『孝悌忠信の人を守る神なり』。人々孝悌忠信の神を知りて、而して視る毎に敬を思わ（は）ば、即ち識らず知らず孝悌忠信の心油然として生ぜん」（傍点筆者）とあるように、孔子を孝悌忠信の神として考えたからであった。

宗教の必要条件の一つとして、自己を修め徳を磨くこと、つまり道徳性が挙げられる。その道徳性は明治維新以前の日本においては、儒教、即ち孔子の教えに最もよく説かれており、孔子の教えが人間の守るべき道として信仰されていた[26]ことから考えても、茂文は孔子を一種の神としての信仰の対象としていたといえよう。

そして『論語』子路篇で子貢が士について質問したのに対し、孔子が「宗族孝を称し、郷党弟を称す」と答えたように、一種の地域的な拡がりをも意味することであった。これによりても、茂文が聖廟建設に先だって東原庠舎を設けた意味が首肯できると思われる。

茂文が孔子を神と表現したのは、林羅山等にみるように、少なくとも江戸時代初期において神道は儒教と結びついていたことが大きな影響を与えたものと考えられる。

多久聖廟との関係で論述すると、孔子像の鋳造に大きく関係した中村惕斎は、特に師を持たず、交友関係のなかで自ら朱子学を学んでいった面が強いと思われるが、友人の筆頭にあげられるのが米川操軒である。

操軒は惕斎より先に五十二歳で亡くなっているが、惕斎は操軒との出会いによって学問が定まったと述べ、心交ともいうべき間柄であった。その操軒は一時山崎闇斎の門に出入りしている[27]。もう一人闇斎に学び深い交友関係を結んだ人物として藤井懶斎がいる。

山崎闇斎は京都にて禅宗の僧であったが、神道と宋学が一致していることを悟り、晩年終に自ら神道家となって垂加と号した[28]。それが朱子学者の中村惕斎を通じて茂文へ影響を与えたものと考えられる。

そうすると、竣工した多久聖廟に強い尊孔の念が表されるのは当然のことであった。それは聖廟の堂内の装飾、彫刻によく表されている。正面の唐破風妻飾りの左右にある象の彫刻はは神霊さを表すものと思われるが、本堂内の鏡天井の蟠龍、堂内の麒麟、龍、田字入り旋回形の透形、脇壇の上部の星宿等は中国古典にみられる孔子にまつわる逸話を基に構成されており、孔子聖迹図の麒麟玉書図、二龍玉老図に基づき、最終的に孔子を天子になぞらえたものであった[29]。

従って聖龕に納められた孔子像は王位にある者がかぶる冕冠を受け、衣装には十二章の毛彫がほどこされた鋳銅製の立派なものであった[30]。

同時に聖廟の竣工した宝永五年に、幼少時代からの師で鬼丸聖堂の祭主役を務めた実松元琳(31)の影響もあったと考えられるが、茂文の強い意志の下に執事、伶官等の祭官が設けられ、釈菜が行われた。その時の様子は聖廟建設の設計監督に当たった武富咸亮が献じた祝文「多久邑東原庠舎の釈菜」に「尊像の巍々《ぎぎ》たる龕櫝《がんとく》の煌々《こうこう》たる、其の類希なり。祭儀を掌《つかさ》どらしむるに、聖址に前後に鎮して奉安し、籩豆《へんとう》を翌晨に陳ねて以て祭享す。八音克《よ》く諧《かな》い、神人以て和し、三献均《ひと》しく奠《てん》し、多士以て粛《つつ》しみ、賛復位して唱礼畢《おわ》る」とあるように厳粛なものであった。

釈菜と称したのは幕府への配慮という考え方もあるが、本来釈奠の場合は犠牲及び酒を神前に奉置して祭るのに対して、釈菜は蘋蘩《ひんはん》（粗末な供え物）の類を神前に奉置して祭るということで、前者に比べて略式の場合に行った。水菜を供するのを主とし、酒を供しないのを本則とするが(32)、多久聖廟の場合は地理的な条件のため供物が雉肉、鮒、筍、芹《せり》、栗、棗、御飯、甘酒等に制限されたこと、及び財政的な問題より舞を伴わなかったことによると思われる。

釈菜は中村惕斎の『釈菜儀節考議幷序』（以下『儀節』と表記）にそって行われたとされているが、その内容から見て多久聖廟の内部構造に即して、惕斎の『儀節』を参考にして作成された『釈菜儀節』によって行われたと推測される(33)。明治初年より明治四十一年（一九〇八）の間は神式で実施され、その後は『釈菜儀節』によって行われた。現在は平成三年秋より『東原庠舎釈菜儀節』によって行われているが、基本的には惕斎の『儀節』によって行われている、と考えてよい。

次にそれ（二〇〇二年実施）を紹介すると、

①詣廟、②排班、③迎神、④鞠躬・拝・興・拝・興・平身、⑤献饌、⑥点閲、⑦詣盥洗所、⑧詣香案前、⑨跪、⑩上香、⑪俯伏・興・拝・興・拝・興・平身、⑫詣爵洗所、⑬詣酒尊所、⑭詣至聖先師文宣王神位前、⑮跪、⑯献爵、⑰

俯伏・興・平身、⑱詣読祝位、⑲衆官皆跪、⑳読祝、㉑俯伏・興・拝・興・拝・興・平身、㉒献爵於配位・詣酒尊所、㉓⑴詣復聖顔支神位前、⑵跪、⑶献爵、⑷俯伏・興・拝・興・拝・興・平身、以下曾子・思子・孟子の順で同一の儀礼を行う。㉔行亜献礼・詣酒尊所、㉕詣至聖先師文宣王神位前、㉖跪、㉗献爵、㉘俯伏・興・平身、㉙献爵於配位・詣酒尊所、㉚⑴詣復聖顔支神位前、⑵跪、⑶献爵、⑷俯伏・興・平身、以下曾子・思子・孟子の順で同一の儀礼を行う。㉛行終献礼・詣酒尊所、㉜詣至聖先師文宣王神位前、㉝跪、㉞献爵、㉟俯伏・興・平身、㊱献爵於配位・詣酒尊所、㊲⑴詣復聖顔支神位前、⑵跪、⑶献爵、⑷俯伏・興・平身、以下曾子・思子・孟子の順で同一の儀礼を行う。㊳衆官復位、㊴詣詩位、㊵衆官皆跪、㊶読詩、㊷撤饌、㊸排班、㊹送神、㊺鞠躬・拝・興・拝・興・平身、㊻礼畢、㊼揖礼、㊽終閉

となっている。(34)

もともと釈菜は『清俗紀聞』に「二日上の丁日、諸州府県の聖廟に官所より釈菜のまつりあり」とあるように、(35)孔子の卒日の旧暦二月に行うものであった。

多久聖廟では創設以来、第九代領主多久茂鄰、第十代領主多久茂澄の一時期を除き、原則として春秋の二回、絶えることなく釈菜を行ってきたが、(36)明治維新後は明治祭年により春季・秋季の皇霊祭の日に挙行することにした。

聖廟が史跡の指定を受けた大正十年（一九二一）以降、釈菜の実施日は春季が四月十一日、秋季が十月十一日と改められた。これは孔子の卒日を、魯の哀公の十六年（前四七九）四月十一日に定めたからである。その後、孔子の卒日が魯の哀公の十六年四月十八日と考えられるようになったため、(37)昭和六年（一九三一）からは四月十八日、十月十一日に改められた。(38)

多久聖廟の釈菜の特徴は中国風であることで、(39)祭装も朱舜水らによって伝えられたと思われる中国の明代のもので

ある。さらに、平成六年には獅子舞が導入され、平成七年からは曲阜人民政府の協力、指導を得て、舞も導入された。

なお、昔は暁丑刻（午前一時）に祭典を始め、辰（午前六時）に終わることになっていたが、現在は午前九時三十分頃に始め、午前十一時頃に終わるようになっている。[40]

こうして変遷を経つつも、多久聖廟の釈菜は現在まで実施されており、地域文化として評価されている。そして、昭和二十五年（一九五〇）に多久聖廟は重要文化財の指定を受けることになり、昭和五十五年には釈菜も佐賀県重要無形民俗文化財の指定を受けた。

多久聖廟の管理は、昭和二十九年（一九五四）に五か町村が合併して多久市が発足して以来、聖廟管理委員会が行ってきたが、平成二年二月に財団法人「孔子の里」が設立され、聖廟を管理することになった。釈菜も平成三年から「孔子の里」主催で実施されることになり、春季は従来通り四月十八日に行っているが、秋季は実施日を十月の第三日曜日に改め、同時に孔子祭を催すことになった。こうして平成三年十月十九日より二十一日の三日間、約七万人が参加して第一回孔子祭が行われ、翌年には第二回孔子祭と同時に国際孔子サミットも開催された。

さらに「孔子の里」では、聖廟運営を視野に入れた「歴史と文化が薫る文教都市」づくりの構想の下、従来の木板に記されたものに替えて、多久市長百崎素弘氏の親筆になる孔子家譜を聖廟内に立てたのを始め、古文書の講読、中国語講座の実施、伝承芸能の保存等の活動を行い、[41]茂文以来の儒教の精神を今に伝えている。

次に東原庠舎の明治以降の様子を記述することにしたい。

先に述べたように、東原庠舎の設立精神は茂文、河浪自安に代表される朱子学であった。自安には子供がなかったので、質斎を嗣子とした。質斎は京都に遊学して朱子学を学び、自安の後を継いで教授となり、多久の文教と道学のために生涯を捧げた。[42]そうした教学精神が受け継がれ、明治時代に志田林太郎（東京帝国大学工科大学教授）、大塚巳一（佐賀県会議員）、中島秀一郎（衆議院議員）、高取伊好（高取鉱業株式会社社長）等多くの識者、実業家、文人を輩出し、弘道館とその影響下にあった佐賀藩の文教をしのぐほどの成果を挙げた。[43]

明治二年（一八六九）十二月、廃藩置県のために従来の制度が廃されると、東原庠舎も多久郷学校と改称され、さらに明治四年の学制施行によって多久小学校と改称された。明治六年に東原庠舎は廃校となり、翌年多久村立知新小学校として改めて創立された。[44] その後、多久村立多久小学校を経て、昭和二十九年に多久市立中部小学校と改称され、現在に至っている。[45]

四、結　び

以上、茂文の「文廟記」を基にして記述してきた。領民を善導するためのものとしての孔子廟の必要性、そして孔子を一種の神とする考え方や、聖廟創設以来、ごく短い期間を除いて続けられてきた釈菜が一種の宗教的な感覚をもって受け止められていること、[46] 孔子像改鋳に見る精神等、必ずしも創設以来の精神が純粋な形で引き継がれてきたとはいえない面も存在すると考えられるが、基本的には多久聖廟は孔子を祀る儒教の象徴的建造物、[47] 学問の神様を祀るお社的存在としてとらえられており、[48] そこに孔子、ひいては儒教の持つ宗教性を見出すことができるのである。

また、広瀬淡窓、江藤新平、佐賀藩六代藩主鍋島宗教等が多久聖廟を訪れるなど、多久聖廟への崇拝は多久地方だけでなく地域的な拡がりをみせている。[49] さらに茂文の聖廟建設の願出が湯島聖堂創設の源となり、綱吉が上野の孔子廟を湯島に移動し、拡張する一動機となり、また茂文が孔子像を鋳造したことが、閑谷学校の孔子像を鋳造することにつながるなど、[50] 他の我国の二大孔子廟に影響を与えることになったのである。

【注】

(1) 飯田須賀斯「江戸時代の孔子廟建築」、福島甲子三編『近世日本の儒学』岩波書店、一九三九年所収。
(2) 尾形善郎「多久聖廟」『時空を越えて――孔子と現代』財団法人「孔子の里」、一九九一年所収。
(3) 細川章「『丹邱邑誌』の刊行に寄せて」、同『佐嘉藩多久領地域史への模索と史料』文献出版、二〇〇二年所収。
(4) 柴田純『思想史における近世』思文閣出版、一九九一年、二〇三～二〇四頁。
(5) 多久市史編纂委員会編『多久市史』第二巻・近世編、多久市、二〇〇二年、八八八頁。
(6) 細川章「『多久聖廟』の創設者多久茂文の人間像」、同『佐嘉藩多久領古文書に見る地域の人々』文献出版、二〇〇〇年所収。
(7) 多久市史編纂委員会編、注(5)前掲書、八〇六頁。
(8) 同右、六八頁。
(9) 不二見達郎「多久の聖廟」、サガテレビ編『ふるさと、人と風土』サガテレビ、一九八三年所収。
(10) 「文廟記」の訓読及び表記は荒木見悟氏に従った。
(11) 多久市史編纂委員会編、注(5)前掲書、八一五頁。
(12) 同右、八〇九頁。
(13) 柴元静雄「東原庠舎の創設と変遷」『丹邱の里』第九号、一九九二年。
(14) 尾形善郎「『東原庠舎学制』考」『西南地域史研究』第十二輯、一九九七年。
(15) 木村英一「中国における学校の起源――孔子以前の学校について」『懐徳』第三十八号、一九六七年。
(16) 佐賀県教育史編纂委員会編『佐賀県教育史』第四巻、佐賀県教育委員会、一九九一年、一二九、一三一頁。
(17) 高山節也「東原庠舎の漢籍について」(『丹邱の里』第十四号、二〇〇二年)及び多久市郷土資料館編『東原庠舎と湯島聖堂』(多久市郷土資料館、一九九九年)一六頁。
(18) 中村禮四郎「佐賀の藩学考」、蜂谷吉之助『藩学史談』文松堂書店、一九四三年所収。
(19) 同右。
(20) 荒木見悟『丹邱邑誌資料講解』文献出版、一九九三年、一頁。
(21) 『重要文化財　多久聖廟』多久市教育委員会、一九八三年、一頁。

(22) 筆者が二〇〇二年十二月に行った調査を基にして、飯田須賀斯、注(1)前掲論文を参考にして記述。
(23) 飯田須賀斯、注(1)前掲論文。
(24) 茂文の生存した時代の清朝では、孔子は順治二年(一六五七)に至聖先師と諡号されている。しかし、孔子像の内側に文宣王一体という銘があるところよりすると(多久市史編纂委員会編、注(5)前掲書、九四六頁)、唐の開元二十七年(七三九)に追贈された文宣王は、つまり孔子を王位を有する者として解していた、と思われる。
(25) 柴田篤・辺土名朝邦『中村惕斎・室鳩巣』明徳出版社、一九八三年、九二頁。
(26) 矢野恒太「宗教としての孔子教」(『漢学』第二編第四号、一九一一年)及び加地伸行『沈黙の宗教——儒教』(筑摩書房、一九九四年)一〇三~一〇四頁。
(27) 柴田篤・辺土名朝邦、注(25)前掲書、一九、二四~二五頁。
(28) 飯田忠夫「神道と儒学」、福島甲子三編、注(1)前掲書所収。
(29) 尾形善郎「多久聖廟建築にみる装飾文様の一考察」『佐賀の歴史と民俗——福岡博先生古希記念誌』福岡博先生古希記念誌編纂会、二〇〇一年所収。
(30) 多久市史編纂委員会編、注(5)前掲書、九四五~九四六頁。
(31) 注(2)前掲『時空を越えて——孔子と現代』一二〇頁。
(32) 中野江漢『釈奠』東亜研究会、一九三五年、七~八頁。
(33) 多久市史編纂委員会編、注(5)前掲書、八三七~八三九頁。
(34) 『二〇〇二年　多久聖廟釈菜式順』による。尚、その他に身近かに見ることのできる多久聖廟釈菜を記した文献をあげておくと、大塚己一編・発行『多久聖廟沿革』(一九一六年)、飯田一郎「多久聖廟の釈菜」(『佐賀教育』第十一号、一九五五年)、多久市史編纂委員会『多久の歴史』(多久市役所、一九六四年)、「資料紹介(二)多久聖廟釈菜儀節」(『丹邱の里』第九号、一九九二年)などがある。
(35) 中川忠英著、孫伯醇・村松一弥編『清俗紀聞』一、平凡社、一九六六年、二〇頁。
(36) 多久市史編纂委員会、注(5)前掲書、八四二、八四七~八四八頁。
(37) 注(21)前掲『重要文化財　多久聖廟』二頁。

(38) 新海一「現代における釈奠・釈菜――湯島聖堂・足利学校・多久聖廟の場合」『漢文学会々報』第二十二輯、一九七七年。
(39) 同右。
(40) 鈴木三八男編『日本の孔子廟と孔子像』斯文会、一九八九年、一九~二〇頁。
(41) 百崎素弘「財団法人『孔子の里』の設立について」『丹邱の里』第七号、一九九〇年。
(42) 林盛道『多久邑の文教』思永書院、一九六一年、七一頁。
(43) 末富義明「佐賀藩多久邑の東原庠舎と多久聖廟(恭安殿)の創建とその教育的意義」『山口短期大学研究紀要』第十三号、一九九一年。
(44) 柴元静雄、注(13)前掲論文。
(45) 多久市立中部小学校長・木塚松信氏のご教授による。
(46) 欠端実「日本における孔子祭」『モラジー研究』第二十四号、一九八八年。
(47) 多久聖廟が一種の宗教性を有することについては山室三良「佐賀県に於ける儒教の残存」(楠本正継他『九州儒学思想の研究』一九五七年)。
(48) 横山普一「重要文化財　多久聖廟『昭和の大改修工事』」『丹邱の里』第五号、一九八八年。
(49) 多久市史編纂委員会、注(5)前掲書、八五二~八五三頁。江藤新平については多久市郷土資料館々長・尾形善郎氏のご教授による。
(50) 飯田須賀斯、注(1)前掲論文。

【追記】

紙数の関係上、多久聖廟の宗教性を考えるに当たって関係の深い白木聖廟について全く論及できなかったことを遺憾に思っている。この問題については後日の発表を期したい、と考えている。

Ⅳ　思想の諸相

『論語』不曰如之何章の解釈をめぐって

仲畑　信

古生物学者・進化生物学者で科学史家でもあるスティーヴン・ジェイ・グールド（一九四一～二〇〇二年）のエッセイ集は、思想史を研究する上でも有益な考え方をしばしば提示している。例えば、『ダ・ヴィンチの二枚貝』では次のように書いている。

ものの考え方や見方のなかには、あまりにも明白すぎて、この方法しか考えられないと思えるせいで、太古の昔からずっと踏襲されてきた普遍的なやり方だと思えるものもある。……しかし、そのような思考法やものの見方は、じつは歴史上の特定の出来事を起源とする新しいものだということが証明できたとしたらどうだろう。その場合には、すべての知識は社会的な背景という枠内からしか生じないという重要な原理をみごとに証明できたことになる。……

グールドは、海生生物の描き方を、このような一例としてあげる。今では、海生生物を観察者が水中で「面と向かっている」かのように描く。この描き方を、我々はごく自然な方法であり、昔からずっとそのように描いてきたと考えがちである。しかし、博物画の歴史を振り返ってみると、水槽が発明され、水槽飼育が流行した十九世紀半ばになるまでは、ほぼ例外なく、海生生物を、水面上か、浜に打ち上げられた姿のいずれかで描いていた、というのである。つまり、水槽の発明とその普及とにより、海生生物の描き方が大きく変わったのである。(1)

『論語』の解釈も、時代により変化してきた。特に、『論語』の新旧の二つの代表的な注釈、古注と呼ばれる何晏（一九〇頃～二四九年）の『論語集解』(2)と、新注と呼ばれる朱熹（一一三〇～一二〇〇年）の『論語集注』とでは、その解釈が大きく異なる場合がある。しかし、古注の解釈は古注の解釈として、新注の解釈は新注の解釈として、それぞれ読み継がれている。ところが、新注による解釈がすっかり定着し、古注の解釈がほとんどかえりみられない章もある。本稿では、『論語』衛霊公篇「不曰如之何」章の、現在ではほとんどかえりみられることのない古注の解釈を検討する。グールドの見事な分析には遠く及ばないであろうが。

一

『論語』衛霊公篇「不曰如之何」章の原文は以下のとおりである。

子曰不曰如之何如之何者吾末如之何也已矣。(3)

古注の検討に入る前に、朱熹の新注に基づく現在の通説ではどのように解釈されているのか、訓読と日本語訳とを示しておく。

子曰わく、之《これ》を如何《いかん》せん、之を如何せんと曰《い》わざる者は、吾れ之《これ》を如何《いかん》ともする末《な》きのみ、と。

（先生（孔子）が言われた、「『どうしようか、どうしようか』と言わない者は、私はどうしようもない」と）

朱熹の新注は以下のとおり（原文と訳とを示す。以下同じ）。

如之何如之何者、熟思而審処之辞也。不如是而妄行、雖聖人亦無如之何矣。

（「之を如何せん、之を如何せん」とは、熟慮して念入りに対処することばである。このようにしなくて、でたらめに行動すれば、聖人であっても、またどうしようもない）

「之を如何せん、之を如何せん（どうしようか、どうしようか）」とは、熟慮して念入りに対処する際に発せられることばであり、「どうしようか、どうしようか」と熟慮して念入りに対処する者でなければ、孔子ほどの聖人であっても、その人を指導・教育することはできない。つまり、熟慮し、念入りに対処することの大切さを孔子が説いたことばと解釈する。

それでは、何晏の古注はというと、何晏自身の解釈ではなく、前漢の武帝（在位、前一四〇～前八七年）の時の人であり、孔子の子孫でもある孔安国の解釈を引用している[4]（説明のため、文章を区切り、記号を付す）。

(a)不曰如之何者、猶言不曰奈是何。

（「之を如何せんと曰わず」とは、「是《これ》を奈何《いかん》せんと曰わず」と言うのに、ほぼ同じである）

(b)如之何者、言禍難已成、吾亦無如之何。

（「之を如何せん」とは、災難がすでに発生していて、私もまたどうしようもない、という意味である）

(a)は本文「不曰如之何」に対する注、(b)は本文「如之何者、吾末如之何也已矣」に対する注とされる。すなわち、孔安国の注は、本文に三度出てくる「如之何」のうちの最初の二つの「如之何」を、朱熹の新注のように「之を如何せん、之を如何せん」と連続して読むのではなく、「之を如何せんと曰わず」で文章を中断し、二つ目の「之を如何せん」は下に続けて「之を如何せんなる者は、吾れ之を如何ともする末《な》きのみ」と、最初の二つの「如之何」を分けて読むのである。より安全な言い方をすれば、分けて読むように見える。これが、朱熹の新注と孔安国注（古注）との第一の違いである。第二の違いは、「如之何」の解釈である。新注は、最初の二つの「如之何」を、熟慮して念入りに対処する際に発せられる望ましいことばとした。一方、孔安国注(b)は、二つ目の「如之何」を、災難がすでに発生して、どうしようもない状況を意味する望ましくないことばとする。

では、孔安国注に従えば、『論語』本文の意味はどうなるのか、であるが、孔安国注は簡略すぎるので、何晏『論語集解』を敷衍した梁の皇侃（四八八～五四五年）の『論語集解義疏』を見てみる。なお、(a)から(d)までが「不曰如之何」についての説明、(e)が「如之何者、吾末如之何也已矣」についての説明とされる。

(a)不曰、猶不謂也。(5)

（「曰わず」は、「謂《い》わず」にほぼ同じである）

(b)如之何、謂事卒至、非己力勢可奈何者也。

（「之を如何せん」とは、ことが急に発生し、自分の力と勢いでどうにかできる状況ではないことを意味する）

(c)言人生常当思慮卒有不可如何之事、逆而防之、不使有起。若無慮而事欻起、是不曰如之何事也。

（人の一生は常に、どうすることもできないことが急に起こるのを思慮して、前もってそのようなことを防いで、起こさせないようにすべきだ、という意味である。もし思慮することなく、ことが急に起こるならば、それは「之を如何せん」と言わないこと（言わなかったため）である）

(d)李充曰、謀之於其未兆、治之於其未乱。何当至於臨難、而方曰如之何也。[6]
（李充は次のように解釈する、「まだきざしが現われないうちにはかり考え、まだ乱れないうちに治める。どうして災難に直面してから、始めて『之を如何せん』と言うべきであろうか」と）

(e)若不先慮而如之何之事、非唯凡人不能奈何矣、雖聖人亦無如之何也。故云、吾末如之何也已矣。
（もし前もって思慮することなく「之を如何せん」という事態になれば、ただ凡庸な人がどうすることもできないだけではなく、聖人であっても、またどうしようもない。だから「私はどうしようもない」と言うのである）[7]

皇侃のこの説明は、いくらか混乱しているように思われる。(b)は、一つ目の「如之何」について、孔安国注(b)に依拠して、ことが急に発生してどうしようもない状況と説明する。ところが(c)では、同じ一つ目の「如之何」を、前もって思慮する際に発せられることばとする。人は常に思慮して、どうしようもない状況におちいるのを予防すべきであるとし、思慮することなく、ことが急に起こったなら、それは「之を如何せん」と言わなかった、つまり、前もって思慮しなかったからだとする。続く(d)は、東晋（三一七～四一九年）初期の人である李充の説の引用であり、(c)の補足である。災難に直面する前に「之を如何せん」と前もって思慮すべきだ、ということである。さらに(e)は、二つ目の「如之何」以下の説明ではあるが、その冒頭の「もし前もって思慮することなく」は、「不曰如之何」の置きかえでもあり、ここでも一つ目の「如之何」は、前もって思慮する際に発せられることばとされている。このように、一つ目の「如之何」についての説明が、(b)と、(c)(d)(e)とでは、異なっている。

そもそも、孔安国注は、二つ目の「如之何」について、災難がすでに発生してどうしようもない状況を意味する、と言うだけである。一つ目の「如之何」については、「奈是何」とほぼ同じだと言うだけで、その意味の説明はない。一つ目の「如之何」について、孔安国注に説明がなく、皇侃が二つの相異なる説明を加えている以上、皇侃の説明をふまえた孔安国注に基づく『論語』本文の訳も、二つ示さざるをえない。

第一の訳は、皇侃の(c)(d)(e)の説明をふまえた訳である。皇侃の(b)については、一つ目の「如之何」の説明ではなく、二つ目の「如之何」の説明だと考えておく。そもそも皇侃(b)の説明は、二つ目の「如之何」に対する孔安国注(b)に依拠するものであるのだから。

先生（孔子）が言われた、「『どうしようか』と口にしないで（前もって思慮しないで）、どうしようかという（災難がすでに発生した）状況になれば、私はどうしようもない」と。

第二の訳は、皇侃の(b)の説明を、あくまでも一つ目の「如之何」の説明であるとした訳である。「之を如何せんと曰わず」の「之を如何せん」を、ことが急に発生してどうしようもない状況で発せられたことばとすると、「曰わず」の主語は、孔子と考えるのが妥当であろう。「どうしようか」と口にするような状況は、すでに災難が発生しているのであり、聖人である孔子は、そのような状況におちいることはなく、したがって、そのようなことばを口にしなかった、とするのである。(8) このように考えると、孔安国注に基づく『論語』本文の訳は以下のようになる。

先生（孔子）が言われた、「（私は）『どうしようか』とは言わない。どうしようかという（災難がすでに発生した）状況になれば、私はどうしようもない」と。

二

それでは、以上のような孔安国の解釈は、『論語』本文の読み方として、妥当な読み方なのであろうか。朱熹の新注に基づく現在の通説に照らせば、もちろん誤った読み方ということになる。清朝（一六六二～一九一一年）の簡朝亮『論語集注補正述疏』は、孔安国注と邢昺の疏とを引用して、以下のようにコメントする。

此旧説以両「如之何」分読焉。豈不失其読、遂失其義邪。詩秦風云、「如何如何」、能分読邪。

（この旧説は、二つの「之を如何せん」を分けて読んでいる。どうして、その読み方を誤り、はてはその意味を誤っていないであろうか。『詩経』秦風〈晨風〉に「如何せん、如何せん」と〈連続して読む例が〉あるから、分けて読むことが可能であろうか）

このほか、同じく清朝の劉宝楠『論語正義』、沈濤『論語孔注弁偽』も、孔安国注を批判している。日本の学者では、安井衡（息軒。一七九九～一八七六年）『論語集説』（『漢文大系』所収）や、桂湖村（五十郎。一八六八～一九三八年）『論語証解』（『漢籍国字解全書』所収）も同様の意見である。

現在では、『論語』に関する書物は数多く出版されている。それらを可能なかぎり見てみたが、孔安国注に従うものはなかった。孔安国注に従わないだけではなく、孔安国注への言及もほとんどない。吉川幸次郎『論語』（朝日新聞社、一九六五年）が、孔安国注の読み方に次のように言及するのは、極めてめずらしい例である。

はじめの二つの「如之何」は、あきらかに畳語である。古注の孔安国が、それを中断し、はじめの「如之何」のみを、「曰」の補語として読むように見えるのは、妥当でない。

また、加地伸行・宇佐美一博・湯浅邦弘『鑑賞中国の古典②論語』（角川書店、一九八七年）は、序において、「『論語』の訳注は、主として古注すなわち『論語集解』の解釈に基づくこととした」と述べているにもかかわらず、「どうしよう、どうしようと言わない者は」と口語訳し、孔安国注（古注）への言及はない。古注に基づくことを凡例とする翻訳書でさえ朱熹の新注に基づいているのは、現在では、孔安国注が、明らかに誤った解釈と考えられているからであろう。以上のように、現在では、孔安国の解釈は、誤った解釈とされ、ほとんどかえりみられることがない。

ところがこの孔安国注は、かつては支持されていたのである。

まず、何晏の『論語集解』は、孔安国のほか、後漢（二五～二二〇年）の包咸・周氏・馬融・鄭玄、三国時代の魏（二二〇～二六四年）の陳群・王粛・周生烈ら八人の解釈を集めたものである。「不曰如之何」章について、孔安国以外の人がどのような解釈をしていたのか、現在ではわからないが、何晏はこれら八人の解釈の中から、最も妥当な解釈として、孔安国の注釈を採用したことになる。つまり、孔安国注は、何晏により支持されたのである。

この何晏『論語集解』は、『隋書』経籍志・経部・論語によれば、南朝の梁・陳の時代（五〇二～五八八年）や隋の時代（五八一～六一七年）に、『論語』の注釈書として最もポピュラーなものであった。[9] その南朝の梁の皇侃は、何晏『論語集解』をもととして『論語集解義疏』を著わし、いわばその再注釈をほどこした。したがって、皇侃が「不曰如之何」章において、何晏の採用した孔安国注に基づく解説をしているのは、当然といえば当然である。しかし、皇侃は時に何晏『論語集解』の解釈とは異なった解釈を示すこともある。[10] それなのに、「不曰如之何」章では、孔安国注にはない「前もって思慮する」という説明を加えてはいるが、新たな異説を提出しているわけではない。皇侃も孔安国注を是認したことになる。

唐代（六一八～九〇七年）の韓愈（七六八～八二四年）と李翺（七七四～八三六年）の『論語筆解』は、当時、権威ある注釈書と認められていた何晏『論語集解』を批判し、新解釈を打ち出したものとされる。[11] しかし、現行の『論語筆解』を見るかぎり、「不曰如之何」章への言及はない。

宋代（九六〇～一二七九年）になると、その初めに、邢昺が勅命を受けて、何晏『論語集解』を敷衍して『論語注疏』を撰定し、何晏『論語集解』の権威はより強固なものとなった。したがって、朱熹の新注『論語集注』（一一七七年に完成）が出現するころまでの注釈には、孔安国注に依拠するものや、その影響を受けているものが見られる。例えば、朱熹が『論語集注』のための基礎作業として作った『論語精義』は、「不曰如之何」章において、五人の宋人の注釈を引くが、その中の侯仲良（生卒年不詳）の解釈を見てみよう。

天下之事、当防微杜漸於未然之前。故不曰如之何。

若至於已然横流極熾無可奈何之後、雖聖人亦無如之何矣。故曰、如之何者、吾末如之何也已矣。

（世の中のことは、まだことが起こらない以前に、微細なことを防ぎ、ゆっくり進むことをふさぐべきである。だから〔未然にことを防いだ孔子は〕「之を如何せん」とは言わなかった。もし、すでにほしいままにあふれ流れ、極めてさかんで、どうすることもできなくなってからでは、聖人であっても、またどうしようもない。だから「之を如何せんという状況になれば、私はどうしようもない」と言うのである）

この侯仲良の解釈は、『論語』本文を「不曰如之何」と「如之何者、吾末如之何也已矣」とに分けている。しかも二つ目の「如之何」を、災難がすでに発生してどうしようもない状況でのことばとしている。これは明らかに孔安国注に依拠した解釈である。また、同じく『論語精義』の引く范祖禹（一〇四一～一〇九八年）の解釈は、孔安国注の「禍難已成」という表現をそのまま用いている。[12]

注目すべきは、張栻（一一三三～一一八〇年）の『南軒先生論語解（癸巳論語解）』と、蔡節（生卒年不詳）の『論語集説』が、「不曰如之何」章において、孔安国注に依拠する侯仲良の解釈のみを引用していることである。つまり、両書は、この章の解釈として、侯仲良の解釈を最善としているのである。しかも、蔡節の『論語集説』は、朱熹の新注を引く章もあるから、朱熹の新注と、孔安国注に依拠した侯仲良の解釈とを比較した上で、侯仲良の説を採用したことになる。孔安国注が長年にわたり支持されてきた名残であろう。

以上のように、孔安国注（古注）と朱熹の新注とでは、「不曰如之何」章の解釈は大きく異なる。そして現在では、朱熹の新注がもっぱら支持され、孔安国注は、誤った解釈であるとされて、ほとんどかえりみられることがない。しかし、現在では誤った解釈とされる孔安国の解釈が、かつては支持されていたのである。

なお、後に述べるが、朱熹の新注に近い読み方は、董仲舒（前一七九～前一〇四年頃）の著とされる『春秋繁露』にすでに見られる。また、孔安国注が支持されていた時代にも、孔安国注と異なる解釈も存在したであろう。そういう意味では、朱熹の新注以前と以後とで、世の中の人々のこの章の読み方が完全に一新されたというわけではない。また、かつて孔安国注が支持されたのは、孔安国の解釈が妥当だと考えられたから支持されたのではなく、古注の権威がそうさせたのだと考えるべきかもしれないが、もしそうであるなら、解釈の妥当性ではなく、注釈書の権威が、各時代の『論語』解釈を決定していたことになる。

三

ところで、孔安国は、なぜこのような解釈をしたのか。誤った解釈とされる孔安国注について、これ以上議論するのは意味のないことだ、という考え方もあるだろう。しかし、本稿の初めにそのことばを引用したグールドは、そのエッセイにおいて、人の考え方を理解するには、その背景をなすその時代を尊重しなければならないことを、くり返し説く。たとえ明らかに誤った学説であっても、誤っていることを批判するだけではなく、その誤った学説がどのような理由で生み出されたかを考えるべきだと主張する。例えば、十七世紀の聖職者であるジェイムズ・アッシャー(一五八一〜一六五六年)は、天地創造を紀元前四〇〇四年一〇月二三日正午であるとした。グールドは、このアッシャーの説を「とんでもない誤り」としながらも、なぜアッシャーがこの数字を弾きだしたのかについて考察し、十七世紀という時代の思想を見事に描き出している。[13] そこで、孔安国注の由来について、はなはだ不充分ではあるけれども、いささか検討を加え、本稿を終えることとする。

そもそも、「不曰如之何」章を、孔安国と同じ時代の人々はどのように解釈したのだろうか。孔安国より何晏にいたる時代に『論語』注釈書を著わしたのは、『隋書』経籍志・『経典釈文』序録によれば、後漢の包咸・周氏・馬融・鄭玄、三国時代の魏の陳群・王粛・周生烈・王弼、呉の虞翻、蜀の譙周である。ところがこれらの注釈書は、すべて散逸し、「不曰如之何」章については、右にあげたいずれの人の注釈も残っていない。

しかし、『論語』の注釈書ではないが、「不曰如之何」章と深くかかわる記述が、前漢時代(前二〇六〜後七年)の二つの書物に見られる。一つは、陸賈(前漢初期)の著とされる『新語』弁惑篇であり、一つは、董仲舒の著とされる『春秋繁露』執贄篇である。まず、『新語』弁惑篇には以下のようにある。

孔子遭君暗臣乱、衆邪在位、政道隔於三家、仁義閉於公門、故作公陵之歌、傷無権力於世、大化絶而不通、道徳施而不用。故曰、無如之何者、吾末如之何也已矣。

（君主は愚かで臣下は乱れ、多くのよこしまな人々が官職につき、政治の道が〔魯国の家老である〕三桓氏によりへだてられ、仁義が君主の門前にとざされた世の中に孔子はめぐりあわせ、それで「公陵の歌」を作って、世に権力がなく、大いなる教化は絶えて行きわたらず、道徳は設けられていても用いられないのを悲しんだ。それで「之を如何ともする無き者は、吾れ之を如何ともする末《な》きのみ」と言った）

一方、『春秋繁露』執贄篇には以下のようにある。

子曰、人而不曰如之何如之何者、吾末如之何也矣。故匿病者不得良医、羞問者聖人去之。

（先生が言われた、「人にして『之を如何せん、之を如何せん』と曰わざる者は、吾れ之を如何ともする末《な》きなり」と。だから病気をかくす人は、良い医者に出会えず、質問するのを恥ずかしがる人を、聖人は遠ざける）

『新語』は、世の中が乱れていることを孔子が嘆き悲しんで、「どうしようもないことは、私はどうしようもない（無如之何者、吾末如之何也已矣）」と言ったとする。『春秋繁露』は、「人であって『どうしたらいいですか、どうしたらいいですか』と質問しない者は、私はどうしようもない（人而不曰如之何如之何者、吾末如之何也矣）」と孔子が言ったとする。この『新語』と『春秋繁露』の記述は、現在の『論語』の「不曰如之何」章とは文字が若干異なるが、前漢時代に、『論語』のこの章について、以上のような読み方が存在していた、と考えてよいであろう。『春秋繁露』に従えば、前半の二つの「如之何」は連続して読み、質問のことばとして読むことになる。[14] この読み方は、質問のことばとする点を除き、朱熹の新注に近い読み方である。孔安国注との関連において注目すべきは、『新語』に示された読み方である。『新語』の、世の中が乱れて、どうしようもない状況を嘆き悲しんだことばとする読み方は、「之を如何せん」を、災難がすでに発生して、どうしようもない状況を意味することばとする孔安国の解釈に非常に近い。劉宝楠『論語正義』は、『新語』を引用した上で、

偽孔所云「禍難已成」、似即窃取此義。

（偽孔注（孔安国注）が「災難がすでに発生し」と言うのは、この意味をひそかに取ったもののようである）

とコメントしている。

『論語』の「不曰如之何」章以外の「如之何」の用例も少し見ておきたい。[15]『新語』は、三桓氏が政治を乱していると言うから、天下全体の乱れというよりは、孔子が生まれ育った魯国の乱れを言うものであるが、『論語』の「如之何」に対する孔安国注にも、魯国の混乱に言及するものがある。それは八佾篇の注である。まずは本文から。

定公問、「君使臣、臣事君、如之何」。……

（定公が〔孔子に〕質問した、「君主が臣下を使い、臣下が君主に仕えるのは、之を如何せん」と。……）

この文章は、魯の定公が、君臣関係のあるべき姿を質問している文章であり、『論語』本文を読むかぎり、特殊な状況のもとでなされた質問ではない。ところが、孔安国は次のように解釈する。

定公、魯君謚。時臣失礼、定公患之、故問之。
（定公は、魯の君主のおくり名である。当時、臣下は礼を失い、定公はそのことを思い悩んでいたので、この質問をしたのである）

孔安国注によると、これは当時の魯国の特殊な状況下での質問となる。臣下が君臣の礼を無視し、定公が臣下を制御できなくなっていて、それを思い悩む定公が「之を如何せん」と質問した。「どうしたらいいですか」という質問のことばなのではあるが、その背景には、魯国の君臣関係の乱れがあると、孔安国は考えている。このほか孔安国注（古注）に言及はないものの、為政篇の、

季康子問、「使民敬忠以勧、如之何」。……
（〔魯の家老の〕季康子が〔孔子に〕質問した、「民衆を敬虔で忠実にさせ、仕事にはげむようにさせるには、之を如何せん」と。……）

や、顔淵篇の、

哀公問於有若曰、「年饑用不足、如之何」。……
（〔魯の〕哀公が〔孔子の弟子の〕有若に質問した、「今年は飢饉で費用が不足している、之を如何せん」と。……）

なども、魯国の混乱と結びつけて解釈することが可能である。(16)

「不曰如之何」章の孔安国注は「如之何」を、災難がすでに発生してどうしようもない状況だとするが、八佾篇の「如

之何」も、孔安国によれば、魯国の混乱という、いわば災難がすでに発生した状況でのことばであり、為政篇と顔淵篇の「如之何」も同様の解釈が可能である。もちろん、これらの質問に対して、孔子が、顔淵篇では弟子の有若が、その対処方法を答えており、「どうしようもない」とは言っていない。しかし、次のようにも考えられないだろうか。定公を始めとする魯国の政治家が孔子に「之を如何せん」と質問する。しかし「之を如何せん」と質問するのは、すでに魯国の混乱という災難が発生しているのであり、まさに、どうしようもない、のである。『新語』の文章を合わせ考えれば、孔安国注は、「不曰如之何」章と、右にあげた魯国の政治家たちが「之を如何せん」と質問する章とを結びつけ、いずれもその背景に魯国の混乱があると考えていた可能性もあるのではないだろうか。

【注】

（1）スティーヴン・ジェイ・グールド（Stephen Jay Gould）、渡辺政隆訳『ダ・ヴィンチの二枚貝——進化論と人文科学のはざまで』早川書房、二〇〇二年、第一部「芸術と科学」、三章「面と向かって明瞭に見る」。

（2）『論語集解』序解によれば、この書は孫邕・鄭沖・曹羲・荀顗と何晏の五人により編纂されたものであり、何晏はその代表者である。

（3）後半の「吾末如之何也已矣」は子罕篇にまったく同じ句がある。

（4）何晏『論語集解』に引用されている孔安国の注は偽作であるとする説があり、清朝の学者には孔安国注を「偽孔注」と称する場合が多い。ただし本論では、孔安国注が前漢の孔安国自身の注なのか、だれかの偽作なのかは、問題にしない。偽作説については、松川健二編『論語の思想史』（汲古書院、一九九四年）第一部、第三章、何晏『論語集解』（室谷邦行）の注（7）を参照。

（5）皇侃は、八佾篇「曰使民戦栗」、憲問篇「曰今之成人者何必然」「曰未仁乎」において、「曰者、謂也」と言う。

（6）『老子』六十四章「其安易持、其未兆易謀、其脆易泮、其微易散。為之於未有、治之於未乱」に基づく表現。

（7）同じく『論語集解』を敷衍した邢昺（九三二〜一〇一〇年）『論語注疏』は次のように言う。「この章は、人々に災難を予防するように、いましめている。如は奈に同じ。之を如何せんと曰わずとは、是を奈何せんと曰わずと言うのにほぼ同じ。末は無に同じ。是を奈何せんと言うような者は、災難がすでに発生していて、救うことができず、私もまたどうしようもない（此章、戒人予防禍難也。如、奈也。不曰如之何、猶言不曰奈是何。末、無也。若曰奈是何者、則是禍難已成、不可救薬、吾亦無奈之何）」。

（8）「曰わず」の主語を孔子とする解釈は、いずれも宋人であるが、鄭汝諧『論語意原』の「之を如何せん、之を如何せんとは、いそぎあわてて対処する方法がない状況でのことばである。先生（孔子）はいまだかつてこのことばを口にしたことがない（如之何如之何者、急遽無所処之辞也。夫子未嘗為是言）」という解釈のほか、朱熹『論語精義』の引く侯仲良の解釈にも見られる。侯仲良の解釈は後にとりあげる。

（9）「梁陳之時、唯鄭玄何晏立於国学、而鄭氏甚微。……至隋、何鄭並行、鄭氏盛於人間」。

（10）松川健二編、注（4）前掲書、第一部、第五章、皇侃『論語集解義疏』（室谷邦行）参照。

（11）松川健二編、注（4）前掲書、第一部、第六章、韓愈・李翺『論語筆解』（末岡実）参照。

（12）「若禍難已成、雖聖人亦末如之何也」。

（13）スティーヴン・ジェイ・グールド、渡辺政隆訳『八匹の子豚』早川書房、一九九六年、第三部「民の声」、一二章「アッシャー家の崩壊」。

（14）「如之何如之何」を質問のことばとする解釈は、荻生（物）徂徠（一六六六～一七二八年）の『論語徴』にも見られる。

（15）『論語』に「如之何」は、十三章に十六回、登場する。なお、阮元『論語注疏校勘記』によれば、先進篇の子路曾皙章の「非諸侯而何」を「非諸侯如之何」に作る本がある。

（16）皇侃『論語集解義疏』は、この二つの章において、魯国の混乱に言及する。

『荘子』における「真」と「性」と「情」――一般語義と思想の言語

橋本　昭典

一、はじめに

「真」「性」「情」、これらは重要な概念をもつ思想の用語であるが、同時にそれぞれ「真実」「性質」「実情」といった一般的語義をあわせもつ。そしてこれらの語が思想の用語として固有な意味に使用される文献においても同一語の一般的語義としての使用が混在する。そのために両者の峻別が必要となる。さらに思想の用語というのは思想家がそれぞれ固有の意味において用いようとするものであるから、使用者における固有の語義の特定もまた必要とされる。(1)

例えば、徐復観『中国人性論史先秦篇』は、『荘子』において使用される「情」の字に「実情の情」「性」「情欲の情」の三種の意味を見出し、第一義の「実情の情」については「固有の意味がない」として、以下の二義についてそれぞれ例証している。(2) つまり「情」の語義において「実情の情」を一般的語義と見なし、それ以外の意味における使用を『荘子』の思想の用語として分析しようというのである。ここではそのうち、第三の「情欲の情」として徐復観が挙げる二例を取り上げてその妥当性を検討してみたい。

有人之形、无人之情、有人之形、故群於人、无人之情、故是非不得於身。

（人の形をもつが、人の情をもたない。人の形をしているから人とともにいるが、人の情をもたないから是非の判断は我が身に生じない）（徳充符篇）

吾所謂無情者、言人之不以好悪内傷其身、常因自然而不益生也。
（私の言う情がないというのは、人の好悪によって我が身を損なうことがなく、常に自然に任せて生を助長することがないということだ）（徳充符篇）

徐復観のみならずこの「情」は例外なく「感情、欲望」「情欲」と解釈されており、[3]また「常識的な喜怒哀楽や是非好悪の感情」と解説されたりもしている。[4]「情」の字には「感情」や「情欲」といった意味があり、是非や好悪は感情や欲求に結び付く概念であるから、これら従来の解釈は妥当なものと言えよう。ところで、仮にこの「情」を「実情の情」と解してこの問答を捉えてみるなら、「人の形をもつが人としての実情をもたない。人としての実情をもたないから是非の判断は我が身に生じない」「私の言う人としての実情をもたないということはどういうことかと言うと……」といったようにひとまず文意は通じる。[5]では、この「情」を「実情の情」ではなく「感情・欲求」と見なすべき根拠とはどのようなものであろうか。

確かに、一般に「是非」「好悪」といった概念をひろく「情欲」という範疇内に収め、それを「情」という語で代表させることは妥当なことである。ただ、問題は用語の使用者がそのような意味において使用したかである。この点が確認されない限りにおいては、なお「情」を「実情」と解するべき可能性を否定しさることはできないであろう。

徐復観は、荘子が「情がないこと」とすることから荘子が「好悪を情と見なしていたことがわかる」と言う。[6]しかし、荘子はここで「情がないこと」を「好悪がないこと」とは言っていない。荘子は「情がないこと」とは「人の好悪によって我が身を損なうことがなく、常に自然に任せて生を助長することがないこと」と言っているのである。「人の好悪によって我が身を損なうことがなく、常に自然に任せて生を助長することがないこと」と「好悪がないこと」とは等しくはない。つまりここで言われる「情」とは「好悪によって身を損ない、自然に任せずに生を助長すること」なのである。[7] そして問題は、この事実を『荘子』が「人の情欲」と捉えたのか、それとも「人の実情」と捉えたのかということになるのである。

本稿は以上のような観点から『荘子』における「情」の語義についての再検討を、同様の構造をもつ「真」「性」二語の語義との関連から行なうものである。

二、「真」と「情」

道家思想において重要な思想的概念である「真」の字は「真実」の「真」、つまり「まこと」「本当の」という一般語義をもつ。例えば「道悪乎隠而有真偽」（斉物論）の「真」は「真偽」という複合語であることから、「偽」の反義であることがわかる。また「其知情信、其徳甚真」（応帝王篇）は対偶であることから、「真」は「信」と同様の意味で使われていることがわかる。[8] 斉物論篇には喜怒哀楽など感情の変化の由来を求めて得られた「真宰」という概念がある。これもまたすぐ後に主宰者を「真君」と言い換えていることや、その実体の把握が不可能とされることから、思想的用語としての使用ではなく「本当の主宰者」という一般語義の域内を出ないものと考えるべきである。

では、『荘子』の重要な思想的概念とされる「真人」の語はどうであろうか。これを一般的語義で解すると「本当の人」となる。この場合、「真宰」とは異なり、「人」というのは共通認識の得られる明白な概念であり、また「真人」は実在するとされている。そのうえで「本当の人」と言うからには、それを他へ向けて説明しなければ理解を得られないであろう。ここに『荘子』の言う「真人」という思想の用語が生まれるのである。事実、『荘子』においては「何謂真人」「是之謂真人」（大宗師篇）として「真人」の定義的説明がなされている。その内容は多様であるが、例えば、「古之真人、不知説生、不知悪死、其出不訢、其入不距、翛然而往、翛然而来而已矣（古の真人は、生を喜ぶことを知らず、死を憎むことを知らず、生まれ出ても喜ばず、帰って行くのも拒まない。悠然として往き、悠然として来るだけである）」とあるように、いずれも用語の使用者の注釈なしには理解されえない語となっている。

また、子桑戸が死んだ際の友人の言葉「而已反其真、而我猶為人猗（あなたは既に真に帰った、私はまだ人である）」（大宗師篇）における「真」も解説なしには理解が難しい。それ故に「真」の字については説明が必要とされている。「請問何謂真」との問いに、「真者精誠之至也（真とは精誠の至りである）」と概念規定がなされ、「真者所以受於天也（真とは天から授かるものである）」（漁父篇）と説明されるのがそれである。(9)

このように「真」の字について、『荘子』には一般語義における使用例と固有の意味における使用例とが並存する。そして後者については固有の意味であるが故に定義や解説が必要とされたのである。

次に「真」と関連する「情」の語義について見てみたい。

「真宰」を「有情而無形（情はあるけれども形がない）」と説明する記述があるが、そこではまた「如求得其情与不得、無益損乎其真（求めてその情が得られようと得られまいとその真には影響がない）」と言われている（斉物論篇）。「真宰」の「形」と「情」、これはそれぞれ「真宰」の「実体」とすべてに変化をもたらすという「真宰」の「実情（働き）」を意味していよう。そしてその「実情」の把握如何は「真宰」の働きに何ら影響しないとして、人知による実情の追求は放擲されている。

また、「真人」と同義である藐姑射山の「神人」が「大有逕庭、不近人情焉（大いに隔たりがあり、人の情に近くない）」（逍遥遊篇）とされている。「真人」の描写はいずれも「人情」とは大いに異なっていた。この「人情」とは通常の「人の実情」の意味に他ならない。通常の「人情（人の実情）」に異なるゆえにこそ「真」とされるのである。

三、「性」と「情」

「性」もまた人の本性に関わる重要な思想的概念を表す語であるとともに「性質」といった一般語義をあわせもつ。「水之性、不雑則清、莫動則平、鬱閉而不流、亦不能清（水の性は、混ざらなければ清んでおり、動かさなければ水平であるが、塞ぎ止めて流れないようにすれば、清ませることはできない）」（刻意篇）と言われる「性」は一般語義の例である。(10)

一方で「性」の概念規定も見られる。

泰初有无、无有无名、一之所起、有一而未形、物得以生、謂之徳、未形者有分、且然无間、謂之命、留動而生物、物成生理、謂之形、形体保神、各有儀則、謂之性、性修反徳、徳至同於初、同乃虚、虚乃大……謂之玄徳、同乎大順。（真の始めには無がある。有もなく名もない。そして一が起こる。一は存在するが形はない。物は一を得て生まれる、これを徳と言う。まだ形はないが分かれていく、しかしそれらに差異はない、これを命と言う。凝固と流動によって物が生まれる。物が完成すると理が生じる、これを形と言う。形に精神が宿り、それぞれの性質が備わる、これを性と言う。性が修まれば徳に帰り、徳が極まれば始めに同化し、同化すれば虚となり、虚となれば大となり、……これを奥深い徳と言う。それは大いなる変化と同化することである）（天地篇）

ここでは「性」はそれぞれの「儀則（性質）」とされ、それは修養を経ることで「徳」へと帰り、やがて「大順」に同化すべきものとされる。それぞれの性質という意味においては「実情の情」に近いが、「徳」へと帰るべき「性」

というのはもはや「情」と同義ではありえず、「同乎大順」は「反其真」と同趣旨と見なせることからも、「性」のこのような理解は『荘子』固有のものとなっている。[11]

では「情」との関わりを見てみたい。

彼正正者不失其性命之情、故合者不為駢、而枝者不為跂、長者不為有余、短者不為不足、是故鳧脛雖短、続之則憂、鶴脛雖長、断之則悲、故性長非所断、性短非所続、无所去憂也、意仁義其非人情乎、彼仁人何其多憂也、且夫駢於拇者、決之則泣、枝於手者、齕之則啼、二者或有余於数、或不足於数、其於憂一也、今世之仁人、蒿目而憂世之患、不仁之人、決性命之情而饕貴富、故意仁義其非人情乎、自三代以下者、天下何其囂囂也。（あの最高に正しい者は、性命の情を失わない。だから指が合わさっていても奇形とは思わず、指が枝分かれしていても奇形とは思わず、長いものを余分とは思わず、短い者は足りないとは思わない。だからこそ鴨の足が短いからといってそれを継ぎ足せば憂えるし、鶴の足が長いからといってこれを切れば悲しむのである。故に、性として長い者は切るべきではなく、性として短い者は継ぐべきではなく、これでこそ憂いがなくなるのである。思うに、仁義は人の情ではないのではないか。かの仁の人は何と憂いの多いことか。このように指が合わさっている者を裂けば啼き、指が枝分かれしている者を切れば啼くのである。この二者は、一つは数が余分であり、一つは数が足りないのであるが、（標準に合わせようとして）憂える点では同じである。今、世の中の仁者は疲れた目で世の中を憂え、不仁の人は性命の情を損なって富貴を貪っている。故に思うに、仁義は人の情ではないのではないか。三代以後世の中の何と騒がしいことよ）（駢拇篇）

鴨の足が短いことや鶴の足が長いことなど、この一節は「本来の性質」の意味に使われる「性」が主題となっており、「性命の情を失わない」としてその保全が説かれている。「性命の情」という表現も『荘子』に散見するが、これについては後述するとして、後半部の問い「仁義は人の情ではないのではないか」について考えたい。ここでは、指の数を標準に合わせようとすることで憂いを生じるのと同様に、仁義ある人物が仁義という基準に合わせようとすることで憂いを生じているとして、「仁義は人の情ではない」と結論される。この「情」については、「請問、仁義人之性邪」（天道篇）と「情」が「性」に置き換えられた同文が別にあることや、「其所以変其情、易其性則異矣（その情を変え、その性を変える理由は異なる）」（盗跖篇）という互文が見られることから、「性」と同義と見なすことができる。

徐復観前掲書は「情」の三種の意味の一つとして「性と同様の意味」を挙げていた。事実これ以外にも、『荘子』には多く「性情」「情性」という複合語が存在する。その用例としては、「性情不離、安用礼楽（性情から離れなければどうして礼楽を用いる必要があろうか）」（馬蹄篇）、「无以反其性情而復其初（その性情に返り、その初めに帰ることがない）」（繕性篇）、「汝欲反汝情性而无由入（あなたが情性に返ろうとしても、返るすべがない）」（庚桑楚篇）、「皆以利惑其真、而強反其情性（すべて利によってその真を惑わせ、無理にその情性に背いている）」（盗跖篇）といったものがある。

複合語の構詞法から言えば、「性情」「情性」という語は同義並列によるものであり、[12]また「二音節の語素はその意味のかさなりの面を突出させる」[13]という特徴をもつことから、これらが同義で使われていることは明らかである。[14]またその語義は、「其性情」「汝情性」といった表現があることから「その（あなたの）本質」といった一般的語義と捉えるべきであろう。

「性」の字は『荘子』内篇には見られない。外雑篇になると多用され、「徳」へと復帰すべき「性」というような思想用語としての例も生まれる。思想的に見ると、それぞれの本性への復帰が説かれるのは、内篇において通常の人としての実情をもたないことが称揚されたのとは明らかに異なる。これは「性」という概念を新たに導入することによる『荘子』思想の変容と見なせるのであるが、[15]このような固有の意味をもつ「性」の例は多くはない。多くは「其性」「汝性」という形式をとったり、「情」と複合語を形成したりしており、一般語義を出るものではない。そうすると、徐復観が「性と同様の意味」と言うのは、結局のところ「実情の情」と同義であることになる。

四、「無情」の意味と「情」の語義

これまでに考察した「真」や「性」と関わる「情」はすべて「実情の情」の意であった。他に「情」が単独で「実情の情」を意味する例をいくつか挙げてみると、「吾未至乎事之情」「行事之情」「伝其常情」（人間世篇）、「皆物之情」「恒物之大情」（大宗師篇）、「五臓之情」（駢拇篇）、「万物之情」（秋水篇、山木篇）などがある。これらは「実際の仕事」や「ありのままを伝える」「物の本質」などと意味のうえから明らかに「実情の情」であることがわかる。また、「遁天倍情」（養生主篇）、「乱天之経、逆物之情」（在宥篇）、「致命尽情」（天地篇）、「修胸中之誠、以応天地之情」（徐無鬼篇）、「遁其天、離其性、滅其情、亡其神」「孰正於其情、孰遍於其理」（則陽篇）などは、その並列関係から同様のことが言える。[16]

ではここで本稿「はじめに」で問題を提起しておいた「情欲の情」と解される例について詳細に検討を行ないたい。まず徳充符篇の衛の霊公が教えを授かる寓話の一節である。

……而知為孽、約為膠、徳為接、工為商、聖人不謀、悪用知、不斲、悪用膠、无喪、悪用徳、不貨、悪用商、四者天鬻也、天鬻也者天食也、既受食於天、又悪用人、有人之形、无人之情、有人之形、故群於人、无人之情、故是非不得於身、眇乎小哉、所以属於人也、謷乎大哉、独成其天。

（知識を禍とし、約束を膠づけとし、徳をしばりつけるものとし、技巧を商売のためのものとする。聖人は考えることをしないから知識は必要ない。切るような作為は行なわないから接着剤は必要ない。失うことはないから徳は必要ない。売買はしないから商売は必要ない。この四つのことは天の養育である。天の養育とは天の食である。天から食を受けているのに、どうして人を用いる必要があろうか。人の形をもつが、人の情をもたない。人の形をしているから人とともにいるが、人の情をもたないから是非の判断は我が身に生じない。微小であるのは人であるからであり、高大であるのは天を完成させているからである）（徳充符篇）

前半では「知」「約」「徳」「工」の四者を否定することが主題となっており、「既受食於天、又悪用人」と「人」ではなく「天」に従うべきことが説かれている。この四者が通常の「人」の営みを代表しているのは明らかである。そしてそれが否定される。続いて「有人之形、无人之情。有人之形、故群於人、无人之情、故是非不得於身」と言われるが、この「情」が「人の情欲」と解されるのであった。では今一つの例を挙げたい。

恵子謂荘子曰、人故无情乎。荘子曰然。恵子曰、人而无情、何以謂之人。荘子曰、道与之貌、天与之形、悪得不謂之人。恵子曰、既謂之人、悪得无情。荘子曰、是非吾所謂情也、吾所謂无情者、言人之不以好悪内傷其身、常因自然而不益生也。……

（恵子が荘子に言った、「人はもとより情がないのか」と。荘子「そうだ」。恵子「人でありながら情がないのなら、それを人と言えるだろうか」。荘子「道が容貌を与え、天が形を与えたからには人と言えないことがあろうか」。恵子「人と言うからには、どうして情がないことがあろうか」。荘子「私の言う情とはそうではない。私の言う情がないというのは、人の好悪によって我が身を損なうことがなく、常に自然に任せて生を助長することがないということだ」）（徳充符篇）

同様にこれも「人はもとより情欲がない」と解されるのであった。

この二篇は趣旨がほぼ等しい。特に注目すべきは両記述においてともに「形」と「情」が「人」という概念を形成する要素とされている点である。先に考察した「真宰」についてもまた「有情而無形（情はあるけれども形がない）」と言われていた。これらをあわせ考えるなら、『荘子』は事物の構成要素を「形」と「情」と把握したと見なせる。とすると、ここで述べられる理想的人物についても同様に「形はあるが実情がない」と読むべきとなる。そしてその「実情」とは、これらの記述に即して言うなら、「知」「約」「徳」「工」「是非に左右されること」「人の好悪によって身を損なうこと」である。「情」とはこれらの共通項でなければならない。では、このような「情」の理解として、従来解釈されてきたような「情欲の情」が妥当であると言えるであろうか。

「情」として否定されるべき内容をとくに「情欲」に限定すべき意図はこれらの記述からは見て取れない。『荘子』の否定は単に人の情欲のみに止まるわけではなく、広く「人」全体に及ぶのである。衛霊公の寓話では「既受食於天、又悪用人」として人の営みが否定され、「独成其天」と天を内に実現することが称揚されている。これは人を「無情」として「自然」に従うことを説いたのと同趣旨である。さらには、通常の人としての実情をもたない人、「人情（人の実情）」に異なるとされた「真人」にも等しいものである。以上より、両「情」は「実情の情」、つまり「通常の人としての実情」と捉えるべきであることが明らかとなる。(17)

ところで、徐復観は挙げていないが「情」が例外なく「感情の情」と解されるもう一つの例がある。それは「好悪之情」（漁父篇）という表現である。(18) 好悪は感情であり、これを「好悪の感情」と解することは全く妥当なことに思われるが、そうではない。既述のとおり、問題は好悪を『荘子』が感情と見なしたかである。これは、先の恵子との問答にも言えることであるが、好悪を感情とする言説は『荘子』には見られない。それどころか、「真」や「性」が定義されたのとは異なり、「情」についての定義さえ見出せない。このことからも『荘子』においては、「情」の語義はあくまで「実情の情」であることがわかる。では、この「好悪之情」はいかに解すべきか。これもやはり「好悪の実情（本質）」なのである。この記述の全体は次のようになっている。

子審仁義之間、察同異之際、観動静之変、適受与之度、理好悪之情、和喜怒之節。

（あなたは仁義の関係を審らかにし、同異の境界を見極め、動静の変化を観察し、授与の節度を適切にし、好悪の情を理解し、喜怒の程度を穏やかにする）

「審」「察」「観」「適」「理」「和」が類似の動詞の並列であるのと同様、「間」「際」「変」「度」「情」「節」もまた類似の語句の並列でなければならない。にもかかわらず「好悪の情」だけを「好悪の感情」と前後同格に解したのでは均衡が破れる。「仁義の関係を審らかにする」のと同様、「好悪の実情（本質）を正しく理解する」ことがここでは語られているのである。(19)

五、「性命之情」

『荘子』にはまた「性命之情」という語がある。最後にこの「情」について考えたい。これについては森三樹三郎『上古より漢代に至る性命観の展開』が「達生之情者、不務生之所无以為、達命之情者、不務知之所无奈何」（達生篇）に基づいて、「性命の実情、ないしは性命の本質といった意味に解釈するのが妥当のように思われる」とする。この「情」も「実情の情」である。ただし、そこでは「駢拇篇の『任其性命之情』や、徐無鬼篇の『性命之情病矣』などに至っては、むしろ情を感情の意に解しなければ意味が通じないとさえ言えるのではないか」として、駢拇篇の「決生命之情而饕貴富」は「情欲を恣しいままにするという方向に傾いていると見るべきであろう」と結論されている。

徐無鬼篇の「性命之情病」は、「君将盈耆欲、長好悪、則性命之情病矣、君将黜耆欲、掔好悪、則耳目病矣（あなたが欲望を充足させ好悪を増長させるなら、性命の情は損なわれる。一方あなたが欲望を押さえつけ、好悪を排除するなら、耳目の働きが損なわれる)」という一節に見える。確かにこの叙述は情欲の適度な享受を認めるものである。しかし、それはここで述べられる思想がそうなのであって、「情」の語がそれを意味しているのではない。「性命之情」は「耳目」と対偶となっているように、あくまで「性命の本質」でなければならない。[20]

例えば、人の本性について次のような記述がある。

今吾告子以人之情、目欲視色、耳欲聴声、口欲察味、志気欲盈。

(今私はあなたに人の情について話そう。目は色を欲し、耳は声を欲し、口は味を欲し、志は満たされることを欲す)(盗跖篇)

「目は色を欲し、耳は声を欲し、口は味を欲し、志は満たされることを欲す」ことが「人の情」とされている。しかし、「情」は「情欲」を指すのではなく、語義としてはあくまで「実情」なのである。この一節は「人の情欲とは何か」ではなく「人の実情とはどのようなものか」を問題とするものであり、そしてその人の実情を「欲」と捉えるものなのである。「情」の語義をめぐる混乱の一因は、このような「情」の語義である「実情」とその語によって叙述された「実情」の内容とを同一視する点にもあったと言える。駢拇篇の「決生命之情而饕貴富」の「情」を「情欲」と捉えることもまたこれと同様の混乱である。

六、おわりに――多様な「人情」

以上の考察により、『荘子』の「情」はすべて「実情の情」の意味であることが明らかとなった。『荘子』には「情」の語を感情や欲求、情欲の意味で使用する例は全く見られず、また「真」や「性」とは異なり、「情」自体の定義も見出せない。『荘子』において「情」は固有の思想的用語ではなく、「〜の実情は〜」という叙述形式によって用いられるような、あくまで一般語義における使用に限られたものである。そしてこの「情」の語によって「人の実情（人情）」が叙述されたのである。ただ、こうして語られた実情の内容は『荘子』において一様ではなかった。以下に『荘子』が捉えた「人情」を整理しておく。

①人の実情を好悪や是非や欲求などに支配され本来の姿を見失うものと捉えるもの（そしてそのような通常の人の実情をもたず、何らの価値判断もなく真宰（＝天）の変化のままに従ってゆくことを実情とすべきことが理想とされた）

②それぞれがもつ本性をそのまま実情とするもの（そしてそれをありのままに受け入れ、その本性が損なわれないことが理想とされた）

③人の本性を欲と捉えるもの（それをある程度充足させることが説かれた）

①は主に内篇に、②は外雑篇の「性情（情性）」「性命之情」という用語との関連で、③は盗跖篇に見える思想であった。これらは『荘子』思想の変遷を物語るものであるが[21]、これについては詳論を避け、ここでは、これら「人情」の認識の変容がもたらすその多様性がしばしば「実情」としての「情」の語義理解に混乱を与えた点を指摘しておくに止めたい[22]。

【注】

（1）思想書における語の定義は、一般的な語釈とは異なる。もちろん思想家は自身の定義こそ普遍的語義と信じるのであるが、これは自身の思想を前提とした語義、言わば「私的言語」に属するものでしかない。だからこそ「正名」という思想も生まれてくるのである。このことについては、星川敬慈『言語ゲームとしての宗教』(勁草書房、一九九七年)、とくにその第二章「日常言語と宗教言語の論理的分析」を参考。

(2)徐復観『中国人性論史先秦篇』台湾・東海大学、一九六三年、第十二章「老子思想的発展与落実——荘子之心」。

(3)例えば、池田知久『荘子』上(学習研究社、一九八三年)は、前者については「人間の肉体はあるが人間の感情がない」とし、後者については「人間には本当に感情・欲望がないのだろうか」(一四六頁)としている。他にも、金谷治『荘子』第一冊(岩波文庫、一九七一年)、楊柳橋『荘子訳詁』(上海古籍出版社、一九九一年)は「情欲」、張立文『中国哲学範疇発展史』人道篇(中国人民大学出版社、一九九五年)第十三章「性情論」は「喜怒哀楽の感情」としている。

(4)蜂屋邦夫『荘子＝超俗の境へ』(講談社、二〇〇二年)「人は無情か有情か」は「恵子のいう情は常識的な喜怒哀楽や是非好悪の感情であり、人はそれらと切り離された存在ではないのであるから、当然、情なしではあり得ない、ということになる。しかし荘子は、そうした感情があっても、『自然に因りて』そうした感情から完全に自由であることを『情なし』と述べたのである」とする(七一頁)。

(5)以下、「実情の情」は「実情」という訳語を当てるが、これは論述の際の便宜を図るためであって、当然のことながら「本質」や「本性」といった意味であっても構わない。

(6)徐復観、注(2)前掲書、三七一頁。

(7)なお、呂芸「荘子〝縁情〟思想発微」(『北京大学学報(哲学社会科学版)』一九八七年第五期)は、『荘子』の「情」の字に「感情」の意味を見出そうと努める論考であるが、「情」が「感情」を意味することが確実な三例のうちの一つとしてこの箇所を挙げる。そして、荘子は「不以好悪内傷其身、常因自然而不益生也」を「情」と見なしたことから、好悪の感情と情という字との関係が特定の前提の下で認められているのであると言う。これを根拠に『荘子』の「情」の語には感情の意味があるとするのであるが、しかしこれは『荘子』原文の「吾所謂無情者、言人之不以好悪内傷其身、常因自然而不益生也」を「吾所謂情者、(以下同文)」と誤って引用したうえでの全くの誤解である。

(8)「真」の本義、語義及び真と信との通用については笠原仲二『中国人の自然観と美意識』(創文社、昭和五十七年)第二章第一節「真に対する特殊な解釈とそれへの批判」を参考。

（9）大宗師篇のこの問答においても、孔子による解説が行なわれている。そこでは「彼方且与造物者為人、而遊乎天地之一気」「畸人者、畸人者、而侔於天」とされる。つまり、「反其真」とは単に死ぬことを意味するのではなく、死を契機として天と一体となるような精誠の至りの境地に達することを指すのである。このような語義もまた使用者の注釈なしには理解されえないものである。なお、この「反真」の用語についても笠原仲二、注（8）前掲書、第二章第三節「真と反真（反其真）の意味」、同第四節「実と反真の意味」を参考。また、大形徹「『荘子』に見える「化」と「真人」について」（『人文学論集』第十二集、大阪府立大学人文学会、一九九四年）を参考。

（10）「情」が事物の実情（「物之情」「事之情」など）を言う場合にも用いられるのとは異なり（次節参照）、実情・本性としての「性」は生物について言う場合がほとんどである。ただこの「水」の例が唯一の例外である。

（11）「性」は他にも「性者生之質也、性之動、謂之為、為之偽、謂之失」（庚桑楚篇）との定義的説明がある。

（12）藤堂明保『藤堂明保中国語学論集』（汲古書院、一九八七年）Ⅲ「漢語の読解と語法」「漢語の熟語はどうしてできたか？」、楊伯峻・何楽士『古漢語語法及其発展（修訂本）』（語文出版社、二〇〇一年）上篇第二章「詞法概述」を参考。

（13）香坂順一『中国語の単語の話』光生館、昭和五十八年、一二九頁。

（14）また、笠原仲二、注（8）前掲書、第三章「天と性と分と理」を参考。

（15）『荘子』が外雑篇になって「性」や「性」の保全を問題とするのは、孟子の「性善説」や老子の「復初」の思想の台頭などの要因が考えられる。詳論はしないが、森三樹三郎『上古より漢代に至る性命観の展開』（創文社、昭和四十六年）を参考。また、注（20）を参照。

（16）他に『荘子』中の「情」の字には「其知情信、其徳甚真」（応帝王篇）という副詞的用法もある。

（17）なお、荘子の「情」が人の営み全体を指すという事実からするなら、恵子の「人故无情乎」が「情欲」のみを指すとは考えにくく、やはり、荘子の「有人之形、无人之情」といった説を受けて発せられた問いと考えるべきであろう。

（18）呂芸、注（7）前掲論文が、『荘子』の「情」の用例が多く「実」や「真」の意味であることを明らかにしたうえで挙げる、「情」が確実に「感情」を意味する三例のうちの第一例がこの「好悪之情」である。その論拠は、「好悪が感情を指すのは明白である」というものである。好悪とは感情なのであろうか。何が感情かは今日なお定説を見ない。問題はやはり『荘子』が好悪を情と捉えたかである。

(19) この一節は比喩的にではあるが、孔子の実情を述べたものである。『論語』に見えるように、孔子は好悪、とくに「悪む」ことを重視し、その本質をよく理解した。これも比喩的にではあるが、いずれも孔子の実情に適う適切な批評となっている。なお、孔子の感情理解については拙稿「『論語』における感情表現の諸相——孔子のロゴスとパトス」(『河南論集』第七号、大阪芸術大学文芸学科、二〇〇二年)を参考。

(20) その用例は全八例ある。先述の「彼正正者、不失其性命之情」「不仁之人、決性命之情而饕貴富」(駢拇篇)の他に、駢拇篇に、「吾所謂臧者、非所謂仁義之謂也、任其性命之情而已矣(私の言う善とは、いわゆる仁義ではなく、その性命の情のままに任せるだけである)」、在宥篇に「彼何暇安其性命之情哉(このような人はどうして性命の情に安んずる暇があろうか)」、「天下将安其性命之情、之八者、存可也、亡可也、天下将不安其性命之情、之八者、乃始臠巻傖嚢而乱天下也(天下がその性命の情に安んじていれば、この八つのもの(明、聡、仁、義、礼、楽、聖、知)はあってもなくてもどちらでもよい。天下がその性命の情に安んじていなければ、この八つのものは絡み合って天下を乱すのである)」、「故君子不得已而臨蒞天下、莫若无為。无為也而後安其性命之情(故に君子がやむを得ず天下を治めるときは、無為には及ばない。無為であってこそその性命之情に安んずることができる)」、天運篇には「鮮規之獣、莫得安其性命之情者(小さな獣でさえ性命の情に安んずることができない)」、徐無鬼篇には「君将盈耆欲、長好悪、則性命之情病矣(あなたが欲を極め、好悪を増長させるなら、性命の情は損なわれます)」とある。いずれも「性命之情」への復帰や保全が説かれる点で思想的には新しい。

ただ略述すれば、「性(実情)」が問題化されるのは、内篇において「如求得其情与不得、無益損乎其真」(斉物論)とされたのとは異なる。また、その「実情(性)(性情)」の保全を説くのは、「有人之形、無人之情」とされたのとは異なる。なお、外雑篇の「性」の字の中には内篇において「情」と表されていたものがそのまま「性」の字に取って代わられたように見える記述がある。例えば、「仲尼曰、有人、天也、有天、亦天也、人之不能有天、性也」(山木篇)という「性」は「復帰すべき性」というよりは、その叙述形式はともかく、内容的には人の実情をそのままに描く内篇の「情」に近い。また、「不開人之天、而開天之天、開天者徳生、開人者賊生」(達生篇)という一節は「天」の字で「情(実情)」の意を表しているが、「通常の人として実情をもたずに天の変化に従う」とする内篇の思想と同趣旨である。達生篇と山木篇はこの思想傾向をもつ記述が多い。

(21) 上記「性命之情」の用例のうち、六例が「其性命之情」というのも傍証となる。

(22) 以上の引用は、森三樹三郎、注(15)前掲書、九六頁。

【補注】

なお、『荘子』には実は「情欲」という複合語が存在する。最後にこれについて少し触れておきたい。これは天下篇において、宋銒・尹文の思想を「情欲寡浅」として紹介する一節に現れる。この「情欲」は「情欲」の意味にしか取れないものである。ただしこれは、『荀子』正論篇に「子宋子曰、人之情、欲寡、而皆以己之情為欲多、是過也」とあるように、本来、「人の実情としては欲が少ないのである」と読むべきものである。そもそも「情欲」という複合語の使用は董仲舒など漢以後に見られるものであるが、これは天下篇が漢初の作と言われる事実と一致する。従って本稿ではこれを考察の対象外とする。なお、天下篇の漢初成立については、池田知久「郭店楚簡『性自命出』における「道の四術」」（東京大学郭店楚簡研究会編『郭店楚簡の思想史的研究』第五巻・古典学の再構築、二〇〇一年）の注（12）を参考。

混沌への跳躍——『荘子』における解脱の思想

谷津　康介

はじめに

『荘子』という書物は、中国古代思想史上において特異な地位を占めている。それは、古代中国社会を成り立たせていた価値観とか世界観というものを、根本的なところから乗り越えようとする試みがなされているからである。こういう試みは同時代の他の思想書には見られないものである。また、『荘子』は単に反時代的な価値を説いた思想書というだけでなく、より普遍的な問題として、人間の主観性の自由そのものを思索の対象にした思想書でもある。かつて福永光司氏は『荘子』を評して「解脱の中国的論理を明らかにした書物である[1]」と言ったことがあるが、これは正しい認識であると思われる。

本稿では、福永氏の言う『荘子』の解脱とは一体どういうものなのか、ということを改めて考えてみたい。

一、『荘子』における解脱の思想

『荘子』に見える解脱に至るための方途は決して一つではなく、それは様々な説かれ方をしている。[2] 多少乱暴ではあるが、本稿ではその中から特に重要であると思われるものを、三つ挙げてみようと思う。

（一）万物斉同の理論

万物斉同の理論は、『荘子』哲学の精華ともいうべきものである。『荘子』によれば、人間が行う価値判断というものは相対的なものであり、その相対性が我々の日々懐く苦悩の元凶となっている。万物斉同とは、日常世界における価値の相対性を乗り越えて世界の本来的な斉一状態へ復帰するための理論である。

斉物論篇には、次のような文章が見られる。

可を可とし、不可を不可となす。道は之を行きて成り、物は之を謂いて然りとす。悪くにか然りとするや。然るを然りとす。悪くにか然らずとするや。然らざるを然らずとす。物は固より然りとする所あり。物は固より可とする所あり。物として然らざるは無く、物として可ならざるは無し。故に是が為に、莛と楹、厲と西施を挙ぐるに、恢恑憰怪なるも道は通じて一為り。(3)

世の中の可と不可に関する判断は、単に習慣的に行われているにすぎない。『荘子』によれば、あらゆる存在物にはそれぞれ可とするべきところがあるのであり、世の習慣的な価値判断というものは意味をなさない。だから、梁と柱、ハンセン病患者と美人の代表格である西施とは、真実在の世界では一つなのである。このような逆説的な表現は、『荘子』の中では多く見られるものであり、『荘子』の文章を魅力的にしている要素の一つである。

『荘子』の万物斉同の理論は、人間の価値判断にだけ向けられるのではない。それは、自己と世界の区別すら超越してしまう。

天下に秋毫の末より大なるは莫くして、大山を小と為す。殤子より寿なるは莫くして、彭祖を夭と為す。天地と我れと並び生じて、万物と我れと一為り。(4)

万物斉同の理論によって、荘子学派の人々は、価値の桎梏と自他の対立から解き放たれ、精神の自由を獲得しようと試みたのである。

(二) 因循の理論

次に「因循の理論」であるが、これは無為自然の思想と言い換えることができる。『荘子』では、人間のさかしらな作為を否定して、我々の存在を根拠づけている道のはたらきに身を委ねることが説かれる。大宗師篇には「真人」と呼ばれる、道を体得した人物が登場する。

古の真人は、寡に逆らわず、成に雄らず、士を謨らず。然るが若き者は、過つも悔いず、当たるも自得せざるなり。然るが若き者は、高きに登るも慄れず、水に入るも濡れず、火に入るも熱からず。是れ知の能く道に登仮するや、此の如し。(5)

水にも濡れず、火にも焼かれない、というのはもとより真人の境地を表した比喩であろう。道を体得した人間は、いかなる外面の変化にも動じることがないということを言っているものと思われる。

また、次のようにも言われる。

古の真人は、生を説ぶことを知らず、死を悪むことを知らず。其の出づるも訢こばず、其の入るも距まず。翛然として往き、翛然として来るのみ。其の始まる所を忘れず、其の終わる所を求めず。受けて之を喜び、忘れて之を復す。是を之れ心を以て道を捐てず、人を以て天を助けず、と謂う。是を之れ真人と謂う。(6)

荘子学派にとって、死の超越は最大の課題であった。そのため、『荘子』には死に関する文章が多く載せられている。道に対する絶対的な信頼感は、死の恐怖すら克服してしまうのである。大宗師篇の別の箇所では、許由の口を借りて、道に対する熱狂的な崇拝の気持ちが吐露されている。

吾が師か、吾が師か、万物を䪠せども義と為さず。沢は万世に及ぶも、仁と為さず。上古に長ぜるも老と為さず。天地を覆載し衆形を刻彫するも巧と為さず。此れ遊ぶ所のみ。

荘子学派の道に対する崇拝の念は、宗教家の信仰に近いものがあったようである。このような無為を信奉する態度は、やがては人間の文化的・社会的生活を「俗」とみなし、そこからの離脱を目指す、隠遁の思想にも繋がっていったと思われる。

(三) 懐疑的な思考

最後に、「懐疑的な思考」を挙げたいと思う。『荘子』の思想が懐疑主義的傾向を持つことは、よく指摘されてきたことであるが、それを真っ向からとり上げて論じたものは少ないように思われる。以下では特にこの問題について考察を加えてみたい。

二、懐疑的思考

『荘子』を読んでいると、戦国中期に活躍した論理学派の代表的な人物である恵子との関係を窺える記述が多く見られる。夙に指摘があるように、荘子と恵子はなんらかの交流があったものと思われる。

中国では伝統的に素朴実在論的な世界観が主流であった。論理学派の人々は、そのような既成の世界観に対して懐疑的な立場を取り、人間の認識そのものを再検討の対象としたのである。(7)

『荘子』の思想には、懐疑主義的な傾向が見られるのであるが、これは恵子を代表とする論理学派の仕事との交流を通じて培われたものなのであろう。

また、論理学派は好んで多くのパラドックスを作り出した。『荘子』天下篇に、恵子が説いたというパラドックスが載せられているのは周知の通りである。

『荘子』に見られる懐疑主義的な思索には、多くの場合パラドックスが伴っている。以下二つの例を挙げてみよう。

まず、一つ目は斉物論篇に見える文章である。斉物論篇には、『荘子』の作者によって創作された人物である瞿鵲子と長梧子の対話が載せられている。その中で、瞿鵲子が長梧子に向かって、夢の比喩を用いて現実世界の儚さを論す場面がある。夢の中で酒を飲んで楽しんでいた者も、朝になって起きてしまえば泣き悲しみ、夢の中で泣き悲しんでいた者も、朝になって起きると楽しく狩に出かける。夢を見ている時には夢を見ているとは気づかず、夢の中でまた夢を占うこともある。それは、覚めてからはじめて夢だと気づくのである、と。この場面で瞿鵲子は次のような言葉で話を締めくくる。

丘と女と皆夢なり。予れ女に夢を謂うも亦た夢なり。是れ其の言や、其の名を弔詭と為す。

（孔丘とお前は二人とも夢を見ていたのだ、ここでお前に夢のことを語っているわたしも夢を見ているのだ。こういう言葉を、弔詭〔奇怪なことば〕と名づけるのである）(8)

『荘子』には人生を夢に喩える文章がいくつか載せられている。夢の比喩は、事物の実在性を破壊することがその目的であろう。我々の日常的な生活態度は、事物の実在性を自明のものとすることを前提として成り立っている。もしそれが破壊されれば、日常生活を支える世界解釈そのものが動揺をきたすことになるのである。しかも、ここでは、自分の語りそのものが夢であるということを対話者に語るということによって、夢の比喩が持つ葛藤が頂点に達していると言えるだろう。

二つ目も、また斉物論篇に見える文章である。「有」と「無」に関する思弁が展開される箇所である。

有なるもの有り。無なるもの有り。未だ始めより無有らざる者有り。未だ始めより夫の未だ始めより無有らざるもの有らざるもの有り。俄かにして無有り。

（「有る」ということがある。「無い」ということがある。「無い、ということすらまだなかった」ということがある。「無い、ということすらまだなかった、ということすらまだなかった」ということがある。すると、にわかに「無」が現れてくる）(9)

ここでは、「有と無」の素朴な二元論が否定され、因果論的な思考が貫徹されることによって、無限の連鎖が生み出されるという矛盾が説かれている。そして注意すべきは、そのようなもはや理性が包括することのできない、無限という事態そのものが「無」と言い換えられていることであろう。このような「無」は、普通の意味での「有と無の二元論」における「無」、つまり生成論的な、「有」を生み出す根拠としての「無」とは性質を異にしている。

上の二つの例に見られるように、懐疑的な思考は始めは論理に沿って遂行されるものの、最終的にはパラドックスを生み出すのである。パラドックスの出現によって、理性は自らの限界に気づくことになる。世界の不可知性を目の前にして、人間の精神はその自明性を喪失し、突如として深い不安の中に突き落とされるである。『荘子』の作者は、このような世界の不可知化がもたらす不安の感覚を触媒として働かせることによって、精神の自由への飛翔（いわゆる解脱）を試みたのである。

三、卮言の実践

さて、次は『荘子』における、解脱の実践的な態度について考えてみたいと思う。このことを考えるために、まず寓言篇に見られる文章を紹介する。

寓言は十の九、重言は十の八、卮言は日に出だし、和するに天倪を以てす。[10]

この文から始まる寓言篇の文章では、荘子学派の中で使用された「寓言」、「重言」、「卮言」についての説明が行われる。まず、九割を占める「寓言」とは何かというと、「外に藉りて之を論ず。親父は其の子の為に媒せず。親父の之を誉むるは、其の父にあらざる者に若かざるなり」と言われるように、他の事にことよせて語られる言葉である。実際、『荘子』の中にはこのような「寓言」が多く載せられているのは、周知の通りである。次に挙げられる「重言」には、「言を已むる所以なり。是を耆艾と為す」という説明がされる。つまり、議論を止めさせるために、古老の言葉を利用するということである。最後に挙げられる「巵言」であるが、これは「日に出だす」と言われるように、毎日口にすることが奨励されており、その言説の方式は荘子学派の人々にとって最も重視されていたようである。それでは、「巵言」とは一体どのようなものだったのだろうか。

「巵言は日に出だし、和するに天倪を以てす」という句に対して、郭象は次のような注を付けている。

夫れ巵は、満つれば則ち傾き、空しければ則ち仰ぎ、故を持つにあらざるなり。之を言に況うれば、物に因りて随変し、唯だ彼のみ之れ従う。故に日に出だすと曰う。日に出だすとは、日に新たなるを謂うなり。日に新たなれば則ち其の自然の分を尽くす。自然の分尽きれば則ち和するなり。

郭象によれば、「巵言」の「巵」とは「さかずき」の意味であるから、「さかずきが、酒に満たされれば傾き、空になれば上を向くように、その場の便利に即して発せられる言葉」という風に解釈される。そして「日に出だす」とは、毎日新たな言説を創造することであり、そうであってこそ自然の分を尽くすことができるのである。

この郭象による「巵言」の解釈は、成玄英によっても踏襲されており、多くの学者もそれに従っているように思われる。ところが、これには違った説も存在しており、最も古いものとしては、例えば『経典釈文』に引かれた司馬彪の注には「支離にして首尾無きの言を謂うなり」[11]とあり、支離滅裂で首尾一貫していない言葉という解釈がされている。また、赤塚忠氏は、「巵」は「危」の誤写ではないかという説を唱えており[12]、木村英一氏も同様の推測を行っているのである。[13] そして、興味深いことに、両氏はどちらとも上でとり上げた「夢のパラドックス」で最後に言われる「弔詭」と結びつけて考察しているのである。

筆者も両氏の説に従いたい。「卮言」が郭象の言うように、酒を盛られたさかずきが傾くように変化自在な言葉と解釈されたのでは、上の「寓言」「重言」に比べてやや具体性に欠けるように思われる。「卮言」とは、「危言＝弔詭」であり、やはり主に上で紹介したような懐疑的な言説を指していたのではないかと思われるのである。

それでは、その「卮言」を日々口にのぼすとは、具体的にどのような事態を指していたのであろうか。荘子学派の人々は、上で紹介したような懐疑的な言説を自覚的に方法ととらえて、日々口にのぼすことを奨励していた。彼らはそうすることによって特権的な瞬間である解脱の瞬間を時間的に持続させようと試みたのである。これは、かなり野心的な考えであると言えるだろう。

『荘子』における言語の問題を考えるにあたって、見逃すことができないのは、一方で『荘子』は言語に対する根強い不信感を表明しており、言語を否定する傾向が強いという事実である。例えば、外物篇には次のような文章がある。

> 荃なるものは、魚に在る所以なり。魚を得て荃を忘る。蹄なるものは、兎に在る所以なり。兎を得て蹄を忘る。言なるものは、意に在る所以なり。意を得て言を忘る。吾れ安ぞ夫の言を忘るるの人を得て、之と言わんや。[14]

言葉とは、魚を獲る荃や、兎を獲る蹄のように、思想を獲得するための道具にすぎない。だから、思想が得られた暁には、言葉は破棄されなければならないと言うのである。このような主張と、先に見た寓言篇における「卮言」の奨励との間には、大きな隔たりがあるとしなければならないだろう。

先に見た寓言篇の文章の後には、「言いながらも、言うことがなければ、死ぬまで言っても言ったことにならないし、死ぬまで言わなくても、言っていないことにはならない」ということが言われるのであるが、これは文字通り「無言」の立場に対する言い訳でしかないと思われる。なぜ「無言」が放棄されて「卮言」の実践が唱えられるようになったのかを考えると、次のような推測が可能ではないだろうか。

一つは、「無言」がある一定の集団において実践されることが困難であったろうということである。逆説的な言い方になるが、「無言」を標榜するということ自体一つの背理である以上、真に「無言」であるという主張は他者によって感得しえないものだからである。

もう一つは、「無言」は実践そのものが難しく、感覚を完全に遮断した状態にあるのでない限り、その実践者は絶えず既成の解釈枠にからめとられる危険性が存在するということである。この問題については、例えば、応帝王篇の最後に配された「渾沌七竅」の寓話を通じて考えることができると思われる。

南海の帝を儵と為し、北海の帝を忽と為し、中央の帝を渾沌と為す。儵と忽と時に相い与に渾沌の地に遇う。渾沌之を待つこと甚だ善し。儵と忽とは、渾沌の徳に報いんことを謀る。曰く、人皆な七竅有りて以て視聴食息す。此れ独り有ること無し。嘗試みに之を鑿たん、と。日に一竅を鑿つに、七日にして渾沌死せり。[15]

自然の象徴である中央の帝渾沌が、人為の象徴である北海の帝忽と南海の帝儵の好意によって暴力的にふみにじられることを説いたこの寓話は、無為を体現した人間がいかに他者の暴力的行為に対して無力であるか、という問題を提出しているとも読めるわけである。これは、「無言」の実践者にも当てはまることであったろうと思われる。現実的に人間は社会的存在であることから免れがたい以上、完全に無言語の状態を生きることは不可能である。我々の主観性は、常に言語による他者性の侵入の危機にさらされているのである。そうであるならば、世界の混沌化は、絶えざる言語による揺さぶりの中にこそ、かろうじて確保されうるものなのではないか。荘子学派の人々は、そのような理由から、破壊的な言説である「卮言」の実践を奨励したのである。

四、懐疑主義的地平からの帰還

これまでの考察によれば、荘子学派の人々は、懐疑的な言説である卮言を日々口にのぼすことによって、世俗的な世界観を破砕することを自らの課題としていた。しかしながら、個人ではもちろんのこと、集団で懐疑的な立場に止まりつづけるというのは、やはり大変困難なことだったのだろうと思われる。

やがて、荘子学派の中から、そのような懐疑的な立場を乗り越えようとする思想の動きが見られるようになるのである。

秋水篇には、「魚の楽しみを知る」ということを主題にした、荘子と恵子の対話が載せられている。

荘子、恵子と濠梁の上に遊ぶ。荘子曰く、鯈魚出で遊ぶこと従容たり、是れ魚の楽しみなり、と。恵子曰く「子は魚にあらず、安ぞ魚の楽しみを知らん」と。荘子曰く「子は我れにあらず、安ぞ我れの魚の楽しみを知らざるを知らん」と。恵子曰く「我れ子にあらざれば、固より子を知らず。子固より魚にあらざれば、子の魚の楽しみを知らざるは全し」と。荘子曰く「請う、其の本に循わん。子曰く『女安ぞ魚の楽しみを知らん』と云う者は、既已に吾れの之を知るを知りて我れに問うなり。我れ之を濠の上に知るなり」と。(16)

荘子が恵子と濠という川の上にかかる石橋を歩いていた時のことである。荘子は恵子に「ハヤがのびのび泳いでいるけど、あれが魚の楽しみだ」と語りかける。それに対して、恵子は「君は魚でもないのに、どうして魚の楽しみがわかるんだ」と文句をつける。荘子は「君は僕じゃないのに、どうして僕が魚の楽しみをわかっていないとわかるのか」ときりかえすが、恵子は「僕は君ではないから、君のことはわからない、君は魚ではないから、君に魚の楽しみがわからないことも確実だ」と食い下がる訳である。

ここまでは、非常に論理的ないかにも懐疑主義的な議論が展開されている。先に紹介した「弔詭」を語る立場としては、ここで議論が終わりになって、自他の感情は理解不可能である、という結論に至っていたとしても不思議ではない。

ところが、これに対して、荘子は次のように反駁してこの説話をしめくくっているのである。

「はじめに立ち戻ってみよう。君が『君はどうして魚の楽しみがわかるんだ』といったとき、すでに僕がそれをわかっているということをわかっていて僕に質問したのだ。僕はこの濠の川の上から魚の楽しみがわかったんだ」。

これは、一見して屁理屈のように聴こえるかもしれない。しかし、荘子のこの発言で重要なのは「はじめに立ち戻ってみよう」という一言に尽きるのである。他者の感情というものは、理性的で懐疑的な議論の地平では、それを推し進めると必然的に相互不理解に陥ってしまうのであるが、ここでは荘子のセリフを借りて、そのような懐疑的な議論以前の素朴な共感の体験に視線を戻そうとしている訳である。

このような立場は、すでに懐疑的な思弁を方法とした解脱の実践というものから決別してしまっていることがわかるだろう。

『荘子』には、論理学派の議論をすべて詭弁と決め付ける発言が載せられているが、それはこの「魚の楽しみを知る」という寓話の成立と相前後して、懐疑的な思弁が完全に否定されるに至ったことを示していると思われる。

例えば徳充符篇には荘子が恵子のことを哀れむ文章がある。

今、子は子の神を外にし、子の精を労し、樹に倚りて吟じ、槁梧に拠りて瞑す。天は子の形を選えたるに、子は堅白を以て鳴る。[17]

ここで、荘子は無為の立場から恵施の哲学的態度を無用のものと非難している。「堅白」とは、当時論理学派によって行われていた議論に対する、軽蔑を含んだ呼称である。これら一連の、荘子が恵子の詭弁を非難する説話というものは、荘子が恵子を非難するという形式をとってはいるものの、実際は荘子学派内部での懐疑論的な立場からの離別を示していると思われるのである。

おわりに

今紹介した徳充符篇の文章の中で、荘子は恵子のことを「樹にもたれかかっては呻き声をあげ、机によりかかっては瞑想に耽っている」と非難しているが、この表現は、懐疑的な思考を解脱の方法とする人間の外面的な様子というものをよく伝えているように思われる。

先に筆者は、懐疑的な思考というものは、世界の自明性を取り払った上で得られる底のない不安をその解脱の触媒とすると述べた。しかしながら、そのような立場とは、外から眺めれば、まさに「樹にもたれかかっては呻き声をあげ」るような、意味のない苦行にしか映らないのである。

荘子学派の人間達が行っていたであろう、懐疑的な解脱の実践というのは、事実法外な精神の苦痛を伴っていたに違いないと思われるが、ただ、そのような日々精魂を疲れさせる不安の重荷の下で、荘子学派の人々はある奇妙な浮遊感を体験することがあった。それは、懐疑的な思考が持つ、底のなさが生み出した精神の「軽み」と言い換えられるかもしれない。
それが、「胡蝶の夢」である。

昔者、荘周夢に胡蝶と為る。栩栩然として胡蝶なり。自ら喩しんで志に適えるか、周なるを知らざるなり。俄然として覚むれば、則ち蘧蘧然として周なり。知らず、周の夢に胡蝶と為るか、胡蝶の夢に周と為るか。周と胡蝶と、則ち必ず分有らん。此を之れ物化と謂う。(18)

夢か現実かもわからない空間を、ひらひらと飛翔する胡蝶には、儚げであやうい印象が伴う。そのイメージは、『荘子』の冒頭を飾る、「大鵬の飛翔」が聖と俗の二元論をテコに雄雄しく羽ばたくのとは非常に対照的である。

本稿がこれまで主題として考察してきた『荘子』の懐疑主義的な立場とは、言語を用いる社会的な存在である人間が、真に精神的に自由であろうとするときに生じる葛藤の中から、実践的に導き出されたものであった。しかしながら、そのような立場を個人として堅持することは難しく、やがては学派の内部からも無理解を生み出し、否定されてゆくようになるのである。

胡蝶の飛翔は、懐疑的な思考の歩みが持つ不可思議な緊張感を表すとともに、懐疑主義的な立場が持つ儚さそのものを象徴していると言えるかもしれない。

【注】

(1) 福永光司『荘子』内篇解説、中国古典選、朝日新聞社、一九六六年。

（2）このことは、『荘子』が複雑な成立事情を持つ書物であることと無関係ではないと思われる。『荘子』の文献学的な問題については、先学によって様々な説が立てられてきたが、現在、筆者は『荘子』が荘子一人の手に成ったものではない、ということ以外に確実なことは何も言えないと考えている。よって、本稿では、細かい篇ごとの成立時代などにはあえて拘らず、『荘子』全体を先秦から漢初にかけて活躍したと想像される荘子学派の人々の思想を反映したものとして扱う。

（3）「可乎可、不可乎不可。道行之而成、物謂之而然。悪乎然。然於然。悪乎不然。不然於不然。物固有所然。物固有所可。無物不然、物無不可。故為是、挙莛与楹、厲与西施、恢恑憰怪道通為一」（斉物論篇）。

（4）「天下莫大於秋毫之末、而大山為小。莫寿於殤子、而彭祖為夭。天地与我並生、万物与我為一」（斉物論篇）。

（5）「古之真人、不逆寡、不雄成、不謨士。若然者、過而弗悔、当而不自得也。若然者、登高不慄、入水不濡、入火不熱。是知之能登仮於道者也、如此」（大宗師篇）。

（6）「古之真人、不知説生、不知悪死。其出不訢、其入不距。翛然而往、翛然而来已矣。不忘其所始、不求其所終。受而喜之、忘而復之。是之、謂不以心捐道、不以人助天。是之、謂真人」（大宗師篇）。

（7）浅野裕一「公孫龍」（日原利国編『中国思想史』ぺりかん社、一九八九年所収）を参照。

（8）「夢飲酒者、旦而哭泣。夢哭泣者、旦而田猟。方其夢也、不知其夢也。夢之中又占其夢焉、覚而後知其夢也。且有大覚而後知此其大夢也、而愚者自以為覚、窃窃然知之。君乎、牧乎、固哉。丘也与女、皆夢也。予謂女夢、亦夢也。是其言也、其名為弔詭。万世之後而一遇大聖、知其解者、是旦暮遇之也」（斉物論篇）。

（9）「有始也者、有未始有始也者、有未始有夫未始有始也者。有有也者、有無也者、有未始有無也者、有未始有夫未始有無也者。俄而有無矣。而未知有無之果孰有孰無也」（斉物論篇）。

（10）「寓言十九、重言十七、巵言日出、和以天倪」（寓言篇）。

（11）「謂支離無首尾言也」。

（12）赤塚忠『荘子』下、集英社、一九七七年。

（13）木村英一「荘子の巵言」『中国哲学の探求』創文社、一九八一年所収。

（14）「荃者所以在魚。得魚忘荃。蹄者所以在兔。得兎忘蹄。言者所以在意。得意忘言。吾安得夫忘言之人而与之言哉」（外物篇）。

（15）「南海之帝為儵、北海之帝為忽、中央之帝為渾沌。儵与忽時相与遇於渾沌之地。渾沌待之甚善。儵与忽謀報渾沌之徳、曰、人皆有七竅以視聴食息、此独无有、嘗試鑿之。日鑿一竅、七日而渾沌死」（応帝王篇）。

（16）「荘子与恵子遊於濠梁上遊。荘子曰、儵魚出遊従容、是魚之楽也。恵子曰、子非魚、安知魚之楽。荘子曰、子非我、安知我不知魚之楽。恵子曰、我非子、固不知子。子固非魚、子之不知魚楽、全矣。荘子曰、請其循本。子曰、汝安知魚之楽云者、既已知吾知之而問我。我知之濠上也」（秋水篇）。

（17）「今、子外乎子之神、労乎子之精、倚樹而吟、拠槁梧而瞑。天選子之形、子以堅白鳴」（徳充符篇）。

（18）「昔者、荘周夢為胡蝶、栩栩然胡蝶也。自喩適志与、不知周也。俄然覚、則蘧蘧然周也。不知周之夢為胡蝶与、胡蝶之夢為周与。周与胡蝶、則必有分矣。此之謂物化」（斉物論篇）。

先秦社会における「忠」思想の形成

――中山王嚳彝器銘文と郭店楚簡『忠信之道』を中心に

城山陽宣

序言

「忠」とは何か。この命題に対する探求は、我が国を含めた近世東アジア諸国の道徳規律が、儒教に基づいていたことと無縁ではなく、営々と気の遠くなるような長い時を経て、現在にいたるまで続けられてきた。それは、「孝悌・愛敬・忠順」の論理に基づく『孝経』のイデオロギーが[1]、二千年の長きにわたって中国儒教体制を支え、われわれ東アジアの諸国民が、その「忠孝」の思想を共通理解とすることと大いに関連がある。つまり、この命題に対する探求は、我々日本人のアイデンティティをひもとく重要なかぎでもあり、したがって、政治思想としての「忠」については、古くから中国のみならず、我が国においても盛んに論じられてきたのである。

近代に入っても、それは変わることはなかったが、西洋学術思想の流入による人文科学の研究方法の確立によって、政治思想である「忠」がいかに形成されてきたのかについても、究明が待たれる課題となったといえよう。このような時代の風気のもと、我が国では、津田左右吉、高田真治氏らが、「忠」思想に関する重要な論考を発表したのであるが[2]、津田氏の論の主眼はあくまでそれまでと同様の「孝」に連なる「忠」思想をいかに解釈するかにあって、決して、「忠」思想を中心に取り組まれたものではなかったし、高田氏の論は、はじめて『論語』などにいう「忠」が「まこと」の意であることを具体的に説明したが、その「忠」思想の研究は、「忠臣」に代表される――身を危くして上に奉ずる――「忠」や「忠信」に代表される――まごころをつくす――「忠」などの異なる意味を持つ概念を、[3]精査する意図を持たないものであったために、どのような順を追って「忠」の思想が形成されたか、つまり、先秦における思想史のダイナミズムを解明したとは言い難いものであった。

さらに、近年、濱口富士雄氏は、『荀子』における「忠」思想を詳細に説明されたが、それはあくまで荀子が生きた時代、戦国時代最末期の「忠」についてであって、「忠」についての断代史にとどまるものであった。したがって、当然「忠」思想の形成を全体的な視野から俯瞰するものではなかったことはいうまでもない。

つまり、このように、これまでの研究では『論語』から『孟子』、そして『荀子』へと続く「忠」の思想が、各個ばらばらに寸断された感がぬぐえず、思想史としての研究に多大な支障をきたしてきたと考えられ、それにともない『孝経』のイデオロギーがいかに成立したのか」の問題についても、部分的で偏った答えを導き出すにとどまっていたのではなかろうか。

では、なぜ、諸先学は「忠がどのように形成されたのか」の答えを導くことができなかったのであろうか。その最大の理由として、先秦期の伝世文献資料の絶対的な不足が挙げられる。つまり、これまでは、資料的な制約のために「忠」の思想の具体的な形成を論じることができなかったのである。

ところが、一九九三年に中国湖北省荊門市郭店村から出土した、いわゆる『郭店楚墓竹簡』中の新資料群により、これまでの状況が一変したと述べても言い過ぎではあるまい。[4]

まず、注目を集めたのは、「忠臣」を議論した『魯穆公問子思』である。なぜなら、この「忠」の思想は、『論語』から新発見の郭店楚簡『魯穆公問子思』へ、そして『荀子』、『孝経』へといたる理論上の説明に大きな補訂をなしうると期待されたためである。

よって、我が国でも李承律、湯浅邦弘氏らが、ほぼ時を同じくして『魯穆公問子思』の「忠」に対する論考を提出された。[5] 湯浅氏は、『魯穆公問子思』の「忠臣」と「諫諍」との関係が『孟子』、『墨子』、『晏子春秋』などの伝世文献にも見られることに注目し、『魯穆公問子思』において、子思が規定する「忠臣」は、『論語』における「忠」の観念を政治思想化し、「忠」とは別概念と意識されてきた「諫諍」を忠臣の属性として明確に規定することによって、「忠臣たる思想家が自己実現を果たして行く道を開く」ものであるとしたのである。湯浅論文は、政治思想化された「忠」思想が、縦方向の君臣関係に応用されてゆく過程の一場面を詳細に説明したものであり、これまでの思想史上における欠を埋めたものであって、十分に評価に値するものといえるであろう。

しかし、政治思想化された「忠」、つまり社会紐帯としての「忠」思想には、右のような、のちに『孝経』の理論を形成してゆくものばかりでなく、為政者たる君子とその統治の対象たる民（集団・共同体）との間を結びつける社会紐帯としての「忠」思想も存在することが、『論語』などの伝世文献からだけでなく、郭店楚簡『忠信之道』などの新出土資料からも、うかがえることが分かってきた。[6]

また、「忠臣」に代表される――身を危くして上に奉ずる――「忠」思想が、いかにして形成されるにいたったかを説明しうる新出土文献も、他に存在するのである。それが中山王▢方壺と円鼎の銘文であり、地域性や各個の特殊性の壁も存在しようが、おおまかには、「忠臣」の「忠」思想がどのように形成されるにいたったのかの過程を明らかにすることができると考える。

そこで、本稿では、これらの新出土資料を用いて、先秦社会における「忠」思想が、どのように形成されてゆくのかを検討し、その全体像を素描してみたい。

一、伝世文献上の「忠」

本節では、儒家集団成立から、孟子に至るまでを伝世文献に拠ってみてゆくこととする。この作業は、これまでの先秦における「忠」思想研究を俯瞰することになろう。

まず、これまで、「忠」思想の研究における最も悩ましい問題として、資料の時代性の確定の問題を挙げぬわけにはゆくまい。なぜなら、甲骨文においては、今まで出土例がないために問題にならないが、金文については、紀元前三〇九・三〇八年の銘文を刻まれた中山王譽方壺・大鼎が、最も早期の出土例であり[7]、これが『論語』より、先行するのかの判断が非常に難しいためである。

『論語』は、孔子集団が成立してから、比較的早期に成立したと考えられている。しかし、その成書については謎が多く、孔子の没後に部分的な複数の『論語』が成立した後、漢代初期において現在の『論語』の形にまとまっていったと考えられている。だが、現在では、多くの研究者が、資料的には『論語』の内容が七十子の時代にまとまっていたものと見なしており、それによるならば「忠」についての文献資料が『論語』を最初のものとするのは、異論のないところであろう[8]。

以下、『論語』における「忠」を抜粋して、説明を加えてゆきたい。

①曾子曰わく、吾れ日に三たび吾が身を省る。人の為に謀りて忠ならざるか。朋友と交わりて信ならざるか。習わざるを伝うるか。（学而第一）

②子曰わく、君子重からざれば則ち威あらず。学べば則ち固ならず。忠信を主とし、己れに如かざる者を友とする

なかれ、過てば則ち改むるに憚ること勿かれ。（学而第一）

③子曰わく、十室の邑、必ず忠信丘が如き者有らん。丘の学を好むに如かざるなり。（公冶長第五）

④子四つを以て教う、文、行、忠、信なり。（述而第七）

⑤子曰わく、忠信を主として義に徙るは、徳を崇くするなり。（顔淵第十二）

⑥子張行を問う。子曰わく、言忠信、行篤敬なれば、蛮貊の邦と雖ども行なわれん。言忠信ならず、行篤敬ならざれば、州里と雖ども行なわれんや。（衛霊公第十五）

⑦季康子問う。民をして敬忠にして以て勧ましむるは、之れを如何。子曰わく、之れに臨むに荘を以てすれば則ち敬。孝慈なれば則ち忠。（為政第二）

⑧曾子曰わく、夫子の道は、忠恕のみ。（里仁第四）

⑨定公問う、君臣を使い、臣君に事うること、之れを如何。孔子対えて曰わく、君臣を使うに礼を以てし、臣君に事うること忠を以てす。（八佾第三）

⑩子張政を問う。子曰わく、之れを居きて倦むこと無く、之れを行なうには忠を以てす。（顔淵第十二）

⑪子貢友を問う。子曰わく、忠もて告げて善もて之れを道く。（顔淵第十二）

⑫樊遅仁を問う。子曰わく、居処は恭、事を執りて敬、人と交わりて忠なれ。（子路第十三）

⑬子曰わく、之れを愛す、能く労うこと勿からんや。忠なり、能く誨うること勿からんや。（憲問第十四）

⑭孔子曰わく、君子に九思有り。……言は忠を思い、事は敬を思う。（季氏第十六）

このように『論語』における「忠」は、その多くが個人関係の徳目を論じたものである。また、文①から⑥までにあるように「忠」は「忠」と「信」として説明されることが多いことが理解できよう。(9) その「忠」と「信」については、文①の学而篇に「人の為に謀りて忠ならざるか。朋友と交わりて信ならざるか」といい、文⑥の衛霊公篇に「忠」を「篤」、「信」を「敬」に当てているように、それぞれが異なる意味を持つように見受けられる。このことについて、「忠」と「信」それぞれの先学の原義研究を斟酌するに以下のようになろう。

加藤常賢氏は、字音は「中」であり、その意味は「洞」であり、「空無、空虚」の意であるとし、字義として「己の心を空しくして他人のためにする心」の意であるという。(10) 藤堂明保氏は、「中」とは「まんなか」であり、転じて「中（なか）」に一杯に蓄積する（つまる）意を生ずる。その「中」は「充」と同じ声系で、「忠」とは、「胸中のいっぱいにつまって欠けめ無い気持ち」を表わすという。白川静氏は、『説文解字』では「敬也」と解釈しているが、『孝経疏』では「敬」の下に「尽心曰忠」あるに基づき「尽心」の意にとる。「尽」の原義は「皿の中の払拭される」の意であるので、加藤説に近い。総合すると、「忠」とは「胸中のいっぱいにつまって欠けめ無い気持ち」を払拭するほど、「己の心を空しくして他人のためにする心」であると考えられる。よって、「まごころをつくす」と解釈してよかろう。

また、「信」の原義については、加藤説では、字形は「言に従い人の声」の形声字であると言い、字義は「嘘を言わぬ意」であるという。藤堂明保は「スラスラと進むような、いつわりのない言行のこと」と言う。つまり「信」は「うそをいわない」ことであるとわかる。

このことについて、武内義雄氏の意見に興味深いものがある。武内氏は「忠は自己の心に謀りて欺かない意であり、信は人の字と言の字とを組み合せた文字で他人に約束した言をたがへぬ意である。前者は主観を内省して如何にすることが道徳的であるかを直覚することであり、後者は他人に対して如何にあるべきかを教へたものである。……マコトの精神が内に向つて動くときは忠であり、外に向て働くときは信である」と述べている。「忠」と「信」とが人の内と外に向かって働くことを述べているのであるが、「忠」が「主観を内省して如何にすることが道徳的であるかを直覚することであ」ることに関して間違いはないものの、「忠（マコト）」の精神が人の内に向かうという判断は、誤ってはいないだろうか。

なぜなら、先に挙げたいかなる『論語』の用例においても「内省」の後、必ず、その「まごころ」は、相手に向かって「つくされる」からであり、加藤・白川氏の解釈も同様のものである。よって、武内氏の指摘する「忠」の方向性について訂正を加えるならば、「忠」と「信」が、その対象である相手に向かうものであるという蓋然的な結論を得ることができると考えられよう。

そこで、「忠」と「信」について総合的に解釈するに、人の内面の「忠（まごころをつくす）」をその相手に発し、相手は「まごころ」でそれを受け止め、その当為である「信（うそをいわない）」でもって返す、また、おのれが相手より「忠（まごころをつくす）」を受ければ、その当為である「信（うそをいわない）」をおこない、さらに相手は「忠（まごころをつくす）」でもって返してくるという、人間の関係を内と外（つまりは我と彼）より捉えた両行的、双方向な一対の概念を構成することが、理解されよう。

これは、『論語』においても、そのままあてはめることができる。例を挙げれば、文①の学而篇では「その人のために行なってまごころをつくしたか。友達との交際で嘘を言わなかったか」となり、その他の文①②③④⑤⑧⑪⑫⑬⑭の「忠」および「信」も、それぞれ、このような意味であると考えられる。つまり、基本的に『論語』における「忠」とは「まごころをつくす」意味合いのものであり、「信」とは「嘘を言わない」という意味のものであって、「忠」と「信」が両行する横方向の個人的関係をいうものなのである。

そして、それは『論語』以降でも変わることなく、中心的な意味を保ちつづける。

『孟子』では、告子章句上に

⑮仁義忠信。善を楽しみて倦まざるは、これ天爵なり。

といい、「忠信」をそれぞれ最高の徳目のひとつと規定し、滕文公章句上では、「人に教うるに善を以てする、之を忠と謂う」と忠の行ないについて「仁」に次ぐ評価を下している。これらは、文⑫の『論語』子路篇に、仁について述べた「人と交わる場合には、まごころをつくせ」を敷衍したものであろう。

また、離婁章句下にいう「此の如く其れ忠にして且つ敬なり」とは、文⑦の『論語』為政篇、⑫の子路篇、⑭の季氏篇の「敬」、「忠」と同じである。

梁恵王章句上にいう「荘者は暇日を以て其の孝悌忠信を修む」と、尽心章句上に「君子の是の国に居るや、……其の子弟之れに従えば、則ち孝悌忠信なり」も、文⑦の『論語』為政篇にいう「孝慈なれば則ち忠」を敷衍したと思われるものだが、これらの意味付けも「まごころをつくす」というものと考えてよかろう。その他に尽心章句下の「忠信」と離婁章句下の「忠」とがあるが、これらも同様である。

つまり、『孟子』において「忠」が意味するところは「まごころをつくす」ことであり、「忠」と「信」が列挙されている場合には、横方向の両行する個人関係を言うことにおいて『論語』の「忠」と異ならない。

これは『老子』においても変わらない。第三十八章には「故に道を失ないて而して後徳あり、徳を失ないて而して後仁あり、仁を失ないて而して後義あり、義を失ないて而して後礼あり。夫れ礼なる者は、忠信の薄にして、乱の首なり」といい、「仁・義・忠・信・礼」と儒家が重んじる個人的徳目を列挙しているが、これらは、これまで見てきたように、当時の儒家が主張する意味付けと同じものと考えられる。

つまり、「忠」と「信」の両行する横方向の個人的関係をいう思想は、『老子』が批判を浴びせる「礼」の概念とは異なり、儒家と『老子』がそろって肯定的な意味付けをなしており、当時の社会の中で、「忠」と「信」の徳目が、いかなる集団においても普遍的な意味合いを有していたことが確認できるのである。

『論語』より前に「忠」に関する資料が存在しないことは先に述べたが、その理由としては、それ以前に「忠」の文字、概念が存在しなかったのかも知れないし、そうではなく、保存上の問題から、文献資料として残っていないだけなのかも知れない。それは、今のところ確かめようがない。

しかし、『論語』と『孟子』、『老子』の例から分かるとおり、「忠」と「信」の概念が普遍的意味合いを有するのならば、それをある程度さかのぼった時代においても、同じような意味合いを有していたと考えるのが自然ではなかろうか。つまり、「忠」と「信」は『論語』原篇成立のかなり前から、普遍的で横方向の個人関係を説く道徳概念として定着していたことが、右の資料などから読み取れるのである。

このように、「忠」本来の思想は、横方向の個人的関係をいう「まごころをつくす」という意味付けのものであって、それが普遍的に考えられていたようであるが、そのほかに、政治思想化された用例も見受けられる。

まず、多く散見されるのが、為政者たる君子と民（集団・共同体）との関係を論じたものである。文⑥⑦⑩は、いずれも、君子と民との間に「忠」が必要であることを主張するが、文⑩では、為政者である君子が政治をおこなう際に「忠」で臨まなければならない、つまり、その統治を受ける民に対して「忠」でなければならないことが述べられており、逆に、文⑦では、君子が民に臨むにあたって「民をして敬忠にして以て勧ましむるは、之れを如何」というように、民よりの「忠」をいかに獲得すべきかが主題となっている。つまり、文⑦と⑩とあわせて考えるに、「忠」は、君子と民との間に両行しているのである。

また、文⑥には「言忠信、行篤敬なれば、蛮貊の邦と雖ども行なわれん」というように、君子が民に「忠」「信」で臨む必要を主張していようが、ここでも、右に検討したように「忠」と「信」が、為政者たる君子と民との間に両行しなければ、民より信頼を勝ちえないことはいうまでもなかろう。

このように、横方向の個人関係に終始していた「忠」と「信」の両行する思想が、君子と民との間にもはっきりとうかがえるのである。そして、文⑩に「子張政を問う」というように、「忠」思想は明らかに政治思想化されて述べられているのである。

次に、文⑨の『論語』八佾篇に見える「忠」について。「君臣を使うに礼を以てし、臣君に事うること忠を以てす」とは、君主は臣下に「礼」で対するかわりに、臣下は君主に「忠」でこたえるというものであり、明らかに、『孝経』にいう縦方向の君臣関係、つまり、——身を危くして上に奉ずる——「忠臣」に代表される「忠」思想に近似しているようにみえる。これも、横方向の個人関係をいう「忠」思想が、政治思想化したと考えられるのだが、右に検討したものとは、根本的に異なると考えられよう(11)。

以上のように、『論語』における「忠」思想は、大まかに三種にわけることができるが、政治思想化された「忠」思想は、もとをただせば個人関係をいう「忠」より派生したものであったのである。

では、なぜ、このような政治思想化された「忠」思想が出現したのであろうか。次節から検討してゆくこととする。

二、「忠臣」の誕生——中山王譽方壺・円鼎の「忠」

一九七四年から一九七八年にかけて、河北省平山県の三汲公社の発掘作業において、戦国時代の中山国都霊寿城址の城外の西北に位置する第一号墓から、三つの青銅彝器が出土した。彝器には、多くの文字が刻まれており、経書や諸子を引いた内容の豊かさと、正確な年代(前三〇八・三〇九年)が記されていたことから注目を集め、すでに多数の論考が発表されてきている[12]。

そのなかの中山王譽方壺と円鼎(鉄足大鼎)の銘文には、「忠」と「信」、そして「忠臣」が刻まれており、これらは「忠」について記された文献資料のなかで、『論語』に次いで『孟子』に匹敵する古さのものであると考えられている。この銘文の「忠」は、政治思想化された「忠」が、いかに形成されてきたのかを探るうえで、非常に貴重な資料であると考えられるが、意外なことに、これまでのところ、この銘文に記された「忠」思想を詳細に検討した論考は皆無であり、取り急ぎ解明してゆかねばなるまい。

そこで、ここでは、この銘文に刻まれた「忠」思想を考察するために、関係する部分を抜粋して、説明を加えてゆくことにする。

隹(維)十四年、中山王譽命相邦貫、斁(択)郾(燕)吉金鈛(鑄)為彝壺。

（維れ十四年、中山王嚳相邦の賙に命じ、燕の吉金を択び、鑄して彝壺を為らしむ）

天不臭（斁）其又（有）忎（願）速（使）㝵（得）孯（賢）扗（才）良猹（佐）賙㠯（以）補相氒（厥）身。余智（知）其忠諿（信）施（也）、而蒪（専）賃（任）止（之）邦。氏（是）㠯（以）遊夕飲飤、𥁰（罔）又（有）𡨦（遽）𢙢（惕）。賙渴（竭）𢗂（志）尽忠、㠯（以）猹（佐）右氒（厥）闢（辟）不貮（弍）其心。

（天は其の願い有るを斁わず、賢才良佐なる賙を得て、以て厥の身を輔相けしむ。余は其の忠信を知りて、之れに邦を専任す。是を以て遊夕飲飤し、遽惕有るなし。賙は志を竭し忠を尽し、以て厥の辟を佐右けて、其の心を弍にせず）

述（遂）定君臣止（之）竨（位）、上下止（之）軆（体）、休又（有）成工（功）、𠛱（創）闢𡉚（邦）彊（疆）。天子不忘其又（有）勛（勲）、速（使）其老、𥬔（策）賞中（仲）父。者（諸）矦（侯）𧆞（皆）賀。

（遂に君臣の位、上下の体を定め、休くも成功を有ち、邦疆を創闢す。天子は其の勲有るを忘れず、其の老を使して、仲父に策賞せしむ。諸侯も皆な賀す）

（中山王嚳方壺）

天隆（降）休命于朕邦、又（有）氒（厥）忠臣賙、克𢖻（順）克卑（比）、亡不𨗨（率）仁、敬𢖻（順）天悳（徳）。㠯（以）猹（左）右寡人、速（使）智（知）𥘵（社）禝（稷）止（之）賃（任）、臣宗止（之）宜（義）、𡜌（夙）夜不解（懈）、㠯（以）詳（論）道（導）寡人。

（天は休命を朕が邦に降し、厥の忠臣の賙を有らしむ。克く順に克く比に、仁に率わざるは亡く、天徳に敬順す。以て寡人を左右けて、社稷の任と、臣宗の義を知らしめ、夙夜懈たるなく、以て寡人を論導す）

寡人聒（聞）止（之）、事孳（少）女（如）䛠（長）、事愚女（如）智。此易言而難行施（也）、非恁（信）[13]与忠、其隹（誰）能止（之）、其隹（誰）能止（之）。隹（唯）虚（吾）老貫是（寔）克行止（之）。

（寡人之れを聞けり、少きに事うること長の如くし、愚に事うること智の如くせよ、と。此れ言い易きも行ない難きなり。恁（信）と忠に非ざるよりは、其れ誰れか之れを能くせん。其れ誰れか之れを能くせん。唯だ吾が老貫のみ寔に克く之れを行なう）

（中山王嚳円鼎・鉄足大鼎）

まず、この銘文の内容を概観するに、ここには、天より降された「忠臣」司馬貫が、「忠」であり「信」であるために、国の政治については、すべてを彼に託し、王自らは祭祀に専念するという、うるわしい君臣の信頼関係が刻まれている。しかし、小南一郎、赤塚忠氏が詳細に指摘する通り、この銘文の裏側には、王嚳と司馬貫とのぎりぎりの緊張関係、権力闘争の様子が垣間見えるのである。王嚳は、政治の実権をすべて司馬貫に奪われ、国の祭祀を保つことに追いやられており、司馬貫は、中山において燕で起こったのと同様の簒奪をも視野に入れ、その機会をうかがっていたのであろう。

そこで、王嚳は、その権威を守るために、彝器にこの銘文を刻み、司馬貫が天より降された「忠臣」であり、彼の「忠信」を顕彰することを明記することによって、呪術的保護を得ようとしていたのであろう。

よって、王嚳の側のこの銘文にかける努力は、並々ならぬものがあるのは当然のことであろう。ここには『詩』、『書』、『周礼』、『礼記』などの経書、そして『孟子』や『墨子』を踏まえた表現が数多く見られる。その中には「忠」と「信」そして政治思想化した「忠臣」が記されている。王は、彝器による呪術的保護を最大限とするためにも、当時の考えられる限りの最高の知識をこれらの彝器に注ぎ込んだと考えられよう。

この彝器銘文では、「忠臣」とはいかなるものかが規定される。「天は其の願い有るを斁わず、賢才良佐なる貫を得て、以て厥の身を輔相けしむ」、「天は休命を朕が邦に降し、厥の忠臣の賙を有らしむ」というように、司馬賙は、王嚳を補佐するために、天より降された「忠臣」であり、同時に、これは王の権威にとって望ましい「忠臣」である。なぜなら、当然、王も「忠臣」もともに天の秩序に属すが、王こそがその国の最高統治者として天命を受けた存在であり、天の権威のもとで、王は「忠臣」の上位にあるためである。

また、「忠臣」は、天より命じられた秩序を守護する存在でもある。「以て寡人を左右けて、社稷の任と、臣宗の義を知らしめ、夙夜懈たるなく、以て寡人を諭導す」というように、中山国の王、社稷を守護するだけでなく、君臣の義を墨守して、それが、いかなるものか率先して群臣に範を垂れる存在でもある。これこそが、「天徳に敬順す」る「忠臣」なのである。このように、この銘文のなかでは、天の権威のもとの秩序が強調され、「忠」であり「信」である「忠臣」司馬賙は、王を超えることは絶対にできないのである。

それを端的に表わすのが「少きに事うること長の如くし、愚に事うること智の如くせよ」という文であり、これは、王がいかなる資質であろうと、「忠臣」たるものは、これを補佐しなければならない。燕でおこなわれた、禅譲などは、許しがたい天の秩序に対する反逆なのである。

このように、王は崩壊しつつある中山国の秩序をなんとか保とうと、これらの彝器に、このような文章を刻み込ませ、呪術的な保護を得ようとしたのである。その方法は、従来の秩序の守護を願う王が、天の権威のもとに、実力者である司馬賙を天より降された「忠臣」と規定し、彼を臣下の身分にとどまらせることを意図したものであり、ここでいう「忠臣」とは、王の絶対的な権威を守るため、実力者を「忠臣」の地位に封じ込めておくことに他ならない。つまり、王嚳は、天の権威に守護された中山の秩序を永続のものとするために、天の権威を「忠臣」の属性として規定し、臣下を「忠臣」として自己実現を抑制してゆくものとしたのである。

ここで、思い起こされるのが、郭店楚簡『魯穆公問子思』の「忠臣」の思想である。湯浅邦弘氏は、『魯穆公問子思』

において、子思が規定する「忠臣」とは、『論語』に於ける「忠」の観念を政治思想化し、「忠」とは別概念と意識されてきた君主に対して悪をいう「諫諍」を忠臣の属性として明確に規定して、「忠臣たる思想家が自己実現を果たして行く道を開くものである」とする。(14)

このふたつの「忠臣」の思想は、ほぼ、年代を同じくする「同時資料」であるが、以上のように、郭店楚簡『魯穆公問子思』の「忠臣」の思想と中山王嚳方壺と円鼎の銘文のそれとは、あまりにもかけ離れたものである。では、このふたつの「忠臣」の思想は、どちらが、早期のものなのであろうか。

前節において、文⑨『論語』八佾篇の「君臣を使うに礼を以てし、臣君に事うること忠を以てす」とは、君主は臣下に「礼」で対するかわりに、臣下は君主に「忠」でこたえるというものであり、『孝経』などにいう縦方向の君臣関係、つまり、――身を危くして上に奉ずる――「忠臣」の思想に近似することを指摘した。

この中山王嚳方壺と円鼎の銘文も「余は其の忠信を知りて、之れに邦を専任す」、また「賙は志を竭し忠を尽」す、「(賙の)恁(信)と忠に非ざるよりは、其れ誰れか之れを能くせん」というように、「忠臣」司馬賙の「忠信」は王にも向けられているのであるが、「之れに邦を専任す」というように、これは王の司馬賙に対する信任を記録したものであり、やはり、王の「忠信」が「忠臣」司馬賙に向けられているのである。つまり、君臣という縦の関係、王と「忠臣」司馬賙の間には、「忠信」が両行しているのである。「忠信」の両行をも、この銘文の「忠臣」の属性と規定しうるのである。

ここにいたって、郭店楚簡『魯穆公問子思』の「忠臣」の思想と中山王嚳方壺と円鼎のいずれが早期の思想形態であるか、結果は判然としたであろう。

この中山王嚳方壺と円鼎の銘文にいう「忠信」の両行と天の権威をその属性と規定する「忠臣」の思想は、『論語』中に習見される横方向の個人関係をいう「忠信」の両行する思想を政治思想化した、文⑨『論語』八佾篇の縦方向の君臣関係をいう「忠」から、発展した思想形態ではなかろうか。なぜなら、両者とも「忠信」の両行する思想を備えたものであるためであり、そうであるならば、中山王嚳方壺と円鼎の銘文にいう「忠臣」の「忠」とは、この両行する「忠信」より派生したことは自明であろう。よって、「忠臣」の意味とは、その原始形態においては「まごころをつくす臣」というものであったと考えられよう。[15]

後発の郭店楚簡『魯穆公問子思』の「忠臣」の思想は、そのような王の側にある「忠臣」の思想に対抗する努力の中で形成されたと考えられよう。それは、湯浅氏の指摘するように、子思ら思想家が「自己実現を果たして行く道を開く」ために、「忠」とは別概念と意識されてきた君主に対して悪をいう「諫諍」を「忠臣」の属性として規定したものであり、それこそが、これまでの「忠臣」の思想を再定義し、「忠」思想の新地平を開いていったのである。そして、このような儒家の営為は『孝経』の理論において結実してゆくのである。

三、「忠信」の形成と終焉——郭店楚墓竹簡『忠信之道』

一九九三年、湖北省荊門市の郭店一号楚墓から出土した竹簡群、すなわち『郭店楚墓竹簡』からは、数多くの「忠」思想に関わる文献が確認されている。[16]

そのなかで、『忠信之道』は、当時の社会における「忠」と「信」がいかなるものかを、これより前のいかなる文献と比較しても詳細に議論しており、また、これ以降「忠信」についてここまで事細かに述べられた論が存在しない点からも貴重な文献資料と言える。[17]

Ⓐ不譌不害、忠之至也。不忈（欺）弗智、信之至也。忠庲（積）則可睪（親）也、信庲（積）則可信也。忠（第一号簡）

信庲（積）而民弗罜（親）信者、未之又也。至忠女土、蟡（為）勿（物）不𦓤（発）。至信女（如）旹（時）、扎（必）至而不結。忠人亡（第二号簡）譌、信人不伓（倍）。君子女（如）此、古不皇（苟）生、不伓（倍）死也。

（譌らず害わざるは、忠の至りなり。欺かず知らざるは、信の至りなり。忠積めば則ち親しむべく、信積めば則ち信ずべきなり。忠信積みて民親信せざる者は、未だ之れ有らざるなり。至忠は土の如く、物を為して発かず。至信は時の如く、必ず至りて結ばれず。忠人は譌ること亡く、信人は倍かず。君子は此くの如し、故に苟くも生きず、死に倍かざるなり）

Ⓑ大旧而不兪、忠之至也。匋（陶）而者尚、信（第三号簡）之至也。至忠亡譌、至信不伓（倍）、夫此之胃此。大忠不兑、大信不异（期）。不兑而足羖（養）者、墜也。不异（期）（第四号簡）而可蠝（要）者、天也。加（昭）天墜也者、忠信之胃此。

（夫れ久くして渝わらざるは、忠の至りなり。陶くして常を睹るは、信の至りなり。至忠は譌ること無く、至信は倍かずとは、夫れ此れの謂いなり。大忠は説かず、大信は期せず。説かずして養うに足る者は、地なり。期せずして要むべき者は、天なり。天地に昭らかなる者は、忠信の謂いなり）

Ⓒ口古（恵）而実弗従、君子弗言尔。心〔疏而貌〕（第五号簡）罜（親）、君子弗申尔。古行而鯖兑民、君子弗采（由）也。三者、忠人弗乍、信人弗為也。忠之為（第六号簡）衍（道）也、百工不古、而人羖（養）虐（皆）足。信之為衍（道）也、羣勿皆成、而百善虐（皆）立。

（口恵にして実従わざるは、君子は言わざるなり。心疏んじて貌親しむは、君子は申べざるなり。故らに行ないて民より争奪するは、君子は由らざるなり。三者は、忠人は作さず、信人は為さざるなり。忠の道為るや、百工楛ならずして、人養皆な足る。信の道為るや、羣物皆な成りて、百善皆な立つ）

Ⓓ君子其它也（第七号簡）忠、古嫐（恋）睪（親）尃（溥）也。其言尔信、古徂（伝）而可受也。忠、𢖛（仁）之実也。信、𢘊（義）之异（期）也。氏古古之所（第八号簡）以行乇閔（蛮）嘍（貉）者、女（如）此也。（第九号簡）

（君子は其の施すや忠なり、故に恋親せらるること溥きなり。其の言や信なり、故に伝えて受くべきなり。忠は、仁の実なり。信は、義の期なり。是の故に古の蛮貉に行なわるる所以の者は、此くの如きなり）[18]

郭店楚簡『忠信之道』は、四つの段落に分けられよう。

段落Ⓐでは、君子の「忠信」の徳とはいかなるものかを具体的な当為を示して説明してゆき、段落Ⓑでは、「至忠」「至信」「大忠」「大信」という「忠」「信」のランクを規定し、その最も高い徳を体現する君子こそが、天地に相関する存在であることを述べる。

段落Ⓒでは、「忠」「信」たる君子ならば、民を善導して、どれだけの治績を挙げられるかが強調され、段落Ⓓでは、君子が民に臨むに「忠」「信」でありさえすれば、化外の地においてさえ、民を善導できることが記されて結ばれている。

このように『忠信之道』では、民に対する為政者の徳目「忠」「信」の功能をさまざまなたとえを用いて説明しているのであるが、その主要な骨子は、為政者たる君子は民の信頼を勝ち得るためには「忠」「信」の徳を身に付けなければならぬこと、そして、君子が身に付けるべきその徳には、ランクが設定されており、君子たるものは「至忠・至信」から「大忠・大信」へと進むべきことを説明していることであろう。このように、『忠信之道』の「忠」と「信」の説明は、これまでの「忠」思想より、発達した議論を備えていると考えられる。

また、『忠信之道』の「忠信」の思想は、『論語』においても主張されていた社会紐帯としての「忠信」を議論したもの、つまりは政治思想化された「忠」思想を敷衍・発展させたものと考えられる。『論語』文⑥⑦⑩においても、君子が民に「忠信」で臨む必要を主張しており、そこでは、「忠」と「信」が、為政者たる君子と民との間に両行しなければ、民より信頼を勝ちえないことが記されていた。それは『忠信之道』においても同様であり、文⑥『論語』衛霊公篇よりの引用に「是の故に古の蛮貉に行なわるる所以の者は、此くの如きなり」というように、『論語』で検討した政治思想「忠信」の影響を強く受けていると考えられる。

ところが、「忠積めば則ち親しむべく、信積めば則ち信ずべきなり。忠信積みて民親信せざる者は、未だ之れ有らざるなり」、「君子は其の施すや忠なり、故に恋親せらるること溥きなり。其の言や信なり、故に伝えて受くべきなり」というように、君子が民に臨むに「忠」であれば、民は君子に対して「親」であり、「信」で臨めば「信」で還るのであり、ここに徳の両行は認められるものの、『論語』のように「忠信」が両行するものでないのである。これは「忠」に対して、明らかな差別化を計り、「忠」を君子の徳性として規定しようとしているのではなかろうか。

この動きには、やはり、前節で検討した「忠臣」の「忠」の影響を見逃すことができぬと考えられる。「忠臣」も「忠信」も『論語』の段階で分化を始めた社会紐帯・政治思想であったが、前節で検討したとおり、「忠臣」の「忠」は、君子であり、臣下である思想家に限定されたものとなりつつあった。

この流れを証明する資料として、『墨経』には、[19]

〔経〕忠、以為利而強低也。〔説〕忠〇不利弱子、亥足将入、止容。

（〔経〕忠は、以て利を為せば低に強いるなり。〔説〕忠〇弱子に利あらず、亥れ足将に入らんとすれば、容を止む〔経〕忠とは、利であると思うときには、おのれの家族に強いることである。〔説〕忠とは、家族に利ではない。なぜならば、門に足を入れようとして思い止まる）（上経校釈第十二）

とあり、この「忠」は、君主・民のどちらに向いているものなのか判然とせぬが、いずれにせよ、自身の家族を犠牲にするほどの「尽忠」であり、これが君主に向かうものであるならば、まさしく――身を危くして上に奉ずる――「忠」であり、これが民に向かうものであるならば、――まごころをつくす――というより、もっと強烈な――身を危くして下につくす――とでもいうべきものであろう。いずれにせよ、この「忠」の思想は、一般の人間関係より隔離されたもの、つまり政治思想となり、君子に限定された徳となっていったのである。

このように『忠信之道』において、「忠信」の思想は、発達した議論を備えていたわけであるが、同時に、根本的な部分に矛盾を抱えた存在にもなっていたわけである。これらの政治思想「忠信」は、後世滅んでゆくわけであるが、その理由の一つに、この矛盾、つまり「忠信」の両行が失なわれたことも挙げられるであろう。

そのほか、前節で検討した「忠」の意味付けの変化も、大きな理由のひとつであると考えられる。中山王嚳彝器の銘文に始まり『魯穆公問子思』に至る「忠」思想の縦への応用は、「忠」に意味的な変化をも付与した。つまり、社会構造上縦方向へと変化した「忠」は、その意味も、縦方向にふさわしいものに変化せざるをえなかったのである。この「忠臣」の――身を危くして上に奉ずる――「忠」の誕生により、当時の社会上において、これまで有力な政治思想であった――まごころをつくす――「忠」は、その存在を脅かされるに至ったのではないかと考えられる。

その証拠に、郭店楚簡のうちにも「信」思想の自己完結化をはっきりと表わす文がある。『忠信之道』の段落Ⓐに「忠積めば則ち親しむべく、信積めば則ち信ずべきなり。忠信積みて民親信せざる者は、未だ之れ有らざるなり」というが、ここでは、これまで両行的であった「忠」と「信」の関係が、「信」のみで成り立つこととなっている。この「信」の思想は『成之聞之』に詳しく述べられている。[20]

䎽（聞）之曰、古之甬（用）民者、求之於吕（己）為亙（恒）。行不信則命不従（第一号簡）、信不𢙴（著）則言不楽。民不従上之命、不信其言、而能念（含）悳（徳）者、未之（第二号簡）又（有）也。古（故）君子之立（位）民也、身備（服）善以先之、敬訢（慎）以寸（守）之。其所才（在）者内忞（第三号簡）、民篙（孰）弗從。型（形）於中、𢻱（発）於色。其緆也固忞、民篙（孰）弗信。是以上之亙（恒）（第二十四号簡）、矛（務）才（在）信於衆。詔命曰、允帀（師）淒（済）悳（徳）。此言也、言信於衆之可以（第二十五号簡）淒（済）悳（徳）也。

（之れを聞けるに曰わく、古の民を用いる者は、之れを己れに求むるを恒と為す、と。行ない信ならざれば則ち命従われず、信著らかならざれば則ち言楽しまれず。民、上の命に従わず、其の言を信ぜずして、而るに能く徳を含む者は、未だ之れ有らざるなり。故に君子の民に莅むや、身ら善を服いて以て之れに先んじ、敬慎して以て之れを守る。其の在る所の者内なれば、民孰れか従わざらん。中に形づくられ、色に発す。其の緆や固ければ、民孰れか信ぜざらん。是を以て上の恒は、務め衆に信なるに在り。詔命に曰わく、師に允なれば徳を済す、と。此の言や、衆に信たることの以て徳を済すべきを言うなり）

この『成之聞之』のこの一段は「古の民を用いる者」、つまり為政者たる君子と民（衆）との間に、お互いの「信」が必要であることが記されている。「行ない信ならざれば則ち命従われず」、「民、上の命に従わず、其の言を信ぜず」というように、民が為政者に対して「信」がない場合の不都合が記されているが、これは、民から為政者である君子に向けられた「信」である。また、「是を以て上の恒は、務め衆に信なるに在り」、「此の言や、衆に信たることの以て徳を済すべきを言うなり」というように、ここでは、為政者たる君子が、民に臨むに「信」でなければならねことが述べられている。つまり、君子と民との間には、「信」がそれのみで両行し、自己完結する思想形態を備えるにいたったのである。このように、郭店楚簡の「信」思想からは、すでに「忠」を必要としなくなりつつあることがうかがえるのである。

以上、前節で検討したように、政治思想「忠臣」の議論が広汎となるにしたがって、当然「忠信」思想の及ぶ範囲は、より小さなものとなっていったと考えられる。また、右に『忠信之道』で見てきたように政治思想「忠」の君子に対する固定化、それによる「忠信」の両行の終焉、さらには、『成之聞之』にあるような「信」単独での両行、これら複数の要因は、これまでの「忠信」の思想の存在意義を根幹から揺るがすこととなったと考えられ、かくして、政治思想「忠信」は、後退・消滅してゆくこととなったのであろう。

結語

本稿は、もっぱら『論語』などの伝世文献や中山王礜彝器銘文、および郭店楚簡『忠信之道』などの新出土資料から、先秦社会における「忠信」の思想を軸に考察を加えることによって、その時代の「忠」思想の特性を把握し、その形成を概観してきたものである。

そのなかで理解できたことは、先秦社会において「忠」の思想が徐々に重視されていったことであり、その盛行を背景に、社会を結ぶ紐帯として、広汎な状況・場所で用いられるようになっていったことであった。

ただ、序言でも述べたように、先秦社会の一端を究明するうえで、社会に立脚した視点を備えることは重要である。そこで、ここでは本稿において解明された事実を織り交ぜて、「忠」思想の形成を社会背景より論じ、結びに代えることとしたい。

周は、自身の血族を封建する宗族体制をその基礎においた王朝であった。それを末端で支えたものも血縁社会であったため、その血族の純度が高い初期の周の統治は、それなりの安定を誇っていたと考えられる。しかし、西周末からの変革期における、地縁社会の急成長が、周の基盤である血縁社会の崩壊、すなわち、宗族制度の崩壊を導き、周の衰退を決定的なものとした最大の要因となったのである。(21)

孔子の時代、主な社会基盤は、その最末端はあくまで血縁であったが、邑においては地縁、もしくはその他の社会集団が複雑にからみあって共同体が構成されていたと考えられる。そうした、社会状況のなかで、形骸化した「孝」に頼って統治を行なえる時代は過ぎ去っており、その雑多な社会を束ねる新たな紐帯が必要とされたのではなかったろうか。

それが、「忠」「信」の思想である。『論語』に習見されるように、——まごころをつくす——「忠」と——うそをいわない——「信」の思想は、完成された意味付けと両行する横方向の個人関係であり、すぐれた理論構造を持つために普遍的な概念となっていたと考えられる。

よって、儒家は、その有用性のゆえに実際の社会に応用するにあたり、これまでの意味付けを変えないまま両行的な上下関係を企図した。それが、政治思想となった社会紐帯「忠信」の思想である。これは、『論語』にも三例が見出され、郭店楚簡『忠信之道』にもあるとおり、君子と民との間を強固に結び付け、かなり広範に論じられたのではなかろうか。

一方、戦国を生き抜くためには、諸侯国王が必要としたのは、富国強兵策であり、そのための集権化は避けて通れないものであった。集権化を突き詰めれば君主への権力の集中が企図されるのは自然の勢いである。そのなかで必要なのは、横の人間関係でなく、君主と臣下を縦に結ぶ社会紐帯「忠臣」の思想であった。

第二節で検討した、中山王𰯌彝器の銘文・郭店楚簡『魯穆公問子思』からうかがえるように、政治思想「忠臣」は盛んに議論され、その意味も社会構造上の縦方向にふさわしい——身を危くして上に奉ずる——「忠」の思想に徐々に変化していったと考えられる。

戦国末期には、さらに激しい弱肉強食の時代を迎え、さらなる集権化がせまられることとなったであろうが、そのなかで「忠臣」の思想は、『孝経』の「孝悌・愛敬・忠順」の論理の一部を構成することとなり、中国儒教体制を支える根幹となってゆく。そして、同時期に形成された政治思想「忠信」は、徐々にその役割を終え、歴史の舞台からの退場を余儀なくされていったのであったのである。

【注】

（1）渡辺信一郎「『孝経』の国家論――秦漢時代の国家とイデオロギー」『中国古代国家の思想構造――専制国家とイデオロギー』校倉書房、一九九四年三月、一九一頁。

（2）津田左右吉「儒教の実践道徳」『満鮮地理歴史研究報告』一九三二年（のち『津田左右吉全集』第十八巻・儒教の研究・三、岩波書店、一九六五年所収）、高田真治「先秦思想に於ける忠に就て」『東洋思潮の研究第一』春秋社松柏館、一九四四年、濱口富士雄「荀子の忠について」『大東文化大学漢学会誌』十二、一九七二年二月。

（3）「身を危くして上に奉ずる」は『逸周書』謚法解篇。「まごころをつくす」は『説文解字』の「敬也」に基づき『孝経疏』に訓ずる「尽心曰忠」による。

（4）荊門博物館編『郭店楚墓竹簡』（文物出版社、一九九八年五月）、池田知久『郭店楚簡老子研究』（東京大学文学部中国思想文化学研究室、一九九九年）「前書き」、池田知久「まえがき」（郭店楚簡研究会編『楚地出土資料と中国古代文化』汲古書院、二〇〇二年）、浅野裕一「郭店楚簡総論」（『中国研究集刊別冊』第三十三号・新出土資料と中国思想史、二〇〇三年六月）など参照。なお、郭店楚墓の埋葬年代にはさまざまな説があるが、本稿では、他の出土文物からの年代比定などを参照して、白起が郢を陥落させた紀元前二七八年を下限とする、紀元前三百年前後と比定している。

（5）李承律「郭店楚簡『魯穆公問子思』の忠臣観について」、池田知久編『郭店楚簡儒教研究』汲古書院、二〇〇三年二月、湯浅邦弘「『忠臣』の思想――郭店楚簡『魯穆公問子思』について」、大久保隆郎教授退官紀念論集刊行会編『大久保隆郎教授退官紀念論集　漢意《からごころ》とは何か』東方書店、二〇〇一年十一月。

（6）王子今『「忠」観念研究――一種政治道徳的文化源流与歴史演変』（吉林教育出版社、一九九九年一月）、李存山「読楚簡『忠信之道』及其他」（『中国哲学』第二十輯、遼寧教育出版社、一九九九年一月）、胡平生「郭店楚簡中的孝与忠」（郭店楚簡研究会編、注（4）前掲書）など。

（7）于省吾主編『甲骨文字詁林』（中華書局、一九九六年五月）、何琳儀『戦国文字字典――戦国文字声系』（中華書局、一九九八年九月）、張亜初編『殷周金文集成引得』(中華書局、二〇〇一年七月) など参照。

(8) 武内義雄『論語の研究』(岩波書店、一九三九年。のち『武内義雄全集』第一巻・論語篇所収)、津田左右吉『論語と孔子の思想』(岩波書店、一九四七年) などを参照。

(9) さらに、文⑥の衛霊公篇によって「信」の行が「敬」であることを考えれば、文⑦の為政篇の「敬忠」、⑫の子路篇の「敬」と「忠」、⑭の季氏篇の「忠」と「敬」も、「忠信」に類似することについて述べられていると言えよう。

(10) 加藤常賢『漢字の起源』角川書店、一九七〇年、藤堂明保『漢字語源辞典』学燈社、一九六五年、白川静『説文新義』五典書院、一九七四年。武内義雄『儒教の精神』岩波書店、一九三九年、十九、二十頁参照。

(11) この文⑨は、『孝経』にいう「忠臣」の思想をあまりにも上手く表現しており、『論語』の成立過程を考えるに、後世の述作にあたる可能性を疑われるかもしれぬが、本稿では、そのまま『論語』の一章としてとらえておく。

(12) 代表的なものとして、于豪亮「中山三器銘文考釈」(『于豪亮学術文存』中華書局、一九八五年)、赤塚忠「中山国諸器銘文の考釈」(『赤塚忠著作集』第七巻・甲骨・金文研究、研文社、一九八九年)、小南一郎「中山王陵三器銘とその時代背景」(林巳奈夫編『戦国時代出土文物の研究』京都大学人文科学研究所、一九八五年) がある。なお、本稿の釈文は、基本的には小南一郎氏のものに依拠し、一部私見により変更したものである。

(13) 「恁」字の解釈として、于豪亮氏は、真部の字として捉え「信」とするが、小南一郎氏は「任」と解釈して「誠」の意とする。赤塚忠氏は「適釈を得られぬが、まま、仮に信の意で解しておく」という。本稿においては『集韻』の「恁、博雅思也」、「恁、信也」とあるに基づき「信」の字で解釈しておく。

(14) 湯浅、注 (5) 前掲論文、五十二頁参照。ここより、中山王嚳方壺と円鼎の銘文の「忠臣」と郭店楚簡『魯穆公問子思』のそれを比較してゆくが、このふたつの資料は、地域性を全く異にし、容易に比較を許さぬ種別のものであるかも知れない。しかし、中原地域で発生した社会紐帯としての「忠」に遡及しうる内容を両者とも含んでおり、やはり比較研究の必要は十分にあろうと筆者は考える。ただし、これらの取り扱いについては十分に心せねばならないことは言うまでもない。

(15) 本稿で論じているように、中山王嚳方壺と円鼎の銘文にいう「忠臣」は、「まごころをつくす臣」であったと蓋然的に指摘しえようが、その後、郭店楚簡『魯穆公問子思』の「忠臣」の意味付けでは、「身を危くして上に奉ずる」意であり、後世と同様の意味であるように見受けられる。

（16）湯浅邦弘氏は、郭店楚簡全体の「忠」の思想的性格を「未分化、未定着の段階にある」としている。湯浅、注（5）前掲論文、五十七頁。ただし、五十八頁には「郭店楚簡では、『忠』は臣下の徳目であるとの共通認識が一応形成されているように思えるものの、篇によってはなお揺らぎがあることが分かる」と述べている。筆者は、その意見に異論を差し挟むものではないが、正確を期するならば、『論語』において、分化を開始した「忠」思想が、郭店楚簡においては構造的意味的に分化を決定的なものにしたと考えている。

（17）郭店楚墓竹簡『忠信之道』の釈文としては、荊門博物館編『郭店楚墓竹簡』（文物出版社、一九九八年）、李零『（増訂本）郭店楚簡校読記』（北京大学出版社、二〇〇二年）、涂宗流・劉祖信『郭店楚簡先秦儒家佚書校釈』（万巻楼図書有限公司、二〇〇一年）などがある。我が国には、池田知久など「『忠信之道』訳注」（池田編、注（5）前掲書）による詳細な訳注がある。なお、郭店楚簡『忠信之道』の作者について、ひとこと述べておきたい。『忠信之道』の作者については、廖名春「郭店楚簡儒家著作考」（『孔子研究』斉魯書社、一九九八年）に子張成書説が記されているが、『忠信之道』にある「忠は、仁の実なり。信は、義の期なり」とは、文⑮の『孟子』告子章句上にいう「仁義忠信」の具体的な当為を示していると考えられ、『忠信之道』の「天地に昭らかなる者は、忠信の謂いなり」とは、同じく『孟子』の「仁義忠信。善を楽しみて倦まざるは、これ天爵なり」と非常に強い関連があると思われる。このように、孟子と深い関係を推測されるこの文献は、子孟学派のうちのある人物による成書の可能性を最も高く有すると考えられよう。

（18）本稿の釈文は、基本的に池田など訳注、注（17）前掲論文に依拠し、一部を私見により変更したものである。

（19）『墨経』について。畢沅の説では、『墨経』は墨子の自著であると述べており、『荘子』天下篇には「相里勤の弟子、五侯の徒と、南方の墨者の苦獲、已歯、鄧陵子の属とは、倶に墨経を誦するも、倍譎して同じからず。相に別墨と謂いて、堅白同異の弁を以て相い訾り、觭偶不件の辞を以て相い応ず」といい、墨子の弟子たちが『墨経』を重んじていた事が分かる。本稿では、『墨経』について最も正確なテキストである、譚戒甫『墨弁発微』（中華書局、一九六四年）九十一～九十四頁にしたがった。また、渡辺卓氏は「原典批判」（『古代中国思想の研究――〈孔子伝の形成〉と儒墨集団の思想と行動』創文社、一九七三年三月）五三二～五三八頁において『墨子』経上、経説上篇の成書年代を紀元前四世紀末から秦帝国成立までに比定されている。郭店楚簡の成書年代より、やや遅れるものであろう。

（20）注（17）の諸論考、及び丁原植『儒家佚籍四種釈析　郭店楚簡』（台湾古籍出版有限公司、二〇〇〇年十二月）、廣瀬薫雄・渡邉大「『成之聞之』訳注」（池田編、注（5）前掲書）。

（21）春秋戦国時代の社会形態の変遷については、宮崎市定「中国上代は封建制か都市国家か」、「中国における聚落形態の変遷について――邑・国と郷・亭と村とに対する考察」、「戦国時代の都市」（ともに『宮崎市定全集』三、岩波書店、一九九一年所収）、楊寛著、尾形勇・高木智見訳『中国都城の起源と発展』（学生社、一九八七年）、宇都宮清吉「西漢時代の都市」（『漢代社会経済史研究』弘文堂書房、一九六七年補訂版）など参照。「俠」の問題については増淵龍夫「漢代における巫と俠」、「墨俠」（ともに『新版中国古代の社会と国家』岩波書店、一九九六年）など参照。他にも五井直弘『中国古代の城郭都市と地域支配』（名著刊行会、二〇〇二年）などにも、見るべき論考がある。社会思想の分野では、栗田直躬『中国上代思想の研究』（岩波書店、一九四九年）、『中国思想における自然と人間』（岩波書店、一九九六年）、板野長八『中国古代における人間観の展開』（岩波書店、一九七二年）、高木智見『先秦の社会と思想――中国文化の核心』（創文社、二〇〇一年）などに所収の論考を参照。先秦の「孝」については、池澤優『「孝」思想の宗教学的研究　古代中国における祖先崇拝の思想的発展』（東京大学出版会、二〇〇二年）に詳しく紹介されている。

後漢黄老学の特性

池田　秀三

一

この標題を見て、怪訝に思う人もあるいはいるかもしれない。と言うのは、黄老学（術・思想）は前漢の、それもせいぜい半ばごろまでのもので、武帝期の儒学独尊体制の確立以後は衰退・消滅したと一般にはみなされているからである。確かにいわゆる黄老思想が隆盛を極めたのは前漢初期であって、竇太后の死およびそれにつづく武帝の儒学独尊政策の採用によって政治指導理念としての権威と統治術としての有効性を失い、それ以後、政治の現場に対する発言力を急速に弱めていったことは事実である。だが、それはあくまで政治指導理念もしくは統治術としての話であって、黄老思想が完全に思想界から退場したわけではない。武帝以後もずっと、両漢を通じて、黄老思想はしぶとく生き続けたのである。したがって、「後漢の黄老」という表現は決して不当ではない。

が、そうすると、次の疑問が直ちに湧いてくるに違いない。それは、「黄老思想は本来、政治術であったはずである。[1]その政治術としての機能を喪失していた後漢の黄老とはいかなるものなのか」ということである。本稿はその疑問に対する私なりの解答である。

二

本論に入る前に、まずは後漢における黄老の実在を証明しておかねばなるまい。手初めに、『後漢書』に見える「黄老」の用例を以下に列挙しておこう（後の行文の便宜のため、少し長いめに引用した条があるが、諒承いただきたい）。

皇太子……帝の勤労して怠らざるを見、諫めて曰く、「陛下（光武帝）禹・湯の明有れども、黄老養性の福を失う……」と。（光武帝紀下）

（桓帝）黄老を濯龍宮に祠る。（桓帝紀）

（任）隗……少きより黄老を好み、清静にして欲寡なし。（任隗伝）

鄭均……少きより黄老の書を好む。……常に疾と家廷に称し、州郡の辟召に応ぜず。（鄭均伝）

（楊厚）黄老を修め、門生に教授す。（楊厚伝）

（臣）又た聞く、宮中に黄老浮屠の祠を立つ、と。此の道清虚にして無為を貴尚し、生を好んで殺を悪み、慾を省いて奢を去る。今　陛下　嗜慾去らず、殺罰理を過ぐ。既に其の道に乖けば、豈に其の祚を得んや。……其の一を守ること此くの如くして、乃ち能く道を成す。今　陛下、婬女艶婦は天下の麗を極め、甘肥飲美は天下の味

を単《つ》くす。奈何ぞ黄老の如くするを欲せんや。（襄楷伝）

（樊準の）父瑞　黄老の言を好み、清静にして欲少なし。（樊準伝）

（楚王）英……晩節に更めて黄老の学を喜び、浮屠の斎戒祭祀を為す。……詔して（英に）報じて曰く、「楚王黄老の微言を誦し、浮屠の仁祠を尚び、……」（光武十王・楚王英伝）

（魏愔）辞すらく、「（陳）王（寵）と共に黄老君[2]を祭り、長生の福を求むるのみ。它の冀幸無し」と。（孝明八王・陳敬王伝）

張角自ら大賢良師と称し、黄老道を奉事して、弟子を畜養す。跪拝して過を首《の》べしめ、符水呪説以て病を療するに、病む者頗る愈え、百姓之を信向す。（皇甫嵩伝）

延熹中、桓帝　黄老道を事とし、悉く諸もろの房祠を毀てり。（循吏・王渙伝）

（樊曄の）子融　俊才有り、黄老を好み、吏と為るを肯んぜず。（酷吏・樊曄伝）

（折）像幼きより仁心有り、昆虫を殺さず、萌芽を折らず。能く京氏易に通じ、黄老の言を好む。（父の）国卒するに及び、多く蔵すれば厚く亡ぶの義に感じ、乃ち金帛資産を散じて、周く親疎に施す。……像曰く、「昔　闘子文言える有り、我乃ち禍を逃る、富を避くるに非ざるなり、と。吾が門戸、殖財すること日久し。盈満の咎は

道家の忌む所」。……自ら亡せる日を知り、賓客九族を召し、飲食して辞訣し、忽然として終る。（方術上・折像伝）

矯真、字は仲彦、……少きより黄老を好み、山谷に隠遯す。穴に因りて室を為り、（赤）松（子）・（王子）喬の導引の術を仰慕す。……汝南の呉蒼甚だ之を重んじ、因りて書を遺りて以て其の志を観んとして曰く、「仲彦足下、勤めて隠約に処り、雲に乗り泥を行き、棲宿同じからずと雖も、西風有る毎に何ぞ嘗て歎ぜざらん。蓋し聞く、黄老の言は、虚に乗じ冥に入り、身を蔵して遠く遯るるも、亦た国を理め人を養い、為政に施すこと有り、と。山に登りて迹を絶つが如きに至りては、神其の証を著さず、人其の験を覩ず。吾れ先生の其の可なる者に従わんことを欲す。意に於て何如。……」。慎答えず。……自ら死するの日を言い、期に及んで果して卒す。後人に慎を敦煌に見る者有り。故に前世之を異とし、或いは神僊と云う。（逸民・矯真伝）

このように、後漢においても「黄老」という語は頻用されているのであり、また時期的にも、光武帝期から霊・献帝期（陳王寵・張角）に至る全期間にわたってその用例が見出されるのである。

『後漢書』は時に資料としての正確さを欠く場合がないではないが、『東観漢記』の光武帝紀・桓帝紀・鄭均伝の佚文にもほぼ同文があり、かつ『後漢紀』の関連記事にも「黄老」と記載してあることよりみて、少なくとも「黄老」という用語に関してはまったくその心配はないだろう。なお懸念が残るとすれば、それは後漢の諸子文献に「黄老」の用例がほとんど見られないことだが、これは「道家」の用例もほとんどないことと相殺されるはずだし、また周知のごとく、かの『論衡』に、

夫れ天道は自然にして無為。人に譴告するが如きは是れ有為にして自然に非ざるなり。黄老の家、天道を論説す

ること其の実を得たり。（譴告篇）

賢の純なる者は、黄老是れなり。黄とは黄帝なり、老とは老子なり。黄老の操は、身中恬澹にして、其の治は無為、身を正し己を共《つつ》しんで陰陽自ずから和し、為すに無心にして物自ずから化し、生に無為にして物自ずから成る。（自然篇）

道に従いて事に随わず、儒家の説に違うと雖も、黄老の義に合う。（同右）

と、「黄老」なる用語が定義を付して自覚的に用いられていることによって、その懸念は解消するであろう。

以上の諸例からみて、後漢においては、その全期間を通じて「黄老」という語句が常用されていたことに疑いの余地はない。これに対して「道家」や「老荘」という言い方はどうかと言えば、「黄老」の用例の多さに比してすこぶる少ないのである。とくに「老荘」の用例は極めて少なく、『論衡』をはじめとする諸子文献には皆無で、『後漢書』においてもわずかに馬融伝の

今曲俗咫尺の羞を以て無貲の軀を滅ぼすは、殆ど老荘の謂う所に非ざるなり。

とある一例のみである。また「道家」も、先に述べたごとく、『論衡』以外の諸子にはほとんど見えず、『後漢書』においても、崔駰伝に

夫れ謙徳の光は『周易』の美とする所、満溢の位は道家の戒むる所。

とあるのと、先に挙げた折像伝の「盈満の咎は道家の忌む所」の二例しかない。この結果をみる限りでは、その「後漢の道家」といわんよりはむしろ「後漢の黄老」と称するにしかずとさえ思われる。とは言え、『論衡』に

道家相誇りて曰く、真人気を食らい、気以て食と為す。故に伝に曰く、気を食らう者は寿にして死せず、穀飽かずと雖も、亦た気を以て盈つ、と。……道家或いは以えらく、気を導き性を養えば、世を度《わた》り死せず、と。……道家或いは以えらく、薬物を服食し、身を軽くして気を益せば、年を延べ世を度る、と。（道虚篇）

夫れ言当り、視聴聡明にして、而も道家は之を狂にして盲聾と謂う。（譴告篇）

試みに道家に依りて之（＝万物自生）を論ぜん。……道家　自然を論ずるに、物事を引きて以て其の言行を験するを知らず、故に自然の説未だ信ぜられず。（自然篇）

と、「道家」という語が繰返し用いられていることは軽視し得ない。当時、「道家」という語も一定程度通用していたこと、そしてその名称をもって呼ばれる学派・文献が存在していたことはやはり認めなければなるまい。

以上、まとめれば、後漢においては「老」と「荘」という組み合わせの観念は意外にもいまだ成熟しておらず、(3)前漢と同様、道家的思想は端的に「道家」と称されるか、あるいは「黄老」と呼び習わすのが普通で、しかも後者の呼称のほうがむしろがより一般的であった可能性が高いと考えられるということになる。ただ前漢では、ほぼ「道家」＝「黄老」とみなして差し支えなかったのだが、(4)後漢ではどうであろうか。すなわち、この二つの呼称に内容的区別ないし使い分けがあったかどうかということが問題となるが、どうやらそれはあまり気にする必要はないようである。

『論衡』の道虚篇にいう「道家」は明らかに延年不死の方術を用いる神仙家を指しており、この点からみれば、王充のいわゆる「道家」は神仙家に限定され、道家的思想一般の汎称ではないもののごとくである。しかし、譴告篇や自然篇の「道家」は必ずしも神仙家を指して言ったものではない。前者は明らかに『老子』第十二章や『荘子』天地篇にもとづくものであるし、また後者は道家本来の無為自然の自然哲学を根底とする発言である。とすれば、王充のいわゆる「道家」についても、基本的には汎称とみておいてもよいのではあるまいか。また自然篇では「道家」と「黄老」が併用されているが、両者に明白な内実の差異もしくは意図的な使い分けは私には見出しがたい。もしこの私見にして大過なければ、王充においては「道家」＝「黄老」の図式が成立し、かつ「黄老」は道家的思想・学派の汎称となる。さらにまた、上掲の『後漢書』折像伝でも、「黄老の言を好み、多蔵厚亡の義に感じ」た折像が「盈満の咎は道家の忌む所」と述べているのをみれば、「黄老」と「道家」を一種の互言とみなすこともあながち不当ではあるまい。

以上、検討したごとく、後漢においても、前漢と同様、「道家」＝「黄老」の図式は成立する。ただ、同じく「黄老」の一語をもってこれを蔽えるからといって、道家思想史上における前漢と後漢を等質視することはむろんできない。それは「黄老」の内実が前漢と後漢ではまったく異なっているからである。次に節を改め、後漢「黄老の学」の内容の考察に進みたい。

三

前節に挙げた「黄老」の諸用例を概観すれば、その内容はおおよそ四種類に分類できることは誰しも容易に気づくであろう。すなわち、①清静寡欲を旨として盈満を避ける処世術、②神仙術、③無為自然の自然哲学、そして④祭祀の対象としての黄老の四種である。後漢道家（黄老）思想の全容とその実態の解明という究極の目的の達成には遠いが、箇便ながらもこの分類でその全体像の見取り図は描けたと自負するし、また最初の疑問に対する答もいちおう得られたと思う。

ただし、実を言えば、この分類は私の創出にかかるものではない。半世紀近くも前に、すでに秋月観暎氏の論文「黄老観念の系譜――その宗教的展開を中心として」[5]においてほぼ同じ分類が提示されているのである。氏は同論において、黄老を道家的・神仙的・宗教的の三系列に分類し、それぞれの成立について詳細な考察を加えられた。すなわち私の分類範疇で言えば、それぞれ①②④に対応する。氏はこの道家的・神仙的・宗教的の三系列を黄老の展開過程としてとらえており、したがって道家的黄老が後漢に存続していることに留意はしつつも、後漢における黄老の特色としては後二者、なかんづく宗教的な黄老に重点を置いている（ただ、そのために道家的黄老の叙述が簡単に過ぎることと、『論衡』自然篇は考察の対象とされなかったため、③に当る項目を立てていないのが惜しまれる）。

また同じころ、木村英一氏も「黄老から老荘及び道教へ――両漢時代に於ける老子の学」[6]を著し、両漢の老子学に透徹した展望を与えられた。老子ないし黄老の学の民間における指導思想的意義を強調している点が同論文の特色である。後漢の黄老については図式的分類は提示されていないものの、処世術としての老子の学と、民間信仰や術数と混合した黄老思想に重点を置いた叙述を行っており、上述の分類ととくに背馳するところはない。

このように、後漢の道家ないし黄老研究に関してはつとに基本的な構図が与えられている。しかしその後の四十年余り、研究はほとんど進展していない。それは資料が絶対的に不足していることによる。基本的資料はおおむね上掲の両論文にも採用されており、それらの資料で言い得ることのあらましはほぼ両論文で尽くされている感もあり、新たな知見を提出することはすこぶる困難である。私の知る限り、両論文の発表以後、個別のトピックスや文献について論じたものはいくつかあるが、後漢の道家全般を論じた専論は田中麻紗巳氏「後漢の道家思想について――処世・実践における考察」[7]くらいのものである。

かくいう私自身、これまで後漢の道家・黄老に関する研究は発表してこなかったし、また現在その用意があるわけでもない。ただ、かねてより抱いてきた素朴な疑問が一つあり、この与えられた機会にその疑問について解決の緒を見出しておきたく思った次第である。その素朴な疑問こそ、はじめに挙げた疑問にほかならない。

本節のはじめに記した分類を一見すれば明らかなように、後漢の黄老には統治術としての側面がまったく欠けている。すなわち、黄老の本来的性格がすっぱり消え去っているのである。つまり、統治術としての黄老思想は前漢中期以後衰退したとする通説はやはり正しいのである。だが、それならば、なぜ後漢においても黄老という名称が変らず用いられ続けたのであろうか。あるいは単に習慣的にそう呼び続けていただけのことにすぎぬかもしれない。確かにそうした点があったことは否めまい。が、私にはどうもそれだけではないような気がしてならない。そう思われる理由の一つは、後漢においても黄老が本来政術であったことは決して完全には忘却されていなかったことである。たとえば、班彪が

其の術学を論じては、則ち黄老を崇めて五経を薄《かろ》んず。（『後漢書』班彪伝）

と司馬遷を批判するとき、その念頭にあった黄老観念が政術としてのそれであることは明らかである。もとよりそれが全てであったとは言えないであろうが、少なくとも主として政術としての一面に的を定めての発言であったことは疑い得ない。また上引の呉蒼の「蓋し聞く、黄老の言は、虚に乗じ冥に入り、身を蔵して遠く遯るるも、亦た国を理め人を養い、為政に施すこと有り」との言からも、「黄老の言」が本来為政に関わるものだという認識が見て取れる。かかる認識が後漢において一般的通念となっていたとまでは言えないとしても、幾分かは根強く残っていたとみることはさほど牽強ではあるまい。

そのことに関連してもう一つ重大な疑問がある。その疑問とは、丁原明氏がすでに指摘しているように(8)、黄老と連称されてはいるが、実質上はほぼ全て「老」であって「黄」はほとんどそこに関与していないことである。前漢の黄老思想についてもその気味はおおえないが、後漢ではその傾向はとくに明瞭である。上述の四種の黄老のうち、①清静寡欲を旨として盈満を避ける処世術および③無為自然の自然哲学としての黄老が実質的には老子の思想そのものであることを確認するだけで、そのことはすぐに納得していただけるであろうが、あえて蛇足の証明を加えるならば、以下のとおりである。すなわち、さきに「道家」=「黄老」の証として挙げた折像の「盈満の咎は道家の忌む所」という文句が申屠剛のことばでは「持満の戒は老氏の慎しむ所」(『後漢書』申屠剛伝)となっている。折像のいわゆる「道家」はすなわち申屠剛のいう老子にほかならない。したがって三段論法によって黄老=老子となる。また④祭祀の対象としての黄老であるが、『続漢書』祭祀志(中)では「(延熹)九年、(桓帝)自ら老子を濯龍に祭る」とあって黄帝の名は見えず、また桓帝が再度使者を苦県へ遣わして老子を祭っている(桓帝紀および祭祀志)ことを考えに入れれば、黄老の祭祀と言っても重きは老子一辺にあったとみてもよいのではなかろうか。これらのことを併せ考えれば、後漢のいわゆる「黄老の学(言)(道)」は、黄老とは言い条、その実質はほぼ純然たる老子の学であったと断じても決して過言ではないと思う。実際、老子は単独でしばしば引用され、その道を称揚されている。しかるに、一方で黄老という言い方がなお存続していたのは何故なのであろうか。

以上の黄老なる呼称に関する二つの疑問はいちおう別のことがらであるが、鄙見では必ずしもそうではない。むしろ一体のこと、換言すれば、その根は同じなのではないかと感じている。以下、私がそう感じているわけを説明したい。

四

さて、前節の黄老の実態は「老」であって「黄」ではないことの検討の中で、あえて②神仙術としての黄老には触れないでおいた。それは、上記の疑問を解く鍵がどうやらこの辺にありそうだからである。神仙術としての黄老の場合、黄帝が表に出てきていて何ら不思議はないように見える。神仙術あるいは神仙思想といっても内容は多層的で簡単に概括はできないが、黄帝信仰がその中核をなすことは間違いないところだからである。しかし、それはあくまで黄帝派（学派としてこのような一派が存在したかどうかは疑念の残るところであるが、いまは黄帝を喧伝した方士群を指してこう呼んでおく）の神仙術であって、本来、老子とは無関係であるし、また『史記』封禅書には老子はまったく登場しないことからうかがえるごとく、漢初の黄老思想とも無交渉である。それが何故にまたいかにして合同していったのかは神仙思想史にとって大きな研究課題となるであろう。秋月氏は前掲論文において、この問題に対して、次のように論じている。

黄帝と老子の神仙化は、夫々思想的に、将又、時間的に全く別な経過を辿って居り、神仙黄老の観念は、少なくも、老子の形而上的な長生久視の立場を媒介とする道家の神仙思想への接近と、黄帝を登仙せしめ、不老登仙の信憑性を黄帝の持つ普遍的な思想的権威によって裏付けんとする神仙家の策動とによって齎される二つの思想的進展を、主導的な契機として成立している事が推測されるであろう。……黄帝老子の神仙化が、道家・神仙家の両者によって行われたとするならば、黄帝老子は同じく神仙と呼ばれながらも、両思想の神仙観の差異に基く性格上の相違を有した筈である。然るに、……両者は再び併称されるのみならず、新たに第二・第三の黄老観念の系列（神仙的黄老と宗教的黄老——筆者注）を生んでいるのは、異った性格を有する神仙黄帝・神仙老子が、同じ不老不死の点に於いて結合され、黄帝・老子の何れかを主体となし、換言すれば、神仙家・道家の何れかの思想的立場から、形式的に慣習的呼称に従って黄老と併称するに至ったものであろう。

この秋月氏の見解は、細かいことをあげつらえばともかく、大勢の把握としてはまことに的確妥当なものと思う。少なくとも私にはこれ以上のことは思い浮かばない。ただ、最後の「黄帝・老子の何れかを主体となし云々」の箇所には若干の修正を施したく思う。すなわち、黄帝を主体とする神仙家が慣習的呼称を利用して黄老と併称するに至った、と訂正したいのである。かく修正を加えたいのは、神仙としての黄帝の権威は、より正確に言えば、公的に与えられた神仙としての黄帝の権威は、武帝の死後とみに衰退していったように思われるからである。前漢後半については調査不足なので断定的なことは言えないが、少なくとも神仙黄老の名称が成立したとみられる後漢においては間違いなく黄帝の権威は衰えている。むろん文化的英雄としての尊崇は依然としてあり、また黄帝の祭祀も行われているが、それは先聖もしくは五帝の一としてのことであって、黄帝だけを神仙として特別視するものではない。この黄帝の権威の衰退の根底に儒家の合理主義よりする神仙思想自体に対する批判が存することは言うまでもない。

これに対して、後漢における老子の権威は極めて高いものがあった。儒教国教化以降の前漢においても『老子』は経書に準ずる別格の書として扱われてきたが、後漢に入るとさらにその傾向が強まった感がある。その検証を行う余裕はもはやないが、『後漢書』には『老子』の直接的引用だけでも十例を超えること（これに対して『黄帝書』の引用は一例もない。名を挙げずしての引用もないとの断定はむろんできないが、挙名しないこと自体、『黄帝書』の権威のなさを示していよう）、および永初中、学者が「東観を称して老氏の臧室・道家蓬萊山と為し」（竇章伝）ていたことの二つを挙げるだけで十分であろう。例の老子の神格化も、この老子崇拝の風潮を背後にしてのことであったこと贅言するまでもない。このような状況下にあって、老子派（道家）側がわざわざ黄帝の名を冠することを求めたとは考えがたい。やはりこれは黄帝派（神仙家）のほうからの要請、つまり危機的状況に置かれた黄帝派が老子の権威を借りて窮地を脱しようとしたと考えるのが自然かつ妥当であろう。さらに過言を恐れずあえて言えば、黄老なる称謂の存続は黄帝派の作為によるものだということである。もっとも、以上の考察はあくまで神仙黄老に関しての話であった。しかし、同様のことは、神仙黄老に限らず、黄老一般にも該当するのではあるまいか。

五

後漢の老子ないし黄老の愛好者あるいは信奉者には、同時にさまざまな方術・術数にも精通した者が少なくない。たとえば自らの死期を言い当てた折像と矯慎（上掲本伝参照）、「政は無為を貴び、亦た方術を好」んだ李歴（方術上・李郃伝）、「老子を好み、尤も図緯・天文・暦算を善くし」た翟酺（『後漢書』本伝）のほか、郎顗・襄楷などがその例に挙げられるが（鄭玄もその列に加えてよいであろう）、

> 父の法を以て身を喪うに感じ、吏と為るを憚る。服終るに及んで歎じて曰く、「老子言える有り、名と身と孰れか親しき、と。吾れ豈に名の為にせんや」。遂に志を世の外に絶ち、専ら経典に精にして、尤も天文・讖緯・風角・推歩の術明らかなり。（方術伝上）

と伝えられる廖扶こそその典型的例であろう。黄老と術数の混淆については、木村氏がすでに指摘しているところであるが、以上よりみて、定説となし得るものと思う。

かように後漢の黄老は術数と深く結びついているのであるが、この結びつきこそが黄老なる呼称を存続させた主因

ではあるまいか。『漢書』芸文志の数術・方技の二略からも明らかなように、術数書には黄帝を冠称するものがすこぶる多い。これはむろん己が術の権威を高めんがためである。が、後漢においては黄帝の権威は下降気味であった。黄帝の術を奉ずる術数家たちは、その権威を守るために当時別格の権威を具えつつあった老子を借り、黄帝と老子の一体化を継続することにより己が術の権威を保ちつづけようと図ったのではなかろうか。ただ、それが可能であるためには、やはり術数（黄帝）と老子の学に共通の基盤がなければなるまい。ではそれは何であったのであろうか。最後にそれを論じて本稿の結びとしたい。

術数（黄帝）と老子の学の共通の基盤とは、「黄老養性の福」という明帝のことばに端的に示されるごとく、養生である。老子（道家）の思想の本質は何かという問いは中国思想研究にとって永遠の課題であろうが、漢代においてはそれはまず第一に盈満を避け、身命を安寧に保つ処世術であった。とくに統治術としての機能を喪失した前漢半ば以降はその性格を強めていった。「満溢の位は道家の戒むる所」、「盈満の咎は道家の忌む所」、「持満の戒は老氏の慎しむ所」という上述の文句からも明らかなごとく、後漢の老子（道家）は基本的に身命保全の処世術と言い切ってよい[9]。この処世術が我が寿命を全うすることを至上目的とする養生術に容易に転ずることは見やすいことであるし、事実そうであったことは、「曲俗咫尺の羞を以て無貲の軀を滅ぼすは、殆ど老荘の謂う所に非ざるなり」、「名と身と孰れか親しき。吾れ豈に名の為にせんや」という馬融・廖扶のことばにその証を徴し得るであろう。一方、気運・命運を読み取りその調和を図るをこととする術数が[10]、身命の保全を目的とする養生術の基礎をなすことは言うまでもない。とすれば、養生術を媒介として両者が結合することは当然とも言えよう。そしてその結果、本来道家と相反する延命術にさらに変化していくことも不思議ではない。後漢の黄老学の特色として挙げるとすればその宗教性ということになろうが、その根底に道家思想を処世術・養生術とみる観念の固定化があったことを強調しておきたい[11]。

【注】

(1)かつて金谷治氏は黄老を「無為清静を標榜する一種の政術」と定義された(「漢初の道家思潮」『東北大学文学部研究年報』九、一九五八年。のち『秦漢思想史研究』日本学術振興会、一九六〇年に収録、一五一頁)。いわゆる「馬王堆黄老帛書」の発現以来、黄老に対する研究は飛躍的に進み、もはやこのような単純な理解だけではすまされなくなった(ただし、黄帝の名の明記される『十六経』以外の三書を『黄帝書』とみなしてよいかどうか、私自身はなお懐疑的である)。だが、その学術・思想の根幹が政治術にあることまでが否定されたわけではない。いや、「黄老帛書」に著明な刑徳論などからみれば、その政治術としての性格はむしろより明確になったとさえ言えるであろう。いずれにしても黄老思想は基本的には政治術であるとする性格規定自体はいまなお有効である。

(2)『集解』引く劉攽は「黄老君は文を成さず、当に黄帝・老子と云うべし」というが、呉人傑・沈欽韓はいずれも黄老君という名の神(真人)とする。秋月氏の云うごとく、呉・沈説が勝るであろう。

(3)「意外」と言うのは、『淮南子』(要略)において老子と荘子の思想的統一が図られ、「老荘」の概念がこの時点で形成されたとするのが有力な学説だからである。近年の老荘思想の概説書、たとえば森三樹三郎編『中国思想を学ぶ人のために』(世界思想社、一九九七年)においても、『淮南子』における「老荘」統一の意義が強調されているから(該当部分の執筆はそれぞれ平木康平氏と浅野裕一氏)、この学説は通説に近いものと認められる。この学説の先蹤は武内義雄『支那思想史』(岩波全書、一九三六年)にあるが、通説に高めた功績は金谷氏に帰すべきであろう(注(1)前掲書第五章「『淮南子』の研究」および『老荘的世界——淮南子の思想』平楽寺書店、一九五九年)。ただ田中麻紗巳「後漢の道家思想について——処世・実践における考察」(『東方学』五〇、一九七五年。のち『両漢思想の研究』研文出版、一九八六年に収録)は、金谷説が魏晋の老荘との関連にはまったく触れていないことを指摘した上で、「処世・実践から見る限り、後漢の道家思想は『老子』を中心とする」、「『荘子』の本質的な部分はほとんど受け入れられなかったものと推測される」と述べ、「後漢では老荘の統一はほとんど見出せないのではないか」と結論している。金谷説の是非はともかくとして、後漢の道家に関する限り、田中氏の所説に全面的に同意する。因に、中国・台湾では「『淮南子』の黄老思想」と称するのが常である。

(4)司馬談「六家要指」ならびに『漢書』芸文志にいう「道家」は実質的には黄老思想にほぼ相当すると認められる。また漢初の召平が「当に断ずべきに断ぜざれば、反て其の乱を受く」(『史記』斉悼恵王世家)として引く「道家の言」は「黄老帛書」『十六経』

に見え（『後漢書』儒林伝は引いて『黄石公三略』に作る）、漢初に黄老を道家と称していたことが知られる。なお『史記』の道家の用例は陳丞相世家にも見える。

（5）『東方学』一〇、一九五五年。

（6）『東方学報廿五周年記念論文集』一九五四年。のち『老子の新研究』（創文社、一九五九年）に収録。

（7）注（3）参照。

（8）『黄老学論綱』（山東大学出版社、一九九七年）第一章二節「黄老学的内函特徴」を参照。

（9）後漢道家の処世術の具体的ありかたについては、注（3）前掲田中氏論文を参照。

（10）「術数」の概念・様相については、木村英一「術数学の概念とその地位」（『東洋の文化と社会』一、一九五〇年）、中村璋八「中国思想史上における術数」（『東洋の思想と宗教』一四、一九九七年）および川原秀城『中国の科学――両漢天学考』Ⅰ術数学（創文社、一九九六年）を参照。なお、術数（数術）と方術は本来別物であるが、後漢では両者の融合がかなり進んでいたと私は考えている。本稿でいう術数は両者を内包する広義の意味でのそれである。

（11）念のために注意しておくが、先秦ないし前漢の道家に養生説がなかったということではむろんない。いつの世でも道家は養生思想的要素を内包している。ここでいうのは、あくまで後漢の老子学がそのような経過をたどったということである。

【付記】

本稿を一通りまとめたころ、陳麗桂『秦漢時期的黄老思想』（文津出版社、一九九七年）を読む機会を得た。陳氏は、黄老には道法系統の統御術とは別の陰陽方術系統があること（序）、および「養生と治術は黄老学家にあっては二にして一なるもの」（二頁）との前提のもとに、「東漢以後、道家学説中の修性養生論が興隆し、それが陰陽五行・神仙方術と結合した、逆から言えば、数術・方技系統の黄老学説が道家の養生論を主軸となし、戦国以来の気化宇宙論・陰陽五行説・神仙方術を結合して、東漢文化に広大な影響を与えた」、「東漢一代の黄老崇拝者の事迹を通して、黄老思想が東漢において次第に自然清静の養生論から長生不死を追求する宗教へ転化していった痕跡を見ることができる」と説いている（二一〇～二一一頁、筆者要約）。用語や論旨に不審な点は残るものの、基本的には鄙見と一致する。ただ、陳氏の論は概説として書かれたもので、実証は必ずしも十分ではないので、本稿の検討も無意義ではないと信ずる。

『注』の「妙本」・『疏』の「妙本」——唐玄宗『老子注疏』への一視点

堀池信夫

はじめに

唐の第六代皇帝玄宗[1]の手になる『道徳真経注』（『老子注』）と、その疏解である『道徳真経疏』（『老子疏』）とは、いずれもが皇帝玄宗の名のもとに著された『老子』解釈書である。両書はワンセットのものとされて、玄宗以後、唐末に至るまで、『老子』解釈の標準的テキストとなるのである。[2] この玄宗『注』『疏』において『老子』注釈史上はじめて、「妙本」という至高の概念が登場する。[3] そしてこの「妙本」をめぐって、従来問題にされてきたのは、次のようなことであった。

「妙本」は至高の概念である。しかし、その至高という意味は一体どのようなことなのか。すなわち、『老子』思想の解釈史において、玄宗以前は主に「道」や「無」などの概念が至高のものとされてきた。玄宗の「妙本」は、これらと比べてどのように異なるのか、ということである。

これへの回答として、近年の研究において提起された解釈は、次の二つであった。

第一は、「妙本」はそれ以前からの「道」などの概念よりも上位にある、さらに高次の概念として措定されたものであり、従来の形而上説を越えようとの意図のもとに設定されたもの、とするもの。[4]

第二は、「妙本」はそれ以前からの「道」などと全く同義のものとみてよい。言葉を換えるならば、「妙本」は「道」の言い換えである、とするもの。(5)

以上の二つの解釈は、とくに玄宗『注』においては、実はいずれも成立してしまうと考えられるものである。ということは、玄宗自身のもともとの「妙本」設定・解釈が矛盾的であった、ということになる。事実はまさにそのとおりであった。玄宗自身の設定した「妙本」は論理的に詰めてゆくと、矛盾的なものであったのである。(6) この事実は、玄宗がこうした形而上的・哲学的思弁の側面については、必ずしも厳密な思惟を行なっていなかったということを示している。

実際、玄宗の『老子』解釈の全体的な目的は、こうした形而上的概念を精緻に整理・整合化するというような面にあったのではなく、もっと他の面にあった。まず、玄宗の『老子』解釈の中心的目的は、いみじくも玄宗自身が次のように述べているとおり、「理身・理国」ということにあった。

道徳生畜の源を明らかにして、此に尽くさざるはなし。而してその要は理身・理国に在り。（「道徳真経疏釈題」(7)）

玄宗の『老子』解釈は「理身・理国」、すなわちみずからの「身体」（そして臣下・百姓の「身体」）を修養によって整備し、それを通じて「国を理《おさ》める」こと、すなわち国家統治の理念を追求する、優れて政治的な目的をもつものであった。ただ「妙本」は、「身を理《おさ》める」ことと「国を理める」ことの、その根底において、そうした事態を成り立たせている根源者であるという位置づけは明確であるので、その意味で主要目的である「理身」「理国」の前提たるものとして、きわめて重要なものであった。とすると、玄宗が上記のような矛盾的な設定・解釈をしているのは、迂闊といわざるを得ないのではないか。

だが一方、玄宗に対してもう少し寛やかな目でみるならば、「妙本」の矛盾は、実は、玄宗の『老子』解釈が玄宗自身の唐朝統治を理論的に支援すること（要するに統治の正当化・合理化であり、さらには帝位・帝権の絶対化である）を最終目的としていたからこそであったといえるかもしれない。つまり、統治支援ということがまず喫緊のものとされ、それにともなって、「妙本」の位置づけのみが性急に押し出されてしまった、と考えられるわけである。ということはすなわち、玄宗の『老子注』における「妙本」は、世界のすべてに超越する概念として哲学的に緻密な思弁を経て設定されたというよりも、世界を超越して統治する現実的至高者、すなわち玄宗自身を象徴する概念、ライトモチーフとしての意味の方が先立ってしまったということであった。[8]『老子注』にみえる「妙本」の矛盾的相貌は、目的を急ぐあまり、厳密な思弁・整合化において不十分さがあった、ということになるだろう。

この視点からあらためて『注』の「妙本」をみるなら、近年における議論の方向性は、必ずしも的を射たものではなかったということになる。玄宗は、自分自身を至高の統治者とみずから位置づけた上で、従来からの至高概念「無」や「道」よりも以上のものになる、ということを望んでいたのであって、まさにその、従来の至高者を越えること、そのこと自体が玄宗にとっては重要だったのである。「無」「道」等を越える際に、それらの哲学的な内容にまで立ち入り、微細な部分にまで論理的整合性を貫徹するようなことを、必ずしも必要としていなかった。玄宗にとって「妙本」とは、従来より存在したあらゆる至高者を越えて、世界に君臨する超越的支配者が意味されていれば、それで十分だったのである。[9]

「妙本」は玄宗の『注』においては以上のようなものとして解されるのであるが、では『疏』においても、『注』そのままのものとして解してよいのであろうか。玄宗の『注』『疏』は、唐代においてはワンセットのものとされていたことは先述したが、実は近年の研究においてもこの立場は継承されていた。すなわち、近年の玄宗『老子注疏』の研究は、そのほとんどすべてが、『注』『疏』を区別することなく、一つのまとまった資料と捉えて議論を展開しているのである。したがって、近年の研究の立場は、唐代以来の伝統を尊重しつつ受容しているという歴史的な視角からするならば、正当なものであったといえるだろう。だが、客観的・厳密な資料操作、あるいは懐疑的かつ客観的な資料批判という点においては、少々不足するところがあったということになるだろう。

この研究態度は、実は当面の問題である「妙本」の把握にも反映していた。つまり、「妙本」に関して、『注』の「妙本」と『疏』の「妙本」とを区別し、その間にどのような差異があるのかを探究した研究は、いまだかつてないのである。この事実は相当意外なことである。そしてこれはまた、近年の研究において、伝統に依拠することによって割合安易に『疏』の「妙本」と『注』の「妙本」とを等同のものと捉えてきたことに対する、根本的な危険性を示唆するものともいえるだろう。

そこで、本稿では、以下において、『疏』の「妙本」を分析し、それを『注』の「妙本」と比較することによって、その特長を明らかにすること、そのことを目指そうと思うのである。

一、『注』『疏』の形成と性格

まず押さえておきたいのは、玄宗の『老子注』『老子疏』の形成事情と、それにともなう文献的性格である。『老子注』は、玄宗が集賢院学士陳希烈等の侍講による補助を受けつつも、手づから著したものであって、ほぼ自著と言えるものである。それゆえ『老子注』は、玄宗自身が帝国の支配者として、その統治において抱いていた希望・理想・野望を、学術的相貌をとりつつも、比較的直截的に語っていると受け取ってよいものである。(10) いいかえれば、玄宗みずからの統治のために、その統治を学問的・理論的側面から支える、あるいはそれ自体が学問的相貌をもち、決して恣意的な統治思想ではないことを、示すために著されたものだった、といえるだろう。

一方、『老子疏』は、玄宗の意を受けた集賢院学士たちが、『老子注』における玄宗の意図をより発明しようとして著したものであり、玄宗『注』の注釈を敷衍したり、あるいは『注』の論理性のさらなる整備を企てる、というものであった。また用いられた典故の出典等についても出処を明確に記そうと努めているなど、[11] 学問的著述としての体裁をさらに整えようとする方向に進んでもいた。いわば著述としては「奉勅撰」的性格のものであったが、[12] これには、おそらく監修者的立場から玄宗本人も関わりあっていたと思われ、その意向も当然強く反映していただろう。[13] つまり皇帝の意向のもとに、臣下によって、皇帝統治を理論的・学術的な側面から援助するために著されたものが『疏』であった。

以上、『老子注』『老子疏』は、いずれも玄宗の統治を学問・思想的側面から支援する目的で著されたものであった。両書の関係は当然ながら、『疏』が『注』を補うものとしてあった。『疏』は、より学問的性格、あるいは客観性を強めて、『注』の権威を増すものとしてあったのである。両書の形成とその文献的性格は、おおむね以上のようなものであった。

以上のことについて、以下に、もう少し具体的なことをみておくならば、まず文章の形式的な側面がある。たとえば『注』は、『老子』の箴言的性格を受けて、各章それぞれに、あるいは一つの章中における各文ごとに、いわば断片的な注釈が付されている（もちろん断片的にみえる文章間に、論理的一貫性をあたえようとしている部分もかなり多いのではあるが）。

これに対して、『疏』は、一つの章の中に明確なストーリーを求めるか、あるいは数章を連続的な一グループと捉えて、その間にストーリーを構想して、ある程度首尾の整った論説の集成と捉えようとしている。この点については、言葉の説明だけでは分かりにくいと思われるので、少し実例をもって説明する。

『疏』には毎章、章題下に説明的な疏文を付すが、そこには毎章、次のようなことが記されている。たとえば、第八章「上善、水の若し」の章題下疏の文にいう。

前章、天地は無私にして生成すれば則ち長久なるを明らかにす。

此の章、至人は善行して柔弱なるが故に尤《とがめ》無きを明らかにす。

首《はじめ》に「水の若し」を標して、三能の、道に近きを示す。次に、「地に居る」を云いて、七善(15)の物を利するを書す。

結ぶに「争わず」を以てして、柔を中にして勝を全くするを勧む。


この第八章章題下疏は、最初の二句において、前章とこの章とがつながりをもっていることを指摘し、続いてこの章内の記述が一つのまとまったストーリーを成していることを指摘している。『疏』の表現方式は全体にわたってこの調子である。そして各章内の疏文も、多くはこうした章題下疏文において述べられたことを実際に具現するものであり、また『老子』の内容はそれぞれの章・グループごとに一定のまとまりをもっていることを明らかにしようとの記述方式がとられているのである。

二、『注』『疏』の内容と事例

以上のように論述の文章スタイルが『注』と『疏』とでは違っているのであるが、それでは『注』と『疏』とは、同じ主題を解釈する際も、やはり異なった方向を向いているのであろうか。

このような問題設定は、上述してきたところからすると奇妙なものにみえるかもしれない。なぜなら、玄宗の『老子』解釈においては、『疏』は『注』を祖述するものであり、『注』の内容をより精密に整備・補助するというのが、その本来のあり方であったからである。つまり、『注』と異なった方向に向かう『疏』などというものは、本来的にありえないはずなのである。しかし、事実は必ずしもそうではない。『注』『疏』の文章形式が異なっていたように、両者の間には、よくみると微妙な差異が存在しているのである。そこで、ここで事例を一つ取り上げて、確かめてみたいと思う。

取り上げるのは、『老子』第一章冒頭の文と、その『注』『疏』の解釈である。まず、『老子』第一章の経文。

道可道、非常道。名可名、非常名。

極めて著名なこの文には、古今を通じて様々な解釈があり、訓《よ》みにおいてもまた多様であるが、この経文に対する玄宗の『注』はこうである。

道とは、虚極の妙用なり。名とは、物、これを得て称する所なり。
用は物において可なるものなり。故に「可道」と云う。
名は用に生ず。故に「可名」と云う。
用に応ずる者に方《かぎ》り無ければ、則ち常に一道に非ず。
物、殊にして、名、異なれば、則ち常に一名に非ず。
是れ則ち強いて名づけて道と曰うにして、道は常に名無きなり。(16)

これを説明しよう。まず冒頭の「道とは、虚極の妙用なり」とは、「道」という概念は「虚極」、すなわちこれは玄宗注においては「妙本」のことなのだが(17)、その妙用であるとするものである。単純化すれば、「道」とは、「妙本」の霊妙なる「用」＝はたらきのこと、とするのである。このことは、「妙本」は根本であるが、「道」はそのはたらきであって、「妙本」の下位に置かれているということを示している。

次いで、「用」、すなわち「道」のはたらきであるが、これは物があってこそはじめて具体的に機能しうるものである。そしてその「用」に対応する物は無限に存在している。それゆえその「道」のはたらき、すなわち「用」は、一通りにかぎらず、無限に存在しているといってよい。「道」はそれ程に多様なものである。だから本当はただ一つの名称「道」というだけでは不十分なのである。「道」という名称は要するに、これをむりやりに「道」と称したものなのであって、本当は「道」とは無限の名称をもつのであるが、そのあまりの多さゆえに、「名無し」ともいうのである、とする。

次いで経文の「名」の部分の解釈である。

「名」とは物に対しての称謂であり、それは「妙本」の「用」＝はたらき＝「道」の結果生まれるものである。生まれた結果、物に対して名づけることができるのである。そして存在する物にはすべて差異があるから、名も当然皆異なり、一つの「名」ですべての物の称謂を覆いつくすことはできない。「道」というのは、無理に名づけた称謂であるが、その「道」＝「用」は、対応が無限のものであった。それゆえに、「道」は一通りの仕方では称謂することができない。それゆえ「無名」というのである、とする。

この玄宗注では、「道」は道家の伝統のように至高的根源者ではなく、むしろ至高的根源者たる「妙本」の「用」＝はたらきであると規定されている。これはすなわち、「道」を「妙本」の下風に位置せしめることを意味しており、そしてよく知られているように、この「妙本」の位置が玄宗注の特色でもあるのである(18)。

これに対して、『老子』第一章冒頭の経文に対する『疏』は、どうであろうか。『疏』は以下のようにいっている。

道とは、虚極妙本の強名なり。通と訓じ、径と訓ず。

首《はじめ》の一字〔道〕は、宗を標するなり。「可道」とは、此の妙本、万物を通生するを言うなり。是れ、万物の由りて径《とお》れば、称して道と為すべし。故に「可道」と云う。

「非常道」とは、妙本の生化、用に定方無ければ、強いてこれに名を為すも、偏《ことごと》くは挙ぐべからず。故に、或いは大、或いは逝、或いは遠、或いは反なり。是れ、一道に常ならざるなり。故に「非常道」と云うなり。

名とは、称謂なり。即ち、物、道用を得るの名なり。

首の一字〔名〕も亦た宗を標するなり。「可名」とは、名は用に生じ、ともに名を立つべきを言うなり。

「非常名」とは、天に在れば則ち清と曰う。地に在れば則ち寧と曰う。

一を得ること殊ならざると雖も、物、用いらるれば則ち名異なる。是れ、一名に常ならざるなり。故に「非常名」と云うなり

まず、「道とは虚極妙本の強名なり」とは、(至高であるがゆえに名づけられない)「妙本」に対して、「道」とは「強いて」つけられた名である、ということを意味する。これは単純にみているだけだと、『注』の「是れ則ち強いて名づけて道と曰う」をパラフレーズし、『注』の意をより一層強化しているもののごとくみえる。しかし実はそうではない。『注』の場合強いて名づけられた主体は「道」であった。だが『疏』の場合、よく読むと主体は「虚極妙本」、すなわち「妙本」である。構文的には非常によく似ているが、内容的にはこのように差があることに注意しなければならない。そして『疏』によるならば、「道」と名づけられたものとは、「妙本」のことである。「妙本」と「道」とは、要するに同じものを指しているとされているのである。

さて、『疏』の続く部分をみてゆく。そこでは、「道」の字は、この文の場合、「通ずる」「径《とお》る」と読むものと規定される。つまり、経文の「道可道」の前の方の「道」の字は、その「道」の本質、すなわち「妙本」を示していることになる。続いて後の方の「道」の字、すなわち「可道」の「道」は、「妙本」は万物を「通じて生ずる」ものであり、

またそれは万物がそこを通って（径《とお》って）くるものであることから、「道」と名づけて可なるもの、ということになるのである。

次いで、「非常道」である。

いったい「妙本」の生成化育のはたらきには限りがない。それゆえこれに名称をあたえようとしても、すべての場合を挙げきることはできない。よって、大とか、逝とか、遠、反などと、様々に呼ばれる。唯一の「道」という語に一定化してしまうわけにはゆかない。そのため、「非常道」という、とする。

以上、第一章『疏』における「道」についての解釈である。これに続いて『疏』は、「名」についての解釈を行なっているが、これについてはくりかえしもあるし、長くもなるので、もはや省略したいと思う。

ともかく以上のことから見出されるのは、玄宗の『老子』解釈において最も重要な概念である「妙本」が、『注』と『疏』とでは捉え方が違っているという事実である。

そこで、この『注』と『疏』における「妙本」の差異について、より一層詳細かつ具体的にみるために、もう少し立ち入った検討を行ないたい。とはいうものの、実は『注』の「妙本」についてはかつて検討したことがある。(19) そこでここでは、そのことを念頭に置きつつ、『疏』における「妙本」の検討を行なって、その特色をはっきりさせたいと思う。

三、「妙本」の検討

玄宗の『注』においては、「妙本」は「道」の上位に位置する至高の概念であった。(20) それは『老子』注釈史上、『玄宗注』においてはじめてそういった至高性をあたえられ用いられた概念であり、玄宗の発明に係る独創的概念といえるものであった。そこで検討さるべきことは、『疏』はこの「妙本」をどのように捉えていたのかである。

注目されるのは『疏』の冒頭、第一章章題下の疏文である。

此の章、妙本の由起、万化の宗源とを明らかにす。首に虚極の強名なるを標して、将に衆妙の帰趨を明らかにせんとするなり。故に、「可道」「可名」なるものは、体と用となるを明らかにするなり。

この文でまず注目されるのは、「妙本の由起」という部分である。「由起」を「由りて起こる」と解すれば、それは「妙本」がどこかからか起こってくるということを示唆していると読めるだろう。つまり「妙本」以前にそれに先立つ何者か（あるいは何らかの状態）が存在することを暗に窺わせるものであるようにみえるわけである。ところで続く「文の最初に『虚極の強名』が標されている」という部分の「虚極の強名」は、先にみた第一章の疏文では「道とは、虚極妙本の強名」となっていた(21)。ここからして、「虚極の強名」とは「道」であるとみて間違いない。さらに、同じ「道とは、虚極妙本の強名」というところからは、その「道」が、また「妙本」にほかならないということが導き出される。すなわち、「道」とは「妙本」なのである。「妙本」に先立つものとして、「虚極の強名＝道」があるのではない。実際のところ、ここからは、「妙本」以前に何らかのものがあった、という事態は引き出されてこないのである。

ここで「由起」のことに立ち戻る。そして「妙本の由起」の次の語、「万化の宗源」の文の構造を、「妙本の由起」と比べてみる。そうすると、「由起」は「由りて起こる」と読むよりも、「由起」の一語、名詞として捉える方が妥当であるように考えられる。

そこで、「妙本」に先立つものが必ずしも設定されていないこと、「由起」は一語の名詞と捉える方が妥当なこと、これらを併せ考えると、「由起」とは、「由縁」ないし「縁起」と同意のものと取って、「起こり」とか「生起する」とかの意に取ることが妥当であると考えられる。つまり「由起」は「妙本」以前のことを示唆するものではなく、「妙本」

の起こり・生起そのもののことを意味するとみるべきものということになる。これは結局、「妙本」はそれ以上のもののない、至高の概念ということを意味するものである。

さて、上文中で言及したとおり、この場合の『疏』においても、「道」とは「妙本」であった。これで、『疏』における「妙本」＝「道」の論証は二回目である。したがって『疏』において、「妙本」＝「道」は、もはや決定的なことであるといえよう。しかし、くどいようだが、さらに第一章疏文から用例を引いて、さらなる確認を行なう。

此の妙本は、万物を通生するを言うなり。是れ万物の由りて径《とお》れば、称して道と為すべし。（第一章、疏）

この文は明らかに「妙本」が、万物を生み出す至高の宇宙生成者であり、万物が依拠する根本的なものであり、そしてすなわちそれはまさに「道」であることを、はっきりと示している。「妙本」が根本であることは、さらに同じ第一章の別の疏文にもみえている。すなわち「妙本の生化、用に定方なければ、強いてこれに名を為すも、徧《ことごと》くは挙ぐべからず」と。やはり「妙本」は生成の根源とされているのである。

これら以外にも、「妙本」が根源であること、また「妙本」と「道」とが同義であることを示す用例は多い。

常道に非ずとは、妙本、生化し、用いて定方無し。（第一章、疏）

但、其の妙本、気を降し、天地を開闢す。（第一章、疏）

妙本、深静、常に万物の宗為り。（第四章、疏）

妙本生化し、運動して窮まり無し。（第十四章、疏）

虚極とは妙本なり。言うこころは、人、生を稟《う》くるは、皆虚極妙本より稟くるなり。（第十六章、疏）

人の生を稟くる者は、妙本なり。（第十六章、疏）

虚極妙本、強いて名づけて道と曰う。（第二十一章、疏）

妙本、生を降し、兆、見われ、衆、象どられる。（第二十一章、疏）

妙本、生化し、群物に徧ねし。（第二十五章、疏）

老君云わく、妙本は生化し、沖にして用窮まり莫く、寂寥虚静、其の形状を定むべからず。（第二十五章、疏）

虚無とは、妙本の体なり。体は有物に非ず。故に虚無と曰う。自然とは、妙本の性なり。性は造作に非ず。故に自然と曰う。道とは、妙本の功用なり。所謂強名なり。通生に非ざる無し。故にこれを道と謂う。体を約して[22]名を用いて、即ちこれを虚無・道・自然と謂うのみ。其の所以を尋ぬれば、即ち一妙本なり。復た何ぞ相い倣法する所ならん。（第二十五章、疏）

樸、妙本なり。其の通生を語れば、則ちこれを道と謂う。其の精一を論ずれば、則ちこれを樸と謂う。（第三十二章、疏）

妙本、動用して和炁を降すとは、妙本とは道なり。至道、炁を降して物の根本と為る。故に妙本と称す。（第五十一章、疏）

道とは妙本の強名なり。……道、無外を包含すれば、是れ万物の資りて始まるの所なるを言うなり。（第六十二章、疏）

以上、「妙本」が根源・根本であることを述べる主要な例を引いた。これらのうち、「妙本」＝「道」をとくに明確に述べるものは、「虚極妙本、強いて名づけて道と曰う」（第二十一章、疏）、「妙本とは道なり」（第五十一章、疏）、「道とは妙本の強名なり」（第六十二章、疏）等である。要するに、「妙本」は「道」であることが、『疏』においては、くりかえし明言されているのである。[23] ここが『注』と明確に異なる点である。さらにいえば、『疏』においては、「妙本」は「道」と等値でありつつ、実は「妙本」が本来的名称であり、「道」はその「強名」であることを強調することが、大きな特色であるということが、あらためて浮かび上がってくる。したがって、『疏』においては、「道」という名称よりも、「妙本」という名称が本来の至高者の名称であることが決定的なものとされていることになる。そして、そうした「道」と「妙本」との関係を、単に同義とするのではなく、なぜ「強名」なのかを整合する論理が、次のように提示される。

虚無とは、妙本の体なり。……自然とは、妙本の性なり。……道とは、妙本の功用なり。所謂強名なり。……体

を約して名を用いて、即ちこれを虚無・道・自然と謂うのみ。其の所以を尋ぬれば、即ち一妙本なり。（第二十五章、疏）

つまり「道」は、「自然」「虚無」と並んで、「妙本」全体の、ある一側面を呼ぶ名称であるとするのである。とするなら、「妙本」は「道」と比べてより包括的な概念であって、「其の所以を尋ぬれば、即ち一妙本なり」というところからすると、なおさら「道」に上位するものであるかにみえる。だが、それは『注』における「妙本」が「道」に上位するというのとは意味が異なる。概念的には「道」はあくまでも「妙本」のある一側面についての限定的表現ということであり、実質的にはやはり同じものなのである。次の引用は、「道」と「妙本」とは同一のものの異なる局面であることを、もう少し明確に示しているといえる。

樸、妙本なり。其の通生を語れば、則ちこれを道と謂う。其の精一を論ずれば、則ちこれを樸と謂う。（第三十二章、疏）

おわりに

『疏』がくりかえし「道とは妙本の強名なり」、あるいはこれに類似する表現を行なっていたのは、まさに「妙本」のある側面を指して「道」という、ということを示すものであった。『疏』において、「妙本」と「道」とが同じものであったということについては、もはやこれ以上は言う必要はないだろう。

ただ『疏』において重要であったのは「妙本」概念がその「体」「性」「功用」の三つの側面に構造化されて捉えら

れていた点である。構造化されているということは、「妙本」が明確に、あるいは純粋に、哲学的な、ないし思想的な概念として捉えられていたということを意味している。つまり、『疏』では「妙本」は完全に客観化され、あるいは対象的なものとされていたということである。この点は明らかに『注』と比べて、独自なところであるといってよいし、また『疏』が玄宗の意向を受けつつも、学者たちの総合力による著作であったことを反映しているものといえるだろう。

そこで『注』の場合について、あらためていうのなら、「妙本」は従来の「道」に上位するものとされ、その一方で内容的には「道」と何ら差はないという、哲学的思弁としては少々乱暴なところがあった(24)。しかし、玄宗『注』が皇帝自著としての性格を最も際立った形で示すのも、またこの矛盾的ともみえる「妙本」の概念であった。すなわち『注』における「妙本」は、哲学的概念のごとく取り扱われ、また記述されているが、実際のところ、それは世界のあらゆるものに超越する至高的支配者たる玄宗自身のアナロジー・玄宗自身を象徴する概念として設定された、すなわち玄宗のライトモチーフであって、本質的に玄宗の時代の政治的環境と、そこに君臨する支配者を象徴する概念だった(25)。そうした中にあって、『疏』の「妙本」が純粋に哲学的なものとして扱われていたことは、少々注意しておいてよい事態であったと思われるのである。

【注】

(1) 皇帝の代数からは殤帝と則天武后を除外した。

(2) 開元二十年（七三二）、『道徳真経注』と『道徳真経疏』が完成し、その翌年（開元二十一、七三三）、玄宗は士庶の各家に一本ずつ『老子』を蔵せよとの命を発している（『旧唐書』「玄宗本紀」）。

(3) 「妙本」概念は、中国思想史上においては、ここにはじめて現れたものというわけではない。「妙本」の語自体はもともと仏教の用語に由来する。隋の『法経録』、羅什訳『梵網経』巻十、『高僧伝』巻二、等々に用例がみえる。また『老子』に関連する「妙本」の早い用例としては、顧歓の「其れ唯だ聖人のみ、真に妙本を知り、言教を洞遣す」がある。また唐初の成玄英の『道徳経義疏』にも「妙本」の用例がみえている。ただし、『老子』注釈史において、しかもそれを至高概念として用いたのは、玄宗『注』『疏』が嚆矢である、ということである。『注』と『疏』とにおける先後関係についていえば、もちろん『注』の方が早い。

(4) この解釈の立場を採る者には、麥谷邦夫（「唐・玄宗『道徳真経』注疏における『妙本』について」、秋月観暎編『中国の宗教と文化』平河出版社、一九八七年）をはじめとして、砂山稔（『隋唐道教思想史研究』平河出版社、一九九〇年）などがいる。

(5) これは、中嶋隆蔵（『六朝思想の研究』平楽寺書店、一九八五年）をはじめ、島一（「玄宗の『道徳真経』注疏について――理国と理身」『立命館文学』第五二三・五二六号、一九九二年）などが採る立場である。

(6) 拙稿「『妙本』の位置――唐玄宗『老子注』の一特質」（『中国文化』第六〇号、二〇〇二年）、および拙稿「二つの『妙本』――『老子玄宗注』考」（『宮澤正順博士古稀記念東洋比較文化論集』青史出版、二〇〇四年）は、この矛盾的事態が確かに成立していることを確認するためのものという側面をもつ論文である。

(7)『全唐文』巻四十一。

(8) 拙稿「『妙本』の形成――『老子玄宗注』思想の成立」（科学研究費特定領域（A）『古典学の再構築』報告書、二〇〇三年）参照。

(9) 同右。

(10) このことはとりわけ玄宗注に用いられる「妙本」概念において明確である。注（8）前掲拙稿参照。

(11)『老子注』は用いる典拠も少なく、また出典の明記なども手薄であるが、『老子疏』は『注』の典拠の出典を指示し、またそれ自体も多くの典拠を使用、ほとんどの場合、出典を明記している。

(12) 集賢院学士たちが玄宗の『疏』の制作に関わっていたことについては、『冊府元亀』巻五三を参照のこと。

(13)『老子疏』に付された玄宗自著の「道徳真経疏釈題」（『全唐文』巻四十一）は、そうした事態を想定させる。

(14) この「三能」は、続く疏文に、水の三能として、「善く万物を利すること」「よく争わぬこと」「衆人の悪む所に処ること」とあるものを指す。

(15) 第八章経文の「善地」「善淵」「善仁」「善信」「善治」「善能」「善時」の七つを指す。

(16) もと「且」に作る。藤原高男「唐・玄宗御製道徳真経注疏校本〈壱〉」（『徳島文理大学研究紀要』三九、一九九〇年・一九九一年）によって改めた。
(17) 拙稿「『妙本』の位置」、および同「二つの『妙本』」参照。
(18) 拙稿「『妙本』の位置」は、『老子』第一章注において抽出されるこのような論理を、『玄宗注』全体にわたって検討したものである。参看。
(19) 拙稿「『妙本』の位置」、同「二つの『妙本』」、および注（8）前掲拙稿参照。
(20) 「妙本」の至高性のもつ意味、とりわけその政治的意味については、注（8）前掲拙稿参照。
(21) 『玄宗疏』第十六章に「虚極とは妙本なり」とある。
(22) もと「幻」に作る。藤原「唐・玄宗御製道徳真経注疏校本〈弐〉」によって改めた。
(23) 「妙本」と「道」とを同じものとみる解釈の立場は、実際のところこの『疏』の解釈に基づいているといえる。
(24) 拙稿「『妙本』の位置」、および同「二つの『妙本』」参照。
(25) 注（8）前掲拙稿参照。

坂出祥伸教授略年譜

昭和九年（一九三四）　三月三日、鳥取県東伯郡竹田村字穴鴨（現・三朝町穴鴨）に坂出雅巳の三男として生まれる。

昭和一五年（一九四〇）　四月一日、鳥取市久松尋常高等小学校入学。三年生の秋、倉吉町へ移転。

昭和二一年（一九四六）　三月二二日、倉吉町明倫国民学校初等科卒業。

　四月一日、鳥取県立倉吉中学校入学。二年生の時、学制改革。

昭和二四年（一九四九）　三月一九日、鳥取県立倉吉第一高等学校併設中学校卒業。

　四月一日、鳥取県立倉吉高等学校普通科入学。

昭和二七年（一九五二）　三月一二日、鳥取県立倉吉高等学校卒業。

昭和二八年（一九五三）　四月六日、大阪外国語大学中国語科入学。

昭和三四年（一九五九）　三月一〇日、大阪外国語大学中国語科卒業。

　四月一日、京都大学大学院文学研究科修士課程中国哲学史専攻入学。

昭和三六年（一九六一）　三月二三日、京都大学大学院文学研究科修士課程中国哲学史専攻修了。

昭和三七年（一九六二）　四月一日、大阪府立吹田高等学校教諭（国語）に採用。

昭和四二年（一九六七）　三月三一日、大阪府立吹田高等学校を退職。

　四月一日、京都産業大学教養部専任講師（中国語）に任用。

昭和四四年（一九六九）　四月一日、大阪外国語大学講師（漢文学）を委嘱、同第二部講師（漢文学）を委嘱。昭和四八年度まで。

昭和四五年（一九七〇）　四月一日、大阪市立大学文学部講師（中国文学特殊講義）を委嘱、昭和五〇年度まで。

昭和四六年（一九七一）　三月三一日、京都産業大学教養部を退職。

　四月一日、関西大学文学部助教授に任用。同日、高知大学文理学部講師（中国文学特殊講義）を委嘱。

昭和四七年（一九七二）　四月一日、名古屋大学文学部講師（中国哲学史特殊講義）を委嘱。

昭和四九年（一九七四）　四月一日、京都大学教養部講師（東洋社会思想史）を委嘱。同日、同志社女子大学講師（自然科学史）を委嘱、昭和五一年度まで。

昭和五二年（一九七七）　四月一日、京都大学人文科学研究所講師（漢書研究班）を委嘱。

昭和五三年（一九七八）　四月一日、関西大学文学部教授に昇任、大学院文学研究科担当を命ぜられる。同日、京都大学教養部講師（漢文学）を委嘱、昭和五六年度まで。

昭和五六年（一九八一）　四月一日、大阪大学文学部及大学院文学研究科講師（中国哲学特殊講義）を委嘱。
四月一日、東北大学文学部及大学院文学研究科講師（中国哲学史特殊講義）を委嘱。

昭和五七年（一九八二）　四月一日、筑波大学大学院哲学思想研究科講師（東洋哲学）を委嘱。福井大学教育学部講師（中国哲学特殊講義）を委嘱。

昭和五八年（一九八三）　四月一日、筑波大学大学院哲学思想研究科講師（東洋哲学）を委嘱。

昭和六〇年（一九八五）　四月一日、京都大学文学部及大学院文学研究科講師（中国哲学史特殊講義）を委嘱、昭和六一年度まで。
九州大学文学部及大学院文学研究科講師（中国哲学史特殊講義）を委嘱。七月九日、名古屋大学より文学博士の学位を授与される。

平成五年（一九九三）　四月一日、京都大学文学部及文学研究科講師（中国哲学史特殊講義）を委嘱、平成六年度まで。大阪大学文学部及大学院文学研究科講師（中国哲学特殊講義）を委嘱。

平成六年（一九九四）　九月、静岡大学人文学部講師（哲学特殊講義）を委嘱。

平成六年（一九九四）　一二月、愛媛大学法文学部講師（中国哲学特殊講義）を委嘱。

平成七年（一九九五）　四月、早稲田大学人間科学部講師（東洋医学）を委嘱。

平成八年（一九九六）　四月、国際日本文化研究センター共同研究員（東アジアの身体技法）を委嘱。

平成一四年（二〇〇二）　一〇月、茨城大学人文学部及大学院人文科学研究科講師（中国文化論）を委嘱。

平成一六年（二〇〇四）　三月三一日、関西大学を定年退職。
四月一日、関西大学名誉教授の称号を授与される。

四月一日、種智院大学仏教学科講師（仏教学研究）を委嘱。

【研究・社会活動】

昭和四六年（一九七一）　六月一四日、朝日新聞社より山田慶児、橋本敬造、狭間直樹の三名とともに研究課題「中国における近代科学の成立過程」に対して昭和四六年度朝日学術奨励金を受ける。

昭和四八年（一九七三）　七月一六日～二一日、第二九回国際東洋学者会議（パリ）に参加のため、ヨーロッパ渡航。

昭和五四年（一九七九）　三月二四日～三一日、韓国、台湾を旅行。

昭和五五年（一九八〇）　三月、日本道教学会評議員（昭和六〇年度まで）。

昭和五七年（一九八二）　六月二五日～七月九日、中国科学史・医史訪中団（団長・藪内清）に参加して中国訪問。

昭和五八年（一九八三）　四月、日本中国学会評議員、理事に選出される（昭和五八・五九年度）。評議員は平成一四年度まで継続。

昭和五九年（一九八四）　三月、日仏東洋学会評議員（現在に至る）。この年以来、全国漢文教育学会理事（現在に至る）。

昭和六〇年（一九八五）　四月、日本中国学会評議員・理事に選出（昭和六〇・六一年度）。

五月一九日～二九日、中国近現代哲学史討論会（広州）に参加し、報告を行う。

九月三〇日～一〇月一一日、第四回日仏学術シンポジウム東洋学部会（パリ）に日本側の副団長として参加し、報告を行う。

昭和六一年（一九八六）　三月、日本道教学会理事。現在に至る。

四月、日本中国学会専門委員に選出（昭和六一・六二年度）。

八月二五日～三〇日、第三二回国際アジア北アフリカ研究会議（ハンブルグ）に参加。また、八月二五日～二九日、第一回中国伝統医学文献国際シンポジウム（ミュンヘン大学）に参加。

一〇月二三日～二五日、第三回日韓科学史セミナー（ソウル）に秘書長として参加し、報告を行う。

一一月一五日、日本道教学会第三七回大会（関西大学）を準備委員長として開催。

昭和六二年（一九八七）　日本中国学会評議員に選出（昭和六二・六三年度）。

六月一三・一四日、梅園学会第一三回大会（関西大学）を準備会代表として開催。

昭和六三年（一九八八）　二月一日、文部省学術審議会専門委員（科学研究費分科会）を委嘱、任期は昭和六五年（平成二年）一月三一日まで。

四月、日本中国学会専門委員に選出（昭和六三・六四年度）。

この年以来、早稲田大学東洋哲学会理事。現在に至る。


平成元年（一九八九）　四月、日本中国学会評議員・理事に選出（平成一・二年度）。

七月一〇日、関西大学在外研究員としてフランス国立高等研究学院Ecole pratique des Hautes Etudes第五部門（宗教学）において共同研究に従事するため、フランス共和国へ渡航。コレージュ・ド・フランス、国立東洋語言文化研究所Institut National des Langues et Civilisations Orientales, 国立高等研究学院でそれぞれ講演する。平成二年三月三一日帰国。


平成二年（一九九〇）　四月、日本中国学会学術専門委員に選出（平成二・三年度）。

八月二三日～二七日、中国近代科技史研討会（台湾・国立清華大学）に招聘され報告を行う。


平成三年（一九九一）　二月一日、文部省学術審議会専門委員（科学研究費分科会）に任命、平成四年一月三一日まで。

四月、日本中国学会評議員に選出（平成三・四年度）。

五月、第一五期日本学術会議会員推薦人となる（会員候補・戸川芳郎）。

五月二四日～三一日、「中国古代思想中的気論及身体観」研討会（台湾・国立清華大学）に招聘され報告を行う。

九月二〇日～三〇日、第六回日仏学術シンポジウム東洋学部会（パリ）に参加し報告を行う。

一一月、人体科学会が創設され、理事を委嘱。現在に至る。

一二月、財団法人・市川国際奨学財団の基金により台湾・高雄及び台北で第一回風水調査を行う。


平成四年（一九九二）　二月、文部省学術審議会専門委員（科学研究費分科会）に任命（平成五年一月まで）。

四月、日本中国学会学術専門委員に選出（平成四・五年度）。

八月二九日、日本学術振興会により韓国・ソウルに派遣され、韓国科学史学会・韓国道教思想研究会との学術交流を行い、九月二〇日帰国。

平成五年（一九九三）　一二月、前年に継続して台湾北部・南部について第二回風水調査を行う。


平成六年（一九九四）　日本中国学会評議員・理事に選出（平成五・六年度）。

四月一八日～二〇日、第二回魏晋南北朝文学与思想研討会（台湾・国立成功大学）に招聘され報告を行う。

四月、日本中国学会学術専門委員に選出（平成六・七年度）。

五月、第一回国際養生学セミナー（韓国・ムジュ）に招聘され報告を行う。

八月二一日～二八日、第三四回国際アジア北アフリカ研究会議（香港）に参加し報告を行う。

九月、漢陽大学校韓国学研究所創立二十周年記念国際学術会議「東洋と道教文化」（韓国・漢陽大学校）に招かれて講演する。


平成七年（一九九五）　二月、南冥学国際学術大会（韓国・成均館大学校）に招かれて講演する。

四月、日本中国学会評議員に選出（平成七・八年度）。

一〇月、第一〇回中国域外漢籍国際学術会議（韓国・嶺南大学校）に参加し発表する。


平成八年（一九九六）　一月、富山医科薬科大学第一六回和漢薬研究所特別セミナー（伝統医薬研究の基礎から応用へ）の講師を委嘱され講演する。

一月、第一回宗教文化国際会議（台湾・高雄仏光山）に招かれて報告する。

二月一六日より三ヶ月、京都大学人文科学研究所第三者評価委員を委嘱。

四月、日本中国学会学術専門委員に選出（平成八・九年度）。

八月、第一回道家文化国際学術研討会（北京・五洲大酒店）に招聘され報告する。

八月、第八回東アジア科学史国際会議（韓国・ソウル大学校）に参加し発表する。同時に開催された第五回日韓科学史セミナー（ソウル大学校）に招聘される。


平成九年（一九九七）　一月、北京・清華大学国際漢学研究所「二十世紀国際漢学及其対中国的影響」国際研討会に招聘され報告する。

四月、日本中国学会評議員・理事に選出（平成九・一〇年度）。

四月、漢語水平考試（ＨＳＫ）西日本実施委員会が正式発足し委員長に選出される。（平成一三年三月まで）。

四月二六日〜三〇日、漢語水平考試西日本実施委員会委員長として北京語言文化大学を表敬訪問する。

五月、第一六期日本学術会議会員推薦人となる（会員候補・福井文雅）。

六月、台湾・中央研究院歴史語言研究所「医療与中国社会」学術研討会に招聘され報告する。

七月、第三五回国際アジア北アフリカ研究会議（ブダペスト）に国際交流基金より派遣され報告と対論者となる。

九月、日本学術会議第一六期哲学研究連絡委員会委員を委嘱される（任期は平成一二年八月三一日まで）。

一〇月、台湾・中央研究院歴史語言研究所奨励賞審査委員を委嘱。李建民研究員の論文を審査する。

一〇月、日本道教学会会長に選出される。任期は二年（平成一一年一〇月まで）。

一一月、東北大学文学部第三者評価委員会委員を委嘱。

一二月二二日〜二七日、科研費基盤研究（A）「久米島における東アジア諸文化の媒介事象に関する総合研究」（代表者・横山俊夫）により福州において福建師範大学の琉球研究者と意見交換と調査を行う。

平成一〇年（一九九八）

三月、ボストン大学宗教学部よりリビア・コーン教授の正教授昇進への審査・推薦を委嘱される。

四月、日本中国学会学術専門委員に選出（平成一〇・一一年度）。

平成一一年（一九九九）

日本中国学会評議員に選出（平成一〇・一一年度）。

四月、ミュンヘン出版の *Chinesische Medizin*（『中医学報』）の Scientific Adviser（学術顧問）を委嘱される。

九月、「国際精神運動『気』」シンポジウム（韓国・プサン）に招かれて講演する。

平成一二年（二〇〇〇）

一月九日〜一一日、漢語水平考試実施委員長として北京語言文化大学内の国家対外漢語教学領導小組弁公室を訪問し、協議する。

四月、日本中国学会学術専門委員に選出（平成一二年度のみ）。

六月、大学体育養生学研究会が発足し、顧問を委嘱され、現在に至る。

七月二日〜四日、漢語水平考試実施委員長として北京の教育部国家漢語水平考試委員会弁公室を訪問し協議する。

七月二五日より八月二三日の間、交流協会・日台交流センター歴史研究者交流事業にもとづき台南に派遣される。

平成一三年（二〇〇一）
九月一日、日本学術会議第一七期哲学研究連絡委員会委員を委嘱（任期は平成一五年八月三一日まで）。
九月、ケンブリッジ大学ニーダム研究所、ロンドン大学ＳＯＡＳで開催された「敦煌二〇〇〇年・医学文書」シンポジウムに招聘され二つの報告をする。
一二月二四日～翌年一月二日、科研費基盤研究（Ｂ）（１）「道教的密教的辟邪呪物の調査・研究」にもとづき、福建省南部（厦門・泉州）・澳門・香港を調査。

平成一四年（二〇〇二）

四月、日本中国学会評議員に選出（平成一三・一四年度）。

八月二四日～九月二日、科研費基盤研究（Ｂ）（１）「道教的密教的辟邪呪物の調査・研究」によりバンコク・ペナン・マラッカ・クアラルンプールの各華人街を調査。

一一月二三、二四日、人体科学会第一二回大会（関西大学）を実行委員長として開催。

一二月、関西大学中国文学会会長に就任（二〇〇三年一一月まで）。

一二月二一日～二八日、同じ科研費により台湾本島及び金門島を調査。

『中国道教科学技術史』（北京・科学出版社）顧問委員を委嘱される。

平成一五年（二〇〇三）
二月一二日～一五日、同じ科研費により福建省晋江市を調査。
八月四日～八日、同じ科研費によりマニラ華人街を調査。
一一月二三日、第二回「東西いのちの文化」フォーラム（関西大学）を大会会長として開催。

平成一六年（二〇〇四）
一月三日～八日、同じ科研費によりシンガポール華人街を調査。
一一月二三日、第三回「東西いのちの文化」フォーラム（関西大学）を大会会長として開催。
四月、日中友好協会大阪府連合会主催「中国文化フォーラム」運営委員。

坂出祥伸教授著作目録

※京大大学院入学の一九五九年四月以降に限定した。

一、著書（単著）

『大同書』（訳注・解説）中国古典新書44、明徳出版社、一九七六年
『秦漢思想研究文献目録』関西大学出版広報部、一九七八年
『中国近代の思想と科学』同朋舎出版、一九八三年
『康有為』中国の人と思想一一、集英社、一九八五年（葉妍訳『康有為伝』台湾・国際文化事業有限公司、一九八九年）
『中国古代の占法――技術と呪術の周辺』研文出版、一九九一年
『道教と養生思想』ぺりかん社、一九九二年
『「気」と養生』人文書院、一九九三年
『東西シノロジー事情』東方書店、一九九四年
『「気」と道教・方術の世界』角川書店、一九九六年
『本邦公蔵明代日用類書目録初稿』自家版、一九九八年
『中国思想研究――医薬養生・科学思想篇』関西大学出版部、一九九九年
『改訂増補中国近代の思想と科学』朋友書店、二〇〇一年
『異文化体験あれこれ――フランス・中国・韓国そして郷土・鳥取』自家版、二〇〇一年
『江戸・明治初期の占書展――庶民の生活の中の占い』平成一五年度秋季特別展展観目、関西大学図書館、二〇〇三年

二、共著・共訳書

『道教と中国文化』（葛兆光著、大形徹・戸崎哲彦・山本敏雄共訳、坂出監訳）東方書店、一九九三年

『中国書論大系』第一六巻・広芸舟双楫・上（杉村邦彦・塘耕次と共訳、附・解説）二玄社、一九九三年

『老子訳注』（任継愈著、武田秀夫と共訳）東方書店、一九九四年

『老子と道教』（M・カルタンマルク著、井川義次と共訳）人文書院、二〇〇一年

『「気」の思想から説く道教の房中術』（梅川純代と共著）五曜書房、二〇〇三年

三、編著（共編を含む）・監修

『不忍雑誌・政論・国風報・庸言目録』（小林武との共編）中国文化研究会、一九七九年

『中国古代養生思想の総合的研究』（編）昭和六一年度科学研究費総合（A）研究成果報告書、糺書房、一九八七年

『中国古代養生思想の総合的研究』（編）平河出版社、一九八八年

『中国養生叢書』全七輯（編）谷口書店、一九八八年

Taoist Meditation and Longevity Techniques, Livia Kohn and Sakade Yoshinobu (ed.), Michigan Univ. Press, 1989

『道教事典』（野口鐵郎・福井文雅・山田利明との共編）平河出版社、一九九四年

『「道教」の大事典』（編）『別冊歴史読本』特別編集三七、新人物往来社、一九九四年

『新出土資料による中国古代医学の研究』（編）平成六年度科学研究費一般（B）研究成果報告書、一九九五年

『よくわかる老荘思想』（萩原昇執筆、坂出監修）同文書院、一九九七年

『独りの足音』（坂出修子歌集、坂出編）一九九八年

『中国日用類書集成』第一巻～第一四巻（小川陽一との共編）汲古書院、一九九九年～二〇〇四年

『自然と文化』72・蠟燭（監修）、財団法人日本ナショナルトラスト、二〇〇三年

『道教的密教的辟邪呪物の調査・研究』（編）平成一二・一三・一四年度科学研究費補助金研究成果報告書、二〇〇三年

四、学術論文

一九六〇年

「中国近代思想研究の方法論——野村浩一論文をめぐって」『新しい歴史学のために』（京都民科）第六四号、六月

一九六二年

「龔自珍の経済思想をめぐる最近の論争」『中国近代思想研究会会報』第二三号、第二四号、三月

一九六四年

「魏源研究文献目録稿」『中国近代思想研究会会報』第四〇号、五月

「魏源思想試論」『懐徳』第三五号、五月

一九六五年

「清末における西欧論理学の受容について」『日本中国学会報』第一七集、一〇月

一九六六年

「明治哲学における中国古代論理学の理解——桑木厳翼を中心に」『明治論理学史研究』（船山信一著）理想社、二月

「『西学書目表』と『東西学書録』」『中国近代思想研究会会報』第四三号、五月

一九六八年

「辛亥革命期におけるアジア連帯の思想（要旨）」『現代中国』第四二号、一〇月

「清末の化学者徐寿についての覚書」『中国近代思想研究会会報』第五一号、一一月

一九七〇年

「沈括の自然観」『東方学』第三九輯、三月

「方以智の思想――通幾と質測をめぐって」『明清時代の科学技術史』（吉田光邦編）京都大学人文科学研究所、三月（蔣国保訳「方以智的思想――囲繞〝質測〟与〝通幾〟」『人文論叢（二〇〇二年巻）』武漢大学出版社、二〇〇三年）

「議論の多い『化学』の語源」『朝日新聞』四月一八日夕刊「研究ノート」欄

「〝六合叢談〟に見えたる化学記事」『科学史研究』第九三号、五月

「盛世危言」「勧学篇」「天演論序」及び各解題（分担執筆）『清末民国初政治評論集』（島田虔次・西順蔵編）中国古典文学大系五八、平凡社、八月

一九七三年

「魯迅と越社」『関西大学文学論集』第二二巻第二号、二月

「梁啓超の政治思想――日本亡命から革命派との論戦まで」『関西大学文学論集』第二三巻第一号、一二月

「焦循の学問」『関西大学中国文学会紀要』第四号、一二月（寥肇亨訳「焦循的学問」『中国文哲研究通訊』第一〇巻第一期、中央研究院中国文哲研究所、二〇〇〇年三月。近藤朋子訳「焦循的学問」『慶祝莆田黄錦鋐教授八秩日本町田三郎教授七秩崇寿論文集』台北・文史哲出版社、二〇〇一年六月）

一九七四年

「中国における近代的科学用語の形成と定着」『日本の科学と技術』第一六四号、一月

「中国科学社の成立について」『科学史研究』第一〇九号、三月

「梁啓超の政治思想――日本亡命から革命派との論戦まで（承前）」『関西大学文学論集』第二四巻第一号、一二月

「譚嗣同の『以太』説」『関西大学中国文学会紀要』第五号、一二月

一九七五年

「戴震」「胡適」（分担執筆）『中国哲学を学ぶために』（本田済編）世界思想社、一月
「科技篇」（分担執筆）『東方中国語講座②』読物篇（大原信一ほか著）東方書店、三月
「中国古代の天文占い」『朝日新聞』三月二二日夕刊「研究ノート」欄
「晋書天文志・中」（分担訳）『中国の科学』（藪内清編）世界の名著一二、中央公論社、三月
「『長興学記』から『桂学答問』へ――康有為の思想形成（1）」『中国哲学の展望と模索』（木村英一博士頌寿記念論文集）創文社、四月
「明治以後『中国哲学史』研究史年表」『関西大学文学論集』創立九十周年特輯、一一月
「康有為と広芸舟双楫（1）」『書論』第九号、一一月

一九七七年

「我国に於ける中国哲学史研究の回顧と展望（上）」『関西大学文学論集』第二六巻第一号、一月
「我国に於ける中国哲学史研究の回顧と展望（下）」『関西大学文学論集』第二六巻第二号、二月
「康有為と広芸舟双楫（2）」『書論』第一〇号、五月
「四庫全書珍本初集～7集（台湾・商務印書館）」『関大教育後援会会報』第四八号、一二月

一九七八年

「方術伝の成立とその性格」『中国の科学と科学者』（山田慶児編）京都大学人文科学研究所、三月（余崇生訳「方術伝之成立及其特性」、余崇生・范月嬌編『日本漢学論文集』一、台北・文史哲出版社、一九八五年。自訳、李今山校補「方術伝之立伝及其性質」、辛冠潔・衷爾鉅・馬振鐸共編『日本学者論中国哲学史』北京・中華書局、一九八六年）
「北宋における九宮貴神と十神太一の信仰」『関西大学中国文学会紀要』第七号、三月
「梁啓超著述編年初稿（1）」『関西大学文学論集』第二七巻四号、三月（馬躍・馬洪林訳「梁啓超著述編年初稿・一」『梁啓超研究』第五期、広東省新会県梁啓超研究会、一九八八年）

一九七九年

「梁啓超著述編年初稿（２）」『関西大学文学論集』第二八巻四号、三月（馬躍・馬洪林訳「梁啓超著述編年初稿・二」『梁啓超研究』第六期、広東省新会県梁啓超研究会、一九八九年）

「康有為の須磨客寓時代」『森三樹三郎博士頌寿記念東洋学論集』朋友書店、六月（馬洪林訳「旅居日本須磨時期的康有為」『上海師範大学学報』海外中国学専輯、一九八六年）

一九八〇年

「導引考――古代の養生術と医学とのかかわり」『池田末利博士古稀記念東洋学論集』池田末利博士古稀記念事業会、九月（王炎摘訳「導引考――古代養生術与医学的関係」『馬王堆医書研究専刊』第三輯、湖南中医学院、一九八一年）

「康有為暗殺事件をめぐって――中西重太郎書簡の解説」１～４、『日華月報』第一六七号～第一七〇号、九月～一二月

「康有為『広芸舟双楫』訳注（１）――叙目」『関西大学文学論集』第三〇巻第二号、一二月

一九八一年

「康有為『広芸舟双楫』訳注（２）――原書第二」『関西大学文学論集』第三〇巻第三号、二月

「三浦梅園写本『反故』について」『梅園学会会報』第六号、五月

「清末・朱次琦の学問」『竹内照夫博士古稀記念中国学論集』竹内照夫博士古稀記念論文集刊行会、九月

「康有為『広芸舟双楫』訳注（３）――尊碑第二」『関西大学文学論集』第三一巻第一号、一〇月

「焦循の『論語通釈』について」『荒木見悟教授退休記念中国哲学史研究論集』葦書房、一一月

一九八二年

「康有為『広芸舟双楫』訳注（４）――購碑第三之上」『関西大学文学論集』第三一巻第三・四合併号、三月

「科学者としての沈括」『歴史における民衆と文化』（酒井忠夫先生古稀祝賀記念論集）国書刊行会、四月

「清末民国初化学史の一側面」『東洋の科学と技術』（藪内清博士頌寿記念論集）同朋舎出版、一一月

「式盤綜述」（厳敦傑著、橋本敬造と共訳）「気の思想の中国古代天文学への影響」（席沢宗著、川原秀城と共訳）『東洋の科学と技術』（藪内清博士頌寿記念論集）同朋舎出版、一一月

「康有為初期の思想――『康子内外篇』の考察」『関西大学文学論集』第三二巻第一号、一一月

一九八三年

「長生術」『道教』第一巻（酒井忠夫・山崎宏・福井康順監修）平河出版社、二月

「清末の科学教育――上海・格致書院の場合」『関西大学文学論集』第三二巻第三号、二月

「神仙思想の身体観――養形と内観を中心に」『理想』第六〇四号、九月

「風の観念――中国古代のばあい」『本』第八巻第一〇号、講談社、一〇月

一九八四年

"The Peng-tsu Legend and the Peng-tsu-ching: Idea for keeping in good health in ancient China (Abstract)", Proceedings of the Thirty-First International Congress of Human Sciences in Asis and North Africa, 1984

一九八五年

「明末清初書画家小伝」『関西大学文学論集』第三四巻第二号、一月

「風占いと風の観念――中国古代の擬似科学」『哲学会会報』第二号、関西大学哲学会、一月

「脈法・陰陽脈死候・却穀食気篇」（山田慶児・中嶋隆蔵と共訳）『新発現中国科学史資料の研究・訳注篇』（山田慶児編）京大人文科学研究所、三月

「中国古代における風の観念とその展開」『関西大学中国文学会紀要』第九号、三月

「占風術のさまざま――中国古代における」『関西大学文学論集』第三四巻第三・四合併号、三月

「身と心を養う」『観音講座たより』第二九号、妙法院、九月

「風の観測と観測器具の発達――中国古代における」『関西大学文学論集』第三五巻第一号、一二月

「彭祖伝説と『彭祖経』」『新発現中国科学史資料の研究・論考篇』京大人文科学研究所、一二月（高大倫訳「彭祖伝説的研究」『宗教学研究』一九九四年第四期）

一九八六年

「風の観念と風占い――中国古代の擬似科学」『中国思想論集――欧米思想よりの照射』（新田大作編）雄山閣出版、三月

"The Taoist Charactor of the Chapter on Nourishing of the Ishinpo 医心方"『関西大学文学論集』創立百周年記念号、一一月

「張湛『養生要集』佚文とその思想」『東方宗教』第六八号、一一月

「道教と科学技術」『道教研究のすすめ』（秋月観暎編）平河出版社、一一月

「導引の沿革」（附録解説）『導引体要』復印本（喜多村利且著）谷口書店、一二月

一九八七年

「『医心方』養生篇の道教的性格」『道教と宗教文化』（秋月観暎編）平河出版社、三月

「龍罔象」「錬金術」「行気」「導引」「房中術」「辟穀」（補注分担執筆）「博物志校箋（一）」（小南一郎訳注）『東方学報（京都）』第五九冊、三月

「国際シンポジウム『東アジア文化と韓国文化』について」『東方宗教』第六九号、五月

「近年の中国における康有為再評価」（馬洪林著、小林寛と共訳）『東方』第七六号、七月

「『金仙証論』とその丹法（長生法）」（復印本解説）『煉丹修養法』（伊藤光遠著）谷口書店、五月

「中国における養生思想」一・二、『大法輪』第五四巻第六号、第七号、六月、七月

「災いを避けるための歩き方――禹歩と道教儀礼」『大日本百科全書ニッポニカ通信』第一六巻第一六号、小学館、七月

「方以智――徹底した懐疑主義的思想家」『中国思想史』下巻（日原利国編）ぺりかん社、七月

「道教と養生術」『大谷大学文芸論叢』第二九号、九月

「解題」『大英博物館所蔵漢籍目録』科学書院、一〇月

「解説」『乾浴療法』復印（石原保秀著）谷口書店、一一月

一九八八年

「中国古代養生思想研究の現状と課題」『中国古代養生思想の総合的研究』（坂出編）平河出版社、二月

「隋唐時代における服丹と内観と内丹」『中国古代養生思想の総合的研究』（坂出編）平河出版社、二月

「韓国伝統医学における養生説――『東医宝鑑』を中心として」『関西大学文学論集』第三七巻第三号、二月

「『類修要訣』『保生心鑑』『修真秘要』について」『中国養生叢書』第四輯（坂出編）谷口書店、四月

「解説」『日本衛生史』復印本（藤浪剛一著）谷口書店、一〇月

一九八九年

「望気術のさまざま」『関西大学文学論集』第三八巻第二号、二月

「中国古代の気または雲気による占い――漢代以後における望気術の発達」『関西大学中国文学会紀要』第一〇号、三月

「隋唐時代における鍾乳石服用の流行について」『中国古代科学史論』（山田慶児編）京都大学人文科学研究所、三月

「戊戌変法時期における康有為の明治維新論」『一九世紀における日本と中国の変法運動の比較研究――横井小楠と康有為を中心として』（源了圓編）科研重点領域研究報告書、三月

「房中術と回春の術――不老長寿と性愛」『週刊朝日百科・世界の歴史』第三〇号・紙とはり灸、六月

「孫思邈における医療と道教　附・孫思邈略年譜初稿」『千金方研究資料集』東洋医学善本叢書第一五冊、オリエント出版社、六月

「『周易参同契』と江淹の詩および狐剛子」『講座・科学史』第四巻・日本科学史の射程、培風館、七月

「鍾乳石服用の流行と柳宗元の書簡」『吉岡義豊博士著作集』第二巻月報三、五月書房、八月

「康有為『広芸舟双楫』訳注（5）――購碑第三之中」『関西大学文学論集』第三九巻第一号、一〇月

「康有為『広芸舟双楫』訳注（6）――購碑第三之下」『関西大学文学論集』第三九巻第二号、一二月

"Ancient Sources and Contemporary Studies of Traditional Longevity Techniques", Livia Kohn and Sakade Yoshinobu (ed.), *Taoist Meditation and Longevity Techniques*, Michigan Univ. Press, 1989

一九九〇年

「康有為『広芸舟双楫』訳注（7）——体変第四」『関西大学文学論集』第三九巻第三号、二月

「台湾の媽祖信仰」『関西大学中国文学会紀要』第一一号、三月

「康有為『広芸舟双楫』訳注（8）——宝南第九」『関西大学文学論集』第三九巻第四号、三月

「方以智——ヨーロッパと対決する『気』の哲学」『比較思想』（青山昌文編）放送大学教育振興会、四月

「『気』の自然観」『気と人間科学』（湯浅泰雄編）平河出版社、五月

「香り——フランス・中国・日本」『同朋』第一四九号、九月

「心と脳の観念——医経を中心として」『山下龍二教授退官記念中国学論集』研文社、一〇月

「望気術のさまざま」『新しい漢文教育』第一一号、一一月

「台湾の道教事情・近況」『東方宗教』第七六号、一一月

「フランスの中国学近況・管見——哲学・宗教を中心に」『集刊東洋学』第六四号、一一月

一九九一年

"Fang Yizhi: La philosophie du qi et l'Occident"『関西大学文学論集』第四〇巻第二号、一月

「日本の呪符と道教——鎮宅霊符の信仰と妙見信仰」『大法輪』第五八巻第三号、三月

「康有為『広芸舟双楫』訳注（9）——体系第十三」『関西大学文学論集』第四〇巻第三号、三月

「『内経図』とその沿革」『中国古代科学史論・続編』（山田慶児・田中淡編）京都大学人文科学研究所、三月

「コメント（何丙郁教授の報告への）」《中国科学史国際会議・一九八七京都シンポジウム》報告書、三月

「『医心方』所引の『延寿赤書』について」『日本医史学雑誌』第三七巻第二号、四月

「康有為の進化論受容と三代盛世観の逆転」『季刊日本思想史』第三七号、五月

「康有為と西太后」『関西大学中国文学会紀要』第一二号、六月

「ヨーロッパの図書館の漢籍収蔵状況」1～3、『東方』第一一八号～第一二〇号、七月～九月

「中世日本の神道と道教——吉田神道における『太上玄霊北斗本命延生真経』の受容」（増尾伸一郎と共著）『日本・中国の宗教文化

の研究』（酒井・福井・山田編）平河出版社、九月
「道教とは何か」『月刊しにか』一一月号
「天地人を貫く『一気』」『関西大学文学論集』第四一巻第一号、一一月（盧瑞容訳「貫通天地人之『一気』」、楊儒賓主編『中国古代思想中的気論及身体観』台北・巨流図書公司、一九九三年）
"Methods and Ideas on Increasing Vitality in Ancient China: The Transion from Neiguan to Neidan in the Sui and Tang Dynasties", *History of Hygiene, proceedings of 12th International Symposium on Comparative History of Medicine: East and West*, Ishiyaku Euro-America Inc. Pub., 1991

一九九二年
「『気』の占術、『気』の医術」『季刊ＡＺ』第二二号、一月
「存思法と『気』――道教のイメージ療法」『季刊アーガマ』第一二四号、三月
「戊戌変法時期における康有為の明治維新論」『関西大学文学論集』第四一巻第四号、三月
「第六回日仏学術シンポジウム・中国学ワークショップ報告」『日仏東洋学会通信』第一四・一五合併号、三月
「老いと養生――宋代の養生書『養老奉親書』について」『東洋医学』第二〇巻第五号、五月
"Sun simiao et le bouddhisme"『関西大学文学論集』第四二巻第一号、一〇月
「中国古代の人相術」『泊園』第三一号、一一月
「孫思邈と仏教」『中国古典研究』第三七号、一二月
「日本道教研究の現況と展望」（柳聖泰訳）『韓国道教の現代的照明』韓国道教思想研究叢書Ⅵ、ソウル・亜細亜文化社、一二月
「朝鮮半島の科学技術と日本――日韓両国における科学技術の伝統と展開」『関西大学文学論集』第四二巻第二号、一二月

一九九三年
「『気』と養生・風水――感応する身体・大地」『関西大学中国文学会紀要』第一四号、三月
「道教の呪符について」『関西大学文学論集』第四二巻第三号、三月

「モリス・クーランと『パリ国立図書館所蔵漢籍目録』について」平成三・四年度科学研究費総合（A）研究成果報告書（山田利明編）
三月

「『史記』天官書に見える占術と戦い」『項羽と劉邦』下、歴史群像シリーズ三三、学習研究社、五月

「続・台湾の道教事情・近況」『東方宗教』第八一号、五月

「道教とは何か――その研究と現状」『週刊読書人』六月二一日号

「京都大学人文科学研究所中国科学史研究班の近況」（李成圭訳）『韓国科学史学会雑誌』第一二号

「道教の神々と『気』」『中外日報』六月二五日号

「タオ――生命の根源となるもの」『仏教』第二四号、法蔵館、七月

「康有為と朝鮮の儒者・李炳憲（上）――海外で見た康有為の書跡（1）」『出版ダイジェスト』一四八一号、七月一五日

「康有為と朝鮮の儒者・李炳憲（中）――海外で見た康有為の書跡（2）」『出版ダイジェスト』一四九三号、八月一五日

「方術の種々相――「気」の占法」『季刊ＡＺ』第二九号、一〇月

「養生書あれこれ（一）――馬王堆漢墓出土の養生書」『漢方通信』第二巻第六号、帝国製薬、一一月

"Les usages du mot japonais Ki et la signification du concept de la pense chinoise Qi", *CIPANGO*, Cahiers d'etudes japonaises n2, Institut National des Langues Civilisations Orientales, 1993

一九九四年

「養生書あれこれ（二）――馬王堆漢墓の房中書」『漢方通信』第三巻第一号、一月

「『気』と道教神像の形成」『文芸論叢』（平野顕照教授退休記念）大谷大学文芸学会、三月

「老いについて――二つの養老の書」『中華文人の生活』（荒井健編）平凡社、三月

「老子河上公注の身体観」『中国的人生観・世界観』（内藤幹治編）東方書店、三月

「道教Q＆A」「道教の戒律とその種々相」「道教における方術の意味」「霊符」「煉丹術」『「道教」の大事典』（坂出編）『別冊歴史読本』特別編集三七、新人物往来社、三月

「養生書あれこれ（三）――孫思邈の医書に見える養生説」『漢方通信』第三巻第二号、三月

「方以智――ヨーロッパ文化と出会った『気』の哲学」『比較思想』改訂版（青山昌文編）放送大学教育振興会、三月
「『医心方』における医療と道教――所引の『延寿赤書』『服石論』を中心に」『医心方の研究』（国宝半井家本）オリエント出版社、五月
「第七回アジア科学史会議について」『東方学』第八七輯、五月
「養生書あれこれ（四）――『養性延命録』について」『漢方通信』第三巻第四号、七月
「開却度人説与『気』――天地雖崩壊『気』仍長存」『魏晋南北朝文学与思想学術研討会論文集』第二輯、台湾・文津出版社、九月
「養生書あれこれ（五）――貝原益軒『養生訓』」『漢方通信』第三巻第五号、九月
「中国思想における気と心と脳」『心とは？』（人体科学会編）一〇月
「康有為と朝鮮の儒者・李炳憲（下）――海外で見た康有為の書跡（3）」『出版ダイジェスト』一四九五号、一〇月一五日（馬国平訳「海外所見的康有為手迹――巴黎康南海書法見聞」『嶺南文史』一九九五年第三期）
「韓国における科学史研究の現状」『朝鮮史研究会論文集』第三二集、一〇月
「解説」『パリ国立図書館所蔵漢籍解題目録』復印本（モリス・クーラン編）科学書院、一〇月
「パリでめぐりあった康有為の書――海外で見た康有為の書跡（4）」『出版ダイジェスト』一五一六号、一一月一五日
「養生書あれこれ（六）――『医心方』の養生説」『漢方通信』第三巻第六号、一一月

一九九五年

「康有為――ユートピア世界を夢みた政治家」『しにか』三月号
「『華氏中蔵経』について」『町田三郎教授退官記念中国思想史論叢』上巻、三月
「出土医書に見える自然リズムにもとづく治病・養生」『新出土資料による中国古代医学の研究』科研報告書、三月（劉正訳「中国古医書之養生説――自然与身心之節奏相応之研究」『道家文化研究』第一八輯、上海古籍出版社、二〇〇〇年八月）
「『黄帝蝦蟇経』について――成書時期を中心に」『関西大学文学論集』第四四巻第一・二・三・四合併号・文学部創設七十周年特輯、三月
「李炳憲の孔子教運動――康有為に師事した朝鮮の儒者」『栗原圭介博士頌寿記念東洋学論集』汲古書院、三月（「李炳憲的孔子教運

動――一位師事康有為的朝鮮儒者」『東亜文化的探索――近代文化的動向』台北・正中書局、一九九九年）
「煉丹術師への道――儀礼と伝授」『しにか』一一月号

一九九六年
「韓国の緑茶と喫茶」『五色椿』第七六号、奈良・白毫寺、一月
「日本の中の道教――泰山府君信仰を中心として」『中村璋八博士古稀記念東洋学論集』汲古書院、一月
「『黄帝蝦蟇経』について――成書時期を中心に」「『中蔵経』について」「葛洪の医薬観と『肘後備急方』」（解題・研究）『東洋医学善本叢書』第二九冊、オリエント出版社、二月
「道教とは、儒教とは」『関西大学中国文学会紀要』第一七号、三月
「『気』の生命観・身体観」『東洋医学の人間科学』Ⅴ、早稲田大学人間科学部、三月
「曺南冥と老荘思想」『関西大学文学論集』第四五巻第四号、三月（韓国語訳『南冥学研究論叢』第四輯、一九九六年二月）
「『孝』と風水思想」『中国古典読書会会報』第六・七合併号、五月
「韓国の日常生活の中の儒教」『新しい漢文教育』第二二号、五月
「中国人の基底をなしている思想――祖先崇拝・宗族・『孝』」『中国研究集刊』第一八号、五月
「獣骨卜」『しにか』七月号
「『気』と宗族と中国社会」『産経新聞』一〇月九日夕刊
「『気』と芸術の空間」『本の旅人』一二月号

一九九七年
「今帰仁・久米島・上洲家文書」『とぅんぱらー通信』第三号　二月
「『書道』は和製漢語か――故・吉川幸次郎博士『非書道』を駁す」『古田敬一教授頌寿記念中国学論集』汲古書院、三月
「井上円了『星界想遊記』と康有為」『阿頼耶順宏・伊原澤周両先生退休記念論集　アジアの歴史と文化』汲古書院、四月
「『書法』と『書道』」『季刊書画船』第二号、五月

「台湾における風水術（相地術）の実態調査」『市川国際奨学財団設立十周年記念学術研究論文集』六月
「福建関係文献目録」『とぅんばらー通信』第七号、一一月

一九九八年
「呪符の道教学——中国近世小説に見る符法」「邪悪を追い払う風水の呪術——中国民間習俗にみる呪具」『別冊歴史読本』四四・呪符・招福と魔除けの呪術、一月
「梁啓超著述編年表稿（改訂増補版）」（附録参考資料）『先秦政治思想史』昭和一六年刊復印本（梁啓超著、重沢俊郎訳）大空社、二月
「中国古代医書における養生の意味」『中国技術史の研究』（田中淡編）京都大学人文科学研究所、二月
「明代日用類書医学門について」『関西大学文学論集』第四七巻第三号、二月
「陶弘景における服薬・煉丹」『六朝道教の研究』（吉川忠夫編）春秋社、二月
「八百歳生きた仙人・彭祖」『斯文』第一〇六号、斯文会、三月
「日本における中国哲学研究の学問的確立——小島祐馬を中心に」『関西大学中国文学会紀要』第一九号、三月（戴燕訳「日本之中国哲学研究学科的確立——京都大学的情況」『清華漢学研究』第三輯、二〇〇〇年二月）
「中国の『気』と養生の思想」『人体科学』第七巻第一号、五月
「甲骨卜について」『墨』九・一〇月号（一三四号）、芸術出版社、一〇月
「『気』の感応と修煉——同類相感を中心に」『日本中国学会創立五十年記念論文集』一〇月
「大地の神秘学——気で読み解く中国占術・風水の教え」『風水の本』学習研究社、一一月
「中国仏教の中の道教」『中国人と道教』（中村璋八編）汲古書院、一二月
「イタリアの漢学と道教研究」（翻訳、モニカ・エスポジト著）『中国人と道教』（中村璋八編）汲古書院、一二月

一九九九年
「久米島の上江洲家・与世永家文書中の中国医書について」『久米島における東アジア諸文化の媒介事象に関する総合研究』科学研

究費基盤研究（A）（1）研究成果報告書（横山俊夫編）三月

「解説――明代日用類書について」『中国日用類書集成』第一巻、汲古書院、六月

"Ge Hong（283-344）and in the Views on Medicine", *Current Perspectives in the History of Science in East Asia*, Yung Sik Kim and Francesca Bray (ed.), Seoul National University Press, June 1999

「初期密教と道教との交渉」『中国密教』シリーズ密教第三巻、春秋社、一一月

二〇〇〇年

「道教と占い」『村山吉廣教授古稀記念中国古典学論集』汲古書院、三月

「『気』の自然観、身体観」『中国文化研究』第一号、六月

「中国の春画（覚書）」『中国文化研究』第一号、六月

「留学時代の胡適（上）」『中国文化研究』第二号、一二月

「金門島に見る古い習俗――台湾調査報告」『中国文化研究』第二号、一二月

「宗族孝を称す（『論語』子路）」『今、なぜ中国研究か』（中国古典読書会創立二〇周年記念論集）東方書店、一二月

「響きあう身体――『気』」『関西大学文学論集』第五〇巻第二号、一二月

二〇〇一年

「アモイ・泉州・香港の辟邪呪物調査の旅から」、*Mind and Body*, No.11, 人体科学会、三月

「中国古代の養生と存思法」『大学体育養生学研究』第三号、三月

「敦煌医書の中の養生書――道教との関連で」『関西大学中国文学会紀要』第二二号、三月（Trans. by Umekwa, "Daoism and the Dunhuang regimen texts", "Medieval Chinese Medicine", ed. by Vivienne Lo and Christopher Cullen, E. J. Brill, London, 2004）

「響きあう身体――『気』」、The Imagination of the Body and the History of Bodily Experience, International Symposium, January 18-22, 2000, 国際日本文化研究センター、三月

「留学時代の胡適（下）」『中国文化研究』第三号、八月

「道教語彙解説」『中国文化研究』第三号、八月
「『治国』と『治身』への思想的道程——天人相関説と『気』の修煉」『日本中国学会報』第五二集、一〇月
「唐代の呪術治療——『千金翼方』「禁経」を中心として」『大久保隆郎教授退官紀念論集　漢意とは何か』東方書店、一二月

二〇〇二年

「蠟燭考」『文化事象としての中国』関西大学出版部、三月
「中国語中国文学科五十年の歩み」『文化事象としての中国』関西大学出版部、三月
「バンコク・ペナン・マラッカ・クアラルンプール華人街の道教」「金門島と鹿港の呪符」『道教的密教的辟邪呪物の調査・研究』平成一三年度科学研究費補助金研究成果報告書、四月
「『気』と東洋医術」『中国文化研究』第四号、一〇月
「中国哲学から見た『気』」『中国文化研究』第四号、一〇月
「中国古典籍文献学入門（1）——宋代まで」『関西大学文学論集』第五二巻第二号、一一月
「私と『気』の思想」『触覚の復権』人体科学会第一一回大会報告書、一一月

二〇〇三年

「中国古典籍文献学入門（2）——元明時代より現代中国まで」『関西大学文学論集』第五二巻第三号、二月
「中国の蠟燭の歴史」『自然と文化』72・蠟燭、財団法人日本ナショナルトラスト、三月
「文献の体裁による中国古典籍の分類と呼称——附・版本の起源」『関西大学中国文学会紀要』第二四号、三月
「民間信仰における儒教と道教——中国・台湾・琉球」『国立歴史民俗博物館研究報告』第一〇六号、三月
「フィリッピン華人事情」上・下、『マニラ新聞』三月一〇日、一七日
「マニラ華人街の道教」「シンガポール華人の住居、墓地、道観」『道教的密教的辟邪呪物の調査・研究』平成一四年度科学研究費補助金研究成果報告書、四月
「はしがき」『道教的密教的辟邪呪物の調査・研究』平成一二・一三・一四年度科学研究費補助金研究成果報告書、四月

「太平道・五斗米道と曹操の接点」「曹操に疎まれた幻術者　左慈・華佗」『別冊宝島』第七九三号、六月
「冥界の道教的神格――『急急如律令』をめぐって」『東洋史研究』第六二巻第一号、六月
「解題『萬用正宗不求人』」『中国日用類書集成』第一一巻、汲古書院、七月
「沖縄における道教呪符」上・下、『沖縄タイムス』九月一八日、一九日

二〇〇四年

「岡倉天心と道教（覚書）」『宮澤正順博士古稀記念　東洋――比較文化論集』汲古書院、一月
「天師道と房中術（発表要旨）」『宗教研究』第七七巻第四輯、三月
「初期道教と房中術――寇謙之の道教改革まで」『関西大学文学論集』第五三巻第三号、三月
「思想の担い手としての『士』身分――特に先秦時代における」『関西大学中国文学会紀要』第二五号、三月
「中国思想における身体と運動」『身体運動文化論攷』第三巻、身体運動文化学会関西支部、三月
「道教とは何か」『大法輪』第七一巻第六号、六月
「明治のお札と、あるイギリス人」上・下、『大法輪』第七一巻第九号、第一〇号、九月、一〇月
「東洋を形づくる思想」『鍼灸ＯＳＡＫＡ』別冊ムック・東洋の身体知、森ノ宮医療学園、六月
「今でも使われている運勢暦と大雑書のなかの占い――その仕組みを知っていますか」『図書館フォーラム』第九号、関西大学図書館、六月
「中国古典籍の偽書について」『図書館フォーラム』第九号、関西大学図書館、六月
「解題『妙錦萬寶全書』三」『中国日用類書集成』第一四巻、汲古書院、一〇月
「道教の終末観」『日本学術会議哲学研究連絡委員会公開シンポジウム提題要旨集』一二月
「神々をイメージ（存思）する医療――道教と霊性」『身体・気・スピリチュアリティ』（人体科学会編）一二月

五、書評・紹介

島田虔次『中国革命の先駆者』（筑摩書房）、『週刊読書人』一九六五年一一月二二日号
新島淳良・野村浩一編『現代中国入門』（中国新書、勁草書房）、『大安』第一二巻第三号、一九六六年三月
本田済『易学――成立と展開』（平楽寺書店）、『現代のエスプリ』易（竹内照夫編）至文堂、一九六九年六月
Maurice Meisner, "Li Ta-Chao And The Origins of Chinese Marxism",『東洋史研究』第二七巻第四号、一九六九年三月
A. A. Bennett, "John Fryer: The introduction of western science and technology into nineteenth-century China", *Harvard East Asian Monographs*, No.24, 1967,『科学史研究』第九三号、一九七〇年九月
梁啓超著、小野和子訳注『清代学術概論』（平凡社東洋文庫）、『朝日ジャーナル』一九七四年六月二七日号
胡縄著、小野・狭間・藤田共訳『中国近代史』（平凡社）、『朝日ジャーナル』一九七四年一〇月四日号
藤善真澄『巨大遺跡』（朝日新聞社）、『関西大学通信』第八二号、一九七八年四月八日
鴻山俊雄『神戸大阪の華僑』（華僑問題研究所）、『関大』第二八一号、一九七九年一〇月一五日
橋本敬造『中国天文学・数学集』（朝日出版社）、『関西大学通信』第一〇八号、一九八一年三月二五日
福永光司『道教と日本文化』（人文書院）、『関西大学通信』第一二〇号、一九八二年六月一五日
鴻山俊雄『海外の中華街』（華僑問題研究所）『関大』第三二五号、一九八三年一〇月一五日
有田和夫『清末意識構造の研究』（汲古書院）、『日本読書新聞』一九八四年四月二日
吉川忠夫『六朝精神史研究』（同朋舎出版）、『日本読書新聞』一九八四年六月一一日
南史一『詩伝陶淵明』（創元社）、『サンケイ新聞』一九八四年七月二日
N・セビン著、中山茂訳『中国の錬金術と医術』（思索社）、『朝日ジャーナル』一九八五年一二月一三日号
内山俊彦『中国古代思想史における自然認識』（創文社）、『週刊読書人』一九八七年七月六日号
澤田瑞穂『中国の呪法』（平河出版社）、『東方宗教』第七〇号、一九八七年一一月
矢野道雄『密教占星術』（東京美術）、『週刊ポスト』一九八八年二月一九日号
馬洪林著『康有為』（上海人民出版社）、『近代中国』第二〇巻、巌南堂書店、一九八八年五月

橋本敬造、*HSU KUANG-CHI AND ASTRONOMICAL REFORM*（関西大学出版部）、『関西大学通信』第一七四号、一九八八年六月一四日
武田楠雄『維新と科学』（岩波新書）、『関大生協書評』一九八八年九月
車柱環著、三浦・野崎共訳『朝鮮の道教』（人文書院）、『週刊読書人』一九九〇年八月六日号
湯浅泰雄『身体論――東洋的心身論と現代』（講談社学術文庫）、『日本医史学雑誌』第三六巻第四号、一九九〇年一〇月
車柱環著、三浦・野崎共訳『朝鮮の道教』（人文書院）、『東方宗教』第七七号、一九九一年五月
山崎純一『列女伝――歴史を変えた女たち』（五月書房）、『新しい漢文教育』第一三号、一九九一年一二月
鴻山俊雄『中国と中国人』（華僑問題研究所）、『関大』第四二一号、一九九二年七月一五日
林巳奈夫『石に刻まれた世界』（東方書店）『中国古代の生活史』（吉川弘文館）、『東方』第一三七号、一九九二年八月
村松暎『儒教の毒』（ＰＨＰ研究所）、『しにか』五月号、一九九四年五月
申力生主編、猪間明俊訳『燃える水――中国古代の石油と天然ガス』（東方書店）、『東方』第一五八号、一九九四年五月
藤善真澄『アジアの歴史と文化』２・中国史―中世（同朋舎出版）、『関西大学通信』第二四一号、一九九六年一月一二日
馮友蘭著、吾妻重二訳『中国哲学史成立篇』（冨山房）、『関西大学通信』第二四四号、一九九六年四月一日
竹下節子『奇蹟の泉ルルドへ』（ＮＴＴ出版）、『産経新聞』一九九六年八月六日読書欄
山里順一『沖縄の魔除けとまじない――フーフダ（符札）の研究』（第一書房）、『宗教研究』第三一二号、一九九七年六月
藤善真澄・王勇『天台の流転』（山川出版社）、『関西大学通信』第二五八号、一九九七年一一月二五日
石田浩『中国同族村落の社会経済構造研究』（関西大学出版部）、『東方』第一九一号、一九九七年二月
グラネ著、明神洋訳『中国古代の舞踏と伝説』（せりか書房）、『東方』第二一一号、一九九八年九月
自著紹介『中国思想研究――医薬養生・科学思想篇』（関西大学出版部）、『関西大学通信』第二七七号、二〇〇〇年一月八日
宮澤正順『曾慥の書誌的研究』（汲古書院）、『東方宗教』第一〇二号、二〇〇三年一一月
山田利明他『シリーズ道教の世界』一～五（春秋社）、『東方宗教』第一〇四号、二〇〇四年一一月

六、辞典（事典）項目分担

『新字源』（小川環樹・西田太一郎・赤塚忠編、熟語分担協力）角川書店、一九六八年一月
「王充『論衡』」『中国語学新辞典』（中国語学研究会編）光生館、一九六九年一〇月
「蔡元培」『社会科学大辞典』第八巻、鹿島出版会、一九六九年
「王念孫」「王鳴盛」「華夷思想」「顔元」「漢学」「訓詁学」「考証学」「呉敬恒」「孔子廟」「江声」「邵晋涵」「葉青」「釈奠」「荘存与」「大同思想」「段玉裁」「中体西用論」「唐甄」「鄧牧」「馮友蘭」「李塨」「劉師培」「劉逢禄」（以上二三項目）『現代世界百科大事典』三巻、講談社、一九七一年
"Chemie", Wolfgang Franke (ed.), *China Handbuch*, Hamburg, Bertelsman, 1974
「王念孫」「王鳴盛」「顔元」「訓詁学」「考証学」「呉敬恒」「孔子廟」「江声」「大同思想」「中体西用説」「唐甄」「鄧牧」「馮友蘭」「劉師培」「劉逢禄」（以上一六項目）『講談社大百科事典』（グランドユニバース）二八巻、講談社、一九七七年
「王韜」「魏源」「馮桂芬」『世界伝記大事典』日本・中国・朝鮮編、ほるぷ出版、一九七八年
「干支」「占風術」「（中国の）卜占」「占卜」「戴震」「中国科学社」「導引」「畢昇」「服気」「方以智」「方士」「名理探」「李之藻」（以上一二項目）『科学史技術史事典』（伊藤俊太郎・坂本賢三・山田慶児・村上陽一郎編）弘文堂、一九八三年
「郭崇燾」「紀昀」「康有為」「周髀算経」「沈括」「新学偽経考」「大同書」「導引」「梅文鼎」「廖平」（以上一〇項目）『中国思想辞典』（日原利国編）研文出版、一九八四年
「塩鉄論」『日本大百科全書』小学館、一九八四年
「一貫道」「燕京歳時記」「閻若璩」「王浩然」「汪中」「王夫之」「欧陽竟无」「海国図志」「顔元」「皖派」「帰一道」「今文学」「公羊学」「恵棟」「厳復」「胡渭」「孔教」「広学会」「孔子改制考」「皇清経解」「黄宗羲」「九宮貴神」「胡適」「呉派」「紅卍字会」「康有為」「六諭衍義」「在理教」「蔡鍔」「実学」「実事求是」「時務学堂」「新民叢報」「章学誠」「蔣百里」「随園食単」「西学」「馬注」「銭謙益」「銭大昕」「全祖望」「孫詒譲」「大同思想」「大同書」「太虚大師」「譚嗣同」「中体西用論」「張東蓀」「陳澧」「張君勱」「鄭観応」「天演論」「唐才常」「秘密結社（中国）」「馮桂芬」「方以智」「戊戌変法」「万斯同」「毛奇齢」「熊十力」「李顒」「陸隴其」「梁啓超」「劉智」「劉逢禄」「呂留良」「林則徐」（以上六七項目）『大百科事典』平凡社、一九八五年

「龔賢」「葉欣」「周亮工」「鄭簠」「程邃」「馮銓」「項聖謨」「文点」「兪時篤」「万寿祺」「梅清」「査継佐」「徐枋」「毛奇齢」「呉山濤」「姜実節」「惲寿平」「馬元馭」「許友」「戴明説」「張学曾」「梁清標」「法若真」「沈荃」「笪重光」「王士禎」「米漢雯」「王鴻緒」「高層雲」「朱彝尊」（以上三〇項目）『中国書論大系』第一四巻・清4・書人伝・清I、二玄社、一九八六年

「虚無」「中国哲学における『気』」「風水説」「養生」『気と人間科学』（日中協力シンポジウム実行委員会編）一九八八年

「一貫道」「王浩然」「欧陽竟无」「帰一道」「九宮貴神」「孔教」「紅卍字会」「康有為」「在理教」「太虚大師」「大同思想」「大同書」「導引」「馬注」「秘密結社」「熊十力」「劉智」（以上一四項目）『世界宗教大事典』（山折哲雄編）平凡社、一九九一年

「科挙」「康有為」「大同書」『現代政治学事典』大学教育社、一九九一年

「海国図志」『日本史大事典』第二巻、平凡社、一九九三年

「生命」「護符」「体内神」「八卦」「老子像」『歴史学事典』第三巻、弘文堂、一九九四年

「禹歩」「慧命経」「火候」「外丹」「九宮貴神」「禁忌」「金仙証論」「金丹」「金丹大要」「狐剛子」「庚道集」「伍柳仙宗」「三叠」「祝」「術数」「女丹」「精」「聖済総録」「聖胎」「石薬爾雅」「仙苑編珠」「相術」「太一金華宗旨」「太乙式」（翻訳）「太平聖恵方」「丹方鑑源」「丹房須知」「肘後方」「飛升」「符法師」「符籙」「方士」「本草」「養性延命録」「柳華陽」「錬丹」（以上三六項目）『道教事典』平河出版社、一九九四年

「煉丹術」『民間学事典』事項編（鹿野政直他編）三省堂出版局、一九九七年

"Divination as Daoist Practice", Livia Kohn (ed.), *Daoism Handbook*, Brill, Leiden, 2000

「関帝廟」「上帝廟」「白雲山華僑墓」「北斗神」『華僑・華人大事典』（可児・斯波等編）弘文堂、二〇〇二年

七、対談・ラジオ放送・インタビュー

「関西の鳥取人・坂出祥伸さん」（インタビュー）『山陰中央新報』一九九二年六月一四日

「著者と語る――『「気」と養生』の坂出祥伸さん」『山陰中央新報』一九九三年二月一日

「『気』の身体観」一・二（日本ＴＣＭ所長・安井広廸氏と対談）『からだからの合図』第八号、第九号、カネボウ薬品、一九九三年八月、九月

「老子荘子に学ぶ」（ラジオ放送）「心の時代」ＮＨＫ第一放送、二〇〇一年一〇月一四日、一五日
「日本人と占い」（ラジオ放送、落語家・桂こごろうと対談）「ワイワイじゃーなる」ラジオ大阪、二〇〇四年一月六日
「『気』から中国思想を読み解く」（中医研究家・浦山きか氏によるインタビュー、二〇〇一年五月一二日）『鍼灸ＯＳＡＫＡ』別冊ムック・東洋の身体知、森ノ宮医療学園、二〇〇四年六月

八、雑纂

「小さな感想」「日記から」『つどい』（同人誌）第四号、一九六〇年八月
「少年時代の思い出」『DOTABATA』（洛北高校定時制文集）一九六一年四月
「徳田秋声『仮装人物』について」『北十字』第二三号、大阪府立吹田高校文芸部、一九六五年二月
「古書あさり雑感」『書窓』昭和四〇年度第五号、吹田高校図書部、一九六六年二月
「死者のほほえみ」（戯曲、一幕）『無限』（同人誌）第三号、第四号、一九六六年一月、五月
「卒業生を送る歌」（作詞、作曲・寺西康行。大阪府立吹田高校第一五回卒業式）一九六七年二月二四日
「『新易経の研究』雑感」『大観』第一四号、佐賀・光生館、一九七二年三月
「台北で会った二人の学者――黄彰健・蔣貴麟先生のこと」『日華月報』第一五三号、一九七九年七月
「四日間の韓国旅行」『日華月報』第一五四号、一九七九年八月
「桑田豊蔵のこと――日中文化交流の先駆者」『山陰中央新報』一九八〇年八月六日
「自己紹介」『文集』（関大中文一九八一年度新入生）一九八一年春
「中国を訪ねて」『洛筆』第五〇回書展記念号、京大書道部、一九八二年九月
「訪中旅行雑感」１～４、『日華月報』第一九四号、第一九五号、第一九七号、第一九九号　一九八二年一二月、一九八三年一月、三月
「日本人は堂々と批判せよ――根強く残る中華思想」『世界日報』一九八三年二月二一日
「縁者びいきと序列主義」『世界日報』一九八三年三月三一日

「中国の近代化と『礼』的秩序観」『日華月報』第二二二号、一九八三年六月
「日原利国氏の早逝を悼む」『創文』第二四九号、一九八三年一〇月
「第四回日仏学術シンポジウム参加報告」『日仏東洋学会通信』第五号、一九八六年三月
「華佗五禽戯」(推薦文執筆)気功ビデオシリーズI、自然と科学社、一九八六年五月
「わが人生」『因伯名流伝・わが人生』大因伯、一九八六年九月
「道教」『読売新聞』一九八六年一一月一一日大阪版夕刊
「中国的博物学の集大成」(推薦文)『庶物類纂』(稲若水・丹羽正伯)科学書院、一九八七年六月
「中国人の考えかた——変わらない側面に視点を置いて」一〜三、『日華月報』第二五〇号、第二五一号、第二五四号、一九八七年八月、九月、一二月
「『増補帆足萬里全集』の刊行に期待する」(推薦文)ぺりかん社、一九八八年六月三〇日
「研志塾と正墻適處」『日本海新聞』一九八八年九月三日
「倉吉・研志塾と新田雲処・梅処父子」『大因伯』一九八八年九月
「フランス滞在記」一・二、『日本海新聞』一九八九年一〇月一二日、一一月八日
「パリの中華街」上・下、『日本海新聞』一九八九年一二月二一日、二二日
「ブザンソンの中華料理店と中国人達」『日華月報』第二七〇号、一九九〇年一月
「美しい冬の夜のパリ」『大因伯』一九九〇年二月
「フランスの日本人」1〜4、『日本海新聞』一九九〇年二月一一日〜一三日、一九日
「フランスはカギ社会」上・中・下、『日本海新聞』一九九〇年三月一一日〜一三日
「ブザンソン滞在記」上・中・下、『山陰中央新報』一九九〇年三月一五日〜一七日
「フランスの太極拳・気功事情」『脈脈』第二九号、関西気功協会、一九九〇年四月二八日
「序」『中国医学の気——黄帝内経医学の基礎』(堀池信夫他訳)谷口書店、一九九〇年五月
「パリの本屋さん」1・2、『東方』第一一〇号、第一一一号、一九九〇年五月、六月
「ガイドブックの書けないパリ」上・中・下、『日本海新聞』一九九〇年八月一八日、二五日、九月一日

「フランスの道教研究は高水準」『朝日新聞』一九九〇年八月二五日大阪版夕刊
「フランスで暮らした九ヶ月」『日仏東洋学会通信』第一二号、一九九〇年一二月
「倉吉・研志塾の精神を継ぐ新田梅処先生」『新田大作先生追悼録』一九九〇年一二月
「未知の学問分野に挑戦してみよう」『進学のしおり』三四、鳥取県立倉吉東高校、一九九一年七月
「京都から来る客の讃辞」『吉田揚子半生記』自印、一九九一年一二月
「気を通じて住みやすい世に」『MK新聞』一九九一年一二月二二日
「序」『難経校釈』（林克訳）谷口書店、一九九二年九月
「韓国文化の根底（上）風水観念」『山陰中央新報』一九九二年一〇月一四日
「韓国文化の根底（下）生きている儒教」『山陰中央新報』一九九二年一〇月一五日
「儒教の生きている国・韓国」『東奥日報』『京都新聞』『沖縄タイムズ』『福井新聞』など共同通信社系列の地方紙、一九九二年一二月二一日
「尾崎放哉句集のフランス語訳に寄せて」『大因伯』一九九四年六月
「中国近代化に尽力した桑田豊蔵」『山陰中央新報』一九九五年三月一八日
「宗教者は愛と救いの実践を」『中外日報』一九九五年六月一七日
「『養生』創刊祝辞」『養生』第一号、世界養生学会、一九九六年三月
「伊藤正文教授の古稀を記念して」『関西大学中国文学紀要』第一七号、一九九六年三月
「演劇少年（第六回中国語劇の上演に期待する）」中国語劇祭「幸運女神」パンフレット、一九九六年五月
「HSK西日本実施委員長として」（近況報告）『咲耶七華』第六号、一九九七年五月
「はじめに」『よくわかる老荘思想』（萩原昇著）同文書院、一九九七年一二月
「専門領域の魅力を伝える一冊『「道教」の大事典』」『学問の鉄人が贈る一四歳と一七歳のBOOKガイド』河合塾、一九九九年一一月
「大学体育に気功を」『脈脈』第一二三号、一九九九年五月二五日
「世は移り学生は変わる、されど期待する」『葦』第一一四号、関西大学教育後援会、一九九九年一二月

「ボストン美術館展を見る」『咲耶七華』第九号、二〇〇〇年六月二〇日
「一寸お先に、只今翻訳中」（M・カルタンマルク著『老子と道教』）『東京新聞』二〇〇一年二月一日夕刊
「人体科学会の新しい方向を模索して」、人体科学会第一一回大会「人体科学フォーラム二〇〇一 IN 吹田」二〇〇一年一一月
「第一一回大会の特色と今後の学会のありかた」『人体科学』第一一巻第一号、二〇〇二年五月
「ご挨拶」、東西いのちの文化フォーラム二〇〇二、二〇〇二年一一月
「『技』から『道』へ」『経絡鍼療』第三九〇号、東洋鍼医学会、二〇〇三年一月
「東南アジア華人街の道教的呪符」『游仲勲先生古稀記念　一言集』游仲勲先生古稀記念論文集編集委員会、二〇〇三年五月
「江戸・明治初期の占書展」（関大図書館平成一五年度秋季展示紹介）『関西大学通信』第三一一号、二〇〇三年一〇月一五日
「つなごう『気』の輪を」、東西いのちの文化フォーラム二〇〇三、二〇〇三年一一月
「広い視野」（推薦文）『東洋地理学史研究　大陸篇』（海野一隆著）清文堂、二〇〇四年二月
「今年も大いに『気』エネルギーを高めよう」、東西いのちの文化フォーラム二〇〇四、二〇〇四年一一月
「岐阜に和蠟燭を訪ねて」『咲耶七華』（大阪外大七回生）第一八号、二〇〇四年一二月

編集後記

坂出祥伸先生は本年三月、満七十歳をお迎えになり、関西大学文学部教授を定年退職された。一九七一年の本学着任ののち、三十二年の長きにわたって研究・教育に尽力してこられたのである。この間、先生が諸領域にわたって数多くの業績をあげてこられたことはよく知られるとおりであり、河田学長の序文にも詳述されているところである。

先生の古稀を寿ぐ記念論集の出版準備は、二〇〇二年六月、吾妻重二、大川俊隆、奈良行博の三人が呼びかけ人となって始まった。そして、呼びかけに応えてくださった方々とともに刊行準備会を立ち上げ、同年八月、刊行準備会の名で論文執筆依頼をさせていただいた。論文執筆は、先生のご意向を汲み、一、本学および他大学の大学院で先生の教えを受けた方々、二、他大学から本学大学院にご出講いただいた方々、三、本学の専任教員の方々に、ご依頼申し上げた。編集は、吾妻、大川、奈良の刊行会編集担当委員が、先生と随時相談しつつ作業にあたった。お蔭様で国内外の多くの方々からご寄稿を頂戴し、このような重厚な記念論集を刊行することができた次第である。

本記念論集のタイトル「中国思想における身体・自然・信仰」は、先生が主張してこられた「気」の思想の内容に沿って決めた。全体の構成はそれにもとづき、「身体」・「自然」・「信仰」・「思想の諸相」の四つのジャンルに分けることにし、各ジャンル内ではおおむね時代の古い順から配置した。通史的なものははじめに置くようにした。

また、巻頭では先生ご自身の論文により長年の研究を回顧していただき、巻末には先生の略年譜および詳細な著作目録を掲載した。先生がたどってこられた歩みをこうして詳しく知ることができるのは、我々刊行会のメンバーにとっても大きな慶びである。

本記念論集の刊行は諸般の事情によって当初の予定よりも遅れ、執筆者の方々にはご迷惑をおかけすることになったかと思う。ご寛恕をお願いするとともに、お忙しい中、論文をご寄稿いただいたことに改めてお礼申し上げたい。また東方書店出版部の担当者として編集にあたられた阿部哲氏にも感謝したい。なお、本書の出版費用は坂出先生ご自身が退職金の一部を割いて負担されたものである。

先生には、「退休」の言葉どおり長年の疲れをしばし癒し、健康に留意されて、今後もご健筆をふるっていただきたいと祈念申し上げる次第である。

二〇〇四年八月吉日

坂出祥伸先生退休記念論集刊行会

執筆者・翻訳者一覧（掲載順）

河田悌一（かわた　ていいち）
一九四五年生まれ。関西大学学長、文学部教授。

山口　久和（やまぐち　ひさかず）
一九四八年生まれ。大阪市立大学文学研究科教授。

石田　秀実（いしだ　ひでみ）
一九五〇年生まれ。九州国際大学経済学部教授。

大川　俊隆（おおかわ　としたか）
一九四八年生まれ。大阪産業大学教養部教授。

白杉　悦雄（しらすぎ　えつお）
一九五一年生まれ。東北芸術工科大学教養部助教授。

髙橋　秀治（たかはし　しゅうじ）
一九七四年生まれ。関西大学大学院文学研究科中国文学専攻前期課程修了。

市来津由彦（いちき　つゆひこ）
一九五一年生まれ。広島大学大学院文学研究科教授。

モニカ・エスポジト（Monica Esposito）
一九六二年生まれ。京都大学人文科学研究所助教授。

梅川　純代（うめかわ　すみよ）
一九七三年生まれ。国際日本文化研究センター共同研究員。

片倉　望（かたくら　のぞみ）
一九五二年生まれ。三重大学人文学部教授。

末永　高康（すえなが　たかやす）
一九六四年生まれ。鹿児島大学教育学部助教授。

武田　時昌（たけだ　ときまさ）
一九五四年生まれ。京都大学人文科学研究所教授。

坂下由香里（さかした　ゆかり）
一九七八年生まれ。財団法人松本市教育文化振興財団まつもと市民芸術館企画制作事務職員。

馮　錦　栄（ふう　きんえい）
一九六〇年生まれ。香港大学中文系副教授。

宇佐美文理（うさみ　ぶんり）
一九五九年生まれ。京都大学大学院文学研究科助教授。

吾妻　重二（あづま　じゅうじ）
一九五六年生まれ。関西大学文学部教授。

佐藤　実（さとう　みのる）
一九七〇年生まれ。関西大学非常勤講師。

高　大　倫（こう　だいりん）
一九五八年生まれ。四川省文物考古研究所所長。

劉　　正（りゅう　せい）
一九六三年生まれ。中国人民大学古籍整理研究所教授。
平　顕子（たいら　あきこ）
一九七八年生まれ。関西大学大学院文学研究科史学専攻博士後期課程。
重信あゆみ（しげのぶ　あゆみ）
一九七七年生まれ。大阪府立大学大学院人間文化学研究科比較文化専攻博士後期課程。
麥谷　邦夫（むぎたに　くにお）
一九四八年生まれ。京都大学人文科学研究所教授。
山田　明広（やまだ　あきひろ）
一九七六年生まれ。関西大学大学院文学研究科中国文学専攻博士後期課程。
南澤　良彦（みなみざわ　よしひこ）
一九六二年生まれ。九州大学大学院人文科学研究院助教授。
福島　　正（ふくしま　まさし）
一九五四年生まれ。大阪教育大学教養学科教授。
井澤　耕一（いざわ　こういち）
一九六八年生まれ。関西大学非常勤講師。
丸山　　宏（まるやま　ひろし）
一九五九年生まれ。筑波大学大学院人文社会科学研究科助教授。

奈良　行博（なら　ゆきひろ）
一九五四年生まれ。関西大学非常勤講師。
石田　憲司（いしだ　けんじ）
一九四八年生まれ。国士舘大学兼任講師。
松本　浩一（まつもと　こういち）
一九五三年生まれ。筑波大学図書館情報メディア研究科教授。
小林　和彦（こばやし　かずひこ）
一九四七年生まれ。元関西大学非常勤講師。
仲畑　　信（なかはた　まこと）
一九五九年生まれ。佛教大学非常勤講師。
橋本　昭典（はしもと　あきのり）
一九六八年生まれ。奈良教育大学教育学部助教授。
谷津　康介（たにつ　こうすけ）
一九七六年生まれ。関西大学大学院文学研究科中国文学専攻博士前期課程修了。
城山　陽宣（しろやま　たかのぶ）
一九七〇年生まれ。関西大学非常勤講師。
池田　秀三（いけだ　しゅうぞう）
一九四八年生まれ。京都大学大学院文学研究科教授。
堀池　信夫（ほりいけ　のぶお）
一九四七年生まれ。筑波大学大学院人文社会科学研究科教授。

中国思想《ちゅうごくしそう》における身体《しんたい》・自然《しぜん》・信仰《しんこう》
――坂出《さかで》祥伸《よしのぶ》先生《せんせい》退休《たいきゅう》記念《きねん》論集《ろんしゅう》

二〇〇四年八月三一日　初版第一刷発行

編　者●坂出祥伸先生退休記念論集刊行会
発行者●山田真史
発行所●株式会社東方書店
東京都千代田区神田神保町一―三　〒一〇一―〇〇五一
電話〇三―三二九四―一〇〇一
営業電話〇三―三九三七―〇三〇〇
振替〇〇一四〇―四―一〇〇一
装　幀●戸田ツトム
印刷・製本●株式会社シナノ

定価はカバーに表示してあります

ISBN4-497-20414-6　C3010

東方書店出版案内

中国の夢判断

劉文英著／湯浅邦弘訳／古代から近現代に至る中国の夢理論を紹介・解説し、中国にフロイトに先行する夢理論があったことを実証。「夢」をキイワードにたどる中国の思弁世界。

二七三〇円（税込）

古代中国人の不死幻想（東方選書㉖）

吉川忠夫著／仙人になりたい！　永遠に生きたい！——人生百年に託された古代中国人のさまざまな想い、人生百年をめぐるさまざまな悲喜劇を描き、古代中国人の死生観をさぐる。

一五二九円（税込）

六朝道教儀禮の研究

山田利明著／現代道教儀礼の淵源を求めて六朝期道教の集成者・陸修静の儀礼に注目し、その実態を探り、体系化を試みることにより、隋唐期以降へと続く道教儀礼の流れを明らかにする。

七一四〇円（税込）

中国礼法と日本律令制

池田温編／律令制を手がかりに古代東アジア世界のあり方を追求。礼制を含む国制・法制、および日中律令制の比較を内容とした、日本史・東洋史の二〇名におよぶ研究者による論文集。

九九九一円（税込）